Faure, Kreta. Das Leben im Reich des Minos

Paul Faure

# Kreta

## Das Leben im Reich des Minos

Mit 19 Zeichnungen, 28 Fotos und 2 Karten

Aus dem Französischen übersetzt
von Isolde und Karl Friedrich Eisen

Philipp Reclam jun. Stuttgart

Originaltitel: La Vie quotidienne en Crète au temps de Minos (1500 avant Jésus-Christ)

**CIP-Kurztitelaufnahme der Deutschen Bibliothek**

**Faure, Paul**
Kreta : d. Leben im Reich d. Minos. – 1. Aufl.
– Stuttgart : Reclam, 1976.
Einheitssacht.: La vie quotidienne en Crète
au temps de Minos ⟨dt.⟩.
ISBN 3-15-010261-8

 Schrift: Linotype Garamond-Antiqua
Printed in Germany 1976. Herstellung: Reclam Stuttgart
Umschlagentwurf: Hanns Lohrer, Stuttgart
Karten: Theodor Schwarz, Urbach
ISBN 3-15-010261-8

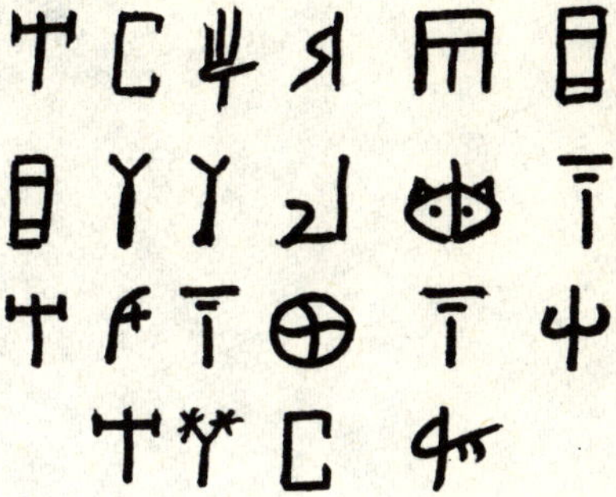

# Vorwort zur deutschen Ausgabe

Es fehlt nicht an Büchern über Kreta, seine tausendjährige Geschichte, seine Bräuche und seinen bezaubernden Reiz. Und nie zuvor wurden so viele gelehrte Abhandlungen über das Kreta der Bronzezeit geschrieben wie seit der Entzifferung der 4000 Texte in mykenischer Schrift und der Ausgrabung des vierten kretischen »Palastes« in Zakro. Eine Informationsquelle fehlt ihnen jedoch im allgemeinen: die nämlich, die sich einem Autor in Berührung mit dem Alltagsleben des einfachen Volkes in Kreta selbst erschließen würde. Glücklich die, welche an Ort und Stelle begriffen haben, was Europas erste Söhne sie lehren wollten: aus einem Werk der Hände ein Werk des Geistes zu machen.

Ich habe als Geleitwort vier Zeilen minoischer Zeichen an den Beginn meines Buches gestellt, wie sie sich auf einer großen Zahl von Kultgefäßen in den Heiligtümern des Königs Minos finden. Für meine deutschsprachigen Leser, die die große Insel kennen, will ich versuchen, sie zu übersetzen: »Dieses Trankopfergefäß sei dargebracht der Heiligen, der Herrscherin, meiner Huldreichen!« Möge dies ein Symbol sein! Ich wollte dem heiligen Kreta wiedergeben, was es mir geschenkt hatte: ein Leben voller Leidenschaft.

Als ich vor einem Vierteljahrhundert auszog, um Kreta zu erforschen, hatte ich fast alle Werke, alte wie neue, die sich mit dieser Insel befaßten, gelesen; ich hatte meine Lehrer ausführlich über sie sprechen hören; ich hatte Filme und Photographien gesehen, die von ihrer Schönheit Zeugnis ablegten; und nach Abschluß der ›Ecole du Louvre‹ war ich so naiv, zu glauben, ich könnte eine kretische Vase von jeder anderen unterscheiden. Ich wußte alles und wußte nichts. Das Alltagsleben bei den kretischen Schiffern, Bauern, Hirten und Handwerkern mit ihren tausendjährigen Traditionen hat mich mehr über die Insel des Minos gelehrt als alle Bibliotheken und Gelehrten zusammen. Und selbst wenn es uns eines Tages gelingt, die Archive des Königs Minos zu übersetzen, die wahrscheinlich eine indoeuropäische Prägung aufweisen, werden wir nie das erfassen, was allein das persönliche Erlebnis uns vermitteln kann, nämlich die Gastfreundschaft der Kreter, ihre Religiosität, ihren Mut, ihre Anhänglichkeit, ihr Feingefühl und ihr Lächeln. Für ihre Freundschaft und Hilfe sei ihnen gedankt, bevor ich meinen Bericht beginne.

*Paul Faure*

## Zur Schreibweise

Wir schreiben *Agia* und *Agios*, Heilige und Heiliger, nach der heutigen kretischen Aussprache;
*Aptara, Herakleion, Milatos, Phaistos* als Transkription des antiken Namens;
*Kisamos, Knosos* mit einem s in der Wortmitte nach den Gepflogenheiten der antiken Inschriften, der Literatur und der Münzen;
*Lasithi* und *Mesara* mit einem s nach der heutigen offiziellen Schreibweise;
*Malia* mit einem l nach der Etymologie (omali, das flache Land).
Die noch nicht in den allgemeinen Sprachgebrauch eingegangenen ägyptischen Wörter werden nur durch Konsonanten transkribiert.

## Zur Bezeichnung

Aus Gründen, die im Verlauf der folgenden Darstellung ausführlich entwickelt werden, sprechen wir von den sogenannten Palästen von Knosos, Malia, Phaistos nur als von großen Heiligtümern.
Wir bezeichnen als Malereien (mit Temperafarben), was fälschlich als Fresken bezeichnet wird.
In Übereinstimmung mit unseren Vorgängern nennen wir alles minoisch, was zur kretischen Kultur der Bronzezeit (2500–1200 v. Chr.), speziell zur Blütezeit dieser Periode (1600–1350 v. Chr.), gehört.
Die eingeklammerten Namen hinter den kretischen Ortsnamen, die nicht das Beiwort »antik« haben, sind die Namen der modernen Eparchien, in denen sie liegen.

## Zu den Verweisen

Die Anmerkungen sind am Ende des Buches kapitelweise zusammengefaßt.

# Einleitung

## Das Erwachen Europas

### *Das Leben des Minos nach der Sage*

Seit 35 Jahrhunderten träumt Kreta beim gedämpften Klang seiner Viehglocken und Brunnen immer von neuem denselben Traum. Von der Höhe des kretischen Ida, seines heiligen Gebirges, erblickte Zeus an einem Strand des fernen Asien die junge Europa, die Tochter des Agenor oder des Phoinix. Er machte sich auf, nahm die Gestalt eines weißen Stieres an, verführte und entführte die Prinzessin und brachte sie auf seinem Rücken über das Meer zum Kap Sideron auf Kreta. Dort gab er sich als ihr Geliebter und Herr zu erkennen, und darauf feierten sie Hochzeit nahe bei Gortyn unter einer immergrünen Platane. Aus dieser Verbindung gingen drei Kinder hervor, Minos, Rhadamanthys und Sarpedon. So gerecht Rhadamanthys, so mächtig Sarpedon auch ist, nach dem Urteil der Götter und Menschen ist es Minos allein, der zählt. Hat er nicht seinen Brüdern, die Streit mit ihm anfingen, bewiesen, daß er bestimmt sei, von dem einen Ende der großen Insel bis zum andern zu herrschen? Tatsächlich hat ihm der Himmel alle Bitten erfüllt. Er verlangt, das Meer solle einen Stier hervorbringen. Der Gott des Meeres schickt ihn. Die neidischen Brüder müssen Kreta verlassen. Der eine geht nach Euböa und Böotien, der andere nach Kleinasien. Minos befragt Zeus in seiner Höhle auf dem Ida. Er spricht zu dem Gott, seinem Vater, von Angesicht zu Angesicht und empfängt von ihm die gerechtesten und weisesten Gesetze der Welt. Alle acht Jahre wiederholt sich dieselbe Szene. Minos gründet hundert große Städte, darunter Knosos, Phaistos, Kydonia . . . Er errichtet Paläste, baut Straßen, legt Häfen an, läßt die Küsten Kretas durch einen ehernen Riesen, den Talos, bewachen, er besiedelt die Inseln und unterhält eine riesige Flotte. Die Ägäis unterwirft sich seiner Herrschaft. Als echter Kreter ist er kraftvoll im

Krieg, auf der Jagd und in der Liebe. Er besitzt einen Hund und unfehlbare Waffen.

Und doch weiß er wie jeder Kreter, daß der Mensch nicht fürs Glück geschaffen ist. Seine Frauen verhöhnen und vernichten ihn. Britomartis entkommt seiner Verfolgung am Westrand der Insel. Pasiphaë, seine Gattin, verliebt sich in den meerentsprungenen Stier und gebiert ein Monstrum, den Minotauros. Er läßt ihn in ein Labyrinth sperren. Seine Töchter geben sich dem ersten besten Mann hin, Ariadne dem Theseus, Phaidra dem Hippolytos, Akakallis dem Hermes oder dem Apollon ... Minos verbannt sie. Seine Geliebten sterben in seinen Armen oder entwenden ihm, wie Prokris, seine Waffen und seinen Hund, oder aber sie erfüllen ihn mit Abscheu wie die Vatermörderin Skylla. Das Schicksal verfolgt seine Kinder. Glaukos fällt als Kind in ein Honigfaß und ertrinkt. Androgeos wird nach seinem Sieg bei Wettkämpfen auf dem griechischen Festland von seinen Mitbewerbern ermordet; den Katreus tötet später sein eigener Sohn.

Minos beschließt, sich an dem Architekten zu rächen, der seine Gattin Pasiphaë zum Ehebruch und seine Tochter Ariadne zum Verrat angestiftet hat: er sperrt Daidalos in sein eigenes Bauwerk, das Labyrinth, ein. Aber der Erfinderische verfertigt sich Flügel, entkommt mit Ikaros, flieht nach Cumae, dann nach Sizilien. Minos verfolgt ihn von Land zu Land. Er läßt überall demjenigen eine Belohnung versprechen, der es verstehe, einen Faden durch das Gewinde eines Schneckenhauses zu ziehen. Daidalos aber wird vom König Kokalos in seinem Palast in Kamikos bei Agrigent versteckt. Kokalos legt seinem Gast die Aufgabe vor. Dieser befestigt den Faden an einer Ameise und läßt sie das Miniatur-Labyrinth durchlaufen. Damit hat sich der Baumeister Daidalos verraten. Minos verlangt die Auslieferung seines Feindes. Ein letztes Mal überwältigen die Frauen den siegreichen König: Die Töchter des Kokalos schleppen ihn ins Badezimmer, ersticken ihn in den heißen Dämpfen des Schwitzbades, das Daidalos erbaut hat, und die Soldaten verscharren den Leichnam des Heros unter dem Tempel der Liebesgöttin in Herakleia Minoa. Sie werden ihn als Richter im Reich der Toten wiederfinden. So erzählt die Sage[1].

Ein Traum ohne Ende. Er bewegte von Homer an alle Mythographen der Antike, alle Besucher des Steinbruchs von Gortyn, der spätestens seit dem 5. Jahrhundert n. Chr.[2] als Labyrinth bezeichnet wurde, alle Gelehrten der Renaissance, alle Unterdrückten, die Freiheit, alle Bauern, die Schätze suchten, alle Eroberer der großen Insel, alle Dichter der Moderne. Und aufgrund meines Lebens in den Bergen, bei dem ich Brot, Salz und Lager mit den kretischen Hirten teilte, bei dem ich während der Wache mit ihnen die alten Epen sang, gewann ich die Überzeugung, daß Minos weder in den Gedanken noch in den Herzen der Kreter tot ist. Wer wird ihn wieder ganz zum Leben erwecken?

Wer, wenn nicht einer, der den Sagen glaubt, die ebensoviel Wirklichkeit enthalten, und den Träumen, die ebensoviel Offenbarung in sich bergen wie ein Geständnis? Kurz, die Philologen und die Archäologen haben sich entschlossen, in den schriftlichen Denkmälern und auf dem Boden Kretas die Spuren von Europas erstem Sohn zu suchen. Erwache aus deinem Traum, Kreter: die Wirklichkeit ist es wert. Die drei Hähne, der schwarze, der weiße und der rote, die in den Erzählungen der Insel die Nacht und ihre Gespenster verscheuchen, bringen uns mit dem Licht nicht die Asche des Minos, sondern das Leben der Menschen, die ihm nahe waren.

## *Frühe Forschungen*

Diese Asche sucht man nun seit mindestens 2500 Jahren. Diodor[3] erzählt uns, daß in der Regierungszeit Therons von Agrigent, um 480 v. Chr., das Grab des Minos auf Sizilien gefunden und die Gebeine den Kretern zurückgegeben wurden. Nach einem Kommentator des Dichters Kallimachos[4] trug das neue Grabmal in Knosos offenbar die Inschrift: »Grab des Minos, des Sohnes des Zeus.« Aber die Zeit tat ihr Werk. Sie tilgte die Hälfte der Worte, und bald glaubten die Reisenden, es handle sich um das Grab des Zeus. Und sie wunderten sich nicht, denn in Kreta sind die Götter sterblich wie die Menschen. Einige Jahre vor Christus zeigte man den römischen Besuchern der Insel höchstens noch das Heiligtum der Göttermutter Rheia, das in einem in alter Zeit auf den minoischen Ruinen von Knosos gepflanzten Zypressenwald lag[5]. Man führte die Pilger zur Grotte des Zeus im Ida, zu der zuerst Minos, dann auch Epimenides, Pythagoras und Platon zugelassen worden waren[6]. Man zeigte ihnen wie uns heute die immergrüne Platane von Gortyn[7] und, nicht weit von ihr, in die Mauer des Odeion eingemeißelt, die gewaltige Rechtsinschrift, die schon damals schwer verständlich war. Ihr Ursprung, so glaubte man, lag weit zurück im Dunkel der Zeiten. Man suchte das Labyrinth, in das Minos den Minotauros eingesperrt hatte, bald bei Gortyn, wie die Hirten bei Vergil[8], bald bei Knosos, wie die Gefährten des Apollonios von Tyana[9]. Mitunter zerstörte ein Erdbeben antike Gebäude, riß Gräber auf und brachte Schätze und geheimnisvolle Schriften ans Tageslicht: so sollen die Werke des Diktys von Kreta, der den Trojanischen Krieg beschrieben hat, entdeckt worden sein[10]. Die Bauern und die Seeräuber, die ein wenig die Rolle von Grabschändern spielten, unterstützten großzügig die Anstrengungen der Natur. Die Verehrung dreiäugiger Heroen, 40 Ellen langer Riesen und einer Vielzahl von Gottheiten, Nymphen oder Nereiden, die zur Zeit des Minos gelebt hatten, wurde von der Einbildungskraft ihrer Dichter wachgehalten: wie soll man es sich anders erklären, daß sie bis in unsere Zeit überlebt haben[11] und daß die Bauern sie heute noch besingen?

Als die byzantinischen Autoren[12] sich schließlich mit Kreta befaßten, verbanden sich ihr Rationalismus und ihr Christentum gleichermaßen dazu, diese ganz schöne Mythologie auf eine Reihe menschlicher, ja sogar byzantinischer Abenteuer zu reduzieren. Allerdings war keiner von ihnen je in Kreta gewesen. Der religiöse Mittelpunkt der Insel war damals Gortyn. Nach Saturn und Jupiter mußte dort Minos nach Art der byzantinischen Kaiser geherrscht haben inmitten seiner hohen Würdenträger, seines Senats und eines von Intrigen erfüllten Hofes. Man erzählte sich, seine Gattin Pasiphaë habe sich von einem einflußreichen Höfling, dem General Tauros, verführen lassen. Ihrem Ehebruch entsprang ein äußerst grausamer Sohn, der Minotauros. Als er den Thron bestieg, machten die Soldaten einen Aufstand. Sie verließen Gortyn und beauftragten den tapferen Theseus, den Bastard zu beseitigen. Dieser hatte sich in einer tiefen Höhle des Ida versteckt, die man Labyrinth nannte. Theseus entdeckte ihn dort, tötete ihn und feierte bei seiner Rückkehr nach Gortyn gleichzeitig seinen Triumph und die Hochzeit mit einer jungen Prinzessin, der Ariadne. Von dieser Zeit an bis heute zeigt man in Ampelouzos, zwischen Kastellos und Gortyn, auf dem Grund des großen Steinbruchs, des »Labyrinths«, das Zimmer der Ariadne, den Kampfsaal, den Speisesaal, den Festsaal und die Höhle des Theseus. Alle Gouverneure der Insel machten es sich zur Pflicht, sie zu besuchen. Auf der Felswand kann man noch die Namen der Besucher lesen, die seit dem 14. Jahrhundert hierher gekommen sind.

Im Mittelalter hatten die Venezianer ununterbrochen mit Aufständen in Kreta zu kämpfen und daher andere Sorgen, als Jupiter und Minos aus ihrem Grab zu heben. Das besorgten ohnehin mehr oder weniger die Araber, die zwischen 827 und 961 nach Schätzen suchten, und die Hirten, die die Erde in den Höhlen durchwühlten, ebenso wie die Wein- und Olivenbauern. Aus dem gefundenen Metall hatten sie Münzen geprägt und Waffen geschmiedet. Die antiken Grabstätten hatten sie zu Viehställen oder zu Höhlenwohnungen gemacht. Die Florentiner indessen begannen vom 14. Jahrhundert an, vom Geist des Petrarca entzündet, nachzuforschen, was aus den antiken Städten des minoischen Kreta geworden war. Um 1390 beschreibt Giovanni Gherardi da Prato in seinem *Paradiso degli Alberti* eine mythische Reise ins Reich des Saturn und nach Kreta »centopula«, »ein Beiwort, das beweist und anzeigt, daß es durch 100 feste Plätze geschmückt und erhöht worden war«.[13] Cristoforo Buondelmonti, ein Priester aus Florenz[14], besucht Kreta 1415 und 1418, in der Hand eine falsche Karte des Ptolemaios und eine schlechte Notiz des Plinius, im Kopf Bruchstücke aus Vergil und Ovid: er durchforscht die Katakomben von Deliana, die Felsengräber von Lappa und die Zisternen von Eleutherna, er sucht das Grab des Jupiter am Nordfuß des Berges Iouktas und glaubt es mit seiner unleserlichen Inschrift drei Meilen südlich von Knosos entdeckt zu haben. Er will wissen, daß in der

Nähe von Archanes die Ebene des Bacchus liegt. Er zählt 66 antike Städte auf und erzählt uns eine Menge Sagen. Aber er hat als erster gesehen, wo die Kureten wohnten und die Bienen, die Jupiter nährten, nämlich bei Axos. Im Dorfe Kamariotis war er als erster Zeuge der bacchantischen Tänze, die so sehr den Tänzen von Jupiters Gefährten, Minos und Theseus, ähneln. Was er als das Grab des Jupiter bezeichnet hatte, nennen später seine venezianischen oder französischen Nachfolger einfach das Grab des Minos: eine kleine, verlassene Höhle beim Dorfe Silamos[15].

In der Renaissance kamen die Antiken in Mode. Reisende entdeckten einige Inschriften, so auch Cyriak von Ancona im Jahre 1445 in der Grotte von Melidoni. Die gebildeten Herren der Insel, einige Gouverneure oder Prokuratoren wie J. Foscarini, ließen zwischen 1571 und 1576 den Boden der schlafenden Städte durchwühlen und schickten die Statuen und die ersten Texte, die sie entdeckt hatten, nach Venedig. 1577 versuchte der aus Rhethymnon stammende Francesco Barozzi einige der 1100 Dörfer Kretas in dem rekonstruierten Katalog der 100 antiken Städte wiederzuerkennen[16]. 1586 verfaßte ein Fachmann auf dem Gebiet der Archäologie, der zugleich Botaniker, Mediziner, Historiker und Architekt war, Onorio Belli, eine Geschichte von Candia und zeichnete den theoretischen Plan der zehn Amphitheater, deren großartige Ruinen er in Knosos, Gortyn, Lyttos, Hierapetra[17] usw. gesehen hatte. Die Kartographen legten, so gut es ging, die verschwundenen Städte fest. Am Vorabend des Türkeneinfalls (1645–69) trugen Antiquitätensammler in allen festen Plätzen Kretas die Inschriften und die echten Münzen ebenso zusammen wie die Gebeine der Giganten, die falschen Stücke und die phantastischen Geschichten.

## *Archäologie*

Doch wer erweckte im vorigen Jahrhundert als erster wieder Minos? Man war in Kreta mit Sieber, Pashley, Chourmouzis, Raulin und Spratt erst noch im Stadium der Erforschung oder, in der Literaturwissenschaft, mit Hoeck, Lobeck, Karl Otfried Müller oder

F. G. Welcker im Stadium der Mythenkritik, als Heinrich Schliemann Odysseus auf Ithaka (1868), Priamos in Troja (1870) und Agamemnon und Menelaos in Mykene (1874–76) wieder zum Leben erweckte: eine ursprüngliche Kultur, die älter war als die des klassischen Griechenland, wurde an den Ufern des Ägäischen Meeres wieder sichtbar. Die Archäologen konnten, indem sie die Gegebenheiten des Homerischen Textes bestätigten, von einer »mykenischen« Kultur sprechen und begannen die ersten Entsprechungen festzulegen zwischen der Chronik von Paros oder der des heiligen Hieronymus einerseits und den Städten, die sie übereinandergeschichtet gefunden hatten, andererseits. Warum sollte Homer, der die Wahrheit über Mykene und Troja gesagt hatte, über Kreta, Minos und Knosos gelogen haben?

Genau das dachte damals in Kreta ein Mitglied der reichen Familie Kalokairinos[18], Dolmetscher im britischen Konsulat in Candia, seines Zeichens Öl- und Seifenhändler. Schon im Alter von vierzehn Jahren, gegen Ende des Sommers 1857, hatte er seine Fähigkeiten unter Beweis gestellt, indem er die ersten Zeilen der Rechtsinschrift von Gortyn freilegte. Er hatte in Athen Rechtswissenschaft studiert, war nach Frankreich gereist und hatte dann, im Jahre 1865, einen jungen Archäologen der ›École française d'Athènes‹ gastlich aufgenommen, ohne indessen über den Inhalt dieser Rechtsinschrift unterrichtet worden zu sein. Er hatte einen bedeutungsvollen Vornamen: Minos. Und er beschloß, auf seine Kosten in der Zeit von Dezember 1878 bis Ende Februar 1879 den Palast seines berühmten Namensvetters auszugraben, in Knosos, wo man ihn schon in mehreren wilden Grabungen vergeblich gesucht hatte.

Und das Wunder geschah. Zwölf Grabungen, 2 bis 3 m tief, bei Tselepi Kefala (Hügel des Herrn) ermöglichten es ihm, die Konturen von 55 m Fassade am Westhof zu erkennen, sechs der einundzwanzig Magazine und zwei Korridore im Südosten dieses Hofes aufzuspüren und entlang dem Mittelhof des minoischen Palastes die Nordostecke des Thronsaalkomplexes und mehr als die Hälfte des dazugehörigen Vorsaales freizulegen. In dem Magazin, das jetzt als Magazin Nr. 3 bezeichnet wird, entdeckte er zwölf große Tonkrüge, noch in situ. Prinz Konstantin von Griechenland, die Museen von London, Paris und Rom erhielten Exemplare von diesen Krügen. Die übrigen Funde, vier »Pithoi«, die noch Getreidekörner enthielten, und 365 Gegenstände, unter ihnen fünf unversehrte Vasen, verschiedene Siegel und Schrifttafeln, verteilte er zwischen dem ersten archäologischen Museum, das er in Herakleion gründen half, der Privatsammlung Zachirakis und seiner eigenen Sammlung[19]. 1883 erhielt eine ›Gesellschaft der Freunde der Erziehung‹ unter der Leitung von Dr. Hazzidakis von den türkischen Behörden das Recht, die Antiken zu sammeln und einige Grabungen durchzuführen. Das neue Museum bekam damals Gemmen, Bronzen, Vasen oder bunte prähellenische Scherben, die man in den heiligen Höhlen des Ida (1884/85), in denen von Patsos (1885/86), von Karteros (1886) und von Psychro (1886) und schließlich in einem kleinen, 4 qm großen Grabdepot gefunden hatte, auf das man zufällig an der Nordflanke des Hügels von Agios Onouphrios bei Phaistos gestoßen war (1887). Überall begannen die Bauern auf Schatzsuche zu gehen.

Solche Erfolge zogen natürlich die Aufmerksamkeit der ausländischen Archäologen auf sich. Der Amerikaner Stillman kam 1881 als erster auf den Gedanken, die Ruinen von Knosos könnten die des Labyrinths sein[20], die Deutschen Schliemann und Dörpfeld verglichen 1886 die Anlage von Knosos mit Mykene und Tiryns, der junge Franzose M. Joubin plante 1891, eine fundierte Chronologie der mykenischen Keramik aufzustellen. Sie alle versuchten, von den türkischen Miteigentümern das Terrain von Knosos zu kaufen. Aber der Quadratmeterpreis für das Palastgelände war plötzlich so hoch und der Schleichhandel mit Antiquitäten so gewinnbringend, daß es ratsamer war, die nächste Revolution abzuwarten.

Nun besuchte am 19. März 1894 Arthur Evans, ein 43jähriger Ethnologe, Korrespondent des *Manchester Guardian*, die Sammlung von Minos Kalokairinos. Er konnte ein Stückchen Erde auf dem Gelände von Knosos kaufen, aber auch ihm gelang es nicht, die Grabungen voranzutreiben. Um überhaupt etwas zu tun, beschloß er, Kreta zu durchforschen und dabei Inschriften zu sammeln. Er stellte bald fest, daß die meisten »Milchsteine«, welche die jungen Kreterinnen als Amulette zwischen den Brüsten trugen – eigenartige Ausgrabungen! –, mit prähellenischen oder, wie man damals sagte, mit präphönizischen Schriftzeichen bedeckt waren, die sich von allen bis dahin bekannten Schriftzeichen unterschieden. Jetzt erkannte man den ursprünglichen Charakter der kretischen Kultur und sah in ihr nicht mehr nur ein Teilgebiet der mykenischen Kultur. Im selben Jahr 1894 brachten die Sondierungsgrabungen des Italieners A. Taramelli[21] in der heiligen Höhle von Kamares und in der Grabhöhle von Miamou ganze Serien von mehrfarbigen Keramiken in so eigenständigen Stilen zutage, daß man sich wohl dazu entschließen mußte, Kreta als die Wiege einer viel älteren und viel höher entwickelten Kultur anzusehen, als es die mykenische auf dem griechischen Festland war. Die Gelehrten schwuren nur noch bei den Vasen von Agios Onouphrios und von Kamares.

Der Türkenaufstand vom 25. August 1898, der sich gegen das englische Konsulat von Herakleion richtete, ließ das Haus und die Sammlung von Minos Kalokairinos in Flammen aufgehen, beschleunigte aber die Intervention der Großmächte zugunsten der Selbständigkeit Kretas. Die Archäologen zogen daraus alsbald Nutzen: vom 24. Mai 1899 an leitete der Engländer Hogarth die ersten offiziellen Grabungen in der Höhle von Psychro[22], und Arthur Evans konnte mit Unterstützung durch den ›Cretan Exploration Fund‹ das ganze Terrain von Knosos für 122 000 Piaster kaufen. Am 23. März des folgenden Jahres begann er mit einer Reihe denkwürdiger Arbeiten. Seine Mitarbeiter waren ein Archäologe, D. Mackensie, ein Architekt, D. T. Fyfe, und etwa 50 bis 200 Arbeiter, die auf verschiedenen Ausgrabungsfeldern gleichzeitig eingesetzt waren. Er legte in drei Kampagnen von drei Monaten Dauer, zwischen 1900 und 1902, die 20 000 qm umfassenden Anlagen frei, die er sofort als den Palast des Minos, das Haus der Doppeläxte und das eigentliche Labyrinth ansah[23].

Das waren lauter Hypothesen, die er seiner klassischen Bildung und den Spekulationen der Philologen W. J. Stillman und Maximilian Mayer verdankte, die aber von keiner einzigen Inschrift bestätigt wurden. Eine Arbeit übrigens, die in solch einer überschwenglichen Begeisterung, einer wahren Wettkampfstimmung, mit einem solch unkontrollierbaren Schwarm von Ausgräbern, Männern, Frauen und jungen Leuten und vor allem in einer solchen Hast ausgeführt wurde – man legte die ganze westliche Hälfte des ungeheuren Areals in neun Wochen frei trotz einer 1,50 m starken Schicht von Ackererde und Schutt –, eine solche Arbeit hat offensichtlich nicht viel zu tun mit den vorsichtigen Methoden der modernen Archäologie. Zur Trübung der Urteilsfähigkeit trug überdies die auf den Ausgrabungsfeldern manchmal wütende Malaria bei, ebenso der glühende Südwind, der dem ägyptischen Kamsin nur zu ähnlich war, ja sogar das Urteilsvermögen der Arbeiter, die immer in Versuchung kamen zu deuten, auszuwählen und zu ergänzen, die Gier einzelner Leute, die trotz der Belohnungen oder gerade ihretwegen kleine Gegenstände unterschlugen, die seltene Anwendung von Photographien und Schichtanalysen bei einer von Natur aus irreversiblen Arbeit, endlich die Absicht, schöne Museumsstücke zu finden, und vor allem der Entschluß, alles zu vernachlässigen, was relativ jung und speziell mykenisch scheinen konnte: Fragmente von Schrifttäfelchen, deren Zeichen zu undeutlich waren, zersplitterte Reste von Malereien usw. So kam es, daß sich trotz des guten Willens und der Kontrollen von Evans und seinen Assistenten Zehntausende von Scherben in den Körben und dann in den Kisten der verschiedenen Magazine anhäuften und in den nächsten 60 Jahren nicht ausgewertet werden konnten. Während mehr als eines halben Jahrhunderts ließen Insekten, Ratten und Menschen die Etiketten und manche Kisten verschwinden, ja löschten sogar die Erinnerung an den wirklichen Fundort der verschiedenen Gegenstände aus. Wie hat man sich wohl den letzten Zustand des angeblichen Palastes vorzustellen, wenn Evans in der löblichen Absicht, die Orthostaten aus Gips vor den auflösenden Wirkungen des Regens zu schützen, sich entschloß, mit Eisenbeton und Farbeimern mehrere Stockwerke des ausgegrabenen Gebäudes zu ergänzen? Und wie kann man sicher sein, daß er sich nicht in der allerbesten Überzeugung selbst Illusionen gemacht hat, wenn man sieht, wie er sich von einer Publikation zur anderen widerspricht oder, was noch gravierender ist, in seinen Publikationen nicht mit seinen Tagebüchern, die nicht für die Veröffentlichung bestimmt waren, und denen seiner Mitarbeiter übereinstimmt.

Ich führe nur ein Beispiel an, das aber charakteristisch ist[24]. Im östlichen Abschnitt der Grabung, südöstlich des Mittelhofes, legte eine Kolonne von Arbeitern zwischen dem 4. und 14. März 1902 einen kleinen Komplex von vier parallel liegenden Räumen frei, die jeweils 1,50 m, 4,50 m, 5 m und 2,40 m breit waren. Auf Anordnung rissen sie drei Trennmauern (?) im Osten, im Süden und im Westen ein, die man für spät hielt, denn die letzte enthielt mykenische Schrifttäfelchen. Im Westen, hinter einer gewinkelten Balustrade, die die Ausgräber zuerst an die im Thronsaal erinnerte, fand man nur Bügelkannen oder Schalen aus mykenischer Zeit, die von einem höheren Stockwerk heruntergefallen waren, Erde, Fragmente eines Frieses mit Spiralornamentik, der durch das Feuer seine Farbe eingebüßt hatte, verkohlte Balken, Gips, der vielleicht von verbrannten Gipsfliesen stammte, und einen Siegelabdruck, der Delphine aufwies. Diese Tiere lassen an eine Malerei denken, die man einige Tage zuvor im Ostteil des Komplexes, der Halle und dem Lichtschacht, entdeckt hatte, und vor allem an die Trümmer eines kleinen Kastens aus bemaltem Ton, der aus sehr viel späterer Zeit stammte und vielleicht zu einer Grabausstattung gehörte. Diese Trümmer hatte man unter diesem Bildmotiv gesammelt.

Am 15. März 1902 wurde dieser kleine Kasten von 1,04 m Basislänge und 50 cm Höhe, obwohl er keinen Wasserablauf hatte, als Badewanne, und der Winkel hinter der Balustrade, in dem es weder Licht noch Kanalisation gab, als Badezimmer bezeichnet. Den Umstand, daß die »Badewanne« 11 m vom »Badezimmer« entfernt gefunden wurde, erklärte man sich damit, daß Gipser, die den Raum renovieren sollten, von einem Angriff überrascht wurden[25].

Schließlich fand sich im Mittelpunkt dieser Räume ein kleines Stuckfragment, das vermutlich eine tanzende Frau mit Jäckchen darstellt: das reichte aus, um das Ganze als Gemach der Königin

mit allen Nebenräumen, wie Bad, Ankleidezimmer, Boudoir, Spinnraum und Safe, auszugeben. Seit einigen Jahren gehen die Touristen entweder erstaunt oder witzelnd durch einen rekonstruierten Gebäudeteil, in dem auf Tafeln die Erklärungen in englischer Sprache zu lesen sind, und sie wundern sich, daß das »Boudoir« der Königin nichts anderes als WCs enthält. Natürlich enthält man ihnen geflissentlich einen Doppelaxtsockel vor, der in eine Fensternische eingelassen ist, sowie einen mit Festons verzierten roten Gipsblock, den man im Nordostteil dieses Komplexes hatte liegen lassen. Dies zeigt schon zur Genüge, wie viele wirklich schwache Hypothesen diese Rekonstruktion enthält.
Während Minos in Knosos mit soviel Lärm aus seinem Schlummer gerissen wurde, arbeiteten in Phaistos die italienischen Archäologen in aller Stille. Nachdem dieses Gelände 1851 von Spratt entdeckt, 1884 von Federico Halbherr und dann 1894 von Taramelli durchforscht worden war, wurde es vom Juni 1900 an unter der Leitung von Halbherr und Pernier[26] Gegenstand langsamer und systematischer Grabungen. 1902 übernahm Pernier die Leitung zusammen mit dem Maler Enrico Stefani. Es handelte sich hierbei um einen Hügel, der zur Gemeinde Kamilari (Pyrgiotissis) gehörte und den die Bauern Kastri nannten. Er beherrscht mit seinen 60 m Höhe die Mesara-Ebene im Süden von Mittelkreta, eine Wegstunde vom libyschen Meer entfernt. Sobald die Ruinen aus hellenistischer Zeit, die sich über den Nordteil des Hügels hin erstreckten, abgetragen waren, wurde zwischen 1900 und 1909 allmählich ein großer Komplex freigelegt, der Züge einer Palastanlage aufwies. Die Arbeiten wurden später ergänzt durch Sondierungsgrabungen an bestimmten Stellen und durch verschiedene Säuberungsarbeiten, die bis 1914 durchgeführt wurden. Schließlich nahm 1950 und in den Jahren darauf Doro Levi die Grabungen im großen Stil wieder auf mit dem Schwerpunkt im Zentrum und im Südwesten[27]. Dies geschah alles ohne Hast. Und um die Irrtümer von Knosos zu vermeiden, traf die italienische Schule drei heilsame Maßnahmen: von 1903 an beschränkte sie sich auf die unerläßlichen Konservierungsarbeiten und auf geringe und zweifelsfreie Restaurierungsarbeiten; sie kennzeichnete die ausgegrabenen

Säle lediglich mit Nummern; sie richtete ein stratigraphisches Museum ein, dessen erste Vergleichsgegenstände aus dem Grab von Agios Onouphrios, der Höhle von Kamares und den Phaistos benachbarten Hügeln stammten, hauptsächlich von Agia Triada[28], das zwischen 1902 und 1914 ausgegraben wurde.

Fast gleichzeitig nahmen die Archäologen drei Städte aus derselben Epoche wie diese »Paläste« in Angriff. Der Engländer D. G. Hogarth grub 1901 in Zakro (Sitias), der Amerikaner H. A. Boyd 1901 in Gournia (Hierapetras) und die Englische Schule mit R. C. Bosanquet, R. M. Dawkins und J. L. Myres 1902 in Palaikastro (Sitias). In Zakro wurde die Arbeit eingestellt, nachdem man ungefähr zehn Häuser abgetragen und in einigen Höhlen in der Umgebung Sondierungsgrabungen unternommen hatte. Aber in Gournia und Palaikastro, wo man die Grabungen über vier und fünf Jahre hin fortsetzte und mit den dazugehörigen Forschungen begleitete, gewann man ein so reichhaltiges Material, kretisches und fremdes, daß es endlich möglich wurde, eine fundierte Chronologie aufzustellen.

Es war zunächst eine relative Chronologie. Aufgrund von Geländeschnitten in Knosos hatte Evans die Existenz zweier übereinanderliegender »Palast«-Anlagen festgestellt. 1904 ließ er im Westhof einen Schacht von 12 m Tiefe bis auf den gewachsenen Boden graben und glaubte danach die Schichten in vier Gruppen einteilen zu können. Die erste Gruppe, 6,43 m hoch, enthielt nur Reste aus neolithischer Zeit. Die drei anderen, die übereinanderliegend eine Höhe von 5,33 m erreichten, stellen nach seiner Meinung eine Vor-»Palast«-Periode, die beiden »Palast«-Perioden und eine Nach-»Palast«-Periode dar. Da er diese Perioden nicht kretisch oder knosisch nennen wollte, bezeichnete er sie als frühminoisch, mittelminoisch und spätminoisch. Alles, was sich nach seiner Meinung über dem Pflaster des Palasthofes aufschichtet, würde so dem dritten Abschnitt der spätminoischen Periode angehören und einer Kultur entsprechen, die er in Mykene zu finden glaubte und die ihn deshalb auch nicht interessierte. 1905 stellte er auf dem Archäologenkongreß in Athen der wissenschaftlichen Welt seine Dreiteilung der kretischen Geschichte vor[29], wobei jede Epoche noch einmal in drei Phasen unterteilt werden konnte. Wie jeder selbständige Organismus hat nach ihm auch die Inselkultur eine Jugend, eine Reifezeit und eine Zeit des Verfalls gekannt: damit scheint der Überlieferung ebenso wie der Logik Genüge getan. Und dieser Ablauf kann sich anderswo oder sogar innerhalb eines jeden dieser drei Zeitabschnitte wiederholen, bis ins Unendliche.

Eine derartige Einteilung, so einfach und offenbar so einleuchtend, gestützt durch die Autorität des Ausgräbers, wurde sofort angenommen. Nachdem Evans sie selbst noch präzisiert und differenziert hatte, war sie 40 Jahre lang unbestritten, und ihr Einfluß auf das Denken der modernen Historiker ist heute noch so stark, daß sie, obgleich sie nicht an solche Einschnitte oder an eine solche Regelmäßigkeit glauben, die aus dieser Einteilung resultierende Terminologie, so gut es geht, übernehmen.

Vom Beginn der Grabungen an bemühten sich die Wissenschaftler, eine absolute Chronologie aufzustellen, d. h. eine genaue Datierung der ausgegrabenen Denkmäler zu geben, und von Anfang an kamen ihnen dabei Synchronismen mit der ägyptischen Geschichte zu Hilfe. Nachdem man im Niltal auf dem Hügel von El Amarna die prunkvolle Residenz Echetaton, die kurz nach 1380 von Echnaton, dem früheren Amenophis IV., gegründet und um 1350 v. Chr. von Tutenchamun und seinem Hof plötzlich verlassen worden war, gefunden hatte, war es Flinders Petrie[30] schon 1890 möglich, die ersten gesicherten Entsprechungen zwischen dem vorgriechischen Griechenland und dem Neuen Reich herzustellen. Evans hatte beim Anblick der Scherbensammlung von Knosos bei Minos Kalokairinos im Jahre 1894 diese spontan mit den Resten von El Amarna in Verbindung gebracht: »a parallel which gives 1400 BC as the approximate date for the building«.[31] In dieser Zeit war der Güteraustausch im Mittelmeerraum besonders lebhaft. In Tell el Amarna finden sich so zahlreiche und so charakteristische Keramikscherben aus der dritten spätmykenischen Epoche, daß man sie sogar heute noch dazu benutzt, die mykenischen Schichten von Kreta oder der Peloponnes zu datieren.

Einer der allerersten Funde von Knosos, ein Deckel einer Alabastervase, trug Namen und Titel des Hyksoskönigs Chian: er bot innerhalb von Mittelminoisch III einen zeitlichen Anhaltspunkt für den zweiten »Palast« (1630 v. Chr.). Nach der Ausgrabung des Königsgrabes von Isopata, nördlich von Knosos, gestattete es eine ganze Reihe von Alabastervasen, die aus der Zeit der persönlichen Herrschaft von Thutmosis III. (1483–48) stammten, die Glanzperiode dieses »Palastes« zu bestimmen. Kurz nach dem Zweiten Weltkrieg fand man in dem prunkvollen Grab von Katsaba bei dem antiken Hafen von Knosos eine ägyptische Amphora mit der Kartusche desselben Pharao; sie bestätigte das schon vorher für Spätminoisch II angenommene Datum: das 15. Jahrhundert v. Chr. Die Kartuschen von Amenophis III. und der Königin Teje (1410–1379) erscheinen auf Skarabäen, die man in Schichten aus der Endzeit der Palatialperiode, Spätminoisch II und III A fand. Wir werden sicher eines Tages erfahren, wann und vielleicht wie die kretische Kultur ihre Ursprünglichkeit verlor; aber schon bei Beginn der Grabungen auf Kreta wußten die an der Vergangenheit Interessierten, Historiker oder gebildete Laien, daß Kreta im Laufe des zweiten Jahrtausends zwei außerordentliche Glanzzeiten erlebt hatte, die erste zwischen 1900 und 1750 v. Chr., die zweite zwischen 1580 und 1450 v. Chr. Welche dieser Epochen liefert uns die meisten Aufschlüsse?

Wir werden uns für die zweite entscheiden müssen. Die Verzeichnisse der Stätten, die seit dem Beginn dieses Jahrhunderts ausgegraben oder auch nur festgestellt waren, zeigen, daß die Epoche der neuen »Paläste« die lebendigste und reichste war und daß sie, wenn sie auch nicht die größte künstlerische Produktivität aufwies, doch außerhalb Kretas am meisten bekannt war; ihr Einfluß machte sich im Mittelmeerraum am weitesten geltend. Um uns auf die sie betreffenden Forschungen zu beschränken, sei festgehalten, daß die Archäologen, nachdem sich in Knosos und Phaistos der Vorhang so spektakulär gehoben hatte, ein Stück mit mehreren Akten spielten. Die Methoden oder die Moden wechseln in der Geschichtswissenschaft wie anderswo. Zwanzig Jahre lang haben die Forscher sich fast nur mit den Städten und Nekropolen beschäftigt. Dies war ein sicherer Weg, ein großes Publikum zu erreichen und die Museen zu füllen.

Das Jahr 1921 eröffnet den zweiten Akt. Die ›École Française‹ erwirbt das Recht, in Malia den dritten minoischen »Palast« mit seinen Nekropolen und nahegelegenen Häusern auszugraben. Dort am Meeresstrand arbeiten zwanzig Jahre lang junge Archäologen unter viel härteren und bescheideneren Bedingungen als ihre englischen und italienischen Kollegen; und doch verdanken schließlich diese jungen Gelehrten Kreta die schönsten Tage ihres Lebens. Es sind L. Renaudin, J. Charbonneaux, Fernand Chapouthier, Pierre Demargne, Henri van Effenterre. Außer ihrem Jahresbericht im *Bulletin de Correspondance hellénique* veröffentlichen sie in der Hauptsache Monographien in der Reihe der »Études crétoises«. Sie restaurieren nicht, sondern konservieren die Ruinen. Sie stellen keine Hypothesen auf, sondern sammeln ihre Beobachtungen. Diese Periode von zwanzig Jahren zwischen den beiden Kriegen ist offenbar eine Periode relativer Armut, auf jeden Fall aber kluger Vorsicht. Sie steht ganz im Zeichen der Höhlen. Die Ephoroi und die Epimeletai der Antikenverwaltung, d. h. die kretischen Direktoren und Kontrolleure des ›Service archéologique‹, S. Xanthoudidis, S. Marinatos, N. Platon, C. Petrou, V. Theophanidis, befassen sich hauptsächlich mit den Höhlen im Osten wie im Westen Kretas. 1939 erscheint das Werk von J. Pendlebury: *The Archaeology of Crete, an Introduction.* Mit Hilfe von vier kleinen Karten ist es möglich, die Fundstätten aus der Zeit der zweiten »Paläste« festzustellen, die durch Grabungen oder Oberflächenfunde bekannt sind. Es handelt sich dabei um ungefähr dreißig Stätten, fast alle im Osten der Insel. Man beginnt in der Forschung gerade erst die Vermutung zu äußern, daß der Westen von der minoischen Kultur berührt worden sei. Man stellt aber auch fest, daß die Karte Nr. 12, die alle damals bekannten Punkte der dritten Phase der spätminoischen Zeit verzeichnet, schon 81 Namen enthält, das sind 20 Namen mehr, als aus der eigentlichen »Palast«-Epoche bekannt waren, und es erhebt sich die Frage, ob man nicht diejenigen, die Evans als ungebildete Eindringlinge oder Siedler betrachtete, ungerecht beurteilte oder ob ganz einfach Evans' Chronologie überprüft werden müsse.

Der Zweite Weltkrieg verändert die Bedingungen für die Grabungen von Grund auf. 1942 entdeckt die deutsche Armee ihre archäologische Berufung. Ihre Offiziere sind oft Kunstliebhaber und begeistern sich für die Geschichte. Manu et pede militari leitet die Armee eilige Grabungen und topographische Forschungen, besonders im Westen Kretas, der bis dahin so vernachlässigt war[32]. Nach dem Krieg gelten die Anstrengungen hauptsächlich den Villen und Wohnhäusern, um so mehr, als die Grabungen immer kostspieliger werden und immer gründlichere Arbeit verlangen. Durch den Straßenbau, die Wasserzuleitung in die Dörfer, die Bewässerungsarbeiten, den Häuserbau, die Verwendung von Bulldozern in der Landwirtschaft und bei Erdarbeiten wird eine große Zahl von antiken Scherben zutage gefördert, die die Archäologen nicht mehr registrieren und kontrollieren können. Das Museum von Herakleion muß wiederaufgebaut und später vergrößert werden, neue Museen werden in Chania, Hierapetra, Rhethymnon und Agios Nikolaos gegründet. Den Gelehrten gelingt es nicht mehr, die Photographien und die Analyse der Tausende von Gegenständen zu veröffentlichen, die man jedes Jahr findet. Unter den Grabungen, die das meiste beitragen zur Kenntnis des Alltagslebens, sind folgende zu nennen: die von Marinatos in Vathypetro (1949–55) und in Kanli Kastelli (1955), von Alexiou in Katsaba, in Poros (1951, 1953, 1956) und in Mitropolis (1957), vor allem die von Nik. Platon in Prassa (1951), in Piskokephalo (1952–54), in Zou (1954–56), in Sfakia (Sitias; 1955), in Kephala bei Chondros (1956), in Achladia (1952 und 1959), in Rousses und Chondros Viannou (1959/60), in Hagios Georgios, bis vor kurzem Tourtouli (1960). Allein im Gebiet von Sitia, dessen »Palast« er hartnäckig suchte, hat Platon auf diese Weise vier große Villen oder ländliche Gebäudekomplexe[33] freigelegt und dem Studium der Kulte und Lebensverhältnisse der bäuerlichen Bevölkerung neue Impulse gegeben.

Die Zukunft wird vielleicht zeigen, ob Platon mehr für die minoische Archäologie getan hat als Evans. Sicher aber hat er, als er endlich 1961 in Kato Zakro das fand, was man als den vierten »Palast« der Insel betrachtet, eine neue, die vierte Ära in der kretischen Archäologie eröffnet. Als Direktor des Akropolis-Museums, später als Ephoros der Antikenverwaltung von Böotien, schließlich als Universitätsprofessor konnte er nur einige Wochen am Ende jedes Sommers den kretischen Ausgrabungen widmen, und alles, was man darüber weiß, wurde nur durch Mitteilungen für die Presse, durch einen hastigen Bericht an die ›Griechische Archäologische Gesellschaft‹[34] und schließlich durch einige Konferenzen bekannt. Die ersten sechs Ausgrabungskampagnen, die zum großen Teil zwei amerikanische Mäzene, Leo und Harriet Pomerance, finanzierten und die unter Mitwirkung von ungefähr 30 Arbeitern durchgeführt wurden, legten einen 3500 qm großen Komplex von mehrstöckigen Bauten frei, die in dieselbe Epoche wie die zerstörten Villen in der Gegend von Sitia (ungefähr 1600 bis 1450 v. Chr.) gehören und die plötzlich jegliches Leben eingebüßt hatten. Tausende von Vasen, Werkzeugen, Kunstgegenständen und Bauten harren einer Veröffentlichung.

Endlich wandte sich das Interesse auch dem Westen Kretas zu, und so findet man 1961 fast zur gleichen Zeit minoische Gründungen. Überall entdecken die Forscher aus Kreta (Alexiou), aus England (Sinclair Hood und Cadogan) und aus Frankreich (der Autor) Reste von minoischen Städten: auf Akrotiri, wo man mehrere Kulthöhlen findet, in den Vierteln Mazali und Chalepa von Chania, deren »mykenische« Gräber auf die unmittelbare Nähe einer Stadt hinweisen, in Stylos (Apokoronou), das noch ausgedehnte Fundamente, Kuppelgräber und eine Fluchtburg besitzt, in Gribiliana, Nochia, Selli in Kastelli Kisamou beim Kloster Chrysoskalitissa. Ein neues Interesse konzentriert sich auf die Städte und »Paläste«. Es beginnt eine Arbeit im großen Stil. 1964 macht sich Sakellarakis an die Freilegung des »Palastes« von Ano Archanes, 6 km südlich von Knosos, und 1965 legt er die minoischen Nekropolen dieser neuen Hauptstadt frei, die – welch ein Jammer! – Jahrhundert für Jahrhundert von den Dörfern überbaut worden war. Im selben Jahre fördert Tzedakis auf dem im letzten Krieg zerstörten Kastellihügel in Chania die ersten minoischen Siedlungen mit Scherben aus allen Epochen zutage, und es zeigt sich, daß die Hauptstadt der Kydonen, die man so lange gesucht hat und die die Überlieferung dem Minos zuschrieb, kein Mythos mehr ist. Mit den ausgedehnten Anlagen, die in Stavromenos (Rhethymnis), in Apodoulou (Amariou) und in Mixorouma (Agiou Vasiliou) gefunden werden, hat man von nun an die Gewißheit, daß das »hundertstädtige« Kreta, wie es bei Homer heißt, existiert und lebt und daß sich all die archäologischen Bemühungen nicht mehr wie zu Beginn des Jahrhunderts auf die Wiedererweckung von Knosos und Phaistos beschränken können. Der Knoten der Handlung wird geschürzt. Minos muß sprechen.

## *Philologie und Epigraphik*

Jetzt helfen die Philologen, ihn zu verstehen. Über den König Minos ist nichts Sicheres bekannt. Es gibt anscheinend keinen kretischen oder mykenischen Text, der seinen Namen mit Gewißheit erwähnt. Zwischen Homer, unserem ersten literarischen Zeugnis über Minos, und der Zeit der zweiten kretischen »Paläste«, d. h. zwischen dem 8. und 15. Jahrhundert v. Chr., ist ebensoviel Zeit verflossen wie zwischen der Epoche des Feudalismus und unserer Zeit. Was wissen wir durch mündliche Überlieferung von der Epoche Ludwigs des Heiligen oder des Richard Löwenherz? Es sind einige mehr oder weniger stark entstellte Personen- und Ortsnamen, die die Phantasie mit Hilfe der Ikonographie und der Freude an Romanen ausschmückt. Alles, was die Dichter seit Homer uns über Minos und seine Liebschaften und Nachstellungen, über Minotauros und das Labyrinth berichteten, verdanken sie der Sage oder der Wundererzählung. Die ersten Geschichtswerke, die in dieser Hinsicht einen Hauch von Wahrscheinlichkeit aufweisen, nämlich die des Herodot und Thukydides, sind mehr als 1000 Jahre nach der Epoche, mit der wir uns beschäftigen, entstanden, und man muß dabei das Hauptaugenmerk auf eine gewissenhafte Rekonstruktion legen: die Tatsache, daß in klassischer Zeit im Mittelmeer etwa zehn Häfen oder Stützpunkte mit dem Namen Minoa existierten, hat gewiß die Vorstellung einer minoischen Thalassokratie und der kretischen Einheit unter einem König Minos entstehen lassen. In den Epen findet der Historiker fast nur

Namen, geographisch gebundene Sagen oder gesellschaftliche Bräuche, aber keine geschichtlichen Ereignisse.

So unmöglich es ist, die Person des Minos räumlich einzuordnen, so unmöglich ist es auch, ihn zeitlich zu fixieren. Nach Herodot hätte Minos drei Generationen vor der Einnahme Trojas gelebt. Homer und die Mythographen setzen seine Lebenszeit in die zweite Generation vor dem Trojanischen Krieg; nach vereinzelten Autoren soll er sogar in die erste Generation gehören, da die Söhne seines Rivalen Theseus unter den Helden waren, die sich im Bauch des Trojanischen Pferdes verbargen. Diese Chronologie verweist uns also bald ans Ende des 13., bald ans Ende des 14. Jahrhunderts v. Chr., entsprechend dem Datum, das man für die Eroberung Trojas annimmt. Aber noch schlimmer wird die Verwirrung, wenn wir die Zeittafeln zu Rate ziehen, die die antiken Chroniken enthalten: das »Marmor Parium«[35], 264/263 v. Chr. abgefaßt, setzt einen König Minos, den Gründer von Kydonia auf Kreta, zwischen 1462 und 1431 an, läßt ihn aber 1294/93 noch einmal erscheinen; Eusebius von Caesarea, den der heilige Hieronymus übersetzt hat[36], verlegt den Raub der Europa, der Mutter des Minos, nacheinander in die Jahre 1445, 1433, 1319 und 1285 v. Chr., und so regiert Minos nach den attischen und alexandrinischen Gelehrten, die Eusebius in seiner Chronik als Quellen benutzt hat, zwischen 1406 und 1204. Diese Chronologie empfanden einige als so hinderlich und so schwankend, daß sie nachträglich daran dachten, zwei Minos zu unterscheiden; den einen betrachteten sie als Sohn des Zeus, den andern als Enkel dieses ersten Minos und als Helden der Sagen, die gewöhnlich auf ihn bezogen wurden. Eine derartige rationalistische Bemühung, wie sie bei Diodor[37] und Plutarch[38] zu bemerken ist, beweist allerhöchstens, daß am Ende des 1. Jahrhunderts v. Chr. keiner mehr wußte, ob Minos wirklich existiert hatte.

Die modernen Philologen zogen daraus den Schluß, es handle sich nur um einen Namen. Also versuchten sie entsprechend ihren Kenntnissen der asiatischen, afrikanischen oder europäischen Sprachen, ihn zu deuten. Im letzten Jahrhundert war das Sanskrit in Mode. Aber niemand glaubt mehr, daß man Minos in Verbindung bringen muß mit Manu, »der erste Mensch«, von einer Wurzel ma-, »denken«: Phonetik, Semantik und Sage sprechen gleichermaßen dagegen. Ebenso aus der Mode ist die Ägyptomanie, die Minos mit Men, Menes oder Menas (ägyptisch Mena oder Meni?) erklären wollte, welcher der erste Herrscher von Ägypten war und 2 000 Jahre vor dem kretischen Herrscher gelebt hatte; oder aber mit Min, dem Gott von Koptos, dem Gott der Wüste und der Fruchtbarkeit, der in einem weißen Stier verkörpert ist, »dem Stier seiner Mutter«, der die Göttin Isis befruchtet[39] und der so sehr an den Stier der kretischen Pasiphaë erinnert: ärgerlich ist nur, daß keine Überlieferung Minos mit Nubien in Verbindung bringt und besonders, daß Minos weder Stiergestalt annimmt noch die Gestalt des Minotauros. Man dachte auch an das persische Wort minu, »der Smaragd, der Himmel«, ohne daß man den geringsten Bezug zwischen dem einen und dem anderen fassen könnte. Oder auch an den Namen der Minyer, eines sagenhaften Volkes, das in Böotien wohnte, Orchomenos als Hauptstadt hatte und vom Heroen Minyas abstammte; leider ist aber das i von Minos lang und das von Minyas kurz. In neuester Zeit konnte es scheinen, daß das Wort me-nu-wa, das auf drei mykenischen Tontäfelchen des 13. Jahrhunderts v. Chr. zu lesen ist, einen hohen Würdenträger der mykenischen Verwaltung, vielleicht einen General, bezeichnet, da in seiner Nachbarschaft das Ideogramm für »Panzer« steht: man muß aber gestehen, daß die Silben sich kaum ähneln. Und was soll man sagen zu dem Land Menus (Mnws) oder gar zu einem Fürsten Menus, die in den ägyptischen geographischen Dokumenten von der 12. Dynastie an (1900 v. Chr.) und sechsmal neben dem »Land Keftiu«, d. h. Kreta, aber immer im Zusammenhang mit Nordsyrien genannt werden[40]? Was soll man anderes dazu sagen, als daß erstens die Lesart nicht sicher ist: man liest ebenso mlws im Neuen Reich; daß es sich zweitens um eine Insel oder eine minoische Handelsniederlassung in Asien oder im Archipel handeln kann. In jedem Fall bleiben uns die Etymologie und der Sinn unbekannt.

Eine Sage muß im ganzen gedeutet werden. Wenn Minos eine Gattungsbezeichnung zu sein scheint, die während dreier Jahrhunderte immer wieder auftaucht, so mußte man mit Evans zu der Ansicht gelangen, sie sei als Herrschertitel zu betrachten entsprechend dem Wort Pharao, ägyptisch per-ao, »das große Haus, der Palast« – vgl. »die Hohe Pforte« – oder dem Wort Caesar, dem Beinamen der römischen Kaiser. Es ergibt sich eine doppelte Schwierigkeit. Minos gilt als ein ganz bestimmter Herrscher, der in Knosos residierte und mit anderen kretischen oder fremden Herrschern Krieg führte. Die ihn betreffende Sage unterscheidet ihn von einem halben Dutzend namentlich erwähnter kretischer Fürsten, die seine Zeitgenossen oder Nachfolger waren, wie Rhadamanthys, Sarpedon, Lykastos, Meriones oder Deukalion. Niemals tragen diese den Beinamen Minos. Schließlich bezeichnete das Wort Caesar, bevor es ein Titel wurde, einen Mann. Andererseits trägt man, wenn man aus Minos das Symbol einer ganzen Kultur oder das Opfer einer Verallgemeinerung macht, den – manchmal widersprüchlichen – Besonderheiten der Minossage nicht Rechnung: er ähnelt sowohl einem wirklichen König ohne von Wundern erfüllte Kinderjahre, ohne Heldentaten, ohne ruhmreichen Tod, einem König, der durch die Dichtung allmählich verklärt wurde, wie Salomo, Alexander oder Theoderich, als auch einem Gott, der Sohn, Gatte, Liebhaber und Vater verschiedener Gottheiten war. Kurz, er ähnelt einem Halbgott, einem Heroen wie Herakles, sein Bruder. Ihre Schicksale sind vergleichbar: da findet man die gleiche Abstammung aus der Verbindung eines Gottes mit einer Sterblichen, die gleiche Eifersucht eines Rivalen bei der Geburt, dieselben Prüfungen in fremdem Land, denselben Ruhm nach dem Tod. Mehr noch: wenn man feststellt, daß Herakles in Kreta den Stier des Minos bezwungen hat, daß aus einem der Häfen von Knosos in griechischer Zeit Herakleion geworden ist und daß Minoa auf Sizilien seit dem Beginn des 5. Jahrhunderts Minoa Herakleia heißt, hat man den Eindruck, daß die dorischen Einwanderer den Namen des kretischen Heroen par excellence durch den Namen ihres eigenen Heros ersetzt haben. Wenn der Name Herakles einen Sinn hat, warum sollte der Name Minos keinen haben? Einen einfachen Hinweis liefert uns der erste Name, den nach der Überlieferung[41] Minoa Herakleia trug: Makara, »die Selige«. Dieses Wort, das nicht griechisch, sondern vorgriechisch ist, paßt ebenso für die Götter wie für die Menschen. Es dient als Titel und als Epitheton. Es bezeichnet vorwiegend die Seelen der Toten, deren höchster Richter Minos geworden ist; es bildet einen der Beinamen der Insel Kreta, Makaron nesos, Insel der Seligen[42]; es geht in die Mythologie der Insel Lesbos ein, wo man einen vorgriechischen König Makar oder Makareus kennt; schließlich erscheint es wieder in der Sage des Herakles, dessen einzige Tochter Makaria heißt. Minos bedeutet vielleicht etwas wie »der Selige«, es sei denn, es handle sich um einen Titel wie »Seine Seligkeit«. Und man kann es noch mit dem hethitischen Adjektiv miyanuanz, »blühend, glücklich, gesegnet«, vergleichen. Es überrascht nicht, daß der minoische Traum der Kreter, von dem wir zu Beginn sprachen, immer der gleiche geblieben ist: es ist nichts anderes als der Traum vom Glück.

Wir nehmen uns also vor, eine glückliche Zeit, einen gesegneten Augenblick der Geschichte Kretas wieder auferstehen zu lassen. Dabei ist es nicht wichtig, den wahren Namen des »Seligen« zu kennen, den die spät erschienenen Griechen mit einer ungewissen Deklination ausstaffiert haben: war das Minou, Minovo, Mino? Sie verfuhren ebenso bei Kos, Mos, Tros, Heros, Talos, lauter vorgriechischen Bezeichnungen. Sie überlieferten uns ebensowenig den alten Namen der Insel Kreta. Die Babylonier nannten die Insel Kaptara, auf hebräisch hieß sie Kaphtor, auf ägyptisch Keftiu oder Küftau. Es erfordert viele akrobatische Kunststücke in der Sprachwissenschaft, um aus irgendeinem dieser drei Namen Krete (dorisch Kreta) abzuleiten: es ist eine fruchtlose Mühe. Allem Anschein nach kommt Kreta von Kres, einem Personennamen, dessen Wurzel, in Arkadien sehr bekannt, sich noch mehr von den Wurzeln kapt oder keft unterscheidet. Im Laufe der Jahrhunderte wechselten die Länder mit ihren Herren auch die Namen. In der Zeit, die uns beschäftigt, heißt Ägypten Cheme, Zypern Isy, Syrien Retenu. Warum sollte Kreta unter Minos nicht einen anderen Namen gehabt haben als den, welchen wir heute kennen? Homer sprach von Kreta im Plural, Kretai. Seine Nachfolger gaben Kreta die Beinamen Aeria, Idaia, Kurete, Makaronesos, Telchinia ...

Mehr als 1000 Jahre lang, in christlicher Zeit, bezeichnete man die Insel mit dem Namen ihrer Hauptstadt Candia, nach einem arabischen Begriff, der »Graben« bedeutet. Wichtiger ist es für uns dagegen zu wissen, welche Sprache Minos sprach und in welchem Jahrhundert genau er lebte. Seit 1878 in Knosos die ersten beschriebenen kretischen Täfelchen gefunden wurden, herrschte bei Fachhistorikern wie gebildeten Laien durchweg die Meinung, die verschiedenen minoischen Schriftzeichen verhüllten eine Sprache, die keine Beziehungen zum Griechischen, noch selbst zu den indoeuropäischen Sprachen hätte. Evans und seine Assistenten Mackensie und Myres hatten die Inschriften von Schmuckstücken, Siegeln, gebrannten Tontafeln, Gefäßen, Äxten, Barren, behauenen Steinen usw. in drei große Kategorien eingeteilt[43]:

a) verschiedene hieroglyphische oder piktographische Schriften, die vom Ende des dritten Jahrtausends bis um 1600 v. Chr. verwendet wurden;

b) eine Linearschrift Klasse A, oder »Linear A«, die zum Teil aus den vorgenannten Schriften abgeleitet ist (ungefähr 20 gemeinsame Zeichen) und in den zweiten »Palästen« bis um 1450 v. Chr. Verwendung fand (man weiß jetzt, daß sie um das Jahr 2000 in Phaistos erscheint);

c) eine Linearschrift Klasse B, oder »Linear B«, die ungefähr 60 Zeichen der beiden vorgenannten Klassen wiederaufnimmt, aber bei 30 anderen Neuerungen aufweist; sie ist in Knosos auf ungefähr 3400 Tondokumenten verwandt; der Brand des letzten »knosischen Palastes«, der sich, wie es scheint, um 1300 v. Chr. ereignete, habe sie »gebrannt« und glücklicherweise erhalten.

Schon bei den ersten Klassifizierungen konnte man Zahlenangaben, Ideogramme, Silbenzeichen oder phonetische Zeichen finden. Nachdem schließlich 1939 in einem mykenischen Palast in Pylos auf dem griechischen Festland 400 Täfelchen und Fragmente mit Linear-B-Schrift entdeckt wurden und später 1952 in Mykene selbst andere dazukamen, schien es wahrscheinlich, wie es schon Stawell, Persson und Mylonas angenommen hatten, daß die letzte kretische Schrift die gleiche Sprache umschrieb, die in Griechenland zu mykenischer Zeit gesprochen wurde. Die Arbeiten von

Alice Kober, die 1948 im *American Journal of Archaeology*[44] erschienen, leiteten einen beachtlichen Fortschritt in der Deutung der zuletzt entdeckten Schriften ein. Durch den Vergleich von Worten, die aus drei Zeichen bestanden und eine Endung hatten, bewies sie die Existenz einer Deklination, die mehrere Kasus, zwei Genera und zwei Numeri für das Substantiv und das Adjektiv aufwies. Sie stellte Frequenz-Tabellen auf. Darüber hinaus wiesen Zeichen, die an verschiedene Wortpaare angehängt waren, auf das Vorhandensein von koordinierenden Partikeln hin, die denen des Griechischen zu vergleichen sind. 1949 und 1950 erkannte der bulgarische Gelehrte Vladimir Georgiev dank den Ideogrammen, die gewisse Worte begleiten, in den minoischen Inschriften Quasi-Bilinguen, schlug vor, in ihnen eine indoeuropäische Sprache zu sehen, die mit dem Griechischen sehr nahe verwandt ist, und deutete intuitiv etwa 20 Silbenzeichen[45]. Anfang Mai 1951 identifizierte der griechische Gelehrte Ktistopoulos mit komparativen und kombinatorischen Methoden die Zeichen a, na, pa, po, ra, ti und nahm an, daß in zwei Gruppen aus drei Silben das Wort Sklave, do-e-los im Maskulinum und do-e-la im Femininum, erwähnt sei[46]. Einige Wochen später nahm ein junger englischer Architekt, ein ehemaliger Mitarbeiter beim Dechiffrierdienst der R. A. F., Michael Ventris, auf diesen neuen Grundlagen Arbeiten wieder auf, die er 1940 begonnen hatte. Lange Zeit hatte er geglaubt, daß 22 der minoischen Zeichen den gleichen Wert hätten wie 1000 Jahre jüngere kyprische Zeichen und daß die knosischen Täfelchen eine mit dem Etruskischen verwandte Sprache enthielten; darauf hatte er sich mehr oder weniger in Vergleichen mit den semitischen Listen von Ugarit festgefahren. Ende Mai 1952 zog er die griechische Hypothese als ernstzunehmend in Betracht, nutzte eine Anregung von Cowley (1927) – das Symbol ko –, um auf den Täfelchen die Worte ko(r)wo(s), »der Knabe«, und ko(r)wa, »das Mädchen«, zu erkennen, gab 15 seiner 22 kyprischen Zeichen auf und legte, indem er sich bald auf statistische Methoden, bald auf die Analyse der Endungen (der maskulinen, femininen, singularischen und pluralischen), bald auf die Hypothesen seiner Vorgänger und schließlich einfach auf die Untersuchung von kretischen Ortsnamen

(A-mi-ni-so; Ko-no-so; Tu-ri-so; Pa-i-to; Ru-ki-to) stützte, wie beim Dechiffrierdienst eine Reihe von Silbenrosten an. Der fünfte erwies sich am 1. Juni 1952 als sprechend: Bruchstücke von Sätzen einer Sprache, archaischer als das Griechisch Homers und in einer sehr geschäftsmäßigen, fast stenographischen Schreibweise aufgezeichnet, drückten alle möglichen Vorgänge aus dem Bereich der Buchhaltung, Verwaltung und des Kultes aus. Die Neuigkeit wurde am 1. Juli 1952 von der BBC bekanntgegeben und erregte sofort großes Aufsehen[47]. Der Spezialist für homerische Sprachwissenschaft, Chadwick[48], bot dem scharfsinnigen Forscher sofort seine Mitarbeit an. Im Februar war der zweite Band der *Scripta Minoa* von Evans erschienen: man konnte darin nicht ohne Erregung den Namen der Jungfräulichen Herrscherin Athena Potnia und einer ganzen Reihe von Göttern des griechischen Pantheons entziffern, nicht gerechnet die wachsende Zahl von Orts- und Personennamen. Die Täfelchen von Pylos erwähnten, so glaubte man, Aigeus* und Dreifüße kretischer Herstellung, oder den Namen des Dionysos . . . Die Tontäfelchen, die man nach der Mitteilung von Michael Ventris aus dem Jahre 1952 im Hause des Ölhändlers in Mykene gefunden hatte, erhärteten die Wahrscheinlichkeit dieser Umschreibungen. Von 1953 an erkannte die gelehrte Welt im allgemeinen an, daß der neue Champollion 66 von 91 Zeichen der Schriftzeichenliste B richtig gelesen hatte. Aber aus welcher Epoche genau stammten die übersetzten Täfelchen?

Am 1. Juni 1960 begann unter Fachleuten ein ziemlich heftiger Streit[49]. L. R. Palmer, bekannt durch seine Vergleiche zwischen dem noch nicht entzifferten »Minoisch« und der luwischen Sprache, schlug angesichts der Widersprüche von Evans und dessen Meinungsverschiedenheiten mit seinen Mitarbeitern beim mykenischen Seminar von London vor, das Datum des letzten Brandes des »Palastes« von Knosos um 200 Jahre herabzusetzen und ihn nicht wie Evans um 1400, sondern um 1200 v. Chr. zu datieren.

* Man sieht heute die Silben $a_3$-ke-u als ein Adjektiv an, das die Dreifüße näher bestimmt und entweder »ohne Beiwerk« (griech. askeues) oder »hergerichtet, geschmückt, verziert« (vom griechischen Verb askeo), oder »vom Schlauchtyp« bedeutet.

Die amerikanische und die europäische Presse, der englische Rundfunk, der erste internationale Kongreß für kretische Studien (September 1961) griffen in die Debatte ein: die Veröffentlichung der Notizbücher und Tagebücher der Ausgräber, neue Probegrabungen in Knosos selbst, die Einrichtung eines neuen stratigraphischen Museums und das Studium der unveröffentlichten Scherben zwin-

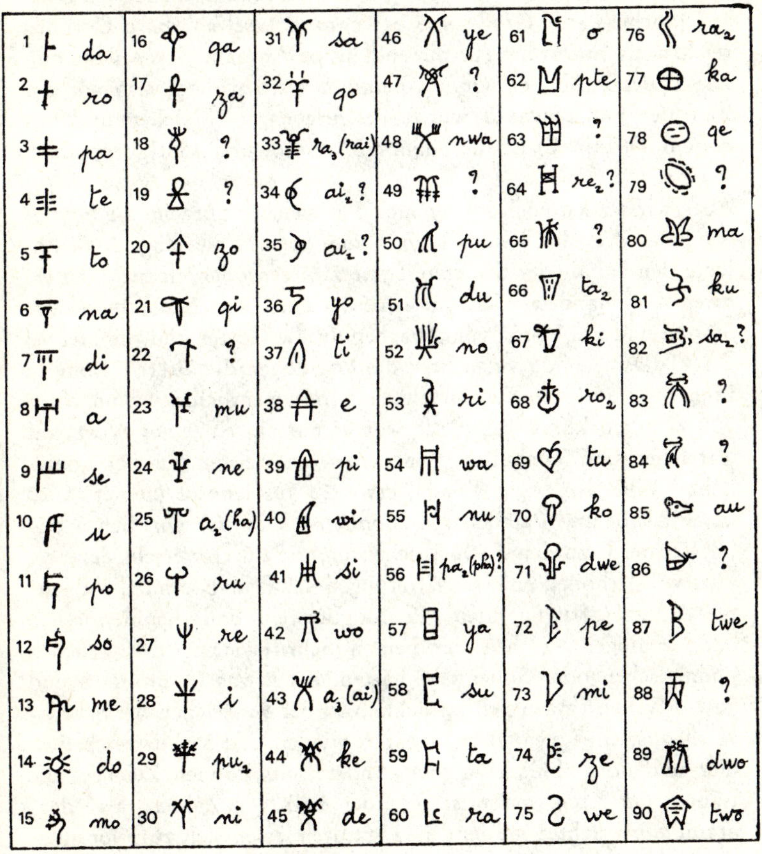

1 da
2 ro
3 pa
4 te
5 to
6 na
7 di
8 a
9 se
10 u
11 po
12 so
13 me
14 do
15 mo
16 qa
17 za
18 ?
19 ?
20 zo
21 qi
22 ?
23 mu
24 ne
25 $a_2$ (ha)
26 ru
27 re
28 i
29 $pu_2$
30 ni
31 sa
32 qo
33 $ra_3$ (rai)
34 $ai_2$ ?
35 $ai_2$ ?
36 yo
37 ti
38 e
39 pi
40 wi
41 si
42 wo
43 $a_3$ (ai)
44 ke
45 de
46 ye
47 ?
48 nwa
49 ?
50 pu
51 du
52 no
53 ri
54 wa
55 nu
56 $pa_2$ (pha)?
57 ya
58 su
59 ta
60 ra
61 o
62 pte
63 ?
64 $re_2$ ?
65 ?
66 $ta_2$
67 ki
68 $ro_2$
69 tu
70 ko
71 dwe
72 pe
73 mi
74 ze
75 we
76 $ra_2$
77 ka
78 qe
79 ?
80 ma
81 ku
82 $sa_2$ ?
83 ?
84 ?
85 au
86 ?
87 twe
88 ?
89 dwo
90 two


Zeichentafel der Linear-B-Schrift von Knosos (1300 v. Chr.).

gen fortan alle zu der Auffassung, daß der »Palast« von Knosos in der ersten Zeit von Spätminoisch III noch eine Blütezeit kannte[50]. Der Brand, der das Gebäude zerstörte und die Buchhaltungstäfelchen »brannte«, ereignete sich um 1300. Er zerstörte übrigens den Palast nur teilweise. Der Verfall zog sich hin, ohne daß die Bautätigkeit ganz zum Erliegen kam, und erreichte hier wie auf dem griechischen Festland sein Ende erst am Ausgang des 13. Jahrhunderts. Große, auf der ganzen Insel spürbare Unruhen reichen als Erklärung für die endgültige Aufgabe der Anlage aus. Die Epoche, mit der wir uns befassen werden, liegt also vor der Zeit der mit Linear-B-Schrift beschriebenen Täfelchen und vor diesem Verfall. Es ist die Glanzzeit des 16. und 15. Jahrhunderts v. Chr.

Aber wir wissen noch immer nicht, in welcher Sprache die Schreiber jener Zeit sich ausdrückten. Kaum begann die junge Mykenologie den Inhalt der neuesten Texte zu lesen oder vielmehr zu erraten – es handelte sich um Inventarlisten von Magazinen oder Ställen und um Listen von Abgaben an die Götter und die Herren der »Paläste« –, da versuchten die Philologen die älteren Texte in Linear A zu deuten. Es handelte sich im wesentlichen um ungefähr 300 ziemlich kurze Texte, oft war es nur ein einzelnes Wort, auf Täfelchen und Tonbullen, von denen die meisten aus der königlichen Villa von Agia Triada, etwa 20 aus Knosos und etwa 10 aus Phaistos und Palaikastro stammten[51]. Das war wirklich wenig im Vergleich zu den 3 400 Inschriften, die durch verschiedene rekursive Methoden eine Entzifferung des Linear B ermöglicht hatten. Eine Hoffnung blieb: die Möglichkeit, daß die identischen oder analogen Zeichen der beiden Schriftsysteme den gleichen phonetischen oder Silbenwert hätten. Bei etwas Optimismus und gutem Willen finden sich tatsächlich 55 der 91 Zeichen der Schriftzeichenliste in Linear B in Linear A wieder, und 5 andere scheinen hier und dort ähnlich zu sein. Andererseits können Zeichen, die isoliert auftreten, meist ist dies der Fall vor Zahlen, als Ideogramme betrachtet werden; die Ligaturen lassen sich zur Not unter dieser letzten Rubrik einordnen. Schließlich lassen sich Maßzeichen, ganze Zahlen und Brüche ziemlich leicht isolieren.

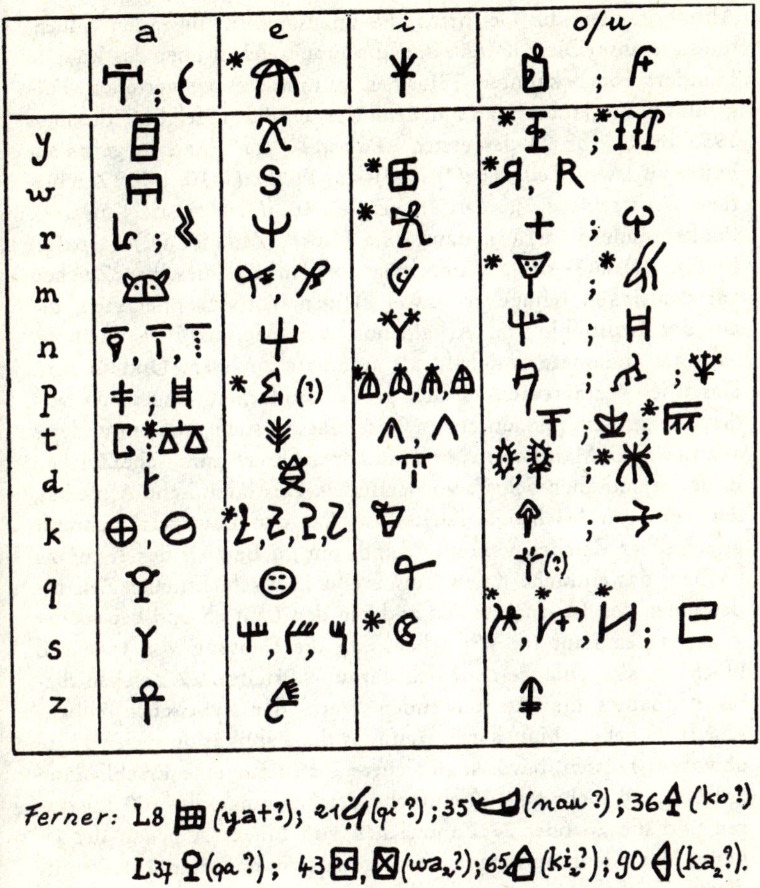

a
e
i
o/u
y
w
r
m
n
p
t
d
k
q
s
z
Ferner: L8 (ya+?); 21 (qi ?); 35 (nau ?); 36 (ko ?)
L37 (qa ?); 43 , (wa₂?); 65 (ki₂?); 90 (ka₂?).


Zeichentafel der Linear-A-Schrift.

N. B. Die Sternchen weisen auf Zeichen hin, die für diese Schrift charakteristisch sind.

Also begannen die Gelehrten die unzusammenhängenden Silben, die sie transkribiert hatten, und die Fragezeichen über das knappe Hundert von bekannten Täfelchen in Linear A zu verteilen. Folgendes z. B. glaubte man auf dem ältesten der Täfelchen, die man 1953 im Sektor 28 des ersten »Palastes« von Phaistos gefunden hatte, zu lesen. Zeile 1: i(?)-na(?)-wa, Punkt (= 10, oder Zeichen für Worttrennung?), a-ri(?); Zeile 2: i(?)-zu(?)-ri(?)-ni-ta(?), Punkt; Zeile 3: a-ri(?), dann eine Lücke; Zeile 4: i(?)-da-pa(?), Punkt, i(?)-sa(?)-ri(?). Man schlug vor, ein und dieselben Zeichen auf der linken Klinge von zwei kleinen Votiv-Doppeläxten, die aus der Kulthöhle von Arkalochori stammen, bald als idamate, bald als nodamate und bald als sedamate zu lesen. Und so fort. Das alles verrät offensichtlich große Unklarheit, abgesehen von der Gefahr, die phonetischen Werte eines Systems auf ein anderes anzuwenden. Man konnte, mit Humor, mehrere minoische Zeichen in der japanischen Schrift wiederfinden. Das lateinische Alphabet, das vom griechischen abgeleitet ist, hat den Lautwert mehrerer griechischer Zeichen verändert, und, um im Bereich der Ägäis zu bleiben, das einfache Kreuz umschreibt in geschichtlicher Zeit bei den einen den Laut x, bei den anderen den Laut ch und bei wieder anderen den Laut ro. Wir sahen, daß die Deutung von Linear B blockiert war, solange man sich darauf versteifte, 22 Zeichen dieses Alphabets die entsprechenden Werte der kyprischen Silbenschrift zu geben. Man wird zweifellos die Publikation neuer Texte abwarten müssen, bevor man sichere Listen für eine Erschließung anlegen und mehr als 100 einfache Zeichen, ungefähr 100 Ligaturen und die 26 oder 27 Zahlzeichen von Linear A genau deuten kann. Vor allem muß man sich vergewissern, daß man alle Details dieser Zeichen genau transkribiert hat, ohne etwas auszulassen oder hinzuzufügen. Die verschiedenen Hieroglyphensysteme, von denen es zu wenig Texte gibt, lassen wir beiseite.

Nehmen wir also vorläufig an, man könne 90 % der Silbengruppen von Linear A lesen. Können wir darin noch sicherere Erkenntnisse finden[52]? In erster Linie, daß sich die Texte in vier Gruppen aufteilen lassen:

1. Buchhaltungsbelege, in denen man die Wörter mit der Bedeu-

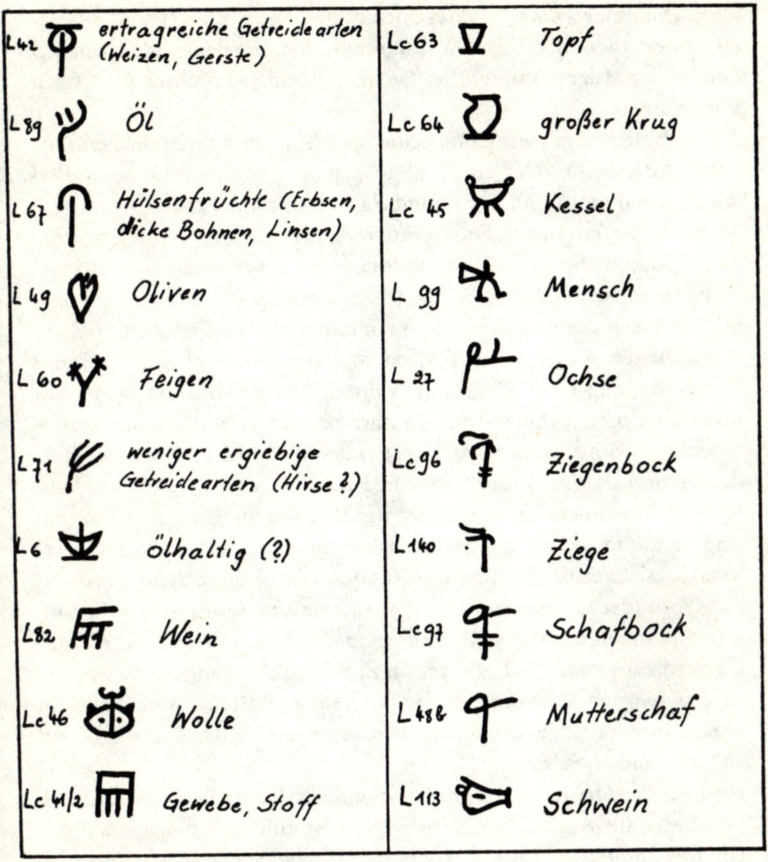


Einfache Ideogramme der Linear-A-Schrift von Agia Triada (1450 v. Chr.).

tung »Summe« (kuro?), »Gesamtsumme« (x-to kuro?) und »Defizit« oder »Schuld« (ki-ro?) festgestellt hat, in denen Zahlzeichen und einige Ideogramme für Tiere, Getreide, Früchte, Öl, Wein vorkommen.

2. Tonbullen mit Siegeleindrücken und einigen Schriftzeichen (Inhalt? Adressat?) oder auch ohne solche Angaben. Diese Bullen waren dazu bestimmt, Säcke und Pakete zu plombieren.
3. Weihinschriften auf Kultgeräten oder Votivgaben.
4. Allerhand Sgraffiti auf Wänden und verschiedene auf die Pithoi gepinselte Schriftzeichen (Standort oder Herkunft?).

Die dritte Kategorie scheint am meisten zu versprechen. Folgen von Zeichen wiederholen sich da und dort und scheinen auf das Vorhandensein einer Deklination hinzuweisen. Man liest aus mehreren Inschriften die Wörter jasasarame und jasasaramana; atanowodeka (?) und atanowowaja (?); kupanu und kupanatu; datara, datare und dataro. Man glaubt in Linear A Wörter und, am häufigsten, Personennamen wiederzufinden, die in Linear B bezeugt sind: aranare würde mit mykenischem aranaro, dideru mit didero, kasaru mit kasaro, kumina mit kumino (der Kümmel), qaqaru mit qaqaro und das sehr zweifelhafte sasame mit sasamo (der Sesam) korrespondieren. Man stellt, immer in der Annahme, daß die Transkriptionen genau sind, die große Zahl von Ausgängen auf -u und -e, das häufige Vorkommen der Suffixe -r- und -n- und vielleicht sogar -mn- und eigentümliche Auslassungen in der Lautfolge auf -o (-mo und -qo) fest.

Und darauf baut man sprachwissenschaftliche Theorien auf. Es gibt deren im Augenblick nur drei. Da ist zunächst diejenige Theorie, die unter dem Linear A eine semitische Sprache wiederfinden will[53]; sie macht die Häufigkeit der dreisilbigen Wörter geltend, bringt kuro (Summe) in Verbindung mit der semitischen Wurzel kl (ganz), und verschiedene Pflanzennamen wie kumina, qalu, samuku, sasame, oder Gefäße wie karopa, sapara, supu mit ihren Entsprechungen in der hebräischen und der ugaritischen Sprache; selbst der Name David (aus der Bibel) soll in da-we-da und der Name Gpn (aus Ugarit) in ku-pa-nu wiederzufinden sein. Die kulturellen Begriffe können jedoch sehr wohl entlehnt sein, ohne daß der Grundbestand der Sprache semitisch ist. Die Personennamen sind weder in ausreichender Zahl noch in charakteristischer Form vorhanden: Wadunimi kann lykisch, Titikuni hurritisch, Kuruku griechisch sein.

Auf der andern Seite sehen die immer zahlreicher werdenden Befürworter des indoeuropäischen Charakters des Minoischen darin eine Sprache, die mit dem Luwischen oder dem Hethitischen oder mit einer der Sprachen in Kleinasien, die davon abgeleitet sind, nämlich dem Lydischen oder dem Lykischen, verwandt ist oder aber mit einem griechischen Dialekt, der älter ist als das Mykenische. Der gewichtigste Einwand, der sich gegen die Urheber dieser Theorie vorbringen läßt, ist, daß sie nicht von einer einzigen Sprache aus zu einer Gesamtheit von zusammenhängenden Übersetzungen gelangen, sondern daß sie rechts und links, von Indien bis Litauen, ein Wort oder eine Wurzel aufpicken müssen, die im übrigen nicht immer dem zugrunde gelegten minoischen Wort ähnelt. Wir müssen wohl eingestehen, daß mangels einer genügenden Zahl von Texten unsere Kenntnisse der indoeuropäischen Sprachen Kleinasiens, das Luwische eingeschlossen, zu bruchstückhaft sind, um uns eine eindrucksvolle Reihe von Vergleichen mit dem »Minoischen« zu liefern.

Eine dritte Theorie, die vor allem von dem Wiener Gelehrten Fritz Schachermeyr[54] vertreten wird, nimmt an, daß die Inschriften in Linear A eine im wesentlichen ägäische Sprache beinhalten. Die abgeleiteten Schriftzeichen in Linear B sind nicht zur Schreibung des Griechischen geeignet, sie können weder die Nasale vor anderen Konsonanten oder am Wortende bezeichnen noch die Geminaten, noch die Aspiraten, noch die verschiedenen Vokallängen, sie unterscheiden weder zwischen r und l noch zwischen den verschiedenen Verschlußlauten gleicher Art. Wenn wir da-pu-ri-to lesen, müssen wir labyrinthos deuten, was beweist, daß es im Kretischen am Wortanfang einen Interdental *d gab, der dem Mykenischen fremd ist. Offenbar haben die Griechen diese Schrift von Leuten übernommen, die weder mit denselben Lauten noch mit denselben Worten sprachen wie sie selbst. Sie mußten 30 Zeichen ihrer Vorgänger aufgeben und dafür 35 andere erfinden, ohne sich dadurch klarer ausdrücken zu können. Wir verstehen kaum 20 % ihrer spätesten Texte, die wir in Ermangelung eines Besseren mit Eigennamen überladen. Die meisten davon stammen überdies aus einem Namenkatalog, der älter ist als die mykenischen Könige Idomeneus oder Merion. Nun kennen wir aus der Mythologie und den Ortsnamen eine ansehnliche Zahl von vorgriechischen Namen auf Kreta. Sie erinnern deutlich an die alten Ortsnamen, die über Kleinasien, die Balkanhalbinsel, die Inseln der Ägäis, Zypern, Süditalien und Sizilien verstreut sind. Es finden sich in diesen Gebieten dieselben Endungen auf -nt(h)os (-nda oder -ndos in Anatolien, -ntum in Dalmatien und in Italien), auf -(s)sos oder -(s)sa, auf -mnos oder -mna, auf -amos, -ana (oder -ena), ara . . . und oft dieselben Wurzeln, z. B. arn- (die Quelle), gar- (der Fels), laur- (der behauene Stein), parn- (die Höhe), sam- (die Klippe), taur- (die Klamm) usw. So ließe sich, noch einmal vorausgesetzt, die Deutung der Silben aus Linear A auf einer Votivaxt von Arkalochori sei richtig, das Wort (x) da-ma-te viel leichter in Verbindung bringen mit dem Namen des zeitgenössischen kretischen Herrschers Rhadamanthys als mit dem klassischen griechischen Wort Idaia mater. Mit dieser hypothetischen »ägäischen« Sprache würden die kulturellen Bezeichnungen des klassischen Griechisch zusammenhängen, deren Etymologie nicht zufriedenstellend geklärt ist: Namen von Kultur- oder Arzneipflanzen, technische Begriffe und fast der ganze religiöse Wortschatz, einschließlich der Götternamen. Einige Gelehrte nennen in der Nachfolge von V. Georgiev[55] diese Sprache das »Pelasgische« oder die Sprache der Völker des Archipel und betrachten sie als eine dem Thrakischen verwandte indoeuropäische Sprache.

Das klügste, meiner Meinung nach, ist es vielleicht, wir halten uns an das, was uns das Homerische Epos lehrt: nämlich daß man in Kreta schon in minoischer Zeit nicht eine, sondern mehrere Sprachen sprach, darunter das Pelasgische, das Eteokretische und das Kydonische. Den am besten bekannten kretischen Wörtern, die wir am sichersten auf die minoische Kultur zurückführen können, Sach-, Orts- und Personenbezeichnungen, liegen verschiedene phonetische und morphologische Gegebenheiten zugrunde. Zum Bei-

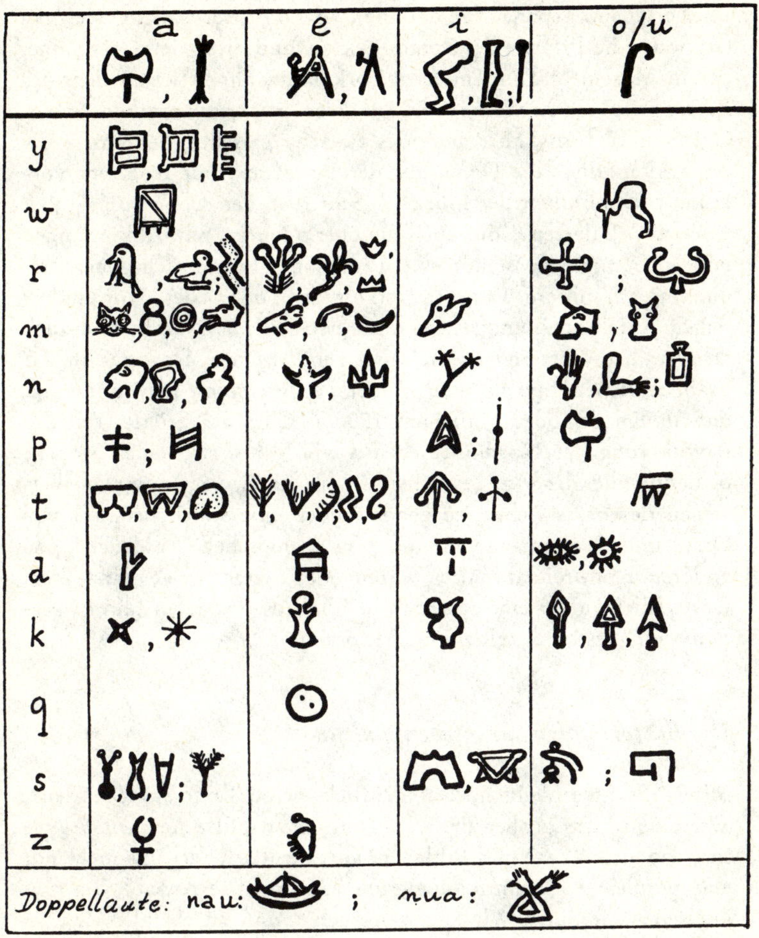


Silbenwerte der kretischen Hieroglyphen.

spiel erscheint laphne (für daphne), »der Lorbeer«, nicht wie diktamnon, »die Pflanze des Berges Dikte«, und dieser letztere Name, der in Mysien und in Thrakien vorkommt, ähnelt kaum dem des Berges, der die kretische Stadt Lyktos trug. Hyakinthos ist ein Gott von Tylissos, aber auch des ganzen ägäischen Beckens, während Akakallis, »die Dame mit der Narzisse«, nur in Kreta vorkommt. Die Einheit der Linear-A-Schrift in den schon ausgegrabenen vier »Palästen«, die übrigens überladen ist mit Abkürzungen und Ideogrammen, ist nur eine Täuschung. In geschichtlicher Zeit und bis auf unsere Tage ist festzustellen, daß jedes Jahrhundert seinen Anteil an Immigranten mit verschiedenen Namen und auch an fremden Wörtern auf die Insel gebracht hat. Das war in der prähistorischen Epoche nicht anders. Selbst wenn man annimmt, daß in Knosos oder Malia um 1500 v. Chr. der größte Teil der Bevölkerung der Nordküste ebenso wie Minos sich einer Sprache bediente, die der der ägäischen Inseln glich, sagen wir meinetwegen des Pelasgischen, so gehörte doch eine stattliche Zahl von Orts- und Personennamen und von technischen Ausdrücken zu anderen Kulturen, die älter waren oder Seitenzweige darstellten. Das schließt nicht ein, daß man in Phaistos im Süden und in Kydonia im Westen dieselbe Sprache sprach.

## *Die Blütezeit der minoischen Kultur*

Minos' Stimme bleibt noch undeutlich. Seine Texte sprechen leise. Wir müssen aus großer Ferne Verstärker zu Hilfe nehmen. Ägypten, das viele Texte und Bilder hervorbrachte, liefert uns nicht nur eine vergleichende Chronologie und eine gewisse Anzahl von mykenischen Gefäßen. Wir erfahren auch[56], daß zu ebender Zeit, in die wir das Reich des »Seligen« Minos legen wollten, das Land Keftiu, Kreta, als Lieferant von Rohstoffen oder Kunstgegenständen vielfältige Beziehungen mit Ägypten unterhielt, sei es direkt oder durch Vermittlung der syrischen Küste. Nach dem Papyrus von Leiden scheinen die ersten, ohne Zweifel indirekten Berührungen mit den Keftiu unter der 8. Dynastie um 2200 stattgefunden zu haben, zu der Zeit genau, zu der ein Täfelchen von Assur in Mesopotamien Kaptara erwähnt. Unter der 12. Dynastie um 2000 bis 1785 wurde, wahrscheinlich in den syrisch-palästinensischen Häfen, der Handel und der Austausch von Kunsterzeugnissen lebhafter. In der Hyksos-Zeit, d. h. zwischen 1700 und 1580, gelangt Kreta durch die Ausweitung seiner Seemacht bis zu den Häfen Ägyptens, aber unter der 18. Dynastie, besonders zwischen 1580 und 1380, haben die Beziehungen die größte Bedeutung: die ägäische Keramik gelangt bis nach Nubien, während in Kreta die ägyptischen Mal- und Fayence-Techniken angewandt werden. Die Keftiu-Schiffe werden um 1500 erwähnt. Die »Fürsten des Landes Keftiu« werden in einer allgemeinen Weise bezeichnet und sind symbolisch dargestellt im Grab des Wesirs Rechmere in Gurna bei Theben aus der Zeit um 1450 bis 1440; ihre Geschenke finden sich in sieben anderen Gräbern derselben Nekropole. Das Wort »Keftiu« erscheint häufig in etwa 15 ägyptischen Texten aus dem 15. Jahrhundert. Unter den Inseln des großen Grünen [d. h. des Mittelmeeres] an Bedeutung herausragend, liefert Kreta Ägypten Metalle, Edelsteine, pharmazeutische Erzeugnisse, Gefäße, die sich auszeichnen durch Form und Fertigung; die ägyptischen Schreiber befassen sich damals, besonders unter Thutmosis III. (1483–48), mit den Namen, den Totenkulten, der Medizin, der Magie, den Schiffskonstruktionen der Kreter. Offensichtlich ist Kreta damals eine wirtschaftliche Macht ersten Ranges. Unter Amenophis III. (1410 bis 1380) läßt der Kultur- und Güteraustausch nicht nach; denn ein Text, der kürzlich im großen Hof des Totentempels dieses Pharao im ägyptischen Theben[57] entdeckt wurde, zählt noch um 1380 mindestens sieben Städte des Landes Keftiu auf, Amnisos, Bjš.j(?), Kydonia, Wirj (= Felaia), Knosos, Lyktos und (S)it(ia) (?). Die Dokumente schweigen nach Amenophis IV., in der zweiten Hälfte des 14. Jahrhunderts: Kreta scheint damals seine Unabhängigkeit und seine Eigenständigkeit unter »den Inseln inmitten des Meeres« verloren zu haben, als die mykenischen Bügelkannen den ägyptischen Markt eroberten.

Wenn uns die Texte und Bilder Ägyptens bestätigen, daß der Höhepunkt der minoischen Macht zwischen 1580 und 1450 liegt, müssen wir uns den kretischen Bauten zuwenden, die in dieser Zeit entstanden sind und die die Spitzhacke der Archäologen seit einem Dreivierteljahrhundert in Kreta freigelegt hat. Die Mehrzahl davon gehört in den Zeitraum zwischen zwei Katastrophen; die eine verwüstete am Ende von Mittelminoisch III A, um 1600 (oder 1580) v. Chr., Knosos und seine Umgebung, die andere zerstörte aus noch dunklen Gründen in Spätminoisch I B, um 1450 v. Chr., alle bekannten großen Gebäude Kretas von Malia bis Zakro. Das heißt nicht, daß vor und nach dieser Epoche nichts zu finden ist: die Grabungen von D. Levi in Phaistos wie die von S. Alexiou seit 1953 in Katsaba beweisen die Kontinuität der künstlerischen Überlieferungen bis weit über die hier gesteckten zeitlichen Grenzen hinaus. Wir müssen sehr wohl archäologische Gegebenheiten berücksichtigen, die einige hundert Jahre vor oder nach 1600 bis 1450 liegen, denn der wesentliche Rhythmus des Alltagslebens hat sich in einem Land von Hirten und Bauern nicht so schnell geändert wie der Stil der Gefäße aus den »Palästen«. Die Verwaltung dieser »Paläste«, die von 1700 an mehrere Male auf demselben Platz wiederaufgebaut oder vergrößert wurden, hat wohl kaum ihre Grundlagen bis zur Zeit der letzten Täfelchen verändert. Deshalb ermächtigen uns die Buchhaltungsbelege der Täfelchen, die man lesen kann, das zu vervollständigen, was man von einer älteren Buchhaltung nur vermutet. Man braucht nur auf der Karte Namen und Lage der reichsten oder am meisten versprechenden Orte zu betrachten, um sich klarzuwerden, daß uns weder die mythologische Überlieferung noch die Vorstellung der ersten Ausgräber, noch die Bemühungen der Sprachwissenschaftler, noch die Ägyptologie getäuscht haben.

Das gleichzeitige Bestehen von 36 Städten und ebenso vielen Villen setzt eine Zeit relativen Friedens und wenn auch keine gemeinsame Politik, so doch eine kontrollierte Expansion voraus. Diese wirtschaftlichen Zentren sind nach zusammenhängenden Gesamtplänen angelegt, sie besitzen öffentliche Plätze, Aquädukte, Kanalisationen, Nekropolen, Heiligtümer für die Allgemeinheit. Selbst auf dem Land sind in dieser Zeit die Behausungen nicht dem Zufall überlassen und nicht aus Erde und Stroh gebaut. Die Heiligtümer auf den Berggipfeln, im flachen Land und in den Höhlen setzen eine im Himmel wie auf der Erde waltende Hierarchie voraus. Jeder der regionalen Hauptorte hat seinen Hafen oder seine Häfen, und diese leisten sogar einen ziemlich lebhaften Beitrag zur Entstehung von mindestens acht neuen Minoa oder Häfen des Minos im Mittelmeer; einer entsteht bei den Philistern und ein anderer bei den Siziliern. Später wird dann die Sage unter Umkehrung der Tatsachen berichten, Zeus, der junge kretische Gott, habe seine Gattin Europa von der Küste Phöniziens geholt.

Das Wort Kultur beinhaltet bei jedem Volk in einem Abschnitt seiner Geschichte den Besitz von Techniken, die denen seiner Nachbarn überlegen sind, eine stabile politische und wirtschaftliche Organisation, eine geistige und sittliche Ausstrahlungskraft, wie sie auch eine lebendige Seele besitzt und wie sie vor allem in der Religion, der Dichtung und der Kunst spürbar wird. Von allen Werten sind die geistigen die beständigsten; nie vergehen oder schlummern sie ganz. Und deshalb ist es nicht nur ein Traum, wenn der kretische Bauer heute vom Ruhm seiner Vorfahren zu träumen scheint. Eben dieser Bauer hat Minos als erster geweckt. Wir werden ihn oft zu Hilfe rufen. Die Archäologen und die Philologen werden uns helfen, die Städte wiederauferstehen zu lassen, in denen sich so deutlich die Macht und der Organisationswille der Völker spiegelt. Und wir werden schließlich die Techniker bitten, uns das Geheimnis einiger antiker Fertigkeiten zu verraten, die man allzu leicht für das Privileg der Neuzeit hält.

Denn wer Kreta, seine Museen und auch seine verschiedenen Landschaften besucht, ist immer noch am meisten überrascht bei der Feststellung, daß man dort besser baute, pflanzte und lebte als überall sonst in Europa 1600 Jahre v. Chr. Europas Anfänge liegen buchstäblich hier. Das junge Mädchen, das Zeus entführte und unter der immergrünen Platane von Gortyn umarmte, die zukünftige Mutter des Minos, Europa, ist eine typisch kretische Göttin. Nur durch eine Verwechslung mit einer syrischen Göttin, die auf einem Stier steht oder sitzt, nannten die Reisenden sie eine Phönizierin. Der Name Europa selbst, »die Dunkle, die Westliche«[58], der als Beiname der Demeter, der Göttin der Fruchtbarkeit, dient, ist ein Symbol. Er hat Griechenland und von Ort zu Ort alle Länder unseres Kontinents gewonnen, die die gleiche Vorstellung von den wesentlichen menschlichen Werten, von der Ordnung und der Schönheit ausgebildet haben. Wenn wir den Alltag auf Kreta zur Zeit des Minos wieder lebendig werden lassen, so entdecken wir damit nicht einfach eine besonders begünstigte Epoche, in der die Kunst, die Techniken und die soziale Ordnung ihre Vollendung erreicht haben, oder verherrlichen den gerechtesten und weisesten der Heroen: wir wohnen dem ersten Erwachen, dem ersten Lächeln, den ersten Gebärden Europas bei.

Erstes Kapitel

# Der geographische Rahmen

## *Das Meer und die doppelte Verschiebung der Küsten*

1500 Jahre vor Christi Geburt sahen die Kreter ihre Insel nicht so, wie wir sie heute sehen. Und vor allem glaubten sie nicht, daß es eine Insel sei. Mit ihren Ausmaßen – man fuhr zu Schiff bei gutem Wind länger als zwei Tage entlang der Nordküste oder auch der Südküste, und zu Fuß brauchte man in der guten Jahreszeit mehr als sieben Tagemärsche, um sie von Ost nach West zu durchqueren – mit ihren mehr als 1000 km langen Küsten, die von Norden nach Süden bald eine Landbreite von 12, bald von 60 km umfassen, durch die Vielzahl ihrer Gebirgsmassive – sie bilden ein Rückgrat mit mindestens fünf Wirbeln und der doppelten Anzahl von Fortsätzen –, mit der relativen Abgeschiedenheit ihrer bebauten Täler, mit der Mannigfaltigkeit der Sitten, Sprachen und Überlieferungen erschien Kreta noch in homerischer Zeit als eine Einheit von Ländern oder wie »ein Land« inmitten des Meeres[1]. Es war etwas, das weder zum griechischen noch zum afrikanischen Festland gehörte, von wo es mehrere Schiffstagereisen entfernt war. Es war eine Welt für sich.

Und diese Welt war tatsächlich früher größer als heute. Der Meeresspiegel hat sich verändert[2]. Unaufhörlich schmolzen seit Jahrhunderten die Eismassen der Arktis weiter, ergossen sich die großen Zuflüsse aus dem Schwarzen Meer und aus den afrikanischen Seen in das Mittelmeer. Sein Wasserspiegel steigt um 1 mm pro Jahr. Kreta erlebt wie die anderen Inseln und die Küsten des Archipels eine Phase des Versinkens. Die Mehrzahl seiner flachen Küsten und der Buchten, wohin einst die Schiffe steuerten, kurz die Mehrzahl der minoischen Häfen befindet sich heute unter Wasser. Die Matrosen, die Schwammfischer und die Küstenbewohner sprechen nur von versunkenen Städten. Man braucht lediglich an der Nordküste von Kreta zwischen Rhethymnon und Sitia spazierenzugehen, dort, wo die Klippen nicht senkrecht ins Meer fallen, um Molen, Gräber, Steinbrüche, Fischteiche oder Becken zu erkennen, die seit der römischen Zeit um 2 m, seit der minoischen Zeit um 3 bis 4 m vom Wasser überschwemmt worden sind. Hinzu kommt die aushöhlende Arbeit der Stürme, die jedes Jahr die kleinen Klippen aus bröckeligem Fels niederreißen und auflösen, worauf die antiken Städte standen. In Stavromenos (Rhethymnis) kann man nun schon seit 20 Jahren jeden Winter das unerbittliche, langsame Verschwinden des Hafens von Pantomatrion beobachten, dessen Name bedeutete »für alle Kiele gemacht«: die Mauern zerkrümeln zu Schotter, zu Kies, zu Sand, zu Staub, zum Nichts. 1926 glaubte man den minoischen Doppelhafen Nirou Chani an der Nordküste wiedergefunden zu haben, der 13 km östlich von Herakleion zu beiden Seiten eines kleinen felsigen Vorgebirges lag: die ganze, dem dort vorherrschenden Nordwestwind ausgesetzte Küste ist zerklüftet und zerschnitten von Gesteinsbrüchen, die bis in die Fluten reichen; die östliche Bucht, die im Schatten desselben Windes liegt, ist versandet. Man hat lediglich die Überreste einer Poros-Einfassung freigelegt, der der ganze nördliche Teil fehlt, und eine Art Reservoir oder Zisterne von 10 × 12 m, die in den Fels gegraben war. Aber dieses zuletzt erwähnte Bauwerk, dessen Boden heute 1,80 m unter dem Meeresspiegel liegt, lag im Altertum sicher erheblich über diesem Niveau, denn bei den im Mai 1960 durchgeführten Unterwasserforschungen von Honor Frost fand man in 5 m Tiefe die Mauern der versunkenen minoischen Bauten. Was wir heute als kleine Inseln in der Bucht von Malia sehen, die Christus-Insel und die Insel Sankt Barbara oder die unbewohnte Insel Mochlos in der Bucht von Lastros – sie stellten damals Vorgebirge dar. Die Fischer und Kaufleute von Malia gingen nicht, wie man gemeinhin annimmt, zwischen der Insel und der Sankt-Barbara-Kapelle vor Anker, aus dem einfachen Grund, weil einst direkt unter der Wasseroberfläche die gefährlichsten Klippen ragten. Der minoische Hafen muß im Norden des heutigen Küstenverlaufs gesucht werden, in einer versandeten Bucht etwa 800 m nordwestlich des »Palastes«, dort, wo ein Felsenband, eine Mauer, ein in den Felsen gehauener Graben senkrecht zum

Strand unter den Fluten verschwinden. Das gleiche Versinken durch Überschwemmung ist in Sitia, am Kap Sidero, in Palaikastro, besonders um die Zitadelle an der Grandes-Bucht, in Lasaia und Matala zu beobachten. Inmitten dieser eben genannten Bucht finden sich in 7 m Tiefe Mauern, vom Schlamm halb bedeckt, und die Scherben von unzähligen Krügen[3].

Den eustatischen Meeresspiegel-Anstieg kann man nicht als die alleinige Ursache ansehen. Kreta liegt am Endpunkt der beiden großen Gebirgsbögen, des dinarischen und des taurischen, und wird deshalb von Erdbeben erschüttert, die seine Oberfläche unaufhörlich verändern. Nach dem Erdbeben vom 26. Juni 1926 hat man in der Nähe von Herakleion eine Anhebung der Küste um 20 bis 30 cm festgestellt. Im Jahre 66 n. Chr. ließ ein anderes Erdbeben den Hafen von Lebena an der Südküste untergehen. Hier senkt sich der minoische Boden und verschwindet, dort kommt er wieder zum Vorschein. Örtliche Veränderungen erwecken den Eindruck, daß ein gut Teil der kretischen Küsten seit der Antike einer Bewegung unterworfen war, die dem Auf und Ab eines Wellblechs gleicht. Einige Kilometer westlich vom versunkenen Hafen von Matala sucht man den minoischen Hafen von Komo vergebens in den Fluten: in Wirklichkeit liegt er auf dem Festland, von Sanddünen bedeckt. Manchmal nehmen uns, wie in Zakro, die Anschwemmungen des Flusses die Sicht auf die Mündung, welche die Menschen aus der Zeit des letzten »Palastes«, 1450 v. Chr., noch sahen.

Es ist eine Ausnahme, wenn, wie in Minoa an der Sudabucht, der moderne Strand dem antiken entspricht. Das kommt daher, daß gerade an diesem Punkt die Hebung des Meeres durch eine gleich starke Hebung der Erde ausgeglichen wurde. Dem Schiffsreisenden, der, von der Halbinsel Akrotiri kommend, die Küsten von Ost nach West entlangfährt, wird weit über dem heutigen Meeresspiegel ein Saum fossiler Algen sichtbar, die weder fortlaufend entstanden sind noch aus der gleichen Zeit stammen. Durch heftige Stöße hob sich der Westrand Kretas. Wenn wir uns auf die minoischen Orte beschränken, so beträgt diese Erhebung 600 m westlich des Kladissos 2,30 m, bei Afrata und beim Diktynnaion am Ostabhang des Rodopou, des antiken Tityros, 3,50 m, bei Kisamos 5 m, bei Phalasarna 6,60 m, bei Chrysoskalitissa 7,50 m: die Hafenanlagen dieser drei zuletzt genannten Orte bieten sich dem Betrachter unberührt vom Wasser auf dem Festland dar. Diesen Algenstreifen finden wir wieder in einer Höhe von 7,20 m beim Kap Krios und dem antiken Biennos, von 7 m beiderseits von Palaiochora, dem antiken Kalamyde, von 6,30 m bei Sougia, dem antiken Syia, von 6 m in Tripiti beim antiken Poikilassos, von 3,60 m bei Agia Roumeli, dem antiken Tarrha, von 3,50 m in Loutro, dem antiken Phoinikous, von etwa 2 m in Damoni, dem antiken Lamon. Ehemalige Inseln sind zu Halbinseln geworden: Elaphonisi, Grammenos, Palaiochora. Man kann indessen nicht mehr wie zur Zeit des Kapitäns Spratt (1865) und Victor Raulins (1869) sagen, daß eine Schaukelbewegung um das Massiv des Berges Kedros das westliche Drittel angehoben und das Zentrum und den östlichen Teil der Insel niedergedrückt hat; vielmehr haben mehrere tektonische Hebungen insbesondere den Westen Kretas erschüttert in dem Augenblick, da der Meeresspiegel sich zu heben begann, so als werde vom ungeheuren Druck der Fluten auf die großen Gräben, die Kreta im Norden und Westen einfassen, die Erdkruste neu geformt. Mit Hilfe der Karbonoskopie ließen sich die Epochen bestimmen, in denen das Meer aufhörte, die Algensäume zu bespülen: in Sougia begann die Bewegung im Laufe des 4. Jahrhunderts v. Chr.; bei Afrata und Chrysoskalitissa am Anfang der christlichen Ära, in Sfinari am Anfang des 2., in Phalasarna nach Nordwesten und in Loutro nach Süden Mitte des 3. Jahrhunderts n. Chr. Aber andere undatierbare, durch Abschleifung entstandene ältere Terrassen von verschiedener Höhe (zwischen 4 und 9 m) zeigen die starke und andauernde Unbeständigkeit dieses Inselteiles. Die Zeitgenossen des Minos würden ihre Küsten nicht wiedererkennen. Ohne Zweifel versicherten sie schon wie die heutigen kretischen Matrosen: »Wenn wir unseren Inseln die Namen von Lebewesen geben, der Floh, der Hirsch, der Esel, das Ungeheuer, so deshalb, weil sie nicht unbeweglich auf den Fluten ruhen. Dieses Vorgebirge im Osten von Hierapetra ist eine liegende Frau, aber sie hat einen unruhigen Schlaf.«

## *Das Gebirge*

Dieser doppelten Verschiebung der Küsten, in die Höhe und in die Tiefe, entspricht eine doppelte Bewegung der Berge. Wie oft habe ich die Hirten auf dem Psiloriti sagen hören: »Seit unserer Kindheit sehen wir unausgesetzt diese steile Klippe wachsen; alles ist in Bewegung, alles lebt!« Und sie sprechen weder von Erosionserscheinungen noch von Geröllablagerungen. Die Geologen bestätigen diesen Eindruck: Die schroffen Zerklüftungen der Malavra – noch ein vorgriechischer Name – wie die des Berges Iouktas, an dessen Gipfel sich das Profil des schlafenden Gottes Zeus abzuzeichnen scheint, oder die des antiken Ida, oder die der Berge von Sfakia gehören zu den jüngsten und schönsten Europas, und ihre Bildung ist noch nicht abgeschlossen[4]. In dem Maße, wie sich das Mittelmeer füllt, erhebt sich Kreta ein wenig höher über das Wasser. Minos, der Sohn des Zeus, sah die Berge zu seiner Zeit weniger hoch.

Die Berge Kretas! Sie haben zuerst die Blicke der Eindringlinge auf sich gezogen und später die der Bewohner gebannt. Sie haben immer eine Hauptrolle gespielt, denn von ihnen kamen das Wasser, die Wolken, die Kühle, das schlechte Wetter, sie lieferten belebte und unbelebte Güter, Wild und Metalle. Sie hatten für die Menschen der Ebene allein durch ihre Anwesenheit Bedeutung, als landschaftlicher Kontrast, als Zuflucht, als Beobachtungspunkt

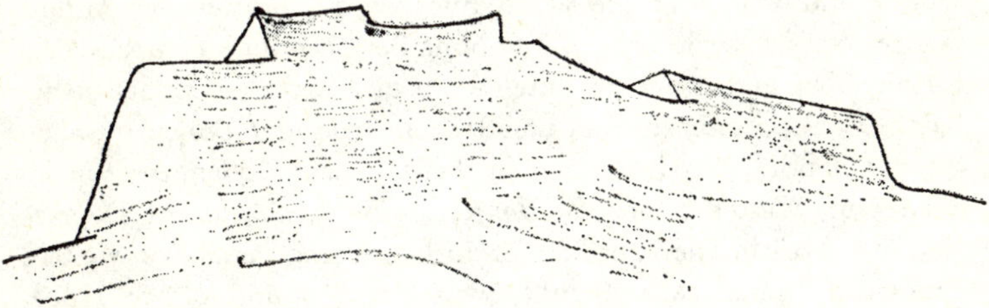

*Abb. 1.* Profil des Berges Iouktas, von Nordwesten her; in ihm sieht man das Gesicht des schlafenden Zeus.

oder als Kultort. Für den, der vom Meer kommt, sind sie, zwischen Himmel und Erde sich erhebend, die Wiege der Götter.

Von einer Gesamtfläche von 8287 qkm besteht mehr als 95 % aus Gebirgen. Im Süden bilden sie eine schroffe und geschlossene Mauer über dem libyschen Meer mit drei Fenstern am Ausgang der Mesara-Ebene und der Ebene von Hierapetra. Im Norden fallen sie in Treppenabsätzen zum Ägäischen Meer hin ab und lassen an ihrem Fuß Raum für Binnen- und Küstenbecken, für Baumgärten, Herden und Menschen. Fast 3000 Jahre schriftlich überlieferter Geschichte beweisen, daß diese Teilung in zweierlei Küstenbildungen, im Norden und im Süden, für die Kreter von geringerer Bedeutung war als die Trennwand von Osten nach Westen. Auf dem Ostzipfel, dem Land der Eteokreter, das am reichsten an minoischen Erinnerungen ist, erreicht der Gebirgsstock von Sitia heute eine Höhe von 1471 m über der Depression von Hierapetra. Er besteht aus mindestens drei Massiven; das im Osten ist aus dunklem Kalkstein, das im Norden aus metamorphem Gestein, das dritte aus permischem Kalkstein, der im Mittelteil und im Süden durchzogen oder bedeckt ist von Eruptionsgestein, Schiefer und sekundären Kalkschichten. Zwischen diesen Massiven strömen Küstenflüsse und zwei Flüsse, die ständig Wasser führen, die von Zakro und Praisos. Unter den mehr als 300 Grotten, die man dort kennt, ist keine einzige Kulthöhle, aber es gibt unzählige minoische Gipfelheiligtümer: dort war der Berg Dikte, wo nach der örtlichen Überlieferung der höchste Gott von einem Wildschwein gesäugt wurde und wohin er die junge Europa, die Mutter des Minos, führte. Das ist der heutige 529 m hohe Berg Modhi, der sich kegelförmig über einem unbewohnten Plateau erhebt; er ist der sichtbarste Punkt zwischen Sitia und Itanos. Jedes der Poljen im Südosten, Chandra, Ziros, Armeni hat ebenfalls sein Höhenheiligtum.

Weiter im Westen bilden die Berge, die die hochgelegene Depression des Lasithi, des antiken Lasinthion, umgeben, eine weitere Einheit. In ihrem Mittelpunkt, zwischen 814 und 870 m Höhe, breitet ein Polje oder Karsteinbruch 4000 Hektar Ackerland von außergewöhnlicher Fruchtbarkeit unter der Sonne aus[5]. Während des ganzen Winters ist das ein riesiger See, dessen Wassermassen durch die Öffnung einer Schlucht in Nordwest-Richtung abfließen. Die Berge ringsum bestehen aus sehr hellem Marmorkalkstein aus der Triaszeit. Der bemerkenswerteste Berg im Norden hat offensichtlich noch den antiken Namen: Selena (1559 m), eine mittelalterliche Entstellung des dorischen Namens der Luna, selana. Der höchste im Süden erhebt sich bis zu 2148 m, und man hüte sich, ihn mit dem ganz modernen Namen Dikti zu benennen, der ihm nach 1900 gegeben wurde, als man in Psychro die diktäische Grotte, in der der Gott Zeus geboren sein soll, gefunden zu haben glaubte. Die Bauern nennen ihn »Schlechter Kopf«, Kako Kephali, oder »Speer«, Spathi. Wie die Eteokreter im Osten beim Zeus Diktaios schworen, so schworen alle Nachbarn des Lasithi im Norden und im Westen beim Zeus Tallaios. Man hat also Grund, anzunehmen, daß die allgemeine Bezeichnung für die Berge, welche dieses Hochplateau umgeben, in minoischer Zeit auf dem vorgriechischen *tal oder *ṭar basiert: man hat diese Wurzel im Süden, am Eingang der Schlucht von Arvi, im Ortsnamen Tartaros, wiedergefunden. An diesen weitläufigen Komplex schließen sich ringsum verschiedene Massive an, die sich durch den geologischen Aufbau, die Vegetation und den Wasserhaushalt sehr unterscheiden: der Kadistos im Norden mit seinem graublauen metamorphen Kalkstein, die Berge von Viannos im Süden mit ihrem Flysch, der mit Punkten von grünem Serpentinit und rotem Kalkstein aus der Kreidezeit übersät ist, die benachbarten Berge des Kolokythos (des antiken Kynthos?) im Nordwesten, deren phyllitischer Schiefer aus dem Paläozoikum, der sich mit jüngerem Kalkstein berührt, mit Roteisenstein bedeckt ist. Außer einigen kleinen Küstenebenen, wie der von Malia, oder den Tälern einiger jahreszeitlich bedingter Bergbäche, sind diese Massive nicht für den Ackerbau, sondern für die Viehzucht, die Jagd und als Schlupfwinkel geeignet. Man zählt dort nicht weniger als 200 verschiedene Karsterscheinungen, Höhlen, Abgründe, Einbrüche, Dolinen, Poljen, Cañons. Größtenteils sind es kahle und graue Berge mit vereinzelten Quellen, verbunden mit zugänglichen und unzugänglichen Felsen. Sie sind ein Bollwerk der Auflehnung und ein Schutz in Zeiten der Wirren.

Im südlichsten Teil Kretas dehnt sich das Asterousia-Gebirge über eine Länge von 50 km zwischen der Mündung des Anapodaris, des antiken Pothereus, und dem Kap Lithinon, dem antiken Lissen, von Osten nach Westen aus. Es erreicht seinen höchsten Punkt im Berg Kophinas, bei 1231 m, und schließt gegen Süden die ganze Weite der Mesara-Ebene ab. Hier ist die geologische Struktur am kompliziertesten: dunkle Plattenkalke der Tripolitza-Serie mit Bitumengeruch treten im Südosten und am westlichen Ende hervor. Sie werden teilweise umrahmt und überdeckt von Gesteinen der Ethiaserie: Kalkstein, Serpentinit und Flysch, die von der älteren Kreidezeit bis zu den ersten Perioden des Paläogens reichen; eine Intrusion metallhaltiger metamorpher Gesteine hat das ganze Massiv vollständig verändert, besonders um die antiken Orte Lebena und Lasaia, die Stadt der Steinbrüche: wie auf Zypern verdankt das Land auch hier seine Mineralbildung einem nachkreidezeitlichen tertiären Vulkanismus. Die Höhen im Osten und im Süden von Matala schließlich bestehen aus Konglomeraten aus dem Neogen. Auf einer Fläche von 35 000 Hektar kann man heute kaum etwa zehn Dörfer oberhalb 400 m aufzählen. Es gibt keine Flüsse, keine Bäume, keine Pflanzenkulturen, nur vereinzelte Quellen. Das ist nun eine der Gegenden Kretas mit den meisten minoischen Ruinen, hochgelegenen Heiligtümern und Grubenbetrieben, und das seit dem Ende des dritten Jahrtausends v. Chr. Ein eigener Zeus, der Zeus Skylios, wurde auf dem Berg Skyllion kultisch verehrt, weil die Kureten der Sage nach ihn dort in seinen Windeln niedergelegt hatten. Die antiken Geographen versäumten nicht, diese Gebirgszüge und die von Sitia zu vergleichen: es finden sich dieselben Bräuche, dieselbe Bevölkerung, dieselbe eteokretische Sprache sowie die Namensgleichheit der Hauptorte Praisos und Pria(n)sos. Hier wie dort befinden wir uns an den Quellen der minoischen Kultur.

Im Mittelpunkt der Insel erhebt sich der Psiloriti oder »der hohe Berg« zum Himmel, den man früher Ida, »der Wald«, nannte; seine beiden 2456 und 2424 m hohen Gipfel ähneln einem minoischen Doppelhorn. Nach einem anderen Doppelhorn desselben Massivs, den Bergspitzen Mavri (1981 m) und Nikita (1917 m) ist die Achse des großen Hofes des »Palastes« von Phaistos in der Mesara-Ebene ausgerichtet. Am südöstlichen Fuß des ersten Horns erstreckt sich in 1300 m Höhe ein Polje von 8 qkm, das den antiken Namen des Berges, Nida, bewahrt. An seinem Rand liegt die großartige Höhle, in der die Berggöttin den höchsten Gott der Kreter, Zeus Idaios, zur Welt brachte: ein Kultort, der seit der Mitte des zweiten Jahrtausends v. Chr. bis zum Ende der heidnischen Zeit mit Votivgaben überhäuft wurde. Der Kern des Massivs besteht aus Paläozoikum-Kalken. Drei bis fünf Monate im Jahr ist er von Schnee bedeckt. Früher wie heute kamen die Menschen nur dorthin, um ihre Herden auf die Weide zu treiben, Holz zu schlagen, zu jagen, im Krieg, um sich zu verbergen, im Frieden, um zu beten. Das ist der Karst mit seinen 200 Höhlen und seinen 20 Klüften. Etwa 10 Quellen umgeben das Polje Nida; die Zomi(n)thos-Quelle trägt heute noch ihren minoischen Namen. Die Bänke aus kristallinem Kalkstein dringen wie ein Keil in den mesozoischen Kalkstein im Osten und im Westen ein. Im Norden und Süden werden sie von Flysch mit Serpentinit eingerahmt. An den Berührungsstellen erscheinen Kupfer- und Eisenlager. Die Sage, nach der die Daktylen, Kyklopen und Kureten, die Gefährten und Erzieher des höchsten Gottes, die Metallgewinnung und -verarbeitung erfunden haben, beruht auf geologischen Tatsachen. Lange Zeit schmolz man die Erze des heiligen Berges mit der Holzkohle des Waldes ein. Der Bezirk, in dem der Berg liegt, ist bis heute die Heimat der Köhler, der Kesselschmiede, der geschickten Erbauer primitiver Schäferhütten. Hier erhalten sich die ältesten Bräuche der Bienen-, Ziegen- und Schafszucht. Auch die Berge um Gonies, den wirklichen geographischen Mittelpunkt der Insel, haben ihren minoischen Namen bewahrt: Poupa, Evgassos, Kasos, Kravsossi, Grambousa, Kasimos, Erma, Armi, Andikti. Flurnamen wie Kolenia, Kanassos und Sisarcha haben denselben Ursprung. Nirgendwo sonst scheint Kreta so sehr wie hier eine Insel von Landbewohnern zu sein.

Gewöhnlich bezieht man in dieses Herz Kretas die Kouloukonas-Berge, in der Antike Tallaia genannt, mit ein, die sich im Norden zwischen Rogdia und Panormos erstrecken. Und das geschieht gewiß zu Unrecht, denn die tiefe Furche von Dhamasta und des Mylopotamos trennt sie vom Psiloriti. Sie bilden eine Küstenbarriere, die ungefähr 35 km lang und am höchsten Punkt 1078 m hoch ist. Die metamorphen und eruptiven Gesteine berühren sich dort mit den Urkalken aus dem Perm oder gar dem Karbon und im östlichen Teil, gegen Fodele zu, mit dem jüngeren Kalkstein aus der Tripolitzaserie. Hier gibt es noch eine weitere Zone, die reich an Metallen aller Arten ist: an Eisen, Kupfer, Mangan, silberhaltigem Blei, Arsenik, Zinnober, Kobalt, Alaun. Hinzu kommt noch, daß hier immer Harz aus einer aromatischen Pflanze gewonnen wurde, das Ladanum.

Wie die Einheimischen wollen wir auch die Berge von Amari von denen des Psiloriti unterscheiden. Sie sind im Süden sehr klar von diesem Massiv getrennt durch das Tal des Platypotamos, des antiken Elektras, von dem es hieß, er führe Goldklumpen mit sich, und im Norden durch das Tal des Platanes; in gar nichts ähneln diese Berge dem ausgedehnten, zerklüfteten Steilhang, der sie im Osten überragt. Veni (742 m), Katsonisi oder Panas (1090 m), Soros (1186 m), Samitos (1014 m) und Kedros, der antike Kindrios (1776 m), sind im wesentlichen aus Kalken der Ethiaserie aufgebaut, die stufenweise vom Maastrichtium bis zum Paläogen übereinanderliegen und in allen Depressionen vom tertiären Flysch bedeckt sind: Sandstein, Trümmergestein, nicht metamorphe Schiefer. Vielleicht muß man zu diesem Komplex im Süden den ganzen östlichen Teil des Bezirks von Agios Vasilios, von Spili bis Melabes, mit den Bergen Siderotas (1136 m), Vouvalas und Lavrasto hinzurechnen; man findet dort dieselben Kalke, in denselben Flysch eingebettet, aber Serpentinite enthaltend, die denen von Asterousia und vom südlichen Lasithi vergleichbar sind. So trokken, kahl und grau der Psiloriti ist, so reich an Wasser, Ackerbau und grünenden Schluchten sind die Berge von Amari: sie sind das Wasserreservoir Mittelkretas, und diese Tatsache erklärt es, daß sie zu allen Zeiten bewohnt waren, nicht nur in den Blütezeiten Kretas, sondern auch in der Steinzeit und in Zeiten der Unsicherheit und des Eindringens fremder Völker.

Jenseits einer Linie, die von der Mündung des Petres, des antiken

Messapios, im Norden bis zum Golf von Plakias, dem antiken Phoinix, im Süden verläuft, erhebt sich das hohe Rückgrat Westkretas, eine Gebirgskette aus schimmerndem Kalkstein des Mesozoikums, die 45 km lang und fast 20 km breit ist. Der Gipfel des Berges Pachnes erreicht 2452 m, fast die Höhe des Ida: zehn andere Berge, während des ganzen Winters und des größten Teils des Frühjahrs weiß von Schnee, während des übrigen Jahres weiß von ihrem Geröll, sind höher als 2000 m. Diese Kette erstreckt sich von Südosten nach Nordwesten, vom Gebiet des Berges Kryoneritis (1312 m) bis zum Westrand des hohen Polje von Omalos (1100 m). Man nennt sie Aspra Vouna, »die Weißen Berge«. Wie diese Benennung die Übersetzung des klassischen griechischen Levka Ori ist, so handelt es sich bei diesen beiden letzteren Wörtern offensichtlich schon um die Übersetzung des alten minoischen Namens Berekynthos, »das Weiße Massiv«. Es ist ein herrliches und wildes Land, das trotz tausendjähriger unvernünftiger Forstwirtschaft und ungewollter oder gewollter Brände noch einige ausgedehnte Waldungen besitzt. Im Ostteil und im Süden nährt sich hier und da, auf einigen mit Wiesen und Ackerbau überzogenen Depressionen und Plateaus eine kleine, kriegerische Bevölkerung, die im wesentlichen aus Hirten besteht und deren Dörfer eine vorgriechische Lautung aufweisen: Asphendos, Nimbros, Vraskas, Patsianos, Araden. Der Südabhang trägt den Namen Sfakia, »die Schluchten«, weil er von 14 senkrechten Talschluchten durchschnitten wird. Vom Nordabhang strömen eisige Flüsse und sprudeln mächtige Karstquellen. Der längste Fluß, Keritis genannt, kommt von Meskla, dem antiken Keraia: Homer nannte ihn Iardanos. Der, welcher Chania am nächsten ist, durchfließt die Schlucht von Therisso und hat noch seinen antiken Namen Kladissos. Allein die beiden Eparchien Kydonia und Sfakia weisen mehr als 450 karstische Eigenarten auf, darunter 400 Höhlen. Hier ist auch die längste und tiefste von allen, die Tzani-Schlucht, die den Wassern des Omalos als Abfluß dient. Sie ist mehr als 400 m tief und hat Gänge von einer Gesamtlänge von mehr als 2200 m. Im Bezirk von Apokorona und im Gebiet von Keramia, das heute 14 Dörfer südlich von Malaxa zusammenfaßt, bietet eine Zone von Vorbergen, die seit dem Neolithikum bewohnt sind, einige Terrassen und bebaute Hochebenen, die vor den vom Ägäischen Meer herkommenden Seeräubern sicher waren. Noch weiter nördlich befinden sich zwei breite Vorgebirge, die beide eine Höhe von 528 m erreichen, das Depranon-Gebirge, das antike Hippokoronion, und der Akrotiri, der antike Kyamos; sie erscheinen als zwei vom Karst getrennte Blöcke, die sich ins Meer vorstrecken: jeder trägt ein minoisches Höhenheiligtum.

Gewöhnlich gliedert man der Kette der Weißen Berge noch die ineinandergreifenden Massive des Kisamos und des Selinon am Westzipfel Kretas an. Vielleicht muß man sie davon trennen. Sie unterscheiden sich in der Tat durch ihren Grundstock aus kristallinem Schiefer, durch ihre verstreut liegenden Gipfel, die mäßigere Höhe (1331 m am Apopigadi, 1182 m am Agios Dikaios), durch das Vorkommen von Heidekraut und Kastanienbäumen, die weicheren Formen ihrer Berge, den Reichtum an Bodenschätzen, die Dichte der menschlichen Besiedlung. Fruchtbare Hügel aus Mergel und Sedimenten aus dem Neogen säumen sie nach Norden hin. In ihrer Verlängerung zum Ägäischen Meer hin liegen zwei spitze Vorgebirge, beide aus kreidezeitlichem Kalk, Grambousa im Westen und Rodopou, das antike Tityros, im Osten. So kahl und ausgedörrt sie heute mit ihrer Höhe von 762 m bzw. 748 m sind, so reich war ihre Vegetation im Altertum. Auch sie trugen minoische Heiligtümer. Im südlichen Teil des Bezirks von Selinon erscheint um die antike Stadt Pelkin derselbe Kalkstein und bildet die Pelekania-Berge. Am Ursprung tiefer, wasserreicher und geschützter Täler hatten sich in diesen Gebirgen des Westens schon im zweiten Jahrtausend v. Chr. und, nach den bis ins 17. Jahrhundert unserer Zeitrechnung erhaltenen Namen zu urteilen, vielleicht noch früher verschiedene Staaten gebildet: z. B. Kantanos auf dem Grund des Arna-Tales, Inachorion im Aicou-Tal, Sassalos am Ursprung eines der Arme des Tiflos, des antiken Tilphos. Was die Menschen in diese Berge lockte, die ziemlich leicht von Norden nach Süden zu überqueren sind, das waren außer den Quellen und den Wäldern die Vorkommen von Kupfer, Eisen und Edelmetallen. Noch in unserer Zeit sagt man von den Bewohnern des Selinon, sie hätten »ein Gehirn aus Kupfer«.

Die Berge Kretas, braun und blau im Osten, grau gegen das Zentrum zu, blasser und weißer werdend, je näher man dem Sonnenuntergang, dem Land der Toten, kommt, bilden hauptsächlich fünf Blöcke: Sitia, Lasithi, Ida, Amari, Weiße Berge. Zwischen ihnen erwecken geringere Erhebungen, ja Hügel, den Eindruck einer Art Kontinuität; das sind die Berge des Gebietes um die antiken Orte Oleros und Larissa (heute Meseleri und Kalamavka) zwischen Sitia und Lasithi, dann die Wasserscheide der Pedias- und der Mesara-Ebene zwischen Lasithi und Ida, dann die Berge von Rhethymnon zwischen dem Amari und den Weißen Bergen; fast alle diese Gebirgsstöcke stammen aus dem Neogen, d. h. sie bestehen aus Mergel, Trümmergestein und weichem Kalkstein und scheinen dem starken Knochengerüst Kretas als Verbindungsknorpel hinzugefügt. Nur die modernen Geographen finden in diesen Gebirgen die große Einheit eines Kalksystems oder die einer durchgehenden Wölbung über dem taurischen Bogen; die Reisenden der minoischen Zeit sahen darin vor allem die Verschiedenheit voneinander abgeschlossener Landschaften mit unterschiedlichen Schwierigkeitsgraden, Farben und selbst Düften. Und um dem Rechnung zu tragen, gebrauchten sie verschiedene Wortwurzeln, die z. T. in den Ortsnamen noch erhalten sind[6]: mala (der Kegelberg), alp (der steile Berg), tal, tar oder taur (der Berg mit Schluchten oder die Schlucht selbst), gal oder gar (die Klamm oder der Abgrund), samo (die Klippe), kinthos (das Massiv), herma (die Spitze, der emporragende Stein), harmo (die Höhe), vrasko (die Spalte?), waxos (die hohe Mauer). Selbst der Name Olymp wiederholte sich in Kreta: Olympos, der Sohn des Kres, des ersten Kreters, galt als Lehrer des höchsten Gottes, des Zeus.

## 1. Höhlen

Beim Aufzählen dieser riesigen Kalksteinmassen oder gar beim Anblick ihrer Umrisse am Horizont kommt man leicht zu der Meinung, sie seien ebenso unbewohnt wie kahl gewesen. Die Wirklichkeit war ganz anders, besonders in minoischer Zeit. Als Raum für Viehzucht, Jagd, Zuflucht, als Wald und Bergwerk zugleich bietet das kretische Gebirge bedeutende Lebensgrundlagen. Und vor allem in Gestalt seiner Höhlen[7].

Man kann aufgrund von Untersuchungen in situ und Grabungen annehmen, daß die Hälfte der 3000 Höhlen, die man dort gezählt hat, mindestens zeitweise bewohnt waren. Vom Neolithikum an findet man, selbst in Zonen zwischen 1000 und 2000 m Höhe, Scherben von Gefäßen. Sie wurden von den Hirten, den politischen Flüchtlingen, den Prospektoren und später von den Anhängern verschiedener Kulte dort zurückgelassen. Tatsächlich dienten die kretischen Höhlen zu etwa 20 Zwecken: man benutzte sie als ständige Behausungen, als zeitweiligen Schutz bei schlechtem Wetter, als Verstecke und Schlupfwinkel im Krieg, als Wach- und Spähposten, als Weiheorte, als Heiligtümer, als Schaf- oder Viehställe, als Milchkeller oder Käsereien, als Heuschober oder Abstellräume der Bauern, als Standorte für Bienenkörbe, als Jagdgebiete, als Verbannungsorte, Gefängnisse, Totenstädte, als Orte für standrechtliche Hinrichtung, als Dungablagen, Steinbrüche, Eiskeller oder einfach als Wasserstellen ... Kreta bietet fast alle bekannten Arten von Karsterscheinungen. Das ist das Paradies der Höhlenforscher oder, wie es die antike Bezeichnung ausdrückt, der Zufluchtsorte der Kreter, der kresphygeta. Von den etwa 40 verschiedenen Ausdrücken, mit denen sie heute bezeichnet werden, gehen mehrere wie labyrinthos, chas, aros, buthanos, leska, lakkos und ihre Ableitungen chavgas und latsida in die vorgriechische Zeit zurück und wurden von den Zeitgenossen des Minos benutzt. 70 % dieser Höhlen sind nichts als einfache Unterstände unter einem überhängenden Felsen oder natürliche Höhlungen, die nicht weiter als etwa 10 m in den Kalkstein hineingehen. Die zwölf längsten messen zwischen 200 und 400 m. Ihr Aufbau weist Netze oder Systeme von Gängen auf, die mehr oder weniger hochgelegene Säle miteinander verbinden. Die großen Tiefen wurden niemals aufgesucht. Aus einem Mittelwert, den man aus 291 bekannten Höhlen im Bezirk Rhethymnon errechnet hat, wo die höchsten und die niedrigsten Massive vertreten sind, im härtesten paläozoischen Gelände und in weichster neogener Schichtung, geht hervor, daß die besuchten Höhlen in einer durchschnittlichen Höhe von 450 m liegen. Die Zufluchtsorte sind nie weiter als eine Wegstunde von den Dörfern entfernt, die Unterstände für die Hirten nie weiter als vier Stunden. Man kann nicht behaupten, daß jede kretische Stadt oder auch nur jeder minoische »Palast« seine Kulthöhle gehabt hätte, aber man kann behaupten, daß auf dem Gebiet der 93 Städte mit vorgriechischen Namen, die man in einem Verzeichnis zusammenstellen konnte, antike Höhlen entdeckt wurden, die in einer sehr geringen Entfernung vom Hauptort meist am Fuße der Berge, am Ursprung eines Tales oder in einer Schlucht liegen, also immer an Orten, die man zu Fuß in höchstens einigen Stunden erreicht.

Vom Gesichtspunkt ihrer Bestimmung aus ist an der Höhle weder ihre Länge noch ihre Höhe, noch selbst ihre Nähe das wichtigste, sondern ihre Sichtbarkeit, d. h. die Ausmaße ihres Eingangs. Fast alle Höhlen aus Friedenszeiten, heilige wie profane, weisen an allen Zugängen Öffnungen auf, die höher als ein Mensch und manchmal sehr gut sichtbar sind, während die Schlupfwinkel aus Kriegszeiten unsichtbar bleiben. Diese haben, weil sie ihr Geheimnis wahrten, Generationen von Kretern gerettet. Schande über den, der die Gemeinschaft verriete! Ich möchte den sehen, der sie ohne Führer wiederfindet, so eng sind sie und so gut versteckt zwischen den Felsen und dem dornigen Gestrüpp. Ein Mensch kann gerade noch hineinkommen, indem er kriecht oder sich gleiten läßt. In manchen Fällen, wie in Kera Spiliotissa in Vryses (Kydonias), war der Eingang der Flucht- oder zeitweiligen Kulthöhle, der in einen ebenfalls unsichtbaren Felsunterschlupf mündete, noch durch einen Felsblock verschlossen, den ein Mensch wie einen Wasserschachtdeckel verrücken konnte. Anderswo, wie bei der Höhle des weißen Steins in Goudro (Sitias) oder beim Nordeingang der Höhle von Arvi (Viannou), kann man die unsichtbare Öffnung des Felsunterschlupfs nur mittels hoch oben an einer Felswand aufgehängten Körben erreichen. Ganz zu schweigen von den Höhlen, Grabhöhlen oder anderen, deren Zugänge die Menschen früher wie heute willentlich verborgen haben.

Aber ebensosehr wie einen Schutz, oder noch mehr, suchten die Kreter zu allen Zeiten und auch heute noch in den Höhlen der Berge das Wasser. Das lebendige und Leben spendende Wasser, das von den Stalaktiten rinnt, von den Wänden tropft, sich in unterirdischen Lachen oder Flüssen ausbreitet, das frische und geheimnisvolle Wasser, dessen Ursprung und dessen Weg unter dem ausgetrockneten Karst man nicht kennt, das heilkräftige Wasser, das Wasser, das den Durst in der Felswüste stillt. Sieht man von den Austrittsstellen ab, die nur an den Ableitungen besucht werden, so kann man sagen, daß die wasserführenden und tropfenden Höhlen den Hirten, den Vogelfreien, den in das Gebirge geflohenen Volksstämmen, den durstigen Reisenden eine wundertätige Quelle bieten. Wir werden uns bei der Besichtigung der sagen- und geschichtsträchtigsten Höhlen oft daran erinnern müssen. Zum Schluß des Kapitels über diese unterirdische Welt sei noch bemerkt, daß die kretischen Höhlen im Westen durch ihre Lage unter einer dichteren Pflanzendecke und in einem kühleren Klima viel feuchter sind und viel stärker tropfen als die im Osten, und daß dies in der Antike sicher noch mehr der Fall war. Der Wald ist zurückgegangen. Die Korrosion geht langsamer vor sich.

## 2. Fauna

Die Gebirge Kretas boten damals eine andere Tierwelt als die, die wir heute dort vorfinden. Die alten Kreter, berühmte Jäger, verfolgten und erlegten außer dem Wildschwein zwei Wildarten, von denen die eine, der Hirsch, heute ausgestorben ist, die andere, der Ibex, vor der völligen Ausrottung steht. Der Ibex ist eine Art Steinbock von gedrungenem Körperbau, mit gelbem, schwarzgestreiftem Fell und weißem Bauch; seine Sprünge sind außerordentlich weit, und seine Witterung ist immer wach. Die heutigen Kreter nennen ihn agrimi oder krikri. Häufig finden sich Gebeine und Geweihe von Hirschen in den minoischen Höhlen und Heiligtümern, wie in Psychro oder Axos. Der Name des Hirsches, elaphos, wurde einem Teich im Gebiet von Lato gegeben; ebenso erhielt ihn eine Halbinsel des Westzipfels, und die minoische Göttin der Jagd, Britomartis im Osten und Diktynna im Westen, hatte die Hirschkuh als Begleiterin. An der Wand eines Felsüberhangs am Abhang des Berges Kapparou bei Kato Pervolakia (Sitias) findet sich aus dem Ende der zweiten »Palast«-Epoche eine Darstellung der Göttin mit ihrem Hund und den Tieren, die sie in ihren Netzen gefangen oder mit ihren Pfeilen erlegt hat: zwei wilde Ziegen, ein Steinbock, ein Wildschwein, zwei Hasen, ein geflecktes Exemplar aus der Familie der Cerviden mit hellem Bauch, spitzem Maul und langem Geweih, das eher einem Damhirsch als einem Hirsch ähnelt. Neben der Göttin ist ihr zusammengekauerter Hund gemalt. Natürlich war das Gebirge früher genau wie heute bevölkert von Herden zahmer Ziegen und Schafe östlicher Herkunft, die auf den Weideplätzen der Wälder oder auf den grasbewachsenen Bergflächen grasten, sich in den Höhlen oder den Felsüberhängen aufhielten und von November bis April in die Ebenen und Höhlen der Küste zogen. Man traf dort auch verschiedene Pelztiere, vor allem den Dachs an, der mehreren »arkalo« genannten Orten im heutigen Kreta seinen Namen gegeben hat, ebenso den Marder, das Wiesel, den Iltis und die Wildkatze. Mehr als 100 Vogelarten waren dort bekannt, von denen wir jedoch nur die eindrucksvollsten und vom minoischen Jäger und Künstler am meisten geschätzten erwähnen wollen: den Aasgeier, den Lämmergeier und den Adler, die die höchsten Gipfel bewohnen, den Eleonorenfalken, der noch in Kolonien auf den verlassenen Dionysiaden-Inseln im Meer von Sitia lebt, die Gabelweihe, die Ringeltaube und die Feldtaube, die häufig in den Höhlungen des Gebirges und den hochgelegenen Teilen der hellen Höhlen angetroffen werden, das rote Rebhuhn und das Steinhuhn, die Wachtel und das Waldhuhn. Auf gewissen Gebirgspässen warten heute noch die Jäger auf den Durchzug mehrerer dieser Vogelarten zu den Jahreszeiten ihrer Wanderung. Schon die Alten bemerkten, daß Kreta die großen wilden Tiere, die Wölfe, die Hyänen, die Bären, die Giftschlangen nicht kannte, und daß es dem Reisenden »ungefährlich« war. Ich habe oft Schlangen mit dreieckigem Kopf, Gänge grabende Spinnen (phalangion) und braune Skorpione unter den Felsen oder den Höhlen des Gebirges gesehen: ich habe niemals erfahren, daß ein einziger Kreter an ihrem Stich gestorben sei.

### 3. Flora

Diese von den Göttern gesegnete Erde besaß im Altertum viel mehr Grün als heute. Eine weit üppigere Flora bedeckte die Kalkmassive. Das Land verkarstete mehr und mehr als Folge der Entwaldung; diese beschleunigte sich im Lauf der Generationen durch die Ausdehnung der Ziegen- und Schafzucht, durch die wachsenden Bedürfnisse des Haus- und Schiffbaus, durch die Herstellung von Holzkohle zur Metallverarbeitung, durch das ausgedehnte Nomadentum oder Halbnomadentum der arabischen Okkupanten oder der slawischen Siedler des Mittelalters, durch das jahrhundertelange Fehlen einer Gesetzgebung zum Schutz oder zur Wiederaufforstung des Waldes. Hinzu kamen die absichtlich durch die Kämpfenden oder die Hirten gelegten Brände und die durch Blitzschlag, Reibung der Äste oder Explosionen der in verschiedenen Blasen sich zersetzender organischer Stoffe enthaltenen Gase spontan entstandenen Feuer. Drei Tatsachen bestätigen dies. Die klassischen Autoren berichten uns, das Wort Ida bedeute »der Wald«: nun, außer einigen Wäldchen in schlechtem Zustand auf den unteren Hängen im Süden und Südwesten des Psiloriti findet man dort nur noch ausgedehnte abgeholzte Flächen. Diodor von Sizilien (V, 64,5) oder vielmehr Dosiadas von Kydonia, sein kretischer Informant, behauptet, die Daktylen des Ida hätten bei Aptara die Metallurgie erfunden: nun, die Berge in der Nachbarschaft sind völlig entwaldet, und der Name Madares bezeichnet heute »Kahle Berge«. Einst weideten die Hirsche und Hirschkühe in den Wäldern der Kalkstein-Halbinsel Rodopou um das Heiligtum ihrer Göttin Diktynna: es gibt heute keine ausgedörrtere und kahlere Landschaft. Die Cerviden sind hier den zahmen Ziegen und Schafen gewichen, die jede Vegetation zerstören und damit getreulich dem Vorbild der Hirten folgen, die ich die Heide anzünden sah. Der Humus glitt, vom Regenwasser weggeschwemmt, auf den

Grund der Depressionen hinab, wie z. B. in die kleinen Talmulden von Ghiona, Agios Nikolaos, Rodopou und Afrata. Zweifellos haben die Gipfel aus schrundigem Kalkstein, die zu kalt und zu sehr den Stürmen ausgesetzt sind, oberhalb von 1700 m nie das Wachstum der Kiefern, Zypressen, Steineichen und des Ahorns gestattet. Aber man kann mit Recht annehmen, daß ein gut Teil der Kalkberge, die heute kahl sind, zwischen 1000 und 1700 m von Wäldchen oder zumindest von Gebüsch bewachsen war.

An der Nordseite der Selena über Malia wachsen heute noch in über 800 m Höhe Steineichen, die sich in den Ablagerungen von Terra rossa in den Höhlungen oder übereinanderliegenden Mulden festklammern. Die Höhenheiligtümer werden uns von den Künstlern aus Knosos und Zakro ganz mit Bäumen bepflanzt dargestellt. Eine Bronzeplatte, die in der Höhle von Psychro (1025 m Höhe) ausgegraben wurde, zeigt eine Figur, die vor einem Nadelbaum tanzt: ohne Zweifel empfanden die Zeitgenossen dieses Tänzers um 1500 v. Chr. eine besondere Verehrung für die Bäume des Gebirges.

Die Platane mit immergrünem Laub, unter der Zeus sich mit Europa verband, ist keine Sage: sie ist eine nur auf Kreta vorkommende Art. Man kennt davon mehr als 30 Exemplare, eines davon bei Gortyn, in der Nähe der Rechtsinschrift. Ich habe durch Untersuchungen bestätigt gefunden, daß der Gipfel des Endiktis von Krasi (800 m) und der des Karavellas von Paleoloutra (510 m), bedeutende minoische Heiligtümer, die heute kahl sind, die Pflanzung verschiedener Waldbaumarten erlaubten: weder Wasser noch Erde fehlen in den Schrunden des Felsens. Den absoluten Beweis für die Möglichkeit eines Waldes auf dem rissigen Kalkstein lieferten die Schüler des Lyzeums von Rhethymnon seit 1936. Mit einem Wald von herrlichen Kiefern bepflanzten sie die Höhe von Evligias mitten im öden Karst, ganz in der Nähe des minoischen Heiligtums auf dem Berg Vrysinas (858 m), dessen wurzelreicher Boden nur auf den guten Willen eines Menschen wartet, der dort etwas pflanzt.

Es ist unmöglich, die über 1200 Pflanzenarten aufzuzählen, die man in den kretischen Bergen studieren und klassifizieren konnte und von denen 200 einheimisch sind[8]. Wir wollen nur die wichtigsten Arten und die hauptsächlichsten Gruppierungen anführen, die die Zeitgenossen des Minos vor Augen hatten. Nichts wechselt so sehr wie die Pflanzendecke, wenn man von einer Provinz in die andere geht. Wir wollen nicht von den Rebbergen sprechen, die sich über Kavousi (Sitias) bis über 900 m erheben, noch von den üppigen Olivenpflanzungen, die man überall bis in 600 m Höhe antrifft und die gleichsam der Stempel sind, den der Mensch der Natur aufgedrückt hat. Wir wollen nur von der unterschiedlichen Vegetation sprechen, die die undurchlässigen schiefrigen oder mergeligen Böden oder die zu porösen Kalkböden ermöglichen. Im ganzen östlichen Teil überrascht vor allem der Reichtum an Johannisbrotbäumen mit ihren langen, süßen, schokoladebraunen Schoten, die Häufigkeit der Mandelbäume und an der ganzen Südküste die weite Verbreitung der Aleppokiefer. Die mit Sträuchern bewachsenen Flächen duften von Thymian, Heidekraut und verschiedenen Lippenblütlern. Zistrosen mit ihren kurzen und klebrigen Blättern und ihrem balsamischen Duft bedecken das Massiv des Kouloukonas; hier und da gibt es Eichenwälder. An den Flanken des Ida wachsen die breitstämmige immergrüne Eiche, der Styraxbaum, der Lieferant des Styraxbalsams, die Kiefer, der Ahorn, der schwarze Maulbeerbaum, der wilde Birnbaum und an den feuchten Stellen Weiden, Platanen und weiße und schwarze Pappeln. In der Antike fand man dort auch Zypressen. Die Herden weiden die Knospen und Früchte verschiedener stacheliger Büsche ab, der kretischen Berberitze, die loutsa oder xankathos genannt wird, des Ginsters mit dem vorgriechischen Namen aspalathos, des kretischen Tragants (kentoukla und erebinthos), des stacheligen Wegedorns, des Wacholderbaums, kendros genannt wie der gleichnamige Berg. Oder aber sie nähren sich wie auf dem Plateau von Nida von den Blättern des Knöterichs *(Polygonum aviculare)*, von dem die Schafe goldene Zähne bekommen sollen, oder von den Blättern der kretischen Iris »maza«, deren gut getrocknetes Heu so bequeme Lager für die Hirten abgibt. Auch sie essen die säuerliche Frucht der loutsa und die aromatische Frucht des Wacholderbaums. Westlich der Straße, die von Rhethymnon im Norden nach Preveli im Süden führt, beginnen die Wälder von Eichen, die Gerbstoff liefern, und von Zypressen mit waagrechten Zweigen, die noch heute den besonderen Schmuck von Apokorona, von Agios Vasilios und der Hänge von Sfakia ausmachen. In der Samariaschlucht, wo der Gott Apollo der Sage nach von dem Seher Karmanor gereinigt worden war, zeigt man einen kleinen Wald von wunderschönen Zypressen, der die Sankt-Nikolaus-Kapelle und eine Höhle umgibt, die vielleicht ein minoischer Initiationsort war. Zwischen Askyphou und Aradena erscheint auf den dem libyschen Meer zugewandten Hängen wieder die Aleppokiefer. Auf der andern Seite, auf den Bergen des Selinon und des Kisamos, herrschen die Kastanie und der Erdbeerbaum mit seinen leuchtend roten Beeren vor sowie auf unbewaldeten Flächen die Zistrose, die hier angisara genannt wird, und das Heidekraut. Aber überall begegnet man, je nach Höhe und Trockenheit des Geländes, Brustbeerenbäumen, Tamarisken, Mastixbäumen, Terpentinpistazien, baumartigen Wolfsmilchgewächsen, Dornbüschen und Asphodelen. Die Anwesenheit von unterirdischem Wasser im ausgetrockneten Bett der Gebirgsflüsse verraten im Sommer die Oleanderbäume und die Keuschbäume mit ihren blauen Blütendolden und die Myrten mit ihren dunklen und duftenden Blättern.

Wir werden an geeigneter Stelle zu den Arznei-, Farb- und Duftpflanzen, die das minoische Kreta bis nach Ägypten berühmt gemacht haben, zurückkehren. Aber es muß schon jetzt gesagt werden, daß früher wie heute die Kreter einen großen Teil ihrer Nahrung dem Sammeln von Beeren, Stengeln und Wurzeln im Gebirge verdankten. Ich meine nicht nur die süßen Eicheln, Birnen, Mispeln, den stacheligen Sauerampfer und die Sandbeeren, sondern auch den Spargel und den Feldsalat, die Artischocken, die Hyazinthenzwiebeln, den Sellerie, den Dost, das Bohnenkraut, den Thymian und die Pilze. Der Quittenbaum stammt aus Kreta und wahrscheinlich von den Hügeln über Chania. Das Gebirge liefert darüber hinaus eine unglaubliche Zahl von Kräuter- und Stärkungsgetränken, verdauungsfördernden und harntreibenden, ja sogar aphrodisischen Mitteln: hierzu zählt der Diptam, *Origanum dictamnus L.*, der im ganzen Altertum dafür berühmt war, daß er die verwundeten Ziegen heilte und die Niederkunft und die Regel der Frauen erleichterte. Das ist ein Lippenblütler mit kleinen, wolligen, blaßgrünen Blättern und kleinen violetten Blüten; die Stauden halten sich in den Spalten der steilsten Felswände des Gebirges. Man gewinnt daraus ein sehr konzentriertes Balsamöl. Man kennt für diese Pflanze im heutigen Kreta 14 verschiedene Namen, u. a. erotas, »Liebe«, und man schreibt ihr immer noch alle Kräfte zu. Männer pflücken sie unter Lebensgefahr.

## *Die Ebene*

Anders als man es sich vorstellen könnte, scheint also die Entwicklung der minoischen Kultur in den Bergen begonnen zu haben oder mindestens auf den Höhen zwischen 200 und 400 m am Nordhang und zwischen 500 und 600 m am steileren Südhang. Diese Hirten, Bauern, Handwerker, Verbannten oder Landsucher, die sich, vom Meer her kommend, seit dem fünften oder sechsten Jahrtausend in kleinen Gruppen in Kreta niederließen, wußten, daß das Meer Quelle fremder Überfälle war. Sie mißtrauten den Küstenstreifen und den flachen Ebenen, die zu leicht zu überfallen, zu schwer zu verteidigen und zu schwierig zu bebauen waren. Noch in unseren Tagen[9] drängen sich die Dörfer am Fuß der Abhänge, der »riza«, am Rande der Plateaus oder der Becken, zusammen, und obwohl die Landbevölkerung ständig bestrebt ist, sich in Richtung auf die Städte der Nordküste zu verschieben, so bleibt sie nach der Statistik doch in einer durchschnittlichen Höhe von mehr als 300 m. Die Geschichte der Kultur der Bronzezeit ist die Geschichte der Bewirtschaftung und Beherrschung der Ebenen im Laufe des dritten und zweiten Jahrtausends v. Chr. In Kreta ist es paradoxerweise leichter, hinaufzusteigen als hinunter.

Das Land in der Ebene bietet außer seiner Knappheit – es sind nur 300 qkm auf eine 27mal größere Gesamtfläche – einen dreifachen Nachteil: es ist schlecht bewässert, es ist ungesund, und es ist ständig den Angriffen ausgesetzt. Selbst wenn man annimmt, daß Kreta im allgemeinen um 1500 v. Chr. feuchter war als 1970

n. Chr., so waren doch die angeschwemmten und im Laufe des Quartärs in den Becken abgelagerten Erdmassen, Mergel, Sand und Trümmererde, niemals von großen, ganzjährig wasserführenden Flüssen durchzogen. Höchstens von kleinen Küstenflüßchen oder von Sturzbächen, die sich zwischen November und Februar bei jedem starken Regen plötzlich füllten. Die Erscheinung ist dem gesamten Mittelmeerraum gemeinsam. Die größte Ebene, die Mesara, im Süden Kretas, zwischen dem Ida und den Asterousia-Bergen, erstreckt sich über etwa 60 km von Osten nach Westen und über etwa 15 km maximaler Breite, aber sie ist lediglich von zwei ziemlich engen und eine Menge Kies mitführenden Wasserläufen bewässert, dem Anapodaris, dem antiken Pothereus im Osten, und dem Geropotamos oder Malonitis, dem antiken Lethaios, im Westen. Durch jahreszeitlich bedingte Zuflüsse schwellen sie plötzlich an und ändern ihren Lauf und ihre Mündung. Wenn die Bewohner der Mesara-Ebene von Mai bis Oktober Wasser brauchen, müssen sie es aus 5 bis 12 m tiefen Brunnen oder aus Zisternen holen. Es ist verständlich, daß die Minoer ihre Dörfer lieber an den Bergflanken, nahe bei den Quellen, bauten. Außer der Mesara sind einige nennenswerte Küstenebenen, nämlich die von Rhethymnon, die Pedias-Ebene, die Ebene von Malia und die von Hierapetra von den Launen ihrer winterlichen Gebirgsbäche abhängig. Die hochgelegenen bewirtschafteten Poljen Omalos von Lakki, Askyphou, Nida, Lasithi, Omalos von Pevkos (Viannou), Katharo und Ziros waren während vier oder fünf Monaten im Jahr von Schnee und Teichen bedeckt. Man kann die Wasserläufe, die früher ständig Wasser führten, auf etwa 40 schätzen. Das waren, nach den mittelalterlichen Urkunden zu urteilen, außer den beiden in der Mesara-Ebene der Tiflos (Tilphos?), der Platanias-Keritis (der antike Jardanos), der Kladissos, der Kiliaris (Pyknos), der Xidhas (Licardeo, Latardio), die Mousella, der Arkadiotis (Arion), der Mylopotamos oder Avlopotamos, der Gazanos, der Giophyro (Theren), der Katsabas oder Spilianos (Kairatos), der Karteros (Amnisos-Triton), der Aposelemi (Sedamnos?), der Istronas, der Pandelis (Didymos), der im 17. Jahrhundert Zakro genannte Fluß (Akala?), der Adromylis, der Koutsouras, der Kryopotamos oder

Myrtos, der Katrouliaris von Viannos, der Platys Potamos oder Amariotis (Elektras), der Megas Potamos (Messalia) und der Vlithias. Einige sind sehr kurz. Mehrere erreichen heute nicht einmal mehr im Sommer das Meer. Die meisten antiken Städte wurden gegründet oder entwickelten sich am Ursprung dieser Wasserläufe oder reicher Quellen in Küstennähe. Dabei ist es unnötig, die drei mächtigen salzhaltigen Vaucluse-Quellen, den Almyros von Georgioupolis, den von Rogdia und den von Agios Nikolaos mitzurechnen: Sie waren schädlich für die Landwirtschaft und taugten höchstens für den Fang von Krebsen, Aalen und Schildkröten.

Und wie stand es mit den ungesunden Ebenen? Bis in allerneueste Zeit, vor weniger als zwei Generationen, wütete die Malaria in Zakro, in Sitia, in Malia, an der Mündung des Istronas und selbst in Knosos, also an lauter berühmten minoischen Plätzen. Man hatte aufgehört, das Wasser durch Dränage abzuleiten, und es hatte sich zu stehenden und verpesteten Lachen ausgebreitet. Einen Augenblick lang hatte man die Pflege der Mündungen und der Deltas unterlassen, und schon gewannen Gestrüpp und Sumpf wieder die Oberhand. Nach zwei Jahrhunderten erzwungener Verwahrlosung, vom 14. bis zum 16. Jahrhundert unter venezianischer Herrschaft, war der Lasithi wieder ein Urwald geworden. Sich auf flachem Gelände niederzulassen, vor allem in der Nähe der von Wind und Fluten gepeitschten und von Sandverwehungen heimgesuchten Küste, setzt viel mehr Mut voraus, als ruhig im Schutz der Berge zu verharren. Die minoischen Siedler des zweiten Jahrtausends mußten ihren Lebensraum nicht dem Wald der Gebirgsmassive, sondern der großen Fieberwüste der Ebene abringen. Sie widmeten sich mit einer unbezwingbaren Beharrlichkeit dieser Arbeit. Und sie, die als Erben der neolithischen Ackerbauern diese großartige Kultivierung zustande brachten, hatten zu der Zeit, die uns beschäftigt, schon die großen Mulden der ganzen Provinz Sitia, die Landenge von Hierapetra und die Hochebene des Lasithi urbar gemacht; dazu all die kleinen Küstenebenen im Norden und im Süden dieses Massivs, den Nordsaum der Pedias-Ebene, die Mesara-Ebene, die Täler des Golfs von Herakleion, die große Furche des Amari, die Täler des Akoumianos und des Megalos Potamos bis Angouseliana, die Küstenstreifen zwischen Stavromenos und Rhethymnon, die Hochebene der Halbinsel Akrotiri, einen ganz kleinen Teil der Ebene von Chania zwischen Galatas und Perivolia und wahrscheinlich einen schlecht erforschten Landstrich um Kastelli Kisamou. Überall hatten sie an die Stelle des Urwaldes die schönen Reihen der Weinstöcke, das silberne Laub der Olivenbäume und im Frühling das grüne Schimmern der Gerste und des Weizens treten lassen. Die Hauptbewegung der Urbarmachung der Ebenen oder, anders ausgedrückt, der Naturbeherrschung scheint von Osten nach Westen fortgeschritten zu sein. Notwendigerweise wurde sie gehemmt, als sie die zu feuchten oder zu dicht bewaldeten Landstriche des Westzipfels erreicht hatte. Die Sandmassen, die Sturzbäche und die Sümpfe der Buchten von Dramia, Chania und Kisamos wurden endgültig erst unter der Pax Romana bezwungen. Und wer wird jemals erfahren, wie oft die Bevölkerung der Mesara-Ebene, vom glühenden Südwind oder vom Sumpffieber bedroht, ihr Land verlassen und ein gesünderes Klima aufsuchen mußte?

Unausweichlich ist immer die Ebene das erste Opfer von fremden Einfällen, Verwüstungen und Zerstörungen, sowohl im Bürgerkrieg wie auch im Krieg mit fremden Mächten. Das hat sich im Laufe der Geschichte der letzten drei Jahrhunderte oft bestätigt. Um bestehen zu können, brauchte der Siedler der kretischen Ebenen immer den Frieden, eine hohe Geburtenrate, eine Organisation und eine Technik, die denen der Bergbewohner überlegen waren, und eine Regierung, die es verstand, für ihren Lebensmittelüberschuß Absatz zu finden. Kreta ist erst in dem Augenblick eine Macht im Mittelmeerraum geworden, als es nach der Urbarmachung seiner Ebenen die Rolle des Empfangenden mit der des Gebenden vertauschte.

Denn darin besteht einer der Vorteile der wenigen Ebenen, die es in Kreta gibt: sie sind fruchtbar. In der Landwirtschaft auf dem Lasithi erntet man zweimal zwischen April und November. Der Boden scheint nie zu ruhen, weder bei Zakro, wo man jüngst den Ackerbau wieder aufgenommen hat, noch bei Malia, noch bei Knosos, noch im venezianischen Geviert von Mires, dem heutigen

Hauptort der Mesara-Ebene. Die Platane, die ihre nie welkenden Blätter wie Hände gen Himmel streckt, ist ein lebendiges Symbol für den Wohlstand der Landwirte von Gortyn. 80 000 junge Olivenbäume, die durch die beiden bedeutenden Quellen von Ano Zakro mit Wasser versorgt werden, liefern jährlich im Durchschnitt 400 Tonnen Öl. Man erntet hier auf 1500 Hektar Gelände, das verschiedene Kulturen trägt, 30 Tonnen Getreide und 25 000 Liter Wein. Die Bevölkerung dieses Dorfes, die als einzige in der Provinz Sitia zunimmt und nicht abwandert, ist von 274 Einwohnern im Jahre 1881 auf 1150 Einwohner im Jahre 1970 gestiegen. Sie gibt uns heute eine genaue Vorstellung davon, was die Stärke des minoischen Staates in der Antike ausmachte, der dieselben Täler bewirtschaftete und die »Paläste« und Häuser am Meeresufer baute. Ich habe oft die Bauern, die Agrarwissenschaftler, die Agraringenieure und die Angestellten der Präfekturen und Handelskammern über den Ertrag der kretischen Olivenbäume befragt: ihre Schätzungen gehen sehr auseinander. Die zuverlässigsten unter den Bauern, nämlich die, mit denen man arbeitet und lebt und deren Krüge man sieht, schätzen, daß, ein Jahr ins andere gerechnet, ein dreißigjähriger Olivenbaum, also ein Baum im besten Alter, 8 bis 12 Liter je nach der Gegend bringt. Gewiß, die Methoden des Anbaus und des Schutzes der Pflanzen haben sich seit dem Ende des letzten Jahrhunderts geändert, als der durchschnittliche Ertrag eines kretischen Ölbaums auf 5 bis 6 Liter Öl geschätzt wurde. Aber schon damals sprach man ihm einen Ertrag zu, der um 25 % über dem der Ölbäume des Festlands lag. Die besten Reben gedeihen nicht notwendigerweise in den Ebenen, aber es stellt sich heraus, daß die vier berühmtesten Weine Kretas, nämlich die von Kisamos, von Rhethymnon, von Malevyzion (der Malvasierwein) und von Sitia, aus Weinbaugebieten stammen, die in den Ebenen und auf Hügeln des Neogen liegen und die schon in minoischen Zeiten bebaut wurden. Dem leichten und angenehm warmen Boden, den die Passatwinde kühlen, verdankt der Wein sein Bukett und seine 12 bis 13 % Alkoholgehalt. Die Erfindung des Getreides beanspruchten die Kreter für sich. Auf einem dreimal gepflügten kretischen Brachfeld hatte sich die Göttin der

Ernte, die spätere Demeter der Griechen, mit dem kretischen Daktylen Jasion vereinigt; manchmal vollziehen die Bauern und Bäuerinnen diese tausendjährige Handlung noch mitten im 20. Jahrhundert nach; noch in hellenistischer Zeit feierte man die heilige Verbindung des Zeus mit seiner Schwester irgendwo in einem Feld des Giophyro-Tals. Feigen- und Granatapfelbäume waren heilige Bäume der Demeter. Früher wie heute wuchsen sie in den Gärten und auf den Feldern.

## *Erzvorkommen*

Aber der minoische Boden liefert noch ein Erzeugnis, sowohl im Gebirge als auch in der Ebene, dessen Bedeutung man erst seit einigen Jahren zu ahnen beginnt: das Metall. Wir wollen für den Augenblick die Tätigkeit der mythischen Schmiede, der Kyklopen, Daktylen, Kureten und Telchinen, die den Gott Zeus umgaben, außer acht lassen, ebenso die des Talos und Daidalos, der großen Meister der kretischen Metallurgie. Wir wollen nur die mineralogischen Entdeckungen in Betracht ziehen. Ich konnte von 1965 bis 1969 an etwa 30 Stellen Vorkommen von Kupferkarbonaten und Kupfersulfiden feststellen; bei mehreren fanden sich in der Nähe Scherben antiker Gefäße, andere lagen in unmittelbarer Nachbarschaft einer Stadt aus der Bronzezeit[10]. Bis dahin hatte man angenommen, daß das Kreta des Minos sein gesamtes Kupfer, sei es als Kupferstein oder als Barren, aus Zypern, Rhodos oder Kleinasien einführte oder daß es zwischen diesen Ländern und Ägypten eine Mittlerrolle spielte. Abgesehen davon, daß die auf Kreta, z. B. in Phaistos und in Zakro gefundenen Barren eine für Kreta eigentümliche Form aufweisen, abgesehen davon, daß die ägyptischen Malereien ebendiese Barren als einen typisch kretischen Tribut darstellen, findet man immer noch in den Palästen und ihrer Umgebung Beweise für die Tätigkeit der kretischen Bronzeverarbeiter im zweiten Jahrtausend: Steine, Gießformen, halbfertige Gegenstände und Schlacken. Die Berge bestehen nicht nur aus Kalkstein. Ein Fünftel ihrer Oberfläche setzt sich aus älterem Gestein, Schiefern und kristallinem oder Eruptivgestein zusammen. Am Ende der Kreidezeit ließ hier wie übrigens auch auf Zypern eine subvulkanische Tätigkeit die ganze Insel wie einen Kessel brodeln. An den Verbindungsstellen von Kalkstein und älteren Gesteinsarten finden sich Vorkommen von Plutonitkontakt. Oder aber eine Mineralbildung hydrothermalen Ursprungs vervielfachte die Mineralien und Edelsteine in den Graniten und granitischen Pegmatiten. Die verschiedenen Kupfererze, die sehr gut an ihrer Farbe erkennbar sind – der Azurit und das Kupfergrün sind blau, der Malachit ist grün, die Kupferkiese sind golden, das Kupfersulfid ist eisengrau und das Kupferoxydul rot –, wurden so sorgfältig gesammelt und genutzt, daß man heute die Steinbrüche der Minoer nur schwer findet. Einige wurden völlig ausgebeutet; andere wurden verdeckt von Ablagerungen, Humus oder einem Pflanzenteppich; wieder andere wurden schließlich von den Prospektoren in der Zeit der Pax Romana und im venezianischen Mittelalter wieder in Betrieb genommen. Die systematische geologische Erforschung, die Ortsnamen und die Zufallsentdeckungen der Hirten führen uns auf die Spur dieser alten Erzsucher.

Stellen wir also der Einfachheit halber fest, daß das Kupfer in einer für eine handwerkliche Ausbeutung ausreichenden Menge in vier großen Gebieten Kretas noch vorkommt: im Asterousia-Gebirge, insbesondere bei den beiden großen minoischen Städten Lebena und Lasaia; in den Tallaia-Bergen östlich von Kouloukonas, insbesondere bei den beiden Städten Kytaion und Sisai; in den Weißen Bergen, insbesondere bei Meskla, dem antiken Keraia; schließlich in den Bergen des Selinon, insbesondere um die antiken Städte Elyros, Hyrtakos, Kantanos und Pelkin. In der Antike ging man auch nach den Kreta am nächsten gelegenen Inseln Gaudos und Elaphonisi, um Kupferkarbonate und Kupfersulfide zu gewinnen. Aber ohne jeden Zweifel grub man danach auch bei den großen städtischen Siedlungen Zakro – man findet Spuren davon in der Höhle der Toten –, Gournia, Malla, Milatos, Arbis, Matala, Phaistos, Aptara, Inachorion und vor allem im Ida-Massiv. Dorthin verlegte die Überlieferung das Wirken der Daktylen, der Erfinder des Schmelzens und der Bronzelegierung: es wurde auf Ma-

lachitspuren in Voriza hingewiesen, das zu einer Gruppe von Dörfern mit typisch vorgriechischen Namen gehört: Zaros, Nivritos, Gergeri, Panasos und Nassous. Eine große Zahl von Ortsnamen zwischen Axos und Ida weisen noch auf die Tätigkeit von Schmieden und wandernden Kupferschmieden hin.
Obwohl Schmelze, Verarbeitung und Gebrauch des Eisens in Ägypten schon 1500 v. Chr. sicher nachgewiesen sind, erscheint es von geringem Nutzen, die sehr zahlreichen Vorkommen dieses Metalls in Kreta aufzuzählen. Wir haben keinen Beweis dafür, daß dort Eisenerze in der Mitte der Bronzezeit verarbeitet wurden, die uns allein interessiert. Immerhin ist dies sehr wohl möglich, denn Magnetit, Limonit, Hämatit und die Pyrite kommen in Kreta gewöhnlich als Begleiter des Malachits und anderer Kupfererze vor. Das Eisen bildet ihre gewöhnliche Haube. Man kann in der Praxis das edle Metall nicht von den weniger wertvollen Metallen, mit denen es immer zusammen auftritt, trennen, ohne auch diese zu berücksichtigen. Unter ihnen ist das Zinn, das zur Herstellung von Bronze gebraucht wird, in den bekannten kretischen Erzlagern sehr schwach vertreten: es erscheint in geringen Spuren im Limonit von Fodele und wird nur vermutet in den Graniten, Pegmatiten und den Feldspaten des Gebietes von Miamou-Antiskari. Möglicherweise wurde es aus Byblos, Aleppo und Kleinasien eingeführt, wo es in reichem Maße vorhanden ist. Aber die Eigentümlichkeit Kretas und seine Verschiedenheit besonders von Zypern besteht darin, daß es einen Mineralisationsprozeß in zwei Phasen durchgemacht hat und daß die Oxyderze dort häufig in Gesellschaft mit den Sulfiden des Bleis (Galenit), des Zinks (Zinkblende), des Antimons (Stibium) und des Quecksilbers (Zinnober) auftreten. Die Bedeutung des Galenits beruht darauf, daß es fast immer in Verbindung mit ein wenig Silber vorkommt: man findet es in Kreta noch an zehn Stellen, insbesondere ganz in der Nähe des Palastes von Zakro, in Milatos, in den Asterousia-Bergen und in Argyroupolis. Überdies weist eine gewisse Anzahl von geographischen Namen, wie die der Flüsse namens Argyros oder der Name des Berges Asimi auf die Anwesenheit und die Bearbeitung des Silbers in einer zurückliegenden geschichtlichen Zeit hin. Die Vor-

kommen von Edelmetallen waren der Gegenstand leidenschaftlichen Suchens, eifersüchtig gehüteter Geheimnisse und erschöpfender Abbauarbeiten. Die Blei- und Silberbarren, die die auf den Wänden der ägyptischen Gräber aus der 18. Dynastie dargestellten Kreter in den Händen halten, deuten auf einen natürlichen Reichtum des kretischen Bodens hin, den man erst zu erahnen beginnt. Der Goldabbau ist erst in der arabischen und venezianischen Zeit der Insel bezeugt, und zwar in der Nähe der antiken Städte Lappa und Kydonia. Aber das Vorhandensein des Flußnamens Elektras und des Ortsnamens Maleme von malama, »Gold«, sowie die kurz vor 1940 angestellten Analysen der Quarze vom Westrand Kretas (Kisamos) bestätigen die arabischen und venezianischen Dokumente.

Lassen wir die Zinkblende, das Chrom und das Kobalt außer acht, deren Verbindungen an mehreren Stellen des kretischen Bodens vorkommen. Es ist noch ungewiß, ob die Minoer davon Gebrauch machten. Sicher dagegen ist, daß sie das Arsenik, das sich in Fodele und in Sises findet, und den Alaun, der in Verwitterungen in den Schiefern des Selino und den Pyriten der Bergwerke von Fournes (Kydonias) vorkommt, abbauten: das erste verbindet sich mit Kupfer und härtet dieses, das zweite spielt eine wichtige Rolle in der Färberei und Gerberei. Zwei metallische Farbstoffe, die zur Verschönerung des Körpers und bei der Malerei verwendet wurden, sind in Kreta reich vertreten: ihre Ausgangsstoffe sind Mangan und Ocker. Das erste »kommt als Begleiter des Kupfers und des Eisens bei Milatos, in Miamou, Lenda und Pigaidakia, im Asterousia-Gebirge, in Fodele und in Sises vor. Es findet sich in eigenen Ablagerungen in Chandra und in Sklavous (Sitias), in Amnatos (Rhethymnis), Ano Meros (Amariou), Kakopetro (Kisamou), in der Nachbarschaft antiker Niederlassungen. Der Ocker erscheint in der Nähe der Gehöfte von Kounali (Mirabellou), in Fodele und in Varypetro. Mehrere Flurnamen gehen auf ihn zurück. Auf der Weltausstellung in Paris 1855 befand er sich unter den charakteristischen Bergbauerzeugnissen Kretas. Eine besondere Erwähnung verdient das natürliche Magnesiumsilikat, das in Form von Steatit oder Talk so häufig in den kretischen Bergen auftritt, hauptsächlich am Rand des Katharos-Plateaus, im Tal der Sarakina (südlich von Malla), beiderseits von Arvi und besonders im Asterousia-Gebirge: es gab ihm vielleicht seinen Namen: aster. Vor kurzem wurde zwischen Miamou und Lebena der Abbau in großen Steatit-Brüchen wiederaufgenommen. Andere befanden sich zwischen dem antiken Priansos und seinem Hafen Einatos, dem heutigen Tsoutsouros. Die Bedeutung dieses Minerals ist in der minoischen Glyptik spürbar, wo es eine gleichwertige Rolle neben dem grünen Serpentinit, einem Magnesiumhydratsilikat, spielte. Es wurde schon mehrmals sein Vorkommen in Intrusionen der Oberen Kreide erwähnt: in der Nachbarschaft von Malla, an der Südflanke des Lasithi-Massivs, im Asterousia-Gebirge, im Ida bei Gonies, in Sisarcha im Gewann Lepria, wo die Minoer es in einem großen Steinbruch abbauten, in Agios Vasilios, in Spili und in Ardaktos. Ebenso ist der Gipsstein, der, zu Platten verarbeitet, die Wände der fürstlichen oder sakralen Gemächer von Knosos und Phaistos verkleidete, in der Nähe dieser beiden minoischen Orte, in Gypsades, in Tsangaraki, in Roufas und in Ampelouzos, im Überfluß vorhanden. Zweifellos wurde er in den großen Vorkommen von Selinon zwischen Kouneni und Chrysoskalitissa beim antiken Hafen Rhamnous abgebaut, wie man es heute an der Nordküste bei Lastros tut. In minoischer Zeit fügte man nicht die Steine mit Gips zusammen, sondern man stellte für Fußböden und Stuckarbeiten mit Kalk ein Gemisch her. Die Gewohnheit, Gips in den Wein zu tun, die in der Gegend von Kisamos noch sehr lebendig ist, geht auf eine Zeit zurück, die noch weit vor dem Alten Cato liegt. Um diese Aufzählung der Mineralien Kretas abzuschließen, seien noch zwei Halbedelsteine angeführt, der Jaspis und der Bergkristall, die beide in der Juwelierkunst und auch in der Magie als Grundstoffe gebraucht werden. Der Bergkristall, der so häufig in den minoischen Gräbern der Mesara-Ebene und in den Felsheiligtümern anzutreffen ist, kommt im Naturzustand am Nordfuß des Ida, auf den Höhen zwischen Kalyvos und Livadia bei Axos, in Agia Pelagia bei Dion und in Xydas bei Lyktos vor. Man gewinnt den Eindruck, daß die Zeitgenossen des Minos den Wundern der Natur, Tieren, Pflanzen und Mineralien, viel mehr Aufmerksamkeit schenkten als wir. Zweifellos waren für sie wie für die Autoren von Lapidarien und die Dichter die Steine ebenso lebendig wie das Gebirge oder die göttliche Erde.

Auf jeden Fall gibt es nichts Lebendigeres und Belebenderes als die Luft und das Wasser Kretas. Aber waren sie früher so, wie sie heute sind? Oder, mit anderen Worten, war das Klima[11] früher ebenso trocken, das Wasser ebenso selten? Es gibt sehr viele Gründe, daran zu zweifeln und zu glauben, daß die Minoer diese beiden neuen Elemente anders wahrnahmen als wir.

## *Klimatische Verhältnisse*

Ein Klima ist der Gesamtzustand aus meteorologischen Erscheinungen wie Temperatur, Luftfeuchtigkeit und Luftdruck, Bewölkung und Sonnenstrahlung, Beschaffenheit von Boden und Pflanzendecke, Winden, Niederschlagsmenge an einem bestimmten Ort und zu einem bestimmten Datum. Mangels wissenschaftlicher Aufzeichnungen aus dem 16. Jahrhundert v. Chr. sind wir gezwungen, auf Umwegen einige dieser Faktoren zu fassen. Es ist bekannt, daß die Temperatur Europas u. a. auch von den Schwankungen der Eisdecke abhängig ist, was auch immer die Gründe für deren Vergrößerung oder Verkleinerung sind: die Präzession der Tag- und Nachtgleichen, die Verschiebung der Erdachse, die veränderliche Entfernung der Erde von der Sonne, die Schwankungen der Sonnentätigkeit und die Häufung dieser Wirkungen. Es ist z. B. sicher, daß seit dem letzten Drittel des 16. Jahrhunderts bis etwa um die Mitte des 19. Jahrhunderts unserer Zeitrechnung die Gletscher Europas sich ausbreiteten und daß sie seit 1855 wieder zu schmelzen begannen[12]. Das »Eismeer« am Fuße des Montblanc ist zwischen 1867 und 1868 um 150 m zurückgewichen und weicht noch immer zurück. Das Studium der Moränen, der Warwen oder Folgen von Ablagerungen in Seen, der Vorwärts- und Rückwärtsbewegungen der Gebirgstorfmoore in Österreich, der Pollenablagerungen usw. ermöglichte die Bestimmung der Perioden kalter und warmer Zeiten im Laufe der letzten Jahrtausende. Auf diese Weise wurde ein starkes Vorrücken des Eises im 14. Jahrhundert v. Chr. festgestellt. Vorangegangen war eine milde Periode im Mittelmeerraum: ebendie, welche uns in Kreta interessiert. So erklärt man es sich, daß in der Malerei, in der Bildhauerkunst oder in der Glyptik des 16. und 15. Jahrhunderts v. Chr. die Kreter nur mit einem Schurz bekleidet dargestellt sind, daß die Frauen so dekolletiert auftreten und daß Tür- und Fensteröffnungen der »Paläste« die Luft so ungehindert eintreten lassen. Das will nicht heißen, daß die mittlere Temperatur jener Zeit spürbar von der heutigen Durchschnittstemperatur verschieden war. Die Lage in einem warmen Meer ermöglichte auf der geographischen Breite von Sfax und Biskra, die deutlich unterhalb der Breite von Gibraltar liegt, das spontane Wachstum derselben Mittelmeerpflanzen, aber die Früchte der Dattelpalme reiften dort in jener Zeit ebensowenig wie heute[13]. Zur Reifung und Eßbarkeit hätten sie eine Jahrestemperatur von 22° benötigt: nun beträgt die von Herakleion aber 19°, die von Chania 18,1°, und nur einige Punkte der Südküste (Hierapetra, Lasaia, Matala und das antike Psycheion bei Saktouria), wo manchmal die Schwalben überwintern, erreichen heute die nötigen 22°. Es ist fast sicher, daß die Datteln früher an der Südküste sowenig reiften wie an der Nordküste. Die Grabungen liefern kein einziges Exemplar davon. Die leichten Gewänder der plastischen Darstellungen lassen sich ebensogut mit den künstlerischen Konventionen wie mit den Erfordernissen eines sommerlichen Rituals erklären. Es liegt sogar die Annahme nahe, daß die Temperatur der kretischen Küsten leicht unter der heutigen lag: einer Hebung des Meeresspiegels um 2 m entspricht ein Anstieg der Wasserwärme um 1°. Entscheidend sind die Temperaturunterschiede: Das Maximum, das in Herakleion bei Knosos am 16. Juni 1914 verzeichnet wurde, betrug 45,7°, das am selben Ort verzeichnete Minimum am 28. Februar 1928 0,1°. Normalerweise dürften die Temperaturen von Knosos zwischen 12° im Winter und 25° im Sommer geschwankt haben.

In der geschichtlichen Geologie besteht die Auffassung, daß die feuchten oder Regen-Zeiten der Sahara des Neolithikums Zwischeneiszeiten entsprechen. Auf die gleiche Weise kann man annehmen, daß Kreta in der kleinen Zwischeneiszeit zu Beginn des zweiten Jahrtausends v. Chr. eine Phase größter relativer Feuchtigkeit erlebte, eine Art kleine Subpluvialzeit[14]. Sie ist vielleicht auch für die Tonschichten verantwortlich, die man in Malia unter dem mykenischen Niveau findet, aber vor allem für den Reichtum der Pflanzendecke und den Wohlstand des minoischen Kreta selbst. Die Insel erschien grüner, nicht nur weil die Menschen ihre Wälder schonten und weil sie das Ackerland vergrößerten, sondern vor allem, weil es mehr regnete. Eine Art Gegenbeweis liefern uns die Tropfsteinbildungen des Westens. Es ist bekannt, daß die Bildung der Stalaktiten mit den Niederschlägen zunimmt. Eine große Anzahl von Gefäßen aus subneolithischer Zeit findet sich nun in dikken Kalkspatplatten eingebacken oder selbst unter Säulen von heute trockenen Tropfsteinbildungen eingeschlossen. Die Ablagerung ging hauptsächlich von 2500 bis etwa 1400 v. Chr. vor sich. Die Zeitgenossen des Minos würden den ausgedörrten Karst nicht wiedererkennen, den wir so oft in Kreta vor Augen haben. Man muß sich sagen, daß man die Durchschnittswerte für die Regenfälle, die Mariolopoulos zwischen 1894 und 1929 aufgestellt hat, ein wenig erhöhen muß: er fand für Chania, das antike Kydonia, 706 mm, für Herakleion bei dem antiken Knosos 510 mm, für Sitia, das antike Seteia, 448 mm, für Hierapetra, das antike Hierapytna, 207 mm, für Anogia beim antiken Axos (in 700 m Höhe an der Nordseite des Ida) 1123 mm. Nur der Vergleich dieser Werte ist für uns wichtig: früher wie heute regnete es wahrscheinlich im Westen mehr als im Osten, im Gebirge mehr als in der Ebene, an der Nordküste mehr als an der Südküste. Schon bei den Eteokretern stellte der südöstliche Zipfel Kretas den Hitzepol der griechischen Halbinsel dar. Das ist nicht verwunderlich: die kühlen Winde, die an der Nordküste vorherrschen, kamen in Chania von Norden und in Herakleion von Nordwesten, die an der Südküste vorherrschenden Winde kamen von Südwesten und aus Afrika, das im Austrocknen begriffen war.

Zusammenfassend sei also festgestellt, daß Kreta um 1500 v. Chr. vermutlich fast ebenso heiß, aber ein wenig feuchter war, als dies heute der Fall ist. Man mußte schon damals vier Klimazonen unterscheiden: die gemäßigt mediterrane der Nordküsten, die der drei höchsten Gebirgsmassive, die im Sommer windig und im Winter schneereich war, die beinahe subtropische des Südostzipfels und die der übrigen Südküste einschließlich der Mesara-Ebene, mit ihren trockenen Sommern und milden Wintern. Zu diesen klimatischen Gegensätzen kommen viele örtliche Verschiedenheiten hinzu, die durch Relief und Beschaffenheit des Bodens bedingt sind. Auch hier, wie in der Orographie, ist die Abgrenzung durch Scheidewände eines der Gesetze Kretas.

## *Das Wasserproblem*

»Das Beste ist das Wasser«, wird 1000 Jahre nach Minos der Dichter Pindar in seiner ersten Olympischen Ode sagen. Das Wasser hat in Karstlandschaften oder in Gebieten, die in der Verkarstung begriffen sind, immer das wesentliche Problem dargestellt, besonders in Kreta[15]. Es hatte indes nicht die große Bedeutung, die es später bekommen hat. Wasserläufe, die heute unterbrochen oder ausgetrocknet sind, bevor sie zum Meer gelangen, flossen noch im 17. Jahrhundert, unter den Venezianern, ohne Unterbrechung. Von den 47 kretischen Flüssen, die der Ingenieur Basilicata[16] zwischen 1619 und 1630 aufzählte oder aufgezeichnet hat, sind etwa 30 verschwunden oder haben sich in jahreszeitlich bedingte Wildbäche verwandelt. Alte Leute erinnern sich heute, daß sie den Fluß Skotino und den Fluß Zakro ohne Unterbrechung in das Tal der Toten haben fließen sehen. Viele Orte, die keinen Tropfen Wasser mehr haben, heißen limni, »See«, oder helos, »Teich«. Kreta besitzt nur noch einen kleinen See von 3,5 km Umfang, der in die Berge der Provinz Apokorona eingelassen ist, den Kourna-See: er hat seinen natürlichen Abfluß ins Meer verloren. Dieses ganze Gebiet des Golfs von Georgioupolis, das heute bebaut ist, war bis zum Ende des 19. Jahrhunderts n. Chr. ein Sumpfgebiet. War das minoische Kreta also waldreicher, grüner, häufiger von Regen befeuchtet, von einem um ein oder zwei Grad kühleren Meer umschlossen, so herrschte auch zweifellos früher kein so grausamer Mangel an Süßwasser wie heute.

Die Brunnen an den Küsten waren zahlreicher und bedeuteten für die Seeleute sowohl Gelegenheit, Wasservorräte zu holen, als auch eine Einladung, ans Land zu kommen und sich niederzulassen. Ströme von Süßwasser, die in unserer Zeit im offenen Meer, aber nur einige Meter vom Ufer entfernt, hervorquellen, wie z. B. entlang der Ostküste der Halbinsel Rodopou oder nördlich von Kavousi (Hierapetra) oder in der Bucht von Sitia, sprudelten damals am Strand. Es ist eine Binsenwahrheit, wenn seit Jahrhunderten festgestellt wird, daß es genügt, den Sand von zahlreichen Stränden der Südküste einige Dezimeter aufzugraben, um auf süßes Grundwasser zu stoßen, so bei Tsoutsouros oder westlich von Chora Sfakion. Aber nur auf den undurchlässigen Böden aus Schiefer, kristallinem Gestein oder Mergel haben die wasserhaltigen Schichten etwa den Zustand bewahrt, den sie vor 3500 Jahren hatten. Überall sonst auf Kalkstein- oder Sandsteingelände ist das Wasser versickert. Oder aber die Erdbeben verstopften oder verlegten plötzlich den Abfluß. Wo die beiden Bodenarten aufeinandertreffen, tropft oder rieselt es, und seine verborgene Anwesenheit verrät sich dem das Gelände erkundenden Blick durch die wildwachsende Vegetation: da finden sich Binsen, Keuschbäume, Oleander, Myrten, Platanen und Pappeln.

Die archäologische Erfahrung beweist, daß überall, wo sich heute auf den flachen Vorbergen oder in den Bereichen mittlerer Höhe eine Quelle oder eine leicht erreichbare unterirdische Wasserader befindet, minoische Siedlungen den modernen Bauernhöfen, Dörfern und Städten vorangegangen sind. Diese Tatsache bestätigt sich mindestens im ganzen östlichen und mittleren Teil Kretas und hat ein besonderes Gewicht bei der Schätzung der minoischen Bevölkerung. Aber es gab auch sehr viele Quellen, die heute versiegt sind oder sich an einer anderen Stelle befinden; dadurch können sich Fehler in die Berechnungen einschleichen. Dort, wo die Ablagerungen den Ackerbau erlaubten und wo das Süßwasser fehlte, mußten die minoischen Bauern wie unsere Zeitgenossen verfahren: sie mußten durch Anlegung von Kanälen, die manchmal mehrere Kilometer lang waren, die Wasserläufe ableiten, die Quellen fassen und bearbeiten, Brunnen graben, Wasserreservoirs und Zisternen bauen oder von den göttlichen Mächten des Gebirges den nötigen Regenguß erbitten. Eine der Hauptgottheiten der minoischen Welt, Diktynna, die Berggöttin, die Vorläuferin der Artemis und der Nymphen der griechischen Welt und der Nereiden der Neuzeit, war eine Gottheit der sprudelnden Gewässer. Und die Kontinuität ist offensichtlich: mitten im 20. Jahrhundert n. Chr. glaubt man noch in den Dörfern der Ennea Choria, dem antiken Inachorion (Kisamou), daß, wenn man nicht am 6. Mai das Fest des heiligen Dikaios auf dem gleichnamigen Berg (dem antiken Diktaios?) gebührend feiert, im Jahr darauf das Wasser fehlt oder, wie es heißt, »die Quellen sich nicht öffnen«. Die minoischen Zeiten und die heutigen unterscheiden sich in diesem Punkt nur dadurch, daß die Alten keine artesischen Brunnen zu graben verstanden und daß ihre Brunnengräber das Wasser schneller erreichten als unsere. Die Heilkräfte des Wassers wurden von den Kretern schon vor sehr langer Zeit bemerkt: die Städte Lebena und Lissos, die in römischer Zeit berühmte Kurorte wurden, zogen bereits in minoischer Zeit die Kranken an, und im Westen Kretas gibt es unzählige Male den Flurnamen lutro, »das Bad«. Es handelt sich fast immer um kalte Mineralquellen mit Magnesium-Kalk- oder Eisengehalt. Manchmal, wie in Temenia, dem antiken Hyrtakos, sind sie durch ihre außerordentliche Bekömmlichkeit und Reinheit für die Behandlung von Krankheiten des Verdauungstraktes oder der Harnwege geeignet. Manchmal, wie in Tsoutsouros, dem antiken Einatos, wirken sie leicht abführend: an diesem letzteren Ort sind an die Stelle der Pilger der minoischen Göttin Eileithyia die Darmkranken getreten. Der Brunnen der Phylaki-Höhle wurde aufgegeben, an seiner Stelle sucht man das Wasser der »Höhle der Reinigung« auf, aber es kommt aus der gleichen Brunnenader. Die Fülle von Badewannen, gemauerten Becken, Läuterungsräumen usw. in den minoischen Landhäusern und »Palästen« würde genügend die religiöse Bedeutung beweisen, die die Gewässer für die Kreter hatten. Die Hirten begnügen sich nicht damit, die Ergiebigkeit oder die Frische ihrer Quellen zu übertreiben, sie rühmen auch allgemein ihre Heiligkeit oder ihre appetitanregenden Eigenschaften.

## *Erdbeben*

Nach der Erde, der Luft und dem Wasser wenden wir uns einem vierten Element zu: dem Feuer. Oder vielmehr – denn Kreta hat niemals Vulkane gehabt – dem verborgenen und unterirdischen Feuer, dem Königreich des Pluto, an dessen Seite Minos in Ewigkeit thront. Am Rand einer der großen Linien von frischen Einbrüchen gelegen, die den Grund des Mittelmeerbeckens von Westen nach Osten mit Streifen durchziehen, wird die kretische Kuppe seit ihrem völligen Auftauchen aus den Fluten im unteren Pleistozän von unregelmäßig wiederkehrenden Bewegungen erschüttert. Jedes Jahr erbebt der Boden Kretas mehr oder weniger stark. Aus geologischer Sicht ist die kaum eine Million Jahre alte Insel eine der jüngsten, die es gibt. Die Zerklüftungen und Gesteinsverschiebungen an ihren steilen Randgebirgen sind erst im Sizil entstanden und vermitteln den Eindruck einer außerordentlich jungen Bildung. Die Meeresabgründe öffneten sich ziemlich übergangslos am Fuß dieser Klippen. Es verläuft ein breiter Graben von 4400 m Tiefe zwischen dem Cap Tenar und Kreta, ein anderer von 3400 m Tiefe zwischen Santorin und Kreta. Bekannt sind die Verformungen der Küstenoberflächen zu geschichtlicher Zeit, beständige Zeugen für eine beständige tektonische Veränderlichkeit. Eine Reihe aktiver oder in jüngster Zeit erloschener Vulkane verrät die Anwesenheit des Feuers zwischen 120 und 150 km nördlich der Insel: Milo, Santorin, Nisyros. Um 1520 v. Chr. konnten die Zeitgenossen des Minos einen titanischen Ausbruch erleben, der einen Krater von 83 qkm Oberfläche und 700 m Tiefe aufriß und mit mehreren Metern Bimsstein und Asche eine Stadt an der Südküste der Insel Santorin zudeckte, die zur Zeit ausgegraben wird[17]. Sicher gab es vor und nach diesem Ausbruch Erdstöße und unterirdisches Grollen, die auch in Kreta registrierbar waren. Die Archäologen führen auf diese Erdbeben die teilweisen oder gänzlichen Zerstörungen des »Palastes« von Knosos zurück, die am Ende der zweiten und dritten mittelminoischen Periode und in den ersten beiden spätminoischen Phasen, d. h. in absoluter Chronologie um 1750, 1580, 1520 und 1450 v. Chr. erfolgt sind. Auf dieses letzte Datum fiele die durch ein Erdbeben mit oder ohne hinzukommende Feuersbrunst verursachte Zerstörung aller großen minoischen Herrenhäuser und Städte der Osthälfte der Insel von Zakro bis Sklavokampos. Wir werden später sehen, was von dieser verallgemeinerten Erdbebentätigkeit zu halten ist, aber sicher ist, daß die großen eingestürzten Mauern, die Blöcke aus Steinquadern, wie sie auseinandergerissen in mehreren Gebäuden zu finden sind, die Spuren seitlicher Stöße tragen, welche sich in den verschiedenen Epochen der minoischen Kultur wiederholten. Die Geschichte verzeichnet in Kreta Erdbebenkatastrophen[18] in den Jahren 66, 365, 1246, 1304, 1508, 1665, 1810, 1856 und 1926. »Seit man geschichtliche Zeugnisse über Kreta besitzt«, schrieb 1869 Raulin, »hat jedes Jahrhundert mit Ausnahme des 18. ein oder zwei Erdbeben von verheerenden Ausmaßen erlebt ... Es würde sich in Europa und selbst auf der ganzen Erdkugel schwerlich ein nichtvulkanisches Gebiet finden, dessen Boden für die Erhaltung der Kulturdenkmäler ebenso nachteilig ist.« Er wußte zu seiner Zeit nicht, aus was für schlechten Materialien die minoischen Häuser errichtet sein konnten.

Viele Kreter erinnern sich noch an das Erdbeben vom 26. Juni 1926, das an der Nordküste der Insel 60 bis 120 Sekunden und in Zakro 240 Sekunden dauerte. Es hatte auf der Mercalli-Skala die Stärke 9 in Herakleion, 8 in Chania und in Malia, 7 bis 8 in Zakro, 7 in Sitia, was bedeutet, daß es sich je nach der Gegend sehr stark, zerstörend oder verheerend auswirkte. Seine erste Wirkung war, als es um 19.47 Uhr begann, der Ausbruch einer Panik. Als die Menschen, die sich in den Häusern befanden, sahen, daß sich die Möbel und die schweren Gegenstände von der Stelle bewegten, daß der Gips der Zimmerdecken und die Hängelampen zu Boden fielen, daß unter einem Donnergrollen die Mauern zitterten und rissen, als sie fühlten, daß der Boden unter ihnen wich, taten sie, was ihre Vorfahren immer getan hatten: sie stürzten, wenn sie konnten, aus dem Haus. Viele wurden zu Boden geschleudert und hatten keine Zeit mehr, hinauszugelangen. Die oberen Teile der Häuser und der solide gemauerten Gebäude stürzten ein, eine Folge der mit der Höhe zunehmenden Schwingungsweite. Zu den vertikalen Stößen kamen die horizontalen Wirkungen: Fassaden wurden eingedrückt, Gegenstände über eine beträchtliche Entfernung weggeschleudert, Grabsteine und Statuen umgeworfen. In den Brunnen änderte sich die Höhe des Wasserstandes. Quellen versiegten. Andere sprudelten aus neu entstandenen Spalten. An manchen Stränden der Nordküste sah man das Meer sich mehrere hundert Meter zurückziehen, wobei es ehemalige Molen und versunkene Häfen freigab. An verschiedenen Punkten, wie in Poros bei Herakleion, hob sich die Küste um 20 cm; an anderen Stellen senkte sie sich, als würden sich die horizontalen Wirkungen als Wellen dem Boden aufprägen. Aber im Gebiet von Knosos wurden die Erdbeben mit dem größten Entsetzen und zugleich mit dem größten archäologischen Interesse wahrgenommen. Denn der große Ausgräber des »Palastes«, Arthur Evans, konnte in wenigen Sekunden der Zerstörung eines Teils des Gebäudes zusehen, das er mit Beton verstärkt hatte, die Erschütterung seiner minoischen Vorgänger nacherleben und die baulichen Vorkehrungen verstehen, die sie trafen. Unabhängig vom Epizentrum des erwähnten Erdbebens, das zwischen Kreta und den Kykladen in 35°8′ nördlicher Breite und 25°5′ östlicher Länge lag, kennt man nämlich einen dauernden Erdbebenherd in der Spalte zwischen dem Berg Iouktas und der Insel Standia, der antiken Insel Dia, 12 km vor der kretischen Küste. Die von diesem Herd ausgehenden Wellen brechen sich am Massiv des Iouktas und den Ausläufern des Ida, aber sie zerstören von Zeit zu Zeit die Gebäude einer Zone, die zwischen Krousonas im Westen, Archanes im Süden und Gonies im Osten liegt. Die Zerstörungen sind um so beträchtlicher, als man sich auf angeschwemmtem Land befindet. So wurde der moderne Hafen von Knosos, Candia-Megalokastro, am 16. Februar 1810 zerstört – man sprach damals von 2000 Toten – und noch einmal am 12. Oktober 1856 – diesmal wurden 538 Tote und 637 Verwundete gezählt. Herakleion, wie man es heute nennt, das Epizentrum der Stöße, wurde noch in allerjüngster Zeit, am 22. Februar 1970, von zwei vertikalen Wellen der Stärke 4,5 erschüttert, die 60 Häuser zerstörten und über 1000 beschädigten. Früher wie heute sind die Auswirkungen besonders verheerend, wenn das Erdbeben die Menschen mitten in der Nacht überrascht und wenn die brennenden Lampen oder Öfen augenblicklich das im Raum vorhandene, brennbare Material in Brand stecken: Öl, Stoffe, Stroh- und Bastwaren und Holzplatten. Die unter den Trümmern verschütteten Bewohner ersticken oder verbrennen. Bemerkenswert ist auch, daß mehrmals in der Geschichte ein und dasselbe Erdbeben auf mehr als die Hälfte der Insel Auswirkungen hatte. Es steht fest, um uns auf die Erdbeben in jüngerer Zeit zu beschränken, daß dasjenige vom 12. Oktober 1856, das übrigens im ganzen östlichen Becken des Mittelmeeres spürbar war, Herakleion und die angrenzenden Bezirke sowie Chania, Rhethymnon und einen Teil des Golfs von Mirabello zerstörte. Das Erdbeben vom 26. Juni 1926 spürte man nicht nur an der Nordküste und in Zakro, sondern auch in Argyroupolis und in Sellia, weit südlich von Rhethymnon, in Anogia, in 700 m Höhe an der Nordseite des Psiloriti, in Agious Deka, dem antiken Gortyn in der Mesara-Ebene, in Agios Nikolaos, dem antiken Lato, und in Vrachasi, im Golf von Mirabello. Es muß hinzugefügt werden, daß diesem Erdbeben in Kreta selbst im gleichen Jahr noch weitere folgten, und zwar am 27. Juni, am 30. August, am 22. September und am 25. November.

Die Wißbegierde der heutigen Menschen gilt vor allem der Anzahl der Toten und den spektakulären Wirkungen der Erdbeben: den Zerstörungen, Springfluten, Rissen im Erdboden, Zerklüftungen oder Senkungen im Gebirge und den Seuchen, die in ihrem Gefolge auftreten. Ohne Zweifel waren auch die Minoer davon erschüttert, aber sie kümmerten sich mehr als wir um die Mittel, mit denen sie den Katastrophen trotzen konnten. Nur ein Gott konnte sie hervorrufen. Also beobachteten sie Vorzeichen und Vorwarnungen: Vulkanausbrüche im Ägäischen oder Tyrrhenischen Meer, Unruhe der Haustiere, Flucht der Ratten, Heulen der Hunde, Aufflattern der Vögel und Schwingungen aufgehängter Gegenstände. Ein Teil der in den Heiligtümern gefundenen Votivgaben ist aus einem apotropäischen Zauber zu erklären. Da sie den unterirdischen Mächten und den Gottheiten der Meeresfluten die Erdbeben und Springfluten zuschrieben, beschworen sie sie durch Opfer in den

Höhlen und Krypten oder in den Uferheiligtümern. Sie verehrten die Pfeiler, welche die Fußböden und die Dächer stützen. Es ist bemerkenswert, daß in klassischer Zeit der Gott Poseidon als der »Erderschütterer« oder »Erdspalter« bezeichnet wird und daß er gleichzeitig ein Gott des Meeres ist; daß die Göttin Aphrodite zugleich Erd- und Meergottheit ist. Aber beide sind in Kreta die direkten Erben vorgriechischer Gottheiten mit den entsprechenden Kräften. Minos muß dem Poseidon den Meerstier opfern. Die Doppelaxt konnte in ihren Händen das Symbol einer Macht über die beiden Elemente sein. Mehr realitätsbezogen bauten die Minoer, da ihnen Betonplatten oder erdbebensichere Metallgitter nicht zur Verfügung standen, niedere und leichte Häuser mit festen Fundamenten, die zusammenstürzen konnten, ohne die Bewohner zu erschlagen. Alles in allem zeigt die Erfahrung, daß Erdbeben von einer großen Magnitude in Kreta durchaus ohne jedes Todesopfer verlaufen können.

## *Die vier Kretas*

Kann man mit all diesen natürlichen, geologischen, klimatischen, hydrologischen und tektonischen Gegebenheiten bei den Kretern vor dreieinhalb Jahrtausenden noch von einem geographischen Milieu sprechen? Ich glaube es ebensowenig wie die Alten selbst. Wenn Boden, Wasser und Klima das Leben der Menschen und infolgedessen ihre Demographie und Kultur eng bestimmen und bedingen, dann ist deutlich, daß man in Kreta an der Südküste nicht so lebte wie an der Nordküste und daß man in den Bergen des Westens anders lebte als auf den Hügeln des Ostens. Erst spät, in hellenistischer Zeit, sind sich die Kreter der Einheit ihrer Insel bewußt geworden, zu einer Zeit, in der sich der Handels- und Kulturaustausch zwischen den hundert vorhandenen Städten oder Staaten so vervielfacht hatte, daß die Sprache und die Gebräuche sich schließlich vereinheitlicht hatten. Der Kampf gegen fremde Mächte, gegen die Römer, Araber, Venezianer und Türken, konnte dieses Gefühl, derselben Kultur anzugehören, nur noch verstärken.

Dazu kommen noch die Wirkung einer monotheistischen Religion, die schneller gewordenen Verkehrsverbindungen und die Ausbreitung der Bildung durch Bücher. Nichts dergleichen gab es in minoischer Zeit. Der Gebrauch des Adjektivs »minoisch«, das symbolisch und vereinfachend zugleich ist, täuscht. Die Vielfalt war eines der Gesetze der Insel, auf der das Denken des Volkes noch beharrlich von Kantonen, von kleinen geographischen und ethnischen Einheiten bestimmt ist. Nicht von Bezirken noch von Bistümern, nicht einmal von Gebirgsmassiven oder Hügelgruppen, sondern von Ebenen, die man mit einem Blick überschauen kann, mit einem Hauptfluß, einem bedeutenden Ort bei den Quellen, einer Bucht, wo sich früher ein Hafen befand, und einem Weidegebiet in den Bergen der Umgebung. Der in viele Einheiten aufgeteilten geographischen Gestalt entsprechen Partikularismen.

Die Besiedlung Kretas erfolgte von außen und zugleich von innen her. Verschiedene Eindringlinge mit verschiedenen Sprachen, Techniken und Gebräuchen mußten sich auf der Insel einen Platz erkämpfen, indem sie sich mit verschiedenen Lebensbedingungen auseinandersetzten oder sich ihnen anpaßten. Ihre Nachkommen mußten sich auf der Insel neue Lebensräume erobern, wobei sie ebensosehr gegen die Natur wie auch gegen die Menschen in ihrer Nachbarschaft zu kämpfen hatten. Den Besiegten blieb keine Möglichkeit als der Rückzug in das Gebirge oder die Auswanderung. In dem uns interessierenden Zeitabschnitt hatten sich die Abkömmlinge der Stämme des Neolithikums, die noch nicht die in den Ebenen und auf den Plateaus des Ostens verbreiteten Techniken der Viehzucht, des Ackerbaus, des Handels und der Metallurgie angenommen hatten, in der Hauptsache in die Gebirge des Westens zurückgezogen, die von alters her für wilder oder im Hergebrachten beharrender galten als alle andern. Wenn man auf der Karte die Ortsnamen markiert, erscheint es kaum zweifelhaft, daß sehr viele abgeschlossene Räume verschiedenartiger Kulturen bestanden, sogar in den Gebirgsmassiven im Osten und im Süden von Kreta. Wir haben dies bei der Aufzählung einiger Bergnamen festgestellt. Aber, sagen wir es noch einmal, die kleinen Gruppen von Menschen sind zu bewundern, die zwischen dem sechsten und dem dritten Jahrtausend v. Chr. auf ausgehöhlten Baumstämmen oder auf Flößen ankamen und mit Geduld, Einfallsreichtum und Tatkraft dem ursprünglichen Wald, Gestrüpp und Sumpf Land abkämpften und so ihren Nachkommen wie den Angreifern ihrer Nachkommen die Möglichkeit gaben, sich zu ernähren oder sich zu Stämmen oder Staaten zusammenzuschließen. Die Natur bot auf Kreta die Steineiche, die Zypresse, die Kiefer und Dornbüsche: die Vorgänger des Minos pflanzten an ihre Stelle, wo dies möglich war, den Olivenbaum, den Weinstock, Obstbäume und Getreide. Auf die Weidegebiete der Steinböcke, Hirsche und Wildschweine führten sie Schaf-, Ziegen- und Schweineherden. Der Auerochse wurde vom Hausesel und Hausrind verdrängt, die Biene der Felsen vom Schwarm des Bienenstocks.

Das Studium der Böden, der Klimate und der Gewässer erlaubte es uns, im vorgeschichtlichen Kreta vier verschiedene Arten von Siedlungsgebieten zu unterscheiden: die der Nord- und Ostküste, die der Hügel und Berge des östlichen Zentrums, die der Gebirge des Westens und die der Südküste einschließlich der Mesara-Ebene. Muß man annehmen, daß es schon zur Zeit des Minos mindestens vier Kretas gab[19]? Übrigens verleiten die Gegebenheiten der Archäologie und der Sagenüberlieferung sehr dazu, sich eine Art von Kultureinheit vorzustellen, die sich über das Gebiet Chanias, des antiken Kydonia, das Minos gegründet haben soll, über das Gebiet von Knosos mit seinen Häfen und über die Küstenebenen von Malia, des Mirabello-Golfes, von Sitia, Palaikastro und Zakro, kurz, über die Nord- und Ostküste erstreckt. Das Meer, an das alle angrenzten, hätte dann den Austausch und den Verkehr zwischen allen diesen Häfen in viel sicherer Weise erlaubt als ein langsamer, schwieriger und unzuverlässiger Landweg. Knosos, das im Zentrum dieses weiten Netzes liegt, hätte die politische Hauptstadt oder doch mindestens die wichtigste Stadt sein können. Ein mehr oder weniger großes Gebiet, in dem Nahrung gefunden wurde, mußte diese verschiedenen Ebenen umgeben, die ein ähnliches Klima und ähnliche Ablagerungen aufwiesen. Die sprachliche und ethnische Einheit der Eteokreter aus dem Gebiet von Sitia und des Mirabello-Golfes ist in geschichtlicher Zeit literarisch belegt und durch denselben

Höhenkult-Typus bewiesen. Die Berge Modhi und Tragostalos sind eng mit Palaikastro und Zakro verbunden. Ebenso waren die Weingegend um Malevyzion und die nordöstlichen Abhänge des Ida den Herren von Knosos unterstellt; die Obstgegend von Polichna in der Nachbarschaft von Kydonia im Westen bewahrte von alters her das Andenken an Minos.

Eine zweite Einheit könnte das Lasithi-Massiv und seine verschiedenen Abhänge umfassen, vor allem die östlichen und westlichen, wo man bis zu den letzten Tagen der Unabhängigkeit beim selben Zeus Tallaios und bei derselben Aphrodite schwor. Für die Bewohner der Hügel der Pedias-Ebene und des Westteils der Provinz Viannos bedeutet dieses Massiv in Friedenszeiten eine Zone für den Herdenauftrieb und die Bewirtschaftung während des Sommers, in Zeiten der Wirren eine Zone der Zuflucht. Lyktos war vielleicht schon damals seine wichtigste Stadt.

Eine dritte Kultureinheit umfaßt, so scheint es, all die bewaldeten Berge, die die »Palast«-Kultur nicht erreicht hat, im Ida, im Amari-Gebirge und jenseits gegen Westen in den grauen und weißen Bergmassiven: diese Landschaften sind feuchter, kälter und für die Jagd, die Viehzucht, die Erzsuche oder die Forstwirtschaft besser geeignet als für die eigentliche Landwirtschaft. Die einzige wirklich große Ebene im Süden, die Mesara-Ebene, mit ihren natürlichen Ausläufern in das Amari-Gebirge und die Berge der Provinz Agios Vasilios im Westen, mit den Asterousia-Bergen und den Südhängen des Ida, woher offensichtlich die ersten Siedler kamen, diese Ebene stellt schließlich nach unserer Meinung mit ihren kleinen Dörfern auf den flachen Vorbergen und ihrem großen Mittelpunkt Phaistos die letzte Einheit dar. Aus dieser warmen und fruchtbaren Gegend zogen die Eroberer der kleinen Küstentäler im Osten und Westen los, dorther kamen die Siedler der Inseln im Süden, Paximadi, Gavdos und Gavdopoula, und die Erzlagersucher, die bis nach Elaphonisi und an die Westküste gelangten. Wenn die Leute von Gortyn in geschichtlicher Zeit beständig mit den Leuten von Knosos Krieg führten, so geschah das nicht bloß aus imperialistischen oder wirtschaftlichen Gründen: die beiden Gegenden, die einander den Rücken kehren, haben verschiedenen Boden und verschiedenes Klima. Rhadamanthys, der König von Phaistos, und Minos, der König von Knosos, konnten miteinander nicht auskommen.

Dieser reichen, schönen und abwechslungsreichen Insel, die oft glüht und erbebt wie eine junge Frau, geben *wir* eine Seele. 750 Jahre nach Minos sprach Homer von ihr noch im Plural. Zweimal sagte er Kretai, »die Kretas«. Er verherrlichte das Gemisch von Völkern und Sprachen. Er zählte die Kydonier im Westen auf, die an den Jardanos (den heutigen Keritis) angrenzten, die Dorer, die Achäer, die Pelasger und die Eteokreter im Osten. Wenn zu seiner Zeit die Dorer tatsächlich die letzten Einwanderer waren, so bewohnten die Achäer und Pelasger die anbaufähigen Hügel und Ebenen zwischen dem Mirabello-Golf und den Massiven des Selinon und Kisamos. Seine Aufzählung setzt also mindestens vier Kretas voraus, die vor der dorischen Besiedlung bestanden. Nun trifft man auf eine bemerkenswerte Tatsache: im 13. Jahrhundert n. Chr. werden die Venezianer vier Bezirke einrichten, die sich, grosso modo, zu den heutigen Verwaltungsbezirken weiterentwikkeln werden. Bei dieser vertikalen Aufteilung berücksichtigen sie geographische Gegebenheiten: das Massiv der Weißen Berge im Westen, das Massiv des Psiloriti (des antiken Ida) und des Amari-Gebirges nach dem Zentrum hin, das Lasithi-Massiv mit den Hügeln der Pedias-Ebene und die Mesara-Ebene mehr im Osten, schließlich das Massiv der Malavra und die Berge von Sitia im Ostzipfel. Die modernen Dialekte bewahren noch Merkmale dieser Aufteilung, die zweifellos zum Teil künstlich, aber doch mehr oder weniger durch die Geschichte bedingt und naturgewollt war. Der Gegensatz zwischen der Nord- und Südküste, zwischen den Bergen des Westens und denen des Ostens, scheint uns selbst heute – geographisch gesehen – sicherer. Aber dieser Gegensatz hat am Anfang der Geschichte den Ehrgeiz der Menchen herausgefordert, Gebiete zu erobern, Klimaverhältnisse zu bewältigen und Gegensätzen die Stirn zu bieten. Die Natur gab ihnen von sich aus den Anstoß zum Vorwärtsdrängen und zu einer unterschiedlichen Entwicklung.

Soll man den Symbolen glauben? Die antike Mythologie lehrt uns, daß Minos von Pasiphaë vier eheliche Söhne, Katreus, Deukalion, Glaukos und Androgeos, und vier eheliche Töchter, Akalle (oder Akakallis), Xenodike, Ariadne und Phaidra, hatte. Nach den kretischen Mythographen kannte Diodor von Sizilien nur vier eheliche Kinder des Minos, Deukalion, Katreus, Androgeos und Ariadne. Von der Nymphe Paria hatte er vier außereheliche Kinder mit ganz und gar griechischen Namen. Dieses beharrliche Wiederkehren der Zahl Vier, das viel weniger häufig und ursprünglich in den Sagen anzutreffen ist als die Wiederholung der Zahl Drei, entspricht auf seltsame Weise dem, was sich uns in der Homerischen Geographie und der venezianischen Verwaltung aufdrängt. Und man fragt sich, ob die Kretas, die Homer sich vorstellte, nicht schon dieselben waren, die seine Vorgänger, die mykenischen Aöden, und vor diesen die Erben des mythischen Herrschers besangen: das Kreta des Nordens, das des Südens, das des Ostens und das des Westens.

# Zweites Kapitel
# Der menschliche Bereich

## *Darstellungen*

Welches Bild können wir uns von den Männern und Frauen machen, die vor 35 Jahrhunderten auf der großen Insel lebten? Die Wandmalereien einiger ägyptischer Gräber, die Verzierungen, die Siegel und die Statuetten der minoischen »Paläste« und die kleinen Figuren der Heiligtümer können unserer Vorstellungskraft zu Hilfe kommen, wenn wir nur von allen konventionellen Formen des Nationalismus, der Kunst oder der Religion absehen. Und vor allem unter der Bedingung, daß wir nicht glauben, es seien darin dieselben Personen dargestellt: die Händler, die aus verschiedenen Gegenden Kretas nach Ägypten kamen, waren nicht identisch mit den Bauern und den Kriegern, die ihre Götterbilder oder ihre Porträts in den Kultorten als Votivgaben darbrachten, noch mit den Priestern und Priesterinnen der städtischen Zentren. Die Verschiedenheit, die sich uns bei den geographischen Verhältnissen aufdrängte, findet sich in der Welt der Menschen wieder.
Die thebanischen Gräber, in denen die Keftiu[1] dargestellt sind, die man als Kreter betrachten kann, verteilen sich auf die Zeit zwischen der Regierung der Königin Hatschepsut um 1500 v. Chr. und der Regierung des Amenophis III. um 1400 v. Chr. Es sind Tributpflichtige, die verschiedenen Wesiren, Hohenpriestern oder hohen Beamten Vasen, Metallbarren oder Weihegaben bringen; es sind auch Anbetende, die dem König ihre Huldigung darbringen. Das soll heißen, sie bezahlten für das Recht, in den von den Ägyptern kontrollierten Häfen Handel zu treiben. Ihre Porträts, die von einer unmittelbaren Anschauung und zugleich von einer Tradition beeinflußt sind, die an den Anfang der 18. Dynastie zurückzureichen scheint, schmücken im allgemeinen die Eingangshallen einer Grabkapelle. Die wichtigsten sind die aus den Gräbern des Useramon, des Rechmere und des Mencheperreseneb; die Künstler

des zweiten Grabes können als die glaubwürdigsten gelten, da ihnen kein Fehler bei der Zuteilung der Tribute an ihre Träger und an ihr Herkunftsland unterlaufen ist. Die Grabstätte des Rechmere, die unter Thutmosis III. in der Mitte des 15. Jahrhunderts begonnen und um 1440 in den ersten Regierungsjahren von Amenophis II. fertiggestellt wurde, zeigt 16 ägäische Träger des gleichen Typus, von denen einer karikierend dargestellt zu sein scheint. Mit Ausnahme des einzigen Falles, wo »der König des Landes Keftiu« als Syro-Palästinenser mit kahlrasiertem Schädel und Spitzbart abgebildet ist, weisen die auf die Wände dieser verschiedenen Gräber gemalten kretischen Tributpflichtigen dieselben charakteristischen Züge auf, die sie von den andern Tributpflichtigen aus fremden Ländern unterscheiden: ihre Hautfarbe ist rotbraun, ihr bartloses Gesicht zeigt manchmal unter dem Auge, auf dem Nasenflügel, der Wange und dem Kinn Spuren von Gesichtsbemalung (oder Tätowierung?) mit rotem Ocker, ihre schwarze und lockige Frisur besteht aus langen, welligen Strähnen, die auf eine Schulter oder den Rücken fließen, und aus kurzen, spiralförmigen Strähnen auf der Stirn und dem Vorderkopf, das Auge ist groß und schwarz, das Profil gerade, die Lippen voll, der Mund tief eingeschnitten. Die schlanke Taille wird von einem Gürtelschurz umschlossen. Obgleich die Nase meist geradlinig ist, findet man auch leicht gekrümmte Nasen, ja sogar Adlernasen. Mehrere Male gefiel es dem Künstler, feiste Züge wiederzugeben. Man konnte sagen, daß dieser Körpertyp sich vom ägyptischen durch eben seine Uneinheitlichkeit unterscheidet. Eine der Figuren aus dem Grab des Kenamon, unter Amenophis II. um 1430, kombiniert rein ägäische Züge mit dem allgemeinen Aussehen der Bewohner des Punt, d. h. der Somaliküste. Unter dem im Grabe des Ineni 30 Jahre später gemalten königlichen Baldachin verbindet die als »ein Fremder aus dem Lande Keftiu« bezeichnete Person die hethitischen mit den ägäischen Gesichtszügen. Wir sahen einen »König des Landes Keftiu« mit dem Gesicht eines Syro-Palästinensers; und ebendieser führt die ägäischen Tributpflichtigen des Grabes von Mencheperreseneb um 1440 an. Im Grabe von Amenemheb, das um einige Jahre später anzusetzen ist, sind die Bewohner »des Landes Keftiu oder Menus« zugleich Syrer, Hethiter und Ägäer. Das ist nicht verwunderlich, wenn Menus eine minoische Kolonie an der syrischen Küste bezeichnet. Es ist also sicher, daß die ägyptischen Künstler sich die Kreter als ein bunt zusammengesetztes Volk vorstellten, dessen größter Teil aus Angehörigen der nordmediterranen Rasse bestand, aus Menschen also mit schlankem Wuchs, sonnengebräuntem Gesicht, mit gerader Nase und schwarzem Haar.

Wir besitzen heute etwa 100 kretische Statuetten von Adoranten und Adorantinnen aus Bronze, Stein oder Ton[2], die aus der gleichen Zeit stammen wie die ägyptischen Darstellungen. Man fand sie in den Kulthöhlen, wie in Psychro, Skotino und Tylissos, in den Höhenheiligtümern wie in der Gegend von Sitia, in Stadt- oder Landkapellen wie in Malia oder Piskokephalo. Ihre Haltung und, soweit sie deutlich sind, ihre Gesichtszüge entsprechen denen der wenigen Wandmalereien, der Figuren auf den Steatitgefäßen, auf den Goldringen und den minoischen Siegeln aus der Epoche der zweiten »Paläste«. Läßt man die Frisur- und Kleiderformen beiseite, die durch Mode oder Ritual geboten waren, so stellt man fest, daß es den Künstlern darauf ankam, den lockigen Fall des schwarzen Haares, den breiten Schnitt der Augen, die starke Muskulatur der Schultern und Arme, die Schmalheit der Taille und die sehnige Schlankheit der Beine hervorzuheben. Dies ist zweifellos die ideale Form des menschlichen Körpers für die Maler und Bildhauer dieser Zeit. Aber es ist bekannt, daß für sie die Wirklichkeit ganz anders aussah. Selbst wenn sie aus Ungeschicklichkeit, Unverständnis oder religiöser Scheu das Antlitz als zweitrangig ansahen und es nur in groben Zügen wiedergaben, wäre es falsch und ungerecht zu behaupten, sie hätten von der Porträtkunst überhaupt nichts verstanden. Neben dem schlanken und muskulösen Menschentyp, der aus dem aufrechten Schwung seiner Haltung eine zusätzliche Eleganz gewinnt, konnten sie untersetzte und dicke Leute mit gedrungenem Hals und rundem Schädel beobachten. Während die meisten Gesichter schmal sind und eine geradlinige Nase haben, gibt es in Piskokephalo und am Berg Kophinas einige, die viel breiter als hoch sind und eine starke Nase mit kräftiger Wurzel zwischen den Augenbrauen aufweisen. Man kennt schmale Münder neben dicklippigen, hervorstehende, runde und breite Augen neben feingeschnittenen und schmalen. Es scheint, als seien während der Jahrtausende des Neolithikums eine oder mehrere aus den Steppen Asiens kommende Völkerwanderungen unter den seßhaften Völkern des östlichen Mittelmeerbeckens zum Stehen gekommen. Dasselbe Spiel der Blicke erscheint übrigens in den sumerischen Kunstwerken, die in der Mehrzahl mit ungeheuren Augen versehen sind; aber manchmal, wie in Warka, sind die Augen geheimnisvoll zu einem schmalen Spalt verengt[3]. Ist dies Konvention oder vielmehr eine Folge der Rassenmischung? Wir dürfen sagen, daß die kretischen Künstler in ihrer Umgebung das sahen, was uns ihre ägyptischen Kollegen des Neuen Reiches schon gezeigt haben: eine Mehrheit von schlanken Individuen mittlerer Größe mit ausgewogenen Körperproportionen, mit schwarzem, lockigem Haar und freimütig offenem Blick. Zu keinem Zeitpunkt hat man den Eindruck, daß sie hochgewachsene Rassen, etwa nordische oder afrikanische, gesehen hätten. Aber sie kannten gewiß mindestens zwei Menschentypen, die vom allgemeinen Typ abwichen: einerseits die Individuen von kleinerem Wuchs, gekennzeichnet durch die schwache Höhenentwicklung der verschiedenen Kopfpartien, andererseits die Mischtypen. Hierzu müssen einige Porträts von Levantinern angeführt werden, deren Herkunft unbekannt ist: sie stellen Anatolier, Syro-Palästinenser und verschiedene Semiten dar. Von den Frauen, die zu allen Zeiten Gegenstand der Idealisierung waren, gewinnt man schwer eine genaue Vorstellung. Es scheint so, als habe in der Mitte des zweiten Jahrtausends die kretische Schönheit große Augen, eine Wespentaille und einen üppigen Busen gehabt. Aber zweifellos war dies nur ein Ideal, und die Wirklichkeit war nüchterner.

## *Anthropologie*

Lange Zeit hat man versucht, die antiken oder die modernen Kreter unter die anderen Völker nach dem Längen-Breiten-Index des

Kopfes einzureihen. Um die Form des von oben betrachteten Kopfes in einer Zahl auszudrücken, hat dieser Index die Formel

$$1 = \frac{\text{maximale Kopfbreite} \times 100}{\text{maximale Kopflänge}}$$

Es ist üblich, danach drei Schädelkategorien zu unterscheiden. Bei einem Wert von 75,9 und darunter werden die Köpfe dolichozephal genannt, d. h. sie sind lang und schmal; von 76 bis 80,9 sind sie mesozephal oder mittelbreit; von 81 an und darüber sind sie brachyzephal, d. h. kurz und breit. Bis ungefähr 1960 mußte man sich auf die Feststellung beschränken, daß die meisten Zeitgenossen des Minos in Kreta dolichozephal waren. Man vermutete außerdem, daß sie frühere brachy- oder mesozephale Bevölkerungen überdeckt oder verdrängt hatten. Man kam aber zu der Einsicht, daß viel zu wenige Vergleichsstücke zur Verfügung standen – eine sehr geringe Anzahl gut erhaltener Schädel –, daß sich die Ausmaße und die Form der Knochen im Boden veränderten, daß derselbe Durchschnittsindex sich bei sehr verschiedenen Rassen finden kann und vor allem, daß innerhalb einer bestimmten rassischen Gruppe der Kopfindex nicht unveränderlich ist. Seit den Arbeiten von Lapouge am Anfang des 20. Jahrhunderts ist bekannt, daß in allen Ländern die Städter dolichozephaler sind als die benachbarten Landbewohner und daß in den Städten die Dolichozephalie mit dem sozialen Niveau zunimmt. Das wirtschaftliche oder das soziale Milieu hat in einigen Generationen einen bestimmenden Einfluß auf die Form des Schädels. Die Forschungen von Iwanowski über die Russen im Jahre 1921 haben sogar bewiesen, daß ein Zeitraum von sieben Jahren Hungersnot oder Unterernährung, wie er dem Krieg von 1914 gefolgt ist, den Kopfindex um 2 bis 3 Einheiten verminderte, indem die Breite der Schädel stärker als ihre Länge abnahm. Hinzu kommt, daß innerhalb einer bestimmten Gruppe die Dolichozephalen und die Brachyzephalen gleiche Schädelkapazitäten haben und daß es für den Beobachter – selbst aus einer Entfernung von 3000 Jahren – nicht so wichtig ist, die Form des Kopfes von oben zu kennen als vielmehr sein Aussehen von vorn.

Deshalb wurden in Kreta die Forschungen in zwei Richtungen durchgeführt. Man maß alle Gesichtsschädel aus der Antike, um einen Index des oberen Gesichtes, einen Index des Gesamtgesichtes, einen Kieferindex, einen Augenhöhlen-, einen Nasenindex, also verschiedene Verhältnisse zwischen Breite und Höhe der verschiedenen Organe und Vorwölbungen des Gesichts zu bestimmen. Weil man außerdem annahm, was für die ganze Insel zutrifft, daß die allgemeinen Blut- und Gestaltstypen sich durch Ausscheidung der Abweichungen und Auslese der überwiegenden Merkmale bildeten und daß das menschliche Substrat jahrhundertelange oberflächliche Besatzung durch die Araber, die Venezianer und die Türken überdauerte, versuchte man die heutigen Kreter unter die Weltrassen einzureihen und die wahrscheinlichsten ethnischen Komponenten zu bestimmen[4].

Die Kreter zur Zeit des Minos gehörten in ihrer Mehrzahl der weißen mediterranen Rasse an. Aber diese setzte sich aus mindestens zwei Gruppen und deren Kreuzungen zusammen. Die älteste Gruppe entspricht dem Typ der ersten Steinzeitmenschen Europas und des Nahen Ostens. Sie entstammt möglicherweise der Cromagnon-Rasse und ist auf jeden Fall direkt aus dem Halbinsel-Paläolithikum hervorgegangen. Sie ist gekennzeichnet durch die schwache Höhenentwicklung des Gesichtsmassivs und der Schädelwölbung. Die Breite des Gesichts ist um so ausgeprägter, je höher der Wert des Schädelindex ist. Zwar tendiert der alte mediterrane Typ, wenn er das Meer berührt, zur Dolichozephalie; doch sind in diesem Typ die Brachyzephalen und die Mesozephalen ebensostark vertreten, aber das ist kein wesentliches Merkmal. Die Breite der Augenhöhlen variiert je nach der Breite des Gesichts. Sie lassen auf große Augen schließen. Die Nase, die ohne negroiden Einschlag ist, bleibt im allgemeinen schmal oder mittelgroß. Die Stirn ist senkrecht mit ausgeprägten Vorsprüngen. Die gerade Kieferstellung ist die Regel. Die Körperstatur scheint relativ klein gewesen zu sein, vielleicht 1,60 m bei den Männern, etwas weniger bei den Frauen. Von 112 Skeletten aus Mittelminoisch und aus Spätminoisch I, d. h. im wesentlichen aus der Zeit der zweiten »Paläste«, die uns interessiert, gehören 60 zu diesem Typ, d. h. mehr als 53 %. Vergleicht man dieses Verhältnis mit dem aus der frühminoischen Zeit (40 %), in der die Völker nach Kreta einwanderten, die die Kenntnis der Bronzetechnik mitbrachten, so stellt man fest, daß die Kreter der Palastkultur einen Teil der jüngsten Einwanderer aus dem Norden entweder eliminiert oder absorbiert hatten. Die Vermutung liegt nahe, daß diese ersten und fruchtbaren Bewohner Kretas, wie es uns die Künstler nahelegen, eine von der Sonne gebräunte Haut, braune Augen, schwarzes, gewelltes Haar, schmale Hüften und einen gut entwickelten Atmungsapparat hatten. Die archäologische Anthropologie bestätigt nur einen Eindruck des Betrachters: es gab in Kreta eine alte ägäische Dominante.

Die zweite Gruppe, die manchmal europid oder alpino-dinarisch oder besser balkano-mediterran genannt wird, unterscheidet sich von der vorhergehenden durch die mittlere Höhenentwicklung des Gesichtsmassivs und der Schädelwölbung, wobei das Verhältnis des Gesichts zum Gesamtschädel zwischen 48 % und 52,7 % schwankt. Das Gesicht ist daher schmäler im Verhältnis zum Schädel als in der vorhergehenden Gruppe, es hat eine gerade, mittelbreite, ja sogar breite Stirn, im allgemeinen ziemlich kleine Augenhöhlen, eine schmale bis mittelbreite Nase und eine orthognathe oder schwach mesognathe Partie. Soweit man die langen Skelettknochen mit den Schädeln aus der Nekropole von Sankt Elias bei Knosos in Bezug setzen konnte, scheint der Wuchs der Männer um einige Zentimeter, etwa 3 oder 4, größer gewesen zu sein als bei der ersten Gruppe. Ein ziemlich verwandter Menschentyp begegnet noch im größten Teil der submediterranen Zone. Aber die Individuen, die vom Neolithikum an durch das mittlere Donaubekken in die griechische Halbinsel eindrangen, nahmen bei der Berührung mit dem Mittelmeer Merkmale an, die sie von den Alpino-Danubiern unterscheiden. Besonders der Nasenindex ist etwas höher auf den Inseln als auf dem Festland. Sie wurden zu Unter-Dolichozephalen. Dieser neomediterrane Typ, der meso- oder brachyzephal sein kann, ist in Kreta durch 34 Skelette vertreten, bei einer Gesamtzahl von 112 Skeletten aus der Palast-Zeit, d. h. durch 30 % der Fälle. Erinnern wir uns, daß im vorhergehenden

Zeitraum ihr Anteil um 10 % höher war. Der alte mediterrane Bestand hatte schließlich, nachdem er alle möglichen Kreuzungen eingegangen war, seine mannigfaltigen Eindringlinge verdrängt oder, wie man zu Beginn dieses Jahrhunderts hätte sagen können, die großen braunen Brachyzephalen wurden allmählich von den kleinen schwarzen Dolichozephalen unterdrückt. Die atlanto-europide Gruppe mit hoher Schädelwölbung und hohem Wuchs ist durch vier zweifelhafte Schädel zu schlecht vertreten, als daß man über ihr Aussehen und ihre Wirksamkeit im minoischen Kreta Vermutungen anstellen könnte.

Ich glaube, man muß noch eine anatolische oder, wenn man will, armenische oder vorderasiatische Komponente in Betracht ziehen, die nahe verwandt ist mit der dinarischen Rasse, mit der sie manchmal verwechselt wird. Ihre Vertreter in Kreta waren von etwas größerem Wuchs als die ältesten Mediterranen, ihr Körperbau war aber insgesamt fülliger, ihre Behaarung ausgeprägter, braun und nicht schwarz. Im allgemeinen waren sie brachyzephal mit stark gewölbtem Schädel, hatten eine längere Nase mit breiter und fleischiger Spitze und hoher Wurzel, und mittlere bis enge Augenhöhlen. Wenn man einer gewissen Zahl von Darstellungen sitzender Gottheiten von der Steinzeit an glaubt, war nach ihrer Vorstellung die Steatopygie ein Merkmal weiblicher Schönheit, wie bei ihren Brüdern aus Anatolien. Diese Rassenkomponente ist auf den Inseln seit der Steinzeit bekannt. Es scheint, daß sie mindestens während der frühen Bronzezeit in Kreta aufgetaucht ist, wo sie sich rasch mit den früheren mediterranen Komponenten vermischt hat. Deshalb ist es auch so schwierig, sie auszusondern aus den wenigen Schädeln mit runder Form und mittlerem Kopfindex, über die man in Kreta verfügt. Die natürlichsten Wege für ihr Eindringen in den Mittelmeerraum sind wahrscheinlich die Buchten der Südküste Kleinasiens und Nordsyriens, wobei Rhodos und die Inseln des Dodekanes bequeme Zwischenstationen auf dem Wege nach Kreta bildeten.

Die Untersuchungen, die A. N. Poulianos[5] 1960 an 1200 heutigen Kretern vorgenommen hat und in denen er pro Person 55 anthropometrische Merkmale in Betracht zieht, führen zu dem dreifachen

Schluß, daß sich der Körpertypus der Kreter seit dem Ende der minoischen Zeit nur sehr wenig geändert hat, daß im ganzen die größten Gemeinsamkeiten, die man mit andern Völkern finden kann, uns auf den Kaukasus und nach Georgien verweisen (das trifft vor allem in Hinsicht auf den schwachen Anteil von Individuen der Blutgruppe A zu), und daß schließlich das Gebiet von Sitia im Osten der Insel anthropologisch dem westlichen Kleinasien ähnlich ist. Die Untersuchungsmethode und die Anwendung der Daten auf die Antike waren Gegenstand leidenschaftlicher Diskussionen auf dem Zweiten internationalen Kongreß für kretische Studien in Chania 1966. Trotzdem bleibt es dabei, daß die Unterschiede des Körperbaus, des Kopf- und des Gesichtsindexes, der Pigmentation usw., die in den vier heutigen Verwaltungsbezirken Kretas festgestellt wurden, ihre Entsprechungen auf einem kleinen Kreisbogen haben, der vom mittleren Donaubecken bis zu den Bergen des Kaukasus reicht. Und seit 70 Jahren sind sich alle Anthropologen, Ethnologen und Kraniologen darin einig, die rein literarische These von A. Evans zu verwerfen, der teilweise Hawes (1910) und Cipriani (1961) gefolgt sind, nach der das steinzeitliche Kreta durch Stämme aus Nordafrika, Ägypten und Libyen besiedelt wurde. Selbst der semitische Zustrom, der durch die Mythologie, die Kunst, den Handel und sogar die Toponymie bekannt ist, scheint nicht beachtenswert neben der unerschütterlichen Tatsache, daß 90 % der Schädel aus der mittelminoischen Zeit zu Typen des nordöstlichen Mittelmeeres und der Rest zu Kreuzungen gehören. Ebenso gehören von den 78 kretischen Individuen aus dem 18. und dem Beginn des 19. Jahrhunderts n. Chr., die im Museum von Herakleion konserviert sind, mehr als 65 % zum frühen mediterranen und balkano-mediterranen Typ, 21 % zu verschiedenen danubischen und anatolo-armeniden Typen, 10 % zu den eben erst in Kreta angesiedelten Türken und 3 % zu subnegriden Kreuzungstypen. Zu allen Zeiten hat die Rassenmischung eine Rolle gespielt.

Man darf auch nicht vergessen, daß Kreta eine Insel ist und daß die Gebirgsmassive jeweils für sich eine Insel mitten auf der Insel darstellen. Die ältesten Merkmale neigten immer zu einer ganz eigenen Entwicklung, die viel stärker an das umgebende physikalische Milieu und an die hergebrachten Lebensweisen als an zufällige Zuströme von außen gebunden war. Wenn also die Mutationen im wesentlichen auf den Einfluß des Milieus zurückzuführen sind, ist es zumindest sehr unvorsichtig, den hohen Wuchs und die manchmal anzutreffende blonde Haarfarbe einiger Sfakioten mit dem Bild in Verbindung zu bringen, das man sich von den Dorern des blonden Menelaos macht. Die Luft, das Schneewasser, die Pflanzen und die Milchkost des Gebirges bedingen und verändern langsam den Wuchs und die Hautfarbe. Allgemein jedoch wirkte der Inselcharakter dahingehend, aus den Kretern eine in ihrer Verschiedenheit homogene Bevölkerung zu machen, die eine Ausnahmestellung unter allen Inseln des Ägäischen Meeres einnimmt.

### *Wanderungen*

Die Archäologie bestätigt auf ihre Art die Gegebenheiten der Anthropologie. Sie zeigt, daß Kreta schon in der Jungsteinzeit in seiner ganzen Ausdehnung bevölkert war, und zwar mit einer maximalen Dichte entlang der ganzen Nordküste. Man darf nicht glauben, daß die Einheimischen damals in den Höhlen lebten, obwohl sich die am besten erhaltenen Zeugnisse ihrer Anwesenheit in fast allen feuchten Höhlen der Insel finden. Abgesehen davon, daß es zu einer schrecklichen Wohnungsnot gekommen wäre, ist der Daueraufenthalt in solchen unterirdischen Behausungen praktisch unmöglich. Die steinzeitlichen Dörfer waren unter freiem Himmel gebaut, sowohl in Magasa und Agia Photia im Osten wie in Phaistos und Lebena im Süden, in Katsaba, Poros und Knosos im Norden, in Melidoni (Apokoronou) und auf der Halbinsel Akrotiri bei Chania im Westen. Ihre Entsprechungen finden sich nicht nur in Thessalien bei Larissa, sondern vor allem auf den Kykladen auf Keos und Antiparos. Diese ausgedehnte Besetzung Kretas ist die Folge von fortgesetzten Landungen, die einander vielleicht seit dem siebten oder sechsten Jahrtausend v. Chr. bis in die Zeit um 2800 folgten.

Darauf kamen in neuen Wellen Einwanderer mit Bronzewaffen und im Besitz überlegener Techniken auf dem Gebiet der Schiffahrt (Schiffe aus geschnittenen Brettern), der Architektur (Balkengerüst, kuppelförmig überwölbte Rundgräber), der Keramik (Töpferscheibe, gebrannte Töpferware, Schnabelkanne, Kelch) und vielleicht der Religion (der Höhen- und der Höhlenkult, Idole aus Stein); sie bauten neue Dörfer und entwickelten neue Kulturformen, besonders in der Mesara-Ebene und in den Weißen Bergen. Eine gewichtige Anzahl von Vergleichspunkten verweist auf den Osten Anatoliens als das Hauptherkunftsgebiet dieser Neuankömmlinge, die für die frühminoische Kultur verantwortlich sind. Nach einer subneolithischen Phase, die in Westkreta viel länger dauerte als in Ostkreta und die von vielfachen Auseinandersetzungen und Rückzügen in die Fluchthöhlen begleitet war, hatten schließlich die verschiedenen Stämme ihr Blut und ihre Kenntnisse vereinigt.

Am Ende des dritten Jahrtausends, als Kreta die jeweiligen Zuströme der ägäischen Frühbronzezeit integriert hatte, suchte es weit jenseits der Inseln und der Küsten Kleinasiens nach Absatzgebieten für seinen Handel, nach Rohstoffquellen, nach Menschen und Ideen. Sichtbare Zeichen gibt es für den Austausch zwischen Kreta und Zypern, Kilikien, Syrien, Ägypten und selbst Italien. Von daher kommt es zu einer neuen Zuwanderung von Menschen, die ohne Zweifel nicht sehr zahlreich und buntscheckig, aber doch von äußerster Wichtigkeit war; denn sie erneuerte die früheren kretischen Bestände ägäischer und kleinasiatischer Herkunft und beschleunigte auf friedliche Weise eine soziale Entwicklung, die in Kreta um 2500 v. Chr. eingesetzt hatte. Man braucht um 2000 weder neue Einwanderungswellen aus dem Norden noch eine völlige Umwälzung der Bevölkerung anzunehmen. Die Bevölkerung Kretas war stark genug, um sich von sich aus weiter auszubreiten und sich vor jedem Angriff zu schützen. Die Fluchthöhlen tragen keine einzige Spur eines fremden Überfalls zu dieser Zeit. Die Bestattung unter Felsen wird aufgegeben. Die Palastkultur in Kreta, die während der 12. Dynastie Ägyptens (um 1990 v. Chr.) beginnt, stellt den Endpunkt von 500 Jahren verschiedenartigen Fortschritts und Wachstums dar. Die dynastische Sage vom Kreter Asterios, dem Sohn des Pelasgers Tectamos, der die Phönizierin Europa heiratet, gewinnt den Wert eines dreifachen Symbols. Tatsächlich waren es die Pelasger des Ägäischen Meeres und Thessaliens, die Kreta zuerst besiedelten; im Gebiet der Asterousia-Berge mit ihren bäuerlichen und gewerbetreibenden Bewohnern beginnt die Kultur der frühen Bronzezeit auf Kreta; schließlich finden sich an der syrisch-palästinensischen Küste die ältesten Zeugnisse kretischer Warenausfuhr in der Mitte des dritten Jahrtausends, besonders in Byblos in Phönizien.

## *Hinweise auf die Herkunft der Kreter*

### 1. Ortsnamenkunde

Man kann auf einem anderen Weg die Frage der Bevölkerung Kretas angehen, nämlich über die Ortsnamenkunde[6]. Der Autor des »Schiffskatalogs« im 2. Gesang der *Ilias* schreibt den Kretern, die Idomeneus, den Enkel des Minos, in den Trojanischen Krieg begleiten, 100 Städte zu. Der Autor der *Odyssee* zählt um 700 v. Chr. in Kreta nur 90 Städte (XIX, 174). Die literarischen Texte, Inschriften, Münzen und geographischen Karten ermöglichten der modernen Wissenschaft die Aufstellung eines Verzeichnisses von 132 Namen kretischer Städte und Ortschaften, die in der griechischen Antike bestanden. Wenn wir von dieser Gesamtzahl die Namen abziehen, die sich durch die griechische Sprache erklären lassen und die offensichtlich aus der achäischen und der dorischen Epoche stammen, die später sind als die minoische Epoche, welche uns interessiert, bleiben 93 Siedlungsnamen übrig, die man als vorgriechisch bezeichnen kann. Etwa 10 andere Ortsnamen aus derselben Zeit finden sich in Grenzverträgen, die zwischen den kleinen hellenistischen Staaten abgeschlossen wurden. Aber vor allem die konservative Einstellung der Insel- und besonders der Bergbewohner und die Tatsache, daß über die Hälfte der 93 vorgriechischen Städtenamen sich bis auf die heutige Zeit erhalten haben, berechtigen uns anzunehmen, daß eine Großzahl von Namen von

*Verzeichnis der 93 kretischen Orte mit vorgriechischem Namen*

| Antike Namen | Lokalisation |
|---|---|
| Acharna | Archanes |
| Aeros | vgl. Ziros? |
| Albe | vgl. Arbis? |
| Allaria | bei Rhethymnon |
| (Amphi)mala | Georgioupolis |
| Aptara | Palaiokastro (Apok.) |
| Araden | Aradaina |
| Arbis | Arvi |
| Ariaioi | Argio, bei Asimi |
| Asos | Nassous, bei Vourvoulitis |
| Astale | Bali |
| Bene | Panagia (Monofatsiou)? |
| Biannos | Ano Viannos |
| Biennos | Kap Krios |
| Bionnos | Kerame? |
| Blanda | Kastelli Malevyziou? |
| Dragmos | Koutsoulopetres |
| Dreros | Neapolis |
| Einatos | Tsoutsouros |
| Eleutherna | Prines (Mylopotamou) |
| Eltynia | Kounavi |
| Elyros | Rodovani |
| Eronos (Erannos) | Lasithi-Gebiet |
| Glenos | ? |
| Gortyns | Agii Deka |
| Gram(m)ion (Glamia) | vgl. Grandes? |
| (Hiera)pytna | Hierapetra |
| Hyrtaioi | Melidochori? |
| Hyrtakos | Temenia |
| Ilattia | Veni, bei Sybrita? |
| Inachorion | Perivolia (Kis.) |
| Istron | Kalo Chorio (Hier.) |
| Itanos | Erimoupolis (Sit.) |
| Kantanos | Kandanos |
| Katre | Kadros |
| Kisamos I | Kastelli Kisamou |
| Kisamos II | Kalami (Apok.) |
| Knosos | Makritichos |
| Kydonia | Chania |
| Kytaion | Rogdia |

| Antike Namen | Lokalisation |
|---|---|
| Lamon | Damoni |
| Lappa | Argyroupolis |
| Larissa I | Kalamavka (Hier.) |
| Larissa II | Akropolis von Gortyn |
| Lasaia | Kali Limenes |
| Lato | Goulas bei Kritsa |
| Leben(a) | Lenda |
| Lissos (Lissa) | Aï Kyrkos (Selinou) |
| Lykastos | Proph. Ilias (Temen.) |
| Lyktos | Askous |
| Malla | Malles |
| Marathousa | Marathos? |
| Matalon (-la) | Matala |
| Milatos | Milatos |
| Minoa I | Marathi (Kyd.) |
| Minoa II | Pachyammos |
| Modaioi | Gebiet um Polyrrhenia |
| Mykenai | westlich von Chania |
| Oaxos | Axos |
| Oios | ? |
| Oleros | Meselerous |
| Olopyxos | ? |
| Olous | Elounda |
| Pelkin | Agia Triada (Selinou) |
| Pergamos | Gribiliana? |
| Phaistos | Ag. Ioannis (Pyrg.) |
| Phalanna | Goulediana |
| Phalasarna | Kap Koutri |
| Pharai | Faraklou, bei Ligortynos? |
| Praisos | Nea Praisos |
| Priansos | Kastelliana |
| Pronos | vgl. Eronos? |
| Pyranthos | Pyrathi |
| Rhamnous | Stomion (Kis.) |
| Rhaukos | Agios Myron |
| Rhithymna | Rhethymnon |
| Rhitten (Rhizenia) | Alitzani? |
| Rhytiassos | Rotasi |
| Setaia | Sitia |
| Sipilen | bei Eleutherna |
| Sisaia | Sises |
| Soulena (Soulia) | Agia Galini |

| Antike Namen | Lokalisation |
|---|---|
| Strenos | vgl. Istron? |
| Syba (oder Syia) | Sougia |
| Sybrita | Thronos |
| Syrinthos | Makrygialos? |
| Tanos | bei Kydonia |
| Tarrha | Agia Roumeli |
| Temikos | ? |
| Thebe | Siva? |
| Thenai | Karteros |
| Tylissos | Tylissos |
| Welaia | Kap Trachilas (Kis.) |

Bergen, Wasserläufen, Dörfern und Fluren, die heute in Kreta gebräuchlich sind, unmittelbar aus der Bronze- oder sogar aus der Jungsteinzeit stammen. Die Aufstellung einer Liste dieser Namen würde etwas Licht auf die in Kreta vor der Ankunft der Griechen gesprochenen Sprachen und, durch Vergleich, auf die vermutliche Herkunft der verschiedenen kretischen Stämme werfen.

Als vorgriechisch betrachten wir fünf Arten von Ortsnamen: solche, die aus keiner der sieben nach Kreta vom 15. Jahrhundert v. Chr. bis heute eingeführten Sprachen erklärbar sind und die überdies Orte bezeichnen, deren Besiedlung in sehr früher Zeit die Archäologie nachgewiesen hat, z. B. Knosos, Patsos, Selakanos und Ziros; solche, die antike und moderne Lexikographen als zu einer pelasgischen oder vorgriechischen Kultur gehörig erkannt haben: Namen von Städten wie Larissa, von Klippen wie Samos, von Wäldern wie Ida, von Wasserläufen wie Akala, von in den Stein gehauenen Gängen wie Labyrinthos; solche, deren Wurzel nicht erklärt werden kann und die außerdem Suffixe haben, die sich in Wörtern der vorhergehenden Art finden: -amos, -nthos, -(n)na, -(n)nos, -(s)sa, -(s)sos und -sk-; solche, in denen eine unverständliche Wurzelsilbe verdoppelt ist, wie Gergeri, Gourgouthi, Kerkelos, Tourtouli; schließlich solche, deren Wurzel im ganzen nördlichen Mittelmeerbecken verbreitet ist zur Bezeichnung von Gebirgen (alp), Schluchten und Wildbächen (tal, tar, taur), Felsen (kar, kal, gar, gal), Höhlen (kav), Senken (mar, mal, lak) und Sümpfen (lat), z. B. Tarrha, Kavgas, Latsida.

Für Kreta verfügt man über Tausende von Notariats- und Verwaltungsurkunden seit dem Beginn des 13. Jahrhunderts n. Chr., über Verzeichnisse von Dörfern und Bauernhöfen, die die venezianischen und türkischen Besatzer und ausländische Reisende aufgestellt haben, über alle möglichen Karten seit der Renaissance, über eine Kartei mit 30 000 Ortsnamen, die von den Lehrern um 1955 gesammelt und im historischen Museum von Herakleion klassifiziert wurden, über Monographien über verschiedene Dörfer, die in den Zeitschriften für Lokalgeschichte veröffentlicht sind, und schließlich über Privatforschungen. Bedenkt man, daß z. B. das Dorf Kampanou für sich allein 385 Namen von Örtlichkeiten besitzt, so erhält man eine Vorstellung vom Namenreichtum der 1375 im heutigen Kreta bewohnten Orte und von den Möglichkeiten, die sich den Sprachwissenschaftlern bieten, vorgriechische Namen zu finden.

Wir haben uns die Mühe gemacht, diese Verzeichnisse seit mehreren Jahren aufzustellen, und wir konnten ungefähr 200 Ortsnamen aussondern, die den oben aufgezählten Kriterien entsprechen. Die großen Ortschaften, Städte oder Dörfer, erwiesen sich natürlich als widerstandsfähiger gegenüber der Abnutzung durch die Zeit als die kleinen. Am beharrlichsten und charakteristischsten bleiben in Kreta wie in allen Ländern die Namen von Gebirgen, Oronyme, und die Namen von Wasserläufen oder Seen, Hydronyme. Sie erlauben uns eine erste sprachwissenschaftliche Klassifizierung. Es läßt sich hierbei eine Gruppe von Namen unterscheiden, deren Grundstöcke sich im ganzen nördlichen Mittelmeerbecken wiederfinden und die deshalb als die ältesten erscheinen. Sie gehören wahrscheinlich in die Zeit der Einfälle in der Jungsteinzeit: Albe und Arbion, Arna, Gergeri, Karma, Karoumes, Kavalara, Malla, Massalia, Mollos, Tallaios, Tartara und Tartari, Tauri; zu diesen wenigen Beispielen kommen noch die auf -sk- endenden Ortsnamen, die ihre Entsprechungen sowohl im Balkan als auch im ligurischen Gebiet haben: Dheskou, Douska, Leska, Vraskos. Von einigen unter ihnen ist der Sinn bekannt, und eines der Wunder der vergleichenden Namenskunde besteht darin, daß sie ein Lexikon für Sprachen aufstellen kann, deren Name unbekannt bleibt: Albe und Arbion, Malla, Mollos, Tal-, Tauri bezeichnen einen Berg, Arna eine Quelle, Karoumes Kies, Leska einen Abgrund, Tartara und Tartari verschiedene Schluchten und Höhlen. Bemerkenswert ist, daß ein und dieselbe Wurzel in Städte-, Dorf-, Länder- und Gebirgsnamen usw. auftreten kann, wie zum Beispiel die Wurzel mala. Im ganzen besitzen wir etwa 30 Namen dieser ältesten Art, und es besteht sicherlich Grund, die Liste zu verlängern, denn der Lauf der Jahrhunderte verändert oder entstellt die Ortsnamen, deren Bedeutung nicht verstanden wird.

Es folgen Namen, deren Wurzeln und Suffixe sich an allen Küsten des Ägäischen Meeres einschließlich der Küsten Kleinasiens finden und die man zuweilen pelasgisch nennt – wie die Alten selbst – oder protoindoeuropäisch – wie einige moderne Sprachwissenschaftler: das heißt der Frühen und Mittleren Bronzezeit angehörend (drittes Jahrtausend und Beginn des zweiten Jahrtausends v. Chr.).

Es ist nicht ausgeschlossen, daß diese Wörter verschiedenen Sprachen oder verschiedenartigen Dialekten angehören. Indessen scheint eine zumindest vorübergehende sprachliche Einheit erwiesen durch den ein weites Gebiet umfassenden gemeinsamen Gebrauch von Begriffen wie Larissa, »die Burg«, mit allen ihren Varianten: Laranda, Larasa, Larine, Larymna, Larymon, Larynthios, oder wie Samos, »die Klippe«, mit ihren Varianten: Samassis, Samikos, Samitos, Saminthos, Samonion, Samylia. Das antike Kreta besaß zwei Larissa; das eine davon soll die Vorgängerin von Gortyn gewesen sein, das andere um 150 v. Chr. von Hierapytna unterworfen worden sein und auf dem zerstörten Burgberg bei Kalamavka anzusetzen sein. Es gibt in Kreta noch ein Kap Samonion, einen Berg Samitos und ein Höhendorf Samonas. Außerdem ist die Ausbreitung von Sachbezeichnungen wie Thebe, »der Hügel«, in der Troas, in Böotien und in Kreta zu berücksichtigen. Eine andere sprachliche Eigenheit, die dem eigentlichen Griechenland, den Inseln der Ägäis, Thrakien, der Propontis und Phrygien gemeinsam ist, ist der Gebrauch des Suffixes -nthos. Es scheint den Suffixen -ndos und -nda verschiedener indoeuropäischer Sprachen Kleinasiens und dem Suffix -ntum der Völker westlich von Griechenland zu entsprechen. In Kreta finden wir es weit verbreitet, nicht nur in Sachnamen wie Labyrinthos, das heute mehrere gewundene Höhlen bezeichnet, oder wie Pli(n)thi, »die Backsteine«, Mara(n)thos, »der Fenchel«, sondern auch in verschwundenen Ortsnamen: Syrinthos, Pyranthos, Berekynthos, im Namen des Bruders des Minos, Rhadamanthys, im Hyakinthos-Kult in Tylissos und vor allem in ziemlich gut erhaltenen Ortsnamen: Aka-ra(n)thos, Koloky(n)thias, Lapa(n)thos, Lapi(n)thos, Lasi(n)thi, Mi(n)thi, Savi(n)tho, Vri(n)tha, Zaka(n)thos, Zomi(n)thos. Es erscheint möglicherweise im Namen einer versiegten Quelle des Ida, Kani(n)thos, und im Namen eines Berges bei Myrto an der Südküste Kretas: Kole(n)thro, aus Kolenthos oder Korinthos. Alles in allem sind das 20 Namen in Kreta, die sich dadurch auszeichnen, daß sie über die ganze Ausdehnung der Insel von Zakathos am Ostzipfel bis zum Berekynthos-Massiv in den Weißen Bergen im Westen verteilt sind. Das gleiche gilt für Dikte, Ida, Darmaro, Aros, Tylissos. So scheinen sich zwei Notizen des Geschichtsschreibers Herodot (VII, 170) und des Geographen Strabon (X, 475) zu bestätigen, die die Eteokreter des Ostens und Südens mit den Kydoniern der Nordwestküste der Insel gleichstellen.

Es ist sogar erlaubt, dies in zweifacher Weise zu präzisieren: Nicht nur haben die meisten unserer Ortsnamen ihre Entsprechung im griechischen Festland und an den Küsten des Ägäischen Meeres, sondern es findet sich auch eine eindrucksvolle Reihe von ihnen in der Nachbarschaft der Dardanellen angesiedelt: das heißt in Mysien und Phrygien, bei den Völkern, die in der Antike Dardaner, Leleger und Kilikier hießen; genannt seien Apokorona (Hippokoroneion in der Troas), Assos, Berekynthos, Bri(n)tha (Brenthis in der Troas), Dikte, Gergeri (Gargaros, Gargara, Gergis), Hyrtakos, Ida, Imbros, Kanavaros (Kana Oros), Larissa, Olympos, Pergamos, Samonion, Thebe. Andererseits ließen die Grabungen an den Hügeln der Troas, Issarlik (Troja) so gut wie Kum Tepe, Ham Tepe, Hanay Tepe und Ciftlik Tepe, erkennen, daß dieses Gebiet, das durch die Metalle des Idamassivs und die Kontrolle der Dardanellen reich geworden war, sich in der Frühen Bronzezeit, im dritten Jahrtausend v. Chr., in voller Entfaltung befand. Es ist also höchst wahrscheinlich, daß ein großer Teil der Siedler Kretas, die mit dem Gebrauch der Bronze Ortsnamen mitbrachten, die denen der Troas so sehr ähneln, aus der Umgebung des Marmarameeres kam. Die antiken Schriftsteller selbst bemerkten die sprachlichen, mythologischen und religiösen Bande, die Mysien mit Kreta verknüpften. Und wie sollte man nicht bemerken, daß sich die Namen der fünf wichtigsten heiligen Berge hier wie dort finden: Apokorona, Berekynthos, Dikte, Ida, Olympos? Oder auch, daß der große Gott der Troas, Apollon Smintheus, der Rattenzerstörer (sminthos, »Ratte«), einen Namen trägt, der von diesem kretischen Wort abgeleitet ist, einen Namen ähnlich dem des knosischen Si-mi-te-u?

An diese schon lange Liste der ägäischen Eigenarten der kretischen Bevölkerung sollen noch einige kretische Namen angefügt werden, deren typisch vorgriechische Wurzeln und Endungen im Ortsnamengut der beiden Gestade des Ägäischen Meeres üppig wuchern: Acharna, Achele, (Hiera)pytna, Karnessos, Milatos, Parnamos, Panassos, Phalanna, Praisos, Rhithymna, Sipilen, Tanos, Tylissos. Einige, die nur an den Südküsten Kleinasiens vorkommen, wie die Namen Milet und Halikarnaß, gehören wahrscheinlich zu anderen Sprachgruppen als denen der Peloponnes und Thrakiens; die Menschen, die sie mitbrachten, waren nicht zwangsläufig Zeitgenossen noch Verwandte derer, die wir in der Troas kennenlernten. Man darf sogar annehmen, daß mehrere dieser Ortsnamen Asiens oder der Inseln von den Kretern selbst dorthin gebracht wurden. Jeder Austausch setzt einen Strom in zwei Richtungen voraus. Über Kasos, Karpathos und Rhodos führte ein bequemer Seeweg von Karien und Lykien nach Kreta. Es sei lediglich festgestellt, daß die meisten unserer 200 vorgriechischen Ortsnamen auf Kreta sich in die umfangreiche Familie von Bezeichnungen einreihen, die mangels besserer Ausdrücke »pelasgisch«, »maritim« und »marin« lauten. Die Bibel läßt die Philister, Pelischtim, von den Pelasgern von Kaphtor, d. h. von Kreta, kommen.

Eine dritte Kategorie kretischer Ortsnamen hat nur im Inneren Kleinasiens Entsprechungen, wie Antanassos, Asphendos, Blanda, Herma, Kantanos, Knosos, Sises und mehrere Namen auf -yros wie Elyros, Kityros und Tityros, so scheint es. Sie sind Zeugnisse von Menschenzuwanderungen, die ebenso vielfältig wie schwer zu datieren sind; diese Asiaten konnten sehr wohl infolge verschiedener Einfälle nach Kreta gelangen. Dieselbe Erscheinung war in den Jahren 1453 und 1923 n. Chr. zu beobachten. Diese Kategorie von Ortsnamen ist ebensowenig gesichert wie die der semitisch aussehenden Namen wie Araden, Itanos, Leben, Phoinix und Phoinikous und Phourphouras. Es ist möglich, daß es zu einer unbestimmten Zeit eine phönizische Handelsniederlassung in Kreta gegeben hat, eine Purpurindustrie in den Händen von syrischen oder aramäischen Siedlern. Aber die Etymologie der sechs genannten Namen ist sehr strittig, und der Menschenzustrom, den sie voraussetzen, kann auf jeden Fall zahlenmäßig nur sehr gering gewesen sein. Diese Siedler, die aus fernen Ländern kamen, spielten sicher ihrerseits die wichtige Rolle von Fermenten im ägäischen Bereich. Und ihr Eindringen nach Kreta erscheint um so weniger unwahrscheinlich, da es auf viel weiter entfernten Inseln wie Thasos und Samothrake gesichert ist, ganz zu schweigen von den Bergbaugebieten Spaniens und Portugals, wo die orientalischen Elemente schon seit der Frühen Bronzezeit erscheinen. Die Erfordernisse des Handels, die Abenteuerlust, die Suche nach Edelmetallen, die sozialen Konflikte, die Epidemien und verschiedene erdgeschichtliche Katastrophen bevölkerten das Mittelmeer mit allerhand Seefahrern, seit die Boote aus zugeschnittenen Planken an die Stelle der Flöße oder Baumstämme der Steinzeit getreten waren. Ohne jeden Zweifel waren die Nachwirkungen der luwischen und hethitischen Einfälle in Kleinasien zwischen dem 22. und dem 17. Jahrhundert nicht nur in Palästina und Ägypten fühlbar, wohin die »Könige der Hirtenvölker« strömten, sondern auch auf den Inseln des Ägäischen Meeres und besonders in Kreta. Man muß sich jedoch vor einer Überschätzung dieser Auswanderung nach verhältnismäßig fernen Küsten hüten. Abgesehen davon, daß sie am Ende des dritten Jahrtausends schon fest in Besitz genommen und urbar gemacht waren, gibt es weder in der Archäologie noch in der Namenskunde einen Beweis dafür, daß sie am Anfang des zweiten Jahrtausends Gegenstand massiver Angriffe von seiten der Asiaten waren. Man hat vielmehr den Eindruck, daß die Kultur der »Paläste« nur die friedliche Folge einer langen inneren Entwicklung ist. Daß um das Jahr 2000 die kleinen kretischen Fürsten, ob sie nun aus Asien gekommen waren oder nicht, die Herrscher der großen Reiche nachzuahmen versuchten, ist höchst wahrscheinlich; aber sie herrschten in Kreta über eine seit langem ansässige Bevölkerung, deren durchaus nordischen und ägäischen Charakter die Toponymie, wie auch die Anthropologie und die Archäologie, enthüllt.

## 2. Mythologie und Literatur

Es bleibt noch die Mythologie oder vielmehr das, was die Kreter mehr als 1000 Jahre nach dem Ende der Palastkultur über ihre Ursprünge zu wissen glaubten. Die griechische Überlieferung hat zugleich etwas vom Roman und von der Geschichte, aber sie scheint in ihrer Dichtung so viel Wahrscheinlichkeit zu besitzen, daß man sie nicht ganz beiseite lassen darf. Wenn wir sie in Anspruch nehmen, so soll das zur Ergänzung und als Gegenprobe geschehen.

Gewiß folgten die antiken Historiker und Ethnographen den drei berühmten Versen aus dem 19. Gesang der *Odyssee*, in denen Odysseus, während er sich als ein Abkömmling des Minos ausgibt, die fünf Stämme aufzählt, die Kreta bewohnen und die ihre Sprache und ihre jeweilige Eigenheit bewahren: nämlich Achäer, Eteokreter, Kydonier, Dorer und Pelasger. Und wenn Diodor von Sizilien und Strabon z. B., die ihr Wissen über Kreta im wesentlichen den Kompilationen eines Autors des 4. Jahrhunderts v. Chr., Ephoros von Kyme, verdanken, uns erklären, Kreta sei zuerst von Autochthonen, den Eteokretern und den Kydoniern besiedelt gewesen und darauf von verschiedenen Volksstämmen, Pelasgern, Achäern aus dem Norden und Süden Griechenlands und Lakedemoniern überflutet worden, so bringen sie nur eine gewisse zeitliche und logische Ordnung in die vom Epos ererbte Überlieferung[7]. Indes berufen sich beide auf andere Quellen, besonders auf die Monographien kretischer Autoren, deren Werke heute verloren sind, die aber die Völker ihrer Heimat unmittelbar kannten. Ihnen verdanken sie einige für uns sehr wertvolle ergänzende Auskünfte. Die Eteokreter oder ältesten Kreter werden nicht nur im Ostteil der Insel, sondern auch in ihrem Süden lokalisiert, und sie werden den Kydoniern des Gebiets von Chania und der Weißen Berge im Westen gleichgestellt. Es gab zwei Städte mit dem Namen Minoa, die eine im Osten, die andere im Westen; die Hauptstadt der Eteokreter des Ostens, Praisos, ähnelte der der Eteokreter des Südens, Priaisos oder Priansos. Noch im 3. Jahrhundert v. Chr. wurde eine eteokretische Sprache gesprochen, was die unverständlichen Inschriften von Praisos und Dreros beweisen. Die Pelasger hätten – nach dieser Version – die Äolier und den Sohn des Doros, also verschiedene Achäer, von den Ebenen Thessaliens im Süden des pierischen Olympos begleitet: »Durch dauernde kriegerische Unternehmungen und Wechsel des Wohnsitzes zu einem Wanderleben gezwungen, landeten sie in Kreta und nahmen einen Teil dieser Insel in Besitz«, fügt Diodor (V, 80) hinzu. Nach Ephoros wären auch die Daktylen des Ida der Troas mit Minos über die Inseln bis nach Kreta gelangt: diese Kette von Eindringlingen enthielt also Bewohner der beiden Gestade des Ägäischen Meeres, Griechen und Vorgriechen. Wenn Diodor im selben Kapitel behauptet, die vierte Gruppe von Eindringlingen habe aus einem Gemisch von Barbaren bestanden, so meint er damit Asiaten, die nicht griechisch sprachen: Lydier, Karer und Lykier. Im ganzen beschränken sich die wesentlichen Auskünfte der literarischen Quellen auf folgendes: man glaubte in klassischer Zeit, daß Kreta durch aufeinanderfolgende Wellen von Einwanderern aus dem griechischen Festland, den ägäischen Inseln und dem anatolischen Hochland besiedelt wurde, wobei die Nachkommen des Hellen, Doros und Tectamos, lediglich den ältesten Pelasgern nachgezogen wären und sie begleitet hätten. Der Gedanke einer engen Verwandtschaft zwischen den verschiedenen Kulten des thrakisch-phrygischen Bereichs und der kretischen Welt, die beide einen heiligen Berg, eine Muttergöttin, einen göttlichen Sohn und untergeordnete Dämonen kennen, erscheint übrigens in all diesen Berichten.

Dieser allgemeinen Mythologie hatten die Erzählungen jeder großen Stadt ihre ganz eigene Färbung verliehen. Nach einer in Knosos verbreiteten und wahrscheinlich vom Seher Epimenides am Ende des 6. Jahrhunderts v. Chr. in Verse gefaßten Überlieferung waren die Titanen und ihre Beisitzer, die Idäischen Daktylen, die ersten Herren der Insel gewesen[8]; der Titan Kronos sei von seinem jüngsten Sohn, den die Griechen Zeus nannten, entthront worden; der Gattin des Kronos, Rhea, habe man in einem Zypressenwald in Knosos selbst einen Tempel errichtet; die Gefährten des jungen Gottes, Kureten genannt, hätten in Waffen um seine Wiege getanzt und über seine Erziehung gewacht. Zeus schließlich habe, nachdem er König der Insel geworden sei, seine Gattin Europa und seinen Sohn Minos dem König Asterion oder Asterios, dem Sohn des Königs der Pelasger, Tectamos, anvertraut. Die Version von Phaistos machte aus Kres den ersten König der Eteokreter; er sei der Vater des mythischen Riesen Talos gewesen; Talos habe Phaistos und dieser Rhadamanthys gezeugt. Andere Versionen, die man in Kydonia und in Aptara im Westen mehr errät als wirklich kennt, weisen diesen Gegenden als erste Herrscher die Daktylen des Waldes zu, die Erfinder der Metallbearbeitung, und dann eponyme Heroen aus der Peloponnes oder Asien, und sie deuten an, daß die betreffenden Städte vor der geschichtlichen Zeit mehrere Male zerstört wurden. In Biannos, im Süden des Lasithi-Massivs, hätten den Aloaden vergleichbare Riesen, die täglich um eine Elle wuchsen, den Gott Ares gefangengenommen und seien in der Otos-Ebene zerschmettert worden. Ihre Gebeine oder ihr riesiges Grab wurden in hellenistischer Zeit an der Stelle gezeigt, wo man heute noch allgemein vom 40 Ellen langen Riesen Sarandapichos spricht. Aber die Stadt Biannos selbst soll von einem Kureten gegründet worden sein, d. h. von einem jener Erzieher des höchsten Gottes, deren Wirken man in neun kretischen Städten, in sechs verschiedenen Gegenden des festländischen Griechenland und an zehn Orten der Küsten Kleinasiens antrifft. Nach einem heute verlorenen kretischen Epos zwang eine Hungersnot die Bewohner von Biannos zur Auswanderung, was auf eine Neugründung der Stadt in griechischer Zeit schließen läßt. Aus den Mythographen erfahren wir auch, daß die Nymphe oder Göttin Akakallis, die Tochter des Minos und der Pasiphae, als Mutter der Gründer von fünf kretischen Städten galt. In Milatos wird ihr Sohn, den eine Wölfin säugte, von Hirten aufgenommen. Im Ida wird sie Mutter des Oaxos, nach dem der Axos benannt ist. In Kydonia bringt sie den Kydon zur Welt, als dessen Vater Hermes oder Apollo gilt, und das Kind wird von einer Hündin aufgezogen. In Tarrha, am Südausgang der Samariaschlucht, verbindet sie sich bei dem Läuterer Karmanor mit Apollo und gebiert die Zwillinge Phylakis und Phylandros. Diese säugt eine Ziege in Elyros, dem heutigen Rodovani, in den Bergen des Selinon.

Am Anfang all dieser Genealogien finden wir immer wieder Götter oder übermenschliche Wesen mit geheimnisvollen Fähigkeiten und Namen; damit gestehen die Erzähler ihre Unkenntnis ein oder vielmehr ihre Verwunderung angesichts der Fremdartigkeit eines Teiles der Kulte, Sprachen und Sagen einer jeden kretischen Stadt. Für uns ergibt sich aus diesen Konstruktionen, daß die Lokaldichter und -historiker, Thaletas von Elyros, Epimenides von Knosos, Rhianos von Keraia, Dosiadas von Kydonia, Sosikrates usw. sich die Bevölkerung ihres Landes als aus der Verschmelzung mehrerer Volksstämme hervorgegangen vorstellten; die einen hielten sie für autochthon, von den anderen wußten sie, daß sie aus den Balkanländern, der Peloponnes, den nördlichen Inseln des Mittelmeeres und aus Troja gekommen waren. Ihre Einbildungskraft und vielleicht auch ihre Erinnerung wurden von dem bunten gesellschaftlichen Gemisch, das sie vor Augen hatten, geweckt. Überall bezeugten unterworfene Stämme unter dem Namen Mnoiten, Aphamioten, Klaroten und Periöken die Ankunft zahlreicher Eroberer im Laufe der früheren Jahrtausende. Und dann erinnerten sie sich an die fremdartigen Wörter, die sie in Kreta hörten, assos, labyrinthos, lyttos, samos und sminthos z. B., an entsprechende Begriffe, die in Thessalien, Lemnos, Samothrake oder an den Küsten Kleinasiens gebraucht wurden. Sie wußten, daß die Titanen in

Kilikien kultisch verehrt wurden, daß Sarpedon, der Bruder des Minos, in Lykien einen Namensvetter hatte: wie hätten sie keine Beziehung zwischen den Mythen Kretas und den Mythen Anatoliens herstellen sollen? Wir selbst verfahren nicht anders.

Auf ihre Art bestätigen also unsere ältesten literarischen Texte die Zeugnisse der Plastik, der prähistorischen Anthropologie, der Archäologie und der Toponomastik. Wenn wir alle die Namen von Königen oder Nymphen, die nur als Umhang dienen, wie Kres, »der Kreter«, Kydon, Biannos oder Phaistos, Eponyme der Städte gleichen Namens, beiseite lassen, so bleibt der Eindruck von mindestens drei ethnischen Komponenten in der kretischen Bevölkerung zur Zeit des Minos bestehen: neben einem alten Bestand von steinzeitlichen Siedlern findet man auf Kreta Pelasger, die in der Frühbronzezeit aus Nordgriechenland und von den Inseln gekommen waren, und verschiedene asiatische Infiltrationen. Diese letzteren sind besonders im religiösen Bereich und in den verschiedenen Techniken spürbar. Die Schrifttäfelchen von Pylos zeigen uns die Schmiede als eine Art wandernde Zünfte, die nach den literarischen Texten vom Ida der Troas kommen; die Überlieferung ihrerseits stellt uns die Erbauer der kyklopischen Mauern als eine Zunft von Facharbeitern aus Lykien und die Priester, die Seher und die Ärzte als umherziehende Leute dar. Nun wird erklärlich, daß eine sehr regsame Gruppe der kretischen Bevölkerung sich dem Maßstab der Anthropologen entzog, dem Auge des Liebhabers der Antike dagegen soviel Bewunderung abverlangte.

## *Psychologie*

Kann man versuchen, von diesen so verschiedenen Menschen ein psychologisches Porträt zu zeichnen? Ja, wenn man an das Fortdauern der Gesittung der Inselbewohner über die Jahrtausende glaubte, wenn man die Vergangenheit nach der Lebensführung der kretischen Hirten, Bauern und Seeleute der letzten drei oder vier Jahrhunderte beurteilen könnte, würde man sehr schmeichelhafte Skizzen entwerfen! Die gesamte Geschichte Kretas seit dem Mittelalter war von einer leidenschaftlichen Freiheitsliebe beherrscht. Die Insel hat nicht weniger als 22 große Erhebungen gegen die Venezianer[9] und sechs allgemeine Aufstände gegen die Türken erlebt. Der Anschluß im Jahr 1913 wurde nicht so sehr an die Monarchie als viel mehr an das vollzogen, was man damals als Mutterland, als ein Symbol der Orthodoxie betrachtete. Der Angriff auf die Insel durch die deutschen Fallschirmjäger im Mai 1941, danach ihre drei Jahre dauernde blutige Besetzung stärkten noch diesen Willen zum Widerstand gegen jede Form von Unterdrückung, ob von außen oder nicht, die bewußte Verehrung des republikanischen, ja sogar des demokratischen Ideals. Mutig und beharrlich zugleich, mäßig und sparsam, wie es im allgemeinen die Bauern sind, die ein ganz kleines Gebiet bewirtschaften, hat der Kreter durch seine natürliche Großherzigkeit die westlichen Reisenden seit der Renaissance bezaubert. Doch Epimenides nannte vor genau 2500 Jahren, indem er seine eigene kretische Herkunft verleugnete, seine Landsleute »ewige Lügner, schlimme Bestien und faule Bäuche«. Diese Worte wurden von Kallimachos zu Beginn des 3. Jahrhunderts v. Chr. und später von Paulus in seinem »Titusbrief« im Jahre 65 übernommen. Sie stellen alte Vorstellungsklischees dar, die noch manchmal im Zorn von den Kretern wiederholt werden. In der hellenistischen Zeit galten die Kreter außerdem bei den anderen Griechen und den Römern als Seeräuber ohne Glaube und Gesetz, als ebenso gerissen wie gewissenlos. Die verschiedenen Besatzer der Insel, Araber, Italiener, Türken oder Deutsche, haben diese Darstellungen nur beglaubigt: aber was ist das Zeugnis eines erklärten Feindes wert?

Wir beabsichtigen nicht, alle Arten von örtlichen Charakterverschiedenheiten zu betrachten und lassen auch die allen Mittelmeervölkern gemeinsamen Wesenszüge beiseite – den Individualismus, die Heftigkeit der Affekte, die Freude am Schauspiel und den Genuß des Augenblicks – sowie Wesenszüge, die dem griechischen Volk insbesondere eignen – immer wache Neugier, Freude am Spiel, an der Spekulation und an der Diskussion, großzügige Gastlichkeit, Weisheit, die mit Pessimismus gefärbt ist –, wir wollen auch nicht noch einmal auf den Unabhängigkeitsdrang, den Motor der kretischen Geschichte, zurückkommen. Stellen wir nur fest, daß für den Betrachter die Psychologie der Kreter vier ganz eigentümliche Merkmale aufweist.

Da ist zuerst die Zurückweisung jeder Kritik, jedes Spottes, ob sie begründet sind oder nicht. Die Mehrzahl der übrigen Griechen betrachtet die Kreter als ungehobelte Bauern, als Prahlhänse, seltsame Käuze und Leute, die immer aus der Reihe tanzen. Untereinander beurteilen sich die Kreter noch viel strenger. Die Leute aus den Bergen verachten die aus den Ebenen, die ihnen aber nichts schuldig bleiben. Ein sehr verbreitetes Sprichwort behauptet, die Bewohner der Weißen Berge seien für die Waffen (sprich: die Vendetta) geschaffen, die der Provinz Rhethymnon für die literarische Bildung (sprich: Redegewandtheit), die von Candia für die Weine (sprich: dicke Gewinne), die von Sitia für das gute Essen (sprich: das üppige Leben). Untereinander sagen sie es sich mit viel Temperament, aber sie lassen nicht zu, daß ein anderer es ihnen auftischt. So frei und offen der Kreter mit seinen Freunden verkehrt und so grundanständig er ist, einen so wilden und unversöhnlichen Haß kann er gegen seine Feinde nähren, der Generationen überdauert.

Die Kreter haben das Gefühl, mehr wert zu sein als alle anderen Griechen zusammen und manchmal sogar mehr als alle Völker, die sich kultiviert nennen, und darin zeigen sie sich als die treuen Gefolgsleute Europas, der Mutter des Minos und aller europäischen Kulturen. Dieser Insulanerstolz, von Kriegen, Heldengesängen, patriarchalischer Lebensordnung und unbestreitbaren Tugenden genährt, Mut, Freigebigkeit, Sparsamkeit . . ., wächst noch durch die allgemein geäußerte Meinung: daß nämlich die besten Staatsmänner, die besten Sportler, die besten Soldaten usw. aus Kreta kommen. Sie sind überzeugt, daß ein Kreter alle Probleme lösen kann. Die Solidarität der Kreter im Ausland ist eine ebenso offensichtliche Tatsache wie die Liebe zur Heimat und das Heimweh nach der großen Insel.

Infolgedessen ist es nicht überraschend, daß der Wettstreit in allen seinen Formen ganz besonders bei diesen Menschen lebendig ist, die sich so sehr ihres Wertes und ihrer Würde bewußt sind. Das

Ehrgefühl, das in den Familien des Westens noch sehr empfindlich ist, zeigt zwei Gesichter: negativ fühlt es sich von jedem Mißerfolg, von jeder Zurückweisung, von jedem Mißgeschick in Geld- oder Eheangelegenheiten verletzt; positiv spornt es zwei Partner dazu an, sich gegenseitig an Großzügigkeit, Freigebigkeit, Edelmut, ja auch an Aufschneiderei zu übertreffen. Mit diesem Ehrgeiz, der sehr darauf bedacht ist, die Schwächen zu verbergen, hängt wahrscheinlich die Beachtung der Formen und Formeln zusammen: hinter strenger Befolgung des Rituals und Höflichkeit kann sich ebensowohl eine verletzbare Armut wie ein Stolz verbergen, der einen Gast oder einen Freund nicht verletzen will. Der Anstand verlangt, daß man seinen Gastgebern ein Geschenk mitbringt, aber auch, daß der Hausherr seinen Gast, der ihn an einem Abend besucht, mit Geschenken überhäuft. Dies ruft die Tribute der Keftiu aus dem Grab des Rechmere ins Gedächtnis.

Ein letzter wichtiger Zug ist die äußerst leichte Anpassungsfähigkeit. Abgesehen davon, daß die Kreter von jeher häufig von einer Gegend ihrer großen Insel zur andern zogen und daß sie leicht zur Auswanderung bereit sind, verstehen sie es, sehr schnell die Gebräuche und die Sprache der Umgebung, in der sie sich niederlassen, anzunehmen, die Bedürfnisse ihrer Mitmenschen zu verstehen und zu erraten, was ihnen Freude macht, wobei sie immer den Interessen Kretas dienen. Die Kreter gewannen zu allen Zeiten die Sympathie der Reisenden durch ihre Selbstlosigkeit, ihre bereitwillig gewährte Gastfreundschaft, ihren Willen, alles recht zu machen, was besonders auf dem Land und trotz Müdigkeit oder Armut der Fall ist. Die Griechen schreiben diese Tatsache einer größeren natürlichen Vitalität zu, die Ethnologen der Vielzahl von Einwanderungen nach Kreta, die Kulturanthropologen der Intelligenz oder der Lebhaftigkeit des Geistes, die Kreter selbst dem Beispiel des Zeus. Wie dem auch sei, die Dorfbewohner lieben, mehr als die Städter, das betriebsame Leben, die Jagd, den Tanz, die neuen Gedanken, den Gast auf der Durchreise, der in ihnen Unternehmungslust oder auch nur Neugierde weckt.

Im übrigen sagt man sich beim Lesen der wenigen Verse, die Homer, Hybrias, Euripides oder die Dichter der *Anthologie* den Kretern gewidmet haben, und beim Betrachten der gemalten, gravierten oder modellierten Gesichter der Palast-Epoche, daß jene Züge, die wir eben aufzählten, Verletzbarkeit, Stolz, Wetteifer, geistige Gewandtheit, nicht nur dem 20. Jahrhundert n. Chr. angehören. Sie können sehr wohl über die ganze Dauer der Geschichte bestanden haben und noch lange Zeit neuen Unternehmungen ihren Stempel aufdrücken.

Dem Beschauer der Paläste, der Landvillen, der kleinen Dörfer und der unbefestigten Städte der minoischen Epoche erscheint das Volk Kretas als außerordentlich friedlich oder doch zumindest als seiner Stärke so sicher, daß es von seinen Nachbarn nichts zu fürchten hat. Zweifellos hat ein Volk von Bauern keinen anderen Wunsch, als sich in Frieden am Ertrag seiner Ernten und der Vermehrung seines Viehbestandes zu erfreuen. Daher darf es sich nicht von einem Angriff vom Meer oder vom Gebirge her überraschen lassen. Die bildenden Künste und die Mythologie lassen keinen Zweifel am militär- oder sogar polizeistaatlichen Gepräge der Königsherrschaft des Minos. Hier bekommt der Ausdruck »der menschliche Bereich« seine volle Bedeutung. In jedem Staat war die Bevölkerung fest umschlossen von der Verwaltung der »Paläste« und von der Armee. Deshalb müssen wir uns vor der Annahme hüten, daß überall und zu jeder Zeit in der mittleren Bronzezeit die Kreter eine friedliche Gesinnung hatten. Die Verteidigung der Küsten stellte, da die Verteidigung der Städte fehlte, einen fernen Schutzwall dar. Zudem war in der Epoche, die uns interessiert, die kretische Kultur in voller Blüte, was eine gewisse innere Ordnung, Rohstoffe, Erfindungen und Menschen voraussetzt. Welche Gebiete waren besiedelt, und wie groß war vermutlich die Bevölkerungsdichte in Kreta um 1500 v. Chr.?

## *Bevölkerungszonen und Bevölkerungsdichte*

Um dies zu erfahren, genügt es, auf einer Karte, wenn möglich, die Namen der vorgriechischen Städte, die uns in Kreta bekannt sind, und die verschiedenen noch anonymen Niederlassungen, die

die Archäologen seit dem Ende des letzten Jahrhunderts entdeckt haben und die sich für die Epoche der zweiten »Paläste« auf über 100 belaufen, zu markieren. Diese Methode erweist sich als aufschlußreich nur für die Gebiete, in denen die Forschung systematisch und kontinuierlich betrieben wurde, nämlich für die drei Provinzen Sitia, Hierapetra, Viannos, die Lasithi-Hochebene, die Pedias- und die Mesara-Ebene und die Ebene von Rhethymnon[10]. Man stellt sofort fest, daß alle heute bewirtschafteten Ebenen, ob sie hoch oder tief, an der Küste oder an Flüssen gelegen, offen oder geschlossen sind, schon um 1500 v. Chr. urbar gemacht waren, daß es andererseits bei einem damals feuchteren Klima und auf einem besser bewässerten Boden eine gewisse Anzahl von Bauerngehöften und Landvillen in heute verlassenen Gegenden gab. Diese Tatsache ist sehr auffällig an den Küsten und bei den Hügeln des Gebiets um Sitia, wo immerhin jedem Dorf der Neuzeit Funde aus Mittelminoisch III oder Spätminoisch I entsprechen[11]. Eine große Zahl von Gründen, militärische, wirtschaftliche, religiöse, soziale ..., zwangen die Menschen zum Ortswechsel oder zum völligen Wegzug. Außerdem entdeckt man in ebendieser Region neben den durch die Texte bekannten antiken Städten Itanos, Dragmos, Seteia, Praisos und Syrinthos die Ruinen von minoischen Städten unbekannten Namens; sie werden mangels besserem mit dem Namen des am nächsten gelegenen heutigen Dorfes bezeichnet: Palaikastro, Zakro, Xirokampos (»Ausgedorrte Ebene«), Ziros, Mochlos und Myrsini. War das damalige Kreta etwa dichter besiedelt als das heutige?

Aus drei guten Gründen ist das zu bezweifeln. Erstens ist diese Urbarmachung nur für den Ostteil der Insel gesichert. Die Anstrengungen der Forschung und die Probegrabungen, die sich seit 20 Jahren im Westen des antiken Idamassivs mehrten, weisen darauf hin, daß die feuchten Ebenen der Provinzen Amari, Agios Vasilios und Kydonia gerade erst durch die minoischen Siedler in der Mitte der Bronzezeit anfingen, urbar gemacht zu werden und daß weiter westlich, entlang der Küsten und in den Hauptebenen des Selinon und des Kisamos, die Träger der Palastkultur auf den Widerstand des Urwaldes, der Wildbäche, der Sümpfe und der primitiven Sitten der steinzeitlichen Hirten und Jäger stießen. Nimmt man Kydonia aus, so scheinen die Villen und die »Paläste« an einer Linie haltzumachen, die von Rhethymnon im Norden nach Preveli im Süden verläuft. Polyrrhenia ist als Stadt erst in achäischer Zeit gegründet worden, und die Geschichte schreibt der Gründung von Lappa, Aptara, Histoi, Mykenai, Tegea, Katre und Pergamos Zeitpunkte zu, die nach dem Trojanischen Krieg liegen. Bis heute wurde im Westen das Vorhandensein von minoischen Siedlungen, Handelsniederlassungen, Ankerplätzen oder Dörfern nur in Küstennähe nachgewiesen: in Patsianos, in Plakaki Kriou, in Thrimbokampos und in Chrysoskalitissa. Unbekannt ist, wie groß die Bedeutung der Häfen und Städte mit vorgriechischen Namen am Südhang der Weißen Berge, wie Lissos oder Hyrtakina, war; aber das eine ist gewiß, daß man es in diesen Gebieten nicht mit Zonen von ebenso starker Bevölkerungsdichte zu tun hat wie im Gebiet von Sitia.

Der zweite Grund, eine dünnere Besiedelung Kretas im allgemeinen anzunehmen, besteht in der Kleinheit der Orte, die man hochtrabend antike Städte oder Stadtstaaten nennt. Sie ähneln ganz und gar in ihrer Ausdehnung und selbst in ihrer Gliederung modernen Dörfern. Alle Besucher der Ruinen von Gournia und Palaikastro, die praktisch vollständig von den amerikanischen und englischen Ausgräbern freigelegt wurden, sind beeindruckt von der Winzigkeit dieser Hauptstädte und aller ihrer Häuser. Die Ruinen von Palaikastro, welche die größten sind, bedecken eine Fläche von etwa 15 Hektar (500 × 300 m): die allerhöchstens 200 Wohneinheiten konnten eine Bevölkerung von maximal 800 Einwohnern beherbergen. Gournia zählte zur selben Zeit etwa 50 Wohnhäuser. Unter Überhöhung der Ziffern schätzte man die bebaute Fläche der minoischen Stadt Malia auf 10 Hektar[12]; tatsächlich ist noch lange nicht alles ausgegraben, und die Häuserblocks oder Komplexe waren durch unbebaute Flächen und Gärten getrennt; aber selbst wenn man diese Überschätzung übernimmt, so bleibt sie doch unter der Fläche des heutigen Dorfes Malia. Und dieses hat nur 1500 Einwohner, einschließlich der Bewohner der über die ganze Gemeinde verstreuten Weiler. Man kann sich noch so sehr vorstellen, daß die Minoer zusammengepfercht und ohne Komfort gelebt haben, was übrigens sehr zweifelhaft ist; man kann soweit gehen, 10 Personen pro Haushalt, Kinder und Dienstboten eingerechnet, anzusetzen, man wird niemals mehr als 3000 Personen zusammenbringen, angesichts der kleinen Zahl der in jedem Viertel ausgegrabenen Häuser, angesichts auch der etwa 200 in den Beinhäusern gefundenen Leichname. Die Ziffern gar, die Evans für Knosos vorgeschlagen hat, entstammen reiner Phantasie: 1 125 000 qm (112,5 Hektar!) für das gesamte Stadtgebiet, 400 000 qm für die Innenstadt oder die »City«, 2000 Häuser mit je 200 qm, 12 000 Einwohner für die Innenstadt, 82 000 für das gesamte Stadtgebiet. Wenn man diese letzte Zahl durch 10 teilt, kommt man der Wirklichkeit viel näher. Die Besiedlung war weit spärlicher als auf den Hügeln von Gypsades und Monasteriako; sie hat sich erst in hellenistischer Zeit ausgeweitet; die Nekropolen scheinen winzig; schließlich betrug die Zahl der Schreiber, die in den letzten »Palästen« beschäftigt waren und die durch die Tontäfelchen[13] bekannt sind, nicht mehr als 150. Mit seinen sichtbaren Ausmaßen und mit der Bevölkerungsdichte seiner verschiedenen Stadtteile hatte das minoische Knosos die Bedeutung einer kretischen Stadt wie das heutige Hierapetra, einer Land-, Handels-, Industrie- und Hafenstadt in einem, die indes nur 7000 Einwohner zählt. Zur Zeit seiner größten Pracht zog sich Gortyn, die Hauptstadt der Insel Kreta in römischer Zeit, über eine Länge von ungefähr 2 km hin, und seine Bevölkerung betrug nicht einmal 30 000 Einwohner: das heutige Chania, die moderne Hauptstadt, mit einer viel dichteren und über 3,5 km verteilten Bevölkerung, hatte 1961 nur 38 000 Einwohner.

Einen dritten Grund, die Übervölkerung Kretas zu verneinen, entnehmen wir der Geschichte der Ernährung, der Kriege, der Epidemien, kurz dem Vergleich zwischen den modernen Lebensbedingungen und denen einer Zeit, als es noch keine vernünftige Ernährung, keinen Frieden, keine wissenschaftliche Hygiene und Medizin gab. Die antiken Historiker und die Mythographen berichten uns von mörderischen Seuchen und von Dürrekatastrophen, die die Insel zur Zeit des Minos heimgesucht haben. Bis in die allerletzten

Jahre des 19. Jahrhunderts hat sie immer darunter gelitten, zusätzlich zu den Erdbeben, den Kriegen und den blutigen Revolutionen. Nun hat die Bevölkerung Kretas, die durch zahlreiche venezianische und türkische Volkszählungen gut bekannt ist, niemals 300 000 Bewohner überschritten[14]. 1644, am Vorabend des Türkeneinfalls, am Ende eines Zeitraums wirtschaftlicher Blüte, zählte Kreta 1254 bewohnte Orte und 287 165 Seelen. Zwanzig Jahre später, nach allen möglichen Massakern und Entbehrungen, war die Bevölkerung um die Hälfte vermindert. Nach einem Zeitraum von 200 Jahren sehr bedingter Ruhe zählten 1881 die Türken 279 165 Einwohner und 1092 Orte. So hat Kreta zwischen dem Mittelalter und dem Ende des 19. Jahrhunderts bei anscheinend konstant bleibender Anzahl der Dörfer, etwa 1100, bei vergleichbaren Wohn- und landwirtschaftlichen Verhältnissen einerseits und dem Fehlen der Hygiene andererseits eine Bevölkerung ernährt, deren Zahl zwischen dem einfachen und dem doppelten Wert schwankte, ohne jemals 290 000 Einwohner zu erreichen. Kann man sich vorstellen, daß es in der Antike mit ihren Kriegen zwischen den einzelnen Stadtgemeinden, ihren Epidemien und ihrem mageren landwirtschaftlichen Ertrag anders war? Um die zu optimistischen Berechnungen noch mehr herunterzudrücken, sei hinzugefügt, daß die Römer und die Byzantiner gewiß an den Berghängen und in den sumpfigen Ebenen Gelände urbar gemacht haben, das in der minoischen Antike unbebaut und unbewohnt war: das läßt sich im Norden und im Süden der Weißen Berge leicht feststellen.

Kann die runde Zahl der kretischen Bevölkerung in der Blütezeit der zweiten »Paläste« angegeben werden? Der Vergleich mit der demographischen Situation der Renaissance kann uns dabei, mindestens teilweise, helfen. Wenn wir uns auf die Betrachtung der beiden Verwaltungsbezirke im Osten beschränken, die durch die Archäologie ziemlich gut erforscht sind und in denen jedes Dorf irgendeinen minoischen Überrest besitzt, so sehen wir, daß Barozzi 1577 dort 92 839 Einwohner und Castrofiaca 1583 112 500 Einwohner zählte. Die Differenz kommt dadurch zustande, daß der erste vergaß, die Städte mitzuzählen. Wenn die Bevölkerung der beiden Bezirke des Westens 1583 um 20 000 Seelen unter der der Bezirke des Ostens lag, so war das Mißverhältnis in minoischer Zeit noch größer, da, wie wir sahen, die Urbarmachung der Böden sich verlangsamte und schließlich jenseits der Linie Rhethymnon–Preveli zum Stillstand kam. Angenommen, es hätte anstelle einer Differenz von 18 % eine Differenz von mindestens einem Drittel zwischen einem Teil der Insel und dem andern bestanden: dann hätte Kreta auf seiner Gesamtfläche kaum 185 000 Einwohner gezählt, was eine Dichte von 23 Einwohnern pro qkm ergibt, einen Wert, der wenig unter dem Korsikas, einer anderen gebirgigen Insel, vor 100 Jahren liegt. Man kann auch andere indirekte Mittel zu Hilfe nehmen, wie etwa die Zahl der Rekruten eines kleinen kretischen Staates in hellenistischer Zeit: 180 junge Männer, die in Dreros ihren Eid leisten müssen, stehen für einen ganzen Jahrgang von Wehrfähigen; oder aber man erfährt auch, daß es zum selben Zeitpunkt in Doulopolis 1000 Männer gab. Wie Malia, von dem soeben die Rede war, hatten beide Orte kaum mehr als 2000 Einwohner. Wenn, wie der Dichter der *Odyssee*[15] behauptet, das mythische Kreta 90 Städte trug, d. h. kleine unabhängige Länder, die ein Weide- und Jagdgebiet, Ortschaften und Häfen besaßen, die mit einem Blick überschaubar sind; wenn die Zahlen der 100 Städte und 80 Schiffe, die der Dichter der *Ilias*[16] dem Idomeneus zuschreibt, die gleiche ungefähre Wirklichkeit wiedergeben, wenn alle diese Daten oder vielmehr alle diese Überlieferungen grosso modo den 93 Namen vorgriechischer Dörfer entsprechen, die wir kennen, so kommt man, wenn man jedem dieser Miniaturstaaten durchschnittlich 2000 Einwohner zuschreibt, wieder auf jene 185 000 Einwohner, auf die uns der Vergleich mit der Zeit der Renaissance brachte. Man ist weit entfernt von der Million, die die heutigen Kreter immer im Munde führen, und selbst von der halben Million, zu der sie tatsächlich angewachsen sind!

## *Lebenserwartung*

Was hat sie nun gehindert, diese märchenhaften Zahlen zu erreichen? Die Insel hatte ein ausgezeichnetes Klima, wie wir sahen. Savary[17], der 1779 ein ganz ähnliches, wenn auch zweifellos ein klein wenig trockeneres Klima kennenlernte, hielt es für das beste der Welt. Die Infektions- und Nervenkrankheiten der modernen Städte, die durch die chemischen Erzeugnisse, den Gebrauch des Zuckers und des Alkohols, die Verkehrsgeschwindigkeit und die Luftverschmutzung noch verschlimmert werden, waren ihnen unbekannt. Bei der Betrachtung der Schädel der Kreter aus der Bronzezeit ist man überrascht vom relativ guten Zustand ihres Gebisses. Nur der Honig und das Mehl konnten daran Schaden anrichten. Aber wenn sie ebenso enthaltsam und vegetarisch lebten wie ihre Nachkommen, machten sie gewiß keinen übermäßigen Gebrauch von säurehaltigen Nahrungsmitteln. Aus den Votivtafeln der Höhenheiligtümer weiß man, daß sie an Arthritis, Polyarthritis, Lungenentzündung und verschiedenen Baucherkrankungen litten, genau wie wir. Dagegen waren die Augenkrankheiten, Trachome, Blepharitiden und Star, häufiger. Mehr als die Männer fürchteten die Frauen vor allem die Unfruchtbarkeit. Sie benutzten alle möglichen religiösen und magischen Mittel, um sie zu bekämpfen wie auch um dem Fehlen der Muttermilch und den Fehlgeburten zu begegnen: mehrere große Kulthöhlen, an der Mündung des Amnisos zum Beispiel, wurden mit ihren Weihegaben bedacht und boten dafür ihre kalk- und magnesiumhaltigen Wasser und ihre triefenden Stalaktiten.

Man kann nicht sagen, daß die Kindersterblichkeit ebensogroß war, wie sie es in den großen Metropolen der späteren Mittelmeerwelt geworden ist. Die Kindergräber sind in Kreta im Verhältnis viel seltener. Die Lebenserwartung, die anhand der 112 Skelette aus Mittelminoisch, die man untersuchen konnte[18], festgestellt wurde, scheint höher gewesen zu sein als auf dem Kontinent. Sie liegt um 48 Jahre bei den Männern, um 45 Jahre bei den Frauen. Die Sterblichkeit ist in einer Zeit relativen Friedens und offensichtlicher wirtschaftlicher Blüte in anderen Ursachen begründet als im Klima, in einer schlechten körperlichen Verfassung, in der Unterernährung oder im Krieg, ich meine, hauptsächlich im Fehlen der Hygiene. Die gleichen Seuchen, die Kreta in historischer Zeit verwüsteten, befielen es in der vorhergegangenen Zeit. Das gedrängte Zusammenleben der Bewohner in den winzigen Räumen der Stadtgebiete von Zakro, Palaikastro oder Gournia zum Beispiel, manche trockene Sommer, der Wassermangel und das Überhandnehmen von Parasiten, die von Ratten oder Haustieren verbreitet werden, lassen Ansteckungen unvermeidlich und ihre Wirkungen verheerend werden. Das sind weder Theorien noch Analogieschlüsse. Die Ossuarien der Höhlen von Malia und des Tals der Toten in Zakro, wo die Leichen ohne jede Ordnung und in einem sehr kurzen Zeitraum übereinandergeschichtet worden sind, erinnern an die Opfer der großen abendländischen Seuchen nach 1346. Die Alten bezeichneten mit »Pest« etwas ganz anderes als die echte Beulenpest, und was sie uns beschreiben, entspricht in nichts den Symptomen dieser Epidemie. Es handelt sich vielmehr um mediterrane Dengue, Virusgrippe, Diphtherie und Fleckfieber. Die Mythologie ihrerseits behauptet, daß das Reich des Minos mehrere Male von solchen Seuchen befallen wurde: das erste Mal als ein dem Meer entstiegener göttlicher Stier das Gebiet von Knosos, darauf die Peleponnes, den Isthmos von Korinth und die Umgebung von Marathon verwüstet, indem er den Tod des Androgeos, des Sohnes des Königs, fordert; seine Erscheinung ist begleitet von »Hungersnot und Pestilenz«[19]; um sie abzuwenden, müssen die Athener – so wird erzählt – die beiden Töchter des vorgriechischen Hyakinthos, des Vorgängers des Apollon, des Gottes der Medizin, opfern; ein zweites Mal, berichtet uns Herodot[20], wurde Kreta entvölkert, als bei der Rückkehr aus dem Trojanischen Krieg die Überlebenden ebenso wie ihr Vieh der Hungersnot und der Pest zum Opfer fielen. Wir sahen, daß der Gott, der am Anfang der *Ilias* die Epidemie entfesselt und zum Stillstand bringt, einen kretischen Namen trägt: es ist Apollon Smintheus, der Gott der Mäuse und der Ratten, der Überträger der Pest. Und die Geißel erreicht der Reihe nach die Lasttiere, die Hunde und die Menschen.

## *Ursachen der Entvölkerung*

Was führte also zum Verschwinden dieser Männer, dieser Frauen, dieser kraftvollen Ureinwohner, die uns die Statuetten und die Malereien als so stolz und so elegant darstellen und die nach der Anthropologie in der Kraft der Jahre dahinsterben? Denn nicht nur Herodot, den wir schon erwähnten, bestätigt uns, daß das gesamte Kreta mit Ausnahme der beiden Städte Praisos und Polichne nach der Fahrt des Minos nach Sizilien und seinem Tod entvölkert war, sondern auch den Archäologen ist klar, daß alle großen Gebäude in Ost- und Mittelkreta, außer dem »Palast« von Knosos, in der Mitte des 15. Jahrhunderts v. Chr. zerstört und verlassen waren und daß die neue Kultur, die zuweilen an den gleichen Stellen 150 oder 200 Jahre später aufblühte, vom griechischen Festland, und nicht aus Kreta kam. Anders ausgedrückt, warum sind die minoischen Kreter vor den mykenischen Griechen gewichen?

### 1. Der Ausbruch des Vulkans von Santorin?

Man kann rein physische oder natürliche Gründe geltend machen. Die am meisten beachtete Theorie seit der Wiederaufnahme der Ausgrabungen von Santorin im Mai 1967 stammt von Spyridon Marinatos. Er hatte sie schon 1934 vorgeschlagen und 1939 in einem berühmt gewordenen Artikel der Zeitschrift *Antiquity* dargelegt: »The Volcanic Destruction of Minoan Crete«. Er entwikkelte sie im Laufe des Zweiten internationalen Kongresses für kretische Studien in Chania im Jahre 1966 und vor allem auf Santorin (Thera) selbst, wo er im September 1969 den Internationalen Kongreß für vulkanische Studien abhielt. Diese Theorie beruht auf einer Feststellung von Tatsachen: daß nämlich die Siedlung von minoischem Aussehen, die man beim Dorf Akrotiri an der Südküste von Santorin entdeckt hatte, um 1520 v. Chr. bei einem der Ausbrüche dieses Vulkans unter einer 3 bis 7 m hohen, doppelten Schicht von Bimsstein und Asche begraben wurde. Das Datum ergibt sich aus dem Stil der gefundenen Töpferware. Die Theorie beruht außerdem auf einer Hypothese: daß nämlich dieser Ausbruch viermal stärkere kataklystische Wirkungen hatte als die Explosion der Insel Krakatau zwischen Sumatra und Java am 26. und 27. August 1883: das heißt, daß er die ganze östliche Hälfte Kretas bis in eine Entfernung von 170 km mit giftigen Gasen, Bimsstein und vulkanischen Bomben bedeckte und daß er eine über 25 m hohe Flutwelle oder Tsunami auslöste, die alle in der Nähe der Nord- und Ostküste gelegenen kretischen Städte, alle kleinen Häfen der Kykladen verschlang und dem Erdboden gleichmachte. Dieser titanische Ausbruch sei von Erdbeben begleitet gewesen. Diese hätten ihrerseits, was in Kreta noch stehengeblieben war, vollends zerstört und einen Großteil der Bevölkerung vernichtet. Es ist bekannt, daß 1883 auf den Sunda-Inseln 36 000 Menschen den Tod fanden und 295 Städte oder Dörfer zerstört wurden.

Diese Vergleiche lassen eine zwingende Tatsache außer acht: daß nämlich die Zerstörung der verschiedenen kretischen Siedlungen, besonders die der vier Palastkomplexe von Zakro, Malia, Knosos und Phaistos, mindestens 50 Jahre nach der Verschüttung von Santorin unter der Asche erfolgte. Am Ende des 16. Jahrhunderts v. Chr. verspürte man in Knosos und in Zakro nur Wirkungen von Erdbeben und nicht von Vulkantätigkeit. Man muß also bei diesem Vulkan einen zweiten Ausbruch annehmen, heftiger und mit noch größerer Wirkung als der vorhergehende, da alle Städte und großen Residenzen in Ostkreta zwischen 1470 und 1450 zerstört worden wären, aber auch unberechenbarer, da Knosos sofort aus seinen Ruinen wiedererstanden wäre und seine Architektur und die bildenden Künste sogar verfeinert hätte. Und so wenig tödlich, daß sich nicht einmal eine Leiche unter den Trümmern findet! Es steht fest, daß eine zweite Aschenschicht auf die Insel Santorin niederging, aber sie ist viel weniger bedeutend als die erste, und andererseits bleibt es ungewiß, zu welchem Zeitpunkt dies geschah. Jedenfalls war er weit genug von dem des ersten Ausbruchs entfernt, so daß man einige Erosionsspuren auf der ersten Schicht und Gänge finden konnte, die von den nach Schätzen suchenden Menschen gegraben waren. Aber daß man die geringste Schicht vulkanischer Asche, sei sie auch noch so winzig, auf kretischem Boden fände, davon ist nicht die Rede. Nicht mehr als in Kythera oder

Keos. Wenn man in den Häusern Bimssteine auf jedem archäologischen Niveau von der Steinzeit bis in unsere Zeit findet, so deshalb, weil es sich um einen Rohstoff handelt, der zu allen Zeiten und für die verschiedensten Bedürfnisse – sei es im Haushalt, im Handwerk, im magisch-religiösen Bereich oder sogar in der Medizin – Verwendung fand. Das Meer trägt ihn mit seinen Wellen an die Küsten Kretas. Die Bauern sammeln ihn noch heute körbeweise ein, um ihn als Boden- und Terrassenbelag zu benutzen. Er findet sich im antiken Beton ebenso wie als Entfetter im Töpferton. Und was ist von einer Theorie zu halten, die von der Überflutung der Städte durch eine Springflut und zugleich von ihrem Brand infolge von Erdbeben spricht? Und was von der Tatsache, daß die Villa von Sklavokampos bei Gonies in mehr als 500 m Höhe am Nordabhang des Ida liegt? Sollten die Wogen bis in diese Höhe gekommen sein? Und die Träume, die um den Platonischen Mythos von Atlantis gesponnen werden, überlassen wir besser den Romanschreibern. Auch jene, die etwa versucht sind, die Vulkanausbrüche mit den Erdbeben zu verwechseln, seien daran erinnert, daß es sich um zwei geologische Erscheinungen handelt, die so verschieden wie möglich und unabhängig voneinander sind, da die ersteren ihre Ursache in einer Explosion und die zweiten in einer Verschiebung der Erdschichten haben.

## 2. Erdbeben

Im vorigen Kapitel haben wir gesehen, daß die Erdbeben zur alltäglichsten Erfahrung des östlichen Mittelmeeres gehörten. Es vergeht kein Jahr, ohne daß man von der Zerstörung irgendeiner Stadt auf dem Balkan, in der Ägäis, in Anatolien oder Nordsyrien erfährt. Die Geschichte verzeichnet das Verschwinden der Stadt Helike in den Fluten der Bucht von Korinth im Jahre 373 v. Chr. und die allgemeine Zerstörung von Ugarit an der syrischen Küste 1000 Jahre früher. Der Palast von Knosos erfuhr die Wirkungen von mindestens drei Erdbeben um 1750, 1580 und 1520 v. Chr. Es ist verlockend – und zu einfach! –, dieselbe Ursache für die starken Zerstörungen verantwortlich zu machen, die in Knosos zwischen 1470 und 1450, in Zakro, Malia, Phaistos und in allen in Ostkreta bekannten größeren Orten um 1450 oder etwas später festgestellt wurden. Wenn die moderne Stahl- und Betonarchitektur den Beben von hoher Intensität nicht standhält, wieviel weniger Häuser, die im wesentlichen aus Holz, Strohlehm und ohne Verwendung von Mörtel erbaut sind. Und da es einfach ist, sich für ähnliche Einsturz- und Brandwirkungen eine ähnliche Ursache vorzustellen, so mutmaßt man frisch drauflos, daß ein einziges Erdbeben, ein von fernher spürbarer Stoß eines der Ausbrüche von Santorin, einer ganzen Kultur und – warum nicht auch? – der Existenz der großen Städte Vorderasiens ein Ende setzte. Aber dieselbe Erfahrung, auf die man sich im Alltagsleben der Kreter beruft, zeigt, daß die Menschen ihre Vorkehrungen treffen, daß sie stärker als wir die Zeichen der Dinge wahrnehmen, sich in Sicherheit bringen und zurückkehren, um rasch die Risse der Gebäude wieder zu schließen oder die zerstörten Häuser wiederaufzubauen. Die Zahl der Toten ist immer gering im Verhältnis zur Zahl der Überlebenden. Nun wurden in Zakro, Palaikastro, Gournia, Malia und Phaistos z. B. die zerstörten und abgebrannten Gebäude in der zweiten Hälfte des 15. Jahrhunderts verlassen; einige davon wurden von Erde und Vegetation bedeckt, andere wurden eingeebnet und dienten als Grundlage für neue Bauten, die anders angelegt waren und von anderen Menschen bewohnt wurden: nicht nur der Stil der Gefäße, sondern auch der Charakter der Bevölkerung hat sich geändert. So wird Zakro nach dem Erdbeben um das Jahr 1500 wiederaufgebaut, bleibt aber nach den Ereignissen von 1450 für eine kurze Zeit verlassen. Der »Palast« und die Häuser von Malia, z. B. das von Agia Varvara, brannten 1450 oder wenig später ab, aber verschiedene Abschnitte der Gebäude von Malia sind mit anderen Gebäuden der mykenischen Zeit überbaut. Was bei der Hypothese eines katastrophalen Erdbebens zu erklären bleibt, ist das Verschwinden der Bevölkerung aller großen städtischen Zentren außer Knosos. Soll man annehmen, daß die Bewohner (100 000?) in der Vorahnung der Gefahr sich aufs Meer begaben und daß sie niemals zurückkehrten? Wie unwahrscheinlich! Zumal das gesamte Geschirr, alle Schätze und alle Kultgegenstände, die die Ausgräber an ihrem Platz auffanden, für ihre früheren Besitzer einen mächtigen Anreiz zur Rückkehr darstellten. Wenn sie sie daließen, so deshalb, weil sie sie nicht mehr holen konnten. Man muß also für die plötzliche Entvölkerung früher blühender Siedlungen andere Ursachen annehmen als ein Erdbeben oder selbst eine Reihe von Erdbeben. Ganz davon abgesehen, daß zu leicht ein Erdstoß für das Einstürzen einer Mauer verantwortlich gemacht wird: Wasser, Feuer und menschliches Eingreifen können das ebensogut erklären.

### 3. Seuchen, Überschwemmungen, Dürreperioden

Man kann hier oder da die rasche Verminderung kleiner menschlicher Gemeinschaften, ja kleiner Staaten als Folge von anderen naturbedingten Ursachen annehmen, wie Epidemien, Überschwemmungen, anhaltenden Dürrezeiten, denen Hungersnöte folgten. Ihre Auswirkungen konnten sich sehr wohl mit denen eines Erdbebens überlagern oder diese verstärken. Aus den ägyptischen Texten und den Urkunden von Ugarit weiß man, daß diese Stadt schließlich um 1190 v. Chr. durch die sich summierenden Folgen der Trockenheit und der Hungersnot vernichtet wurde. Die Pest oder der Typhus folgt fast regelmäßig auf Überschwemmungen und Erdbeben. Bekannt sind die zehn Plagen, die Ägypten unter Amenophis II. (1448–23) befielen, unter ihnen Ungeziefer, Mükken, ein Viehsterben, die Blattern, Gewitter mit verheerendem Hagel, Heuschrecken und schließlich eine Kinderseuche, an der die Säuglinge starben, lauter Unheil, das das ägyptische Volk auf die Anwesenheit der Fremden in seinem Land zurückführte und das seinen Antisemitismus entfachte, bis der Pharao das Volk Israel vertrieben hatte. Was ist wahrscheinlicher, als daß hier oder da in Kreta eine kleine Stadt durch eine dieser natürlichen Erscheinungen, die bis in die Neuzeit so häufig auftreten, zerstört wurde? Unseren Bemerkungen über die Beinhäuser von Malia oder Zakro ist hinzuzufügen, daß man in Malia zwischen der letzten Schicht von Mittelminoisch und der ersten von Spätminoisch hier und da immer wieder auf eine dicke Schicht aus Ton und Kies stößt, so als habe ein Schlamm-Strom um 1575 v. Chr. plötzlich die Häuser des Bezirks E überschwemmt. Eine ähnliche und in die gleiche Epoche fallende Überschwemmung glaubt man in den minoischen Ruinen von Stavromenos (Rhethymnis) feststellen zu können. Die Tiefebene von Zakro wurde 1901 von einem Sturzbach aus Wasser und Felsbrocken verwüstet. Aber diese Katastrophen stellen kein allgemeines Merkmal dar, sie ähneln nicht der Sintflut des Ogyges noch der des Deukalion, die von den Mythographen in die Jahre 1757 und 1526 v. Chr. datiert werden, und vor allem böten sie keine Erklärung dafür, daß um die Mitte oder in der zweiten Hälfte des 15. Jahrhunderts v. Chr. eine große Zahl kretischer Gebäude *durch das Feuer* zerstört wurde. Wie die Ausbrüche des Vulkans von Santorin, durch die auf dem Meer eine gewisse Anzahl kretischer Schiffe zerstört wurde, liefern sie ergänzende Gesichtspunkte. Bestenfalls ermöglichen sie die Einsicht, daß verschonte Mächte an die Stelle der geschwächten Mächte rücken oder sich deren Niedergang zunutze machen konnten, um sich ihrer Herrschaft zu entziehen. Sie kehrten die Machtverhältnisse um. Knosos war nie so prächtig wie in der Zeit des »Palaststils«, d. h. nach 1450, als die anderen kretischen »Paläste« des Ostens nur noch verlassene Ruinen waren. Wenn die Geschirrscherben in Knosos während 50 Jahren selten sind, so deshalb, weil weder durch menschliche noch durch naturbedingte Einwirkungen dort mehr Geschirr zerbrochen wurde. Die zerbröckelten Gefäße sind reichlich vorhanden in den Zeiten der Verödung.

## 4. Die Konflikte

Man zieht sehr oft die Bibeltexte und die pharaonischen Inschriften heran, um eine Datierung der massenhaften Auswanderung der Kreter nach Palästina, in das Land der Philister, nach Asdod, Ascalon, Eqron, Gath und Gaza, zu versuchen. Nach dem 5. Buch Mose (II, 23) waren »die Kaphtorim aus Kaphtor«, d. h. aus Kreta, schon in Gaza ansässig, als Mose und das Volk der zweiten Generation des Exodus im Nordosten des Toten Meeres ankamen. Eine Stelle aus Amos (IX, 7) scheint den Exodus der Hebräer mit der Ankunft der Philister aus Kaphtor in Palästina in Verbindung zu bringen, jedenfalls stellt sie die beiden Ereignisse nebeneinander. Es ist jetzt durch eine der Kartuschen des Grabtempels von Amenophis III. in Soleb im sudanesischen Teil Nubiens bekannt, daß »das Land der Nomaden des Y h w « neben dem Land Edom zu Beginn des 14. Jahrhunderts v. Chr. als dem pharaonischen Reich unterstellt galt und daß folglich das Volk, das mit ihm den heiligen Namen des Gottes von Israel trug, in der vorhergegangenen Generation Ägypten hatte verlassen müssen. Die Bibel gibt an, daß die Hebräer 40 Jahre für die Durchquerung der Wüste brauchten, von 1447 bis 1407, so behauptet mit zwingender Genauigkeit J. Garstang, der Spezialist für die Grabungen von Jericho. Somit hätte die Ankunft der Kreter an der Küste von Palästina unter der Herrschaft Amenophis' II. (1448–23) stattgefunden und wäre eine Folge der schrecklichen Ereignisse, die Kreta in der Mitte des 15. Jahrhunderts erschütterten.

Das will aber nicht heißen, daß die Insel Kreta ihrer Substanz beraubt war zur Zeit, als die Hebräer ins Gelobte Land einzogen; das bedeutet allerhöchstens, daß am Ende ebendes 15. Jahrhunderts eine kretische Siedlung oder auch nur Handelsniederlassungen an der Küste Palästinas bestanden. Und da andererseits die Philister, hebräisch Pelischtim, die Peleset der ägyptischen Texte sind, d. h. auf griechisch Pelasger, Pelasgikoi oder Pelastikoi, stellen sie Inselbewohner im allgemeinen dar und nicht nur Kreter. Eine lange Inschrift des Tempels von Medinet Habu erzählt die Niederlage der Seevölker im Jahre V von Ramses III. (1194–93 v. Chr.), unter ihnen die der Peleset. Zu dieser Zeit war das Ursprungsland »der Fremden, die ihre Inseln bewohnten« – Inseln, im Plural – nicht ausschließlich Kreta, sondern die Gesamtheit der Küsten der asiatischen Halbinsel und der Inseln des östlichen Mittelmeers, der Ägäischen und der Ionischen. Aus der *Odyssee* wissen wir, daß es in Kreta Pelasger gab: selbst wenn die Philister nur aus Kreta stammten, würden sie nicht die gesamte kretische Bevölkerung darstellen, sondern einen Bruchteil, ein Fünftel nach der *Odyssee*. Muß man also nicht dieser Auswanderung andere Ursachen als streng physikalische oder natürliche zuschreiben?

Mir scheint, man muß vor allem menschliche Ursachen für die Schwächung der Kreter und die Verdrängung der minoischen Kultur durch einen anderen Kulturtyp um die Mitte des 15. Jahrhunderts v. Chr. geltend machen. Die Anthropologen betonten seit langem, daß in den Gräbern am Ende der Bronzezeit eine andere Form von Schädeln, von brachy- oder mesozephalen, auftaucht. Diese neuen Besetzer Kretas fanden keine verlassene Insel vor, sondern eine uneinige und dezimierte Bevölkerung und zerstörte Städte. Sie brauchten nur die politischen, wirtschaftlichen und vielleicht sozialen Wirren auszunutzen, die die Insel und ihre Kolonien am Ende der sogenannten Herrschaft des Minos erschütterten. Eine kriegerische Invasion, von der sich übrigens keine Spur in der Literatur findet, wäre unverständlich auf dem Gipfel ihrer Macht. Um das Feuer, das z. B. Zakro, Gournia, Malia, Agia Triada, Tylissos und Sklavokampos zerstörte, und die mehr oder weniger teilweise Wiedereinnahme dieser Orte zu erklären, genügt es nicht, den Vulkan von Santorin, ein ausgedehntes Erdbeben, die Pest oder die Hungersnot zu bemühen, und noch weniger einen Angriff von der Peloponnes aus. Was hätte Talos, der zuverlässige Hüter Kretas, gemacht? Die Kreter begannen sich selbst zu zerstören, bevor sie anderen ihren Platz überließen. Mutatis mutandis stellt man denselben Zerfallsprozeß im athenischen Reich am Ende des 5. Jahrhunderts v. Chr. fest: Ausbeutung der Vasallenstädte, übersteigerte Herrschsucht, abenteuerliche Unternehmungen, innere Spaltungen, materielle und menschliche Verluste, die durch die Seuchen und die Kriege verschlimmert wurden, schließlich Erschöpfung. Es waren keine 30 Jahre nötig (431–404 v. Chr.), damit der mächtigste Bund, den man in Griechenland seit der Bronzezeit kannte, auseinanderbrach, nachdem er mindestens ein Drittel seiner Bevölkerung verloren hatte.

Was sagen uns die antiken Autoren[21], deren spätes Zeugnis wir weder im einzelnen übernehmen noch im ganzen verwerfen dürfen? Daß Minos, der König von Knosos, mit Sarpedon, dem König von Lyktos, eine bewaffnete Auseinandersetzung um den Besitz von Milatos hatte und daß er ihn zwang, mit einem Teil seiner Untertanen zu den Termilen in Kleinasien auszuwandern; daß er mit Rhadamanthys, dem König von Phaistos, in Streit geriet und daß dieser nach Böotien und Euböa wegzog; dann, daß er selbst Krieg mit Megara, Attika und endlich mit Sizilien anfing, wohin er alle seine Truppen brachte, dabei Kreta von Menschen und Schiffen entblößt zurücklassend. Seine Nachfolger, Deukalion und Idomeneus, tragen griechische Namen. Zugegeben, diese Akteure existieren alle nur im Mythos: das ändert nichts daran, daß die griechische Überlieferung bestens zu dem paßt, was uns die Archäologie lehrt. Knosos überlebt die Zerstörung der anderen minoischen »Paläste«, wird aber von einem Herrscher in Besitz genommen, der sich nicht mehr in derselben Sprache ausdrückt. So ist ein Krieg von Staat zu Staat oder – wenn man will – von Herrscher zu Herrscher der Invasion vorangegangen. Und es ist hier unnütz, die Sage von Theseus, dem Sohn des Königs Aigeus von Athen, ins Spiel zu bringen, der den Minotauros in seinem Labyrinth besiegt hat. Mit seinen sieben Söhnen und seinen sieben Töchtern kommt er kurz vor dem Trojanischen Krieg mit religiösen, nicht mit militärischen Zielen nach Kreta, zu einem Monarchen, der dieselbe Sprache spricht wie er. Als der »Palast« von Knosos um 1300 v. Chr. in den Flammen einstürzt, sind über 100 Jahre vergangen, seit er in den Händen einer Verwaltung von mykenischem Typ ist und seit die Gebeine des letzten vorgriechischen Herrschers in Sizilien oder anderswo ruhen.

In Ermangelung zeitgenössischer schriftlicher Dokumente kann nicht die Rede davon sein, die Abfolge der Auseinandersetzungen nachzuzeichnen, die die Herren dieser kleinen Staaten gegeneinander Krieg führen ließen: z. B. die von Phaistos gegen die von Gortyn und der Mesara-Ebene, die von Knosos oder Archanes gegen die von Lykastos oder von Lyktos, wo vielleicht der frühere Herr über Malia saß, die der Ebenen des Zentrums gegen die der Ostküsten. Jeder strebte in seiner Interessensphäre nach der Hegemonie. Wenn man der Sage glaubt, so gewann der Herrscher von Knosos zeitweise die Oberhand über seine Rivalen, nach dem Zeugnis der einen mit Milde und Gerechtigkeit, nach dem Zeugnis der anderen mit unerbittlicher Brutalität. Diese letzte Überlieferung scheint den meisten Glauben zu verdienen, wenn man den

Brand Zakros und der Villen des Gebiets um Sitia, die Zerstreuung oder vielmehr das Verschwinden der Einwohner, die Aufgabe der Ruinen bedenkt. Der Angriff wurde zu Land und zur See geführt, und der Sieg kam so plötzlich, daß die Bewohner des sogenannten Palastes ihre Werkzeuge, ihre Schätze, ja selbst ihr Essen an Ort und Stelle stehen ließen. Die Bruchstücke eines der kostbarsten sakralen Gefäße, des Steinbock-Rhytons, wurden, ihrer Goldauflage beraubt, an vier Orten wiedergefunden, die weit genug auseinanderliegen, um der Hypothese eines Bimssteinregens oder eines Erdbebens jede Gültigkeit zu nehmen. Die Bevölkerung wurde gefangengenommen, wanderte aus oder floh in die Berge und ließ dadurch für eine oder zwei Generationen die Küste unbewohnt. Es handelt sich hierbei keineswegs um erdachte Vorstellungen. Die Geschichte der Neuzeit verzeichnete in ebendiesem Gebiet der Insel mehrmals die gleichen Katastrophen. In den Beschwerdebriefen des kretischen Adels an den Senat von Venedig[22] vom 11. Oktober 1471 n. Chr. ist zu lesen: »In Anbetracht dessen, daß die Lehen des Bezirks von Sitia seit dem Beginn dieses Krieges durch die Türken, unsere Feinde, schwer zu leiden hatten, so daß eine große Zahl von Dörfern verwüstet und eine große Zahl völlig zerstört und unbewohnt sind, nämlich Lithines, Grias, Mangasa, Karydi, Zakathos, Lamnoni, Zakro Viglou, Adhravastous, Klisidi, Anatoli, Zakro Agios Georgios und alle Klöster der Küste, welche Dörfer und Klöster völlig zerstört und unbewohnt sind, während viele andere verwüstet wurden, ohne ganz ausgelöscht zu werden, die aufzuzählen zu lang wäre und aus denen über 300 Personen sich als Gefangene noch in den Händen der Feinde befinden; in Anbetracht, daß Orte, die gewöhnlich eine große Menge Getreide erzeugten, völlig verlassen und unbewohnt sind ohne einen Menschen, der sie bebauen könnte ...« Man wird über 100 Jahre warten müssen, bis diese Dörfer wieder zum Leben erwachen. Die beiden Zakro, das im Süden, das Viglou, »Wache«, genannt wurde, und das im Norden, das den Beinamen Sankt Georg trug, werden vor dem 19. Jahrhundert nicht mehr in den Katalogen und auf den Karten erscheinen. Nun, alle diese Orte

waren zur minoischen Zeit, die uns interessiert, bewohnt, und es gab riesige Gebäude.
Ebenso findet man am Ende der mykenischen und am Ende der ersten byzantinischen Epoche die Küsten unbewohnt, die Dörfer verlassen, die Fluchthöhlen voller Überreste, die die Bewohner auf der Flucht zurückgelassen haben. Nur die Feinde haben von einer Epoche zur anderen gewechselt. Da nichts, weder in der sagenhaften Geschichte des antiken Kreta noch in den Texten der großen Nachbarreiche, noch in der Archäologie selbst uns um 1450 v. Chr. die Ankunft ferner Völker anzeigt, sondern da man im Gegenteil in Sklavokampos und in Zakro z. B. dieselben Siegelabdrücke wie in Knosos antrifft und da die Mythographen uns von den Rivalitäten der kretischen Herrscher untereinander berichten, liegt der Gedanke nahe, daß sich die Kreter zu Tode gekämpft hatten, bevor sie durch die Achäer der Peloponnes verdrängt wurden. Am Ende der hellenistischen Zeit, die indes eine reiche und blühende Zeit für Kreta war, unterwarf schließlich Rom, das sich auf Gortyn stützte, die ganze Insel auf die gleiche Art. Im übrigen war es nicht nur der Wunsch nach Herrschaft oder die wirtschaftliche Macht, welche die Völker Kretas gegeneinander trieben; ihr Boden, ihre Sprachen, ihre Religionen, selbst ihr Blut waren verschieden.

## *Kretas Wunsch nach Einheit*

So erfüllt sich nach und nach der menschliche Bereich Kretas mit Leben. Aus sehr verschiedenen Individuen bestehend, mit Vorfahren, die mehr oder weniger spät auf die Insel gekommen waren, mit vielerlei Dialekten, vielfältigen Bräuchen und Techniken, mit voneinander abweichenden Interessen kann das kretische Volk den Eindruck vermitteln, als sei die Abgeschlossenheit der einzelnen Gegenden untereinander oder der Egoismus seine unabänderliche Bestimmung. Zwei oder drei Bedürfnisse bewogen es im Laufe der Jahrhunderte, sich zusammenzuschließen. Sie lassen sich in der minoischen Zeit ebenso beobachten wie in der Neuzeit. Zunächst die gleichen wirtschaftlichen Interessen, und wir werden darauf zurückkommen. Auch das Bedürfnis nach Ortswechsel. Nicht, daß Kreta zu klein erschiene: es scheint im Gegenteil zu groß, als daß nicht eine Ecke zu erforschen und zu entdecken bliebe. Eine Mischung der Bevölkerung fand dort dauernd statt; sie wurde durch eine natürliche Neugier, die Gesetze der Herdenwanderung, der Jagd oder der Heirat aufrechterhalten. Ich kenne keine Insel, wo die Hirten aus den Gegenden mit dem Ruf der größten Wildheit wie die Sfakia so weit laufen, um im Winter einen Verwandten oder einen Freund aufzusuchen, der in einer als feindlich und bösartig bekannten Gegend wohnt, wie das Gebiet um Sitia. Es war früher nicht anders, da dieselben Ortsnamen oder Namen von ähnlicher Bildung sich hier und dort finden. Und dieselbe Beweglichkeit, die sie als Kaufleute, Abenteurer, Piraten oder Eroberer aufs Meer trieb, führt sie, kretischer denn je, eines Tages in Kolonien im Ausland wieder zusammen, sei es in Süditalien, in Karien, in Lykien oder in Palästina. Mindestens 800 Jahre nach ihrer Auswanderung waren die Bewohner von Gaza für ihre Nachbarn vor allem »Kaphtorim aus Kaphtor«, Kreter aus Kreta. Wie ist ihnen dieses Land, nach dem sie sich so sehnen, ans Herz gewachsen, wie schön, einzigartig, unersetzlich und unveräußerlich erscheint es ihnen! »Kreter«, sagt ein berühmtes Lied, »wenn du nach Hause kommst, grüße Kreta von mir und grüße mir das Gebirge, den hohen Psiloriti.« Der Wunsch nach Ortswechsel wird schließlich zum Wunsch nach Heimkehr.

Was diese freiheitsliebenden Inselbewohner noch zur Einheit treibt, das ist das Bedürfnis, jeder Tyrannei zu widerstehen, gleich ob sie von außen oder innen, von der Natur oder den Menschen ausgeht. Dieses Volk bewundert die Macht, aber nicht als Zuschauer. Es will seine Rolle spielen, siegen und Einfluß ausüben. Der in Kreta geborene Gott Zeus hatte schon in minoischen Zeiten den Zusammenschluß der Insel um seine Wiege im Psiloriti gegen die bösen Titanen zustande gebracht. Entgegen dem Anschein hat diese tätige Verehrung der Freiheit nie aufgehört sich zu äußern. Die Stärke setzt eine von allen bejahte Ordnung, eine heilige Einheit voraus. Die Kreter vertrauen sich bereitwillig dem Manne an, der es ihnen ermöglicht, vor dem Feind ihr Bestes zu geben, ob dieser Führer Eleutherios Venizelos heißt, Michalis Korakas, Alexis Kallergis, Lasthenes, Idomeneus oder Minos, Sohn des Zeus.

# Drittes Kapitel
# Das Leben auf dem Lande

## *Dörfer*

Von der Steinzeit bis in unsere Tage ist Kreta immer eine Insel von Bauern geblieben. Selbst heute, da die Landbevölkerung in die Städte strömt, leben noch über zwei Drittel der Kreter von der Landwirtschaft, als Bauern und als Viehzüchter. Und in vielen kleinen Ortschaften bewahren die Bewohner ländliche Lebensgewohnheiten, indem sie ein Stückchen Land bebauen, zu Hause eine Ziege, einen Esel oder Geflügel halten und in der jeweiligen Jahreszeit auf ihrem Besitz die Trauben lesen und die Oliven pflücken. Die Stadtteile am Rande der größten Städte werden nur von Bauern bewohnt. Das bäuerliche Leben findet dort seine Grenze, wo die Bäume und die Viehbestände verschwinden. Demnach würden uns die meisten minoischen Städte mit ihren großen bebauten Flächen, ihren Ställen und Weinkellern heute wie große Dörfer erscheinen.

Die Gruppensiedlung war immer die Regel. Es gab wenige oder gar keine Einzelhöfe. Man konnte errechnen, daß die durchschnittliche Bevölkerungszahl der kretischen Dörfer vom 16. Jahrhundert, dem Zeitpunkt der ersten Statistiken, bis 1881, der letzten türkischen Volkszählung[1], zwischen 150 und 200 Einwohnern geschwankt hatte. Heute noch haben sie nur sehr selten mehr als 500 Einwohner. Diese Zahlen liefern uns eine Größenordnung für die ländlichen Siedlungen der schönsten Zeitabschnitte des Altertums. Die Siedlungsformen reichten von den an den kleinen Quellen liegenden Weilern, wie sie in Gegenden mit undurchlässigem Boden vorkamen, bis zu den Dörfern, deren kubische Häuser sich übereinander an die Ausläufer der Berge drängten und bis zu den Gruppen von Weilern am Ursprung der größeren Wasserläufe. Die großen Ebenen blieben frei. In den Küstentälern der beiden äußersten Enden der Insel, Sitia und Selinon, verloren sich die oft winzigen Dörfchen wie heute zwischen den Weinbergen und Ölbäumen. Oft bestand das Dorf sogar aus zwei Teilen. Es besaß Sommerhütten auf den Weiden oder den Hochplateaus des Omalos oder des Katharo, und umgekehrt hatten die Bewohner der gebirgigen Zonen an der Küste Gelände, wo sie im Winter ihre Herden weiden und unterbringen oder wo sie in der schönen Jahreszeit fischen konnten. Man kann sich sogar vorstellen, daß, wie in unserer Zeit, manche Dörfer des Innern an der ziemlich trockenen Südküste Sommerunterkünfte für das Sammeln des Johannisbrotes besaßen. In der Regel blieb damals wie heute der Grundbesitzer bei seinem Land, das er eifrig bewachte, wobei er immer die Möglichkeit hatte, wenn ihn die Not zwang, sein Holz und sein Wild von etwas weiter her zu holen.

Es gibt dem Anschein nach nichts Einförmigeres als das Leben in diesen Dörfern. Noch vor 25 Jahren hörte man die kretischen Bauern seufzen: »Unser Dasein ist eintönig. Es ereignet sich nichts. Alles beginnt immer wieder auf die gleiche Weise von neuem.« Nur die großen Familienereignisse, Geburten, Hochzeiten und Todesfälle, die Kriege und die Naturkatastrophen brachten ein wenig Abwechslung in die Gemeinschaften. Und dabei vermittelten die einen wie die andern durch ihre Wiederholung den Eindruck einer abgeschlossenen Welt, einer horizontalen Geschichte ohne Tiefe. Die Soziologen sprechen, gestützt auf den Vergleich mit den stagnierenden Kulturen und auf das Fortbestehen der kretischen Architektur und Werkzeugausrüstung durch die Jahrhunderte, bei der minoischen Epoche gerne von Stammesgesellschaft[2]. Sie verstehen darunter nicht Gruppen von Menschen, die in primitiven oder barbarischen Verhältnissen um einen Führer geschart leben, sondern Gruppen von geringem Ausmaß, mit sozialen, politischen, sittlichen und wirtschaftlichen Ansichten, die ihrem engen Horizont entsprechen, mit zeitlich und räumlich beschränkten Austauschbeziehungen, ohne große Differenzierungen und Spezialisierungen, ohne Schrift, ohne umwälzende Veränderung. Sie rühmen bei einem solchen Gesellschaftstyp den Zusammenhalt der Gruppe, ihre Unabhängigkeit, ihre Fähigkeit zur Selbstgenügsamkeit, das Gleichgewicht und die Elastizität der rechtswirksamen Kräfte, die seinen Bestand sichern, die bemerkenswerte Sparsamkeit der Pläne und Zielsetzungen. Und wenn man das Recht von Gortyn[3] betrachtet, das um 430 v. Chr. aufgezeichnet wurde und in dem der Stamm eine so wichtige Rolle bei dem Anspruch auf Land spielt, oder wenn man die femininen Stämme Kamiris und Pharkaris von Praisos und von Hierapytna in hellenistischer Zeit in Betracht zieht, so ist es wenig zweifelhaft, daß Kreta, trotz allerlei Einfällen von außen, aus der minoischen Epoche eine große Zahl von Stammesgebräuchen bewahrt hatte. In Gortyn zählten die Frauen zu den Stammesmitgliedern. Wenn ihnen als Witwen, Unverheirateten oder Geschiedenen eine Erbschaft zufiel, konnten sie sich nur nach freier Entscheidung verheiraten, falls kein Mitglied ihres Stammes sie wollte. Und dazu mußten die nächsten Verwandten eine Bekanntmachung veranlassen und während 30 Tagen Angebote an den Stamm ausrufen. Hier handelt es sich sicher um Reste von Endogamie und Stammesbesitz. Man hat überdies den Beweis, daß verschiedene Formen von Kollektivbesitz bis an die Schwelle der christlichen Ära überlebt hatten. Gewisse Dörfer, z. B. in Melidochori (Monofatsiou), kannten früher wie heute die Herrschaft des Clans. Die enge Solidarität beruhte hier auf einem Verwandtschaftsverhältnis: alle hielten sich für Nachkommen eines gemeinsamen Ahnen, gleich welche Abstammungsrechnung galt, die patrilineare oder die matrilineare. Sie regelten alle Streitigkeiten im Familienkreis. Sie übten kollektiv Rache. Das Land gehörte ihnen gemeinsam. Sie befolgten eigene religiöse Riten. Glaubt man den Malereien der ägyptischen Gräber des 15. Jahrhunderts v. Chr., so bedeckten sie sich das Gesicht mit Tätowierungen oder besonderen Zeichnungen. Unter der Herrschaft des Clans war die Exogamie üblich, das heißt, daß sie im Unterschied zu den Stammesgesellschaften außerhalb ihrer Gruppe heirateten. Wie es das Nebeneinander der Gemeinschaftsgräber aus Frühminoisch und dem Beginn von Mittelminoisch beweist, konnte ein und dasselbe Dorf mehrere Clans zählen[4].

Dieser auffallende Gegensatz in den Gebräuchen und den Traditionen zeigt, wie sehr man sich täuschen würde, stellte man sich das Leben auf dem Land in Kreta in dieser Zeit als unbeweglich vor. Die Gemeinschaften dort kannten ein mehr dynamisches als statisches Gleichgewicht. Wenn die Veränderungen auch von begrenztem Ausmaß blieben, so gestalteten sie doch die bestehende Ordnung allmählich um. Drei Faktoren brachten die Tradition ins Spiel und weckten die Dörfer aus ihrem Halbschlummer. Die Hochzeiten zunächst, die man sich nicht ohne Mitgiften und Scheidungen, Forderungen und Erbrechte vorstellen kann. Ob der Sohn oder die Tochter mit Aussteuer, Möbeln, Vorräten das Haus der Eltern oder Adoptiveltern verließ, um in ein anderes Dorf zu ziehen, sie begründeten beide neue Kraft- und Besitzverhältnisse zwischen den Gemeinschaften. Bei ihrem Tode erhoben ihre Erben Anspruch auf Besitz und Rechte, die um so fraglicher waren, als die Verstorbenen zu Clans mit verschiedenen Bräuchen, zu Stämmen mit verschiedenen Sprachen und Kulturen gehörten. Diese Mischung der Bevölkerungen macht zum Teil die Bildung von Einheiten verständlich, die umfassender sind, als rein geographische Gesichtspunkte es erwarten ließen, sie erklärt die zum Alltag gehörenden Streitigkeiten und das Urteilsvermögen der Alten, die noch heute in jedem Dorf das Brauchtum und die Überlieferung zu kennen glauben.

Am Anfang der mittelminoischen Epoche erlebt Kreta eine Phase der Bevölkerungs- und Wirtschaftsexpansion. Der Geburtenüberschuß sprengt die zu engen Grenzen des Clans und der Familie. Die Dörfer müssen die Kuppelgräber aufgeben, die zu eng und zu voll geworden sind. Neue Siedler ziehen aus jeder Gemeinschaft aus, um in der Ferne andere Gebiete urbar zu machen, zur See zu fahren, ihr Glück in der Fremde zu versuchen. Sie gründen anderswo neue Wohnsitze und setzen diese oder jene Form von persönlichem Besitz an die Stelle der kollektiven Kulturform, in der sie geboren sind. Wenn sie zurückkehren, bringen sie neue Ideen, Ansprüche und Lebensweisen mit. Auch neue Gegenstände, die in Ägypten, Syrien, Kleinasien oder auf den Inseln hergestellt sind und die von den Archäologen in den Gräbern gefunden und bestimmt werden. So kehrt heute der »amerikanische« Kreter, nachdem er sein Glück gemacht hat, mit etwa 60 Jahren in sein Dorf zurück und erweckt, wenn er seine Erinnerungen erzählt oder die aus Amerika mitgebrachten Schätze vorzeigt, bei der Jugend Träume von Reisen und Reichtum. Aber dieser Überschuß an Fruchtbarkeit hatte vor allem die Mehrung der bäuerlichen Arbeitskräfte und die Intensivierung des landwirtschaftlichen Anbaus zur Folge. Zu Beginn des zweiten Jahrtausends kam es zu einem beträchtlichen Nahrungsmittelüberschuß, der gelagert, verteilt und für den ein Absatz gefunden werden mußte, um ihn nicht dem Verderb oder der Plünderung zu überlassen. Die Vorratskrüge in den Magazinen der Familien oder der Gemeinschaft, die früher so klein waren, wurden riesig. Aber weder die Oliven noch die getrockneten Früchte, noch das Getreide, noch die Flüssigkeiten halten sich unbegrenzt, und der mächtigste oder rührigste Mann des Dorfes ist nicht imstande, ihre Konservierung zu sichern. Die kretischen Bauern stellten die Erzeugnisse des Hofes unter den Schutz der Götter der Erde und des Himmels. In derselben Epoche, in der die ersten »Paläste« gebaut werden, entwickeln sich drei Arten von Gemeinschaftsheiligtümern: auf den Gipfeln der Berge, in den Tiefen der Höhlen und auf dem flachen Felde. Auch die angeblichen Paläste sind nichts anderes als Heiligtümer. Sie nehmen den Überschuß an menschlicher Arbeitskraft und den Überschuß der Nahrungsmittelerzeugung von mehr und mehr gemischten bäuerlichen Gemeinschaften auf. Sie verwalten eine heilige Abgabe, einen heiligen Kollektivbesitz, ein heiliges Dienstpersonal, auf die Gefahr hin, daß dies alles eines Tages in profane Hände fällt. Kurz, was das Dorf aus seiner Dumpfheit aufrüttelt, ist die Notwendigkeit, dem Eintreiber des Jenseits das Geschuldete zu entrichten. Er ist um so anspruchsvoller um 1500 v. Chr., da er seit einigen Generationen eine Institution geworden ist, die ewig erscheint.

Schließlich beschäftigt eine menschliche Tatsache unablässig die Anteilnahme unserer Landbewohner: die Ankunft von Leuten im Dorf, die weder Viehzüchter noch Bauern sind, sondern spezialisierte Handwerker oder Heilkundige oder Wahrsager, lauter höchst unstete Leute, die aber viele Neuigkeiten bringen und Bedürfnisse wecken. Seit die schnelle Drehscheibe die langsame ersetzte, erreichte die Überproduktion an Gefäßen ein solches Ausmaß, daß der Töpfer eines Dorfes oder die Töpfergruppe, der er angehört, von einer Gegend zur andern ziehen und die Ware anbieten mußte, zuerst gegen Nahrungsmittel, später gegen gefertigte Gegenstände. Das setzt voraus, daß die offene Gemeinschaft, an die er sich wendet, einen Überschuß produziert, der ihn ernähren kann. Dies setzt vor allem differenzierte Arbeitsleistungen innerhalb der am höchsten entwickelten minoischen Dörfer voraus. Angesichts des traditionellen Charakters des Töpferhandwerks[5], des ganzen Geräts und der Kenntnisse der Fertigung, die es erfordert, sagt man sich, daß es schon in der Bronzezeit in Kreta Vereinigungen von Spezialisten und selbst Dörfer gab, die sich auf die Herstellung der großen Vorratsgefäße spezialisiert hatten, wie jene, die sich in jedem der vier heutigen Bezirke Gra Lygia, Thrapsano, Margarites und Nochia finden. Die Gruppen machen sich in der trockenen Jahreszeit auf den Weg, um tonige Böden, Wasser und Holz zu suchen, sie errichten ihre Brennöfen auf dem freien Feld, stellen ihre Gefäße her, laden sie auf den Rücken der Esel oder der Maultiere und ziehen von Bezirk zu Bezirk, um sie an den Türen anzubieten. Die Mitglieder der Gruppe kehren im Herbst nach Hause zurück und teilen die Einnahme untereinander nach den Abmachungen ihres vertraglichen Zusammenschlusses. Aber wieviel Neugierde und wieviel Mutmaßungen erregten sie doch auf ihrem Weg! Man kann sich leicht die Menschenmengen vorstellen, die bei der Nachricht von der Ankunft eines Zauberers oder eines Sehers herbeiströmen, oder im Gegensatz dazu die Leute, die heimlich Scharlatane und Wahrsager befragen in einem Land, wo man den bösen Blick fürchtet. Aber man hat eine noch bessere Vorstellung von den wandernden Schmieden und Kesselschmieden, den Erzschürfern und den Herstellern von Messinggeräten, weil eine seit der Bronzezeit bis heute ununterbrochene literarische und archäologische Überlieferung es gestattet, ihnen auf ihren Wanderungen in Kleinasien, auf den Kykladen und in Kreta zu folgen[6]. Die Gefährten des Zeus, des Vaters des Minos, sind die Kyklopen, die Daktylen und die Telchinen, alles umherziehende, spezialisierte Handwerker wie Daidalos und seine Gefährten, wie die Zigeuner, ihre späten Nachfolger im Mittelalter und in der Neuzeit. Auch sie wirken im Verborgenen, verstecken sich in den Schluchten der Berge, hausen in den Höhlen, gelten als Magier und Hexenmeister, kennen die Zukunft, stehlen das Geflügel in den Dörfern, liefern aber ihrer Kundschaft die Werkzeuge und die Gebrauchsgegenstände, die ihr eine leichtere Arbeit und ein besseres Leben ermöglichen. Sie sind gefürchtet, aber geachtet. Sie sind die einzigen freien Wesen auf der Welt. Da sie die Geheimnisse der Kunst und der Zukunft kennen, vertrauen ihnen die Großen manchmal ihre Söhne zur Erziehung an. Diese Fremden waren die meiste Zeit das mächtigste Zivilisationsferment der Mittelmeerwelt, besonders der Stammesgesellschaften.

Wenn wir das Gesagte zusammenfassen, so wird in der Mitte des zweiten Jahrtausends das kretische Dorf, zumindest das der großen Ebenen und der Küstentäler, von solchen inneren und äußeren Strömungen durchzogen, daß man es als eine ziemlich differenzierte kleine Gesellschaft ansehen kann. Sie hängt eng von einer zentralen Autorität mit religiösem Charakter ab. Sie braucht für ihre Produktion und ihre Bautätigkeit Techniker von außerhalb, für den Absatz ihrer Überschüsse fremde Hausierer und Händler. Und um die Lage noch verwirrender zu machen, sind eine stattliche Anzahl von Dörflern entlang der Küsten zugleich Bauern, Kaufleute und Seeleute.

## *Bauernhäuser*

### 1. In der Mesara-Ebene

Wir werden später diesen verschiedenen Spezialisten innerhalb der ländlichen Gemeinschaft nachgehen. Für den Augenblick wollen wir uns darauf beschränken, einige der Bauernhäuser zu betreten, die von der Spitzhacke der Archäologen freigelegt wurden. Sie sind leicht voneinander zu sondern, da die Dörfer im allgemeinen zentrifugal angelegt sind. Eine der ältesten und einfachsten Wohnungen gehört zu einer minoischen Siedlung, die zwischen den heutigen Dörfern Kouse und Siva am Rande der Mesara-Ebene, eine Wegstunde südlich von Phaistos, verstreut liegt[7]. Sie ist in

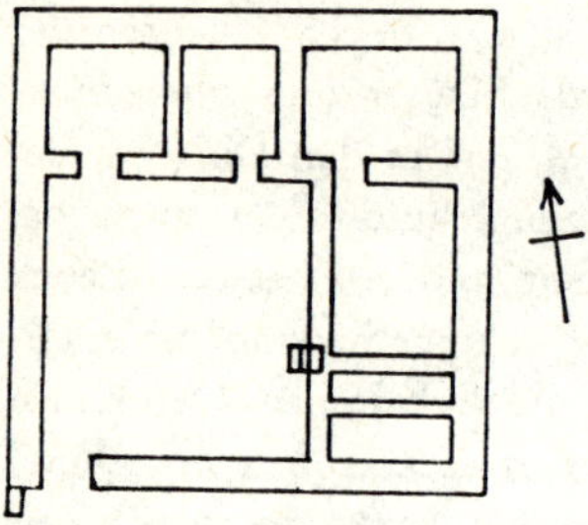

*Abb. 2.* Haus von Kouse.

etwa 120 m Höhe auf einem der ersten Hänge des Asterousia-Massivs in der Nähe einer nicht versiegenden Quelle namens Agia Marina erbaut. Die Fundamente bestehen aus schweren Kalkblökken von 80 cm Dicke, deren Zwischenräume mit kleineren Steinen ausgefüllt sind. Auf dieser quadratischen, mit Ton verkleideten Grundlage von 11 m Seitenlänge erhebt sich ein etwa 3 m hohes Fachwerkgerüst, das mit Kieselsteinen und Erdmauerwerk ausgefüllt ist und dessen Ständer und Füllpfosten ein Flachdach tragen. Dieses ist aus grob behauenen Balken gefertigt, die mit Astwerk und Binsen bedeckt und mit einer dicken Schicht weißen Tons wasserdicht gemacht sind[8]. Solche Dächer sind von einer zuverlässigen Festigkeit. Man geht gefahrlos darauf umher. In der schönen Jahreszeit schläft man darauf, wenn nicht Korn oder Früchte zum Trocknen dort liegen. Man gelangt in den Hauptraum in der Süd-west-Ecke durch eine Holztür, die nach außen geöffnet und von innen mit einem Riegel verschlossen wird. Der Raum ist groß: 6 × 6 m. Kein Fliesenbelag. Ein Fußboden aus gestampfter Erde. Im Mittelpunkt des Raumes steht eine Holzsäule als Mittelständer für die Balken des Dachgerüsts. Ein niedriges Fenster an der linken Seite gibt Licht. Durchsichtiges Pergament erfüllt die Aufgabe von Glasscheiben. Entlang der Seitenwände aus Erdmauerwerk reihen sich verschiedene steinerne Becken, Tröge und Stampfbüchsen, Oliven- und Kornreiben, einige Terrakottagefäße, Krüge, Kannen und Amphoren und ein Kochtopf oder Kochkessel. Kelche, Becher, Kannen und Schleifsteine sind auf Wandregalen und auf einem dreibeinigen, runden Tisch aufgestellt. Hier und dort einige Hokker, denn man ißt im Sitzen. Eine Holzbank, auf der Decken aufeinandergelegt sind, dient als Bett und bei Gelegenheit als Sitz. Zwei kleine, als Vorratskammern dienende Räume öffnen sich an der Rückseite des Raums. An der rechten Seite desselben Raums führen einige Holzstufen zu einem höhergelegenen rechteckigen Zimmer von 6 × 3 m, das durch eine Maueröffnung im Osten erhellt wird. Hier halten sich die meiste Zeit über die Frauen des Hauses auf. Sie haben auf einem besonderen Plattenbelag ihren Webstuhl, eine oder zwei Truhen und einen Ölkrug stehen. Ganz im Norden enthält ein anderer Winkel eine Kanne und vielleicht ein Gurtbett auf vier Holzfüßen.

An dieser Einrichtung mag das Fehlen der Küche, der Toiletten und des Stalles verwundern. Der Kreter, selbst der heutige, würde sich darüber nicht wundern. Die Speisen werden noch heute sehr häufig im Freien, im Hof oder entlang einer Einfassungsmauer gekocht, die als Kochstelle dient. Ich habe das hunderte Male erlebt. So ist das Haus sicher vor Ruß und Rauch und vor den Gefahren eines Brandes. Die Notdurft wird auf den Feldern oder bei Regen oder Schnee im Hühnerstall oder im Viehstall neben dem Haus verrichtet. Die paar Stück Geflügel und der Hausesel halten sich während der Nacht und bei Kälte in einer mit Astwerk gedeckten Hütte aus Erdmauerwerk an einer der Seiten des Hauses auf. Sie wecken seine Bewohner frühmorgens durch ihre Rufe. An der Mauer entlang sind einige Werkzeuge aufgehängt: Holzleiter, Pflug, Spitzhacken, Seile oder Sielen. Kein Schubkarren, kein Handkarren, kein Metallkessel. Für den Bauern ist die Bronze noch ein seltenes und kostbares Metall. Die Ausgräber fanden in diesem ganzen alten Haus nur eine einzige Klinge eines Küchenmessers mit abgerundetem Ende. Ohne armselig oder primitiv zu sein, ist dies eines der einfachsten Häuser, die es gibt, mit seinem quadratischen Plan, seinem Erdgeschoß ohne Stockwerk, mit zwei klar voneinander getrennten Teilen, seinen kleinen Vorräten an getrockneten Früchten, Oliven und Korn an der Nordseite, wo es am kühlsten ist, seinem einfachen Mobiliar aus Terrakotta und Holz. Und doch war es solide, da es ja mindestens 300 Jahre lang stand, bevor es um 1500 v. Chr. in den Flammen einstürzte. Es findet sich schließlich kein religiöser Gegenstand, außer vielleicht einem Tropfstein-Fragment, das undeutlich einem brütenden Huhn ähnelt: ein Fetisch?

## 2. Nordöstlich von Malia

Ein etwas komplizierteres Beispiel eines Landhauses liefert ein Gebäude aus Stein und Erdmauerwerk von ganz ähnlichen Ausmaßen (10,40 m × 11,70 m), das 1965 700 m nordöstlich des »Palastes« von Malia ausgegraben wurde[9]. Es gehört zu einer kleinen Gemeinde gegenüber der Insel Agia Varvara, die zugleich als Bauern- und als Fischerdorf angelegt war. Hier tritt man an der Nordseite

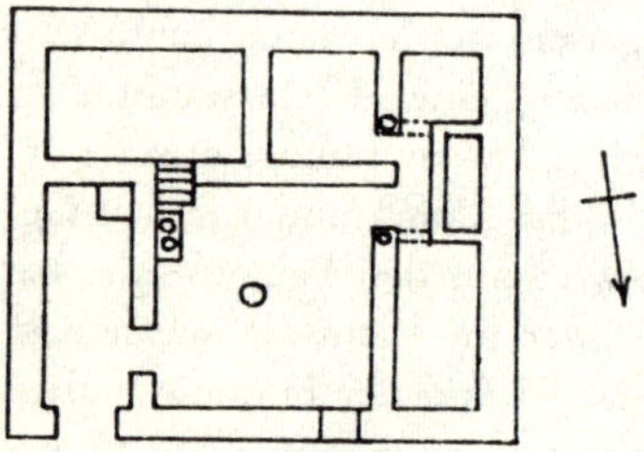

*Abb. 3.* Haus von Agia Varvara, 700 m nordöstlich vom großen Heiligtum von Malia.

über eine unbehauene Steinschwelle ein. Man gelangt in einen kleinen Hof. Der Boden ist aus gestampfter Erde. Eine Holzstufe führt hinunter. Das niedrige Fenster in der Nordwest-Ecke, das den Hof erhellt, läßt eine hölzerne Mittelsäule auf ihrem Untersatz aus bläulichem Kalkstein erkennen, sowie die Amphora und die entlang den Wänden angeordneten Möbel und einen dicken Steinblock dicht neben dem Eingang. Er enthält zwei Kochkessel, deren Inneres verbrannt ist, als habe man Kohlen hineingetan. Nebenan führt eine Treppe von einigen Stufen aus Holz zu dem mit Dielen belegten Wohnraum der Frauen, wo man noch die Einlassung für die Pfosten eines Webstuhls erkennen kann. Genau daneben enthält der Vorratsraum über zwanzig Töpfe verschiedener Größe; Wicken und Getreide finden sich noch nach 34 Jahrhunderten auf dem Boden einer großen Kanne und einer Amphora mit elliptischer Öffnung. Außerdem fand man Webgewichte, eine Anzahl von unbehauenen Steinen, die aber alle durchbohrt sind und zum Beschweren eines Fischernetzes dienten, ein Siegel und einen kleinen unbearbeiteten Kupferbarren. Ein mit Platten ausgelegter Gang im Westteil des Hauses verbindet den Hauptraum mit dem Vorratsraum. Er erhält sein Licht durch einen Lichtschacht, eine Art Innenhöfchen von 1,55 m auf 1,90 m. Beiderseits liegen zwei kleine Zimmer mit gestampftem Fußboden, wo man ein Gewicht, Muscheln, Bimssteine und Meerkiesel aufgelesen hat; ihre Bestimmung bleibt rätselhaft: man hat den Eindruck, daß sie, mit besseren Licht- und Luftverhältnissen als im großen Saal, dem Beruf des Fischers dienten, der zeitweilig vom Eigentümer ausgeübt wurde. Hier verwahrte und reparierte er seine Netze, seine Reusen, seine Ruder und seine Körbe und lagerte einen Teil der Dinge, die er am Küstensaum sammelte: während die Muscheln gegessen oder verkauft werden, finden die Bimssteine zu zahlreichen handwerklichen und häuslichen Zwecken Verwendung. Nicht weit vom Haus gibt es einen Garten und einige kleine Grundstücke; sie erklären das Vorhandensein von samengefüllten Krügen und eines baummesserförmigen Werkzeugs. Auch hier setzte in einer späten Phase von Spätminoisch I ein Brand dem Leben in dieser Wohnung ein Ende. Eine Plünderung war ihm vorausgegangen, wie man aus den verstreuten Webgewichten, den Fragmenten zweier Schieferscheiben und dem Fehlen jeglichen wertvollen Gegenstandes schließen kann.

### 3. In Achladia bei Sitia

Neben diesem Haustyp mit einfachem, quadratischem oder rechteckigem Grundriß auf ebenem Gelände und ohne Stockwerk gab es in Kreta seit den ältesten Zeiten verschiedene Haustypen mit kompliziertem Grundriß, deren Außenmauer mit sägeförmigen Vorsprüngen und Absätzen den Eindruck aufeinanderfolgender Aufblähungen oder Erweiterungen macht. Das von N. Platon im September 1959 einen Kilometer südöstlich von Achladia (Sitias[10]) ausgegrabene Haus ist geräumiger und komplexer als die vorher-

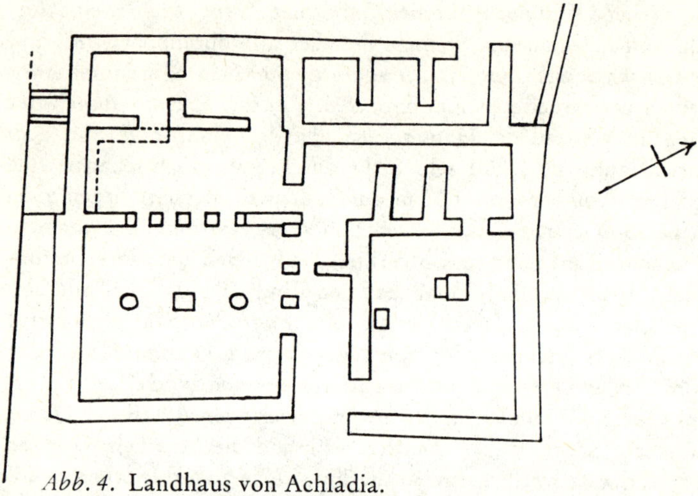

*Abb. 4.* Landhaus von Achladia.

gehenden. Es gehört zu einem Dorf aus dem ausgehenden Mittelminoisch, das in 250 m Höhe am Abhang eines Hügels erbaut war, wobei es an der Südseite in die neogenen Kalksteine einschnitt und sie an der Nordseite aufschüttete. Die Hauptform des Hauses ist rechteckig; doch geben die Rücksprünge an drei Seiten und die leicht bogenförmige Linie der vierten Seite dem Grundriß etwas Willkürliches. Dies ist eine Eigenart, die sehr vielen minoischen Bauernhöfen gemein ist. Die größte Breite beträgt 18,10 m; die Tiefe 15 m. Die Grundmauern bestehen aus riesigen, grob behauenen Steinblöcken von manchmal über 1 m Stärke, die mindestens zwei Schichten bilden. Der Haupteingang mit monolithischer Schwelle und Türsturz öffnet sich etwa in der Mitte der Ostfassade, aber es gibt auch noch eine Dienstbotentür an der gegenüberliegenden Fassade. Das ganze Gebäude umfaßt etwa zwölf Räume oder Säle. Wie in den vorhergehenden Bauernhäusern finden wir wieder den Hauptraum mit Mittelsäule, mit seinem Geschirr, seinem Steinwürfel, der als Untersatz dient und seinen Möbeln für Essen und Schlafen, die kleinen Nebenzimmer der Kinder und der Frauen, den Vorratsraum mit seiner Batterie von Krügen, Kannen und Töpfen. Aber hier gibt es drei neue Dinge: eine Innenküche neben dem Vorratsraum, die leicht zu erkennen ist an ihrem Reibe- und Kochgerät, ein getrennter Wohnbereich aus drei für das Personal reservierten kleinen Zimmern, endlich und vor allem das, was man allgemein als das kretische Megaron oder Empfangs- und Repräsentationszimmer bezeichnet, eine Art Salon eigener Art unmittelbar links neben dem Haupteingang. Dieses Megaron, das sich in zahlreichen Exemplaren in den Landvillen und den »Palästen« findet, ist vor allem als ein Aufenthaltsraum für den Sommer vorgesehen, der sich an mehreren Seiten weit öffnet, um die frischen Winde von Norden und Nordwesten hereinzulassen. Es umfaßt im wesentlichen einen sorgfältig mit Fliesen ausgelegten Saal – hier ist er mit drei Säulen in Achsenrichtung versehen –, ein Vestibül, das vom erwähnten Saal durch Pfeiler getrennt ist – hier sind es drei oder vier –, schließlich einen Lichtschacht, der im allgemeinen von Säulen gesäumt ist – hier der kleine Eingangshof ohne Überdachung. Es scheint nicht, als sei ein weiteres Stockwerk vorhanden gewesen. Die Anlage des Erdgeschosses ist viel funktioneller, als wir es schon gesehen haben. Sie setzt mehr Arbeitskräfte, eine größere Arbeitsteilung und größeren Reichtum voraus. Die gefundenen Luxusgegenstände und Werkzeuge bestätigen diesen Eindruck: eine Tonlampe mit zwei Schnäbeln und doppelter Mulde, ein Gefäß, das einer Wildziege ähnelt, ein steinernes Gefäß in Kelchform, einige bronzene Werkzeuge, ein Bleigewicht, riesige Muscheln, Tritone genannt, die heute noch als Ruf- und Musikinstrumente dienen. Augenscheinlich war der Besitzer wohlhabend, umgeben von Komfort und schönen Dingen. Um sein Haus lief eine Umfassungsmauer, an der entlang man Stallungen und eine doppelte Ablage für ausgedientes Geschirr finden konnte. Weder die Stärke der Fundamentmauern noch das Hauspersonal, noch der offensichtliche Überfluß der Erträge, noch der weite Blick über die Bucht von Sitia ersparten diesem schönen Haus und seinen Nebengebäuden die Katastrophe. Es wird angenommen, daß ein Erdbeben sie plötzlich gegen Ende von Spätminoisch I A im Laufe des 16. Jahrhunderts v. Chr. zerstörte.

## *Villen*

Mit dem vierten Wohnhaustyp kommen wir nun zu der Hausform, für die sich die Bezeichnung »minoische Villa« eingebürgert hat; es handelt sich im wesentlichen um ein großes Gehöft mit einem Obergeschoß und Nebengebäuden, dessen Besitzer über genügend Vermögen und Bildung verfügt, um über seine Einnahmen und Ausgaben Buch zu führen[11]. Wir sind in der Gemarkung Sklavokampos, am Rand der kleinen Binnenebene von Gonies in 500 m Höhe, im Massiv des antiken Ida. Die Villa ist Teil einer kleinen Landgemeinde am Weg, der von Tylissos zum zentralsten Heiligtum der Insel führt. Rundherum findet sich noch eine Fülle vorgriechischer Ortsnamen: Armi, Evgassos, Kanassos ... Das Dorf trug vielleicht einen dieser Namen. Das vorhin beschriebene Haus zählte etwa 12 Räume. Dieses hier hat mindestens 20, die auf ein Vieleck von 24 m größter Breite verteilt sind. Alles sieht so aus, als habe man es mit drei aneinandergebauten Wohneinheiten zu tun. Der Nordostteil stellt den üblichen Sitz des Hausherrn dar: Außenwände von über 1 m Dicke, ein schöner zweitüriger Eingang, ein Pförtnerraum, ein Aufenthalts- und Empfangssaal von 6,70 m auf 3,30 m mit dreitürigem Eingang und doppelter Fensteröff-

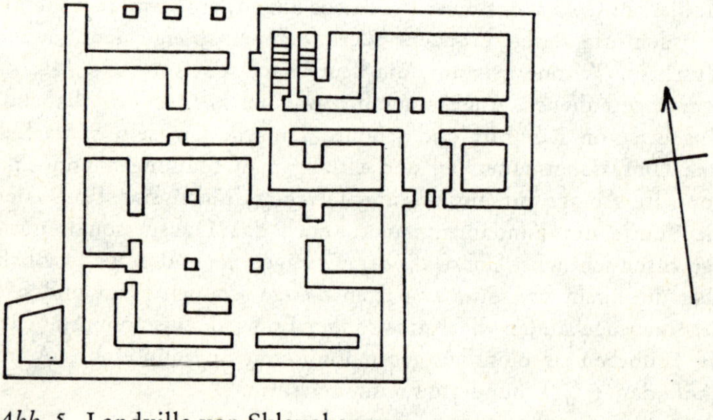

*Abb. 5.* Landvilla von Sklavokampos.

nung, ein langer Innengang, Zimmer, WC mit Deckelverschluß und fließendem Wasser, eine Privatkapelle und eine Treppe zum ersten Stock. Hier befanden sich offensichtlich weitere Zimmer, ein kleines Atelier oder Bureau, denn von hier fielen ein steinerner Hammer, ein Fragment eines Tonidols und verschiedene Siegel aus Ton und Abdrücke von Ringen, die man auch in Zakro, Gournia und Agia Triada findet, ins Erdgeschoß hinunter. Unmittelbar westlich dieses Komplexes und mit ihm durch den Innengang verbunden, schließen sich zwei mit Fliesen belegte Speisekammern oder Vorratsräume an, soviel man aus den Krügen, die hier stehen, schließen kann; sie liegen etwas unterhalb eines langen Saales mit drei Pfeilern, der nach Norden geht. Der Ausgräber, S. Marinatos, wollte in diesem Saal eine Art Veranda sehen, ich dagegen lieber ein kretisches Megaron, entsprechend dem von Achladia, das wir eben besichtigten, um so mehr, als vom Stadtrat angeordnete Arbeiten 1930 vor der Ankunft der Archäologen den ganzen Nordteil zerstörten. Schließlich folgt mit einem eigenen Eingang im Süden der beiden vorhergehenden Bereiche der Teil, den man als den Hauswirtschaftsbereich betrachten kann: um einen Hof mit vier Säulensockeln, die an ein römisches Atrium erinnern, sind ein Umgang, der als Warenlager diente, und drei Zimmer angeordnet, von denen eines eine Küche mit Außenherden gewesen zu sein scheint. Der Eigentümer dieses um 1450 v. Chr. abgebrannten Herrenhauses verband mit seiner landwirtschaftlichen Tätigkeit noch die eines Verwalters. Auch er verfügte über spezialisierte Arbeiter, die mit ihm im selben Haus, aber für sich, wohnten. Die verschnürten Gegenstände, die er versiegelte, Fläschchen, Täfelchen oder Kästchen, dienten als Handelsware wie die von Knosos, wo wir denselben Siegeltyp wiederfinden: das Stiermotiv.

Ein gutes Beispiel für einen Mehrzweckbau, der zugleich Bauernhof und Werkstatt war, liefert uns der Landhauskomplex von Vathypetro, 4 km südlich von Archanes (Temenous) am südöstlichen Fuß des Berges Iouktas[12]. Ohne diesen herrlichen Bau aus großen, sorgfältig behauenen Steinen, der ein Stockwerk aus Lehmziegeln, eine hypostyle Halle, einen Kolonnadenhof und ein kleines Heiligtum besitzt, in den Einzelheiten zu betrachten, bemerken wir doch die Einrichtungen für das Treten der Trauben, das Pressen der Oliven, die Herstellung von Stoffen und das Drehen und Brennen von Töpferwaren. Der Besitzer dieses Landherrenhauses, der ohne Zweifel von fürstlichem Rang war, verfügte über eine ganze Truppe von Handwerkern, die im Südteil der Gebäude wohnten.

Unter den minoischen Villen, die die fernen Prototypen der gallorömischen Villen sind, Zentren landwirtschaftlicher Erzeugung und zugleich handwerklicher Tätigkeit, stellen uns die Ausgräber die von Ano Zakro, Zou, Piskokephalo, von Agios Georgios, bis vor kurzem Tourtouli (Sitias), von Chondros (Viannou), Prassa und Katsaba bei Herakleion, Apodhoulou und Monastiraki in Mittelkreta vor. Andere warten auf die Archäologen in Liliano, Varvaro, Rotasi, Mixorouma und auf dem Plateau der Halbinsel Akrotiri bei Chania.

Einen besonderen Besuch muß man den Herrenhäusern von Tylissos (Malevyziou) abstatten, die von 1909 bis 1913 durch J. Hazzidakis 13 km westlich von Herakleion ausgegraben wurden[13]. Zwischen den vom Zirpen der Grillen laut tönenden Kiefern standen zu Beginn des 15. Jahrhunderts vor unserer Zeitrechnung nebeneinander drei Villen in ihrer vollen Pracht. Schon bei der Ankunft ist der Betrachter überrascht durch das Vorhandensein einer großen ausgemauerten Zisterne und eines ganzen Zu- und Abflußsystems für das Wasser mit einem Klärbecken und offenen und bedeckten Leitungen. Offensichtlich machte das fließende Wasser den Reiz und den Komfort dieser weiten Gebäudekomplexe aus, die im übrigen reiche Vorräte, ansehnliche Verzierungen aus bemaltem Stuck, zahlreiche Privatheiligtümer, Krypten und Portiken und polychrome Obergeschosse besaßen. Tonrohrleitungen führten das Wasser der Sankt-Mamas-Quelle herbei, die noch immer dem 4000 Jahre alten Dorf Tylissos das Wasser für Haus und Feld liefert. Heute noch findet man in sehr vielen Dörfern am Mirabello-Golf ähnliche Zisternen, in denen das Regenwasser gesammelt und aufbewahrt wird. Es ist nicht unsere Absicht, diese Villen in den Einzelheiten zu beschreiben. Es sei lediglich bemerkt, daß wie die beiden vorangegangenen jede von mehreren Haushal-

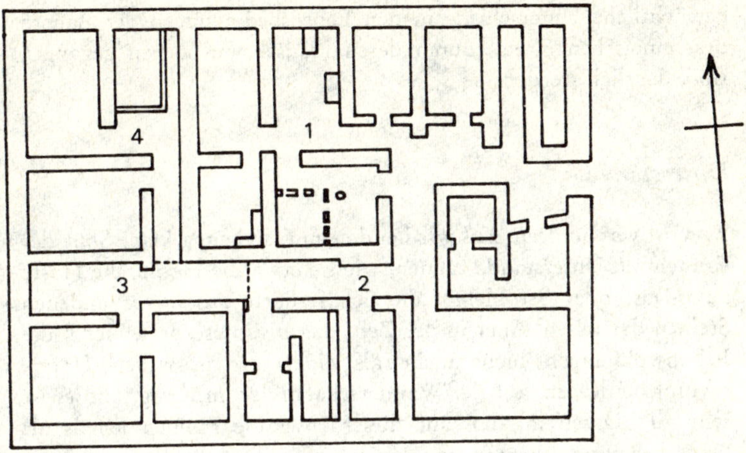


*Abb. 6.* Villa B von Tylissos.

ten bewohnt war und eine Gruppe von Wohnungen oder Unterkünften darstellt, die durch eine einzige Tür voneinander getrennt werden können. Das ist klar am Niveau des Erdgeschosses abzulesen. Zum Beispiel umfaßt die Villa B, die im großen und ganzen einen rechteckigen Grundriß hat (22 m × 16 m), mindestens vier Wohnungen, davon eine mit sechs Räumen, die auf gleicher Höhe um einen kleinen Hof liegen; und dabei ist die Portiersloge mit zwei Räumen noch nicht eingerechnet. Zum Obergeschoß führte eine Holztreppe. Es ist denkbar, daß es von anderen Leuten bewohnt war als das Erdgeschoß, denn der Eingang des Treppenhauses geht auf das Höfchen hinaus. Es ist außerdem möglich, daß es sich nicht über die ganze Fläche des Erdgeschosses erstreckte und daß es, wie in Sklavokampos, speziellen Zwecken diente. Seiner ganzen Struktur nach liegt dieser Wohnkomplex auf der Grenze zwischen den Land- und den Stadtbauten; und wenn wir ihn zu den ersteren rechnen, so aufgrund seiner Lage zwischen den Olivenhainen und den Rebbergen des Malevyzio, der Art seiner Vorratsräume, der geringen Dichte der Siedlung. Trotzdem läßt er beträchtliche Unterschiede in den Lebensbedingungen der Bauern des minoischen Kreta, durch deren Häuser wir soeben gegangen sind, deutlich werden.

## *Unterstände*

Es wird verwundern, daß wir bei diesem Durchgang keine Spur der einfachsten Unterstände fanden, wie sie etwa die Höhle, die Hütte aus Geäst oder Strohlehm, die Schäferhütte aus unverbundenen Steinen darstellen. Aber in der Zeit, die uns interessiert, bieten die Felsenwohnungen nicht mehr als einen provisorischen Unterschlupf bei Regen, auf der Wanderschaft oder im Krieg, und es ist sehr zu bezweifeln, daß auf dieser Insel die Höhlen jemals als Dauerbehausung dienten, so schwierig sind die Lebensbedingungen, die hier herrschen. Allerhöchstens kann man annehmen, daß es einige Höhlenbewohner in den leicht auszuhöhlenden Felswänden aus weichem Kalkstein in Spilia, südlich von Knosos, oder in denen von Poros, Magaradas, Mastaba, Katsaba um Herakleion gab. Alles weist darauf hin, daß die Zeitgenossen des Minos aus den einst bewohnten Höhlen nicht mehr machten als Vorratsräume, Heuböden oder Käsereien. Es ist möglich, daß da und dort viele Hütten standen, besonders in den trockensten und am wenigsten besiedelten Gebieten: rasch erbaut und wenig kostspielig, dienten sie wie heute als vorübergehender Schutz für Arbeiter, die je nach Jahreszeit weit weg von ihrem Dorf mit irgendeiner Lese beschäftigt waren. Ich wohnte sehr oft in solchen Hütten, am Strand oder in den Bergen, zusammen mit Bauern oder Hirten, die mit den ersten Regenfällen wieder in ihr festes Haus zurückkehrten. Warum sollte man übrigens aus Holz oder Geäst bauen in einem Land, wo es Kieselsteine in solchem Überfluß gibt? Was die runden Steinhütten betrifft, die man hier und da auf den Bergen des Lasithi oder in der Umgebung der Nida-Hochebene findet und die den Hirten zeitweise als Milchkammern und Schutzhütten dienen, so haben wir keinen Beweis dafür, daß es sie in der Mitte des zweiten Jahrtausends v. Chr. gab. Umsonst vergleichen sie

Evans und Xanthoudidis[14] mit den Bauten in Libyen und den Kuppelgräbern des vorhergegangenen Jahrtausends. Alle Hirten, die ich gefragt habe, sagten mir, sie hätten selbst ihre Hütte entstehen sehen. In der Architektur hat die Mode ein Wort mitzureden.

## *Das Leben im Hause*

Man kann das Leben dieser scheinbar nach Stand und Vermögen so verschiedenen Bauern im Licht der vergleichenden Archäologie und Ethnographie sich leicht vorstellen und es verfolgen. Das minoische Kreta gehörte zum Gebiet einer am Rand des östlichen Mittelmeers weit verbreiteten und relativ gut bekannten Kultur. Andererseits war bis in allerjüngste Zeit, nämlich bis in die Zeit der rationellen und industriellen Bewirtschaftung, die Landwirtschaft jahrtausendealten Bräuchen verhaftet geblieben. Wenn Texte und Bilder, ja selbst Gegenstände fehlen, weil die Mehrzahl von ihnen aus vergänglichem Material wie Holz, Leder, Binsen, Weiden, Woll- oder Leinenfasern hergestellt war, überzeugen uns die Aussagen der Reisenden und der Volkskundler der letzten Jahrhunderte und das Landleben zu Beginn dieses Jahrhunderts selbst von der Beständigkeit und der Kontinuität der Techniken und der Sitten.

Im Haus sind Geschirr und Mobiliar gleichgeblieben. Eine der größten Überraschungen der Altertumsliebhaber war es, im Vorratskeller eines Bauern aus Sotira (Sitias) vor einigen Jahren einen echten minoischen Pithos zu entdecken, den die Hausbewohner in uralter Weise zur Aufbewahrung der Oliven benutzten. Selbst wenn der Gegenstand erst vor einigen Jahrhunderten heimlich ausgegraben worden war, so hatte der Finder darin doch ein Gefäß wiedererkannt, das dem sehr nahekam, das die kretischen Töpfer heute noch herstellen, und das auch ähnlich verwendet werden konnte. Der moderne Eigentümer weigerte sich, es zu verkaufen. Er willigte ein, es gegen einen neuen Pithos zu tauschen. Der tausendjährige Pithos wurde durch die Bemühungen von E. Phygetakis in das Magazin des Museums von Herakleion geschickt. Die Pithoi sind hohe Tongefäße mit sehr dicken Wänden, kurzen Henkeln und einer weiten Öffnung, die mit einem kreisrunden Holzdeckel verschlossen wird. Die Bauern bewahren darin nicht nur Flüssigkeiten und Gepökeltes auf wie in unseren Fässern, sondern auch Korn und selbst Kleidungsstücke wie in unseren Holztruhen. Die Vorräte und Wertgegenstände des Hofes sind darin vor Temperaturschwankungen und vor allem vor Insekten- und Mäusefraß geschützt. Diese geräumigen Behälter stehen aufgereiht im hinteren Teil des Hauptraumes und im angrenzenden Vorratsraum. Vom Frühstück bis zum Feierabend schöpft man daraus, aber sparsam, denn man weiß, daß schwere Jahre kommen können. Der Olivenbaum bringt nur jedes zweite Jahr Ertrag. Die Regenfälle im September verderben jede vierte Weinernte. Es sind immer einige Reserven für Notjahre, für die Ankunft unerwarteter Gäste, für Familien- oder Gemeindefeste da. Jeden Morgen holen die Frauen Wasser am nächsten Brunnen oder an der Dorfzisterne. In der warmen Jahreszeit, wenn das Wasser sich rar macht und jede Familie viel mehr trinkt, ist hier der Ort für den Austausch von Neuigkeiten, aber auch die Gelegenheit für endlose Zänkereien. Man muß diese »geschwätzigen Turteltauben«, wie der Dichter Theokrit sagt, von ihren Männern, ihren Kindern, ihren Krankheiten, ihren Wünschen und ihren Eifersüchteleien reden hören. Ein wahres Vogelhaus! Sie kommen zurück mit einem Kissen auf der Schulter, auf dem sie einen schweren Krug oder eine Amphore mit drei bis sechs Litern kostbarer Flüssigkeit tragen. Damit die Insekten nicht hineinfallen und um Schmutz oder eventuelle Verunreinigungen fernzuhalten, verstopfen sie die Öffnung mit einem Pfropfen aus stacheligen Pflanzen, der Galastivida. Der Krug wird im Hausinnern kühl gestellt, an einer Wand in einer Vertiefung nahe beim Küchengerät. Auf den Feuerstellen der reichsten Häuser steht ein Kupferkessel. Im allgemeinen besteht das Tischgeschirr aus dekorloser Keramik in einer Zeit, da es weder Glas noch Blech, noch Aluminium gibt. Aus der Form und den heute noch lebendigen Bräuchen kann man ihre Verwendung erraten[15]. Es sind Kessel, Näpfe, Kochkessel, Kochtöpfe mit drei gedrungenen Füßen, in denen Gemüse und Grütze gekocht wurden. Es gibt auch Becher, Schalen, Tassen, Strohflaschen, flache Kürbisflaschen und ringförmige Gefäße. Komplizierter und rätselhafter ist das Gefäß mit zwei Böden; der erste Boden besteht aus einer waagerechten durchlöcherten Wand, der zweite, darunter, ist massiv; mit seinem seitlichen Abfluß erinnert es an unsere Geräte zum Abtropfen des Käses, an unsere Sauermilch- und Quarktropfsiebe. Obwohl gewöhnlich im Freien gekocht wird, lassen doppelwandige Tongefäße und Dampfkessel, die innen schwarz sind, vermuten, daß man gewisse Gerichte ohne Wasser garte, und zwar einfach mit Holzkohle. Aus Ton sind auch die Feuerböcke, die als Ständer für die Bratspieße dienten.

Den Frauen oblag im Hause das Stampfen und Mahlen des Korns. Man fand eine große Anzahl von Mahlsteinen, die oft aus Schmirgel waren; sie paßten nicht in den geologischen Kontext und waren aus vulkanischen Ländern importiert. Die einen sind länglich und konkav; man zerrieb darin das Korn mit einem runden Stein oder einem Walzholz. Die andern sind einfache Mörser; man verwandte bei ihnen einen Stößer. Die übrigen schließlich, bis heute im Gebrauch geblieben, sind kleine Handmühlen, einfache Steinscheiben, die sich aufeinander drehen. Es gibt weder einen Gemeinde- noch einen Privatbackofen. Das Mehl mit der Kleie wurde als Brei oder Grieß verzehrt. Das feine Mehl diente zur Herstellung von Fladen und als Hülle für Fleisch und Käse. Die Kichererbsen, Bohnen, Platterbsen, Wicken, Linsen, überhaupt die Hülsenfrüchte bildeten zusammen mit den Pflanzen des Gartens, wie Eppich, Mangold, wilde Artischocke, Zichorie, Gurke, Kürbis, Fenchel, Malve, Pastinak und Rettich den Grundstock der Ernährung. Olivenöl, Salz, Origano und die würzigen Knollen des Knoblauch und der Zwiebel verbesserten den bitteren oder faden Geschmack dieser vegetarischen Nahrung. Über all dies haben wir Gewißheit sowohl durch die Philologie als auch durch die archäologischen Funde. Übrigens kannten die alten Kreter ebensowenig wie ihre Nachkommen unseren Brauch, drei regelmäßige Mahlzeiten, Frühstück, Mittagessen und Abendessen, einzunehmen. Zu jeder Tageszeit, vor allem auf dem Feld, wird gevespert oder etwas genascht: Beeren, Früchte, Samen, deren Kern geknabbert und deren Schale weggeworfen wird. Welcher Landarbeiter in Kreta trägt nicht auf dem Grund einer Kürbisschale oder eines Leder- oder Stoffbeutels einige eingelegte Oliven, Kastanien, getrocknete Erbsen, Melonenkerne oder ein paar gekochte Schnecken mit? Einen ganzen Topf voll solcher Schnecken fand man bei den Ausgrabungen von Santorin. Ihrem Wesen nach von religiöser Bedeutung, bleibt die Mahlzeit mit allem, was ihr an Formalismus und Ritual innewohnt, den bedeutenden Augenblicken des Jahres und des Lebens vorbehalten. Sie ist ein Vorrecht der Menschen, die Muße haben oder die Gäste, heilige Wesen im eigentlichen Sinne, empfangen müssen. Und an den Festtagen dann die Kuchen, mit Sesam- oder Mohnsamen bestreut, mit Honig gesüßt und mit Safran gewürzt und gefärbt! Der Winter, der ja die Arbeiter zu Hause zurückhält, war von jeher die Jahreszeit der Mahlzeiten und des Schmausens. Der Sommer zerstreut die Leute.

Sache der Frauen ist auch das Spinnen und Weben. Die entfetteten, gewaschenen und gefärbten Wollflocken werden auf einem Spinnrocken festgesteckt und mit der linken Hand gedreht. Der Faden wickelt sich auf eine Spindel, die von Zeit zu Zeit mit Daumen und Zeigefinger der rechten Hand in Drehbewegung versetzt wird. Unten am Stiel der Spindel ist ein runder, durchbohrter Kiesel als Schwunggewicht eingesetzt. Der Webstuhl gehört dem senkrechten Typ an, da die Zimmer, in denen er aufgestellt wird, nicht mehr Raum haben[16]. Zwischen zwei in der Erde oder im Fußboden verankerten Ständern werden die gut geölten Kettfäden nebeneinander mittels Gewichten, die aus Tonscheiben mit einem oder mehreren Löchern bestehen, auf einen Kettenbaum gespannt. Eine querverlaufende Holzleiste sondert die Fäden mit gerader von denen mit ungerader Zahl. Diese letzteren sind mit einer Schnur an einer anderen Leiste, dem Schaft, befestigt, die es ermöglicht, sie alle auf einmal hochzuheben. Der Einschußfaden wird mit einem Stäbchen (dem späteren Schiffchen) in den Zwischenraum des Fadennetzes eingeführt, mit dem Kamm festgezogen und, wenn der Schaft an seinen Platz zurückgekehrt ist, in umgekehrter Richtung hindurchgeschossen. Die gewebten Bahnen sind nicht breiter als 50 cm. Ein Satz farbiger Wolle ermöglicht es den Hausfrauen, eine große Vielfalt von Mustern anzufertigen. Die Statuetten der Heiligtümer, die plastischen Gefäße und die Malereien, die kretische Frauen im Bolero, in Röcken und Jäckchen darstellen, zeigen uns, mit welchem Einfallsreichtum, ja mit wieviel Geschmack in der Zusammenstellung sie Tressen, Zickzackmuster, Spiralen und Schnörkel zu weben verstanden. Wir haben es hier mit einer richtigen Volkskunst zu tun, die von der Mutter auf die Tochter weitervererbt wird, und in der manchmal die Mode ein Wort mitredet. Außer den Kleidern weben die Frauen die Laken und die Decken, die Teppiche und die Wandbespannungen, die Bezüge für Truhen und Stühle. Becken zum Färben und Reinigen in der Art jener, die 1968 in Fournou Korfi bei Myrto (Hierapetras) gefunden wurden, gab es sicher in sehr vielen Dörfern seit der frühminoischen Zeit.

## *Ackerbau*

In einem Land, in dem die Hausfrau eine so große religiöse, politische, wirtschaftliche und soziale Rolle spielt, darf man sie sich sicher früher ebensowenig wie heute in ihren vier Wänden eingeschlossen vorstellen. Allein oder in Begleitung ihres Mannes sieht man sie mit den Garten- und Feldarbeiten beschäftigt. Wie er hackt, pflügt, sät, mäht sie, stampft und drischt sie das Korn, erntet die Trauben, pflückt und sammelt die Früchte, führt den Esel oder den Ochsen, kehrt mit Bündeln und Werkzeugen beladen nach Hause zurück und kümmert sich um die Haustiere. Jeder Bauernhof betreibt die Polykultur, ein wenig Vieh- und Bienenzucht. Die Dreiteilung des kretischen Jahres in Regenzeit, von November bis Februar, Wachstumszeit, von März bis Juni, und Trockenzeit, von Juli bis Oktober, unterwirft die Arbeit des Bauern einem gebieterischen Rhythmus, und man kann das Bauernpaar Monat für Monat bei seiner Arbeit beobachten, 1500 Jahre vor Christus wie zur Zeit Homers, oder zur Zeit von Katzanzakis.

## 1. Feldarbeiten

Da ist zuerst die Jahreszeit der Aussaat, wenn die Regenfälle einsetzen und die Erde locker wird. Die Hälfte der Böden wurde seit dem Ende der Ernte des vorhergehenden Jahres, im großen und ganzen 16 Monate lang, brach liegen gelassen. Das bedeutet, daß der kretische Bauer sie mehrere Male umgepflügt hat, um sie aufzulockern, zu lüften und von Unkraut zu befreien. Er hat sie mindestens dreimal umgebrochen, im Frühjahr, im Sommer und im Herbst, wenn wir der religiösen Überlieferung glauben, die von Homer und Hesiod berichtet wird und nach der der kretische Daktyle Jasion sich mit der Göttin der Saaten, Demeter, in einem dreimal gepflügten Brachfeld vereinigte[17]. Bis in die jüngste Zeit des 20. Jahrhunderts konnte man noch in mehreren Gemeinden Kretas erleben, daß der Bauer und seine Frau in der schönen Jahreszeit eine Nacht zwischen zwei Furchen verbrachten, getreu dem alten Urbild. So wurde der Boden auf mystische Weise befruchtet.

Über die Geräte[18], mit denen die Scholle umgegraben wurde, gibt es wenige Nachrichten. Wenn die Hauen aus Holz bestanden, das im Feuer gehärtet oder mit einer dünnen Lage aus Bronzeblech umkleidet war, so sind sie verschwunden. Ein Werkzeug aus Bronze ist seit der frühminoischen Zeit bekannt; es diente an einer Seite zum Schneiden, an der andern zum Hacken. Es erscheint als eingestempeltes Zeichen auf dem Diskos von Phaistos. Es wird von Indien bis zu den Balkanländern verwendet. Mit ebendiesem Werkzeug arbeiten die heutigen Kreter. Es ist nicht ausgeschlossen, daß die Handarbeiter, vor allem in den rückständigen Gegenden des Westens, lange noch mit Stielen versehene Steine als Hacke oder Dächsel verwendeten. Das Verhältnis der Funde von Apokorona und Kydonia gibt zu denken.

Aus den hieroglyphischen Zeichen der mittelminoischen Zeit erkennt man die verschiedenen Formen, die der kretische Pflug angenommen hat; dieses Gerät ist eher ein Rillenzieher, da es kein Vordergestell hat und im wesentlichen an eine einfache Hacke erinnert, die auf dem Boden entlanggezogen wird. Er besteht aus der

Gabel zweier dicker Eichenäste, deren einer, gut zugespitzt und im Feuer gehärtet, zugleich als Sohle und als Schar dient, und deren anderer, der gekrümmt und biegsamer ist, die Deichsel mit dem hintersten Ende der Sohle verbindet: das ist der Pflugbaum, Pflugbalken oder die Stange unserer alten räderlosen Pflüge, jedoch ohne Verpflöckung. Auf dem Ende der Sohle oder auf einem der beiden Äste wird ein schräger Holzschaft befestigt, der Sterz, der mit einem Griff versehen ist. Aus bronzenen und tönernen Nachbildungen, die als Weihegaben dienten und im archaischen Griechenland bekannt waren, weiß man, daß die Deichsel durch Lederriemen mit dem Ende des Pflugbaums verbunden war und daß sie durch einen Zapfen in der Mitte des Jochs eingepaßt war. Dieses ruhte auf dem Nacken zweier Zugtiere, Esel oder Ochsen. Arbeitete der Bauer allein, so achtete er auf die Geradlinigkeit und die Tiefe der Furche, indem er mit der Hand auf den Griff drückte und manchmal den Fuß auf das Ende der Sohle stellte. Man stellt ihn sich gerne wie in der *Ilias* von Kindern und Knechten umgeben vor, wobei die einen sein Gespann lenken und die anderen hinter ihm die Erdklumpen zerhacken müssen; von Zeit zu Zeit reichen sie ihm einen Schluck Wein, »der honigsüß ist«[19]. Aber vielleicht spielt der Homerische Text auf einen Durchgangsritus an, z. B. auf ein Trankopfer nach dieser oder jener Furche. Hesiod behauptet, daß jede Arbeit mit einem Gebet zur Göttin der Ernte beginnen muß[20]. Sicher ist, daß die Griechen der klassischen Zeit dem vorgriechischen Kreta den Ursprung des Ackerbaus zuschrieben und daß sie Kreta dem Heros Bouzyges, dem »Stieranspanner«, als Heimat zuteilten. Als erster soll er es verstanden haben, die Stiere zu zähmen und anzuspannen, ein Feld zu bearbeiten und zu bebauen. Auf der Akropolis von Athen wurde sein geheiligter Pflug gezeigt. Auf Bouzyges führte man das Verbot zurück, Ochsen oder Stiere zu töten, da sie der Erde so große Dienste erwiesen. Aus den Täfelchen von Knosos in Linear B erfahren wir, daß die kretischen Grundbesitzer um 1300 v. Chr. ihren Ochsen Namen gaben: der Schwarze, Blonde, Rote, Gefleckte, der Weißfuß, das Weißmaul, der Rotrücken[21]. Warum nicht ebenso ihre unmittelbaren Vorgänger, die dem Arbeitstier, dem Gefährten der mühevollen Feldarbeit, soviel Achtung entgegenbrachten?

Es wurden keine Eggen gefunden. Man begnügte sich mit einfachen Brettern, die über das Feld gezogen wurden. Nach dem letzten Umpflügen, bei dem Gras und Dung eingearbeitet wurden, wurde der Boden mit der Haue und der leichten Hacke aus Holz gelockert, dann wurde gesät. Dazu wartete man den Frühuntergang der Plejaden und der Hyaden ab, der in Kreta 41 Tage nach den Herbst-Äquinoktien lag, d. h. in den ersten Novembertagen. Dieser Zeitpunkt bezeichnete mit dem Beginn der Regenfälle die Zeit der Transhumanz, der Olivenernte und des Einstellens der Schiffahrt. Die Aussaat, aus der vollen Hand gestreut oder in Reihen ausgelegt, wenn es sich um Hülsenfrüchte handelte, wurde sorgfältig mit dem Holzrechen oder der Haue zugedeckt, wie es Hesiod in der archaischen Zeit anrät. Das war die Arbeit der Kinder und der Frauen ebenso wie des Sämanns. Das gut verborgene Korn würde den Vögeln des Himmels entgehen, in den Tiefen des feuchten Bodens Wurzeln schlagen und der Winterkälte widerstehen. Aber was säte man überhaupt[22]?

## 2. Aussaaten

Die beiden Hirsearten, die Rispen- und die Kolbenhirse, die in der uns interessierenden Epoche nur noch die Nahrung der wilden Völker Italiens, des Balkans und des nördlichen Kleinasien darstellten, müssen ausgeklammert werden. Möglicherweise spielte bei einigen rückständigen Stämmen der Weißen Berge, die in einem subneolithischen Stadium des Ackerbaus stehengeblieben waren, die Hirse die gleiche Rolle wie die Eicheln, Kastanien und Bucheckern. Aber die Funde in den Magazinen von Zakro, Malia, Knosos und Palaikastro beweisen, daß das minoische Kreta reichhaltigere Getreidearten bevorzugte. Ebenso muß man den Hafer und den Roggen ausscheiden, die lange Zeit als Parasiten und Unkräuter unter den Kulturgrasarten galten. Doch sind mindestens zwei Weizenarten festzuhalten, das Amelkorn *(Triticum dicoccum)* und der milde Weizen *(Triticum vulgare)*. Der erstere, der aus Syrien stammt und bei den Ägyptern und den Bewohnern Mesopotamiens sehr bekannt war, ist ein Bartweizen. Jedes Ährchen enthält zwei kleine und glasige Körner, die fest an den Spelzen haften und daher schwer auszustampfen sind. Das daraus gewonnene Mehl war immer hochgeschätzt zur Herstellung von Fladen. Der milde Weizen dagegen liefert pro Ährchen drei oder vier kurze, mehlreiche Körner. Sie fallen beim Dreschen ohne Spelzen aus. Diese Art, die schon in der Jungsteinzeit bekannt war, stammt aus den gebirgigen Gebieten, die sich von Persien bis Kaschmir erstrecken. Dieser Ursprung bestätigt die zum Teil orientalische Eigenart der kretischen Bevölkerung. Der Spelz *(Triticum spelta)* scheint in Kreta erst später angebaut worden zu sein. Das Einkorn *(Triticum monococcum)* dagegen zeigte sich nur in den Grabungen von Lerna und Troja. Aber aufgrund seines archaischen und sogar wildwüchsigen Charakters in Kleinasien und Böotien ist es möglich, daß es eines Tages auch in Kreta gefunden wird. Die beiden Weizenarten, die in diesem Land mit Sicherheit angebaut wurden, lieben die harten Kalksteine, die Dolomite und die felsigen Böden der Hügel und Vorgebirge, aber sie gedeihen bis in 1300 m Höhe. Die kretischen Bauern stellen fest, daß der Weizen auf dem Standort der verschwundenen Dörfer der Antike praller und dichter wächst: das sind »die griechischen Felder«, hellinika, oder »die guten Felder«, »die Hostienfelder«. Die Toten haben ihre Phosphate und Nitrate dort gelassen. Es ist nicht verwunderlich, daß der antike Glaube immer die Verehrung des Korns und die Verehrung der Toten verknüpfte und aus der Göttin der Vegetation eine Göttin des Jenseits machte.

Die Gerste, die aus denselben nahöstlichen Gebieten stammt wie der Weizen, wurde in Kreta mindestens im gleichen Maße wie der Weizen angebaut. Sie hatte ihm gegenüber den Vorteil, daß sie anspruchsloser und früher reif ist. Wir besitzen vielleicht ihren ägäischen Namen in Gestalt des einsilbigen kri, das von Homer mehrmals gebraucht wird. Eine erweiterte Form ki-ri-ta erscheint auf einem beschriebenen Täfelchen aus der mykenischen Zeit, das auf das Vorhandensein der Gerste im Gebiet von Kydonia in Westkreta hinweist. Die Kreter kannten wie beim Weizen mehrere

Arten davon, die alle aus der Veredelung des zweizeiligen Typus mit bespelztem Korn hervorgegangen sind; ich meine vier- und sechszeilige Gerstenarten *(Hordeum vulgare tetrastichum* und *hexastichum)*, die wir als Wintergerste bezeichnen. Sie bevorzugten die Arten mit nacktem Korn und besonders die »weiße« Gerste, deren Mehl zu Breien, Grützen und Fladen verarbeitet wurde. Kleine Hausmühlen ermöglichten ihnen, daraus Rollgerste und Perlgraupen zu gewinnen. Es ist nicht bekannt, ob sie durch Mälzen auch Bier daraus herstellten wie ihre Nachbarn, die Ägypter. In einem Land mit ausgedehntem Weinbau ist dies aber zu bezweifeln. Aber die Tatsache, daß in den ältesten Mysterienkulten und besonders in dem der Kreterin Demeter eine kykeon genannte Mixtur Verwendung fand, und die Darstellung der Gerstenähre auf mehreren Gefäßen des 17. Jahrhunderts in Knosos deuten auf den Gebrauch der gegorenen Gerste in einer sehr frühen Zeit hin. Man mischte, wie es scheint, die Gerstengrütze mit Wasser und Polei, einer Art wilder Minze, die heute noch in Ostkreta als Tee getrunken wird. In jedem Fall hatten die Griechen des ersten Jahrtausends v. Chr. von ihren Vorgängern die Gewohnheit bewahrt, grob gemahlene Gerstenkörner auf den Kopf der Opfertiere und den Altar zu streuen. Noch einmal findet sich eine enge Verknüpfung von Ackerbau und Religion.

Vielleicht in noch stärkerem Maße als Gerste und Weizen bauten die Kreter Hülsenfrüchte an, soweit man dies wenigstens aus der Größe der Silos der Paläste und Landvillen schließen kann, wo man Samen gefunden hat: Wicken, wie sie in Knosos und in Nirou Chani, Linsen, wie sie in Malia und im Stadtgebiet von Herakleion identifiziert wurden, graue Ackererbsen *(Piser arvense)* und Kichererbsen *(Cicer arietinum)*, die fast überall angebaut wurden. Die vorgriechischen Begriffe, die mehrere dieser Arten, Gemüse und Viehfutter zugleich, bezeichneten, haben sich durch das Altgriechische hindurch bis in die heutige Umgangssprache erhalten: robithia von erebinthos bezeichnet noch heute die Kichererbse, arakas, das antike arakos, die Platterbse, rovi, das antike orobos, die Erve oder Taubenerbse; der lathyri oder lathyros ist eine Art der Kulturerbse. Jede dieser Pflanzen, denen man alle möglichen nahrhaften oder magischen Eigenschaften zuschreibt, spielt im Volksbrauchtum noch eine beachtliche Rolle. Als Beispiel will ich nur den Brauch anführen, nach dem man das Mehl aus Kichererbsen der letzten Ernte gären läßt und diese Hefe zum Backen von Spezialbroten, den ftazyma oder Teufelsbroten, verwendet, die am Fest des Heilands oder der Jungfrau im Hochsommer gebraucht werden: offensichtliche Reste aus einer Zeit, in der die Fladen nicht nur aus Gersten- und Weizenmehl gebacken wurden. Im übrigen wuchsen früher wie heute mehrere dieser Pflanzen gemeinsam oder wurden mit Absicht zusammen gesät. In der Mesara-Ebene bezeichnet man auch heute noch als arakas ein Saatfeld, das aus Weizen, Futterpflanzen wie Bockshornklee und schwarzen oder weißen Erbsen zusammengesetzt ist. Dies alles wird gleichzeitig geschnitten, bevor es reif ist, und dem Vieh verfüttert. In Anogia in der Nähe der Nida-Ebene reißt man sorgfältig die noch grünen Stengel der Kichererbsen aus und läßt sie im Schatten trocknen; die Frucht bleibt weich genug, um den Schafen und Schweinen im Winter zu schmecken. Man darf nicht vergessen, daß die alten Kreter bei der Aussaat des Getreides und der Hülsenfrüchte nicht allein an die Nahrung der Menschen dachten und daß die großen Gefäße der Bauernhöfe und Landhäuser auch die Vorräte für das Vieh enthielten. Ein Ochse frißt viel, wenn er arbeitet. Er frißt auch, wenn er nicht arbeitet.

Schließlich säte man in Kreta auch ölhaltige Samen: den des Garten- oder Kulturmohns, des Sesams, des Flachses und des Rizinus. Die Namen, die diese Pflanzen auf griechisch bezeichnen, sind meistens mediterran und vorgriechisch. Man versprach sich von ihnen nicht nur Nutzen für die Ernährung, sondern auch medizinische, ja religiöse Wirkungen. Der Flachs zum Beispiel, der auf den mykenischen Täfelchen ebenso erwähnt wird wie der Sesam, wächst in Kreta sowohl wild als auch durch Anbau, wie in Ägypten, Kleinasien und im ganzen alten steinzeitlichen Europa, überall da, wo die Bodenfeuchtigkeit die Röste ermöglicht. Die schönen, weißen Gewänder der Priesterinnen, die schönen, steifen Schurze der kretischen Würdenträger waren nicht aus Wolle, sondern aus Leinen. Die Minoer waren nicht darauf angewiesen, mit

Hilfe von phönizischen Schiffen aus Ägypten oder Asien eine Pflanze zu importieren, die so weit verbreitet in allen Tälern Kretas wuchs und die noch zu Anfang dieses Jahrhunderts im Juni überall geerntet wurde. Aus den Fasern stellte man leichte Stoffe her; aus den Samenkörnern gewann man ein Öl, das die Flachsfasern geschmeidig machte, man bestreute damit Kuchen und stellte daraus Arzneien gegen den Husten, die Verstopfung und zweifellos gegen viele andere Krankheiten her. Der Flachs war für den Bauern der Typ einer Pflanze, die zugleich für das Gewerbe, die Ernährung und die Medizin Bedeutung hatte.

### 3. Ernten

Alle diese Pflanzen gehorchten höchst verschiedenen Wachstumsgesetzen. Die Bauern ruhten in der Regenzeit ebensowenig wie in der Trockenzeit. Sie säten von November bis April. Sie ernteten von Anfang Mai bis Anfang August. Wenn wir vom Flachs und den Hülsenfrüchten, die sie ausreißen mußten, und von den Küchenpflanzen oder den Gartenblumen, die dauernde Pflege erforderten, absehen, muß man sich die Familie zur Zeit der Getreideernte wieder auf dem Feld versammelt vorstellen; war sie reich und das Feld ziemlich groß, so wurde sie von ihren Knechten und Landarbeitern begleitet, die – wie heute noch oft – mit Naturalien bezahlt wurden, mit Essen, Vorräten, Stoffen, Mehl oder Korn. Die Arbeit begann mit einem Opfer, einem rituellen Akt, denn dem Erntegeist naht man sich nicht ohne Vorsicht oder ohne Vergütung. Die bithynischen und phrygischen Sagen von Bormos und Lityerses sind bekannt, in denen ein schöner junger Mann das Opfer eines grausamen Wesens wird. Lityerses, der Sohn des Midas, zwang, so wird erzählt, die Fremden, mit ihm um die Wette zu mähen, und da er immer Sieger war, schnitt er seinem Rivalen den Kopf ab und band seinen Körper in eine Garbe ein. J. G. Frazer[23], der Sagen dieses Typus in der Mittelmeerwelt und anderswo ausführlich untersuchte, machte deutlich, daß der Erntegeist, der mit Gesängen exorziert werden muß, oft in Gestalt eines aufgescheuchten Tieres, eines Hasen oder eines Rebhuhns, das sich im

Feld versteckt, oder eines Wanderers auftritt, der gezwungen wird, mit den Schnittern zu arbeiten. »Höre«, sagt Theokrit (X, 41–45) in seinem Eidyllion der Schnitter, dem Lied des göttlichen Lityerses, »höre, Demeter, reich an Früchten, reich an Ähren, laß die Erntearbeit leicht und den Ertrag so reichlich wie möglich sein! Die Ähren geschnürt, ihr Garbenbinder, damit nicht ein Wanderer sagt: ›Das sind unnütze Leute! Sie bekommen ihren Lohn umsonst!‹«

Eines der berühmtesten minoischen Steatitgefäße, das von Agia Triada, stellt einen Zug von Schnittern dar; sie singen, ihre Oberkörper sind nackt, über der Schulter tragen sie Gabel und Sichel, die Wetzsteinbüchse hängt ihnen am Schenkel herab. Sie haben ihre Arbeit beendet. Diese Arbeit beschreibt uns Homer 700 Jahre später[24]: »Arbeiter mähten, mit scharfen Sicheln in den Händen. Ein Teil der Schwaden sank dicht zu Boden entlang der Mahd; die andern umwanden Binder mit Seilen. Drei Binder standen dabei. Hinter ihnen sammelten Kinder die Schwaden auf, brachten Arme voll davon und reichten sie ständig zu. Mitten unter ihnen stand schweigend mit seinem Stab der Herr an der Mahd, mit Freude im Herzen.« Die kaum gekrümmte Klinge der Sichel ist aus Bronzeblech. Sie wird mit einem speziellen Schleifstein, dem »Naxos-Stein«, geschliffen, der ein typisch kretisches Erzeugnis aus den Steinbrüchen von Samaria oder dem Gebiet von Olous beim heutigen Agios Nikolaos (Mirabellou) ist. Die Schnitter haben mit der linken Hand eine Handvoll Ähren gepackt und mit der rechten den Halm in halber Höhe abgeschnitten. Das stehengebliebene Stroh wird später zerstampft, den Tieren zum Abweiden überlassen oder beim nächsten Pflügen mit untergegraben. Wenn die Garbenbinder fertig sind, lesen die Kinder die Ähren auf; die anderen Arbeiter tragen mit ihren dreizinkigen Holzgabeln die Garben zusammen. Sie werden, immer drei und drei, aufrechtgestellt, und die letzte enthält die Puppe, die den Erntegeist darstellt. Der Gesang hat die ganze Arbeit begleitet; am Abend wird er die Heimkehr begleiten.

In geringer Entfernung von den gemähten Feldern und im allgemeinen auf einer schwachen Geländeerhöhung hat man die Erdoberfläche sorgfältig gereinigt und geebnet, festgetreten, festgestampft, mehrmals befeuchtet und trocknen lassen, um sie zu härten; dann hat man einen Kreis aus hohen Steinen oder Schieferplatten errichtet. Das ist »die heilige Tenne« der antiken Texte, heilig zweifellos, weil die Ernte hier sterben wird, heilig gewiß wegen der Übergangsrituale und der Mythen, die an sie geknüpft sind; die kreisrunde Tenne ist die Erfindung und der Besitz der Deo, Diminutiv des Namens Demeter oder der Bezeichnung für Gerstenkörner, die im kretischen Dialekt deai lautet. Nach einigen Tagen des Trocknens, nach Gebeten und Opfern, die wir nicht mehr kennen, werden die Ähren und ihre kurzen Halme auf der Tenne in konzentrischen Lagen gleicher Dicke ausgelegt. Das Ausstampfen geschieht mit einem Brett, das vom Ochsen oder vom Esel im Kreis gezogen wird und auf dem einer der Arbeiter, der Vater, die Mutter oder ein Kind steht oder sitzt. Unermüdlich dreht sich nun dieses einfache Gespann stundenlang in der prallen Sonne, bis alle Ähren »aufgerieben« sind. Tatsächlich würde das bloße Reiben des Brettes nicht ausreichen. Aber die ganze Bodenfläche wurde mit scharfen Obsidiansplittern besetzt, einer Art schwarzer, gläserner Lava, oder, wenn sie nicht vorhanden waren, mit Feuersteinsplittern. Man ist erstaunt, an den Plätzen der ausgehenden Bronzezeit Obsidian zu finden, ein Material, das für das Neolithikum typisch ist. Aber man wäre noch mehr erstaunt, wüßte man, daß die kretischen Bauern heute noch den Obsidian unter der Platte ihrer primitiven Stampfmaschine, des Volosyros, verwenden, die die Walze, die Egge und die Dreschmaschine ersetzt. Wenn die Stampfmaschine ihr Werk beendet hat, werden die Strohhalme mit der dreizinkigen Holzgabel aufgesammelt und außerhalb der Tenne wieder gebündelt. Körner, Spelzen, Grannen, Halme und Halmsplitter werden in einem Abschnitt der Tenne zusammengeschaufelt. Man wartet einen tüchtigen Wind ab, um den ganzen Haufen zu schwingen. Der Schwinger wirft dann schaufelweise das unreine Gemisch hoch in den Wind. Die leichte Spreu und der Staub fliegen aus dem magischen Kreis hinaus. Das gute Korn bleibt darin. Das gleiche Verfahren wird übrigens später für die Hülsenfrüchte angewendet. Dreschflegel und Schwingkorb sind noch Homer und Hesiod unbekannt. Nach einem oder zwei Tagen der Ruhe auf der Tenne tritt dann, in Gefäße gefüllt, die leicht taufeuchte Ernte auf dem Eselsrücken ihren Weg an in die drei Vorratsräume des Gottes, dem die Erstlinge zustehen, des Herrschers, der seinen Anteil im voraus nimmt, und des Grundbesitzers, der das ihm Verbliebene versteckt.

Kaum ist das Korn im Trockenen und das Futter im Heuschober, da denkt der Bauer, der auch Viehzüchter und Winzer ist, an die Ernte der Früchte, Mandeln, Pistazien, Feigen, Eicheln und, je nach der Gegend, der Wacholderbeeren, Äpfel, Kapern, der steinigen kleinen Birnen und der rauhen Quitten, bis es dann im September die duftenden Granatäpfel und die trockenen Johannisbrotfrüchte gibt. Diese letzteren, die langen kastanienbraunen Bohnenschoten ähneln, dienen vor allem als Viehfutter. Jedoch gewannen die Kreter aus dem zerdrückten und mit Wasser gereinigten Fruchtfleisch einen besonderen Süßstoff, den Johannisbrothonig, den sie zu kleinen Würfeln – fernen Vorfahren des Kandiszuckers – zu formen verstanden. Die Edelkastanien, die in großen Mengen in den Gebieten von Selinon und Kisamos geerntet wurden, die Piniennüsse – Kerne der Pinienzapfen –, die Früchte des Zürgelbaums, des Erdbeerbaums, die Brustbeeren und Vogelbeeren wurden im Herbst verzehrt, die Mispeln zu Ende des Winters. Die Zitrusfrüchte und die meisten Früchte unserer Obstgärten waren den Zeitgenossen des Minos unbekannt.

## 4. Weinbau

Anfang August war ein großer Teil der Trauben reif. Um den 15. August begann allgemein die Weinlese, die von großen Festen begleitet wurde. Sie endete um den 10. September, selbst in den Weinbergen in über 1000 m Höhe. Der Rebstock hatte, wie in Westasien, von wo er stammt, die Gestalt eines sehr kräftigen Schlinggewächses, das sich an den höchsten Bäumen emporwand und anrankte. Ich habe in Kreta Weinstöcke mit einem Stamm von mehr als 50 cm Umfang bis zu 10 m hoch klettern sehen. Sie trugen Früchte ohne Schnitt und ohne Pflege. Aber in der minoischen Zeit verstanden es die Bauern schon, eine niedrige Rebe zu pflanzen und in Terrassen anzubauen. Sie zogen um ihr Gelände eine Einfriedung, im allgemeinen eine hohe Trockenmauer, die sie mit Dornengestrüpp krönten, um Plünderungen durch das Vieh zu verhindern. Sie gruben den Boden mehrmals um, nicht tief, und pflanzten die Weinstöcke in Abständen von mindestens einem Meter. Bald kroch der Weinstock flach über den Boden, bald wuchs er an Geländern hoch, die etwas mehr als mannshoch waren. Vor Mitte Februar wurde er geschnitten. Im März wurde zweimal durchgehackt. Im Frühling und zu Sommeranfang rankte man die Reben ab. Gegen die Holzwürmer bestrich man den Stamm mit einer Art Bitumen, dem Ixos, das unter einem ganz verwandten Namen, Axos, im Gebiet von Malles (Hierapetras) noch vor kaum 30 Jahren hergestellt wurde. Die geschnittenen und in Körbe gelegten Trauben wurden wahrscheinlich, wie Homer es andeutet und wie man es in Kreta bis ins vorige Jahrhundert feststellen konnte, etwa zehn Tage lang auf einer Art rechteckiger Tenne mitten zwischen den Reben der Sonne und der Luft ausgesetzt, damit sie Zucker anreichern und einen Gärungsprozeß beginnen konnten. Dann wurden sie fünf Tage lang in den Schatten gelegt. Man zerstampfte sie mit den Füßen in tönernen Bottichen. Der Most floß, wie es bei der Anlage von Vathypetro zu sehen ist, in ein niedriges Becken mit Henkeln. War dieses voll, so wurde der Saft in große Tonkrüge geschüttet. Fünfzig Tage später, etwa Anfang November, fand das Abfüllen eines roten, beinahe granatfarbenen, ziemlich schweren und alkoholreichen Weines statt, was Gelegenheit zu neuen Festen und Prozessionen, zu Musik, Liedern und Tänzen bot. In klassischer Zeit war eine ganze Mythologie an diese verschiedenen Tätigkeiten geknüpft. Am bekanntesten ist die Erzählung vom Tod und von der Wiedergeburt des Gottes des Weines, der nach Euripides[25] in Kreta Zagreus genannt wurde und offenbar der höchste Gott war. Es ist außerdem wahrscheinlich, daß man in Kreta wie in Attika das Unglück des Ikarios[26] erzählte, dessen Name sehr dem des Ikaros, des Sohnes des Daidalos, ähnelt; Hirten, mit denen er den ersten Schlauch Wein geteilt hatte, hatten ihn im Rausch getötet; seine Tochter Erigone hatte sich aus Verzweiflung erhängt, und das war, so erzählte man, der Grund, weshalb man noch an den Bäumen runde Scheiben mit Menschengesichtern aufhängte. Es handelt sich hier wie in so vielen anderen Mittelmeerländern um die Beschwörung und Besänftigung eines Geistes des Weines.

Nichts, gar nichts beweist, daß der kretische Winzer Harz in seinen Wein getan hat. Wenn man von der in Kisamos herrschenden Sitte ausgeht, so schüttete er nur ein wenig Gips hinein, um ihn zu süßen und zu schönen. In einigen anderen Gebieten Kretas wird er verschnitten und mit verschiedenen Gewürzen vermischt, von denen der Anis und der Wacholder die bekanntesten sind. In den mit einem Leinentuch und einem mit Wachs versiegelten Pfropfen verschlossenen Krügen hielt sich der Wein ein Jahrzehnt lang. Die große Vielfalt der Rebsorten, die die Alten in der ägäischen Welt anführten und die die Reisenden vom Mittelalter bis in unsere Zeit in Kreta kannten, zusammen mit der Vielfalt der Böden und Anbaumethoden, gibt uns die Gewißheit, daß die minoischen Rebbauern zahlreiche Weinsorten besaßen. Der Weinexport war eine der hervorragenden Leistungen, die das kretische Volk berühmt machten. Die Vollkommenheit und Ausdehnung der Weinberge von Malevyzion, wo der Malvasier wächst, des Gebiets von Knosos oder von Sitia, setzen jahrtausendealte Anstrengungen und Überlieferungen voraus, für die zuallererst den Zeitgenossen des sagenhaften Minos Ehre gebührt. Die Herstellung von Rosinen blieb ebenso wie der Genuß der Tafeltrauben anscheinend auf den häuslichen Bedarf beschränkt und war nicht wie heute Gegenstand des großen Handels. Eine Tatsache ist bemerkenswert: während uns die Schriftsteller der Antike berichten, daß die Gäste bei den Gelagen den angebotenen Wein reichlich mit Wasser verdünnten, lehnen es die Kreter seit Jahrhunderten ab, diese beiden Flüssigkeiten zu mischen. Sie haben in diesem Punkt so sehr ihre eigenen Ansichten, daß die Frage naheliegt, ob hier nicht eine Tradition im Spiele ist, die ihre Wurzeln in einer ganz frühen Epoche hat. Bei den Bauern wird sehr wenig Wein getrunken und fast nur, wenn man an Festtagen Gäste empfängt. Der Wein ist ein wertvolles, fast heiliges Getränk geblieben, das allein der Gastgeber ausschenken und anbieten darf. Er bringt immer die Trinksprüche aus. Dank den Ausgrabungen wurden unzählige kleine minoische Trinkschalen gefunden. Ebenso trinkt man noch heute den Wein in einem Zug, aber in sehr geringer Menge, selbst wenn mehrmals angeboten wird. Trunkenheit ist höchst selten und wird verachtet. Die Treber wurden nicht destilliert: sie dienten als Tiernahrung. Aus den Buchhaltungstäfelchen der Paläste erfahren wir, daß der Wein, wie der Honig, den Göttern dargeboten wurde.

## 5. Oliven

Der Olivenbaum verdankt seine Bedeutung, ja seine Heiligkeit für den kretischen Bauern nicht nur der Verwendung der Olive als Nahrungsmittel, sei es als Frucht oder in Form des Speiseöls: das Olivenöl diente als Salbe und als Basis für Duftstoffe bei den verschiedenen Arten der Körperpflege, beim Sport, beim Herrichten der Toten, zum Schmieren der Arbeitsgeräte, als Brennstoff bei der täglichen Beleuchtung, als reines Produkt bei den Opfern und kultischen Salbungen, in der Medizin und in der Magie. Kurz, das Olivenöl spielte weitgehend die Rolle unserer Butter, unserer Elektrizität und unserer Arzneien. Außerdem wurde das Holz des Olivenbaums zum Heizen, in den Schreinereien und – als Holzkohle – im Gewerbe verwendet. Das erklärt den Eifer, mit dem sich die Minoer der Anlegung, Unterhaltung und Erweiterung der Ölbaumpflanzungen widmeten, die Reichtum, Stolz und Zierde ihres Landes waren. Alles berechtigt zu der Annahme, daß Kreta seine wirtschaftliche Vorherrschaft über die ägäische Welt einschließlich der Inseln und des griechischen Festlands in der mittleren Bronzezeit der Zahl und dem hohen Ertrag seiner Olivenbäume verdankte. Der klassischen kretischen Mythologie zufolge soll Athena, die Schenkerin des Ölbaums, in Kreta bei den Quellen des Triton[27] geboren sein, und der Daktyle Herakles soll den Anbau des kretischen Ölbaums auf der Peloponnes eingeführt haben.

Der kretische Ölbaum, der wahrscheinlich von der Südküste Kleinasiens oder aus Syrien stammt, findet sich in zwei Arten, der wilden (kotinos, heute argoulidi) und der Kulturart (*elaiwa, heute elia oder mourella). Es ist das Verdienst der Bauern der großen Insel, die wilden Setzlinge durch Beschneiden und Veredeln in Kultursetzlinge umgewandelt, sie durch Sämlinge, durch Pikieren, durch Ableger und Stecklinge vermehrt, durch zwei- oder dreimaliges Durchhacken von Februar bis April, durch Düngung mit Oliventrebern und durch Bewässerung ihren Ertrag erhöht, in den Ebenen an die Stelle des Urwalds systematische Kulturen mit Reihenabständen zwischen 6 und 7 m angelegt und schließlich das Verfahren des Auspressens, der Lagerung und Konservierung der Öle erfunden zu haben.

Die Olivenernte war die letzte und zugleich die am längsten dauernde Ernte des Jahres. Sie begann im November und war erst Anfang März zu Ende, wenn die überreifen Früchte von selbst von den Bäumen fielen. Einige Oliven wurden von Hand gepflückt, aber die der oberen Äste mußten die Männer herunterschlagen. Die Frauen und Kinder lasen die Oliven auf und legten sie auf eine gut gereinigte oder sogar mit einem Tuch bedeckte Bodenfläche und trennten sie von Blättern und Stengelstücken. Wie bei der Getreideernte und der Weinlese war die gesamte Hofgemeinschaft in der Pflanzung versammelt. Drei gute Arbeiterinnen konnten im Laufe der Erntezeit eine Menge auflesen, die für die Herstellung einer Tonne Öl ausreichte. Die für die Aufbewahrung und den Verbrauch bestimmten Früchte wurden in Salzlake eingelegt. Die anderen wurden in einem Holzmörser mit einem Holzstößer zerstoßen, wenn man dem Dichter Hesiod glauben kann. Der so gewonnene Brei wurde, in Säcke aus Tierhaaren gefüllt, zwischen eine Art Regenwasserbottich und einen Stapel Bohlen, die als Presse dienten, gebracht. So verfuhr man noch in sehr vielen Dörfern bis in unsere Zeit. Im allgemeinen verstärkte man den Druck, indem man über die Bohlen einen riesigen Hebelarm legte, dessen eines Ende in der Mauer steckte, während sich das andere unter der Kraft der Menschenarme und dem Druck von angehängten Steinsäcken bog. Das Öl aus dieser ersten kalten Pressung lief in einen Krug oder ein Becken ab; von hier kam es zur Lagerung in die Behälter des Bauernhofes oder wurde in Schläuche aus Ziegenhaut mit nach innen gewendeter Haarseite gefüllt. In diesen

Schläuchen wurde das Öl zu anderen Orten transportiert, zum Fürsten, zum Priester oder zum Händler.
Das ausgepreßte Fruchtfleisch, das noch sehr gehaltvoll ist, wird aufgehäuft und erwärmt sich während zwanzig Tagen. Dann wird es zerdrückt und erneut ausgepreßt; das ergibt ein herberes, saureres Öl, dessen Menge etwa ein Drittel der Ausbeute aus der ersten Pressung beträgt. Schließlich läßt man das letzte Öl auslaufen, indem das Fruchtfleisch der Einwirkung heißen Wassers ausgesetzt wird, in einem Spezialzuber aus Ton, dem Ölausscheider: minoische Exemplare, die denen unserer Zeitgenossen entsprechen, wurden in Praisos, Gournia, Malia und Vathypetro gefunden. Das Fett steigt an die Oberfläche. Das Mark und das Wasser, die schwereren Substanzen, werden durch eine Röhre am Boden des Bottichs abgeführt. Man sieht, wieviel Arbeit und Sorgfalt die Ölherstellung erforderte und wie stark Preis und Qualität des Erzeugnisses schwanken konnten.

### 6. Kräuter und andere Gewächse

Getreide, Früchte, Wein und Oliven waren die vier Haupterzeugnisse der kretischen Erde. Doch der Bauer, der bei sich bietender Gelegenheit zum Sammler wildwachsender Schätze und zum Holzfäller wurde, verstand sich noch auf ganz andere Tätigkeiten als die eines Ackerbauern. Er pflückte für seinen eigenen Bedarf – für Küche und Apotheke – oder für die Arzneimittelhersteller die Heilkräuter, Spezialitäten Kretas: Diptam, Majoran, Orant, dreilappigen Salbei, faskomilia genannt, malotira *(Sideritis syriaca)*, die angeblich alle Krankheiten »herauszieht«, verschiedene Minzarten, Bohnenkraut und wilden Thymian. Ein ägyptisches Rezept aus dem 16. Jahrhundert v. Chr. erwähnt die Abführbohne des Landes Keftiu. Er erntete für die Färberei ein halbes Dutzend Farbstoffe enthaltende Pflanzen; den Färberwau, den Färberwaid, die kretische Iris, verschiedene Narzissen- und Ampferarten und den Gallapfel. Er gewann Duftstoffe aus den Früchten des Korianders, des Wacholders und des kleinen Steckenkrauts *(Ferula)*. Er sammelte vor allem das aromatische Harz dreier Bäume oder

Büsche: der Harzkiefer, des Styraxbaums und des kretischen Zistus. Alle Reisenden seit Belon[28] haben die Ernte des Ladanums von den Zistrosen des Gebiets um den Mylopotamos beschrieben, wenn im Hochsommer die Sonnenglut aus den Blättern einen klebrigen Schweiß fließen läßt und die Bärte der Ziegenböcke von süßem Duft ganz verklebt sind. Dann streifen in der Sommerhitze Bauern und Bäuerinnen die Riemenbündel langer Peitschen über die dichten Büsche; mit dem Messer schaben sie die schleimige und duftende Masse vom Leder ab und stellen daraus schwärzliche Laibe her, die für die Heiligtümer bestimmt sind. Ein Mann sammelt bis zu vier Pfund am Tag. Vielleicht bezieht sich auf diese Paste die Inschrift eines Alabastergefäßes, das im Grabe des Pharaos Thutmosis IV. gefunden wurde und aus dem 15. Jahrhundert v. Chr. stammt: »Gefäß mit kefti-Produkt«; die übrigen Gefäße enthielten in der Tat Harze und Duftstoffe.

### 7. Schnecken

Es gab auch Zeiten im Jahr, zwischen den letzten Regenfällen des Frühjahrs und den ersten des Herbstes, in denen die kretischen Bauern Büsche abklopften und Steine in den Talschluchten aufhoben, um Schnecken zu sammeln, genauso wie unsere Zeitgenossen. Man hat Schnecken in den Magazinen von Zakro gefunden. Die Kreter schätzen besonders die *Helix aperta* und die *Helix aspera*, ja sie exportierten sie sogar bis nach Santorin, wo ein ganzer Topf voll gefunden wurde[29]. Diese Nahrung ergänzte die gewöhnliche Zusammensetzung aus Gerstenhartbrot, das mit der Kleie gebacken war, Oliven, Käse, Hülsenfrüchten und einer Fülle in viel Öl gekochter Kräuter.

## *Viehzucht*

Indessen fehlte es weder an Herden noch an Hirten. Die wenigen Pferde[30], die es im 15. Jahrhundert v. Chr. in Kreta gab, stellten eine Ausnahme dar, da die Tierart zusammen mit den Streitwagen erst durch und für die Kriegsherren in Spätminoisch I B, zwischen 1500 und 1450 v. Chr., eingeführt wurde. Im übrigen war bei dem gebirgigen Boden Kretas und dem Fehlen befahrbarer Straßen um 1500 fast nur der Transport auf dem Rücken des Esels oder des Menschen möglich. Der Esel war und blieb das Reit- und Lasttier des Bauern. Wenn dieser reich war, arbeitete er mit einem Paar Ochsen oder Kühen von gewöhnlich kleinem Wuchs und mit kurzen, weit auseinanderstehenden Hörnern, die von den beiden Arten *Bos brachyceros* und *Bos primigenius* abstammten[31]. Es ist zu bezweifeln, daß die Art mit langen Hörnern, die in Kreta stark vertreten ist und aus Mesopotamien stammt, bei der Feldarbeit verwendet wurde. Sie wurde anscheinend nur für religiöse Zwecke und die Stierkampfübungen gebraucht. Die großen, bei den Indo-Europäern beliebten Rinderherden waren der Insel völlig fremd. Aber sie ernährte sehr zahlreiche Schafherden, zum Teil zahme, wie die Schafe, die zu den beiden Arten palustris und orientalis gehören, und die Ziegen von der Art *Capra hircus*, zum Teil wilde wie den Steinbock, *Ibex creticus*. Sie besaß auch Schweine, *Sus indicus*, und Wildschweine.

Schafe und Ziegen waren zusammen der Obhut von Hirten anvertraut. In der schönen Jahreszeit, von April bis Oktober, weideten die Herden im Gebirge, das weder Wölfe noch Katzenarten kannte, und blieben bei Tag und Nacht im Freien, bewacht von großen Hunden mit langer Schnauze. Im Winter zogen sie in die Ebenen, auf die steinigen Böden herab, wo sie Gras, Stoppeln und die Blätter der Sträucher abweideten. Sie wurden in den Höhlen unweit der Küsten untergebracht. Der Hirte wohnte in den trokkenen Höhlen und in den gewölbten Schäferhütten[32]. Da die gleichen Erfordernisse der Viehzucht zu den gleichen Ergebnissen führen, ist es sicher, daß eine große Anzahl heutiger Felsunterstände schon von den Schäfern der Antike benutzt wurden und daß weder die Einrichtung noch die Gebräuche sich geändert haben. Zwei Arten von Behausungen sind zu unterscheiden, eine für den Winter und eine für den Sommer. Die erste ist eine Wohnhöhle für die Hirten, ohne Feuchtigkeit und Luftzug. Der Eingang ist durch eine Mauer, die eine Tür und manchmal auch ein Fenster hat, geschlossen. Hinter der Mauer verfügt der Schäfer, wenn die Höhle groß genug ist, über einen besonderen Raum, in dem er seine Wäsche, seine Geräte und seinen Käse aufbewahrt und in dem er schläft. So verhält es sich bei Koukoulitsa, einem großen Unterstand von 32 m Tiefe und 15 m Breite im Kreidekalkstein von Nerokourou (Kydonias). Wenn der Raum zu knapp ist, schläft der Hirte auf einem hohen, abgeflachten Felsen, von dem aus er sein Vieh übersieht, oder er richtet sich auch an einer trockenen Wand nahe beim Eingang eine Steinbank ein. Oft trennen Innenwände die Tiere, wodurch die Kontrolle und das allmorgendliche Melken ermöglicht wird. Die Schäfer stellen sich quer in die Ausgänge, das Gesicht nach innen gewandt. Die weiblichen Tiere bleiben unter ihren Beinen stehen, und die Euter werden von einem Mann, der nur den Oberkörper beugt, von vorn nach hinten ausgedrückt. Die Milch wird in hölzerne Becken oder kleine lederne Eimer gemolken, in einem Kupferkessel gekocht, mit dem Ahorn- oder Zypressenstock umgerührt und mit Gerinnungsmittel, dem Feigensaft, vermischt. Die Sauermilch wird mit der Holzkelle ausgeschöpft, in Käsehürden oder Käsetropfsiebe aus geflochtenen Weiden gegossen, die zum Abtropfen auf Gittersieben oder hölzernen Untersetzern über einem Behälter stehen. Der weiße Käse oder das Joghurt werden in Töpfen (kouroupa) hergestellt, von denen wir sehr oft Scherben in den Ausgrabungen finden.

Bei der zweiten Art der Schäferei, dem Weidebetrieb, bleibt das Vieh über Nacht in einem Gehege im Freien vor dem Eingang oder direkt im Vorraum der Höhle. Dieser Pferch, der sehr verschiedene Formen, runde, elliptische und rechteckige aufweisen kann, fügt sich natürlich in die Felsblöcke ein, die vor den Höhlungen liegen, oder er wird, falls keine Felsblöcke vorhanden sind, so gebaut wie in der berühmten Beschreibung des Geheges von Eumaios, dem Schweinehirten des Odysseus, nämlich aus einer 1,20 bis 1,60 m hohen Mauer aus unverbundenen Platten, bekrönt mit einem Kranz aus stachligen Zweigen, der von schweren Steinen auf seinem Platz gehalten wird. Durch eine Außentür am Pferch kommen die Tiere heraus und werden beim Durchgang gemolken. Der Schäfer und seine Gefährten wohnen allein in der Höhle oder

der Schäferhütte. Es gibt bei ihnen immer ein Plätzchen für die verwundeten Tiere oder für die Jungen, die gepflegt werden müssen. Diese Art der Unterkunft dient im wesentlichen als Käserei. In der Tat stehen hinter den mit Schaffellen und Tüchern bedeckten Bänken, auf denen die Hirten schlafen, die Gitter, auf denen die Käse aufbewahrt werden; darüber gebreitete Gitter oder Schleier sollen die Insekten abhalten. In einer Aushöhlung des Felsens oder auf einem Brett, das auf zwei Pflöcken ruht und als Abstellbord dient, stehen die Vorräte, ein Topf und ein paar Becher. Gehört die Höhle einer Familie, so bewohnt sie der Vater mit einem oder zwei Kindern, und er läßt sie von Zeit zu Zeit, bei Tag oder bei Nacht, in der Obhut eines der beiden. Wenn die Höhle, wie der ganze Berg, einer Dorfgemeinschaft gehört, wird jedes Jahr durch das Los bestimmt, welcher Schäfer für sie verantwortlich sein soll. Dort wird die Milch mehrerer Herden verarbeitet und die Einkünfte daraus werden anteilmäßig unter die verschiedenen Eigentümer aufgeteilt. Bei den Hirten, die im selben Gebiet weiden, bildet sich ein Turnus heraus, und jeder von ihnen geht ins Dorf hinunter, wenn er an der Reihe ist.

Die bewohnte Höhle ist wie das runde Steinhaus ein Mittelpunkt geschäftiger Tätigkeit. Der Schäfer bleibt ziemlich selten allein, denn er lebt in Gesellschaft von Familienmitgliedern oder anderen Hirten. Das Melken, die Käseherstellung, die Reinigung der Geräte, die Essenszubereitung, die Pflege trächtiger, verwundeter oder zu schwächlicher Tiere beschäftigen ihn ebenso wie das Hüten der Herde. Hier lernen die Jüngsten, während die Milchkessel kochen, neben den beruflichen Handgriffen manche Lieder der Berge und Sagen oder Mythen, die nichts anderes als die Erklärung der Riten sind. Man darf nicht vergessen, daß der höchste Gott der Kreter in einer Höhle geboren und erzogen wurde, sich vermählt hatte, gelebt hatte und gestorben war. Und diese Höhle, die eine Kulthöhle ist, liegt im Herzen eines Landes von Hirten, am Abhang des Ida.

Es ist klar, daß eine gewisse Anzahl von Hirtenbehausungen als Stätten der Initiation, sicherlich der Prüfungen diente. In der klassischen Zeit erzählte man, daß Apoll, der göttliche Hirt, der Sohn des Zeus, in der Samariaschlucht geläutert worden war und sich mit der Tochter des Minos, Akakallis, vereinigt hatte. Man zeigte die minoischen Höhlen des Hirtengottes Hermes in Patsos und Melidoni und die des Pan, eines anderen Hirtengottes, des Gefährten der vorgriechischen Diktynna, an etwa zehn Orten Westkretas. Der heutige Sagenschatz der Hirten kennt seltsame dreiäugige Riesen, die Triamaten oder Triomaten, äußerst listige und grausame Wesen, nach denen mindestens drei kretische Höhlen benannt sind: in Choudetsi (Pediados), in Anopolis (Sfakion), in Sklavopoula (Selinou)[33]. Mit ihrem dritten Auge, das sich im Nakken öffnet, sehen sie hinter sich. Es sind Menschenfresser. Sie lokken die Kinder und die einsamen Reisenden zu sich und erlegen ihnen Prüfungen auf. Aber diese durchkreuzen ihre Ränke und besiegen sie schließlich, indem sie ihnen z. B. den Inhalt ihres siedenden Kessels in den Mund schütten. Mehrere Varianten der Sage vom Kyklopen Polyphem sind noch heute in Kreta lebendig: eine von ihnen erzählt, daß der Menschenfresser oder der Kobold von einem, der sich »Herr Ich« nennen ließ, überlistet wurde, wie Polyphem von Odysseus hereingelegt wurde, der behauptete, er heiße »Niemand«. Die Initiation hatte zum Ziel, den jungen Hirten durch Stimme, Pfiff, Gesang und Behendigkeit zu einem Herrn der Tiere und durch List und Geschicklichkeit zu einem Herrn über die Menschen, seine Rivalen, zu machen. Bis in die neueste Zeit brachte der Viehdiebstahl, wenn er gut ausgeführt war, mindestens in den Bergen des Westens dem Dieb mehr Achtung als Tadel ein. Bestimmte berüchtigte Höhlen, wie die glockenförmigen Klüfte, benutzte man dazu, die Tiere eines Feindes, an dem man sich rächen wollte, zu Tode zu stürzen. In anderen, ganz kleinen und gut versteckten, verzehrt man heute noch unter Freunden ein gestohlenes Lamm. Im allgemeinen verachten die Bewohner der Berge die der Ebenen, deren Bräuche und Interessen sie nicht teilen. Nur ein Drittel der Insel ist bebaut; der Rest ist den Herden preisgegeben, die immer dazu neigen, in die Kulturen einzudringen.

Mehrere Bräuche der heutigen kretischen Hirten scheinen aus der fernsten Antike ererbt zu sein, zuallererst die der Viehzucht. Oft umfassen die Herden gleichzeitig Ziegen und Schafe, wobei auf etwa zehn weibliche Tiere ein männliches kommt. Wenn die Brunstzeit näherrückt, werden die Herden in zwei Teile geteilt. Die Schafe werfen von November an, die Ziegen von Februar an. Wenn die Jungen, die nicht geopfert oder an die Stadt abgegeben wurden, abgesäugt sind, bildet man aus ihnen eine dritte Herde. Das gesamte auf der Weide verbleibende Vieh wird zusammengetrieben; um Unglück und bösen Blick zu bannen, werden um den Hals der Tiere magische Steine und Milchsteine gehängt. Die Milch gebenden Muttertiere werden zweimal täglich, morgens und abends, gemolken. Die Milch, die nicht zu Frisch- oder Trockenkäse verarbeitet wird, stellt zusammen mit den im Gebirge gepflückten Beeren und Früchten, einschließlich der Eichel und der Kastanie, und dem Fleisch der geschlachteten Tiere die Grundlage für die Ernährung der Hirten dar. Die tierärztliche Kunst ist äußerst primitiv: Heilkräuter, Diät, Schienen, Aderlässe und vor allem Zauberformeln sind ihre Mittel. Die Schafe werden zu Anfang des Sommers geschoren. Wenn die Herde dem Schäfer gehört, tauscht er den Überschuß an Milch, Käse, Wolle und Häuten, einige junge Ziegen und einige Lämmer gegen Mehl, Öl, Wein, Stoffe, Futter und das Recht, in Küstennähe zu überwintern. In sehr vielen Orten des Lasithi und des Psiloriti, des antiken Ida, werden die Weidepachten noch heute nach tausendjährigem Brauch einfach durch die Gegengabe von Trockenkäse und Fellen beglichen. Wenn die Herde nicht dem Schäfer gehört, teilt er den gesamten Ertrag, den sie abwirft, hälftig mit dem Eigentümer. Jedes Schaf bringt jährlich ein Pfund Wolle, ein Lamm und etwas mehr als ein Kilo Käse. Mehrere andere rechtliche und religiöse Gepflogenheiten gehen offensichtlich auf die Bronzezeit zurück: die Vendetta, die in den Weißen Bergen noch in großem Umfang üblich ist, die Gastfreundschaft, bei der man alles teilt, das Jagdausübungsrecht, das Schwören bei Zeus, dem höchsten Gott, und schließlich die Feste, an denen die Hirten und ihre Familien in Höhen-, Quell- oder Höhlenheiligtümern zusammenkommen und die Gelegenheit zu Opfern, üppigen Gelagen, zu Tänzen und auch zu Wettkämpfen oder mancherlei Wettbewerben bieten. Das minoische Höhenheiligtum auf dem Berg Vrysinas bei Rhethymnon ist so ausgerichtet, daß es zweimal im Jahr, Anfang Februar und Anfang November, die Sonne zwischen den Hörnern des Ida aufgehen sieht. Dies waren die Hauptdaten im Leben der Herde. Zu diesen beiden Zeitpunkten mußten Wallfahrten und Feste mit großen Feuern stattfinden. Noch heute feiern am Fuße der Kahlen Berge von Apokorona die Hirten ihren Schutzheiligen, Sankt Georg, am 23. April und am 3. November mit Gottesdiensten, der Erfüllung von Gelübden und der Opferung von Lämmern und Böcken. Es fällt auf, daß dieses letzte Datum mit dem Beginn der Aussaat und der Öffnung der Krüge mit neuem Wein zusammenfällt. Alter und Fortdauer der Riten sind durch die Gesetze der Landwirtschaft und der Viehzucht gesichert. Im Griechischen bezeichnet ein und dasselbe Wort, nomos, wenn der Akzent verlagert wird, die Weide und das Brauchtum.

Die Schweine wurden nicht zur Eichelmast geführt. Sie liefen in kleiner Anzahl bei einigen Bauernhöfen frei umher, oder sie waren in einem Gehege vor einem Felsunterstand eingepfercht. Die »Schweinehöhlen« sind in Kreta noch heute zahlreich. Die Aufzucht dieser Tiere hatte nicht die Bedeutung, die sie 800 Jahre später auf der Insel Ithaka gewann. Das Hausgeflügel, Hühner und Enten, war den Kretern kaum bekannt. Nur in einigen Geflügelhöfen wurden Gänse von kleinem Wuchs gehalten, wahrscheinlich aus Ägypten eingeführt, wenn man den Gravuren einiger minoischer Siegel glaubt. Nach der Schafzucht hatte nur noch die Bienenzucht Bedeutung. Bekanntlich war der Gott des Ida von Bienen aufgezogen worden, d. h. von einer Gemeinschaft von Nymphen, die dieses Insekt als Symbol oder als Maske hatten, und der Überlieferung nach traf man wilde Bienen von einer besonderen Art in der großen Höhe von über 1500 an, in der die Geburtsstätte des Gottes lag. Noch im Jahre 1415 hörte der Reisende Buondelmonti Berichte, nach denen in dieser Gegend, wo übrigens sehr viele Hausbienen gehalten werden, Vertiefungen im Fels Honig enthielten. Der Honig, der zugleich als Säuglingsnahrung, zum Süßen der Kuchen, als Arznei, als Gabe für die Götter und die Toten diente, erscheint sehr häufig auf den Buchungstäfelchen der Paläste. Wie in unserer Zeit muß die Honigerzeugung von einem Ende der Insel bis zum anderen beträchtlich gewesen sein: wurde sie doch noch durch den Reichtum an wohlriechenden Kräutern und harzenden Bäumen mit viel Pollen begünstigt. Die beiden Wörter für »Bienenstock«, simblos, und »Schwarm«, smenos, sind höchstwahrscheinlich aus der vorgriechischen Welt ererbt. Im allgemeinen stellten die kretischen Bienenzüchter ihre Stöcke im Schutz von Felswänden und unter leichten Felsvorsprüngen auf, manchmal auch am Hügelabhang in einer windgeschützten Heide. Die Bienen wohnten in umgestülpten Körben oder Tongefäßen mit einer Öffnung am unteren Rand. Einer dieser Bienenstöcke wurde in einer Höhle von Agia Paraskevi (Pediados) gefunden. Man nimmt an, daß früher wie heute der wilde Honig und das wilde Wachs, die sich in den Aushöhlungen der Felsen oder in alten Baumstümpfen fanden, mit Hilfe von Masken und Rauch eingesammelt wurden. Wie man beides aus den Hausbienenstöcken gewann, ist nicht bekannt. Gefäße mit Siebboden, die in Troja ausgegraben oder in den Pfahlbauten der Schweiz entdeckt wurden, berechtigen zu der Annahme, daß auch die Kreter die Honigwaben nach der Öffnung der Deckel langsam durch diese Siebe auslaufen ließen. Ein Gefäß aus der Vor-»Palast«-Zeit, das in einem Haus in Knosos gefunden wurde und das mit einer durchlöcherten Zwischenwand ausgestattet ist, kann sehr wohl zu diesem Gebrauch gedient haben. Uns ist nur noch dieses erhalten, weil die meisten Trichter aus Weidengeflecht gewesen sein müssen, einem ebenso vergänglichen wie leicht zu reinigenden Material. Die Bedeutung des Wachses wird man ermessen, wenn man erfährt, daß es nicht nur gebraucht wurde, um den Gefährten des Odysseus die Ohren zu verstopfen, sondern auch, um die Schiffsplanken abzudichten, die Säulen zu wachsen und Krüge und zweifellos zahlreiche andere Gefäße zu verschließen.

## *Jagd*

Das kretische Gebirge durchstreiften noch andere sehr spezialisierte Arbeiter wie Holzfäller, Steinbrecher, Händler und verschiedene Handwerker, die Rohstoffe oder Kunden suchten. Aber bevor wir ihnen bei ihrer Tätigkeit zusehen, wollen auch wir uns der Jagd widmen, wie alle Minoer es taten, gleich welcher Zunft und welchem Stand sie angehörten. Neben dem Tanz ist die Jagd die große Leidenschaft der Kreter geblieben. In der Mitte der Bronzezeit ist die Jagd ebenso eine Verteidigung der Kulturen und der Herden wie ein Sport und eine zusätzliche Nahrungsquelle. Zwar kennt Kreta keine Großkatzen, Bären und Wölfe, doch betrachten die Bauern mit Recht die Cervidae, Hirsche, Hirschkuh, Damhirsch und Reh, die Hasen, Dachse, Füchse und Wildschweine als Plünderer, die getötet werden müssen. Die Hirten ihrerseits, die bis ins 17. Jahrhundert n. Chr. mit Pfeilen und Bogen bewaffnet dargestellt werden, müssen Jagd auf die wilden Böcke und Ziegen machen, die immer die Herden anziehen, und diese gegen die großen Raubvögel, Adler, Aasgeier und Lämmergeier verteidigen, die um die Gipfel kreisen. Minos, so berichtet uns die Sage, war ein Jäger mit unfehlbarem Bogen und Speer. Die Hauptgöttin der Westkreter, Diktynna, war eine Jagdgöttin. Das war offensichtlich eine der Funktionen ihrer ostkretischen Entsprechung, der Britomartis, die später an Artemis oder die Jägerin Diana angeglichen wurde. In klassischer und hellenistischer Zeit hatten verschiedene Städte des Ostens noch den Namen eines Festes »der großen Schreie«, Hyperboia, bewahrt, das wahrscheinlich die herbstlichen Treibjagden eröffnete. Die erste Leistung, die von den neuen Mitgliedern, den eben erst Eingeweihten gefordert wurde, war nicht, einen Mann zu töten, sondern ein Stück Wild heimzubringen.

Eine Felsmalerei aus der Zeit der letzten Paläste, die ich auf dem Berg Kapparoukephala bei Pervolakia (Sitia)[34] entdeckte, zeigt über der Göttin mit erhobenen Armen, die von ihrem Hund begleitet wird, eine ganze Reihe von wilden Tieren, die sie erlegt hat. Die einen, wie die Steinböcke und ihre Weibchen, sind in Netzen

*Abb. 7.* Zeichnungen aus der Vornofeto-Höhle in Kato Pervolakia (Sitias) um 1400 v. Chr.

gefangen; die anderen, wie der wilde Ziegenbock, das Wildschwein und der Damhirsch, sind von Wurfspeeren und Pfeilen getroffen. Neben ihnen sind zwei Hasen und ein Rebhuhn abgebildet. An den Armen der Göttin hängen ein Bogen und eine Fangschlinge. Wir finden das Netz zum Einfangen wilder Stiere auf einem der berühmten Goldbecher von Vaphio wieder, einem minoischen Kunstgegenstand aus dem 15. Jahrhundert v. Chr. Alles, einschließlich der Zeichnungen von Asfendou (Sfakion), deutet darauf hin, daß in Kreta mindestens vier Jagdarten ausgeübt wurden. Die eine Art bestand darin, eine lange Sperre aus Jagdnetzen zu errichten, an der eine ganze Gruppe von Männern und Hunden das Wild zusammentrieb; die andere, es zu hetzen und mit dem Speer zu erlegen; eine dritte, es mit einem Pfeil oder einem Schleuderstein zu treffen; und eine vierte, es durch Aushungerung, Lärm oder Rauch aus dem Bau zu treiben. Es ist ganz klar, daß es noch andere Jagdarten, die bei allen sogenannten primitiven Völkern üblich waren, geben mußte: Lockpfeifen und Lockvögel, Fallgruben, Stolperfallen, Fangeisen und Fallen ganz allgemein, Leimruten, Netze und Schlingen, Wiesel und Katzen. Ich habe erlebt, wie vom Hochsitz aus die Felstauben in den Schluchten und die Zugvögel auf den Gebirgspässen gejagt wurden, nach überlieferten Bräuchen, die in Kreta auf die Zeiten der ersten Einwanderer zurückgehen. Und wie meine Begleiter hatte ich mein Vergnügen an der Aufschneiderei der Spatzentöter oder der Jäger, die nichts geschossen hatten.

## *Holzfäller*

Vom Leben der kretischen Holzfäller wäre wenig bekannt, wenn wir nicht eine große Anzahl ihrer bronzenen Werkzeuge, massive Doppeläxte, Beil-Hacken, Dächsel, Holzscheren, Sägen und Bohrer besäßen, und wenn nicht mehrere ägyptische Texte vom Beginn des zweiten Jahrtausends die Holzeinfuhr aus dem Lande Keftiu verzeichneten: von dort kamen Tannen und andere Nadelbäume, die zur Herstellung von Masten und Rudern dienten. Im Verlauf seiner ganzen Geschichte versorgte der kretische Wald nicht nur Ägypten, sondern auch das griechische Festland und die Inseln des Ägäischen Meeres mit Masten, Balken und Brettern. Er stellte zu diesem Zweck die herrlichen Zypressen und die Aleppokiefern der Südküste und der Weißen Berge zur Verfügung. Was davon übrig ist, erregt noch heute die Bewunderung der Reisenden und ist Gegenstand einer erst spät kontrollierten Bewirtschaftung. Es genügt, mit den Holzfällern des Gebiets von Samaria zusammenzuleben, um etwas über die mögliche Arbeitsweise ihrer fernen Vorfahren zu erfahren. In der guten Jahreszeit dienten ihnen Hütten aus Geäst und die Höhleneingänge als Unterkunft; zuerst hieben sie mit der Axt und der Hacke einen Weg am Bergabhang frei, um darauf später die Stämme der gefällten Bäume zu Tal zu schaffen. Ein Trupp war mit dem Fällen des Baumes mit der Doppelaxt beschäftigt, und zwar wurde dieser nicht direkt über dem Boden, sondern viel höher als bei uns abgehauen, und sei es nur, um durch einen Baumstumpf, der manchmal wieder Schößlinge trieb, dem umgebenden Erdreich länger Halt zu geben. Eine andere Gruppe von Arbeitern entfernte die Äste und hieb den Stamm zurecht, zerschnitt ihn mit der Quersäge und schaffte ihn von der Arbeitsstelle fort. Einer der Männer übernahm Reparatur und Pflege der Werkzeuge. Die üblichste Art, Bronze wieder zu schärfen und zu härten, ist das Klopfen. Eine dritte Gruppe brachte die vorbereiteten Stämme, die bald geschleppt, bald gebremst werden mußten, ins Tal, wo sie von Gespannen übernommen wurden. Der Wildbachcharakter der Wasserläufe und die Beschaffenheit der Schluchten erlaubten nicht den Transport durch Flößen. An manchen Orten in den Weißen Bergen wurde der Holzschlag durch den Zustand erleichtert, in den die harzgebenden Bäume durch das Sammeln des Harzes, das zur Pechherstellung diente, versetzt wurden: die Harzsammler schnitten eine Kerbe rund um den Stamm immer wieder ein und töteten so den Baum innerhalb von zwei Jahren. In anderen Gegenden, hauptsächlich im Mylopotamosgebiet, auf der Lasithi-Hochebene und um den Omalos, gewann man Holzkohle aus den Zweigen der Steineiche; anderswo verwendete man den Erdbeerbaum und den Oleander, die eine sehr leichte Holzkohle ergeben. Auf dem Eselsrücken wurden die Reisigbündel und die kleinen Balken, die man in den Bauernhöfen benötigte, hinuntergebracht.

## *Bergarbeiter und Metallverarbeiter*

Oft begegneten sich in denselben Gebirgsgegenden Holzfäller und Metallverarbeiter. Diese brauchten die Holzfäller zur Röstung und Reduktion der Kupferkarbonate und Kupfersulfide, die besonders viel Brennmaterial verschlangen. Nach fünf Sommern, die ich der Suche nach den Erzen des antiken Kreta gewidmet habe, konnte ich nachweisen, daß es etwa dreißig Lagerstätten von Kupfer, etwa zehn von silberhaltigem Blei, etwa zwölf von Magnesium, zwei oder drei von Arsen, Zinkblende und Zinnober gab, die aus verschiedenen Gründen von den minoischen Handwerkern rege aufgesucht wurden. Wenn man von den Eisenerzen absieht, die fast überall in Kreta vorhanden sind, aber 1500 v. Chr., wie es scheint, außer in Form von Ocker noch unbrauchbar waren, so kann man sagen, daß zu dieser Zeit die Prospektoren, die Metallurgen und ihre Hilfskräfte in fünf Bergbau-Zonen am Werk waren:

1. im Südosten und im Süden des Massivs, das an die Lasithi-Hochebene angrenzt;
2. im Süden der Asterousia-Berge;
3. im östlichen Teil der Tallaioi-Berge (Mylopotamou und Malevyziou);
4. im Gebiet von Alikianou (Kydonias);
5. in den Massiven der Agios Dikaios- und der Pelekanos-Berge (Kisamou und Selinou). Nur erwähnt seien hier die Vorkommen der Insel Gavdos, die von Kreta unterworfen war, und die Erzlager von geringerer Ausdehnung, die bei Zakro oder am Rand des Mirabello-Golfs, oder bei Milato, oder in dem ganzen Gebiet von Argyroupolis, dem antiken Lappa, gefunden wurden.

Diese Spezialisten gehörten drei sehr verschiedenen Gruppen von Menschen an. Die einen waren Nomaden, die meist von außerhalb

Kretas kamen, ähnlich wie die Telchinen und Kyklopen der Mythologie und die umherziehenden Schmiede des 13. Jahrhunderts v. Chr.; von diesen besitzen wir ein ganzes Schiff voller Werkzeuge und Erze, das gegenüber dem Kap Gelidonia von Lykien gefunden wurde; in vieler Hinsicht glichen sie den Zigeunern des Mittelalters und der Neuzeit. Als Erzsucher, Hersteller von Metallgegenständen, Ausbesserer und Händler in einem lebten sie in kleinen Trupps, die von den örtlichen Behörden herbeigerufen und überwacht wurden. Sie lagerten außerhalb der Städte in Zelten, und die Hirten und Bauern sahen in ihnen furchtbare Hexenmeister. Die anderen waren Handwerker, die in der Regel in den Dörfern und Städten ansässig waren und zur Beschaffung von Rohstoffen ins Gebirge gingen. Wie in der ganzen übrigen Mittelmeerwelt wurden sie abwechselnd geehrt und verachtet, als Parias und als öffentliche Ratgeber, ja als Erzieher angesehen, für Priester beim geheimen Ritual und für Magier gehalten, die zwar der Gemeinde angehörten, aber Bruderschaften und Zünfte bildeten. Sicher waren bei ihnen Initiationen und die Endogamie üblich. Sie besaßen in Kreta ihre eigenen Götter oder übernatürlichen Wesen, Talos, die Daktylen, die Kureten, deren Waffentänze und Beschwörungsformeln noch 1000 Jahre nach Minos berühmt waren. Schließlich arbeiteten die Gefangenen und die Sträflinge in den königlichen Bergwerken, denn in Kreta gehörten wie in Ägypten, auf dem Sinai, in Zypern oder in Kilikien die großen Steinbrüche und die großen Kupferbergwerke dem Herrscher. Da sie ein beachtliches Personal, eine Verwaltung und eine Oberaufsicht erforderten, war es sparsamer und sicherer, dort kostenlose Arbeiter einzusperren als freie Arbeitskräfte zu beschäftigen.

Die Geschicklichkeit und die Arbeitskraft der kretischen Bergleute und Metallurgen lassen sich nicht nur nach der großen Zahl der Barren oder der Kunstgegenstände, die aus Kreta nach Ägypten und in den ganzen Nahen Osten exportiert wurden, bemessen. Die Schrifttäfelchen von Ugarit an der syrischen Küste, 12 km nördlich von Lattakia, enthalten die Mitteilung aus dem Jahre 1400 v. Chr., daß der Gott der Handwerker, Kothar-Chasis (»der Geschickte und Listige«), der Sohn des Meeres, Kaphtor, d. h. Kreta, als Wohnsitz hat[35]. Er vereinigt in sich alle Züge, die wir den Metallhandwerkern Kretas zuschreiben konnten: als Gott mit den geschickten Händen durchstreift er mit den Manen die unterirdischen Gefilde, tiefer selbst als die Quellen und Abgründe der Erde; er holt dort Gold, Silber und die Metalle heraus, mit denen er die Paläste verkleidet. Als Gott der Zauberkunst ist er der Erfinder der verschiedenen Techniken der Waffenherstellung, der Schifffahrt, des Fischfangs und der Baukunst. Als doppelgesichtiger Gott wie Hermes, wie Zeus, der Gott der lichten und finsteren Mächte, und wie Janus ist er der gefürchtete Ratgeber des phönizischen Pantheons, der die Macht hat, Baal sowohl zu retten als zu verderben, sei er auch noch so strahlend.

Bei diesen kretischen Bergleuten muß man die Steinbrecher und die Erzförderer unterscheiden[36]. Jede Stadt besaß ihre Steinbrüche, Zakro in Pelekita, am Ostfuße des Berges Traostalos, Malia in Agia Pelagia, Knosos in Gypsades, Agia Irini und Skalani, Gortyn in Labyrinthos, zwischen Ampelouzos und Kastellos und in Dichali, Phaistos etwas südöstlich von Agia Triada und Kydonia in Stavros auf der Halbinsel Akrotiri. Weitere schöne Steinbrüche gibt es in Praisos, in Chamaizi, in Lebena (heute Lenda), in Sisarcha (Mylopotamou) und in Eleutherna. Aber die ausgedehntesten über Tage sind die des antiken Lasaia, der »Stadt der Steine« (las), südlich der Gemeinde Antiskari (Kainouriou). Dort lasen die Arbeiter die verschiedenen Arten von kristallinen Blöcken auf, mit denen der Boden übersät war, lösten mit Hacke und Brechstange die an der Oberfläche liegenden Brocken eruptiven oder metamorphischen Ursprungs ab, gaben ihnen mit Keil und Hammer eine erste Form und häuften sie für die Handwerker auf, die daraus später die herrlichen Steingefäße der »Paläste« herstellten. Bei den dunklen mesozoischen Kalksteinen, die als übereinandergeschichtete Platten auftreten und die man als Fundamentsteine, Schwellensteine und Orthostaten verwendete, wurden mit dem Meißel und dem Steinhammer in einer geraden Linie und in geringen Abständen senkrechte oder schräge Löcher in den Fels gebohrt. In sie trieb man zwischen zwei Bronzefolien Holzkeile hinein, und die gewachsene Steinplatte spaltete sich in ihrer ganzen Dicke. Man hob den Block mit der Stange ab und ließ ihn auf Rollen gleiten. Man benutzte auch den Steinbohrer und die geölte Säge für die weicheren Kalksteine, den Gipstein und den Anhydrit. Man glättete sie mit Bimsstein und Schmirgel. Zur Gewinnung der brüchigen Steine, Serpentinit und Steatit oder Talk, die in den Asterousia-Bergen und im östlichen Lasithi häufig vorkommen, wurde der zu bearbeitende Block mit der Spitzhacke und dem Meißel losgelöst. Über all diese Arbeit wissen wir Bescheid durch die auf den Felsen hinterlassenen Spuren, durch die Abfallsplitter und -steine, besonders in Agia Irini und in den Steinbrüchen Hazzidakis-Nivas südlich von Knosos; ebenso durch das Beispiel der ägyptischen Steinbrecher, die weit besser bekannt waren als die Kretas. Nebenbei sei bemerkt, daß Ägypten aus Kreta einen Halbedelstein, den »mnnw«, einführte, dessen Name an den Namen Minos erinnert und vielleicht den Steatit bezeichnet.

Die Kupfererze gehörten zu den in Kreta am häufigsten vorhandenen Erzen; sie wurden auch am meisten begehrt, da sie zur Herstellung der Bronzewaffen und -werkzeuge gebraucht wurden[37]. Wenn ein Vorkommen von Sulfaten oder Karbonaten gefunden war, begnügten sich die Bergarbeiter damit, die Ader mit der Hacke und der Schaufel auszugraben, bis sie erschöpft war, oder bis sie auf eine Wasserader trafen. Die vertikalen und horizontalen Bergwerkstollen waren bekannt, aber man konnte noch nicht das Sickerwasser herausbefördern. Das geförderte Erz wurde anschließend von Hand sortiert. Man behielt nur die offensichtlich reichhaltigsten Stücke zurück. Die anderen wurden zerstoßen, dann auf einer schräggestellten Holzfläche oder auf einem glatten Fels, der mit Rillen und näpfchenartigen Vertiefungen versehen worden war, gewaschen: die Strömung schwemmte die leichteren, steinigen Bestandteile mit und ließ die schwereren, metallischen Brocken zurück. Auf einem Holzstoß wurden die dicken Erzbrocken, darauf die weniger dicken und schließlich der Staub ausgebreitet. Das Feuer wurde angezündet und das Ganze einen oder anderthalb Tage lang geröstet oder ausgeglüht. Dieser Vorgang wiederholte sich mehrmals. Das geröstete Erz wurde zusammen mit Holzkohle und Kieselschlacken in einen steinernen Ofen geschüttet, der innen mit Ton ausgekleidet und am Boden mit einer Öffnung versehen war. Das Gebläse wurde in Gang gesetzt. Die bei 1083° geschmolzene Masse floß in eine Gießkelle oder Abflußgrube unter der Öffnung. Die Arbeiter zogen den oberen glasigen und aus Schlacken bestehenden Teil mit einem langen Kratzeisen ab. Übrig blieben nur die runden Kupfersteine, von denen man mit der Zange Platten loslöste. So verfuhr man gewöhnlich mit den Malachiten und den Azuriten. Bei der Behandlung von Kupferkies und Kupferindig mußte der schwarze Kupferstein noch einmal bearbeitet – d. h. erneut geröstet und dann mit Holzkohle im Ofen raffiniert werden, um ihn vom Schwefelgehalt zu befreien. Die Behandlung des Kupfererzes setzte nach seiner Gewinnung fünf bis sieben verschiedene Vorgänge voraus, die oft giftig waren; denn zu den Schwefeldämpfen kamen die Arsen- und Bleidämpfe hinzu.

Das Verarbeitungsgeheimnis wurde streng gehütet. Man legte den Lehrlingen oder vielmehr den Eingeweihten – die Beherrschung des Feuers setzt religiöse Ermächtigung voraus – Rätsel vor. Der Seher Polyeidos sollte Glaukos, den Sohn des Minos, der in ein Honigfaß gefallen war, wieder auferwecken und wurde von den Kureten, die Zeus eingeweiht hatten und die die großen Metallurgen Kretas waren, gefragt: »Womit ist die Färse der Herden des Königs zu vergleichen, die alle vier Stunden eine andere Farbe annehmen kann, erst weiß, dann rot, dann schwarz?« Polyeidos aus Korinth, der Heimat der Bronzegießer, soll diese Färse mit einer Maulbeere, griechisch sykaminon, verglichen haben. Es handelt sich hier um ein Losungswort, das die Mythographen der klassischen Zeit nicht verstanden, um ein einfaches Wortspiel mit dem Wort kaminon, »der Schmelzofen«. Glaukos ist ein Adjektiv, das wörtlich »grün« bedeutet. Es steht für Malachit, das Erz »des Königs« (melek in den semitischen Sprachen). Das mit Honig gefüllte Gefäß, in dem sein Körper verborgen ist, ist der Ofen mit seiner Abflußrinne. Die dreifarbige Färse ist das aus einer Kuhhaut hergestellte Gebläse, mittels dessen drei Farben für den Grillofen (schwarz), den Schmelzofen (weiß) und den Raffinierofen (rot) erzeugt werden. Sogar der Zauberzweig, mit dem Polyeidos den Glaukos wiedererweckt, hat seine Entsprechung in den Bräuchen der Schmelzer: im letzten Stadium der Kupferraffinierung reduzierten sie die letzten Oxyde, indem sie das geschmolzene Metall mit einer Stange aus frisch geschnittenem Holz umrührten. Das Wunder bestand darin, einen toten grünen Stein über die Zwischenstufen des schwarzen Kupfersteins und des weißen Gusses in ein lebendiges, rotes Metall zu verwandeln. Die Stadien der Auferweckung des Glaukos waren ganz einfach die der Bereitung des Feinkupfers, dessen letzte Platte noch heute im Gießerjargon »der König« heißt.

Wenn die Metallurgen auf Bestellung der kretischen Herrscher, z. B. derer von Zakro oder Agia Triada arbeiteten, erfolgte der Abfluß des Kupfers in die rechteckigen Sandformen mit leicht konkaven Rändern. Diese Laibe, die gewöhnlich Talente genannt wurden und flachen Kissen ähnelten, waren manchmal mit Stempeln versehen, die dem Linear A angehören. Es waren Erzeugnisse, die im Handel verwendbar waren, eine Art primitiver Münzen, die im Durchschnitt 27,3 kg wogen und um so höher bewertet wurden, je reiner das Metall war. Tatsächlich waren die kretischen Gießer so geschickt, daß der Kupferanteil in den Talenten von Agia Triada 98,60 % erreichte. Wenn die Schmiede bronzene Waffen oder Werkzeuge daraus verfertigen sollten, schmolzen sie einen Teil davon zusammen mit Zinnstücken wieder ein; dieses Metall wurde um 1500 v. Chr. in der ganzen nahöstlichen Welt allgemein verwendet. Es ist möglich, daß es zu dieser Zeit in Kreta genügend Zinnsteine oder Zinnerz gab, aber heute finden sich nur noch Spuren davon im Limonit von Fodele; die Granite, Pegmatite und die Feldspate des Gebietes Miamou-Antiskari enthielten Lagen von Zinnerz, die heute erschöpft sind. Die kretischen Metallurgen versuchten fast 1000 Jahre lang, ihr Kupfer mit allen möglichen Metallen, Arsen, Blei, Zink und Nickel, zu härten. Schließlich entschieden sie sich am Beginn von Spätminoisch für das Verhältnis von einem Teil Zinn auf neun Teile Kupfer. Das Zinn ließen sie aus Phönizien (Byblos), Syrien (Aleppo) und vom anatolischen Hochland kommen oder brachten es von dort mit.

In Kreta, das verhältnismäßig reich an silberhaltigem Blei war, wurde seit dem Ende des dritten Jahrtausends v. Chr. der Bleiglanz nach einem im Laurion-Gebirge bekannten Verfahren behandelt, wo die Kreter um 1600 Fuß gefaßt hatten: sobald das Erz sortiert, zerstoßen und gewaschen war, befreite man es von seinem Schwefelanteil durch ein Holzfeuer in einer Grube; dann wurde es in einem Gebläseofen mit Holzkohle vermischt; man oxydierte schließlich das Blei im Treibherd zu Bleiglätte, um es vom Silber zu trennen.

Das Gold erscheint in Kreta im Namen des Flusses Elektras, der durch die Provinz Amari fließt, und im Namen des Dorfes Maleme (malama, »das Gold«), an der Mündung des Tauronitis. Der arabische Geograph Edrisi hat 1154 auf ein Goldbergwerk in diesem Gebiet hingewiesen. Vielleicht begnügten sich die Metallsucher damit, den Sand zu waschen und die Goldklumpen zu suchen. Vielleicht auch wandten sie das Abtreibeverfahren an, um das Gold vom Blei und vom Silber zu trennen: eine Ader dieser drei Metalle erwähnt Buondelmonti 1415 in der Nähe von Argyroupolis, dem antiken Lappa. Die Goldsucher hüteten ihr Geheimnis noch besser als die Kupferschmelzer, und das Gold ist verschwunden. Es ist nur noch in ganz geringen Spuren in einigen Erzen der westlichen Weißen Berge vorhanden.

## *Von der Wiege bis zum Grabe*

Das war der Tageslauf der verschiedenen Arbeiter der kretischen Ebenen und Gebirge. Gern würde man ihnen auch in ihr Privatleben von der Wiege bis zum Grabe nachgehen und erfahren, was sie über ihre Bestimmung dachten. Wir haben, solange wir uns mit ihnen beschäftigten, ihre feste Bindung an ihre Riten und ihre Mythen bemerkt. Ein wenig von ihrem tiefen Glauben ist in ihren privaten Kulten sichtbar.

### 1. Geburt und Kindheit

Schon gleich nach der Geburt erhält das Kind von seiner Mutter einen Namen, ein heiliges Wort, das ihm nicht nur eine Persönlichkeit verleiht und eine Art stellvertretendes Zeichen der Seele ist, sondern auch sein Schicksal mitbestimmen und ihm erlauben wird, wie eine Zeichnung oder eine Statue über das menschliche Leben hinaus zu dauern. Neben den mythischen Namen Minos, Sarpedon, Rhadamanthys, Atymnos oder Akakallis kennen wir durch die Tafel eines ägyptischen Schülers vom Beginn der 18. Dynastie[38] eine Liste von sieben »Namen des Landes Keftiu«, d. h. von typisch kretischen Namen: 'Ikst, 'Ikšw, 'Išhr, Idn, Pnrwt, Rwnt, Di-ddm. Wir wissen nicht genau, wie die Vokale wiederzugeben sind. So wie sie sind, erinnern sie an Axendi und Axos (die »Höhe«), an Ida (das bewaldete Gebirge und die gleichnamige Gottheit), an Pyranthos (Städtename) und der letzte Name an eine ägyptisch-pelasgische Mischform (»die Göttin Dindyme hat es gegeben«). Wie in allen Nachbarländern Kretas zur selben Epoche spielt der Name auf eine Besonderheit der Geburt, wie etwa Gestalt und geographische Abstammung, an; man versucht auch für das Kind den Schutz einer besonderen Gottheit zu gewinnen. Persönliche Talismane sollten es außerdem beschützen: Perlen, Kieselsteine, Ambra, Lederstückchen und verschiedene Flocken; von all diesen Dingen finden sich einige Spuren in den Gräbern. Wenn die Familie reich genug war, ließ sie in der Stadt ein Siegel anfertigen, dessen Bild, das ebenso persönlich war wie der Name, die Wirkung des Namens verdoppeln sollte. Es konnte mit einer Schnur oder einem Lederriemen, die durch ein Loch auf der Siegelachse gezogen wurden, um den Hals des Kindes gehängt werden. Die Mutter nährte ihr Baby an der Brust, manchmal aber auch mit der Flasche, die in einem durchlöcherten Horn bestand, das mit Honig gesüßte Ziegenmilch enthielt, wie das wunderbare Horn der Amaltheia, der Amme des Zeus. Wenn die Mutter oder das Kind krank waren, begaben sich beide zu einer Quelle im Gebirge oder zu einem wundertätigen Wasser in einer heiligen Höhle, tranken von diesem reinen und heiligen Wasser, zündeten Lampen an, brachten eine Weihegabe dar und legten Gelübde ab. Die berühmtesten Höhlen waren die von Stravomyti oder Karnari am Südwestabhang des Berges Iouktas und die Höhle, die später Höhle der Eleuthyia und Eileithyia (Ereutiya auf den Täfelchen in Linear B) genannt wurde, an der Mündung des Amnisos. Die Frauen kamen hierher, um Kalksteingebilde anzubeten, die einer Mutter mit dem Kind auf dem Arm glichen. Der gleiche Idoltyp findet sich in der Höhle des Hermes und der Maia in Melidoni (Mylopotamou) und in der Vigla-Höhle von Keratokampos (Viannou). Man schenkte der Göttin große Schüsseln, die offenbar mit Milch und Honig gefüllt waren. Die Täfelchen von Knosos erwähnen ein Gefäß mit Honig als Geschenk für Ereutiya von Amnisos. Man stieg in eine Krypta mit enger Öffnung hinab und stellte ganz unten eine brennende Lampe oder eine Tasse auf. Das Prinzip dieser Religion ist das gleiche wie bei vielen anderen: »do, ut des«, ›ich gebe, damit du gibst‹.

Das Kind wuchs heran. War es ein Mädchen, so wurde es schon früh mit dem Spinnen und Weben, mit dem Mahlen und Stampfen des Getreides und mit dem Sammeln der Beeren und Schoten vertraut gemacht. Es lernte die Formeln, mit denen die Göttinnen der Frauen besänftigt und gnädig gestimmt, der böse Blick beschworen, Unheil, garstige Tiere und die Seelen der Toten ferngehalten werden. Handelte es sich um einen Jungen, so begleitete er schon bald seine Eltern und half ihnen auf den Feldern, im Weinberg, auf der Weide oder im Wald.

## 2. Initiationen

Die in Kreta bis in die hellenistische Zeit sehr verbreitete Einteilung in Altersklassen und ihre altertümliche und konservative Prägung in dieser Zeit berechtigen uns zu der Annahme, daß die Jungen und Mädchen freier Eltern jedes Berufszweiges der Einrichtung der gemeinschaftlichen Initiation unterworfen waren. Diese erfüllte bei ihnen die Funktionen von Erziehung, Reinigung, Prüfung und Vollendung. Bei Beginn der Pubertät wurden die Kinder Erziehern reiferen Alters anvertraut, die sie in Abteilungen oder Bruderschaften einteilten: bekannt sind die Namen der »Bienen«, »Bären«, »Ziegen«, »Daktylen«, »Kureten« und »Kyklopen«. Das waren die Gefährten und Erzieher des höchsten Gottes des Ida.

Die Initiationskollegien bestanden je nach der Gegend aus Hirten, Schmieden, Maurern, Töpfern, Jägern, Musikanten oder Sehern.

Ihr Ziel war es, dieses unvollkommene Wesen, das das Kind war, in ein fertiges Wesen, diese Larve ohne Persönlichkeit, Geschlecht und echten Namen in ein lebendiges Glied der Gemeinschaft zu verwandeln. Zu diesem Zweck wurde es aus dem Dorf entfernt, von seinen Eltern und seinen Spielen getrennt und gezwungen, auf dem Erdboden zu schlafen; es mußte lernen, Listen zu gebrauchen und Tiere zu jagen, um sich am Leben zu erhalten, es mußte lernen, seine Angst zu überwinden, indem es in Initiationshöhlen hinabstieg und »Monstren« oder Masken trotzte, und schließlich mußte es Formeln und Handgriffe erlernen. Knaben und Mädchen tauschten ihre Kleider, maskierten und schminkten sich. Für kurze Zeit waren sie Toten gleich. Wer Initiation sagt, sagt Neubeginn. Der Wiedergeburt geht der Tod voraus. So war es in Kreta bei den sieben Knaben und den sieben Mädchen, die Theseus in das Labyrinth begleitet hatten, und noch 1000 Jahre nach ihm wurden beim Fest der Oschophorien am Ende des Sommers zu Ehren Ariadnes, der alten kretischen Göttin, und ihres Gatten Dionysos vierzehn Kinder in Phaleron einer ähnlichen Abgeschiedenheit unterworfen. Wir rühren hier an die Ursprünge der berühmten Mysterien des klassischen Griechenlands.

Von all dem war in Kreta bis in die hellenistische Zeit außer Überlieferungen eine Zeremonie übriggeblieben, die der Ekdysia oder des Kleiderwechsels: nach dem von Antoninus[39] erzählten Mythos war Leukippos aus einem jungen Mädchen in einen Mann verwandelt worden, ein Zeugnis aus einer Zeit, in der die jungen Krieger nach ihrer Initiation der Gottheit ihre Kinderkleider weihten. Aber vor allem gibt es noch mehrere sichtbare Zeugen, die Initiationshöhlen selbst. Eine von ihnen wurde 1899 teilweise ausgegraben und trägt seit dieser Zeit den willkürlichen Namen Diktäische Höhle[40]. Das ist die Höhle (spilio) von Psychro, am Südrand der Lasithi-Hochebene. Ein steiler Abstieg von etwa 50 m in der Finsternis führt zu einem eiskalten See, von hohen Kalksteingebilden und -draperien eingerahmt, in denen die Reisenden wie die Einheimischen Gestalten zu erkennen glauben. Im Schlamm des Höhlengrundes und in den Spalten der Stalagmiten fanden die Ausgräber allerlei Votivgaben aus dem 16. bis 14. Jahrhundert: Lanzenspitzen, Wurfspeere, Messer, Rasiermesser, Fibeln, Haarnadeln, Spitzen von Spinnrocken, Nadeln, Bronzefigürchen, die männliche oder weibliche Spender von Weihegaben darstellen, Miniaturdoppeläxte, Gemmen, von denen eine das Bild des Minotauros trägt, Perlen aus Halsketten, eine Mondsichel, kristallene Sonnenkugeln, Ringe und Reifen aus Bronze, Gold und Silber. In der Nähe des Eingangs bestand die Mehrzahl der Weihegaben aus Knochen und Hörnern von Opfertieren, aus bronzenen und tönernen Stieren, aus männlichen und weiblichen Adoranten und aus Miniatur-Schwertklingen. Der Kult galt einer Göttin vom Typus der späteren Aphrodite Ariadne und ihrem Gefährten, dem Gott mit dem Stierkopf, dem Minotauros der Sage, dessen richtiger Name wahrscheinlich Velchanos war. Aber das Labyrinth und die Sage von Theseus und Ariadne werden am deutlichsten lebendig in der Höhle von Skotino, vier Wegstunden östlich von Knosos[41]. Durch die Höhle, vor der eine große Doline von 21 m Durchmesser liegt, führt ein langer, gewundener und verhältnismäßig schwer begehbarer Weg über vier zunehmend dunkler werdende Ebenen hinab. Er weist einen Niveauunterschied von 56 m auf, einen der beachtlichsten in Kreta überhaupt. Aber vor allem im ersten Raum erinnert ein zurechtgehauener Fels aufs deutlichste an ein vierfüßiges Ungeheuer; eine hohe Travertinplatte trägt Darstellungen von Menschen und Tieren, und am Ende des zweiten Stockwerkes, im Halbdunkel, ähnelt ein natürliches Kultidol je nach dem Standpunkt des Betrachters einer Frau oder einem fratzenschneidenden Affen. Schließlich bemerkt man außer den Votivgaben, die denen von Psychro entsprechen, beim Eingang zwei herrliche Tanzflächen. Das Labyrinth – das ist sowohl durch die Philologie wie durch die kretische Höhlenforschung bekannt – war nicht der Palast der Doppelaxt, wie A. Evans glaubte, sondern ein System von in den Erdboden gegrabenen Gängen, das religiösen Zwecken diente, eine Initiationshöhle.

Die Nachrichten, die wir über das Ritual der Ariadne- und Dionysosfeste in Phaleron besitzen, liefern uns das Wesentliche des Geschehens im Innern und im Umkreis der kretischen Höhle, wo es Theseus als Jüngling gesucht hatte: hier wurden die jungen Leute isoliert, hier fanden verschiedene sportliche Prüfungen oder Wettspiele statt sowie Opfer, die Ernennung eines Fürsten der Jugend, die Tötung des alten Jahres, das mit dem Herbstäquinoktium endete, Tänze, die Massenhochzeiten einleiteten, und von hier aus gab es eine lärmende Rückkehr in die Ortschaft oder ins Dorf.

## 3. Feste und Kulte

Die Erwachsenen hatten andere Feste, andere religiöse Bräuche. Wir warfen schon einen Blick auf die Feste und Bräuche anläßlich der Aussaat, der Ernte, der Weinlese, der Öffnung der Weinkrüge, des Auszugs und der Rückkehr der Herden; sie alle waren begleitet von Votivgaben, Trankopfern, Liedern und Tänzen, für die sich die Kreter heute noch begeistern. Aber neben diesen an die Jahreszeiten gebundenen Riten gab es wie in unseren Tagen ein Jahresfest des Dorfes oder sogar einer ganzen Region. Dieses wurde auf den Gipfeln bestimmter Berge oder auf bestimmten geweihten Plätzen im freien Feld in der Nähe von einsamen und typisch ländlichen Kapellen gefeiert. Und es ist sehr wahrscheinlich, daß mehrere der zwölf Kulthöhlen, die die Archäologie für den Zeitraum zwischen 1600 und 1400 v. Chr. in Mittelkreta entdeckt hat, von der gesamten Bevölkerung der Umgebung zu einer ganz bestimmten Zeit des Jahres und nicht zu jeder Zeit besucht wurden wie die Höhlen für schwangere Frauen und Kranke. Die Idahöhle, die der Berggöttin und ihrem göttlichen Kind gehörte, bevor sie in den Besitz von Zeus und seinen Nymphen überging, ist in 1534 m Höhe nur von Mai bis Oktober zugänglich, und man kann sich dort nur während der heißesten Zeit aufhalten. Solche Versammlungen wiederholten sich an denselben Plätzen oder in ihrer unmittelbaren Nachbarschaft bis in die Gegenwart. Alljährlich lädt der Gipfel des Berges Iouktas, ein ehemaliges Höhenheiligtum, zu einem großen religiösen Fest am 6. August ein. Mehrere Dörfer kommen am Paraskevi-Fest, dem 26. Juli, zum Tanz in die Höhle von Skotino. Die Bewohner der Provinz Kisamos im Westen pilgern am 29. August in Scharen zu einer Kapelle Johannes' des Täufers in Ghiona, in einer kleinen Binnenebene der Halbinsel

Rodopou. Nun, der benachbarte Berg, der Onychas, besaß schon im minoischen Altertum einen Höhenkult, und die nahe kleine Bucht, Mennies, war der Diktynna geweiht, die in historischer Zeit die minoische Berggöttin war. Man kennt nunmehr etwa 100 dieser Feldheiligtümer im antiken Kreta. Um die Sache zu vereinfachen, können wir sagen: die Höhenkulte sind im Ostzipfel häufig, die Höhlenkulte – die im Osten ganz fehlen – finden sich in reicher Zahl in den Ebenen oder Gebirgen des Zentrums, die Kulte auf dem flachen Land, Baum-, Fels- und Quellkulte, sind in den beiden östlichen Verwaltungsbezirken ziemlich stark vertreten und kommen vereinzelt auch darüber hinaus vor. Alles sieht so aus, als sei schon das minoische Kreta in vier Zonen mit verschiedenen Gewohnheiten und Riten aufgeteilt gewesen, so wie es heute in vier Verwaltungsbezirke aufgeteilt ist.

Die Höhenkulte[42] beginnen kurz vor dem Jahr 2000. Wurden sie zuerst im Freien in einer Umfassung von Felsblöcken abgehalten, so schaffen sie sich im ausgehenden Mittelminoisch zwei- oder dreischiffige Gebäude aus Steinquadern, die mit Bänken und Altären ausgestattet sein können; Kulthörner überragen sie, und vor ihnen stehen hohe Masten. Auch Sakristeien gehören dazu. So sehen die auf den Gefäßen und Siegeln von Knosos und Zakro dargestellten Heiligtümer aus und die tatsächlich vorhandenen auf dem Berge Petsofas bei Palaikastro, auf dem Berg Iouktas bei Knosos, auf dem Berg Kofinas bei Kapetaniana im Asterousia-Massiv, auf dem Berg Philiorimos bei Gonies, auf dem Berg Pyrgos bei Tylissos usw. Jeden dieser Berge nannte man Dikte, »Heiliger Berg«. Das waren nicht die höchsten Berge, sondern die bequemsten, welche die schwachen Pilger, die Frauen, die Kinder und die Kranken am leichtesten ersteigen konnten; es waren auch die am besten sichtbaren, die sehr zentral und am schönsten gelegenen Berge. Hier lassen uns Ausgrabungen, dort Sondierungen und überall das Fortbestehen der bäuerlichen Bräuche und Bedürfnisse einen großen Teil der Riten und ihrer Bestimmung erkennen. Es war mir vergönnt, im Sommer an mehreren dieser volkstümlichen Pilgerfahrten teilzunehmen. Zu Fuß oder auf dem Rücken eines mit bunten Tüchern aufgeschirrten Esels gelangt man, oft von sehr weit her, bei Einbruch der Dunkelheit ans Ziel. Das Abendessen wird im Freien eingenommen. In Decken gewickelt, schläft man ein. Im Morgengrauen zündet man lodernde Feuer an, während man gespannt den Sonnenaufgang erwartet; man nimmt zwischen den brennenden Kerzen heute an einem Opfer teil, welches das Meßopfer geworden ist. Für die Antike erklärt sich der Brauch der Feuer, Lampen und Opfer aus dem Wunsch, die Flamme der Sonne wiederzubeleben in den kritischen Augenblikken ihrer größten Nähe zum Horizont, wenn man glaubte, die Sonne werde stehenbleiben und sterben, oder in den Augenblicken ihrer Begegnung mit anderen Erscheinungen des Sternenhimmels oder der Geographie, wenn man glaubte, sie werde aus den Hörnern des Mondes geboren, sich vermählen, von einer Himmelswohnung zur andern ziehen. Mehrere Heiligtümer, die gleichzeitig ihren Kult mit lodernden Feuern zelebrierten, standen miteinander in Verbindung, genau wie in unserer Zeit die Feiern des Eliasfestes in der Morgendämmerung des 20. Juli, des Verklärungsfestes am 6. August und des Festes des Heiligen Kreuzes am 14. September auf den Bergen ein ganzes Netz von Lichtern erglühen lassen.

Indem man Darstellungen mißgestalteter oder kranker Gliedmaßen an die Wände des Heiligtums heftete oder in die Felsspalten schob, glaubte man auch, daß die Pilger und ihre Herden gleichzeitig mit der Erneuerung der Gottheit geheilt oder gestärkt würden. In manchen Fällen wurden die Figurinen in das Feuer der gemeinsamen Auferstehung geworfen. Gewöhnlich wurden sie zerbrochen und die Scherben in der Asche verscharrt oder auf den Grund der Felsspalten geworfen, damit sie unauffindbar, nicht wieder zu gebrauchen und unveräußerlich würden. Das Spenden von Muscheln, Fischen, kleinen tönernen Booten und vor allem von runden Kieseln, die vom Strand mitgebracht wurden, macht das Gelübde von Seeleuten an eine kosmische Gottheit, ihre eigene Schutzgöttin sichtbar. Die Reicheren brachten große Tonstatuetten dar, die Adoranten darstellten, bronzene Statuetten in Form von Menschen oder Tieren, mit Flüssigkeiten gefüllte Krüge, Schmuckstücke, dünne Goldplättchen, Kugeln aus Bergkristall und gehörnte Skarabäen, das Symbol der Wiedergeburt und der Auferstehung. Früher wie heute teilten die Pilger den mitgebrachten Proviant, sie tranken und beschlossen das Fest mit Tänzen und Liedern. Man rüstet immer zur Rückkehr ins Dorf, wenn die Sonne nicht zu sehr brennt, manchmal am Morgen des zweiten Tages nach dem Aufbruch; es ist ein fröhlicher und buntgemischter Zug. Von solchen Pilgerfahrten erwartet man sich Heilungen, Wunder, eine Stärkung der Lebenskraft und des Glaubens und Wasserreichtum. Man fühlt sich wiedergeboren. Nach dem antiken Mythos war der höchste Gott der Eteokreter auf dem Gipfel des Berges Dikte geboren. Je nach dem Gebiet nannte man ihn Talos, Velchanos, Asterios, Arbios, Atymnos, Skylios oder Hyakinthos. Anderswo war es eine Göttin, deren ergreifende Geschichte gefeiert wurde, Britomartis, die süße Jungfrau, oder Diktynna, die Herrin des Heiligen Berges.

Wir konnten ein Dutzend minoische Landkapellen bestimmen, die die Archäologen bald Depot, bald Hausheiligtum, bald Palastheiligtum nennen und von denen sie meist nicht wissen, wie sie einzuordnen sind. Dem Typ nach sind sie offensichtlich sehr verschieden. In Vourvoulida in Piskokefalo (Sitias) fanden sich die Votivgaben weit verstreut auf einer Terrasse am Fuß des Katrinia-Hügels: große Töpfe und kleine Gefäße, Menschen- und Tierstatuetten, gehörnte Skarabäen, von denen einer sein Junges auf dem Rücken befördert, und kubische Häuschen aus Ton, von Doppelhörnern und manchmal von Vögeln oder Insekten gekrönt. Mehrere Statuetten stellen schwangere Frauen dar. Die drei Heiligtümer bei Patela in Sfakia (Sitias), Rousses in Chondros (Viannou) und Kannia in Mitropolis (Kainouriou) bestanden im wesentlichen aus einem rechteckigen Gebäude mit mehreren nebeneinanderliegenden Räumen, die mit Krügen, Gefäßen, Opferkelchen, Doppelhörnern, weiblichen Idolen und Altartischen angefüllt waren. Sie ähneln im wesentlichen Magazinen, in denen es auch Kultgeräte gibt. Die 30 großen Krüge und die 50 anderen kleineren, mit Weihegeschenken gefüllten Gefäße, die die Feldkapelle von Chondros auf ihrer 75 qm großen Fläche enthielt, lassen an die Abgaben eines ganzen Dorfes denken. Wenn hier wie anderswo, zu dieser Zeit wie 1000 Jahre später die Götter Grundbesitzer waren, so zwingen uns die Feldheiligtümer, die Frage nach dem Verwendungszweck der Magazine oder Vorratsräume der kretischen »Paläste« auf ganz neue Weise zu stellen: Waren das nicht eher die Magazine eines Gottes als die eines Königs?

Jedenfalls kann man in Nirou Chani, in der Flur Armylides von Kokkini Chani (Pediados) nicht von einer königlichen »Villa« sprechen. Schon seit Abschluß der 1918 und 1919 von S. Xanthoudidis[43] ausgeführten Grabungen glaubte A. Evans, daß man hier das Haus eines hohen Priesters in der Nähe eines versunkenen Hafens ausgegraben habe, eine Art Hauptquartier für die Verbreitung des minoischen Glaubens im östlichen Mittelmeerraum; so groß war die Menge der hier angehäuften Kultgegenstände: einer der kleinsten Räume enthielt nicht weniger als 44 bewegliche Altäre, die in parallelen Reihen aufgestellt waren; ein anderer vier riesige Doppeläxte aus Bronzeblech; ein dritter vier Lampen mit Steatitfuß; drei Räume schienen den Opfertischen und den runden Tonaltären vorbehalten gewesen zu sein; im Mittelteil entsprachen zwei Räume mit Bänken denen in den Kapellen von Agia Triada und Knosos. Die erhaltenen Malereien stellten den Kultknoten oder das Kultband dar. Der kleine Osthof schließlich bestätigte den heiligen Charakter dieses Gebäudes, da sich hier ein Altar und ein Paar Weihehörner aus weichem Kalkstein fanden. Das Gebäude von Nirou Chani, wie die »Paläste« nach einem heliakischen Aufgang in der Nähe des Frühjahrsäquinoktiums ausgerichtet und wie sie mit Votiv- und Kulteinrichtungen angefüllt, war wie diese Paläste ein Tempel, jedoch zum provinziellen Gebrauch. Wir können feststellen, daß die Zahl der ländlichen Heiligtümer in Kreta in den Zeiten wirtschaftlicher Blüte, d. h. in Zeiten relativen Friedens, eine steigende Tendenz aufwies und daß die Macht der Priesterschaft im wesentlichen auf den Einkünften eines ausgedehnten Landbesitzes beruhte.

## 4. Hochzeiten

Aus zwei Notizen Diodors von Sizilien (V, 72 und 77), die er den besten kretischen Historikern entnommen hat, erfahren wir, daß die Einwohner jedes Jahr am Ufer des Flusses Theren, des heutigen Giofiro, bei einer Feldkapelle die Hochzeit des höchsten Gottes mit der Göttin darstellten und daß in ebendieser Gegend die Initiation öffentlich vor sich ging, ohne daß man dabei Leuten, die kennenlernen wollten, was anderswo in den Mysterien der griechischen Welt geheimgehalten wurde, etwas verbarg. Es ist außerdem bekannt, daß man am Fuße der Akropolis von Gortyn, dem vorgriechischen Larissa, feierlich der Hochzeit des Zeus und der Europa, der zukünftigen Mutter des Minos, unter einer immergrünen Platane gedachte. Solche Beispiele lassen keinen Zweifel daran, daß die Hochzeitsfeier im Leben der kretischen Bauern früher eine ebenso wichtige Stelle einnahm wie heute. Wir haben keine Nachrichten über die Einzelheiten der minoischen Hochzeit. Diodor spricht lediglich von Opfern und Vorstellungen, was uns zur Annahme berechtigt, daß es damals wie heute eine ganze Programmabfolge gab: dazu gehörten die vorgetäuschte Entführung der Braut, der sogenannten Nymphe, der von Kultgesängen begleitete Hochzeitszug, der Besuch eines Feldheiligtums mit Weihegeschenken, Opfern und Gelübden, die Empfangszeremonie in der neuen Wohnung (im allgemeinen war es die der Schwiegermutter), das Festessen fürs ganze Dorf, Tänze und Gesänge während der ganzen Nacht. Die Hauptsorge der Jungvermählten war es damals nicht, keine Kinder zu bekommen. Ganz im Gegenteil. Da die Unfruchtbarkeit als ein Fluch oder die Wirkung eines Unsegens galt, versuchten die Frauen, sie zu beschwören, indem sie ein als fruchtbarmachend geltendes Wasser tranken, in der Karteroshöhle den steinernen Leib der Göttin berührten, der durch die menschlichen Berührungen ganz glatt und glänzend war, diese oder jene besondere Schutzgöttin anriefen, zwischen zwei Felsblöcken vor der Höhle von Marathi, dem antiken Minoa, hindurchgingen, Fetische, die sogenannten »Milchsteine«, Blätter oder Rinden von immergrünen Bäumen trugen, usw. Ich konnte mehrere Male solche tausend Jahre alten, vor Abnutzung und Fett glänzenden Talismane in die Hand nehmen, die die Nachfahrinnen der Gefährtinnen Europas immer noch ehrfürchtig tragen, bevor sie sie ihren Töchtern weitergeben. Ein »Mütterchen«, Maia, leistet bei der Niederkunft Beistand. Und wenn man dem Beispiel Latos glaubt, die Apollo und Artemis auf Delos zur Welt brachte, gebären die Frauen wie im ganzen antiken Orient nicht in Rückenlage, sondern in kniender oder hockender Stellung.

## 5. Bestattungen

Die letzte Zeremonie im Familienleben war die des Begräbnisses. In der Mitte des zweiten Jahrtausends bestanden hier und da noch Bräuche aus dem vorangegangenen Jahrtausend: in Sitia, Sotira, Mathia (Pediados) findet man Gräber unter dem Fels; in Kamilari (Pyrgiotissis) wurde die Beisetzung in einem großen Kuppelbau, der sogenannten Tholos, wiederaufgenommen, die seit mehreren Jahrhunderten aufgegeben war. Aber normalerweise[44] verlangte es um 1500 die Sitte, daß der Leichnam, die Füße nach unten, in einen umgedrehten Pithos oder auch in einen Tonsarkophag oder in einen weiß oder blau bemalten Holzsarg gelegt wurde. Der Körper wurde darin gekrümmt, die Knie an die Brust gewinkelt und bei der Bestattung in einem Sarkophag oder einem Sarg auf die Seite gebettet. Dies sei, so wurde behauptet, die Lage während des vorgeburtlichen Lebens in Erwartung einer Wiedergeburt. Wir wissen darüber nichts Sicheres. Ich sehe darin vielmehr die gekrümmte Schlafhaltung, denn für die ganze Antike ist der Schlaf der Bruder des Todes. Auf die eine wie auf die andere Weise wollte man sagen: er lebt noch und wird immer leben. Das Behältnis wurde danach in Erde, Sand oder Asche eingegraben, meist auf dem Grund einer mit Platten ausgelegten Grube; es wurden ihm Gefäße aller Art mit Essen und Trinken beigegeben, deren Menge natürlich je nach dem Vermögen der Familie des Verstorbenen verschieden groß war. In anderen Gegenden höhlte man den weichen Kalkstein am Abhang eines Hügels aus und stellte die Truhen in eine Art Grabkammern mit unregelmäßigen Wänden, die man verschloß, nachdem man ein Haustier geopfert und sein Fleisch verbrannt und nachdem man auch ein Kohlenbecken voll duftender Körner hineingestellt hatte. Schließlich war noch ein Grabtypus gebräuchlich, der die Synthese der beiden vorangegangenen zu sein scheint. Das war ein senkrechter Schacht, der am Grund mit einer Seitenkammer versehen war. Außer einem Fall von Leichenverbrennung[45] aus Mittelminoisch III, den S. Hood 1955 bei Knosos entdeckte, verlangte es die Sitte, die Leichen nicht einzuäschern, sondern sie in Leinenkleidern – es wurden welche in Zakro wiedergefunden – mit ihrem Schmuck und ihrem persönlichen Siegel, das ihnen um den Hals gehängt oder in Reichweite gelegt wurde, zu begraben.

Man kann sich hier wie für den ganzen östlichen Mittelmeerraum einen Leichenzug, Klageweiber, die Lobrede auf den Toten, Opfer und ein Leichenessen vorstellen. Aber nichts, überhaupt nichts erlaubt uns, von einem Totenkult zu sprechen, zumindest bei dem kretischen Landvolk nicht. Allerhöchstens kann man sich Gottesdienste oder Leichenopfer unmittelbar bei der Beerdigung denken: Trankopfer, Verbrennung fester Nahrungsmittel, Ausgießen von Lustrationswasser, Räucherungen, Niederlegung persönlicher Gegenstände, die den Toten helfen sollten, bequemer ins Jenseits zu gelangen. Es steht fest, daß man an ein unbestimmtes Weiterleben des Verstorbenen nach dem Vergehen des Leibes glaubte und daß man alles tat, um nicht seinen Zorn zu erregen und seine Rückkehr aus den Schattenschlünden zu veranlassen. Man glaubte auch, daß die Seele sofort nach der Beerdigung eine lange Reise über die Meere zum Land der untergehenden Sonne antrat. Es finden sich manchmal Boote in den Gräbern. Wenn der Leichnam liegt, ist er von Osten nach Westen ausgerichtet. Die Seele begab sich, so sagte man, zu den Inseln der Seligen, wo die beiden Könige Kretas, Minos und Rhadamanthys, weiter regierten und Recht sprachen, wie die Pharaonen Ägyptens. Diese Inseln nannte man das Elysium, ein Wort, das allem Anschein nach mit dem Namen Eleusis und Eleuthyia – Eileithyia, der Göttin der Befreiung – in Verbindung gebracht werden muß. Im Unterschied zur griechischen Unterwelt bot sich dieses Jenseits unter den verlockendsten Aspekten dar. Das war, wie Proteus zu Menelaos im 4. Gesang der *Odyssee* (565 bis 568) sagt, nachdem er vorher an das Urteil des Rhadamanthys erinnert hatte, »dort, wo das Leben für die Menschen sehr leicht ist: nie gibt es dort Schnee, nie harte Winter und auch keinen Regen. Immer erfrischt das Wehen des wohltönenden Zephyr, das der Okeanos schickt, die Menschen«. Da die Herrscher als Hüter des Rechts aufgefaßt wurden, gelangten unvermeidlich nur die gerechten und tugendhaften Seelen sofort in dieses Paradies, das an die Ialu-Felder der Ägypter erinnert. Die andern mußten warten, büßen oder sich reinkarnieren. Von daher sind alle Vorkehrungen zu erklären, die getroffen wurden, um die Mächte des Jenseits, Gott oder Göttin, zu überzeugen, daß der Verstorbene, da er persönlich die Riten erfüllt habe, geläutert sei und daß er nicht mit den Unfrommen verwechselt werden dürfe.

Es ist zweifellos viel Formalismus in all diesen Dingen. Indessen kann man in ihnen den Beweis finden, daß die Kreter dem Individuum und seinem individuellen Schicksal mehr und mehr Platz einräumten, seitdem der Tote nicht mehr in den Massen-Höhlen und Massen-Tholoi zusammen mit Dutzenden anderer beerdigt wurde. Diese Art der Befreiung von der Sippe stellten wir im Verlaufe dieses ganzen Kapitels immer wieder im Alltagsleben der kretischen Landbevölkerung fest: sie findet ihren Ausdruck im Bau einzelstehender, persönlicher, eigenständiger Häuser, in der Anwendung neuer Techniken, im Umherziehen von Erzsuchern, Metallurgen, Händlern, in der Initiation junger Fachhandwerker und im Entstehen eines ländlichen Handwerker- und eines ländlichen Priesterstandes, in dessen Folge ein Produktions- und Arbeitsüberschuß in die Städte wanderte. Fassen wir zusammen: um 1500 v. Chr. vermittelt das Landleben in Kreta den dreifachen Eindruck von Mannigfaltigkeit, Beweglichkeit und Lebensfreude.

Viertes Kapitel

# Das Leben in der Stadt

## *Das Aussehen der Städte*

Der Ausschluß aus der Sippe oder die Übervölkerung der Dörfer zwangen manchen, vom Land oder aus dem Gebirge wegzuziehen, andere lockte die Aussicht auf eine Anstellung in der Umgebung einer Priesterschaft, eines Kriegsherrn oder eines Reeders; wieder andere zogen, dem Ehrgeiz oder der Zuneigung gehorchend, ihren Verwandten nach oder verließen ihre Heimat, um zu heiraten; all diese Menschen ließen zusammen mit den Spezialisten aller Stände, den Gefangenen und schließlich den Fremden seit Beginn des zweiten Jahrtausends die kretischen Städte anschwellen. Aus drei Gründen werden sie Städte genannt: die Ansiedlung, die dichter war als in den ländlichen Gemeinden, umfaßte eine Bevölkerung von nicht mehr einigen hundert, sondern einigen tausend Personen; sie waren die Orte für die Weiterverteilung der landwirtschaftlichen Erzeugnisse und der handwerklichen Produkte, für echte Tausch- und Handelsgeschäfte; hier befanden sich die Befehlsorgane einer ganzen sozio-geographischen Einheit. In einem Land, das noch in Kantonen denkt und in dem die Natur fest abgeschlossene Küstentäler in großer Zahl geschaffen hat, strebte jedes Tal danach, eine eigene Hauptstadt und manchmal, wenn diese an den Quellen des Wasserlaufes gegründet war, einen eigenen Seehafen zu besitzen. Nichts gibt uns das Recht, zu sagen, die griechische »Polis« sei geboren worden, d. h. man habe es mit einer Vereinigung freier Menschen zu tun, die Entschlüsse gemeinsam faßten, die am selben öffentlichen Versammlungsort opferten und dieselben Gesetze und Gebräuche befolgten. Es handelte sich auch nicht, wie das in der mykenischen Zeit sein wird, um eine Akropolis, die politisch und militärisch eine Reihe von Städtchen im umliegenden Land beherrschte. Die kleine minoische Stadt, die oft in der Ebene oder auf den Vorbergen liegt und keine sichtbaren Befestigungen besitzt, erinnert vielmehr an das spätere Milet, das eine Kolonie des kretischen Milatos sein soll: sie ist eine mehr oder weniger dichte Siedlung mit einer gemischten Bevölkerung mit verschiedenen Kulten, wirtschaftliches Zentrum und Markt, der andere Möglichkeiten hat als die schlichte Bodenbewirtschaftung.

Im allgemeinen suchte man in der Stadt, früher wie heute, mehr Behaglichkeit, Komfort, Sauberkeit und Luxus, z. B. gepflasterte Straßen, schmucke Fassaden, Badezimmer, Wasserleitungs- und Kanalisationssysteme, Wasserklosetts. Aber der in der minoischen Kunst so spürbare Individualismus fand sich in der städtischen Siedlungsweise wieder. Sie bietet unserem Blick eine größere Vielfalt als wir auf dem Lande feststellten. Manchmal, wie in Zakro, in Gournia und in Palaikastro, drängten sich die Häuser eng aneinander und standen durch schmale Gäßchen miteinander in Verbindung, auf denen zwei Personen gerade noch aneinander vorbeikamen. In Malia oder in Knosos gruppierten sich die Häuser zu Blocks, die durch Gärten, Höfe und ungenutzte Zwischenräume getrennt waren. Meistens lagen sie stufenweise am Hang eines Hügels wie in Psira, Phaistos, Arkalochori oder in Chamalevri (Rhethymnis). Aber etliche lagen auch auf flachem Gelände, besonders die Häfen. Malia, das seinen modernen Namen einer Ebene (Omalion) verdankt, erstreckte sich auf einer Terrasse von etwa 12 m Höhe, besaß aber mehrere Viertel am Küstensaum und ein weiteres auf dem Elias-Hügel in fast 100 m Höhe. Der Individualismus bleibt vor allem spürbar in der Form der Häuser, die meist ein Flachdach haben. Es gibt keine Einförmigkeit. Man findet Häuser aller Größen, von der winzigen Bude bis zum Palast, von der Hütte bis zum dreistöckigen Gebäude, vom halbbäuerlichen Haus mit einem kleinen Viehbestand bis zur streng spezialisierten Werkstatt. Dies ist nicht verwunderlich, da ja das Wachstum solcher Ortschaften weder einem vorher festgelegten Plan noch dem Willen eines Städtebauers, sondern dem mehr oder weniger raschen Zustrom freier Menschen und dem Gedeihen des Handwerks und des Handels zu verdanken war. Was das Baumaterial angeht, so bestand es zwar in der Hauptsache aus Steinen, unterschied sich aber in der Farbe und der Oberflächenstruktur ebenso wie in der Festigkeit oder der Bearbeitung: das hing vom Boden und vom Vermögen ab.

## *Verschiedene Häuser*

Von den Bürgerhäusern in Knosos können wir uns ein konkretes Bild machen, da wir über etwa 50 Fayence-Plättchen verfügen, die in einer aus der Anfangszeit der zweiten Paläste stammenden Erdaufschüttung nördlich der Halle der Doppeläxte in Knosos gefunden wurden[1]. Diese Plättchen, die als Schmuck für eine Holztruhe dienten, sind Teile eines Gesamtbildes, das eine Küstenstadt mit einer Flotte, Jägern, Bäumen und Tieren darstellte. Die Häuser erscheinen darauf als Fassaden, höher als breit, mit zwei und drei Stockwerken, die durch horizontale Balken oder Balkenköpfe getrennt sind. Sie sind aus Stein oder aber aus rundum mit Tonmörtel verputzten Lehmziegeln. Das Holz fand reichliche Verwendung bei den Türpfosten, den Fenstern und den Deckenstützpfeilern. Wenn das Erdgeschoß nach der Straßenseite hin keine Fenster hatte, so deshalb, weil es durch einen Innenhof erhellt wurde. Meist hat jedes Stockwerk Fenster, deren Scheiben mit rotem Ocker dargestellt sind, was auf ein durchscheinendes Material wie Alabaster oder geöltes Pergament schließen läßt. Auf dem Flachdach befindet sich hier und da eine Laterne. Ein in Archanes im Oktober 1970 entdecktes Modell aus Terrakotta mit einer Länge von 31 cm, einer Breite von 28 cm und einer Höhe von etwa 23 cm stammt aus dem 16. Jahrhundert v. Chr. Man erkennt daran eine Innentreppe, einen Lichtschacht und im ersten Stockwerk eine Veranda. Die Säulen gehören zum minoischen Typ, sie sind oben dicker als unten.

Die Häuser der armen Leute, wie man sie z. B. in Gournia[2] sieht, ruhten auf Fundamenten aus Bruchsteinen. Das Erdgeschoß diente als Vorratsspeicher. Hier wurden die Vorräte in Krügen gehortet. Eine Treppe aus Stein oder – meist – aus Holz führte vom Erdgeschoß zum Obergeschoß, wo sich die Familie in zwei oder drei

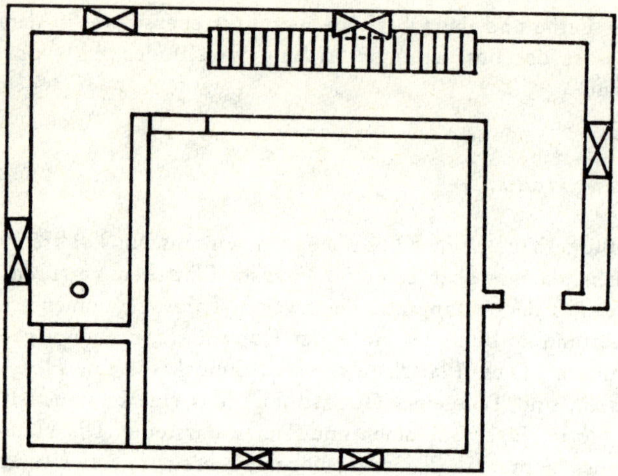

*Abb. 8.* Erdgeschoß des Modells eines minoischen Hauses; im Oktober 1970 in Archanes gefunden.

parallel liegenden Räumen zusammendrängte. Die Mauern bestanden aus gebrannten Ziegeln (plinthoi, ein vorgriechisches Wort) oder manchmal auch aus Ziegeln, die einfach an der Sonne getrocknet waren. Wie auf dem Land trugen die Deckenbalken mehrere Lagen von Geäst, Binsen und undurchlässigem Ton. Der Küchenherd befand sich im Hof, was den Vorteil hatte, daß Rauch und Brände vermieden wurden. Kanalisationen unter den Gäßchen führten das schmutzige Wasser ab. Da die Häuser in Hanglage standen, betrat man das bewohnte Stockwerk ebenerdig von der Straße und den Vorratsraum von einem kleinen, tiefer gelegenen Hof aus. Die Einrichtung bestand aus breiten, mit Tüchern bedeckten Bänken, die als Betten dienten, aus Truhen, Tongeschirr, Krügen, Amphoren, Kannen und Bechern, die auf Gestellen standen, aus einem Webstuhl und gelegentlich aus kleinen Werkzeugen, die der Handwerker brauchte. So fand man einige Gußformen und Ölausscheider in den Ruinen von Gournia.

Die Häuser von Palaikastro[3] weisen die Eigenart auf, daß sie

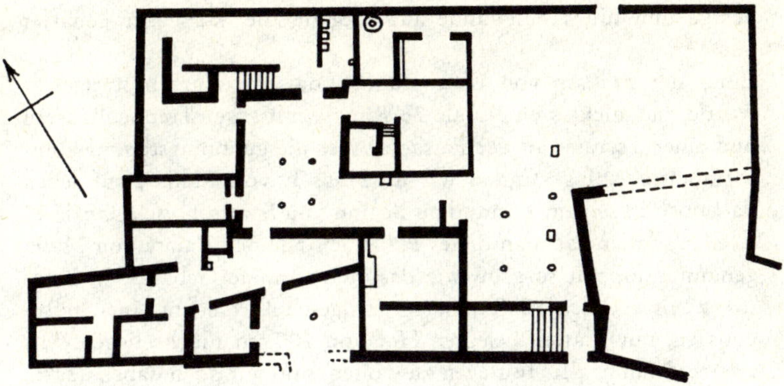

*Abb. 9.* Plan des Sektors B, Block 1–22 der minoischen Häuser von Palaikastro.

Wohnviertel bilden, »Blocks«, wie sie der Ausgräber, R. C. Bosanquet, 1902 genannt hat. Es ist möglich, daß jedes von ihnen von einer Sippe, d. h. einer Gruppe verwandter Familien bewohnt wurde, wie dies heute noch in manchen kretischen Dörfern der Fall ist. Der Häuserkomplex trägt den Namen eines ganzen Stammes im weiten Sinn des Wortes, einschließlich der Verwandten und Angeheirateten. Der anschaulichste Block von Palaikastro, der Sektor B, den L. Sackett und M. Popham[4] 1963 erneut ausgruben, umfaßte nicht weniger als sechs Häuser, deren kleinstes drei und deren größtes (etwa 500 qm) 22 Räume hatte. Dieses letztere zeigt noch heute die Basis seiner Außenmauer aus großen Steinen von härtestem dunklem Kalkstein, der vom Kap Sidero geholt wurde. Unmittelbar links vom Eingang führte eine Steintreppe zum oberen Stockwerk hinauf. Ein kurzer Flur führte zu einem geräumigen Hof mit Veranda. Von den Innenräumen läßt sich nicht alles beschreiben, um so weniger, als der wichtigste Teil, das mit Fliesen ausgelegte Stockwerk, bei einem Brand völlig vernichtet wurde. Aber man ist erstaunt, eine Küche, einen Patio, eine Hauskapelle, ein Badezimmer, eine Waschküche, Wasserklosetts und einen Vorratsraum für das Öl vorzufinden. Man bewundert die Fliesenbeläge und die Trennwände aus Ziegeln, die das Feuer gehärtet hat.

Eines der Häuser von Kato Zakro[5], das vor kurzem freigelegt wurde, hat nicht weniger als 26 Räume mit zwei Treppenhäusern und einer Terrasse an der Fassade. Aber die geräumigste und komfortabelste Anlage finden wir im Haus E von Malia[6], auf jeden Fall noch in seinem Zustand zu Beginn von Spätminoisch, um 1500 v. Chr.; daher hat man dieses Haus den Kleinen Palast von Malia genannt: doppelt so groß wie das gleichnamige Gebäude in Knosos, zählt es etwa 50 Räume im Erdgeschoß, die um einen polygonalen, mit Platten belegten Hof von 100 qm Fläche liegen. Mit unserer Manie, alles festlegen zu wollen, sind wir noch dabei, uns zu fragen, wozu und von wem so viele Zimmer gebraucht wurden. Im westlichen Abschnitt sind Vorratsräume und Werkstätten, im südlichen Wohnräume mit einer Art Patio, ein Badezimmer und ein großer mit Malereien bedeckter Saal zu erkennen. Die Prüfung der Ruinen und der Scherben führt zu der Ansicht, daß es sich bei dieser Anlage um ein immer mehr ausknospendes Wohnhaus handelte, das bis zu seiner Zerstörung im 14. Jahrhundert mehrere Male vergrößert und umgebaut und von immer mehr Menschen bewohnt wurde. Zum Zeitpunkt seines Brandes umfaßte es mindestens ein halbes Dutzend Familien im modernen Wortsinn, darunter die der Bediensteten, die alle von den Erträgen des Bodens, von den Erzeugnissen handwerklicher Tätigkeit und vom Handel lebten.

## *Die sogenannten Paläste, in Wirklichkeit große Heiligtümer, wirtschaftlich-religiöse Gemeinschaften*

Was im minoischen Kreta als »Palast« bezeichnet wird, bildet eine weitere organische Gesamtanlage von bewohnten Sektoren oder Vierteln, die in ihrem Prinzip der vorangegangenen entspricht. Man wollte ihm als Vorbilder bald die mesopotamischen Paläste, wie den von Mari am Euphrat, bald die anatolischen Paläste, wie den von Beycesultan am Oberlauf des Mäander, bald die syrischen Paläste, wie die von Alalach (Tell Atchana) oder von Ugarit (Ras

Schamra), zuweisen. Man hat auch mehrere Male den Vergleich mit der ägyptischen Architektur im allgemeinen und der des nördlichen Palastes von Amarna im besonderen versucht[7]. Ganz abgesehen davon, daß die Daten nicht zusammenfallen und daß die neuen »Paläste«, die wir in Kreta um 1500 v. Chr. sehen, nur Strukturen weiterentwickeln und verfeinern, die in Kreta selbst 500 Jahre früher erfunden wurden, berühren alle Versuche, Übereinstimmungen mit dem Ausland zu finden, nicht das Wesentliche. Daß die umfangreichen Gebäudekomplexe hier wie dort Höfe, Magazine, Werkstätten, Wohnbereiche und Repräsentationsräume umfaßten, daß die verschiedenen Bewohner darin einen ähnlichen Komfort, Badezimmer, Toiletten, seitlichen Lichteinfall und Dämmerlicht kannten, daß bestimmte Details der Dekoration, Säulen oder Wandmalereien, von einem Gebiet zum andern gelangten, ist höchst normal und besagt überhaupt nichts. In Wirklichkeit beruht die Architektur der minoischen »Paläste« auf drei ihr eigentümlichen Prinzipien: der Ausrichtung ein Viertel Nordnordost des rechteckigen Haupthofes, der Asymmetrie in Grundriß und Aufriß der diesen Hof umgebenden Bauten und der unregelmäßigen Führung der Außenmauer. Das minoische Kreta hatte seinen eigenen Architekten, den die Überlieferung Daidalos nennt, so wie der Pharao Djoser seinen großen Baumeister Imhotep hatte. »Die wirklichen Unterscheidungsmerkmale der kretischen Paläste«, schreibt nach achtjähriger Forschungsarbeit J. Walter Graham, Professor für Kunst und Archäologie an der Universität Toronto, »sind nicht von anderen Architekturen abgeleitet.« Nach ihm kann man als eindeutige Beispiele für Originalität folgende nennen: die seitlich geöffneten kretischen Hallen, die Lichtschächte, die Bade- oder Lustrationsräume, die tiefer als die benachbarten Räume angelegt sind, die monumentalen Treppen, die terrassenförmig angelegten Gärten mit Portiken, die Einteilung der Obergeschosse in offizielle Räume: Büros und Heiligtümer, Prunk- oder Empfangssäle.

Die Ausgräber legten in den letzten 70 Jahren in Knosos, Phaistos, Malia und Zakro vier »Paläste« frei, die diese eigenständigen Merkmale aufweisen. Sie begannen mit der Ausgrabung einiger vergleichbarer umfangreicher Komplexe in Epano Archanes, so heißt heute das antike Acharna (Temenous), in Prophitis Ilias, früher Kanli Kastelli (Temenous) und in Monastiraki (Amariou). Andere gibt es möglicherweise, nach den noch sichtbaren Ruinen und Terrassen zu schließen, in Chamalevri (Rhethymnis) und in Chania, dem antiken Kydonia. Aber waren das wirklich Paläste im modernen Sinn dieses Wortes, d. h. prunkvolle Residenzen für Könige, Staatsoberhäupter oder Großgrundbesitzer und ihre Bediensteten? Dies wird seit Evans immer wieder behauptet, der außerdem, nach Maximilian Mayer (1892), die Meinung vertrat, der »Palast« von Knosos sei das Labyrinth der Sage oder der Palast der Doppelaxt. Eine große Anzahl von Fakten spricht meiner Meinung nach gegen diese Theorie.

Zuallererst müssen wir mit allen modernen Interpreten die Gleichsetzung des Labyrinths mit den Wohnräumen des Minos aufgeben:

*Abb. 10.* Vereinfachter Plan des großen Heiligtums von Knosos um 1500 v. Chr. (fälschlich »Palast des Minos« genannt).

1. Gepflasterter Weg vom Kleinen Palast her.
2. Theaterplatz.
3. Sogenanntes »Schatzhaus« (Pithoi mit Schlangen).
4. Abstellschächte für die heiligen Gefäße im Westhof.
5. und 6. Altäre im Hof und im Westeingang des Gebäudes.
7. Bemalter Prozessionskorridor.
8. Doppelhorn, das vor dem Eingang der monumentalen Vorhalle gefunden wurde.
9. Korridor des Rhytonträgers.
10. Relief des Liliengottes.
11. Badewanne und Täfelchen mit religiösem Text.
12. Fundamente des großen Tempels der Rhea aus dem 6. Jh. v. Chr.
13. Mittelhof von 90 × 180 Fuß (1 Fuß = 30,36 cm).
14. Krypten.
15. Schatz des Heiligtums.
16. Dreiteiliges Heiligtum mit Säulen.
17. Thronsaal und Lustrationsbecken vor dem Thron.
18. Westliches Innenheiligtum.
19. Sockel mit Doppeläxten.
20. Sakrale Magazine unter der Sechssäulenhalle des Heiligtums.
21. Nordwest-Heiligtum. Bild des Krokuspflückers.
22. Nördliches Purifikationsbecken.
23. Stierrelief über dem Nordeingang.
24. Korridor des Schauspiels vor der Nordost-Halle.
25. Bild der drei Damen in Blau.
26. Mosaik »der Stadt« unter der großen Statue des Obergeschosses.
27. Saal, in dem das Stierkampfgemälde gefunden wurde.
28. Werkstätten des Töpfers und des Steinmetzen.
29. Halle der Doppeläxte.
30. Schatzkammer des Ostflügels.
31. Sogenanntes »Megaron der Königin«. Doppelaxtbasis.
32. Heiligtum der Doppeläxte.
33. Südöstliches Lustrationsbecken.

Der Herrscher hatte den Minotauros, das zwiegestaltige Ungeheuer, nicht in seiner eigenen Wohnung, sondern in einer Höhle mit kompliziertem Gangsystem in einiger Entfernung von Knosos einsperren lassen. Wenn das Wort »Labyrinth«, ein sehr geläufiger Name, einen königlichen Palast oder ein königliches Schloß bezeichnet hätte, würde man es auf zahlreiche ähnliche Gebäude in der ägäischen Welt angewendet finden: doch die antiken Texte wenden es an auf in den Fels gehauene Gänge, auf Korridore von Heiligtümern, auf unterirdische Gräber, aber niemals auf die Wohnung des Minos[8].
Eine Reihe von Entdeckungen müßte uns vor der profanen Erklärung der schon entdeckten vier »Paläste« warnen: in geringer Entfernung scheinen einige ausgedehnte Gebäudekomplexe, die mangels besserer Bezeichnung »Kleine Paläste« oder »Königliche Villen« genannt werden, ihr Gegenstück zu bilden: so die Villa von

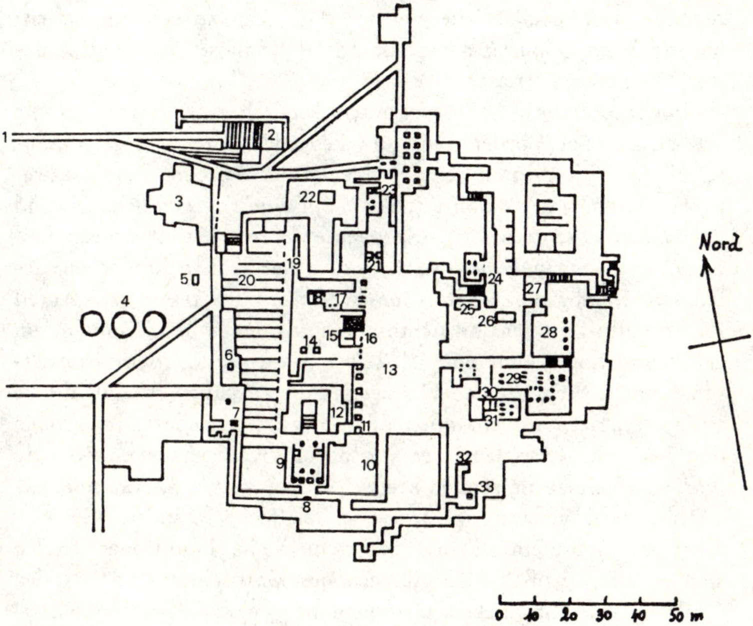

Agia Triada eine halbe Wegstunde westlich der Ruinen von Phaistos, der Kleine Palast 240 m nordwestlich des Thronsaals von Knosos, die große Villa auf dem Eliashügel 800 m südlich des »Palastes« von Malia und das Haus A von Kato Zakro, das Hogarth 1901 auf dem Antoniushügel ausgrub. Und wir erwähnen nur die königliche Villa 200 m nordöstlich des Haupthofes von Knosos sowie das Nebeneinander von bedeutenden Bauten am Rand des Polje von Ziros, in Pyrgales, Anemomylia und Phonias. Man nahm an, daß die minoischen Fürsten einen Sommer- und einen Winterpalast besaßen: aber wer würde glauben, daß Minos, der König von Knosos, den Sommer 240 m von seiner gewöhnlichen Residenz verbrachte und Rhadamanthys, der König von Phaistos, 2 km von der seinigen? Oder auch, daß Minos bald den »Palast« von Knosos, bald den von Archanes 6 km südlich bewohnte? Das sind Vorstellungen moderner Bankiers oder Bürger. Wenn die großen minoischen Gebäude zweiteilig gewesen zu sein scheinen, so deshalb, weil sie nicht die gleichen Aufgaben zu erfüllen hatten; war doch der geläufigste Gegensatz in der nahöstlichen Antike der von Tempel und Palast.

Vielmehr erinnern die sogenannten kretischen »Paläste« an die großen Tempel Vorderasiens und besonders an die mesopotamischen. Auch sie dienten den verschiedensten Zwecken: wie die kretischen waren sie Wohnstätten, Heiligtümer, Verwaltungs- und Organisationszentren für ausgedehnte Güter, Manufakturen und Speicher in einem. Selbst wenn in den vier großen kretischen Gebäuden der für die Werkstätten und Magazine reservierte Anteil im Verhältnis größer und sichtbarer ist als der in den Tempeln von Uruk und Lagas zum Beispiel, selbst wenn die kretische Priesterschaft mehr Sinn für den Handel gehabt zu haben scheint als die Priesterschaften in Anatolien oder die Priesterschaft des großen Tempels von Jerusalem, der selbst vom Königshaus unabhängig war, so scheinen die großen kretischen Komplexe, die fälschlicherweise Paläste genannt werden, doch vielmehr religiösen Gemeinschaften zu ähneln. Ebenso unterschiedliche Funktionen finden sich in allen großen Heiligtümern des klassischen[9] und in allen Klöstern des christlichen Griechenlands, wobei den wirtschaftlichen und finanziellen Angelegenheiten, den Geschenken, dem Warenaustausch und den Einkünften ein Platz eingeräumt wurde, der um so größer war, je mehr die Besitztümer sich ausweiteten. Der minoische »Palast« als wirtschaftlich-religiöse Gemeinschaft hatte Besitzungen und Beteiligungen an zahlreichen Punkten der Insel: die knosischen Siegel finden sich auch in Sklavokampos, im Zentrum, und in Zakro, im Osten; die Täfelchen in Linear B von Knosos zählen kretische Ortsnamen von Sitia bis Kydonia auf.

1. In Knosos

Aber das bei weitem bedeutendste Element dieser Gebäude ist religiöser Natur. Als Evans 1903 die 20 000 qm des vermeintlichen Palastes des Minos in Knosos freigelegt hatte, war er so beeindruckt von der Zahl und der Bedeutung der heiligen Stätten und Gegenstände, daß er aus dem hypothetischen Herrscher einen Priesterkönig machte nach dem Muster derer, die kurz vorher, im Jahre 1890, der Soziologe John Frazer erfunden hatte. Wäre es nicht berechtigter, einfach nur von einer Priesterschaft zu sprechen? Nichts gibt uns die Gewißheit, daß diese Gebäude der Wohnsitz eines Mannes waren, da doch so viele Darstellungen Priesterinnen zum Gegenstand haben, noch daß dieser Mann ein auf Zentralisation bedachter Monarch nach orientalischer Art war, da wir uns doch in Kreta auf einer stark in einzelne Gebiete aufgeteilten Insel befinden. Die Throne aus Stein, Gips und Holz in Knosos, denn es gibt dort mehrere, konnten sehr wohl leer bleiben wie die von Isis oder die symbolischen Throne verschiedener Gottheiten von Palästina bis Indien. Wir wollen in Knosos nur auf das hinweisen, was noch heute alle Besucher beeindruckt, die von Westen her den »Palast«[10] betreten: die drei großen Zisternen, die einst mit Kultgefäßen, Opfertischen und Tiergebeinen gefüllt waren, die beiden vor der Westfassade errichteten Altäre, die über das Pflaster erhöhten Straßen, die eine geheimnisvolle Dreiecksfigur beschreiben, die Malereien des Prozessionskorridors – in der Mitte der Prozession ist die Göttin oder die Priesterin dargestellt, wie sie die Opfergaben empfängt –, die großen Doppelhörner aus

Kalkstein gegenüber dem Südpropylon, die Fundamente eines archaischen griechischen Heiligtums und ein Kästchen mit Täfelchen in Linear-B-Schrift religiösen Inhalts, die Krypten, deren Pfeiler mit dem Kultzeichen der Doppelaxt geschmückt sind, das dreiteilige Heiligtum mit den fünf von Doppelhörnern überragten Säulen und den Siegeln der Berggöttin, die Sakristei und ihr religiöses Depot (Idole und Symbole), der Thronsaal mit seinem Reinigungsbassin und seinem Hausheiligtum. Über diesem östlichen Teil des »Palastes« erkannte man mindestens zwei große Heiligtümer, das eine mit drei, das andere mit sechs Säulen: dieses letztere enthielt die berühmte Figur der »Pariserin«, die in Wahrheit eine Priesterin oder eine Göttin unter anderen darstellt, der Opfergaben dargebracht werden. Ein benachbarter Saal bildete die sakrale Schatzkammer; ein anderer enthielt einen mit Doppeläxten geschmückten Krug. Selbst die zwanzig Vorratsräume des Ostteils des »Palastes« haben sakralen Charakter: ein eigener Korridor verbindet sie mit den beiden mit dem Doppelaxt-Symbol geschmückten Krypten; die Doppelaxt ist in die Mauern der Vorratsräume eingraviert; steinerne Sockel, die im langen Korridor der Magazine gefunden wurden, dienten als Untersätze für dasselbe Symbol.
Nördlich des Mittelhofes findet man leicht einen kleinen Saal mit einem Reinigungsbecken, ein von Doppelhörnern überragtes Heiligtum, das sogenannte »Nordwest-Heiligtum«, an dessen Rückwand der Krokuspflücker dargestellt war, und eine Bastion, die mit einem berühmten Relief geschmückt ist: der heilige Stier stürmt in eine Olivenbaumlandschaft mitten unter Menschen.
Ein Gemälde einer Stierkampfszene oder vielmehr eines Überschlags über die Hörner des Stiers zierte die Wände eines kleinen Innenhofes im Ostflügel der Gebäude. In den tiefsten Schichten der vier angrenzenden Räume ist das Vorhandensein verschiedener kleiner Kunstwerke aus Ton zu vermerken: ein dreisäuliges Heiligtum, Altäre, eine Zeremoniesänfte. Ein bemaltes Relief stellte hier noch einmal Athleten im Kampf mit dem göttlichen Stier dar. Unmittelbar südlich davon erstreckte sich die Halle der Doppeläxte, so genannt, weil dieses Symbol auf den Wänden des angrenzenden Lichtschachts zu lesen ist. In dieser Halle wollte Evans das Mega-

ron oder den Empfangssaal des Königs erkennen aufgrund des Throns aus Ton mit Baldachin, den er entdeckte. Aber wie anders als mit der Liturgie soll man die Existenz eines Trankopfergefäßes, Rhyton genannt, die Ausschmückung mit zwei 8-förmigen Kultschilden und den zweiten Thron, den Evans wiederherstellen mußte, erklären? Wir finden die Kultschilde und die Darstellung des Stiers genau über diesem Raum noch einmal. Noch etwas weiter südlich wollte man den Wohnraum der Königin sehen, da auf einem Fensterpfeiler eine kleine Tänzerin gemalt ist: bemerkenswert ist vielmehr das Vorhandensein einer Doppelaxtbasis in einer andern Fensteröffnung, eines kleinen Zubers (einer Badewanne?) und eines Porphyrfragments in Form eines mit Festons verzierten Steins, die beide im angrenzenden Lichtschacht entdeckt wurden.
Wir müssen auch noch das Heiligtum der Doppeläxte in der Südostecke des »Palastes« mit seinen drei weiblichen Idolen und seinem männlichen Adoranten berücksichtigen, obwohl es in seinem heutigen Zustand aus dem 13. Jahrhundert v. Chr. stammt; die Ausgrabungen von N. Platon haben bewiesen, daß es ein Heiligtum aus der Zeit der zweiten Paläste birgt. Genau daneben, im Süden, weisen ein weiteres Reinigungsbecken (das vierte), das sogenannte »Haus der Heiligen Tribüne« und das Südost-Haus mit seinem Opfertisch und seinem Wandbild mit Lilien einen deutlich religiösen Charakter auf. Wenn wir hinzufügen, daß das Relief des Lilienprinzen oder vielmehr Liliengottes inmitten seiner heiligen Greifen den Mittelkorridor des Südflügels unter den etwa 350 (oder 365?) Figuren der Prozession schmückte und daß die Nordwest- und die Südostecke des angeblichen »Palasts« das eingemeißelte Bildnis einer Göttin tragen, sind wir wohl gezwungen anzunehmen, daß hier alles auf religiöse Zeremonien hinweist und daß die eigentliche Funktion des Baus die eines großen Tempels war. Wir sahen, daß die Höhenheiligtümer von Doppelhörnern gekrönt wurden: hier finden wir sie überall wieder, zusammen mit dem Symbol der Doppelaxt. Wir dürfen also den Schluß ziehen, daß das fragliche Gebäude Gottheiten gehörte, die der König an Festtagen mit großem Gepränge von einem seiner privaten Wohnsitze aus besuchte, um ihnen zu huldigen oder zu opfern: am Ende einer

Straße, die vom Kleinen Palast zu einem gepflasterten Platz im Nordwesten des großen so umrissenen Heiligtums führt, erhebt sich eine Plattform mit einer seitlichen Loggia. Achtzehn Stufen auf der West- und neun auf der Südseite ließen an Theaterstufen denken. Sie sind zu niedrig, als daß man sich hätte schicklich darauf setzen können: eher kann man sagen, daß etwa 500 Personen dort stehend Platz finden konnten, um eine Prozession vom Kleinen Palast her mit ihren Idolen und Votivgaben zu empfangen, um etwa einem Kulttanz auf dem tiefer liegenden Pflaster beizuwohnen oder um an einem einleitenden Trankopfer, Gesang oder Opfer teilzunehmen. Darauf bewegte sich der doppelte Zug durch einen der Korridore im Norden, Westen oder Süden bis zu den verschiedenen Kapellen um den Mittelhof. Das Wesentliche der Mysterien in Kreta wie in Eleusis bestand in einer kultischen Hochzeit: man hat Grund anzunehmen, daß der König nach allen möglichen Läuterungen mindestens an bestimmten Jahrestagen mit einer Priesterin eine solche Hochzeit vollzog. Eines der Reliefs des dreisäuligen Heiligtums im ersten Stockwerk stellt einen Mann dar, der einer weiblichen Figur einen Schmuck um den Hals legt. Ein Datum? Der Eingang des Thronsaals, des dreifachen Heiligtums im Erdgeschoß und der Krypten ist nach dem Sonnenaufgang um das Frühlingsäquinoktium ausgerichtet.

In allen Kulturen der Welt wohnten die Götter immer besser als die Menschen. Das minoische Kreta kann diese Regel wohl kaum durchbrechen. Die großen Tempel, die wir in Kreta im Vergleich zu Ägypten, Palästina, Mesopotamien und Anatolien so sehr vermissen würden, wenn wir sie nicht in den angeblichen »Palästen« vor uns hätten, stehen noch in Phaistos, Malia und Zakro mit denselben Hauptmerkmalen wie in Knosos: man findet denselben westlichen Abschnitt, der, wenn möglich, mehr kultische Aufgaben zu erfüllen hatte als die andern, dieselbe strenge Ausrichtung der Fassaden der Heiligtümer nach einem Äquinoktialpunkt, denselben rechteckigen Mittelhof, dieselben Plätze oder Zufahrtsstraßen für die rituellen Festlichkeiten und Aufführungen und dieselbe Masse von religiösen Symbolen, während sie in der Umgebung ganz und gar fehlen. So ist es in Malia seit den Grabungen von

1960 bis 1963 im Nordosten des »Palastes«, den ich als einen Tempel ansehe, erwiesen, daß ein fast ebenso geräumiger Gebäudekomplex, bestehend aus einer hypostylen Krypta, Vorratsräumen und einem großen Hof mit Orthostaten, der von Magazinen eingefaßt ist, nur Weltliches, Nichtpriesterliches oder Profanes ohne einen einzigen sakralen Gegenstand enthielt, so daß der Ausgräber, Henri van Effenterre, vorschlug, darin einen Vorgänger des Prytaneions und der Agora der späteren griechischen Polis zu sehen[11]. Es ist, glaube ich, müßig, eine Liste aller Kultorte und Kultgegenstände aufzustellen, die in den großen kretischen Gemeinwesen, entsprechend dem von Knosos, gefunden wurden: man könnte ebensogut den Vatikan inventarisieren oder das 1. Buch der Könige (V. 15 bis VIII, 66) noch einmal schreiben. Nach der Art, wie Salomon den Tempel von Jerusalem, dessen Priester er nicht war, in einiger Entfernung von seinem eigenen Königspalast erbauen ließ und weihte, kann man sich sehr gut vorstellen, was in Kreta zur Zeit des Minos, des kriegerischen, gerechten und frommen Herrschers, und seiner Gattin Pasiphaë geschah.

## 2. In Phaistos

Ich mache besonders aufmerksam auf einige religiöse Besonderheiten der drei anderen großen kretischen Tempel. In Phaistos[12] lag der von Stufen und einem großen Propylon eingerahmte Platz, der die Prozessionen aufnehmen sollte, im Westen und nicht im Nordwesten des Tempelbaus, des kleinsten der vier schon ausgegrabenen (er umfaßt 9200 qm gegenüber 20 000 qm in Knosos). Eine Reihe von Säulen und Pfeilern säumte den Mittelhof im Osten und im Westen. Man zählt nicht weniger als sechs Reinigungsräume, davon einen im Mittelpunkt der Kapellen des Westflügels und einen anderen in der Nähe der Empfangssäle des Nordteils. Im Reinigungsraum des Ostflügels fand man in situ ein Trankopfergefäß oder Rhyton in Form eines Stierkopfes, zwei andere von länglichem Typ, eine Wasserkanne, ein Steingefäß, rund wie ein Vogelnest, zwei Paar kleine Hörner aus Stein und eine ganze Reihe ritueller Doppeläxte; sie bestätigen den sakralen Charakter derartiger Lustrationsräume. Es ist unnütz, darin Badewannen und Kanalisationen zu suchen, die es nicht gibt: die Lustration hatte symbolischen Wert. Man sage nicht, daß nur einige Räume des Westflügels als Heiligtum dienen konnten, z. B. zwei Säle mit Seitenbänken und eine Art Sakristei, die mindestens zwei Idole enthielt. Denn zwei Lustrationsräume nahmen einen großen Teil des Nordsektors ein. Außerdem bildeten die Säle des Nordostens sowohl im Erdgeschoß als auch im Obergeschoß ein Heiligtum mit seinem Schatz, seinen speziellen Gefäßen, besonders einem Rhyton in Stierform, seinen Opfertieren, seiner kultischen Küche und vor allem dem berühmten »Diskos von Phaistos«, dem ersten auf der Welt bekannten Exemplar eines in Ton eingestempelten Textes in Hieroglyphenschrift (Anfang des 16. Jahrhunderts v. Chr.). Dieser Text, dessen Formeln sich wiederholen, ist allem Anschein nach eine religiöse Hymne. Schließlich gibt uns an der Südostecke, wo die Besetzer der mykenischen Epoche noch 300 Jahre später einen Kult unterhielten, die Scherbe eines Kultgefäßes einen Hinweis auf das Ritual der eigentlich minoischen Zeiten: sie stellt einen Zug von »Genien« mit Tierkopf dar, Zeugnis aus einer Zeit, in der der Gottesdienst in Phaistos wie anderswo mit der Maske zelebriert wurde. Möglich, daß Rhadamanthys, wenn er sich in diesem »Palast« aufhielt, seine ganze Zeit mit religiösen Zeremonien zubrachte.

*Abb. 11.* Plan des großen Heiligtums von Phaistos, zur sogenannten »Zeit der neuen Paläste« (1600–1450 v. Chr.).

1. Westhof und überhöhte Straße.
2. Schautreppe.
3. Platz einer dreiteiligen Kapelle des alten Gebäudes.
4. Lustrationsraum.
5. und 6. Kapellen des Westflügels.
7. Lustrationsbecken.
8. und 9. Säle mit Bänken für Opfergaben, Altar und Doppeläxte.
10. Halle mit Sockeln, die als Kapelle diente.
11. Lustrationsbecken.
12. Mittelhof.
13. Stufenaltar.
14. Viertes Lustrationsbecken.
15. Heiliger Schatz. Fundort des »Diskos von Phaistos«.
16. Kapelle mit Mittelpfeiler und Magazin.
17. Fünftes Lustrationsbecken.
18. Werkstätten vor dem Hof mit dem Schmelzofen.
19. Sechster Lustrationsraum.
20. Stufen zu einem Heiligtum im Osten.

## 3. In Malia

Wir erhalten zusätzlich noch einige genauere Auskünfte über die minoischen Kulte, wenn wir die Nordwest-Räume und den Mittelhof des großen Kultgebäudes von Malia besichtigen[13]. Hinter der Loggia, die auf diesen Hof hinausgeht und in der man einen Altarsockel und ein Tieridolfragment fand, enthielt ein Pithos eine Art Szepter aus Stein mit Panther- oder Leopardenkopf und einen bronzenen Armreif. Nicht weit davon entdeckte man einen Dolch und ein langes Schwert mit vergoldetem Steingriff und einem Knauf aus Amethyst, das die französischen Archäologen sogleich

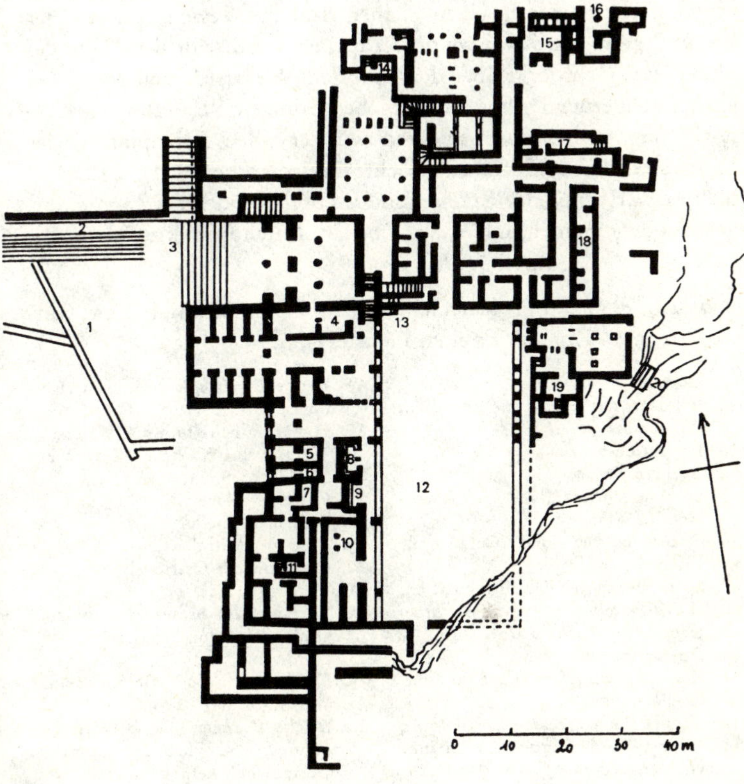

Durandal tauften. Es handelt sich dabei aber nicht um Kampf-, sondern um Prunkwaffen, um rituelle Insignien, die bei den Zeremonien gebraucht wurden, denen die Menge vom Mittelhof aus beiwohnte, bei Investituren, bei der Eröffnung des Jahres, bei feierlichen Gerichtsurteilen usw. Zwei andere, vielleicht ältere Prunkschwerter, wurden 1936 im Vorzimmer eines Lustrationsraumes und eines Opfersaales im Nordwesten des Gebäudes ausgegraben. Der Knauf des einen stellt einen Akrobaten dar, der seinen Körper kreisbogenförmig über der Spitze eines Schwertes biegt. Im Zentrum des Mittelhofes stehen noch die Grundmauern eines viereckigen Altars, auf dem Tieropfer verbrannt wurden; etwas Asche wurde in einen kleinen Saal im Westen, hinter einer Krypta, getragen. Zwei weitere Kapellen wurden in der Nähe des Südeingangs entdeckt. Bei den sakralen Vorratsräumen stand ein großer steinerner Diskos mit näpfchenförmigen Vertiefungen, Kernos genannt, der einem anderen wundervollen Exemplar in der Südwestecke des Hofes entspricht; in jedem seiner Schüsselchen nahm er Erstlinge der Erzeugnisse des Bodens oder der Herde auf, verschiedene Samen, Öl, Wein, Kuchen, Milchprodukte, Wollflok-

*Abb. 12.* Plan des großen Heiligtums von Malia um 1500 v. Chr. (sogenannte »Zeit des zweiten Palastes«).

1. Garten.
2. Fundort des Schwertes mit dem Akrobaten.
3. Lustrationsbecken.
4. Archive.
5. Sakrale Vorratsräume und Magazine im Westen.
6. Opferschälchen und Gefäß mit Inschrift.
7. Leopardenzepter und Prunkwaffen.
8. »Loggia« mit Altar und Tierstatue.
9. Kapelle mit Bank (Lararium).
10. Opferreste.
11. Kleines Heiligtum mit Bank und Grube.
12. Krypta mit viereckigen Pfeilern.
13. Hypostyles Heiligtum mit Bank, vor der Krypta.
14. Runde Platte mit Näpfchen (Kernos).
15. Hypäthralheiligtum mit Stufen.
16. Terrasse mit Kalkstein-Kernos mit 35 Näpfchen.
17. Getreidespeicher.
18. Südliche Kapelle.
19. Altar des Mittelhofes.
20. Magazine des Ostflügels.
21. Hypostyler Saal.
22. Vorraum des Saales 21, mit einer großen Zahl von Schälchen.
23. Nordhof.
24. Nordmagazine mit Getreidemühle.
25. Werkstätte mit Presse.
26. Kelche, Kannen, Doppelhorn und Tontier, aus einem Heiligtum im Obergeschoß herabgefallen.

ken. Solche unblutigen Opfer waren nach Athenaios noch bis tief in die griechische Zeit üblich. Sie sind es noch heute in den christlichen Kapellen Kretas. Die Bauern rufen auf sie den Segen eines Priesters herab und sichern so die Fruchtbarkeit und den Reichtum des kommenden Jahres. Die kreisrunde Form des Kernos symbolisiert mit der Rückkehr der Zeit auch die des Gedeihens. Ein solcher Kernos wurde in der reichen Nekropole Chrysolakkos zu Malia gefunden[14]. Man sah in ihm also zu Unrecht ein Spielgerät. In den Mysterien von Eleusis diente der Kernos dem Kult der Göttin Demeter, die der Sage nach aus Kreta stammte.

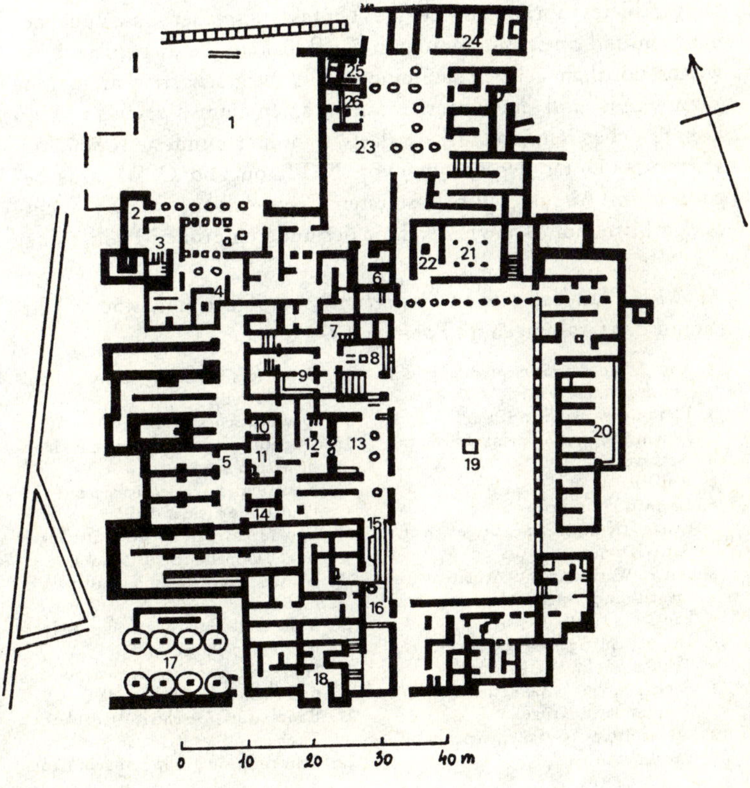

## 4. In Zakro

Das große Heiligtum von Zakro[15] wurde 1959 nur dank den Entdeckungen zweier vom Altertum begeisterter Kreter, Emmanuel Phygetakis, damals Seiler in Sitia, und Nikolaos Karantonis, Fischer und Gastwirt in Zakro Kato, gefunden: zu dieser Zeit ließen eine Säulenbasis, die Bruchstücke eines Bronzeschwertes und Scherben großer minoischer Krüge, die von den Bulldozern ausgewühlt oder in einem Schacht gefunden wurden, die Existenz eines Palastes am Nordrand der Mündung des Wildbaches von Zakro zwischen zwei Hügeln, etwa 250 m vom Meer, vermuten. 1960 ließ die Gemeinde Zakro die Fläche des zukünftigen Grabungsgebietes abräumen: riesige Umfassungsmauern aus gut behauenen und aneinandergefügten Tuffblöcken, die aus einem 3 km weiter nördlich gelegenen Steinbruch herbeigeschafft waren, Magazinwände und ein Zisternenrand kamen zum Vorschein. Man konnte sicher sein, daß der »Palast« sich über mindestens 8000 qm erstreckte. Unter der Leitung von N. Platon und C. Davaras begannen im August 1961 die ersten Probegrabungen. Der rechteckige Mittelhof, der wie der Hof der anderen großen Heiligtümer

*Abb. 13.* Plan des großen Heiligtums von Zakro um 1450 v. Chr. (Stand der Grabungen im Sommer 1971).

1. und 2. Vorratsräume (erste Funde aus dem Jahre 1961).
3. Elefantenstoßzähne, Talente, Fruchtständer, Doppeläxte (Schatz).
4. Archive.
5. Kapelle.
6. Lustrationsbecken.
7. Schatz (Kultgefäße, Lampen, Kultäxte, Kronen).
8. und 9. Werkstätten (Arbeiten aus Steatit und rotem Marmor; Becken).
10. Doppelschiffiges Megaron (Rhyta, Truhen, Gold, Werkzeuge).
11. Sogenannter »Bankettsaal« (10 Amphoren, 8 Krüge).
12. Werkstätten (Gefäße, Kochkessel, Bergkristall).
13. Brunnen (Tasse mit Oliven, konische Tassen).
14. Quadratisches Becken.
15. Quadratischer Brunnen mit Doppelaxtbasis.
16. Kreisrundes Wasserbecken mit Geländer aus kleinen Säulen.
17. Großes Megaron des Ostflügels (und Doppelhorn aus Stuck).
18. Nordost-Kapelle und Lustrationsbecken.
19. Säulenhalle mit Bank und steinernem Doppelhorn.
20. Halle mit sechs steinernen Sockeln und Bank (Knochenfunde).
21. Raum für Geschirr, Kochkessel, Tische.
22. Steineinfassung mit heiligem Baum.

ausgerichtet war, wurde 1964 freigelegt. Er maß in der Länge 100 minoische Fuß (30,36 m) und in der Breite 40 (12,15 m), das ist an Fläche etwas weniger als ein Viertel des Hofes von Knosos und etwas weniger als ein Drittel der Höfe von Malia und Phaistos. Aber das reiche Material der etwa 70 Räume, die 1967 um diesen Hof herum ausgegraben wurden, erlaubt uns heute die Behauptung, daß dies das beredteste der vier in Kreta bekannten Heiligtümer ist. Ich sage mit Absicht Heiligtum, da ein Doppelhorn aus Stein den Nordportikus krönte, andere ein Lustrationsbecken im Nordosten schmückten, ein weiteres aus Stuck den Eingang des Mittelkorridors des Ostflügels zierte und da die Mehrzahl der im

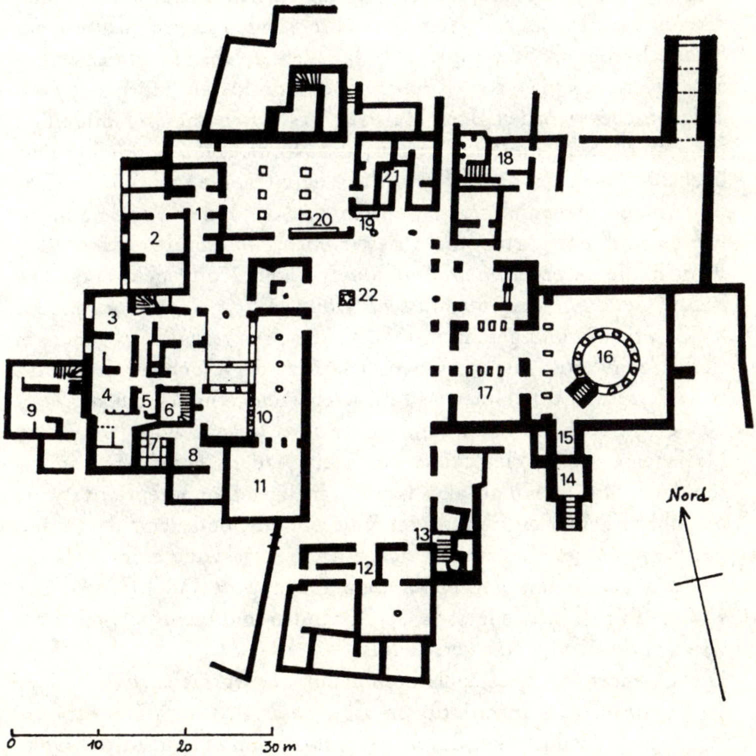

Westflügel gemachten Funde zu Archiven, Schatzräumen, Hallen, Becken, Werkstätten und heiligen Magazinen gehörten. Im Schatzraum des Erdgeschosses enthielten neun große, durch Ziegelwände getrennte Fächer über 100 außergewöhnlich gearbeitete Kultgeräte: unter ihnen Rhyta, eines aus Bergkristall, andere aus Fayence in Form von Stier- und Löwinnenköpfen, Gefäße mit Fuß, die in Kreta »Kommunionkelche« genannt werden, zwei große Doppeläxte aus Bronzeblech und zwei Kronen aus Bronze, von denen eine mit demselben Kultmotiv verziert war. In der zweischiffigen Halle und dem angrenzenden Saal, die die Westseite des Hofes abschließen, fand man verstreut die Fragmente eines Rhytons aus grünem Stein, das früher mit einer Goldfolie überzogen war und ein Höhenheiligtum darstellte, sowie die Fragmente eines Steatitrhytons in Stierkopfform, das kleiner, aber sorgfältiger gearbeitet ist als das von Knosos. Die vergoldeten Hörner waren ausgebrochen worden. Der Halsring des ersten dieser Kultgefäße lag unter einem andern Portikus im Nordflügel des Heiligtums, über 20 m weit davon entfernt: die Angreifer, die um 1450 v. Chr. die Anlage in Brand setzten, rissen das Gold der Verkleidungen heraus und entführten die Priesterinnen, ließen aber unter den Ruinen die ihrer eigenen Religion fremden Kultgegenstände zurück: Gefäße, Weihrauchfässer, Doppeläxte, rituelle Hämmer, kleine Hörner und geschnitzte Statuetten; sie vergaßen sogar zwei riesige Schwerter, die im Obergeschoß in der Nachbarschaft von zwei Elefantenstoßzähnen und Bronzebarren gefunden wurden.

Der große Hof des Heiligtums von Zakro weist noch wie der von Malia eine kleine viereckige, aus Steinquadern errichtete Einfassung auf. Man nahm an, daß hier ein heiliger Baum gepflanzt war, obwohl es keinerlei Spuren von Wurzeln gibt und der eingezäunte Platz zu eng ist. Es handelt sich um die erste Lage eines pyramidenförmigen Altars gegenüber dem Eingang des Westflügels, der so angefüllt ist mit religiösen Gegenständen und mehrmals mit dem Zeichen der Doppelaxt versehen ist.

Die Eigenart des Ostflügels beruht auf der Tatsache, daß es hier vier hydraulische Installationen gibt, zusätzlich zum Lustrationsbassin der Nordostecke, das wir schon erwähnten. Im Mittelpunkt

enthält ein großer quadratischer Saal ein rundes, gepflastertes Wasserbassin, das von einer Brüstung aus kleinen Säulen umgeben ist. Über eine Treppe mit acht Stufen steigt man in das milde Wasser hinab, das noch heute hervorsprudelt. Südwestlich dieses quadratischen Saals führt ein unterirdischer Korridor zu einem quadratischen Brunnen, in dessen Aufschüttung eine Doppelaxtbasis gefunden wurde. Das Grundwasser tritt unmittelbar südlich von diesem Brunnen in einem quadratischen Bassin wieder hervor, das durch eine fünfzehnstufige Treppe zugänglich ist. Schließlich erreicht man in der Südostecke des großen Hofes über eine andere Treppe mit acht Stufen das Wasser eines diesmal runden Brunnens, in dem in großer Zahl kegelförmige Becher mit und ohne Henkel entdeckt wurden: einer davon enthielt noch im Jahre 1964 Oliven, die vollständig erhalten waren, nachdem sie 3400 Jahre im Wasser gelegen hatten.
Solche Einrichtungen mit ihrer Doppelaxt und ihren Opferschälchen in einem Land, in dem die privaten Zisternen und Brunnen in der Hofmitte den Bewohnern ein immer knappes Wasser liefern, erinnern an die heilige Quelle der »Karawanserei« von Knosos, die seit der minoischen Zeit kultisch verehrt wurde. Ebenso an das dem Königshaus gegenüberliegende Becken in Sparta[16], bekannt durch die Verfassung der Lakedämonier im 4. Jahrhundert v. Chr.: der Priesterkönig, der Vermittler zwischen dem Volk und den Göttern, der im Namen des Staates alle Staatsopfer darbrachte, brauchte als einziger reichlich Wasser für die rituellen Läuterungen und Reinigungen. Der sagenhafte Lykurg, der dies vorgeschrieben hatte, griff für das so konservative Sparta lediglich einen Brauch auf, der lange vor der Eisenzeit bestand und der, glaubt man seinen Biographen, ein typisch kretischer Brauch ist.

## 5. Sakrale Werkstätten und Beamte

Angesichts der Zahl und der Bedeutung des Kultmaterials in Zakro sagt man sich, daß die Bewohner des geräumigen Komplexes ihre ganze Zeit damit zubrachten, zu trinken und sich zu waschen. Es gab sehr wohl eine Küche im Norden und Toiletten im Südwesten.

Aber in solchen priesterlichen Gemeinschaften wurden noch andere Tätigkeiten als die von Priestern und Priesterinnen, Sakristanen und Chorknaben ausgeübt. Der König kam hierher, um die Investitur zu empfangen, das Jahr zu eröffnen, die mystische Hochzeit mit der Göttin der Natur zu feiern, den Sieg zu erbitten, sich zu läutern, feierliche Opfer darzubringen und an rituellen Gelagen teilzunehmen, aber er war nur gelegentlich im großen Heiligtum anwesend. Dieses unterhielt ständig außer der Priesterschaft Beamte und Arbeiter. Diodor von Sizilien, der kurz vor der christlichen Zeitrechnung den kretischen Kult der Doppelgöttin von Engyon beschreibt, schreibt im 4. Buch der *Historischen Bibliothek* (Kap. 80): »Kurz vor unserer Zeit besaßen die beiden Göttinnen 3000 heilige Ochsen und ein weites Gebiet, das große Einkünfte brachte.« Die zum Teil wiedergefundene Buchhaltung der ausgehenden »Palast«-Epoche in Knosos (ungefähr 1300 v. Chr.) gibt uns eine Vorstellung vom Wesen der Archive der früheren großen religiösen Gemeinschaften. Man zählte in Knosos aufgrund der Schrifttypen und des Inhalts der Täfelchen etwa 40 »Büros«, in denen schreib- und rechenkundige Schreiber jedes Jahr die Eingänge und Ausgaben und die Schulden der Lieferanten, den Bestand der verschiedenen Magazine und der Ställe und die Verpflichtungen gegenüber den Göttern verzeichneten. Selbst wenn von 1500 bis 1300 die Obrigkeit innerhalb des heiligen Gebäudes gewechselt hatte und die Schätze der Gottheit in die Machtbefugnis des Königs übergegangen waren, so mußten die bürokratischen Methoden zur Zeit der Täfelchen und der Tonsiegel in Linear-A-Schrift ziemlich ähnlich sein. Man liest darauf die Ideogramme für Wein, Öl, Weizen sowie verschiedene Maß- und Mengenzeichen. Die Graffiti auf den Pithoi, den Siegeln der Säcke, der Kasten oder der Truhen bezeichnen allem Anschein nach den Absender oder den Adressaten, den Herkunfts- oder den Bestimmungsort. Keines dieser Dokumente ähnelt königlichen, diplomatischen, juristischen oder historischen Archiven, wie die der Paläste Asiens oder Ägyptens. Die Verwalter der großen kretischen Heiligtümer beschränkten sich auf den Handel mit landwirtschaftlichen und handwerklichen Produkten. Manchmal versiegelten sie das abgesandte Stück mit dem Zeichen ihres Siegelringes. Man darf sich nicht wundern, dieselben Siegel oder sehr ähnliche in sehr entfernten Orten wie Sklavokampos, Knosos, Gournia und Zakro zu finden. Die Bedeutung der Buchungsbelege läßt sich an der Tatsache ermessen, daß die Pithoi von Knosos in der letzten Epoche einen Inhalt von 78 000 Litern, die von Malia von 56 000 Litern[17] faßten und daß im Heiligtum von Zakro über 3500 Gefäße gezählt wurden. Man schätzt, daß die Kornkasten von Knosos 24 000 Liter enthielten und daß die acht runden Silos von Malia riesige Speicher waren. Da die ägyptischen Schreiber des 15. Jahrhunderts die »Tribute« oder vielmehr die Geschenke der Keftiu auf andern Stoffen als Ton eintrugen und da andererseits eine ausschließlich auf Tontäfelchen geführte Buchhaltung rasch alle Büros gefüllt hätte, ist es möglich, daß in Kreta ein Teil der Rechnungen auf vergänglicheren Materialien wie pergamentartigem Leder, Holz, Baumrinde und Pflanzenfasern verzeichnet war. Aufgrund einer Inschrift auf einer knosischen Tasse und einer Felsmalerei von Kato Pervolakia (Sitias) hat man die Gewißheit, daß die Zeichner Schilfrohr und die Tinte des Tintenfisches benutzten. In harte Materialien, die das Feuer noch härtete, wie der Ton, wurden zweifellos nur die Kopien und die wichtigsten Dokumente eingraviert. Natürlich war die Behandlung sämtlicher Erzeugnisse nicht Aufgabe der Schreiber: ihnen unterstanden Magazinarbeiter.

Man muß sich die vier großen religiösen Anlagen von Knosos, Phaistos, Malia und Zakro ganz von fieberhafter handwerklicher Tätigkeit und vom Lärm und Gesang der Handwerker erfüllt vorstellen. Ich meine nicht nur die Sakristane, Köche, Diener oder Dienerinnen der Priesterschaft, die ständig in diesen klosterähnlichen Gebäuden wohnten, oder die Bauern, die ihre Erzeugnisse auf dem Rücken ihrer Esel oder in schweren, niedrigen Karren mit massiven Rädern zu den Speichern oder Vorratsräumen brachten, auch nicht die Maurer oder Zimmerleute, die immer irgend etwas zu reparieren hatten. Ich erinnere nur daran, daß in jedem der Heiligtümer mehrere Räume oder sogar mehrere Viertel identifiziert wurden, in denen man Kunstgegenstände herstellte. So enthielt in Knosos derselbe Saal im Ostflügel, in dem sich das Modell einer Zeremoniesänfte, ein dreisäuliges Heiligtum und mehrere kleine Tonaltäre befanden, auch Webgewichte. Der unmittelbar östlich davon liegende Saal beherbergte die Werkstatt eines Steinmetzen; man fand dort Blöcke aus Lakedämonischem Stein, teils roh, teils behauen, und ein halbfertiges Gefäß. Der nördlich angrenzende Raum wurde »die Schule« genannt, weil dort noch Seitenbänke und Näpfe zum Kneten der Tonerde zu sehen sind: es handelt sich in der Tat um eine Töpferwerkstatt. Im südöstlichen Teil, direkt neben dem von einem Lilienbild geschmückten Haus, war gelegentlich der Ofen eines Kupferschmelzers in Betrieb. Im Norden läßt die große Menge der Splitter von verschiedenen Steinen an die Werkstatt eines Siegelschneiders denken. Zu diesem lebhaften Treiben kam noch die Lebhaftigkeit der Haustiere, wahrscheinlich der Hunde, die in den Verschlägen der Nordostecke eingesperrt waren. In Phaistos scheinen die Räume im Nordostteil des Heiligtums, von den Ausgräbern mit den Nummern 54, 55 und 57 gekennzeichnet, die Räume von Arbeitern gewesen zu sein; jedenfalls stehen im nahen Hof, Nr. 90, noch die Reste eines breiten Bronzeschmelzofens mit einem halben Dutzend Kammern. In Malia befanden sich die Werkstätten und Vorräte im Norden rund um einen kleinen Hof mit einem Portikus. In Zakro waren sie im Westen und im Süden: man bearbeitete dort Tonerde auf Töpferscheiben, Elfenbein, Email und Edelhölzer auf Werkbänken, Metall in Schmelzöfen und die harten Steine auf Haublöcken. Unzählige Splitter von Kristall, Porphyr, Elfenbein, Fayence und Muscheln übersäten den Boden der Werkstätten im Süden, um einen kleinen Hof gelegen, der an den Nordhof von Malia erinnert. Hier wurden Kultgegenstände hergestellt, denen vergleichbar, die man in den mykenischen Fürstengräbern gefunden hat. Neben zahlreichen kostbaren Gefäßen fanden die Ausgräber in den Werkstätten von Zakro Fragmente von Statuetten, die der Schlangengöttin von Knosos ähnlich sind, Lampen für Heiligtümer, eine Steintasse vom Vaphiotyp, eine bronzene Doppelaxt, einen Dreifuß und ein Kultrhyton. Andere Geräte scheinen zur Herstellung von Parfums gedient zu haben.

An die Stelle der völlig unmöglichen Vorstellung der Historiker, die im Palast des Königs den wirtschaftlichen Mittelpunkt einer ganzen Gegend, ja ganz Kretas sehen wollten, muß man das Bild einer religiösen Gemeinschaft setzen, die lediglich einen Teil der Produktion, des Güteraustauschs und der Verteilung übernimmt und die es andern überläßt, den Besitz der Familien, Dörfer und Städte zu verwalten. Der König war, selbst wenn er für den Sohn Gottes gehalten wurde, nur ein Grundbesitzer unter andern, neben den reichen Herren, den Seeleuten, den Handwerkern, den Bauern und den Hirten, und seine Einkünfte waren von denen der Heiligtümer klar getrennt. Die Täfelchen in Linear B unterscheiden sorgfältig den König, wanaka, vom Priester, ijereu. Wie die Klöster in Kreta heute noch ihre Werkstätten haben und ihre Handwerkserzeugnisse verkaufen, so tauschten die heiligen Werkstätten der minoischen Zeit, mindestens zum Teil, die Luxus- und Kultgegenstände, die sie herstellten, gegen Rohstoffe, Lebensmittel oder Importwaren ein. Die Kopie einer der schönsten Kannen von Zakro, des Gefäßes mit Nautilos-Dekor, wurde in Ägypten gefunden. Bronzebarren, die in Ägypten auf den Schultern der kretischen Träger abgebildet waren, wurden in Zakro neben Elefantenstoßzähnen aufgefunden, die aus Syrien importiert waren. Zweifellos mußte es in den großen Heiligtümern eine Überproduktion an Gefäßen geben, bedenkt man die schwache örtliche Bevölkerungsdichte – einige hundert Personen – und die große Zahl der entdeckten Werkstätten und Gefäße. Gewisse kleine Töpfe aus Malia mit geradem, eingeschnittenem Hals finden sich in ganz Ostkreta wieder: sie wurden dorthin geschickt, gefüllt mit aromatischen Ölen oder Drogen, und einige tragen sogar Beschriftungen.

Drei andere Arten von Tatsachen lassen sich endlich zugunsten einer rein religiösen Deutung der angeblichen kretischen »Paläste« ins Feld führen. Da ist zunächst das Fehlen von Verteidigungsmitteln, Waffen oder Wällen. Die ganz wenigen Schwerter, die dort entdeckt wurden und die wir aufgezählt haben, sind Prunkwaffen. Sie können sehr wohl bei feierlichen Zeremonien, Jahrestagen oder Weihen, benutzt worden sein. Was man in Knosos fälschlicherweise als Bastion bezeichnet, ist nur ein relativ dicker Vorsprung der Fundamente neben leicht zugänglichen Gebäuden. Das Heiligtum wurde durch seine Heiligkeit selbst und durch seine religiösen Embleme, Doppelhörner, Doppeläxte und heiligen Pfeiler verteidigt. Einzig die Eliashöhe in Malia weist ein Festungssystem auf, und hier wohnte offensichtlich das Oberhaupt, das die Ebene überwachte und sich zu schützen suchte. Zweitens ähneln die großen städtischen Heiligtümer in Kreta mit ihren Vorratsräumen, ihren ausgerichteten Höfen, ihren Kultgegenständen und ihren Symbolen am meisten den alleinstehenden ländlichen Heiligtümern wie denen von Rousses in Chondros (Viannou), von Nirou Chani in Anopolis (Pediados), von Kannia bei Mitropolis (Kainouriou)[18]. Der einzige Unterschied besteht darin, daß die Tempel der Städte reicher waren als die auf dem Lande und daß sie daher über zahlreichere Arbeitskräfte verfügen und ausgedehnter Handel treiben konnten. Schließlich ist bemerkenswert, daß in Knosos, Phaistos und Malia mehrere mykenische, später eigentlich griechische Heiligtümer auf den Ruinen großer heiliger Gebäude erbaut wurden und die frühere religiöse Tradition fortsetzten: zwei mykenische Kapellen im Ostteil, ein Rheatempel im Westteil von Knosos, eine mykenische Kapelle im Ostteil, ein Rheatempel im Westteil, ein mykenischer Opfertisch in der Nordwestecke des Zentralhofes von Phaistos über einem ehemaligen minoischen Stufenaltar; bei dem schrägstehenden Gebäude, dessen Mauern den Eingang des Nordhofes von Malia versperren, handelt es sich um einen lange nach der Katastrophe von neuen Bewohnern der abgebrannten Stadt erbauten Tempel: der Fund eines Fragments einer Tierfigur sowie die außergewöhnliche Ausrichtung nach dem Gipfel der Selena bestätigen seine religiöse Bestimmung[19]. In Zakro blieben die heiligen Becken und Brunnen bis in die Nach-»Palast«-Epoche gebräuchlich.

## *Häuser des Königs*

Ich glaube, daß man das auf einem kleinen Hügel bei Pachyammos, dem antiken Minoa (Hierapetras), gelegene Gebäude, das hochtrabend als »Palast von Gournia«[20] bezeichnet wird, als wirkliches Königshaus betrachten darf. Auf jeden Fall ist es das am besten gebaute, geräumigste, am meisten zerstörte und offensichtlich reichste Wohnhaus der 1901 bis 1904 von der Universität von Pennsylvania teilweise ausgegrabenen kleinen Stadt. Bis zu den Ausgrabungen von Kato Zakro, also während 60 Jahren, betonte

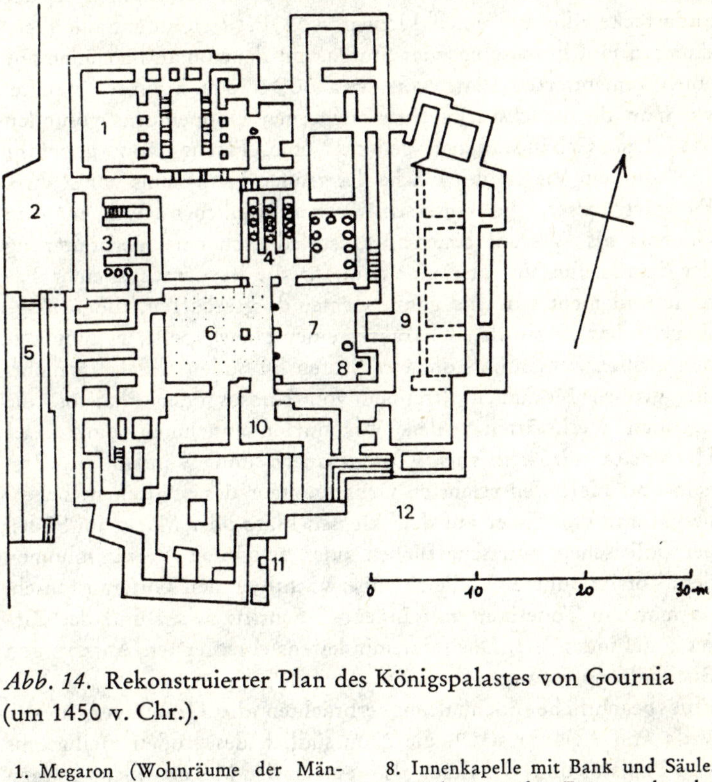


*Abb. 14.* Rekonstruierter Plan des Königspalastes von Gournia (um 1450 v. Chr.).

1. Megaron (Wohnräume der Männer?).
2. Kleiner gepflasterter Hof vor dem Westeingang.
3. und 4. Vorratsräume.
5. Seitliche Terrasse über der Straße.
6. Gepflasterter Innenhof (10 × 8 m).
7. Mittlere Halle.
8. Innenkapelle mit Bank und Säule.
9. Wohnraum der Frauen oder der Dienerschaft?
10. Korridor des Südeingangs.
11. Portikus mit Mittelpfeiler.
12. Großer Hof im Süden (30 × 20 m), in dem ein steinernes Doppelhorn gefunden wurde.

man die Analogien dieses Palasts mit den vermeintlichen Palästen des Minos in Knosos, des Rhadamanthys in Phaistos und des Sarpedon in Malia: eine prunkvolle Westfassade mit Sägeschnittmauerwerk, ein kleiner gepflasterter Hof (etwa 11 × 5 m) im Westen, vier Vorratsräume oder Magazine im Osten, über denen sich ein großer Saal erstreckte, eine Kapelle mit Bänken in der Südostecke, die auf einen kleinen, von Pfeilern und Säulen gesäumten Hof hinausging, vier Stufen, mit denen man im Süden auf einen zementierten Platz von etwa 30 × 20 m hinuntergelangte, wo man die Bruchstücke eines steinernen Doppelhorns gefunden hat. Die Gebäudeanlage bedeckt eine Fläche von ungefähr 1350 qm, ein Viertel der Fläche des großen Heiligtums von Zakro. Es wäre besser, die Unterschiede hervorzuheben. Was man in Gournia als Westhof bezeichnet, ist lediglich eine Verbreiterung der Straße, die Vorratsräume sind für die Bevorratung einer Familie und nicht für eine ganze Gemeinde geschaffen, die winzige Kapelle hat einzig den Charakter einer Hauskapelle, es gibt keinen großen Zentralhof, die vier Stufen im Süden ähneln in nichts den großen Monumentaltreppen von Knosos oder Phaistos, die sakralen Werkstätten fehlen. Wir dürfen annehmen, daß dieser Herrensitz mit steinernen Grundmauern und Wänden aus Ziegeln und Holz den reichsten Grundbesitzer des Städtchens beherbergte und daß dieser auf dem kleinen Platz oder Markt im Süden bei politischen, wirtschaftlichen oder religiösen Versammlungen den Vorsitz führte. Vielleicht überwachte er den Güteraustausch, da man ein Tonetikett mit Linear-A-Schriftzeichen und der Ziffer 5 gefunden hat. Das setzt mindestens einen ersten Anfang von Buchhaltung voraus.

Eine beachtliche Buchhaltung erbrachten die Grabungen in der Villa von Agia Triada[21], die 2 km südlich des großen Heiligtums von Phaistos und viel tiefer als dieses in der Mesara-Bucht gelegen ist, in einer gut bewässerten und dem Wind aus Libyen ausgesetzten Landschaft. Im Saal 13, im Westen, wurde eine große Zahl von beschrifteten Tonetiketten gefunden, die zum Versiegeln von Kisten oder Säcken dienten. Rechteckige Tonschildchen erwähnen Öl-, Wein- und Getreidelieferungen; sie vermerken auch Schulden und Defizite. In einem angrenzenden Saal waren 19 Kupferbarren von je etwa 29 kg Gewicht gelagert, die wahrscheinlich als Zahlungsmittel dienten, da sie mit zehn Zeichen, gleichsam Münzstempeln, graviert waren. Das Gesamtgebäude in Form eines L überrascht durch seinen Luxus: es hat Malereien, darunter das berühmte Bild einer Katze, die im Laub auf der Lauer liegt, Gipsfußböden, Verkleidungen aus geädertem Alabaster, Steintreppen, hohe verzierte Pithoi, Fenster und Lichtschächte. Auffallen wird auch das Fehlen eines Purifikationsbeckens und die Entdeckung eines Rhytons aus Steatit unter anderen kostbaren Gefäßen, das die Rückkehr der Schnitter darstellt, sowie eines Bechers mit dem Bild eines Offiziers in Habtacht-Stellung vor dem König. Im Norden des Baus erstreckte sich die kleine Stadt mit ihrem Markt und ihren hinter einem Peristyl aneinandergereihten Geschäften.

Die Ruinen des Kleinen Palastes von Knosos[22] bedecken nur etwa 1000 qm Fläche (38 × 27 m). Das große Heiligtum von Knosos ist – wir erinnern uns – zwanzigmal größer. Sie sind auf die gleiche Weise ausgerichtet und scheinen zusammenzugehören, da eine besondere Straße von 230 m Länge sie verbindet. Jedoch erscheint der Kult im Kleinen Palast, mindestens zwischen 1600 und 1450, nur in seinen Pfeilerkrypten und in einem einzigen Purifikationsbecken. Zu dieser Zeit besaß jedes Haus ein Hausheiligtum, und der Pfeiler darin wurde besonders verehrt; man stellte um ihn herum Schälchen mit Opfergaben, Rhyta oder Doppeläxte auf, weil er es war, von dem die Erhaltung des Hauses und der Widerstand gegen die Erdbeben abhingen. Das übrige Gebäude, aus herrlich behauenen Steinen, umfaßt eine große Eingangshalle, Empfangsräume mit Portiken oder Veranden, einen Patio mit Peristyl, einen kleinen gepflasterten Innenhof, Toiletten und zwei Treppenläufe, die zu einem oder mehreren Geschossen führten. Aus der Südwest-Krypta dieses Palastes stammt der Steatit-Stierkopf mit vergoldeten Hörnern, eines der Prunkstücke des Museums von Herakleion. Bis zum Ende der mykenischen Epoche, die auf die minoische Blütezeit folgte, war dieser Palast bewohnt. Das Purifikationsbassin wurde in ein winziges Fetisch-Heiligtum umgewandelt.

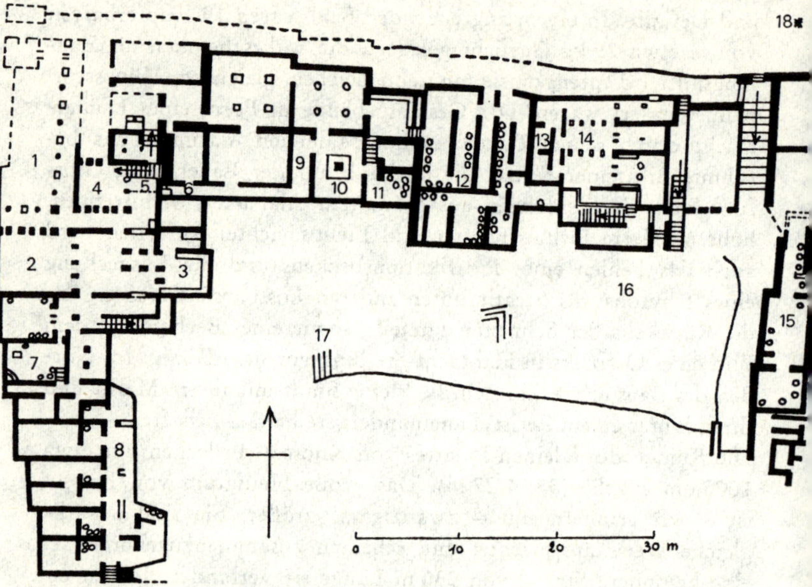


*Abb. 15.* Plan der königlichen Villa oder des echten Palasts von Agia Triada um 1500 v. Chr.

1. Gartenhof im Nordwesten.
2. Westliches Megaron.
3. Saal mit Steinbänken und Gipsplattenbelag.
4. Archive.
5. Mit Blumen und Tierszenen bemalter Raum.
6. Fundort der großen Kupfertalente.
7. Kleine Werkstatt.
8. Wohnquartier des Dienstpersonals.
9. Drei menschliche Idole und zwei Votivstatuetten in Tierform.
10. Krypta mit Mittelpfeiler, Kultort.
11. Depot für die heiligen Gefäße.
12. Nordmagazine.
13. Gefäße und Küchengeschirr.
14. Nördliches Megaron.
15. Ostmagazine.
16. Gepflasterter, sogenannter »Hof der späten Heiligtümer«.
17. Fundort des Boxer-Rhytons.
18. Platz des Velchanosheiligtums, das außerhalb und 1,5 m über dem minoischen Boden lag (Inschriften und Scherben aus dem 2. Jh. v. Chr.).

Wie soll man sich also die Beziehungen zwischen Tempel und Palast vorstellen? Zweifellos so, wie man sie sich in derselben Epoche bei den Kreta am nächsten liegenden Monarchien oder Reichen vorstellt: ein Herrscher, den die dynastische Legende als den Sohn oder die Inkarnation des höchsten Gottes ansieht, als fruchtbaren Stier und Sonne zugleich, besucht gemäß dem Ritus die Allgöttin in ihrem Heiligtum an den Festen der Erneuerung der Zeit, der Natur, der Gesellschaft und der Dynastie. Er wiederholt mit ihr den Urakt der Erschaffung der Welt. Er erneuert und verbessert das Wohl der Gemeinschaft, indem er die Vegetation und das Jahr wiederaufblühen läßt. Jede Erneuerung bedeutet eine neue Geburt. Deshalb wird man sich nicht wundern, daß die wenigen mythischen Überlieferungen, die uns aus der minoischen Zeit in Kreta erhalten geblieben sind, sich beziehen auf die Empfängnis des Herrschers, Sohnes des Zeus-Stiers oder Asterions und Europas, auf seine Hochzeit mit Pasiphaë, der Göttin der Liebe und des Frühlings, auf die Vereinigung dieser letzteren in Gestalt einer Kuh mit dem göttlichen Stier, auf die Geburt von vier Töchtern (Ariadne, Phaidra, Akakallis und Xenodike) und von vier Söhnen (Glaukos, Katreus, Deukalion und Androgeos), als ob sich die vier Jahreszeiten und die vier Sonnenaufgänge an den Sonnenwenden und den Tagundnachtgleichen in der Mythologie widerspiegelten. Die genaue und überall wiederkehrende Lage der Kapellen oder Heiligtümer im Westflügel der großen Tempel versichert uns ihrerseits, daß ein bedeutender Teil des Rituals die Erscheinungen des Sternenhimmels betraf, ein anderer das Pflanzen und das Ausreißen des heiligen Baumes. Der König kam noch, um sich zu läutern und er läuterte symbolisch sein Volk in den Lustrationsbassins. Er kam in regelmäßigen Abständen, um in großer Pracht seine Hierogamie zu feiern oder ihrer zu gedenken, d. h. seine mystische Hochzeit mit der Göttin, die durch ihre Priesterin vertreten wurde. Eine Miniaturmalerei von Knosos, die von der großen sechssäuligen Kapelle des ersten Stockwerks gefallen war, zeigt eine Versammlung von Frauen, die einer Zeremonie beiderseits des dreiteiligen Heiligtums des Zentralhofes beiwohnen. Wenn Pasiphaë die Herrin des Ortes war, können wir als sicher annehmen,

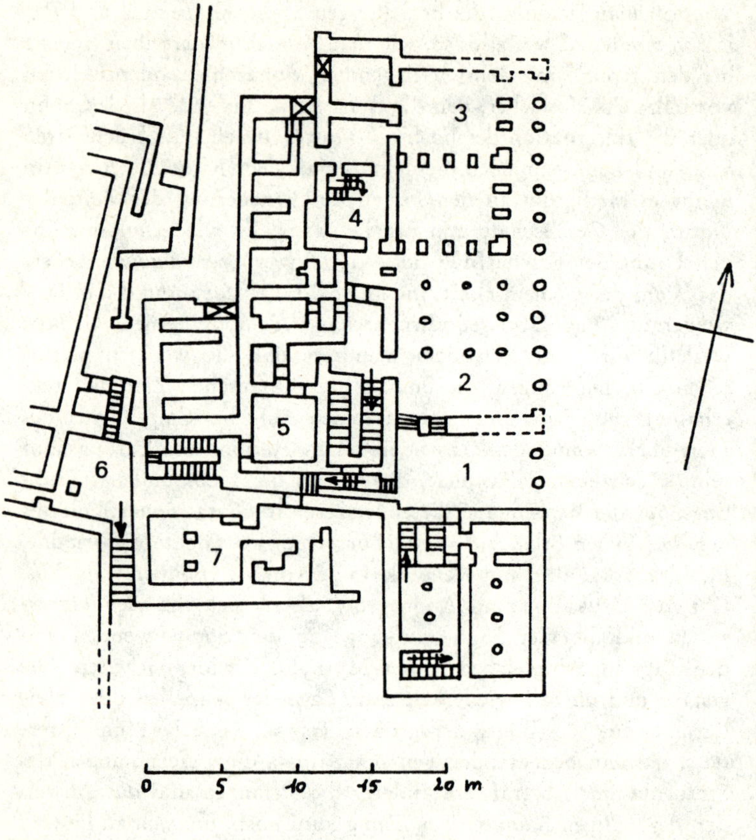


*Abb. 16.* Plan des Kleinen Palastes von Knosos (1600–1400 v. Chr.).

1. Vermutlicher Eingang des Palastes.
2. Peristyl.
3. Megaron oder Hauptsaal.
4. Saal, der in spätmykenischer Zeit in ein Fetischheiligtum umgewandelt wurde.
5. Gepflasterter Hof.
6. Hof mit der Olivenpresse.
7. Saal mit quadratischen Pfeilern, mit Kultgefäßdepot.

(Unten rechts: Säulensaal über einer Krypta.)

daß das Kultpersonal im wesentlichen aus Priesterinnen bestand. Schließlich fanden im großen Heiligtum Inthronisationsfeiern statt. Mutatis mutandis wird man an die Besuche der Achämeniden in den großen Tempeln von Susa, Persepolis und Ekbatana erinnert oder auch an die Mythen und Riten, die wir durch die Dichtungen des antiken Ugarit an der Küste Syriens kennenlernen, z. B. durch das Gedicht über die *Errichtung des Palastes des Gottes Baal*. Dieser Text vom Anfang des 14. Jahrhunderts v. Chr. zeigt uns die Hierogamie des Gott-Königs El, der auch »der Stier« genannt wird, und der Göttermutter Athirat Yam, »der auf dem Meer Schreitenden«[23]. Man denkt sofort an den Mythos des kretischen Zeus, der die Gestalt eines wunderbaren Stiers annimmt, um die Phönizierin Europa über die Wogen zu entführen, oder auch an jenen Stier, der auf die Bitte des Königs Minos dem Meer entsteigt und mit dem sich seine Gattin Pasiphaë verbindet, oder schließlich an Dionysos »mit der Stierstirn«, der nach dem König Theseus der Geliebte der »hochheiligen« Ariadne wird.

## *Handwerker*

### 1. Metallurgen

Dieselben Hymnen und Dichtungen der syrisch-phönizischen Küste machen aus Kreta den bevorzugten Sitz des Gottes der Handwerker. Der dem Sanchuniathon von Beirut zugeschriebene Text nennt diesen Gott Chusor; die Täfelchen von Ugarit bezeichnen ihn mit dem Doppelnamen Kothar und Chasis, d. h. »der Geschickte und Listige«. Als Sohn des Meeres und »Der sich auf dem Meer bewegt« ist er indessen der Gefährte und enge Freund Schapaschs in den unterirdischen Gefilden, unter den Quellen und unter den Schlünden. Er wird »Hayin«, d. h. »der Fähige mit den geschickten Händen«, genannt. Er ist in vollendeter Weise der Gott der Baumeister, er ist Schiffsbaumeister und bei den Palastbauten Architekt und Maurer zugleich – und er ist der Gott der Metallarbeiter, Schutzherr der Bergleute, Schmiede und Goldschmiede. Ihm werden auf See die ersten Angelhaken, die Köder,

Angelruten und Flöße zugeschrieben; an Land schreibt man ihm die ersten Konstruktionen aus Ziegeln, Holz und Metall sowie alle davon herstammenden Erfindungen, unfehlbare Keulen und magische Bogen, zu. Denn er ist auch der Erfinder der Zauberformeln und der Wahrsagekunst. Durch seine Beschwörungen und die Namen, die er seinen Schöpfungen gibt, garantiert er ihre absolute Wirksamkeit. Dies ist die idealisierte Vorstellung, die man sich in Asien zu der Zeit, als die minoischen Städte noch in Blüte standen, vom kretischen Handwerk machte. Nun, dieser Doppelgott ist bekannt: er wird wie Daidalos und Ikaros mit Flügeln dargestellt und heißt in Kreta Talos.

Talos, der bis in die hellenistische Epoche der spezielle Gott von Phaistos blieb[24], wurde bald mit der Sonne, bald mit einem bronzenen Riesen, bald mit einem Stier gleichgesetzt, den der Gott der Schmiede, Hephaistos, hergestellt oder dem Minos als Beschützer Kretas geschenkt hatte. Der Sage nach umkreiste er dreimal innerhalb eines Tages die Insel oder besuchte dreimal jährlich die Dörfer Kretas mit auf Bronzetäfelchen geschriebenen Gesetzen. Fähig, ins Feuer zu springen und seinen Körper zum Glühen zu bringen, verbrannte er die Verbrecher in seinen Armen. Wie Achilles war er nur an der Ferse verletzlich: hier endete eine Ader, die ein Pfropfen verschloß. Der Zauberin Medea oder einem der Argonauten, so erzählten die Griechen 1000 Jahre nach Minos, war es gelungen, diese Ader zu öffnen, und der Riese, der all sein Blut verlor, war unschädlich geworden. Man muß hierin eine Allegorie sehen: ein Bronzeguß mißlingt, wenn die untere Öffnung der »verlorenen Form« offenbleibt. Nun, es ist heute, nachdem 1953 das Modell einer menschlichen Hand und sein tönerner Kern in den Ruinen des ersten »Palasts« von Phaistos[25] gefunden wurden, sicher, daß in der Heimat des Talos der Guß in »verlorener Form« seit dem 18. Jahrhundert v. Chr. bekannt war, 1200 Jahre vor der Zeit, da die Griechen glaubten, ihn zum ersten Male angewandt zu haben. Die Untersuchung der ältesten Betonschichten von Phaistos zeigt ihren außerordentlichen Reichtum an Kupferschlakken. Ein Schmelzofen stand, wie wir schon sagten, im Hof 90 des zweiten »Palasts«. Die 19 großen Kupferbarren von Agia Triada bei Phaistos bestätigen die industrielle Ausrichtung dieser Gegend, die durch die Minen der Asterousia-Berge und die von Zaros und Vorizia am Nordfuß des Ida gefördert wurde. Gewöhnliche Modelle aus Sandstein und Schiefer zum Kupfer- und Bronzegießen, Eisengänse und Schmelzschlacken wurden in allen minoischen Städten, in Zakro, Palaikastro, Vasiliki, Gournia, Malia, Poros und Knosos, gefunden. Die antiken Lexikographen erwähnen in Kreta die Städte Daidala, d. h. die Stadt der Metallarbeiten, und Chalketorion, d. h. die Stadt der Bronzegießer. Das moderne Sagengut lokalisiert die Abenteuer des Daidalos, des Rivalen des Talos, in Agia Galini, Saktouria und Paximadi (Agiou Vasiliou), an der Südküste Kretas. Die Talos-Sage ist in Itanos lebendig, der Stadt, die als Herstellerin der ersten Schilde galt. Vielleicht findet man sie eines Tages am anderen Ende der Insel, in Chrysoskalitissa, in der Nähe der Kupferminen von Sklavopoula und Elaphonisi, wieder. Denn die Könige schickten Prospektoren die ganzen Küsten entlang, die Erze finden und Metall mitbringen sollten. Daher rührt der Mythos von Talos, der Kreta umwandert oder die Dörfer mit Bronzetäfelchen in der Hand besucht. Daher auch der seltsame Besuch des Rhadamanthys, der ein Sohn von Phaistos und, nach einer uralten Genealogie der kretischen Könige (Pausanias VIII, 53, 5), ein Enkel von Talos war, bei Tityos, dem unterirdischen Riesen von Euböa[26]. Das ist offensichtlich die mythische Ausgestaltung der Suche oder Inbesitznahme eines Bergwerkes im Gebiet der Kupferstadt Chalkis. Wir werden später sehen, wie von Minos ausgesandte Leute in Thorikos, in Attika, nach andern Metallen suchen.

Diese in der Stadt ansässigen Metallurgen hatten ihre Berufsgeheimnisse, Losungsworte, Initiationsriten, genau wie ihre Kollegen auf dem Lande. Wenn der Riese Talos geflügelt und am Fuß verwundbar dargestellt ist, wenn Ikaros, der Sohn und Lehrling des Daidalos, seine Flügel verliert und ins Ikarische Meer stürzt, wenn Hephaistos, der Gott der Schmiede, vom Himmel gestürzt wird und bei seinem Aufprall auf Lemnos sich beide Füße verletzt, wenn ein zweiter Talos, der Neffe des Daidalos, von der Akropolis gestürzt und in ein Rebhuhn verwandelt wird, so kann man in all diesen parallelen Erzählungen den Nachklang oder die Spiegelung einstiger Initiationsrituale, Verkleidungen und tatsächlicher Prüfungen sehen. Das Können wird mit Opfern und, wenn es sich um ein handwerkliches Können handelt, mit Verunstaltungen durch das Handwerk bezahlt. Der Gott der Metallurgen, Hephaistos, mußte wie so viele andere Techniker verkrüppelt sein. Nach der antiken Sage war der höchste Gott der Kreter, Tan oder Zan, von zwei Arten von Schmieden erzogen worden: von den drei Kyklopen, die ihm seine Waffen, Blitz, Donner und Wetterstrahl, gaben, und von den zehn zauberkundigen Daktylen, deren erste fünf die ausdrucksvollen Namen »Amboß«, »Eisengans«, »Bieger«, »Werkzeug« und »Form« tragen. Nun, wenn die Daktylen ihren Namen ihrer Zauberhand verdanken, so verdanken die Kyklopen den ihren dem Besitz eines außergewöhnlichen Auges. Der Mythos des ungewöhnlichen Auges hat überlebt: drei Täfelchen in Linear-B-Schrift in Knosos[27] erwähnen einen Ti-ri-o-qa, auf griechisch Triopas, »der Dreiäugige«, und der heutige Sagenschatz Kretas kennt dreiäugige Riesen, die Triamaten. Diese Wesen gelten als schlauer als die anderen Menschen, weil sie im Nacken das Auge des Zweiten Gesichts haben. Wie noch vor einigen Jahren die Frauen der Eparchie Selinon sich mit Kohle ein riesiges Auge auf die Stirn zeichneten, um die ungebärdigen Kinder einzuschüchtern, so trugen sicher die kretischen Schmiede, ihre Vorfahren, die sich wie die Kreter tätowierten, ein Kennzeichen und unterwarfen ihre Lehrlinge allerlei qualvollen Prüfungen: Einstieg in die Initiationshöhle, Feuer- und Wasserprobe, Vortäuschung von Verbrennung und Tod, mehr oder weniger gefahrvolle Sprünge, Tragen von besonderen Kleidern, Schröpfungen, rituelle Beinamen.

Die Schrifttäfelchen der Serie Jn in Pylos[28] unterscheiden mehrere Arten von Metallarbeitern, kakewe; von den einen wird gesagt, sie besäßen eine tarasija, wahrscheinlich einen Auftrag, ein öffentliches Amt, während die anderen nicht mit einem solchen versehen seien, atarasijo; andere arbeiteten im Dienst der obersten Göttin, potinijawejo, wieder andere, die mit dem Namen aketere bezeichnet werden, sind meines Erachtens Dekorateure, Fachleute für luxuriöse Ausschmückung. Ähnliche Unterscheidungen finden sich in der Mythologie der Daktylen, die in rechte und linke unterschieden werden, und in der des Paares, das Daidalos und sein Neffe Talos bilden. Diese beiden letzteren scheinen wohl die beiden Techniken des Hämmerns und des Schmelzens einander gegenüberzustellen. Man erinnert sich, daß der Gott der Handwerker von Ugarit, Kothar und Chasis, »der Kreta als Wohnsitz hat«, ebenfalls ein Doppelgott ist, der Schutzgott der Holzbearbeiter und der Schutzgott der Metallurgen.

Die Unterscheidung war jedoch in der Antike weniger scharf, als sie es heute geworden ist. Der Architekt zum Beispiel, der Bildhauer und der Schiffbauer mußten mehrere Hilfstechniken beherrschen. Sehr viele Stücke aus Holz erhielten Verkleidungen aus Bronze oder Edelmetall. Man darf annehmen, daß die Bewohner von Knosos sehr wohl die großen Idole kannten, die aus einem Holzkern mit Bronze-, Gold- und Silberauflagen, Elfenbein-, Stein- und Email-Inkrustationen gefertigt waren: darauf weisen die unzähligen Überreste hin, die im sogenannten Schatzraum, nördlich des von Evans als Wohnräume der Königin bezeichneten Raumkomplexes im Ostflügel des angeblichen »Palasts«, gefunden wurden. Viel später werden die Hersteller von Goldelfenbeinstatuen, wie Phidias, ebenfalls die Techniken des Treibens, Ziselierens, Stanzens und Einlegens beherrschen, zugleich Bildhauer, Elfenbeinschnitzer und Goldschmiede sein müssen. Sicher ist, daß der geringste minoische Goldschmied die fünf Künste der Granulation, des Filigrans, des Treibens, der Gravur und des Niellierens kannte.

## 2. Schreiner

In den minoischen Städten verlangte vor allem *ein* Beruf sehr viele Fähigkeiten. Es war der des Kunsttischlers oder vielmehr des Intarsienschreiners[29]. Die Homerischen Texte beschreiben an mehreren Stellen in den mykenischen Palästen die Sessel mit Fußschemeln, die Tische, Betten, Truhen und Kästchen, die mit kostbaren Materialien verziert, mit Silbernägeln beschlagen, mit Elfenbeinspiralen oder -ringen geschmückt waren. Der Dichter der *Odyssee*

(XIX, 55–59) verherrlicht sogar den Namen des Ikmalion, eines Künstlers, der sich auf diese Art von Arbeiten spezialisiert hatte. Die Funde von Luxuseinrichtungen in Mari am Euphrat, in Arslan Tasch und in Ugarit in Syrien, in Salamis auf Zypern, in Delos und vor allem im Grabe des Tutenchamun in Ägypten ergänzen unsere Erkenntnisse aus den Resten von Knosos und Zakro. Die minoischen Künstler, die über Dächsel und Meißel verfügten, bauten zuerst das Gestell aus einem gewöhnlichen Holz, Tanne, Zypresse oder Tamariske. Die Einzelteile fügten sie mit Holzzapfen zusammen, verbanden sie durch Stifte und Schlitze, durch schwalbenschwanzförmige Verzapfungen, durch Falze und Zungen und glätteten sie mit Bimsstein. Dieses Material findet man in zahlreichen Werkstätten. Aus Knochen, Haut, Knorpeln und Sehnen des Hausochsen stellten sie einen starken Leim her. Der Fischleim zählt auch zu den Erfindungen des Kreters Daidalos, ebenso wie die Säge und der Bohrer. Sie überzogen die Außenseite mit einem selteneren oder duftenderen Holz, wie dem Zedern-, Thuja- oder Ebenholz, aus dem sie die Vertiefungen für die Einlagen aushoben. Diese wurden aus Knochen- oder Elfenbeinplatten ausgeschnitten. Als Einlagen verwendete man ebenfalls Silber, Elektrum, Blattgold, Halbedelsteine und besonders Bergkristall, der im Idamassiv in reichem Maße vorkommt. Diese Einlegearbeit wurde fest verleimt, dann gepreßt, getrocknet und schließlich poliert und zum Glänzen gebracht. Durch die Funde in den Gräbern von Knosos und in den Werkstätten von Zakro ist die Verwendung der Fritte und einer mit Azurit gefärbten Glasmasse auf gebranntem Ton und Metall gesichert: das ist das berühmte kuwano der mykenischen Täfelchen, der kyanos der Homerischen Texte[30]. Mehrere Täfelchen aus Mykene vom Ende des 13. Jahrhunderts v. Chr. geben den Glasguß als Spezialfach eines Handwerkers aus, des kuwanowoko, der damals unabhängig vom Goldschmied, kurusowoko, vom Graveur, kowirowoko, und vom Sesselhersteller, toronowoko, arbeitete. Aber in dieser späten Zeit hatten sich die Zünfte auf erstaunliche Weise differenziert. Email, Niello und Fayence gehörten anscheinend um 1500 in die Zuständigkeit desselben Handwerkers. Man darf diese allgemein üblichen Verzierungen nicht mit der Schmalte, dem Kobaltoxyd, und dem Lapislazuli, einem Stein aus dem Nordosten Afghanistans, verwechseln; diese Materialien waren in Kreta fremd.

3. Lederbearbeiter

Neben dem Metall- und dem Holzhandwerk gab es in der Stadt auch noch das Lederhandwerk[31]. Es war sicher sehr rege, obwohl in dem zu feuchten Klima fast nichts von seinen Erzeugnissen erhalten geblieben ist: von den Sandalen, Schürzen, Kultgewändern, Schilden, Helmen, Köchern und Futteralen, Radbeschlägen, Wagenwänden, vom Sattelzeug und den Riemen, dem Takelwerk, den Schmiedebälgen, Fensterfüllungen, Abdichtungen für Maueröffnungen usw. Eines der berühmtesten Gefäße von Agia Triada, der Prinzenbecher, zeigt einen Offizier und seine Leute, die dem König vor seinem Palast drei starre Häute von großen Tieren, wahrscheinlich von geopferten Stieren, darbieten. Da man seit der neolithischen Epoche in Europa sowohl wie in Kleinasien und in Ägypten immer die Gerbung mit Öl und verschiedenen mineralischen und vegetabilen Substanzen anwandte, gibt es keinen Zweifel, daß die fraglichen Häute gegerbt waren. Kreta besaß im Überfluß alle notwendigen Rohstoffe: die Häute der Ziegen, Hirsche, Rinder und Schafe, das Meersalz zum Auflösen und Entfernen der anhaftenden Fleischreste, die Kalkmilch zur Enthaarung, das Wasser zum Waschen, den Gerbstoff der Eichenrinde, Galläpfel, Eicheln und Akazienschoten, um die Haut unverweslich und wasserundurchlässig zu machen, das Olivenöl zum Einfetten und Stampfen, die gleichmäßig warme und zugige Luft der Felsenhöhlungen zum Trocknen. Zu diesen Verfahren fügten die kretischen Gerber wahrscheinlich wie ihre asiatischen und afrikanischen Nachbarn den Rauch von Teer und grünem Laub als antiseptisches Mittel und vor allem den Gebrauch des Alauns nach der Enthaarung. Diese adstringierende Substanz, die ein Doppelsulfat aus Aluminium und Kalium ist, findet sich unter den Mineralien der Tallaioi-Berge im Norden des Idamassivs, einige Wegstunden von Knosos. In einem seiner Vergleiche in der *Ilias* (XVII, 389–393) zeigt uns Homer Gerber im letzten Stadium ihrer Arbeit; sie könnten sehr wohl denen des minoischen Kreta ähneln: »Wenn ein Mann seinen Leuten die Haut eines großen Stieres zum Dehnen gibt, nachdem sie mit Fett eingerieben ist, nehmen diese sie und ziehen sie, im Kreis stehend, aus. Sofort tritt die Feuchtigkeit aus. Das Fett dringt um so schneller ein, je mehr Leute sich am Ziehen beteiligen. Die Haut dehnt sich nach allen Richtungen.« Dazu kommt noch, daß man zu jener Zeit den Walktrog des Sämischgerbers noch nicht kannte und daß man auch die Feuchtigkeit der leichtesten und weichsten Häute durch Stampfen mit den Füßen austrieb. Es ist nicht ausgeschlossen, daß man in Kreta, wie anderswo, mehrere Gerbverfahren, mineralische und vegetabile, kombinierte.

Von den Produkten dieses Lederhandwerks sind einige relativ gut bekannt durch die ägyptischen Malereien und die kretische Glyptik und Bildhauerkunst: der hohe, mit einem Bronzering unterlegte Gürtel, den die Männer um die Lenden trugen, die muschelförmige Tasche, die das Geschlecht verhüllte und die unter einem vorgebundenen Tuch oder einer Schürze verborgen war, der Schuh oder die Sandale, die Katzen- oder Rinderhäute für die Priesterkleidung. Über bunten Socken befestigten die Kreter durch eine ziemlich verwickelte Riemenbindung eine Art von Mokassin mit verziertem Schaft. Die weiße und biegsame Sohle war aus einem Stück Leder gefertigt, das rund um den Fuß leicht hochgezogen und an der Spitze zurückgebogen war. Die Bindungen, die Polychromie, das Waffelmuster und die Aufschläge, dies alles läßt vermuten, daß die minoischen Stiefel- und Schuhmacher ebenso geschickt waren wie ihre Nachfolger in unserer Zeit, deren Buden oft mehrere Straßen der kretischen Städte einnehmen. Hinzu kommt, daß der Mythos von Pasiphaë, nach dem sie sich von Daidalos eine Attrappe in Form einer Kuh anfertigen läßt, um sich mit dem göttlichen Stier zu vereinigen, verständlich wird, wenn die große Priesterin eine Tracht aus Tierhaut trug.

## 4. Töpfer

Im 15. Jahrhundert v. Chr. stellten die Handwerker noch immer Steingefäße[32] nach Techniken her, die man im ganzen »Fruchtbaren Halbmond« bis in die Jungsteinzeit zurückführt. Die Materialien reichten vom härtesten, dem Diorit, bis zum weichsten, dem Alabaster. In Kreta blieben am gebräuchlichsten der Serpentinit und der Steatit. Der Block, den der Steinbruch vierkantig behauen an die Werkstatt geliefert hatte, wurde auf einem Hauklotz festgemacht, im Innern mit dem Steinschlagbolzen, dem Stichel und dem Bronzemeißel angegangen, ausgehauen und ausgehöhlt, wozu man sich bald eines zylinderförmigen Rohrs aus härterem, meist vulkanischem Stein, bald einer Bohrstange mit Gegengewicht und Obsidianbohrer bediente; die Angriffsfläche wurde fortwährend mit Schmirgelpulver aus Naxos, Bimsstein vom Meeresgestade oder mit Quarz vom Ida bestreut. Das Sägen und das Polieren, verbunden mit Schleifmitteln, waren geläufige Verfahren. Die Grabungen von Zakro haben gezeigt, daß die Steingefäße nicht nur graviert, sondern mit Schnäbeln, Halsringen und aufgesetzten Henkeln versehen und sogar mit Goldblättchen verkleidet sein konnten, die auf Kupfergrün plattiert waren.

Die Bedeutung der minoischen Keramiker, der Hersteller von Tongefäßen, ermißt man an dem Umstand, daß Aluminium, Blech, Plastik, gepreßtes oder geblasenes Glas damals unbekannt waren. Es bestand also ein hoher Bedarf an Töpferware und Geschirr, vor allem in den Städten. Früher wie heute verließen die wandernden Töpfer ihr Dorf, um in freier Natur ihre Gefäße zu formen, zu verzieren und zu brennen und sie von Haus zu Haus zu verkaufen. Vier große traditionelle Töpfersiedlungen genügen nur zu einem kleinen Teil den Bedürfnissen der heutigen kretischen Bevölkerung: Gra Lygia (Hierapetras), Thrapsano (Pediados), Margarites (Mylopotamou) und Nochia (Kisamou). Andere bestanden früher in Gdochia, Kerames, Keramota, Keramoti, Keramoutsi und in den verschiedenen Tsikalaria der kretischen Toponymie. Man darf also annehmen, daß jede Stadt ihre Töpfer hatte, um so mehr, da die wichtigsten Ausfuhrerzeugnisse Öl, Wein, Gewürze und Drogen in

Gefäße gefüllt waren. Und tatsächlich wurden mehrere minoische Töpferöfen aus der Zeit der zweiten Paläste in Knosos und Phaistos gefunden, die das ergänzen und bestätigen, was wir den tausendjährigen Bräuchen der Töpferdörfer und den wenigen Resten von Brennöfen entnehmen können, die es in Pharmakokephala in Sklavous, in Etia, in Nea Praisos, in Makrygialos (Sitias) und in Lato bei Kritsa (Mirabellou) gab[33]. Die Herstellung der vorgriechischen Gefäße unterschied sich in der Hauptsache nicht von der, die wir heute z. B. noch in Margarites oder in Nochia vorfinden.

Die Keramiker besorgen sich zwei Sorten von Erde, eine tonhaltige, fette und formbare und eine magere, die als Entfettungsmittel dient und der sie oft Bimssteinpulver, Sand, zermahlene Muscheln, ja sogar Strohhäcksel beimengen. Die Tonerde, die nicht körnig sein darf, wird von Hand von den darin enthaltenen Steinchen und Zweigstücken befreit, gesiebt, gewaschen und geklärt. Dann läßt man sie im Kühlen mehrere Wochen ruhen; durch einen Gärprozeß gewinnt sie ihre Bildsamkeit. Darauf wird sie mit ihrem Entfetter geknetet, geschlagen und durchgearbeitet, bis sie vollkommen homogen, glatt, salbig und ohne jedes Knöllchen ist. Der Töpfermeister formt daraus einen großen Klumpen, den er von Zeit zu Zeit besprengt und den er mit einem Sack zudeckt. In seiner winzigen, schattigen und kühlen Werkstatt betätigt ein Helfer, meist ein Kind, unmittelbar am Boden mit der Hand die Drehscheibe. Im Halbschatten bemerkt man eine Scheibe aus Terrakotta oder Marmor mit Rillen, die auf einer hölzernen Umlaufscheibe befestigt ist. Darunter führt eine senkrechte Achse in die Mitte eines langen, waagerechten Bretts, das auf zwei Pfosten ruht: es verhindert die Schwankungen und hält die Maschine im Gleichgewicht. Zwei seitliche Griffe an der Achse ermöglichen den Antrieb und die Rotation. Ganz unten, in einer Bodenvertiefung, dreht sich das Ende der Achse in einem Lager oder in Steinnäpfen.

Der Handwerker trägt eine kurze Leinenschürze, die ganz steif ist von Erde. Er nimmt mit beiden Händen eine Tonkugel, legt sie auf die gerillte Drehscheibe, die von der Achse in Drehung versetzt wird, drückt seitlich dagegen, folgt mit den Händen dem Erdzylinder bei seinem Aufsteigen, kneift den Rand ab, führt einen oder zwei Finger ins Innere der Masse, gibt ihr Rundung, schnürt den Hals dieser sich drehenden Röhre ab. Von Zeit zu Zeit taucht er eine Hand in ein kleines Gefäß voll flüssiger Erde und benetzt damit sein Werk. Die Drehscheibe hält an. Zwei Henkel werden den Schultern angefügt. Zwischen Daumen und Zeigefinger wird der Schnabel herausgedrückt. Dann wird mit einem Faden das Gefäß von der Drehscheibe gelöst. Mit feuchten Handflächen hebt der Meister es vorsichtig hoch und stellt es an die Wand in den Schatten. In nicht einmal zehn Minuten wurde der Traum zur überraschendsten Wirklichkeit: eine Amphore von einem Fuß Höhe. Will er einen hohen Pithos mit weitem Bauch und dicken Wänden formen, wie man ihn in allen Vorratsräumen der Stadt findet? Er formt den Boden und legt Tonringe übereinander, denen er durch den Druck der Daumen unter der Wirkung der Rotation die gewünschte Dünne gibt. In Anbetracht der großen Masse muß er die unteren Ringe hart werden lassen, bevor er die oberen Ringe dreht. Oder aber er dreht auch eine Rolle aus feinem Brei spiralförmig auf und weitet sie von unten nach oben aus: ein Rhyton entsteht, dem er vielleicht einen aus Ton geformten Kopf anfügt, ein Maul oder eine Schnauze darstellend. Wenn die Masse schön fest ist, wird sie in der Sonne getrocknet.

Die großen Gefäße läßt er einige Zeit auf der Drehscheibe trocknen. Dann legt er sie mehrere Tage in die Sonne und dreht sie immer wieder um. Während dieser Zeit baut oder repariert er seinen runden zweistöckigen Brennofen. Die untere Etage ist der Feuerung vorbehalten. Durch die Öffnung, die vorspringt oder eine den gerade herrschenden Winden zugekehrte Zuführung hat, unterhält der Heizer, oft ein Partner oder Verwandter des Meisters, je nach dem Brenngut zwischen fünf und zwölf Stunden lang ein lebhaftes Heidekraut- oder Reisigfeuer, wobei er die Temperatur über 600° C hält. Ein Rost oder gitterartiger Zwischenboden, den ein Mittelpfeiler stützt, trennt die Feuerstelle von der darüberliegenden gewölbten Kammer, die mit hitzebeständiger Erde ausgekleidet ist und in der die zu brennenden Gefäße, Platten oder Statuetten übereinanderstehen. Dieses ganze Material wird von oben in den Ofen eingeführt. Deshalb wird das Ofengewölbe nach jedem Brennvorgang abgerissen und wieder neu gemauert. Es hat eine runde Öffnung, ein Zugloch, über das der Töpfermeister einige Ziegelstücke legt, so daß der Überschuß an Heißluft und Rauch abziehen kann. Ein seitliches Schauloch erlaubt es, jeden Augenblick den Zustand der Gefäße zu überprüfen. Wenn der Töpfer glaubt, sie seien fertig gebrannt, läßt er alle Öffnungen des Ofens verstopfen, denn das Brenngut muß so langsam wie möglich abkühlen.

Wenn er nicht ein einfaches, schmuckloses Geschirr herstellt, wird der Töpfer in der Stadt zum Vasenmaler. Nach der Trocknung an der Sonne überzieht er die Oberfläche des Gefäßes oder des Tonartikels, den er brennen will, mit einer tonigen Masse. Diesen Überzug hat er langsam gewonnen durch Klären farbigen Tons, dem Holzasche oder verschiedene vegetabilische Alkalien beigemischt waren, die mehr Metalle enthalten als die nicht behandelte Tonerde. Nach der Evaporation erscheint die Masse als braune Paste, die sich mit dem Kalamus oder dem Pinsel mit einer oder mehreren Borsten verteilen läßt. Je nach der Temperatur im Ofen verfärben sich die in der gallertartigen Lösung enthaltenen Eisenoxyde rot oder schwarz. Blautöne werden aus einer reinen, nicht eisenhaltigen Tonerde gewonnen. Violettöne aus Ocker und Mangan, die beide reichlich vorhanden sind an der Nordküste Kretas, bei Milato, bei Fodele und am Nordrand der Weißen Berge. Bei den großen Krügen begnügt sich der Dekorateur manchmal damit, einen mit dunkler Farbe getränkten Schwamm unter der oberen Lippe des Gefäßes auszudrücken. Der Farbfluß bewirkt zweierlei: Illusion und gutes Vorzeichen: möge das Gefäß immer zum Überlaufen voll sein! Und da auch er über Berufsgeheimnisse und besondere Handgriffe verfügt wie der Gießer, der Bildhauer oder der Architekt, fordert er von seinen Lehrlingen eine Einweihung und kennt alle möglichen mehr oder weniger abergläubischen Praktiken: man braucht nur die letzten kretischen Töpfer nacheinander Gebete, Sühneformeln, Flüche aussprechen zu hören, wenn das Wetter, der Wind oder das Feuer nicht so sind, wie sie es gerne hätten.

5. Walker und Färber

Jede Stadt beschäftigte auch ihre Walker und Färber in einer Zeit, in der die gefältelten oder mit Volants besetzten, ein- oder mehrteiligen Zeremoniengewänder bunt waren. Sowohl die Fayence-Göttinnen mit Schlangen als auch die gemalten Figuren im Prozessionskorridor von Knosos und die Tonadoranten der Höhenheiligtümer tragen individuelle Kleider mit persönlicher Note wie die der berühmten »Pariserin« oder des Lilienprinzen. Ohne Vorbehandlung nehmen die Fasern die Farbe nicht an. Die gewebte Wolle muß in heißem Wasser gewaschen und mit den Füßen gestampft werden, unter Zusatz von seifigen Zutaten wie weißem Ton oder Walkerde aus Kimolos und Kreta, Soda aus Ägypten, Asphodill, Seifenkraut und den anderen in Kreta wachsenden alkalinen Pflanzen und vielleicht dem Ammoniak aus dem menschlichen Urin, nach Verfahren, die in Kleinasien, Palästina, Griechenland und sogar in Rom bekannt waren. Der Walker benutzte verschiedene Vertiefungen im Felsen und Becken aus Terrakotta. Ich frage mich sogar, ob gewisse Zuber, die man in Kreta als Keltern oder Badewannen betrachtete, nicht einfach für die Wäscherei dienten. Sobald die Wolle entfettet, ausgefilzt, ausgeschlämmt und gespült ist, muß sie geschlagen, sortiert und gekämmt werden: an Kardendisteln fehlt es auf der Insel nicht! Nach diesen Vorbereitungen kommt das Tuch zur Färbung, deren Geheimnisse wie alle Geheimnisse der handwerklichen Berufe eifersüchtig gehütet und noch vertieft wurden durch all den symbolischen und magischen Wert, den man den Farben seit den Anfängen der Kultur beimißt. Aufgrund der Zeugnisse der Ägypter und der Griechen vermuten wir, daß das Wesentliche der Tätigkeit im Eintauchen der Stoffe oder Gewebebahnen in Terrakottakrüge und später in Metallkessel bestand, die denen von Tylissos entsprachen und die mit einer heißen Färbelösung gefüllt waren; die vorher verwendeten alkalischen Salze wirkten ätzend auf die Fasern, aber wahrscheinlich gebrauchten die kretischen Färber Alaun, Gerbsäure und Granatapfelsaft, Substanzen, die in Kreta reichlich vorhanden waren als zusätzliche Fixierungswirkstoffe. Und es standen ihnen in reichlichem Maße lösliche Aluminium-, Chrom- und Eisensalze zur Verfügung, die in ihren Böden, z. B. in den Böden der Asterousia-Berge, enthalten waren. Vor ganz wenigen Jahren färbten die Hirten aus der Gegend des Arkadi-Klosters ihre Wollflanelle in unzerstörbarem Schwarz, indem sie sie acht Tage lang unter schweren Steinen auf dem Grund der Sümpfe des Weilers Kavousi (Rhethymnis) liegen ließen: die umgebenden Schiefer sind mit den drei erwähnten Salzen gesättigt.

Die Malereien von Knosos und die der ägyptischen Gräber, auf denen Keftiu dargestellt sind, beweisen, daß die kretischen Färber die Stoffe in verschiedenen Rot- und Blautönen, in Gelb und in Schwarz färben konnten. Blau, Weiß und Rot scheinen sogar auf eigenartige Weise die nach Ägypten kommenden Kreter zu charakterisieren. Sie gewannen den Purpur aus der Schale der Stachelschnecken im Gebiet von Itanos und Palaikastro, auf der Insel Koufonisi, auf den Felsen von Malia und der Christus-Insel. Sie fanden die Kermesschildlaus auf den Eichen der Provinz Amari und des Gebietes von Rhethymnon. Der Krapp, heute rizari genannt, war eine in Pedias und in Viannos sehr verbreitete Färberpflanze. Die Hyazinthe, deren typisch vorgriechischer Name der eines im Gebiet von Tylissos verehrten Gottes ist, lieferte verschiedene Nuancen von Blau und Violett neben dem Färberwaid, *Isatis tinctoria*, der seit langem in Ägypten und Mesopotamien angebaut wurde, und dem aus dem *Murex brandaris* gewonnenen Farbstoff. Schließlich gewannen die Färber zu jeder Zeit mehreren kretischen Pflanzen leuchtende Gelbtöne ab: der *Iris cretensis* (der heutigen anevrida), der weißen Narzisse mit ockerfarbigem Kelch, dem Sauerampfer, dem Saflor, dem safrangelben Färberwau, die alle gleichermaßen auf dem Boden der Insel verbreitet sind. Das beste Schwarz erzeugte immer noch die Tinte des Tintenfisches. Der Gallapfel und die Myrte fanden vor allem auf dem Land Verwendung. Man sieht, daß die kretischen Färber nicht nur Botaniker und Zoologen, sondern Erzsucher, Fischer und vor allem kluge Kaufleute sein mußten.

## 6. Parfümhersteller und Schönheitspflegemittel

Ein in dieser Zeit gut vertretener Beruf war der des Parfüm-, Salben- und Schminkenherstellers. Auf den mykenischen Täfelchen wird er arepazoo, Salbensieder, genannt[34]. Wir sahen die sogenannten Chamaizi-Töpfe von Malia aus durch ganz Ostkreta wandern. Es steht fest, daß die kleinen minoischen Ton- und hauptsächlich Alabasterfläschchen, die nach Syrien, Phönizien und Ägypten ausgeführt wurden, Öle und kostbare Pomaden enthielten, während die Kannen, Amphoren und Krüge vor allem Wein enthielten. Aber selbst dieser war parfümiert. Die kosmetischen Mittel waren nicht nur dazu bestimmt, die abstoßenden Gerüche von Leuten zu verdecken, die sich wenig oder überhaupt nicht wuschen, oder das Liebesverlangen zu wecken: in dieser ganzen Welt des Vorderen Orients, in der der Geruch als Ausdruck der wesentlichen Eigenschaften jedes Individuums, ob Mensch oder Gott, galt, spielten sie eine wichtige magisch-religiöse, ja sogar medizinische Rolle. Sie waren Lebensöle, die verjüngen, erneuern und sogar wieder lebendig machen konnten. Sie dienten zur Salbung sowohl der Lebenden als auch der Toten oder der göttlichen Idole. Zwar waren richtige Badezimmer selten, aber bekanntlich gab es in den großen Heiligtümern sehr viele Purifikationsräume. Sprechen wir nicht von all den balsamischen Erzeugnissen, die die Kreter aus Ägypten, dem Libanon, Syrien und Zypern importieren mußten, Balsam, Zimt, Zinnamon, Henna, Myrrhe, Narde, die Behennuß. Wir finden auf dem Boden Kretas genügend Rohstoffe, um verständlich zu machen, daß sie Duftstoffe und kosmetische Mittel in den ganzen östlichen Mittelmeerraum exportierten. Das vorgriechische Wort brenthys bezeichnete dort ein aromatisches Öl, das aus einer Art Mandragora gewonnen wurde. Die Parfümhersteller, Männer oder Frauen, zerschnitten mit dem Messer die aromatischen Teile der Iris, des Safran, der Lilie, des Majoran, der Myrte, der Kolokasie, des Salbei, des Riedgrases, der Blüten und Früchte des Quittenbaumes, zerdrückten sie in einem Mörser und ließen dann das Mark einige Tage in einer Bütte mit Wasser mazerieren. Die Essenz stieg an die Oberfläche. Dieses Aufsteigen beschleunigte man durch leichtes Kochen, oder man drückte die Essenz aus, indem man das Mark in einem Tuch aus sehr feinem Leinen auswrang. Diese Flüssigkeit wurde nachher geklärt und mit einer fettigen Grundsubstanz vermischt – sei es mit einem Pflanzenöl, wie dem Oliven-, Sesam-, Bittermandel-, Rizinus-, Koloquinten-, Lein- oder Safloröl, sei es mit einem tierischen Fett, im allgemeinen dem Rinderfett, dem etwas Salz zugegeben wurde, um das Ranzigwerden zu verhindern. Eine andere Technik, das Anreichern mit Blütendüften, bestand darin, die Rosen zum Beispiel im Öl mazerieren zu lassen. Von den Baumharzen und Baumgummis, die in Kreta als Fixiermittel dienten, sei in erster Linie das Harz eines Cistus, das Ladanum, erwähnt, das im nördlichen Teil des Mylopotamosgebiets sorgfältig geerntet wird und das noch heute, so viele Jahrhunderte später, ein fester Exportartikel ist. Aber die Minoer bedienten sich gewiß auch der Harze des Styraxbaumes, des Steckenkrautes, des Wacholderbaums, der Zypresse und der Aleppokiefer, deren eigentümliche Gerüche das kretische Gebirge mit Duft erfüllten. Wie ihre Nachbarn dosierten sie die Duftstoffe und fügten der Mischung einen mineralischen Farbstoff hinzu. Die Kunst der Parfümhersteller lag auf halbem Wege zwischen der einfachen Kochkunst und der echten Chemie. Sie war Gegenstand sorgfältig gehüteter Berufsgeheimnisse wie die Kunst anderer mit Bütten und Siedekesseln hantierender Handwerker, der Metallurgen, Färber und Gerber. Der kretische Weihrauch bestand damals wie heute aus den getrockneten Harzen eines Cistus und eines Mastixbaumes. Man verbrannte sie in kleinen Schalen, ähnlich denen, die man heute noch in den Kapellen auf dem Lande sieht. Aus Rauchgefäßen mit durchlöchertem Deckel konnten die Düfte schlichter aromatischer Samen wie des Wacholders, des Anis und des Korianders emporsteigen.

Die Spezialisten stellten kosmetische Mittel für die Augen, die Wangen, die Lippen her. Die »Pariserin« von Knosos, die eine Göttin oder eine hohe Priesterin ist, hat schwarz bemalte Lidränder, wodurch ihr Auge außerordentlich vergrößert wird. Der Schminkspatel erscheint in den kretischen Hieroglyphen. Mit ihm wurden schwarze Galenit- und Manganpulver zerrieben und unter ein lösliches Harz gemischt. Mit einem Ockerpuder bedeckte man Wangen und Nasenflügel mit Gesichtszeichnungen. Auch das Scharlachrot, das die »Pariserin« mit dem Pinsel auf die Lippen aufgetragen hat, enthielt einen mineralischen Farbstoff, Haematit, Zinnober oder Mennige, der in einer öligen Creme aufgelöst war. Oft findet man in den Gräbern kleine Zangen zum Entfernen von Haaren. Da auch die Männer sich schminkten – das ist durch die ägyptischen Darstellungen der Keftiu bekannt –, besteht kein Zweifel, daß die Industrie der Schönheitspflegeartikel in Kreta außerordentlich blühte.

## 7. Siegelmacher

Seit 1956 und 1971 im Nebengebäude des Palastes von Malia im Bezirk My[35] eine Graviererwerkstatt entdeckt und ausgegraben wurde, weiß man etwas besser Bescheid über einen der aktivsten Berufe in den kretischen Städten der minoischen Zeit. In einer aus fast lauter Analphabeten bestehenden Bevölkerung diente das Siegel sowohl als Unterschrift als auch als Ausweis. Mit ihm versiegelte man Sendungen, Verträge und die Korrespondenz, die ein Berufsschreiber verfaßt hatte. Mit seiner Hilfe erkannte man die Botschaft oder die Sendung eines Freundes oder Gastfreundes. Durch das Siegel war man schließlich auf geheimnisvolle Weise beschützt, denn es stellte eine Art zweite Persönlichkeit dar. Je härter es war, desto sicherer war man, in der Ewigkeit fortzudauern. Mit der Entfaltung des Handels und der zwischenmenschlichen Beziehungen ganz allgemein waren die Gemmen mehr und mehr gefragt, und die kretische Glyptik erreichte ihre höchste Originalität auch genau zwischen 1500 und 1400. Durch Tausch oder Sammeln besorgte sich der Siegelgravierer kleine Steinblöcke von guter Qualität, die sich durch Feinkörnigkeit, Klarheit, Buntheit oder die ihnen zugeschriebenen Kräfte empfahlen. Wie oft hörte ich die Leute sagen, daß die antiken Steine bei Nacht leuchteten? In der Zeit der zweiten Paläste wurde der sich seifig anfühlende Steatit, der in Kreta so weit verbreitet und der so leicht zu schneiden ist, immer weniger verwendet. Er war nur den Armen vorbehalten. Der zum Virtuosen gewordene Künstler versuchte sich an kristallinen oder kieselartigen, ja sogar metallischen Rohstoffen: an Marmor, Breccie, Quarz, Jaspis, Achat, Haematit, Karneol, Sardonyx, am Stein aus Lakedämonien oder sogar an Halbedelsteinen wie dem Amethyst oder dem Bergkristall. Mit der Bronzesäge schnitt er ein kleines Parallelepiped von maximal 20 mm Länge auf 13 oder 14 mm Breite und ebensoviel Dicke zurecht. In der Längsachse durchbohrte er es in zwei Abschnitten zuerst von oben her, dann von unten her mit einem winzigen Bohrer mit einer Spitze aus Obsidian oder meteoritischem Eisen, der in ein Gemisch aus Öl und Pulver getaucht wurde; bei dieser Arbeit achtete er darauf, daß der Stein nicht splitterte. Dann bearbeitete er ihn aus dem groben, wobei er ihm selten die Form eines Zylinders, manchmal die eines Prismas mit drei ovalen oder abgerundeten Hauptflächen, am häufigsten aber die Form einer Mandel, einer Linse oder einer bikonvexen Kapsel gab. Darauf schnitt er mit Hilfe eines röhrenförmigen Bohrers, eines Stichels und eines Schabeisens, die er mit Schleifmitteln bestreut hatte, nach Wunsch des Kunden in vertiefter Arbeit originelle und belebte Figuren oder geometrische Zeichnungen ein: lineare Einritzungen, Kreise, Halbmonde und Punkte. Dieser letzte Typus ist das Erzeugnis einer eiligeren Arbeitsweise. Er paßt gut zu den Amuletten und den Talismanen, die in Serie angefertigt wurden. Um sein Siegel fertigzustellen, fügte der Gravierer noch eine Einzelheit hinzu oder überarbeitete es vorsichtig mit der Nadel, rieb es mit dem Polierschiefer und mit Talk blank, säuberte es von seinen Staubteilchen und fädelte es durch das Aufhängeloch auf einen Lederriemen auf. Die Jahrtausende ließen die Silikone stumpf werden und gaben den vertieften Flächen dieselbe Abtönung, denselben Glanz wie den erhabenen. Man kann sagen, was man will, die minoischen Schmuckstücke, die durch ihre Entstehung und ihre Bestimmung ein so persönliches Gepräge haben, bleiben unnachahmlich.

## 8. Seiler und andere Handwerker

In den Städten eines Landes, das sich im Aufschwung befand, verdienten zahlreiche Arbeiter ihren Lebensunterhalt, deren Tätigkeit schwer zu beschreiben ist, weil entweder das Material und die Werkzeuge des Berufes vollständig verschwunden sind oder weil die Arbeiter, da sie nicht spezialisiert waren, sich nur als reine Arbeitskräfte verdingten. Zur ersten Kategorie gehören die Seiler oder die Hersteller von Tauen und Hanfseilen, die in meeroffenen Städten so große Bedeutung haben. Die Wörter merinthos, »das Seil«, und kalos, »das Tau«, sind beide vorgriechisch. Man stelle sich nur die großen und schweren Krüge vor, die, genau wie heute, am Packsattel der Esel mit Hanf- und Flachsseilen festgeschnürt waren, oder auch Trupps von Tagelöhnern, die mit allen Kräften die riesigen Steine schleppten, die bei den großen Bauten als Grundmauern und unterste Lagen dienen sollten. Auf hölzernen Rollen, die Schritt um Schritt von der Stelle bewegt werden, rükken die Blöcke, mit Seilen umwickelt, langsam voran. Sie wiegen manchmal über eine Tonne. Arbeiter ebnen die Wege ein oder belegen sie mit Platten. Andere heben Abflußkanäle an, die laurai. Andere, einen Korb voll Erde auf der Schulter, schütten Rampen auf. Andere rühren einen Mörtel aus Ton und Kalk an, einen mit Strohhäcksel vermischten Strohlehm. Wieder andere verteilen und glätten mit dem Holzbrett einen Stuckverputz, auf dem später der Dekorateur seine Farben aufträgt. Jeder Mann in Kreta ist mehr oder weniger Maurer, Zimmermann oder Dachdecker. Wenn er keine Anstellung hat, verdingt er sich als Lastträger, Schauermann oder Bote. Man muß gesehen haben, wie heute noch auf manchen Plätzen der Städte frühmorgens die Arbeitslosen auf die Anstellung bei einem Unternehmer warten und wie glücklich sie sind, die Arbeiter der elften Stunde zu werden, um nicht zu verhungern.

Während die Täfelchen in Linear-B-Schrift alle Arten von spezialisierten Arbeitern, z. B. Bäcker, Goldschmiede, Bogenmacher, Wollkämmer, Spinnerinnen, Weberinnen erwähnen, können wir ihre Existenz in den minoischen Städten 200 Jahre früher nur vermuten. Wir nehmen an, daß die Bauern, die sich in der Stadt niederließen, ihre jahrhundertealten Techniken der Verarbeitung von Holz, Knochen, Leder, tierischer oder pflanzlicher Faser mit dorthin brachten. Es ist zu bezweifeln, daß es in Knosos berufsmäßige Korbflechter gab. Es ist sicher, daß in jeder Häusergruppe, wenn nicht in jedem Haus, jemand Weiden und Binsen flechten konnte, wie es seine Vorfahren seit Tausenden von Jahren auf dem Lande machten. Die Abdrücke von Binsen- und Strohkörben, von Rollen aus Flechtwerk, mit denen man die Türen verschloß, finden sich im gebrannten Ton oder auf dem Gips der Ruinen wieder. Es ist unwahrscheinlich, daß es Berufsnäherinnen und -schneiderinnen gab. In einer Zeit, da alle Frauen webten und spannen, suchten die reichen Familien die Mithilfe der geschicktesten Arbeiterinnen oder betrauten die Verwandte mit dem größten künstlerischen Talent mit dem Weben und Zuschneiden der Schürzen oder der geraden Tuniken der Männer, der gefältelten oder mit Volants besetzten Röcke, der kurzärmeligen Blusen und Schals der Frauen. Es ist bekannt, daß die religiösen Zeremonien Anlaß waren, sich so wirkungsvoll wie möglich herauszuputzen und mit prächtigen, herrlich gefärbten und mit Bändern und Stickereien verzierten Stoffen zu prunken. Die Priester trugen lange Roben mit Ärmeln und Fransen. Die Enthüllung der Brust war nur in bestimmten Kulten für die Priesterinnen die Regel. Es ist schließlich sehr wahrscheinlich, daß es Friseure gab: abgesehen davon, daß zahlreiche Bronze-Rasiermesser gefunden wurden und daß die Männer bartlos blieben, waren um 1500 lange Haare Mode, die in gewellten Strähnen über die Schultern hingen, und kleine Löckchen, die über der Stirn zurückgekämmt waren.

Nur aufgrund der Werkzeuge in den Wohnungen kann man den Beruf ihrer Bewohner erahnen. In einem Haus in Gournia wurden eine Doppelaxt, eine Waage mit Schalen, eine Säge, ein Haken, fünf Holzscheren, drei kleine Bronzestangen (zum Schmelzen oder Hämmern bestimmtes Bleierz?), ein Rasiermesser und die Hälfte einer Zange gefunden: war dies die Werkstatt eines Schreiners oder eher die eines Werkzeugmachers? An anderer Stelle lassen Pfriem, Ahle, krummes Messer und Kratzeisen eine Schusterbude vermuten. Da in unseren Kulturen genaue Entsprechungen fehlen, bleibt für uns eine bestimmte Anzahl von mehr oder weniger gebogenen oder stumpfen Werkzeugen aus Ton und Bronze unerklärbar.

Welche Stellung der spezialisierte Arbeiter auch hatte, ob er Tempelbeamter, Künstler oder Arbeiter im Dienste des Königs oder der reichen Grundbesitzer war, ob er als Handwerker für eine Gemeinde oder ein Stadtviertel arbeitete, ob er Freier oder Sklave, Mann oder Frau war, es liegt auf der Hand, daß er das Erzeugnis seiner Arbeit nicht verkaufte, wie es die Griechen der klassischen Zeit machten. Es gab weder Geschäfte noch Läden mit Reklame und Auslagen, weder Gehalt noch Bezahlung in Geld. In einem vorwiegend agrarischen Wirtschaftssystem konnte sich der Arbeiter in den Städten seinen Lebensunterhalt nur von dem in den ländlichen Gegenden erzeugten Nahrungsmittelüberschuß und vom schlichten Tausch erhoffen. Man wußte, daß z. B. der Töpfer, der Schreiner und der Parfümhersteller, deren man besonders für die Begräbnisse und den Seehandel bedurfte, in ihrer Werkstatt fertige Erzeugnisse vorrätig hatten. Der Kunde bot ihnen nun Lebensmittel, Stoffe, Korbwaren, Rohstoffe aus seinem eigenen Hause an, um den fertigen Gegenstand, für den er sich interessierte, auswählen und mitnehmen zu können. Man kann sich leicht die Palaver, das Feilschen und die Versprechungen vorstellen. Man begreift auch die Verwirrung der modernen Archäologen, die in ein und demselben Raum Gefäße aus sehr verschiedenen Epochen und Werkzeuge ganz verschiedener Art finden.

## *Das städtische Treiben*

Die Städter, deren Tag früh begann, gingen zu ihrer Arbeit auf gepflasterten Gäßchen, die in der Mitte einen Gehsteig hatten, aber im allgemeinen sehr eng waren. Sie müssen verhältnismäßig sauber gewesen sein, urteilt man nach der großen Zahl von Kanalisationen aus Terrakotta und von Abflußkanälen, die man z. B. in Tylissos, in Knosos und in Archanes entdeckt hat. Wie in allen südlichen Städten beseitigten Hunde und große Vögel einen Teil des Unrats und der Abfälle. An den Markttagen kamen auf dem 1200 qm großen, geräumigen Platz mit stuckierter Einfassung nordwestlich des großen Tempels von Malia die Stadt- und Landbewohner zusammen, um die Erzeugnisse der Erde und der Werkstatt zu handeln. Durch das Nordtor des Platzes wurden die ausländischen Waren vom Hafen herein- und die Gefäße, Ballen und Säcke für die Ladung der minoischen Schiffe hinausgebracht. In der Südwestecke war neben einem Portikus eine Tür, die zu den Terrassen eines in die Erde eingelassenen Vorratsraumes und zu einer Säulenkrypta führte. Ein Stein mit näpfchenartigen Vertiefungen hinter dieser Tür scheint auf die Sitte hinzuweisen, vor jedem Geschäftsabschluß den Göttern winzige Opfergaben darzubringen. Um den Platz herum konnten einige Stufen wiederhergestellt werden[36]. Hier konnten auch religiöse – und warum nicht gerichtliche und politische? – Kundgebungen stattfinden: Minos und Rhadamanthys galten in der antiken Überlieferung vor allem als Könige, die die Gerechtigkeit schützten. Man wird sich an den kleinen gepflasterten Hof im Süden des Königspalasts von Gournia erinnern: auch er ist von Stufen eingefaßt. Die königliche Villa von Agia Triada liegt zwischen einem gepflasterten Platz im Süden und einem kleinen Platz mit Portikus im Norden, jenseits dessen die Besetzer der mykenischen Epoche ihre Portiken und Magazine anlegten. Man muß sich wohl vorstellen, daß die kleinen minoischen Städte im Unterschied zu den Dörfern im wesentlichen Handelszentren waren und daß die Eigentümlichkeit der Kreter, der erstgeborenen Söhne Europas, darin bestand, Bauern und Kaufleute zugleich gewesen zu sein. Sie hätten die Märkte des Ägäischen Meeres, Vorderasiens und Ägyptens nicht erobert, wenn sie nicht korrekte und ehrliche Geschäftsleute gewesen wären.

Man kann das Leben der Städter auch im Verlauf eines Jahres verfolgen. Auf den freien Plätzen, die die großen Tempel umgaben, wohnten sie den Neujahrs-Prozessionen, den jahreszeitlichen Festen, den Investiturfeiern, den sportlichen Spielen und dem Sprung über die Hörner der Stiere bei. Sie nahmen an den Tänzen und den öffentlichen Opfern teil, die in einem Land ohne

I

2

3

4

5

6

7

8

9

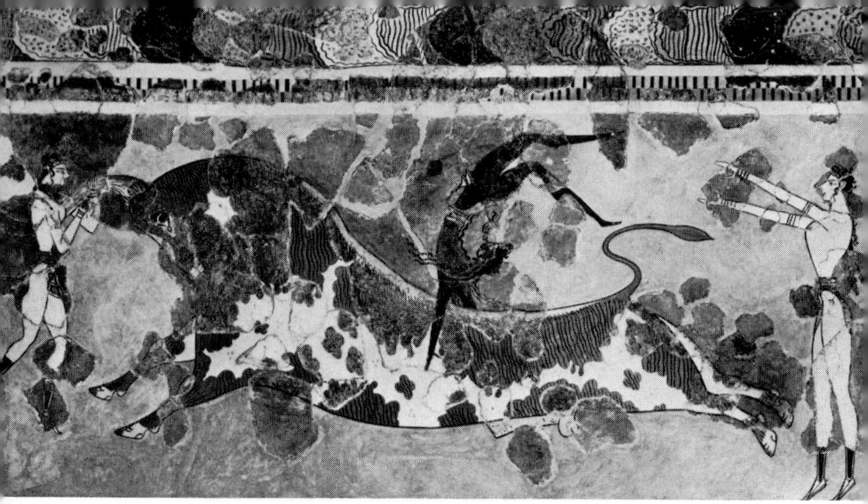

10

11

12

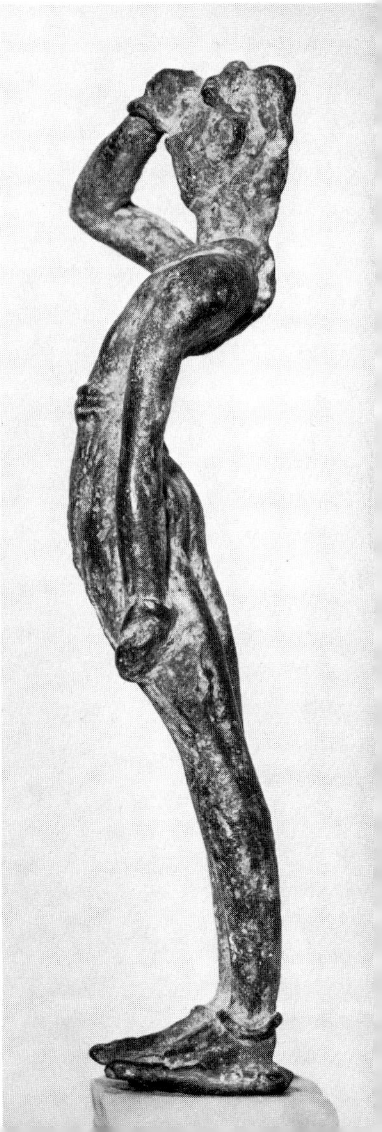

13

14

15

16

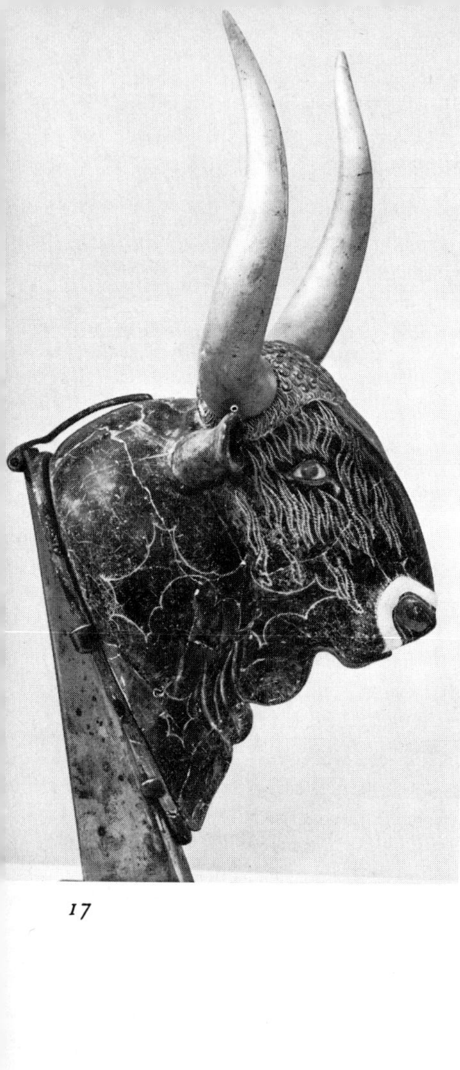

17

18

19

20

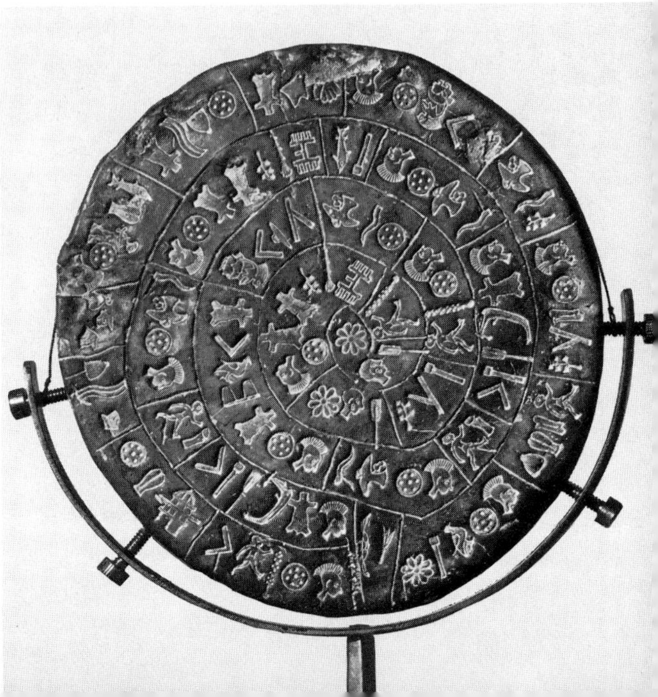

21

22

23

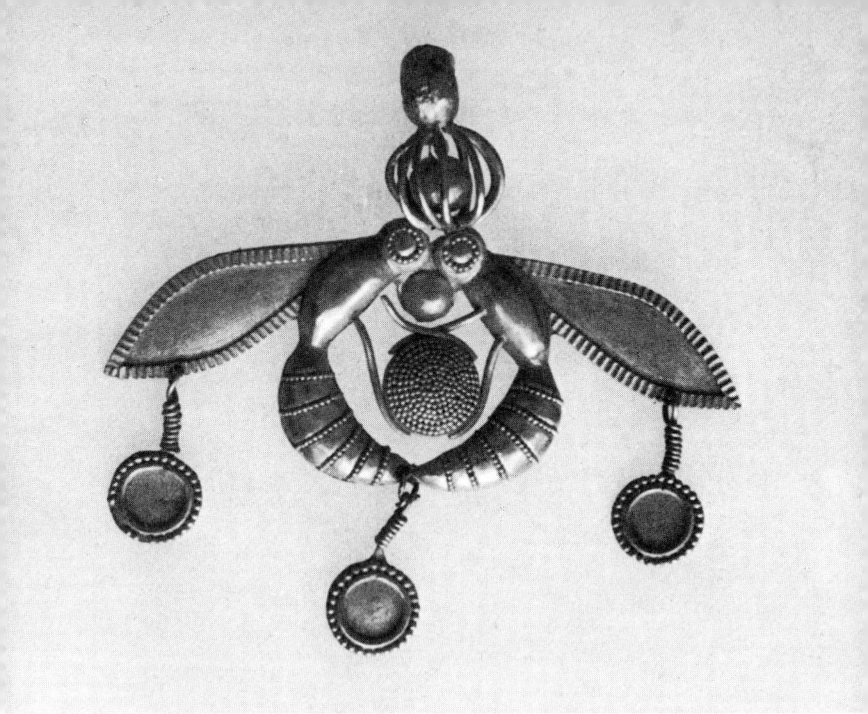

24

25

28

Fleischer eine der seltenen Gelegenheiten waren, an denen es Fleisch zu essen gab. Sie beteten in städtischen Kapellen, die sich von den Tempeln unterschieden und von denen eine in Malia gefunden wurde[37], für eine glückliche Seefahrt, gute Ernten und für die Gesundheit ihrer Angehörigen. In Habtacht-Stellung, die rechte Hand am Gesicht, sahen sie zu, wie die Opferpriester in langen, orientalischen Gewändern und mit einer Bronzeaxt in der Hand die Opfertiere schlachteten, die sie dargebracht hatten. Im großen Heiligtum von Knosos schwangen Priesterinnen mit entblößten Brüsten Schlangen, die sich um ihre Arme ringelten. Manchmal trugen sie in Kultkollegien Kleider und Kopfbedeckungen aus Tierhaut und veranstalteten Umzüge und Tänze zum Klang der Lyra oder des Sistrums. Ein andermal versammelten sich die Mitglieder einer Sippe oder einer Zunft, um eine Geburt oder eine Hochzeit zu feiern oder um einem Trauerzug zu folgen, der sie bis zur Nekropole außerhalb der Stadt führte. Dann begleiteten sie die nahen Verwandten des Verstorbenen mit den Klageweibern, den Opfertieren, den Opfergefäßen und manchmal mit der symbolischen Barke, die der Seele eine leichte Überfahrt zu den Inseln der Seligen zwischen den Delphinen, den Kraken und den Nautili hindurch ermöglichte. Ein echter Kult wurde in den Räumen vor der Grabkammer der Grabtempel der Könige gepflegt. Man goß hier das Blut der Opfertiere aus. Man verbrannte Duftstoffe. Man kippte Schalen mit Speisen um. Mindestens einmal im Jahr begab sich jeder Stadtbewohner ebenso wie die Bewohner des unmittelbar angrenzenden Landes zu einem berühmten Gipfel-, Höhlen- oder Feldheiligtum, und das um so lieber, da alle Städter wirtschaftliche Beziehungen und Interessen in den Dörfern hatten. Sie gingen zu diesen Heiligtümern, um etwa eine Heilung oder eine Rettung zu erbitten. Die Frauen baten die Gottheiten der Gewässer um Kinder. Die sogenannte Karawanserei, 200 m südlich des großen Tempels von Knosos, enthält ein durch eine besondere Zuführung gespeistes Bassin und Reste von Baderäumen, die zweifellos für die Reinigung der Besucher bestimmt waren; ganz in der Nähe befinden sich an einem gemauerten Brunnen eine Nische und verschiedene Vorsprünge für die Opfergaben. Der Kult wurde an diesem

Ort weit über die minoische Epoche hinaus fortgesetzt, solange das heilige Wasser floß.

Wenn es sich um eine Hafenstadt handelt, beleben der Schiffsbau, das Beladen und Entladen der Schiffe, die Ankunft ausländischer Kaufleute oder der Kriegsbeuten den Alltag. Hier ist der Treffpunkt der Öl- und Weinkrüge, der Waffen, Tuche und Duftstoffe, die die Händler oder die Herrscher ins Ausland versenden. Zum Markt mit landwirtschaftlichen und handwerklichen Erzeugnissen kommt noch der Sklavenmarkt; bei diesen Sklaven handelt es sich um Gefangene, die man auf See gemacht, und um Frauen oder Kinder, die man bei Razzien an den benachbarten Küsten aufgegriffen hat. Man atmet hier die kräftigeren Gerüche des Pechs, mit dem die Boote abgedichtet werden, oder des Kraken, der lange Zeit auf den Boden geschlagen wird, damit er geschmeidig wird. Man sieht hier buntere Trachten, und Gesichter, die fremdartig erscheinen, da sie nicht wie die der Kreter sonnengebräunt sind. Man hört dort alle Sprachen des Vorderen Orients und Italiens. Es werden ausführlich Vermutungen angestellt über die Rückkehr dieser oder jener Besatzung, die in See gestochen ist und deren Heimkehr auf sich warten läßt. Die Insel Standia gegenüber von Herakleion diente noch vor weniger als einem Menschenalter an Tagen mit Nordostwind als Schutzort oder Ladeplatz. Die meisten Häfen, die auf einem Vorgebirge angelegt waren, waren zweiteilig. Blies der Wind auf der einen Seite, so konnten die Schiffe auf der anderen Schutz finden. Jedes Viertel belebte sich nach seinem eigenen Rhythmus. Das Beispiel von Nirou Chani, Malia, Mochlos beweist, daß die Seestädte ihre Kais, Docks und folglich ihre Dockarbeiter hatten, die auf eine Anstellung warteten, ihre Schieber und ihre mehr oder weniger reichen und verwegenen Schiffseigentümer. In Kato Zakro, einem Hafen in einer vor dem Nordwind ziemlich gut geschützten Bucht, war sicher alle Aufmerksamkeit nach Osten gerichtet, woher Elfenbein, Spezereien, Weihrauch, Edelhölzer und manchmal auch die Seeräuber kamen, die die Tempel und Städte in Brand steckten und die Einwohner mitnahmen. Oft beschränkten sich die Leute im Hafen darauf, die Schiffe auszubessern, die Netze zu knüpfen und zu flicken, die Reusen zu flechten und zu den Göttern zu beten. Der Zustand des Meeres erlaubte kaum ein Auslaufen im Winter und auch nicht im Juli oder August. Dann, wenn sie nichts zu tun hatten, wenn es weder Arbeit noch Feste gab, bebauten sie ein Fleckchen Land vor der Stadt. Wie der Bretone ist der kretische Seemann immer mehr oder weniger Bauer geblieben.

## *Straßen*

Der natürliche Verbindungsweg von einer Küstenstadt zur andern ist das Meer. Wenn die See zu hoch geht, nimmt der Reisende den Landweg. Es gab Fahrstraßen und Karrenwege zwischen den Städten, gepflasterte Straßen konnten wiederentdeckt werden. Die eine, südlich von Knosos, überquerte einen großen steinernen Viadukt und wandte sich dem Berg Iouktas zu. Die andere führte von Knosos über das heutige Sanatorium zum knosischen Hafen Poros. Eine andere ist noch eine Wegstunde südlich von Zakro zu sehen, zwischen Lidoriko und Malamoures, wo zwei rechteckige Bauten sowohl als Halteplätze wie als Zollstellen gedient haben können; denn die benachbarte Bürgerschaft, die in Xirokampos, dem antiken Ampelos, saß, scheint sehr wohl unabhängig gewesen zu sein. John Pendlebury, der mehr als jeder andere zu Fuß durch Kreta gegangen ist, konnte zwischen 1933 und 1940 ein ganzes weites Straßennetz in Kreta rekonstruieren[38]. Nach mehreren Begehungen ist zuzugeben, daß das nur sehr schmale Erdpisten waren, deren Verlauf durch Geographie, Religion, Krieg und die Bedürfnisse des Binnenhandels vorgegeben war. So wie sich dieses Straßennetz zwischen den 93 Städten vorgriechischen Ursprungs, die wir kennen, darstellt, gewinnt man den Eindruck, daß es ebenso anpassungsfähig wie schnell war. Es vervielfachte die fruchtbaren Austauschbeziehungen von einem Ende der Insel zum andern. Es ermöglichte den Herrschern großer Städte wie Knosos und Phaistos, ihre zeitweilige Herrschaft über einen großen Teil der Insel zu sichern. Es erklärt die Kulturgemeinschaft, die zwischen so entfernten Punkten wie Zakro und Kydonia zu beobachten ist, ob-

wohl die Masse der Bevölkerung hier und dort sehr verschieden war. In den Augen der Ägypter bildeten die Keftiu nur *ein* Volk. Und – wer weiß? – vielleicht hatte die heilige Höhle des Ida im Mittelpunkt der Insel die religiöse und sittliche Einheit Kretas zur Zeit des Minos hergestellt, da – der Sage zufolge – der Herrscher sich alle acht Jahre dorthin begab, um von seinem göttlichen Vater die gerechtesten der Gesetze zu erbitten, und da – den Archäologen zufolge – der Kult dort in der Zeit der zweiten Paläste begann[39].
Eine solche Vermehrung der Beziehungen, eine solche Organisation des zivilisierten Lebens, ein solches Anwachsen der städtischen Berufe lassen vermuten, daß die Städte sehr gastfreundlich waren und daß sich die Kultur hier um 1500 v. Chr. viel schneller entwickelte als in den ländlichen Gegenden. Es gab wenige oder gar keine Befestigungswerke. Das minoische Kreta lehrt uns, den hergebrachten Gegensatz der Soziologen von ländlichen und städtischen Kulturen durch den der offenen und geschlossenen Kulturen zu ersetzen. Die Gefahrlosigkeit der Verbindungen bleibt – das ist das Ergebnis unserer Untersuchung – zusammen mit der Verfeinerung der Techniken das Geheimnis des Vorsprungs Kretas und seiner Überlegenheit über die anderen Länder Europas.

Fünftes Kapitel

# Die Kreter und das Meer

## *Schiffstypen*

Wir sahen, wie viele Handwerker in der Stadt für die Seefahrt arbeiteten: Seiler, Gerber, Tauwerk- und Netzmacher, Weberinnen, Färber und Segelmacher, Töpfer, Parfüm- und Drogenhersteller, die die Erzeugnisse des kretischen Landes für den Export vorbereiteten. Aber überall da, wo die Küste das Ankern erlaubte, bot sie, gleich ob sie besiedelt oder fast unbewohnt war, das Feld für zwei Arten von Tätigkeiten, die oft von ein und denselben Leuten ausgeübt, seltener voneinander getrennt betrieben wurden: Schiffsbau und Schiffahrt. Übrigens waren die minoischen Schiffe mit ihrem geringen Tiefgang und ihrer von der Jahreszeit abhängigen Verwendung an viel zahlreicheren Stellen, aber auf weit kürzere Dauer anzutreffen als ihre Nachfolger. Das Leben auf See muß viel intensiver gewesen sein als es später der Fall war. Und es gestattete den Seeleuten, bei zu starken Nord- oder Südwinden wieder zum Pflug, zur Axt oder zur Hippe zu greifen. Allein an der Südküste kann man 22 antike Häfen zählen, während unsere kleinsten Lastkähne es kaum wagen, vor vier modernen »Häfen« Anker zu werfen. Küstenschiffahrts- und Transportlinien existierten um ganz Kreta herum bis kurz vor dem letzten Krieg. Häfen wie Stomion, Kalyves (Apokoronou), Panormos, Sises, Chersonisos, Sisi, Mochlos, Zakro, Keratokampos, Kokkinos Pyrgos, Sougia ... verluden Weine, Öl, Johannisbrot am Ort der alten, vorgeschichtlichen Anlagen, sind aber heute aufgegeben. Manchmal lassen uns einige Schifferboote, die auf den Sand weiter, verlassener Strände gezogen oder auf den Felsen von Malia zwischen zwei Baumstämmen aufgehängt werden, die einstige Bedeutung des Meeres für den kretischen Bauern oder Holzfäller erahnen: Es war eine Gelegenheit, reich zu werden, die er nur mit allen Trümpfen in der Hand ergreifen durfte.

Er hatte allmählich gelernt, die Landeboote der Inselbewohner des dritten Jahrtausends zu vervollkommnen. Nach und nach, zwischen 2200 und 1600, war es ihm unter dem Einfluß seiner zypriotischen, syrischen und ägyptischen Nachbarn gelungen, den Kiel künstlich zu krümmen, den Schiffsbauch zu erweitern, den Bug zu überhöhen und zu krümmen, ein Oberdeck zwischen die Dollborde zu legen, den Mast in der Mitte des Schiffes mit Rüstseilen zu verankern, ein quadratisches Segel an einer Rahe aufzuhängen und es mit Hilfe von Hißtauen zu bedienen.

Wir haben heute eine ziemlich genaue Vorstellung von der Beschaffenheit und dem Wert der Schiffe des minoischen Goldenen Zeitalters zwischen 1500 und 1400. Wir gewinnen diese Vorstellung durch verschiedene Bootsmodelle, die in den Gräbern und den Heiligtümern niedergelegt wurden, durch die Gravierungen auf den zeitgenössischen Siegeln und Ringen, durch die Malereien auf dem Sarkophag von Agia Triada und die Malerei des Grabes des Kenamon, eines Beamten Amenophis' II., der mit dem Levante-Handel beauftragt war, durch verschiedene Graffiti, durch die Schriftzeichen und schließlich einfach durch Berechnung[1]. Diese Flotte, die das Ägäische Meer beherrschte und ihren Handel von den Küsten Asiens bis zu denen Afrikas und wahrscheinlich Italiens ausdehnte, war ebenso mannigfaltig wie die kretische Bevölkerung selbst.

Für den Fischfang entlang den Küsten und die Küstenschiffahrt auf kürzesten Strecken bei Meeresstille umfaßte sie eine Flottille von unzähligen runden oder ovalen Booten aus Holz, mit oder ohne Bank, die mit dem Ruder angetrieben wurden und oft ein Heckruder hatten. Das ist bereits die Kymbe, mit der nach der Mythologie Charon die Seelen der Verstorbenen übersetzt. Manche, deren Heck hochgezogen war, sahen Gondeln ähnlich. Eines davon, das zusammen mit anderen in Agia Triada gefunden wurde, hat an der Reling eine leichte Einfassung. Ein anderes ist mit einem Oberdeck, einem Mast und einer Bank für das Bedienen des Segels ausgestattet. Der am besten vertretene Schiffstyp ist eine Galeere mit zwei gleich stark hochgeschwungenen Enden, ohne Kiel oder Schiffsschnabel, und mit einem Heck, das ein wenig höher ist als der Bug; sie ist oft mit einer geschnitzten Figur, einer Tierschnauze oder einem Tiermaul versehen. Bei günstigem Wind wird der einzige Mast aufgerichtet, der mit Stagen und Pardunen befestigt wird; oben am Mast wird an einer einfachen Rahe ein Segel gesetzt. Dieses besteht bald aus Stoffbahnen, bald aus einem Spartgrasgeflecht oder aus Papyros, der mit Leder eingefaßt ist. Es wird mit Schoten und, so scheint es, mit Bugleinen bedient. Bei

*Abb. 17.*
Bildzeichen für »Schiff« in den kretischen Schriften.

1 2 3 4

1. Diskos von Phaistos. – 2. Hieroglyphe von Knosos. – 3. von Malia. – 4. Linear B.

Minoische Bootsmodelle.

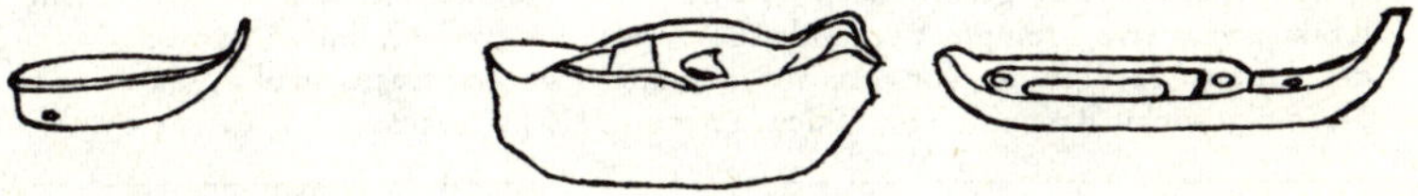

1 2 3

1. von Agia Triada (Marmor). – 2. von Agia Triada (Ton). – 3. von Zafer Papoura (Elfenbein).

Darstellungen fünfruderiger Schiffe auf den minoischen Siegeln.

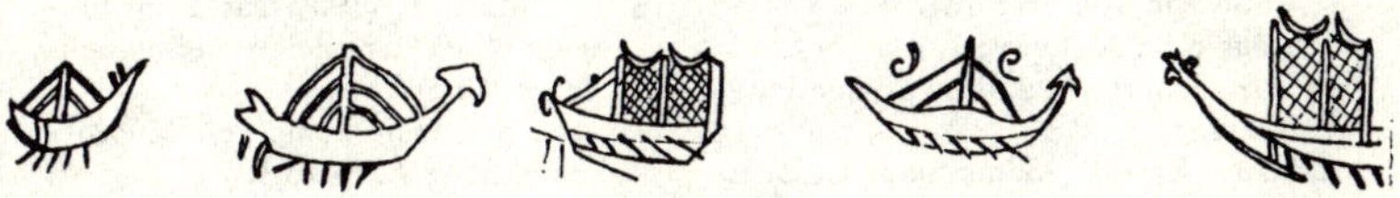

1 2 3 4 5

1. aus Mochlos. – 2. aus Malia. – 3. Sammlung Giamalakis Nr. 339. – 4. Ashmolean Museum Nr. 71. – 5. Karneolsiegel des British Museum.

Böen oder zu stürmischem Wetter wird das Segel gerefft, der Mast umgelegt und auf dem Boden des Schiffes verstaut, und zehn Ruderer nehmen auf fünf Bänken an den auf Dollen montierten Rudern Platz. Sie sitzen mit dem Rücken zum Bug und mit dem Gesicht zum Steuermann, der, am Heck stehend, zwei große Ruder mit schräger Stange führt, die als Steuer dienen. Es gibt lederne Taue und Trossen, aber keinen Anker aus Metall: diesen ersetzt ein einfacher Stein mit einem Loch*. Da der Mindestabstand zwischen den Rudern 90 cm beträgt und da man eine ewa 4 m lange Strecke ohne Ruder an den beiden Enden des Schiffes einrechnen muß, wie es bei den klassischen Trieren üblich ist, hatte die gewöhnlichste minoische Galeere eine Länge über alles von ungefähr 12,50 m. Ihre auf ein Fünftel der Länge geschätzte Breite betrug nicht mehr als 2,50 m. Die Wasserverdrängung dieses Miniaturfrachters betrug 40 Tonnen. Um das Ausmaß der von Minos eingesetzten Mittel und zweifellos auch deren rasche Vermehrung zu verstehen, genügt es, diesen Handelsschifftyp mit unseren kleinen Einheiten vom Typ Europa zu vergleichen, die eine Besatzung von 40 Mann haben: sie sind viermal länger und haben einen neunmal größeren

* Zu diesem Typus gehört nach Honor Frost möglicherweise eine mit einem Kraken verzierte, stumpfe Pyramide aus rotem Porphyr, die im 15. Westmagazin des großen Heiligtums von Knosos gefunden wurde. Evans wollte darin ein Normalgewicht, das minoische Talent (?) von 28,6 kg, sehen.

---

1. aus Knosos (Museum von Herakleion).
2. »aus Kreta« (Museum von Berlin).
3. »aus Kreta« (französische Sammlung).
4. »aus Kreta« (Museum von Herakleion).
5. »aus der Umgebung von Knosos« (Museum von Oxford).
6. »aus Kreta« (Louvre).
7. aus Smari Pediatos (Sammlung Metaxas).
8. »aus Kreta« (Sammlung Colonel N. Colville).
9. »aus Kreta« (British Museum).
10. »aus Mittelkreta« (Museum von Oxford).
11. aus Mirabello (Museum von Herakleion).
12. aus Lasithi (Sammlung Giamalakis).
13. »aus Kreta« (Museum von Athen).
14. »aus Kreta« (British Museum).
15. »aus Kreta« (Sammlung Victor E. G. Kenna).
16. aus Mochlos (1909 aus dem Museum von Herakleion verschwundener Ring).
17. »aus der Umgebung von Knosos« (Sammlung A. Evans).
18. aus Knosos (Museum von Herakleion).

*Abb. 18.* Schiffsdarstellungen auf den minoischen Siegeln, Ringen und Siegelabdrücken.

Schiffsraum. Und doch sind auf diesen Nußschalen die meisten kretischen Seeleute ausgefahren, um überall im ganzen östlichen Mittelmeer Handel zu treiben und um Hunderte von Meilen von zu Hause entfernt Handelsniederlassungen und Kolonien zu gründen! Und ihre Geschwindigkeit betrug nur ein paar Knoten in der Stunde bei gutem Wind.

Ein mittelkretisches Siegel aus schwarzem Steatit (gegenwärtig im Museum von Oxford) stellt einen stärkeren Schiffstyp dar, der an jeder Seite 15 Ruder und eine doppelte Rahe hat. Die doppelte Rahe erscheint auf einem halben Dutzend von Siegeln aus Ostkreta, die über verschiedene Sammlungen verstreut sind. Man ist der Ansicht, daß es sich dabei um ägyptische Schiffe, die Baris, handelt, wie man sie auf den Darstellungen des Neuen Reiches, vor allem auf denen des Kenamon, sieht[2]. Sicherer ist es, darin einen zweiten Typus der kretischen Galeere mit halbmondförmigem Schiffskörper, den Gaulos, zu sehen, der seine Entstehung dem Kontakt der Minoer mit den Flotten Syriens, Phöniziens, vielleicht mehr noch mit der von Byblos verdankt. Die doppelte Rahe erlaubt eine bessere Befestigung der Leinwand oder des Geflechts und die Tannenholz-Sparren einer jeden Rahe bieten dem Wind eine viel breitere, rechteckige Segelbespannung. Die Zahl der Ruderer ist schon dieselbe wie die der späteren Triakontoros der Griechen: 30 Mann. Aufgrund dessen erreichte das Fahrzeug die Gesamtlänge von 21 m und die Breite von 4 m bis 4,50 m, die Fracht verdoppelte sich, und vor allem konnten neben der Besatzung Passagiere, besonders Soldaten, Platz finden. Eine Flottille dieses Typus machte den mächtigen Frachtern der Levante Konkurrenz und sicherte die wirtschaftliche Vormachtstellung der Herren von Knosos über einen großen Teil von Kreta selbst. Minos, so wird erzählt, ließ die Küsten der Insel ständig von dem tüchtigen Baumeister Talos überwachen.

Es ist völlig ausgeschlossen, daß man auf so kleinen Schiffen mehrere Masten errichten konnte. Zu dieser Annahme war man gekommen, weil auf den Gemmen die senkrechten Hißtaue in grober Zeichnung wie Pfosten erschienen. Nirgends finden wir Mastkorb oder Krähennest, auch keine Kabine, es sei denn auf den Kultschiffen für die Statue der Gottheit. Andere Siegelbilder lassen, wenn wir sie richtig deuten, den Gebrauch von Holzleitern für die Verbindung mit der Küste vermuten. Es ist wahrscheinlich, daß die längsten dieser Schiffe mit hohem Heck und Bug auch schlanker waren als die Galeoten mit fünf Ruderpaaren und daß sie ihre Überlegenheit mehr ihrer relativen Geschwindigkeit und ihrem Gleichgewicht als der Größe ihrer Ladung verdankten. Schiffe mit vergleichbaren Maßen verkehrten noch während des letzten Krieges zwischen 1941 und 1944 ständig zwischen den Küsten Afrikas und den Inseln des Ägäischen Meeres.

Die Kreter ersannen weitere Schiffstypen. Ihre Häfen oder Ankerplätze, an denen außerdem sehr viele Schiffe aus Ugarit, Zypern und Rhodos anlegten, müssen ein außerordentlich buntes Bild geboten haben. Zum Beispiel stellt ein bei Knosos gefundenes Siegel ein Segelschiff mit einem ungeheuren Bugspriet dar. Wir kennen ein Miniaturschiffsmodell mit vier Steuerrudern. Es war für die Fahrt in beide Richtungen bestimmt. Wir kennen Schiffe mit eckigem Bug und hochgeschwungenem Heck, ein verbessertes Erbe der Jahrhunderte vor 1500. Wir kennen Kultschiffe mit Kabinen, die für die Idole oder für irgendeine kultische Zeremonie gebaut waren. In Ausnahmefällen zeigen Abbildungen viel mehr Ruder an einer Seite als die 5 oder 15 üblichen, z. B. 10 oder 20: ist das ein Irrtum des Zeichners oder vielmehr der Niederschlag von Forschungen und Versuchen eines immer wachen Volkes? Jedenfalls muß man das Fischereischiff vom Lastschiff und vom Landungsboot unterscheiden. Minos und Rhadamanthys wären nicht militärische Unternehmungen an entfernten Orten, ja ein Kampf gegen die Seeräuber zugeschrieben worden, wenn die Kreter nicht zum Kampf geeignete Schiffe bewaffnet hätten, die mit Bogenschützen ausgestattet und mit hohen Oberdecks und Sturmdächern versehen waren.

## *Schiffsbau*

Über den Schiffsbau und die eigentliche Arbeit der Schiffszeughäuser erhalten wir gerade erst Kenntnis durch das Studium der noch erhaltenen oder abgebildeten großen ägyptischen Schiffe, durch die technische Beschreibung des Herodot (*Historien* II, 96), durch die Entdeckung des Wracks eines syrisch-phönizischen Lastkahns am Kap Gelidonia bei Limyra in Lykien und vielleicht durch die Hinweise zweier Täfelchen von Pylos, Vn 46 und 879, die eine Liste über Bauholzlieferungen am Ende des 13. Jahrhunderts v. Chr. enthalten[3].

Der Schiffsrumpf wurde als erstes durch Schreinerarbeit auf dem Kiel oder Rückgrat des Schiffes in gewölbter Form zusammengesetzt. Die Minoer schnitten aus ihren Bäumen, Kiefern, Zypressen, Akazien, mehrere Daumen dicke und ein oder zwei Ellen lange Planken. Sie fügten sie an den Enden durch Zapfen und Löcher zusammen und befestigten sie Lage auf Lage durch lange Pflöcke aus hartem Holz. Der Kiel bzw. der untergetauchte Teil des Schiffskörpers wies eine viel bauchigere Krümmung auf als die übrigen Reihen der Schiffsbekleidung, die geschweift war, aber in Aufwärtsrichtung verlief. Der Übergang von einer Reihe zur anderen forderte von den Schiffsbauern äußerste Genauigkeit. Bevor sie das Dollbord erreichten, richteten sie gitterartige Öffnungen für die Einfassung der Dollen ein. Wenn der ganze Rumpf bis zu den Angeln der beiden Steuerruder fertig war, zogen sie ins Innere ein Gerippe ein, das seine Festigkeit erhöhen sollte, das aber gesondert angefertigt wurde. Es bestand im wesentlichen aus zwei Reihen von Querspanten oder Rippen, die der Länge nach durch Längsspanten und der Breite nach durch Deckbalken zusammengehalten wurden. Dieses Gerüst trieb man mit Holzhammerschlägen in den Schiffsbauch hinein und pflockte es fest, wobei man die Querspanten an der Grundfläche mittels Bauchstücken mit dem Kiel verband und die Deckbalken senkrecht abstützte. Die Zwischenräume des Schiffsrumpfes und alle Fugen wurden mit Pflanzenfasern, wie Werg, Hanf oder Schilf, und mit wasserundurchlässigem Material, wie Teer, Pech, Bitumen oder Wachs, abgedichtet. Dann wurden ein Oberdeck aus waagrechten Planken und Ruderbänke auf die Balken gepflockt, und ein Mast wurde in der Mitte des Schiffes errichtet; der Fuß traf, wie in Ägypten, auf den Kiel in das Einpflanzloch; mit Wanten und Stagen wurde er auf der Reling befestigt. Eigens dafür ausgebildete Arbeiter schabten mit einer Art Dächsel die Außenfläche des Schiffsbauchs ab und glätteten mit Bimsstein oder Schmirgel die Bänke und Planken des Oberdecks. Andere strichen die Schiffsverkleidung in auffallenden Farben, purpurrot, orange, pechschwarz. Wenn das Schiff endlich nach Verlassen der Baukammer während einiger Wochen im Wasser geprüft war, wenn die Hölzer aufgequollen waren und ihre endgültige Form angenommen hatten, wurde schließlich die Takelung angebracht: obere Rahe, viereckiges Segel, Hißtaue, Bugleinen, Schoten, Seile aus Leder und Fasern, Befestigungs- und Ankertaue, ein Anker, der aus einem schweren, stumpfkegeligen, durchbohrten Stein gemacht war und manchmal ein eingemeißeltes Bild trug, Leitern und Planken für die Laufbrücke. Zweifellos begleitete eine religiöse Feier mit Gebeten und Opfern den Stapellauf: der antike Mythos von Iphigenie, deren Opferung für das Auslaufen der Flotte erforderlich war, beinhaltet ein den Soziologen sehr gut bekanntes Ritual, dessen jüngste Ausprägung das Zerbrechen einer Flasche Champagner ist. Am Eingang der minoischen Häfen, etwa des Hafens von Matala, findet man eine riesige Menge von Amphoren: bevor die Seeleute in See stachen, opferten sie zur Vorsorge der argwöhnischen Gottheit der Fluten einen Teil der Flüssigkeit, die sie geladen hatten. Die am Bug auf den Rumpf der antiken Schiffe gemalten Augen sind nicht nur dazu bestimmt, symbolisch den richtigen Weg durch die Gefahren des Meeres zu finden. Es sind magische Augen. Die geschnitzten Köpfe von Ungeheuern am Heck, die Bugfiguren, die Wimpel, die Bänder, die für das Segel gewählten Farben und die Form des Doppelhorns, die man dem Schiffskörper gab, sie alle spielten ebenfalls eine vorbeugende Rolle. Die Unterwassergrabungen am Kap Gelidonia brachten die Glücksskarabäen und das als Talisman gebrauchte Siegel des unglücklichen Kapitäns wieder ans Tageslicht; und sogar ein Schafsknöchelchen, das in der Antike zur

Weissagung gebraucht wurde: die Seeleute benutzten es manchmal, um den Himmel nach dem richtigen Weg zu fragen.
Hier und da an den kretischen Küsten und ganz besonders in der Nähe der minoischen Häfen lassen sich kleine Schiffswerften mit ihren Stapeln und Trockendocks leicht rekonstruieren. Jede große Stadt verfügte über mehrere Buchten oder Schlupfhäfen, oft an der Mündung eines Flusses, häufiger zu beiden Seiten eines Vorgebirges. Die Seeleute wollten hier sowohl ihre Süßwasservorräte erneuern als auch Zuflucht vor den Windstößen suchen. Die Bekken von Phalasarna liegen trocken. Von der Höhe des Kaps Trachila, von Seli aus, sieht man an der Wasseroberfläche die Hafenanlagen des antiken Welaia mit ihren Molen und Becken. Die Anlagen des minoischen Kydonia erstreckten sich zwischen dem heutigen kleinen, geschlossenen Hafen von Chania und den Salinen am Ende der Sudabucht. Die kleine Bucht von Minoa, die sandigen Buchten beiderseits von Kalami, am Fuße des antiken Aptara, spielten dieselbe Rolle wie die modernen Häfen von Suda. Eleutherna besaß zwei Häfen, einen in Stavromenos, den andern in Panormos. Der erste, der in hellenistischer Zeit Pantomatrion hieß, war, wie sein Name sagt, für alle Kiele gebaut, und der zweite bezeichnete einen allgemeinen Ankerplatz. Die Hafenanlagen von Knosos wurden zum Teil in Poros und Katsaba wiedergefunden, an der Mündung des Kairatos, und beim Palaiochora-Hügel, an der Mündung des Amnisos: hier entdeckte 1951 N. Platon ein Bekken für kleine Wasserfahrzeuge, Boote und Kähne. 1970 fand man in Skaphidara bei Gazi, etwas westlich von Herakleion, einen Sarkophag, der etwas älter ist als die Ruine von Knosos; er zeigt das Interesse der Bewohner des antiken Apollonia für den Schiffsbau: man sieht darauf ein niedriges Schiff von mykenischem Typus[4]. In mehreren der kleinen Einbuchtungen der großen Bucht von Malia wurde, wie in der Bucht von Sitia, Anker geworfen, wurden Schiffsgerippe und Schiffsrümpfe zusammengebaut und repariert. In Nirou Chani wurden mehrere Aushöhlungen im Fels zu Unrecht als Trockendocks gedeutet; es handelt sich nur um Steinbrüche und Lagerräume. Eine große rechteckige Umfassung jedoch, deren Steine unter den Sand und das Meer reichen und darin ver-

schwinden, kann sehr wohl die Reste der Außenmauer einer Schiffswerft darstellen. An mehreren Stellen der kretischen Küste, zwischen den antiken Häfen von Astale und Sisaioi und etwas westlich des Hafens von Inatos, deuten Fluren mit dem Namen Karavostasi auf Dockanlagen hin. Anderswo tragen solche Orte noch auf neugriechisch die ausdrucksvollen Namen »Alte Mole« oder »Bootsplatz«.

Diese intensive Schiffsbautätigkeit läßt ermessen, welchen Grad der Arbeitsteilung, welch hohe Spezialisierung die Hafenarbeiter erreicht hatten; die einen waren in der Hauptsache Zimmerleute, die anderen Schreiner, wieder andere Seiler, Taumacher, Netzknüpfer (dekutuwoko auf den Täfelchen in Linear B), Leineweber, Kalfaterer, Anstreicher, Ankermacher. Für das Gerüst des Schiffes wurde kaum Bronze verwendet, die viel zu teuer war. Das Gesamtgerüst war mit Holz verpflöckt. Aber die endgültige Ausrüstung, Winden, Klammern, Haken, Behälter, erforderte auch die Mitwirkung der Metallarbeiter. Als zweite Feststellung drängt sich auf, daß die kretischen Ingenieure nach dem Vorbild syrisch-phönizischer Gewohnheiten, die selbst wieder zum Teil von Ägypten übernommen waren, umgekehrt vorgingen wie ihre griechischen Nachfolger: sie bauten ihren halbmondförmigen Schiffsrumpf zusammen und schoben erst dann das Stützgerüst ein. Daraus erklärt sich eine gewisse Langsamkeit in der Arbeit und schließlich die Niederlage der Minoer im Kampf mit kühneren oder weniger traditionsgebundenen Gegnern. Da die kretischen Seefahrer aus religiösen Gründen an eine Schiffsform gebunden waren, die an die Kulthörner erinnert und die man schematisch auf einem Opfertisch der Höhle von Patsos wiederfindet, bauten sie noch im 14. Jahrhundert hohe und schwerfällige Frachter, als ihre Nachbarn sich schon anschickten, niedrige, lange Schiffe mit fast geradem Steven herzustellen, die für die Kaperei wie geschaffen waren.

## *Kulte der Seeleute*

Die kretischen Seeleute und ganz allgemein die Bewohner der Küstenstädte hatten nicht nur mehr oder weniger magische Gebräuche zur Versöhnung der Mächte, von denen ihr Leben abhing. Die erhaltenen Symbole und Mythen deuten auf besondere Kulte hin. In Kremasma, 500 m nördlich von Kato Sisi (Mirabellou), gibt es am Meer einen kleinen abgegrenzten Kultplatz unter freiem Himmel. Hierher kamen die Einwohner dieses kleinen Hafens, um einer Meergottheit Schalen, Amphoren und Krüge voll kostbarer Flüssigkeiten zu schenken, und sie richteten an sie ihre Bitt- oder Dankgebete, wobei sie winzige Tonfiguren, grob gearbeitete menschliche Köpfe oder Rümpfe, niederlegten. 300 m östlich des Ankerplatzes wurden 1962 eine männliche Tonstatuette mit Phallostasche und ein Gefäß mit kleeblattförmiger Öffnung gefunden. Schälchen, Altäre und Gefäße waren im Villenheiligtum im Hafen von Nirou Chani angehäuft. Solche Opfergeschenke erscheinen häufig in der Umgebung aufgegebener Häfen, z. B. in Poros bei Herakleion und in Erimoupolis, dem antiken Itanos. Man ist versucht zu glauben, daß sie sich an eine Göttin des Meeres richteten, eine mehr oder weniger individualisierte Form jener Großen Allgöttin, die die Gelehrten postulieren, ohne jedoch ihre Ausschließlichkeit beweisen zu können. Sie machen die Gravur eines Goldrings aus dem Hafen von Mochlos, des sogenannten Minosrings, und einen Siegelabdruck aus Agia Triada geltend: auf Barken mit Phantasiebug oder -heck steht eine Göttin[5]. Hinter dem ersten dieser Boote, das weder Ruder noch Segel hat, ist ein heiliger Baum dargestellt; über ihm schweben Blumenknollen und Chrysaliden (?) in der Luft. Deshalb glaubt man, es handle sich um die Göttin des Meeres, die ohne Tauwerk fährt und den Frühling mitbringt.

Man verweist auch auf die Sage von Ariadne, Tochter des Königs Minos, die von Theseus entführt und auf der Insel Dia verlassen wurde, der Insel, die ebensogut Naxos ist als auch die Insel, bei der die Schiffe einige Taulängen vom Hafen von Knosos entfernt Schutz suchten. Man könnte in gleicher Weise die Darstellungen auf Ringen aus demselben Hafen und aus Tiryns anführen, auf denen ein Paar auf einem Kultboot erscheint, ein Gott und eine Göttin; und vor allem könnte man hinweisen auf den Mythos des göttlichen Stiers, den der Gott des Meeres auf die Bitte des Minos hin auftauchen läßt, oder den Mythos des höchsten Gottes der Kreter, der sich in einen Stier verwandelt, um das Meer zu überqueren und die junge Europa zu entführen. Hierdurch scheint es mir gesichert zu sein, daß die kretischen Seeleute mindestens zwei Gottheiten verehrten und daß der Gott keinen geringeren Rang hatte als die Göttin. In den parallelen syrisch-phönizischen Mythen hat die Hauptrolle ein Gott, Yam, inne. In Mesopotamien fährt der Mondgott und in Ägypten der Sonnengott ebenfalls in der heiligen Barke. Man hat also Grund anzunehmen, daß in Kreta, wo den Toten Barken geschenkt und auf den Gipfeln der Berge, auf denen man Sonne und Sterne anbetete, Barken geweiht wurden, die Gottheiten des Meeres mit denen der Gestirne gleichgesetzt wurden und daß die Feste der Meeresgötter zur gleichen Zeit gefeiert wurden wie die der Sternbilder. Man kennt die Bedeutung, die der morgendliche Untergang der Plejaden, der Hyaden und des Orion und das abendliche Erscheinen der Ziegen am Horizont für die mediterranen Menschen hatten: sie bezeichnen die Unterbrechung der Seefahrt. Diese wird erst im Frühjahr mit dem Ausschlagen des Feigenbaumes wieder beginnen. Zeremonien, die an diese verschiedenen Erscheinungen geknüpft waren, Tieropfer, Schiffsprozessionen, das Anzünden von Feuern, Hymnen und Tänze, kennzeichneten im minoischen Kreta Beginn und Ende der schönen Jahreszeit. Es ist bemerkenswert, daß in historischer Zeit Diktynna, minoische Berggöttin und gleichzeitig Göttin der kretischen Fischer, im Westen der Insel mit einer Mondgöttin, Artemis oder Hekate, gleichgesetzt wurde. Der Sage nach hatte der König Minos sie neun Monate lang verfolgt, die neun Monate der Schiffahrt, bevor sie in den Fluten verschwand. Neben dieser jungfräulichen Göttin verehrten sie den Kleinen Bären, der so nützlich ist für die Seefahrt und dessen Mythos sich mit dem der Geburt des Gottes Zeus verbindet. Der Gott Poseidon, der spät auf die Insel kam, genoß einen verbreiteten Kult, der aller Wahrscheinlichkeit nach den Kult für einen Meergott, den minoischen Vorgänger des Poseidon, fortsetzte, besonders im vorgriechischen Ort Iuttos bei Knosos. Was die Göttin Aphrodite, die in klassischer Zeit zugleich Himmels- und Meergottheit war, betrifft, so trat sie in manchen Gegenden der Insel, z. B. im Lasithi-Massiv, die Nachfolge einer analogen Gottheit an. In Psychro stellt ein Plättchen aus getriebenem Kupfer den Fisch, die Sonne, den Mond und die Taube in eine Reihe mit den göttlichen Symbolen. Man konnte annehmen, daß die der Aphrodite geweihte Taube auch der Seefahrt diente. Wie Noah in der Bibel, wie Uta-Napischtim im Gilgamesch-Epos, so ließ Jason auf dem Schiff Argo eine Taube fliegen, als er in das unbekannte Schwarze Meer einfuhr. Man wird sich schließlich nicht wundern, in der kretischen Glyptik und Malerei so häufig den Kraken, den Nautilos, den Delphin, die Trompetenschnecke, die Stachelschnecke und verschiedene Muschelarten, von denen eine »Labyrinth« genannt wird, dargestellt zu sehen: das waren, wie die Gestirne, Attribute oder Begleiter der Meergottheiten. Der Gott Apollon erschien, so der *Homerische Hymnos*, den Seefahrern von Knosos in der dreifachen Gestalt des Delphins, des strahlenden Gestirns und des Jünglings, bevor er sie am Fuße des Parnaß zu seinen Priestern machte: »Sie folgten ihm den Takt stampfend und zogen nach Pytho Ie Paieon singend. So sind auch die Hymnen der Kreter, denen die göttliche Muse das wohlklingende Lied ins Herz gelegt hat.«[6] Uns ist, als hörten wir in dem alten Gedicht die Stimmen der Matrosen des Minos klingen, während sie an einem Festtag singen.

## *Sammeltätigkeit*

Wenn das Meer es zuließ und sie nicht gerade ihr Feld bestellten, waren ihre Hauptbeschäftigungen das Sammeln von Steinen und Muscheln, der Fischfang, die Herstellung oder Reparatur der Schiffstaue, die Salzbereitung, die Behandlung ihres Fangs und gelegentlich die Ausplünderung der Wracks. Die Achate und Jaspise, die man z. B. in der Bucht von Sitia findet, werden von den Siegelschneidern und den Fetischmachern gebraucht. Der Bimsstein, den das Meer unaufhörlich an alle Küsten Kretas von den vulkanischen Inseln und besonders von Santorin her anschwemmt, dessen Kegel in der zweiten Hälfte des 16. Jahrhunderts v. Chr. bei einem Vulkanausbruch gesprengt wurde, kannte etwa 15 Verwendungsarten im Handwerk, im Haushalt und im magisch-religiösen Bereich. Früher wie heute sammelten ihn die Uferbewohner als Reinigungsmittel, als Baumaterial, als Entfetter bei der Töpferei, als Heilmittel bei Geschwüren und Trunkenheit und als Mittel, um Gärungen aufzuhalten. In kleinen Schälchen opferte man ihn den Göttern des Seehafens Nirou Chani, denen von Arkalochori, in der Nähe der großen Kulthöhle, und denen von Stadt und Hafen Kydonia. Man unterschied eine männliche, grauere, und eine weibliche, weißere Art. Für die einfachen Gemüter sind die Steine belebt wie die Verhärtungen, die durch die Steinbildungen in der Gallenblase, den Nieren und den Harnorganen entstehen. Es gibt keine vorgeschichtliche Fluchthöhle an den Küsten Kretas, in deren Boden man nicht Muscheln entdeckt: Gehäuseschnecken, Schüsselschnecken, Porzellanschnecken oder Venusmuscheln, Strandschnecken, Venusherzen und Trompetenschnecken. Durch das Sammeln, Ausgraben und Loslösen dieser eßbaren Schnecken ebenso wie der Seesterne gewannen die Armen eine wichtige Ergänzung ihrer Ernährung. Die Tritonmuscheln wurden in die Heiligtümer geschickt, wo sie als Rhyta und auch als Trompeten dienten: eine davon erscheint als Trompetenschnecke auf einer minoischen Gemme, die in der Zeushöhle am Ida gefunden wurde. Noch vor kaum einem Menschenalter benutzten die kretischen Briefboten und Hirten solche Muscheln, um die Leute oder die Tiere ihrer Herden zu rufen.

## *Stachelschnecke und Purpurindustrie*

Das Kostbarste, was auf dem Ostzipfel der Insel gesammelt wurde, waren die Purpurschnecken, trunculus und brandaris, die zu einem Teil den Reichtum der Häfen von Itanos und einer noch namenlosen Ansiedlung (Gramion?) in der Nachbarschaft von Palaikastro ausgemacht und die Besiedlung der Insel Koufonisi gesichert hatten. Der Purpur hatte die minoischen Siedler nach Kythera und Monemvasia, dem antiken Minoa, gelockt. Es ist bekannt, daß in Delos in griechischer Zeit das Heiligtum einen Gewinn aus der Purpurfischerei zog, die verpachtet war[7]. Der Farbstoff wurde damals in der Regel nach seinem Silbergewicht verkauft. Man bemühte sich, wie Aristoteles und Plinius der Ältere uns berichten, die Tiere entweder zu Beginn des Herbstes oder am Ende des Winters lebend zu fangen. Sie wurden in Reusen gehalten, bis viele beisammen waren: jede Schale gab nur ein Tröpfchen Farbstoff. Dann wurden die kleineren auf Steinklötzen zerschlagen. Bei den größeren brach man das Ende auf und entzog dem Körper die sogenannte »Blume«, eine kleine, zwischen Hals und Hepatopankreas des Bauchfüßlers liegende Drüse. Die so gewonnene weißliche Flüssigkeit wurde eingesalzen, mit etwas Essig vermischt und in Gefäßen dem Sonnenlicht ausgesetzt, wo sie sich von Gelb nach Purpurrot verfärbte. Sie konnte verdünnt oder durch Kochen eingedickt werden. Die Amethystschnecke lieferte einen violetten Farbstoff von geringerer Qualität. Das Beispiel der von Philippe Bruneau kürzlich in Delos gefundenen hellenistischen Werkstätten scheint darauf hinzudeuten, daß die Purpurfischerei und die Purpurfärberei in großen zugehauenen Bottichen zu ein und demselben Beruf gehörten. Vielleicht wird man eines Tages mehrere der in den Fels gegrabenen Vertiefungen an den Küsten Kretas, in Malia oder in Stavromenos (Rhethymnis) zum Beispiel, nicht als Gräber, sondern als Becken für die Mazerierung der Purpurschnecken oder für die Purpurfärberei deuten[8]. Jedenfalls scheint den Philologen das Wort, das die Schale und die Farbe bezeichnet, porphyra, ägäisch und folglich diese Industrie in Kreta viel älter zu sein als die phönizischen Importe des ersten Jahrtausends. Hinzu kommt, daß die Purpurschnecke mit sieben Stacheln auf den minoischen Gefäßen erscheint und an der Knosos am nächsten liegenden Küste verbreitet ist.

## *Schwämme*

Manchmal brachten die kretischen Fischer, wenn sie am Rand der kleinen Buchten, etwa bei Zakro, tauchten, in ihren Fangreusen Schwämme mit. Sie töteten sie, ließen sie trocknen, reinigten sie, bleichten sie mit Kalk, stutzten sie zurecht und verwendeten sie zu verschiedenen Zwecken im Haushalt und im Handwerk, wie es ihre Nachkommen machten. Die kretischen Künstler stellten oft Schwämme auf den Gemmen oder den Stuckarbeiten dar. Die Maler machten reichen Gebrauch davon. Die Töpfer drückten einen mit Tinte getränkten Schwamm unter dem Randwulst bestimmter Krüge aus: der Brennofen hielt die eigenwilligen Fließmuster für alle Zeiten fest. Die Sage erzählt, daß Theseus, als er von Attika zu Minos kam, den Befehl erhielt, auf den Meeresgrund zu tauchen.

## *Verschiedene Arten des Fischfangs*

Seit langem hat man festgestellt, daß in den Homerischen Texten der Beruf des Fischers verachtet und lächerlich gemacht wird und den Armen vorbehalten ist und daß die Helden niemals Fisch essen. Die Autoren des 8. Jahrhunderts v. Chr. schrieben für eine aristokratische Schicht, für die das Fleisch *das* Nahrungsmittel war. Aber es besteht kein Zweifel, daß die Kreter, wie alle Inselbewohner 700 Jahre früher, das Fleisch und die Eier der Fische und der Schalentiere schätzten, sie ausgiebig verzehrten, sie in ihren Krügen zu konservieren verstanden und auch im Handwerk alle Möglichkeiten, die sie boten, ausnutzten. Wir erwähnten schon die Verwendung des Fischleims in der Schreinerei. Der Tintenfisch lieferte seine Tinte, seine Innenschale – den Tintenfischknochen –, seine eßbaren Tentakeln. Die Malerei und die Glyptik verdankten den minoischen Fischern einen großen Teil ihrer Motive. Herrliche Thunfische, die auf den kretischen Siegeln dargestellt sind, zeigen, daß sogar Großfischerei betrieben wurde und daß vielleicht schon Thunfischfangnetze bekannt waren. An den Händen der in Phylakopi auf Milo dargestellten Fischer hängen große Rötlinge oder Knurrhähne. Die Kreter fischten gewiß auch den ausgezeichneten Papageifisch, einen springenden Fisch, der entlang den Küsten Kretas so häufig ist, daß man heute noch die kindliche Vorstellung hat, er könne nur hier leben. Und die Barbe, die Orfe, die Seeröte! Auf mykenischen Vasenbildern erkannte man einige Goldbrassen. Um sie zu fangen, mußte man Stücke eines anderen Fisches, des Sparfisches, als Köder verwenden. Der Schwertfisch biß nur an, wenn die Haken mit Meeräsche oder Seebarbe bestückt waren. Die Eier der letzteren dienten, wenn sie zerdrückt, gesalzen und an der Sonne getrocknet oder geräuchert waren, im östlichen Mittelmeer seit undenklichen Zeiten als Nahrungsmittel und Aphrodisiakum. Der antike Name für den gesalzenen Fischrogen, tarichos, scheint vorgriechisch zu sein. Die bloße Tatsache des Einsalzens setzt ihrerseits die Existenz von Salinen an den kretischen Küsten voraus, wie die der Sudabucht zwischen den antiken Städten Minoa und Kydonia, sowie einen regelrechten Handel mit dem Inselinnern, wo es kein Steinsalz gab. Ein Liter Meerwasser in den kretischen Buchten enthält 39 g Salz, 2 g mehr als das Wasser des Saronischen Golfes.

Unter allen Gründen, die sich anführen lassen, um die Heiligkeit des Delphins im minoischen Kreta zu rechtfertigen, gibt es einen, der besonders die Fischer betrifft: sie glaubten, dieser intelligente, zutrauliche und gutwillige Freund des Seemanns treibe ihnen die Sardellen in die Netze. Die Felsmalerei von Kato Pervolakia, von der wir schon sprachen, zeigt drei in ihren Booten stehende Fischer, von denen der eine am Ende einer Angelschnur einen riesigen Steinrochen zieht, dem ein ganzer Fischschwarm folgt, der zweite eine Harpune mit einem Seil und eine Fangreuse benutzt, der dritte schließlich eine Art konisches Netz, vermutlich ein Wurfnetz, auswirft. Auf diesem Dokument aus dem 14. Jahrhundert v. Chr. sind schon die wichtigsten Arten der kretischen Fischerei dargestellt. Hinzuzufügen ist noch der Dreizack, das Symbol der Meergottheiten, dessen Bild auf so vielen minoischen Steinen erscheint. Es ist nicht ausgeschlossen, daß die Kreter wie die Ägypter des Mittleren Reiches auch das Schleppnetz kannten ebenso wie das primitive Senkgarn. Der Wechsel zwischen Land- und Seewinden in der schönen Jahreszeit macht den Fischfang in der Nacht einfacher als am Tage. Unter diesen Bedingungen fischten die Zeitgenossen des Minos bei ruhigem Wetter gern im Mondschein. Es ist also nicht erstaunlich, daß Diktynna, die Göttin der Fischer, in der Mythologie später mit einer Göttin der Nacht, Hekate oder Artemis, gleichgesetzt wurde. Wir finden hier wieder die schon beobachtete Einheit der Meergottheiten und der Gestirne des Firmaments.

## *Küstenwachen*

Schließlich war an den Meerufern die Tätigkeit der Küstenwacht erforderlich, einer Art Miliz, der die Überwachung des Meeres und der Schutz der Küstenbewohner vor den Seeräubern oblag. Die Mythologie wies diese Aufgabe dem Riesen Talos zu. Die Küsten Kretas waren immer mit Wachen, Meldehöhen, Alarmposten und Aussichtstürmen ausgerüstet, die in der Toponymie so ausdrucksvolle Namen wie Vigla, Evgoro, Provarma, Endiktis und den tausendjährigen Brauch der Phryktoria, der Signalgebung durch Blinken, hinterlassen haben. In venezianischer Zeit leuchteten auf dem Berg Kophinas, einem antiken Gipfelheiligtum und Aussichtsturm, Feuer auf, sobald auf der Breite der Küste südlich der Mesara-Ebene verdächtige Schiffe auftauchten. Sofort wiederholten sich die Feuer auf einer ganzen Höhenkette bis zum Berg Iouktas im Norden, und die Militär- und Flottenbefehlshaber von Candia trafen ihre Verfügungen. Die Blütezeit, die uns interessiert, unterscheidet sich von der Epoche der Seevölker 300 Jahre später wesentlich dadurch, daß die Zeitgenossen des Minos nicht zuließen, daß ihre Küsten geplündert, ihre Städte eingenommen oder, wie Odysseus wenig später sagen wird, »die Krieger getötet und unter den Mauern die Frauen und die aufgehäuften Reichtümer geteilt« wurden. Gegen die oft winzigen Fregatten der Abenteurer kretischer oder fremder Herkunft, die in der Lage waren, sich durch die engen Durchfahrten zu schlängeln, sich auf seichten Grund oder zwischen die Klippen zu wagen, sich in allen Einbuchtungen des Strandes in den Hinterhalt zu legen, verfügten die am besten organisierten kretischen Gemeinden über Späher, Hornbläser, Rufer, Fußvolk und Bogenschützen, die beim ersten Alarm herbeieilen konnten. Sonst würde man an den Küsten Kretas nicht so viele einsame Bauernhöfe oder minoische Weiler finden. In Augenblicken der Gefahr legen sich die Männer mit der Wache in den Hinterhalt, während sich die Frauen und Kinder mit ihrer wertvollsten Habe in der Macchia oder in den Höhlen verstecken. Wenn die Seeräuber oder die Eindringlinge in die Hände der Miliz fallen, metzelt die Menge sie nieder, oder aber die Soldaten führen sie zur Zwangsarbeit oder zum Frondienst ab. Unzählige Zeugenberichte von der pharaonischen Antike bis zum Beginn des 20. Jahrhunderts erzählen von den gleichen Abenteuern an den gleichen Küsten Ägyptens und der Inseln. Nach Thukydides (I, 4) »bemühte sich Minos in seinem ganzen Machtbereich, das Meer von den Piraten zu säubern, um seine Einkünfte zu erhöhen«. Im Falle eines Schiffsbruchs gehörten die Wracks und ihre Ladung mit vollem Recht den Küstenbewohnern.

## *Schiffahrt*

Das Seevolk der Kreter wurde berühmt durch seine Reisen und Eroberungen. Die Strömungen, die Winde, die Abenteuerlust und der Handelsgeist waren gleichermaßen Ansporn dazu. Wie alle Seeleute jener fernen Zeiten, bedingt auch durch die offenen Galeeren, die wir bei ihnen kennen, segelten sie nur bei Rückenwind und benutzten bei Windstille die Ruder; dabei waren sie bemüht, immer eine Küste in Sichtweite zu behalten und fuhren so nah wie möglich an ihr entlang. Eine konstante Meeresströmung treibt an der Nordküste Kretas die Schiffe normalerweise von Westen nach Osten. Vom Kap Samonion – dem heutigen Kap Sidero – bis zur Insel Elaphonisi tragen sie die Winde und die Strömungen von Nord nach Süd, so daß die Fahrt von Kydonia zu den Häfen von Knosos und von hier nach Zakro in der guten Jahreszeit, im Mai und Juni, verhältnismäßig einfach gewesen sein muß. Im Süden der Insel verläuft die Mehrzahl der Küstenströmungen in umgekehrter Richtung wie die der Nordküste: von Osten nach Westen. Im Uhrzeigersinn kann die Insel bei Windstille fast von allein in einigen Tagen umfahren werden. Aber die Seefahrer mußten die herrschenden Winde berücksichtigen, die ihre Überfahrten oder vielmehr ihre Küstenschiffahrt im wesentlichen auf bestimmte Zeiten begrenzten. Praktisch war die Seefahrt nur im Frühjahr und Sommer, von Ende März bis Ende August, möglich, wenn auf dem Ägäischen und auf dem Libyschen Meer die Nord- und Nordwestwinde wehten. Dann konnten sie von der Nordküste aus im Schutze der Inseln Kasos und Karpathos Rhodos und die Südküste Kleinasiens erreichen; von der Südküste Kretas aus überquerten sie auf geradem Wege in vier oder fünf Tagen die 270 Meilen, die Kreta von der kanopischen Mündung des Nils trennen. Aber diese Winde sind äußerst launenhaft und heftig und werden im Süden der Insel von heißen Winden aus der Libyschen Wüste oder Ägypten durchkreuzt. Einer von ihnen, ein Südwind, der heutige notias, bläst hauptsächlich im Frühjahr und im Herbst, Ende Oktober und im November, aber ohne jede Regelmäßigkeit. Während es also leicht war, im Hochsommer auf direktem Wege nach Ägypten zu fahren, war es besser und auf alle Fälle sicherer, von dort der Küste Phöniziens und Syriens entlang über Tyros, Byblos und Ugarit (Ras Schamra) zurückzukehren, mit einer Fahrtunterbrechung in Zypern oder an den Küsten Kilikiens, Pamphyliens und Lykiens. Etwa 100 Meilen trennen Kreta von Santorin mit seiner großen minoischen Stadt, die bei dem Dorfe Akrotiri verschüttet ist. Auch hier trieben die Etesien die Schiffe in der guten Jahreszeit nach Süden. Umgekehrt legten diese, wenn sie von Kreta kamen, sehr oft auf den Kykladen an, nachdem sie einen Umweg nach Osten zum Dodekanes und den Südsporaden genommen hatten. Die Insel Antikythera, die von den Halbinseln im Nordwesten Kretas zu sehen ist, diente als Zwischenhafen bei einer Fahrt nach Kythera, einer minoischen Kolonie, und von dort zur Peloponnes und zum Saronischen Golf. Die Steuerleute warteten an den Ankerplätzen der Insel ab, bis sich der Nordwind, der heutige meltem oder vorias, legte, um mit aller Kraft von Kreta nach den Kykladen oder zur Westküste Kleinasiens zu rudern oder sogar zu segeln. Wer jemals im Gebiet der Inseln einen Kajik oder eine Yacht lenkte, der weiß, daß die Monate Juli und August lange Wartezeiten bringen wegen der heftigen, ja stürmischen Winde.

Das Leben an Bord dieser Schiffe ohne Deck, ohne Kabinen und fast ohne Seitenschutz gegen die Sturzseen war äußerst hart. Die Fracht, die Waffen, die Vorräte, die Ersatztaue waren auf den Dollborden und den Planken des Oberdecks aufgehäuft. Die mittlere Verbindungsbrücke war zum Teil mit Gefäßen, Ballen, Baumstämmen und Menschen vollgepackt. Die größten Schiffe mit einer Länge von 20–25 m nahmen 30 Ruderer an Bord, 4 Mastwächter, 1 Steuermann, 1 Kapitän, 1 Aufseher für die Galeerensklaven, Reisende und, für den Fall von Gefahr oder Seekrieg, Soldaten. Auf dem Rückweg brachten sie außer der Ladung noch Vieh, Sklaven, Gefangene und Passagiere mit. Alle mußten das Moderwasser, das an der tiefsten Stelle des Schiffes bis zu 1,50 m hoch zwischen den Spanten und dem Kielschwein des Schiffsraumes stand, ausschöpfen. Über all dem schwärmten bei Windstille Fliegen, herrschte scheußlicher Gestank, Übelkeit und oft die Ruhr. Auf einer langen Seereise von einem Monat und mehr, bei der Rückkehr von Afrika oder Italien, mußten sich die kretischen Seeleute wie ihre heutigen Nachfolger mit mehlhaltiger Nahrung, mit Breien oder Zwieback, die mit Öl zubereitet waren, mit Trockenfrüchten, Oliven und steinhartem Käse begnügen. Auf einem äußerst knappen Raum von 4 oder 5 m Breite dösten, von Gischt bespritzt, die auf den Bänken gegen die Einfassung zusammengekrümmten Leute zwischen den Paketen oder dem Tauwerk, wenn der Wind es erlaubte. Wenn nicht, wurde gerudert, und nachts orientierte man sich nach den Sternen. Man begreift das wütende Verlangen nach Fleisch, nach Bewegung auf festem Boden, nach Sauferei und Hurerei, das sich der Gefährten des Odysseus bemächtigte, als sie, vom üppigen Kreta kommend, die Mündung des Nils erreichten.

## *Ausfuhren*

Wir wissen, was die kretischen Frachter mit sich führten: die Haupterzeugnisse des kretischen Bodens und des kretischen Handwerks, Erzeugnisse, die den vegetationslosen Inseln des Ägäischen Meeres und den großen, reichen Königreichen Asiens und Afrikas am meisten fehlten. Die bemalten Gefäße enthielten verschiedene Ölsorten, Weine, Gewürze und Medikamente. Andere, gröbere, enthielten Oliven- oder Fischkonserven. Getreide, Hülsenfrüchte und Mandeln waren in Säcke verpackt. Ägypten importierte aus Kreta vor allem das, was ihm am meisten fehlte, das Silber, dessen Wert doppelt so hoch war wie der des Goldes, und das Holz der Nadelbäume, das für seine Schiffsbauten und seine Architektur unentbehrlich war; es wurde als Bretter und Balken geliefert. Wir sind über die ägyptischen Einfuhren gut unterrichtet durch die geschriebenen oder eingemeißelten Texte und durch die Malereien der thebanischen Gräber aus dem 15. Jahrhundert[9]. Kreta gilt darin als ein an Bergwerken reiches Land, das Kupfer, Blei und Silber in Barren liefert sowie verschiedene Halbedelsteine, darunter den geheimnisvollen Stein »men« oder »mnnw« (weißes Quarz, Steatit oder Anhydrit?). Die Insel liefert an Ägypten außer ihren Rhyta in Stierkopfform auch noch ihre Tassen und Wasserkannen, medizinische Bohnen, die seit dem Mittleren Reich allgemein im Gebrauch sind, und eine Pflanzenpaste, wahrscheinlich ein aromatischer Gummi oder ein aromatisches Harz wie das Ladanum. Meist brachten die kretischen Schiffe, die als Vermittler zwischen den Häfen Asiens und den Herrschern Ägyptens dienten, Gold, Silber und den Lapislazuli, der mit Karawanen aus der Umgebung des Hochlands von Pamir gekommen war, sowie verschiedene unbekannte Edelsteine, Gewürze, Metallgefäße und Obsidian. Die Grabungen in Santorin offenbarten die Einfuhr großer kretischer Schnecken: die Schnecken aus Gournia und dem Gebiet um Sitia sind noch heute auf den Inseln außerordentlich berühmt. Die kretischen Waffen, Schwerter, Dolche, Helme, Schilde und die kretischen Bronzewerkzeuge wurden sowohl auf dem griechischen Festland wie auch in den Handelsniederlassungen der Levante und

Siziliens, bei Syrakus, Thapsos und Akragas, verkauft. Sogar in Sardinien findet man noch Barren aus minoischem Kupfer. Eine Menge kretischer Schmuckstücke, Kolliers, Siegel oder Ringe, aus einfachem oder aus Edel-Metall, ja aus Keramik, Stein oder Knochen, wurden im ganzen östlichen Mittelmeer identifiziert. Man fragt sich sogar, ob die kretischen Schiffe nicht auch feinere oder verderblichere Erzeugnisse transportierten wie Modekollektionen oder doch mindestens Motive aus der Malerei und Dekorationskunst wie die Laufspiralen, wenn man in Tiryns, Mykene und am Hofe des Pharaos von Ägypten die Damen das kretische Volantkleid oder ein Dekolleté nach kretischer Mode tragen sieht und wenn die Malereien von Santorin, vor allem die Lilienbilder, wie Reproduktionen der Wandmalereien von Knosos und seinem Hafen Amnisos erscheinen. Um 1580 v. Chr. ist das Wappen des Pharaos Achmose mit dem kretischen Greifen und mit dem Motiv der Tiere in fliegendem Galopp geschmückt. Es gibt keinen Zweifel, einmal, daß die Fürsten und hohen Würdenträger der verschiedenen Länder Luxusgeschenke austauschten, und zum andern, daß die Werkstätten der kretischen »Paläste« für den Export arbeiteten. Die berühmte minoische Weinkanne, die sogenannte »Marseiller Kanne« mit ihrer Darstellung von Nautili in einer Seelandschaft wurde in Ägypten gefunden. Eine ganz ähnliche kam 1962 in Zakro bei den Ausgrabungen des Westteils des »Palastes« wieder ans Tageslicht, zusammen mit allen möglichen wertvollen Gefäßen und Rohstoffen, die zum Versand fertiggemacht waren. Charles Seltman veröffentlichte 1951 einen sehr schönen minoischen Stierkopf aus Steatit, der als Rhyton diente und in Ägypten gekauft war: er ähnelt aufs Haar denen von Zakro und aus dem Kleinen Palast von Knosos. Ein Alabastron aus dem Grabe 137 des Sedment, eines Zeitgenossen Thutmosis' III., zeigt, daß die Ägypter manchmal ihr Haus und die Einrichtung ihrer Grabstätte mit den schönsten Erzeugnissen des kretischen Handwerks schmückten. Andererseits können die Goldbecher, die im Kuppelgrab von Vaphio bei Sparta gefunden wurden, und das in Mykene gefundene sogenannte »Belagerungsrhyton« als kretische Importe auf den Kontinent angesehen werden: dafür sprechen die Form der Gefäße und ihres Henkels, die Komposition in Einzelszenen und der Naturalismus des Reliefs. Wie man sieht, transportierten die Frachter nicht nur Rohstoffe oder Beifracht, sondern auch den erlesensten Besitz Kretas, seine Kunstgegenstände.

## *Einfuhren*

Die Seeleute brachten der Insel dafür Grundstoffe für ihren Handel und ihr Handwerk mit. Sie holten für ihr Land Obsidian auf Nisyros und auf Milo, Walkererde auf Kimolos, Porphyr und den lakedämonischen Stein an den Küsten der Peloponnes, Diorit in Kleinasien, Silber auf Siphnos und in Thorikos, am Ausgang der Bergwerke des Laurion-Gebirges, Kupfer in Euböa, Zypern, Kilikien und in Gaza, Zinn in Byblos und in Ugarit (es wurde im Gebiet von Aleppo abgebaut), Gold und Elfenbein in Iasos, Milet und allen Häfen Syriens, Palästinas und Ägyptens, Gewürze, Natron und Papyrus in Byblos oder in Ägypten und Liparit auf den Äolischen Inseln. Sie brachten als Geschenke oder nur als Tauschobjekte Steingefäße, pharaonische Siegel, syrische Amulette und Statuetten und Terrakottagefäße aus dem griechischen Festland mit nach Hause. So wurden in einem Grab in Katsaba in der Nähe eines der Häfen von Knosos[10] 1952 zwei ägyptische Gefäße gefunden, eines aus Diorit, das andere aus geädertem Alabaster mit der Kartusche Thutmosis' III., das etwas vor 1450 v. Chr. anzusetzen ist. Eine ganze Reihe kugelförmiger Parfümgefäße aus der Peloponnes wurde in den Gräbern bei Knosos und im Kleinen Palast verstreut gefunden. Neben sechs Kupferbarren, die im Gebiet um Zakro hergestellt waren, förderten die Ausgrabungen von 1962 in der Nähe der Westmagazine des großen Heiligtums vier Stoßzähne von asiatischen Elefanten zutage. Manchmal brachten die Schiffe aus Ägypten blaue, langhaarige Affen mit, wie sie auf den Malereien von Knosos und Santorin dargestellt sind. Die Ägypter selbst besorgten sie sich auf dem Tauschwege bei den Einwohnern des Landes Punt, d. h. an der Somaliküste in Richtung auf Bab el Mandeb zu, wie es die Reliefs der Königin Hatschepsut bezeugen, die kurz nach 1500 v. Chr. gegenüber von Theben gemeißelt wurden. Wenn die Kreter ihren Kunden einige modische Besonderheiten oder einige künstlerische Motive überließen, so holten sie sich dafür in reichem Maße Anregungen von jenen. Schon seit langem hat man bemerkt, daß die langen Gewänder der Priester von Knosos und die einfache Axt mit langem Stiel, die sie über der Schulter tragen, an syrische Ausrüstungen erinnern.

## *Seeräuberei*

Eine andere, sehr geschätzte Ware, mit der die Transportschiffe oft noch unterwegs beladen wurden, waren die Sklaven. Sie blieben, wie V. Bérard sehr richtig sagt, »bis ins 19. Jahrhundert ein Kurantgeld des levantinischen Handels, die Frauen vor allem«[11]. Das Wort, das sie auf mykenisch bezeichnet, doero, doera, ist vorgriechisch. Man verschaffte sie sich durch Kauf oder einfach durch Entführung. Der Dichter oder die Dichter der *Odyssee* erklären uns sehr gut, wie man dabei verfuhr. Am ersten Strand, an dem man an Land ging, lockte man Frauen und Mädchen, denen man Stoffe und Flitterkram zeigte, an Bord, der Anker wurde gelichtet und fort ging die Fahrt! Die Mythologie kennt einen berühmten Präzedenzfall: der kretische Gott Zeus entführt, in einen meergeborenen Stier verwandelt, die Tochter des Königs Agenor nach Tyros oder Sidon. Der Sohn des Königs von Syros, Eumaios, so erzählt uns der Dichter der *Odyssee*, wurde von Sidoniern entführt und in Ithaka verkauft. So verkaufte man, was man auf der einen Seite wegnahm, auf der anderen wieder und umgekehrt. Die Frauen waren in den Bazaren von Byblos und Memphis sehr gesucht, nicht nur, weil die Heerführer und die Fürsten sie für ihre Harems begehrten, sondern weil die Götter und Göttinnen von Zypern und Syrien ganze Trupps von Prostituierten forderten, die ihrerseits wieder von allen durchfahrenden kretischen Seeleuten besucht wurden. Wenn auch diese letzteren die Seeräuber des Ägäischen Meeres verfolgten, auf dem sie zur Zeit des Minos für Ordnung gesorgt haben sollen, so versagten sie sich anderenorts nicht Mädchenraub und Sklavenhandel.

## *Regulärer Handel*

Obwohl nach Aussage des Thukydides[12], des zuverlässigsten Historikers der Antike, die Seeräuberei im Archipel niemals als unehrenhaft angesehen wurde und obwohl Kreta in allen bekannten Abschnitten seiner Geschichte Seeräuber unterhielt, liegt es auf der Hand, daß die minoische Kultur sich im Zustand von Unsicherheit und Unredlichkeit gegenüber den anderen großen Reichen nicht hätte entfalten können. Man muß also annehmen, daß die kretischen Schiffe, die den Verkehr im Ägäischen Meer beherrschten, dort eine Art von Polizei über die Ordnung wachen ließen und daß die kretischen Händler verhältnismäßig ehrenhaft waren, zumindest in den Häfen Vorderasiens und Ägyptens, wo sie ihre Kontore hatten und wo die Bewegungen der Fremden strikt überwacht wurden. Nichts garantiert und beweist uns, daß Minos über ein militärisches Geschwader verfügte. Das wäre eine Auffassung der klassischen Epoche, ja der Neuzeit. Es genügten ihm Schiffe, die schneller waren als die seiner Nachbarn oder die mit besseren Bogenschützen ausgerüstet waren. Im übrigen zeigen die Tribute, die die Keftiu den Beamten und Ministern des Pharao, sei es in Ägypten oder an den unter ägyptischer Kontrolle stehenden syrisch-palästinensischen Küsten, zahlten, daß die Kaufleute von der Insel »inmitten des Meeres« das Recht, auf ordentliche Weise Handel zu treiben, ein Geschäft oder einen Stand zu eröffnen, Waren auszutauschen und eine gewisse Zeit im Ausland zu bleiben, mit Naturalien bezahlten; und manchmal bleiben sie sehr lange im Ausland. Odysseus spricht sogar von einem siebenjährigen Aufenthalt im Delta, aber die ägyptischen Texte verwenden Formeln wie die folgende, die auf dem Grab des Rechmere, Wesirs von Thutmosis III., zu lesen ist: »Jetzt, da die Fürsten des Landes Keftiu von seinen Siegen über alle fremden Länder gehört haben, bringen sie ihre Geschenke auf ihrem Rücken, um den Lebensatem zu erlangen. Sie begehren, Seiner Majestät unterstellt zu werden, damit seine Macht sie schütze.« Unter ihnen finden sich die Leute aus Tanaja, d. h. die Danaer von der Peloponnes. Die ägyptischen Herrscher des 15. Jahrhunderts v. Chr. setzten die antisemitische und auf Eroberungen gerichtete Politik der Gründer der 18. Dynastie fort und ließen sich an den Küsten Palästinas, Phöniziens und Syriens als Herren nieder, wo sie oft Dynasten, die ihre Vasallen geworden waren, in ihrer Stellung beließen. Folgt man der traditionellen griechischen Chronologie, so kommt zu Beginn des 15. Jahrhunderts Kadmos, der Sohn des Königs von Tyros und Bruder der Europa nach Böotien, um sich hier niederzulassen, während Danaos, von seinem Bruder Aigyptos verjagt, sich in der Argolis ansiedelt. Die Töchter des Danaos, die Danaiden, ermorden die Ägypter nach ihrer Landung auf der Peloponnes im Jahre 1467. Das ist nicht ganz und gar eine Sage, denn einerseits hörten die Griechen nie auf, Ägyptern die Gründung dreier Städte in der Argolis zuzuschreiben, andererseits bekundete der Pharao Amenophis III. ein Recht über die Häfen Kretas, über Kythera, Messenien und die Argolis[13]. Ein Ägypter, Lelex, galt als einer der Gründer von Megara. Die Abkömmlinge des Kadmos, Ino und Melikertes, wurden in Korinth kultisch verehrt. So mußten die Ansprüche der minoischen Führer mit denen der orientalischen Händler, die sich mehr oder weniger eindrängten, und mit denen der um 1500 v. Chr. nationalistisch und eroberungslustig gewordenen ägyptischen Soldaten in Einklang gebracht werden. Und mehr noch: in Kreta selbst gab es phönizische Handelsniederlassungen: man kennt zwei Häfen oder Ankerplätze namens Phoinix und Phoinikous an der Südküste; man konnte die Namen Leben(a), Araden(a) und Itanos mit den semitischen Sprachen in Verbindung bringen. Die letztgenannte Stadt, eines der Zentren der Purpurherstellung und Bronzewaffenerzeugung, wird sogar später 150 Jahre lang ein Hauptstützpunkt der Ptolemäer im östlichen Mittelmeerraum werden. Sie wird ihren Münzen denselben Fischgott aufprägen wie zahlreiche phönizische Städte. In Kreta und in den Häfen, die sie kontrollierten, stellten sich die kretischen Seeleute unter den Schutz ihrer eigenen Soldaten; in den benachbarten Königreichen erlangten sie den Schutz der lokalen Behörden mit Hilfe verschiedener Pflichtleistungen. Worauf es in vielen Städten und Dörfern des Nahen Ostens ankam, war immer, das angemessene Bakschisch zu zahlen, um die heimlichen Erpressungen zu ver-

meiden. Wie dem auch sei, es gibt keinen Handel ohne Konkurrenz, ohne Taxe und ohne Sicherheiten.
Die Geschäfte der Kreter mit den Ägyptern und den Asiaten lassen sich mehr erahnen als deutlich ablesen. Sie beruhten im wesentlichen auf dem Tauschhandel. Noch vom 7. bis zum 4. Jahrhundert v. Chr. erwähnen die Texte von Knosos und Gortyn Bezahlungen mit Dreifüßen und Kochkesseln. Es ist bekannt, daß die Kreter über Waagen mit Schalen, Hohlmaße, Normalmaße für Gewicht und Länge verfügten. Eine ganze Reihe dieser Gewichte wurde bei den Ausgrabungen von Santorin gefunden. Sie bestehen aus einer Bleischeibe. Die kleinste wiegt 15 g und die größte 737 g. Ein Normalgewicht in Silber, das in Knosos gefunden wurde, wiegt 3,654 g. Ein Gewicht von 8,4 g entspricht dem babylonischen Sekel. Es ist möglich, aber nicht sicher, daß die Kreter von ihren syrischen oder zypriotischen Konkurrenten das Talent entliehen hatten, das 26 kg wog und in 60 Minen unterteilt war: dieses letzte Wort ist im Griechischen von den Semiten übernommen. Auf alle Fälle stellten die Kupferbarren, auch wenn sie gegen verschiedene Naturalien eingetauscht werden konnten, kein Metallgeld im strengen Wortsinn dar. Nicolas Parise wies auf dem ersten Internationalen Kongreß für Mykenologie in Rom[14] auf die außerordentlichen Gewichtsunterschiede hin, die zwischen den Barren ein und derselben Serie, wie etwa denen von Zakro und Phaistos, bestehen: sie wiegen zwischen 27 und 32 kg! Der kretische Fuß ist 30,36 cm lang. Da jedes Land, ja fast jede Stadt eigene Normalmaße hatte, muß man annehmen, daß die Kaufleute damals gewaltige Rechner waren. Die Kreter hatten im Ausland Bürgen, Verwandte, Gastfreunde oder Verbündete. Man lieh damals gegen Pfänder, wobei die reellsten und greifbarsten das Schiff, seine Ladung und seine Besatzung waren. Zur Beglaubigung ihrer Urkunden verfügten die Kaufleute über persönliche Siegel, die ihre Geschäftspartner kannten. Eine große Anzahl von Siegelabdrücken wurde in Knosos, Malia und Agia Triada gesammelt. Zu den häufigsten Motiven gehören Fische, Kraken, Meerungeheuer, Schiffe; es wurde sogar angenommen, daß es sich hier um die Embleme verschiedener Schiffseigner handelte. Jedenfalls darf man nicht

erstaunt sein, auf diesen Siegeln seltsame Wassertiere dargestellt zu sehen, da sie aus einer Zeit stammen, als im Mittelmeer noch im Aussterben begriffene Arten lebten, Delphine, Mönchsrobben, Seehunde und Wale. Das Beispiel syrischer Städte wie Mari und Ugarit, wo die Kreter Vertreter hatten und wo der Gebrauch der Handelskorrespondenz und der Rechnungsbücher bis auf den Anfang des zweiten Jahrtausends zurückging, gibt uns Grund zu der Annahme, daß die kretischen Seeleute auch Empfehlungsbriefe, Quittungen, Aufträge und Frachtbriefe mitführten. Byblos war im 15. Jahrhundert ein so bedeutendes Zentrum des Papyrushandels geworden, daß der Name der Stadt schließlich auf griechisch das Papier, dann ein Buch, die Bibel, bezeichnete. Kam es zwischen Händlern oder zwischen Kretern und den Einwohnern der Städte Asiens und Ägyptens zu Streitigkeiten, so erbat man den Schiedsspruch des örtlichen Statthalters. In Syrien und in Palästina konnte dieser die Wasserprobe anwenden. Es gibt tatsächlich einen Gott namens Schapet Nahar, Richterfluß. Immer schlossen sich die Menschen gleicher Volkszugehörigkeit zusammen und setzten sich ein, um einen der Ihren zu retten. Sie lieferten Zeugen und stellten Kautionen. Im ganzen Mittelmeerraum entschieden sich die Reisenden eines jeden Landes, die sich in einem andern Land niedergelassen hatten, immer dafür, im selben Stadtviertel zu leben und in ihrer Gruppe zu bleiben[15].

## *Die angebliche kretische Seeherrschaft: Handelsniederlassungen, keine Kolonisation*

Man spricht viel von kretischer Kolonisation und stützt sich dabei auf den Streuungsbereich der Gefäße und Schmuckstücke kretischer Herkunft und auf die Berichte der Mythographen. Aber man begeht dabei den Fehler, den Handel mit der Demographie und die Ereignisse des 15. Jahrhunderts mit denen späterer Jahrhunderte zu verwechseln. Mit dem Auffinden einer Waffe oder einiger kretischer Scherben in Malta, in Makedonien, in Milet, in Tell Atchana, dem antiken Alalach am Orontes (Südtürkei), in Mari am Euphrat, in Gurob in Ägypten hat man nicht auch schon die Existenz einer Kolonie bewiesen. Aber durch das Beispiel Ugarits, des heutigen Ras Schamra 12 km nördlich von Latakia in Syrien, und seines Hafens Minet el Beïda sind wir sicher, daß die Leute von den Inseln, die sich in den großen semitischen Städten niedergelassen hatten, dort nur Handelskontore besaßen. Wenn die literarische Überlieferung behauptet, der antike Name Gazas sei Minoa gewesen und der Gott der Stadt habe in hellenistischer Zeit einen kretischen Beinamen, Zeus Marnas, getragen, so ist das ein Irrtum, der teils auf einer Illusion, teils auf einer Homonymie beruht. Der Beiname Marnas ist semitisch: Maranas, »Unser Herr«. Angesichts der Gefäße, der wenigen Schmuckstücke und der Waffen von ägäischem Typus, die bei den Ausgrabungen in Brindisi und in Porto Perone, in Sizilien bei Syrakus, bei Ragusa und bei Catania und schließlich auf den Äolischen Inseln gefunden wurden, gewinnt man die doppelte Überzeugung, daß es sich nur um importierte oder von den Eingeborenen imitierte Ware handelt und daß der größte Teil der kretisch-mykenischen Funde auf Sizilien und in Großgriechenland aus der Zeit von 1425 bis 1300 stammt, das heißt, daß sie ein Jahrhundert nach der Epoche, die uns interessiert, anzusetzen sind[16].

Man muß sich indessen die Niederlassung der Orientalen in Sizilien als zahlenmäßig äußerst gering, aber als bedeutend aufgrund ihrer besonderen Art vorstellen. Zehn junge Burschen, die Kunstgegenstände, Techniken und Vorstellungen mitbrachten und sich in Ortschaften mit höchstens 150 Einwohnern ansiedelten, stellten dort ein Ferment, eine Hefe ersten Ranges dar, vor allem, da die jungen Kreter, um die Lebens- und Denkweise dieser kleinen Gemeinden von Wilden zu verändern, ausländische Frauen mitbrachten oder anzogen, die Gesetze ihrer eigenen Sippen lockerten und sich von den alten Gebräuchen befreiten. Ein anderes, den Mythographen wohlbekanntes Verfahren der Einnistung bestand für die Kreter in den dynastischen Verbindungen. Allerdings mußten die örtlichen Herrscher einwilligen. Beim König von Keos, sagt Bacchylides, war dies der Fall. Seine Tochter Dexithea heiratet Minos und bringt Euxanthios zur Welt, den künftigen Herrscher über die

Insel und Gründer einer Dynastie. So geschah, was Thukydides[17] berichtet: »Minos, der als erster eine Flotte besaß und den größten Teil des heute griechischen Meeres beherrschte, errichtete seine Herrschaft über die Kykladen und gründete auf den meisten die ersten Kolonien. Er vertrieb von dort die Karer und setzte seine eigenen Söhne als Machthaber ein.« Söhne oder Verwandte des Minos erwähnen die Mythographen in Paros, Naxos, Keos, Pholegandros und Athen. Diodor seinerseits[18] schreibt die Besetzung eines großen Teils der Küstengebiete von Kleinasien und besonders von Erythraia, der Inseln Chios, Lemnos, Skyros, Peparethos, Maroneia, Paros, Delos und Andros der Initiative des Rhadamanthys, des Bruders des Minos, zu. Ihr Bruder Sarpedon habe sich mit einer Armee bei den Termilen Lykiens festgesetzt. Aber haben wir das Recht, alle diese Überlieferungen wörtlich zu übernehmen, die mindestens 1000 Jahre nach den Ereignissen, die sie zu beglaubigen vorgeben, entstanden sind? Und wurde die Gründung solcher Reiche und die Schaffung solcher Flotten 1500 v. Chr. nicht nach dem Muster dessen ersonnen, was die Schriftsteller des 5. Jahrhunderts vor Augen hatten, des Delischen Seebundes und der Athenischen Flotte, die das Ägäische Meer beherrschte?

Um eine Vorstellung vom Wesen dieser angeblichen minoischen Thalassokratie zu gewinnen, bleiben uns zwei Methoden: die Ortsnamenkunde und die archäologischen Grabungen. Elf Plätze trugen in der klassischen Antike den Namen Minoia oder Minoa[19]: zunächst zwei Häfen in Kreta, der eine am Eingang der Sudabucht, der andere, im Innern des Mirabellogolfs, bei Gournia; wir sahen, daß Gaza bei den Philistern Minoa hieß, ebenso Herakleion in Sizilien; Minoa hieß auch die Insel Paros; man kannte eine Insel Minoa vor dem Hafen von Megara, ein Vorgebirge mit einer Festung gleichen Namens in Lakonien (das heutige Monemvasia), eine Stadt mit einem Süßwasservorrat auf der Insel Siphnos, eine Stadt auf der Insel Amorgos, deren bester Hafen sie war, und eine Quelle auf der Insel Delos. Der Name erscheint wieder in einer Inschrift auf Korfu neben dem Namen Zakynthos. Keines dieser Beispiele spricht für ein hohes Alter. Die Endung ist die eines späten Adjektivs aus mykenischer, ja griechischer Zeit. Es ist auch seltsam, daß man dieses Adjektiv in Kreta findet, als ob Minos in seinem eigenen Land Kolonien gegründet hätte. Aus den antiken Historikern erfahren wir, daß der Name »Mino(i)a« Makara in Sizilien, Platea auf Paros und Karkesia auf Amorgos ablöste. Auf Delos stellt man eine große archäologische Lücke zwischen der frühen Bronzezeit und der mykenischen Epoche fest. Die einzigen »minoischen« Schichten, die man entdeckte, fand man auf Inseln oder an Küsten, die nicht den Namen Mino(i)a tragen: auf Santorin, durch einen Vulkanausbruch um 1520 zerstört, in Kastri auf Kythera (drittes Niveau, von Spätminoisch I A), in Phylakopi auf Milo (dritte Stadt), in Agia Irini an der Nordwestküste von Keos (um 1450 zerstört) und in Karpathos[20]. Gefäße aus der minoischen Blütezeit wurden auch in Milet und Iasos in Karien und in Trianda auf Rhodos gefunden. Demnach wurde der Name Mino(i)a möglicherweise nachträglich Orten auf den Kykladen und an den Küsten der Peloponnes verliehen, welche die Erinnerung an eine Handelsbeziehung mit Kreta oder an ein kretisches Kontor bewahrt hatten. Homer, unser ältester literarischer Zeuge, stellt sich Minos als einen Herrscher von Knosos und nicht als den absoluten Herrn des Meeres vor. Die sehr unvollständigen Grabungen, die auf den Inseln und an den Küsten des Ägäischen Meeres durchgeführt wurden, erwecken den Eindruck, als hätten in der Mitte des zweiten Jahrtausends zwischen Kreta und dem übrigen Südgriechenland eher rege Austauschbeziehungen auf den Gebieten der Kunst und des Handels stattgefunden als Eroberungen und Assimilation. Jede Stadt bewahrt ihre Eigenständigkeit. So scheint in Santorin das Schwalbenmotiv, das auf so vielen Gefäßen, Becken und Fresken wiederkehrt, das Wahrzeichen der Insel zu sein. In Kythera, dessen Häuser und dessen Keramik denen Kretas zu Beginn des zweiten Jahrtausends analog sind, bemerkt man um 1500 das Aufkommen eines ortseigenen minoischen Stils. Kennzeichnet man auf einer Karte die verschiedenen Mino(i)a und die verschiedenen Ruinen mit minoischem Aussehen, so stellt man in der Tat fest, daß die wichtigsten Spuren der Anwesenheit oder des Einflusses der Kreter in einem ziemlich kleinen Kreis liegen, der im wesentlichen Kythera, Monemvasia und die südlichen Kykladen einschließt. Die Liebesabenteuer des Minos mit Skylla bei Megara und mit Prokris in Thorikos, die des Rhadamanthys mit Alkmene in Theben oder bei dem Riesen Tityos von Euböa beinhalten vielleicht dynastische Heiraten, mit größerer Sicherheit aber die Begründung weiter Handelsverbindungen, Stationen und Faktoreien. Die griechisch-belgischen Grabungen von Thorikos, die 1963 in der Nähe des Velatouri-Gipfels begannen, ermöglichten die Freilegung von Bauten aus dem 16. Jahrhundert v. Chr., die Stücke von Silberglätte enthielten[21]. Man bearbeitete also hier das silberhaltige Bleierz aus dem Lauriongebirge zu einer Zeit, in die die Mythologie die Vereinigung des Minos mit Prokris, der Tochter des Königs von Athen und legitimen Gattin des Kephalos, verlegt hat. Dieser tötete schließlich Prokris aus Eifersucht. Zu demselben Sagenkreis gehört die Sage von Androgeos, dem Sohn des Minos, der von den Athenern meuchlings ermordet wurde. Wenn in diesen Sagen ein wahrer Kern ist, so mindestens der, daß die minoischen Versuche einer Einmischung auf einen starken Widerstand stießen. Dem athenischen Helden Theseus gelang es, so die Sage, bei Marathon den kretischen Stier zu fangen.

Durch das Bestehen solcher Handelskontore an den Küsten Zyperns, Syriens und Palästinas wird verständlich, daß in den ägyptischen Texten die Keftiu zur wirtschaftlichen Einflußsphäre Ägyptens gehören und daß in der Bibel (1. Mose X, 13 f.) von Mizraim, das ist ein Geschlechtsname Ober- und Unterägyptens, gesagt wird, er habe »die Kaphtorim [d. h. die Kreter] gezeugt, von denen die Philister gekommen sind«. Die Politik Ägyptens unter der 18. Dynastie war ständig bestrebt, alle Gebiete zwischen dem Sinai-Massiv, das reich an Kupfer war, und Kilikien, das viel Silber besaß, diplomatisch, dann militärisch und wirtschaftlich zu beherrschen. Dieses Ziel erreichte sie unter Thutmosis III. Alle kretischen Kaufleute und Handwerker, mit denen Ägypten in Asien zu tun hatte, wurden ihm ipso facto tributpflichtig und ihre auf der Großen Insel gebliebenen Lieferanten wurden, durch eine zweifellos mißbräuchliche Verallgemeinerung, Untertanen des Pharao. Man fragt sich sogar mit Recht, ob der Eigenname Menois in der Nähe von Gaza, das den Beinamen Minoa hat, und ob der

(Fürst) Menus aus dem Land der Fenchu (Libanon), der im *Sinuhe-Roman* um 1900 v. Chr. erscheint, oder das Land Menus, das in mehreren ägyptischen Inschriften der 18. Dynastie in Verbindung mit Nordsyrien, Zypern und Kreta genannt wird, ob also diese verschiedenen Namen nicht, wie Mino(i)a, an die Anwesenheit der Kaufleute des Minos irgendwo im syrischen Küstengebiet, z. B. in der Gegend von Minet el Beïda, dem Hafen von Ugarit, erinnern. In ebendieser Stadt erwähnen die Archive aus dem 14. Jahrhundert, die in einer keilschriftartigen Silbenschrift geschrieben sind, seltsame Namen, die man Mn und Ddl transkribiert und die sehr wohl zu Minos und Daidalos vokalisiert werden könnten[22]. Man ermißt die Bedeutung Ugarits an der Tatsache, daß es zusammen mit Enkomi auf Zypern, dem antiken Alasia, einer der Marksteine auf dem langen Weg ist, der Kreta mit Mesopotamien über Aleppo und Karkemisch verbindet. Und man wird sich nicht wundern, in der Architektur, der Kunst, ja selbst in der Religion der beiden Welten so viele Gemeinsamkeiten, Paläste, Schmuckstücke und Göttinnen, zu finden, bedenkt man, daß die kretischen Seeleute Handwerker und Priester mitbrachten und die Kaufleute zugleich Waren und Sklaven, Kunstgegenstände und Ideen handelten.

Wir für unseren Teil glauben nicht an eine kretische Thalassokratie in der mittleren, noch selbst zu Anfang der jüngeren Bronzezeit. Das ist eine nachträglich entstandene Legende, die dazu bestimmt war, scheinbar unerklärliche Tatsachen der Toponymie und der Sprachwissenschaft zu rechtfertigen[23]. Kulturgemeinschaft schließt nicht notwendigerweise Eroberungen und Kolonien ein. Die Annahme eines Imperialismus nach dem Muster des Imperialismus der europäischen Kolonialmächte im 19. Jahrhundert unserer Zeitrechnung ist ein naiver Anachronismus. Wir müssen vielmehr die minoischen Seeleute als Abenteurer im vollen Wortsinn ansehen, die manchmal Kaufleute, oft Seeräuber, in jedem Falle aber Bindeglieder waren. Ihnen ist es zu verdanken, daß die junge Europa das Gestade von Tyros und Sidon mit ihrem Schmuck und ihrer Religion verläßt, um auf unserer alten abendländischen Erde eine neue Kulturform zu verbreiten. Die Minoer sicherten nur vorübergehend und nur sehr teilweise ihre Vorherrschaft über das

Ägäische Meer, aber ihre Flotte, die den reichen Reedern einiger Häfen zu Gebote stand und die Überproduktion an Nahrungsmitteln und Handwerkserzeugnissen Kretas verteilte, hinterließ auf den Kykladen, in Attika und an den Küsten der Argolis oder des Saronischen Golfes eine viel stärkere Erinnerung als die mit ihr rivalisierenden syrischen oder phönizischen Flotten im Dienste Ägyptens. Bemerkenswert ist, daß die kretische Flotte nicht von den Flotten Asiens, sondern von derjenigen der Bewohner der Peloponnes verdrängt wurde. Nach der Zerstörung aller Hafenstädte Ostkretas um die Mitte des 15. Jahrhunderts erlebte Knosos mit seinen Häfen eine Art kurzer Hegemonie über die Insel. Aber da erscheinen aus dem Norden Schiffe, länger, schlanker, flach auf dem Wasser liegend, die eine durchgehende Brücke und einen geraden Vordersteven, vielleicht auch einen Mastkorb und eine lange, zurückgebogene Rahe haben, kurz Brigantinen, die viel schneller sind und viel besser bewaffnet als die minoischen Lastkähne und Kreuzer. Sie verfrachten überdies Pferde. Die Kreter, die an ihren jahrhundertealten Überlieferungen festhielten wie überhaupt an ihren Institutionen und Techniken, wurden nacheinander durch die Konkurrenz bedroht, ausgeschaltet und von den Meeren und Stränden verdrängt. Der Handel des Volkes, das künftig das mykenische genannt wird, entwickelt sich gewaltig von den Küsten Syriens und Palästinas bis zu denen Siziliens und Italiens. Auf Schiffen, die für den Krieg, und zwar für den Invasionskrieg, gebaut sind, bemächtigen sich Geschwaderkommandeure aus der Argolis, aus Lakonien, Messenien oder von den Ionischen Inseln der kleinen kretischen Häfen und setzen Herrscher ein, die in Knosos wie in Gortyn oder Phaistos eine griechische Sprache sprechen. Auch die düstere Sage, die Minos in Sizilien bei Agrigent sterben läßt, ist ein Symbol.

Alles in allem bestand die Größe der kretischen Seeleute der ruhmreichen Epoche darin, daß sie das Meer als eine Brücke betrachteten; ihr Untergang kam daher, daß sie es nicht als ein Schlachtfeld angesehen hatten. Zweifellos hat das seinen Grund darin, daß die Bewohner dieser riesigen Insel sich als Viehzüchter, Holzfäller oder Ackerbauern, kurz als seßhafte Landbewohner fühlten und nicht als Nomaden oder Eroberer. In den großen Zeiten ihrer Geschichte finden die Kreter zu ihrer Berufung als Seevolk zurück. In den Zeiten des Dahindämmerns oder des Niedergangs überlassen sie es anderen, an ihrer Stelle Handel zu treiben und eine Flotte auszurüsten. Ein altes griechisches Sprichwort behauptet, die Kreter kennten das Meer nicht. Das wurde bald als tiefe Wahrheit, bald als Paradoxon verstanden. Es kam ganz auf den Zeitpunkt an. 1500 v. Chr., als alle Gesellschaftsschichten Handel zu treiben und sich zu bereichern suchten, war das gewiß ein Scherzwort voller Anspielungen, eine Kreterlüge.

# Sechstes Kapitel
# Die Gesetze des Minos

## *Dokumentation*

Am Anfang des Platonischen Dialogs *Nomoi* ist folgendes Gespräch zu lesen: Der Athener (zum Kreter Kleinias): »Sagst du nicht wie Homer, daß Minos jedesmal nach dem Verlauf von acht Jahren sich zu einer Zusammenkunft mit seinem Vater begab und nach seinen Aussprüchen euren Staaten Gesetze erteilte?« Kleinias: »Doch, so sagt man bei uns; und auch, daß sein Bruder Rhadamanthys – der Name ist euch ja bekannt – höchst gerecht gewesen sei. Also können wir Kreter sagen, daß er durch seine strenge Rechtspflege diesen Ruhm mit Grund erlangt hat.«
Im folgenden nimmt Platon einige der Gesetze, die eine tausendjährige Überlieferung dem Minos und dem Rhadamanthys zuschreibt, als Vorbilder für den zukünftigen Staat, von dem er auf dem Weg von Knosos zur Zeusgrotte im Ida träumt. Auch nach ihm sagten sehr viele griechische und römische Schriftsteller immer wieder, diese seien so gerechte Herrscher gewesen, daß mit Recht der eine Gesetzgeber, der andere Richter in der Unterwelt wurde[1]. Ohne Zweifel waren die griechischen Dichter anderer Meinung. Der Verfasser des 11. Gesangs der *Odyssee* behauptete von Minos, er sei »bösgesonnen«. Die großen athenischen Dramatiker, vor allem Euripides in seinen Tragödien *Theseus* und *Die Kreter*, zeichneten den Herrscher in den düstersten Farben: als gewissenlos, gewalttätig, blutdürstig und ausschweifend, kurz, als einen Monarchen, der den von der Demokratie am meisten gehaßten Tyrannen glich[2]. Tatsächlich legte ihm die Sage vieles zur Last: die Verwüstung eines Teiles der Peloponnes, Attikas und der Kykladen, die Vertreibung der Bevölkerungen, einen jährlichen Tribut von 14 Kindern, der dazu bestimmt war, den Minotaurus mit Menschenfleisch zu füttern, nicht eingelöste Versprechen, schändliche Liebesbeziehungen, die Erfindung der Päderastie, den Kampf

gegen seine Brüder, die Verfolgung des weisen und gelehrten Daidalos bis nach Kamikos, die Entvölkerung Kretas als Folge der Expedition nach Sizilien usw. Es sieht ganz so aus, als habe man es mit zweierlei Überlieferungen zu tun: die einen, die eine günstige Darstellung geben, sind kretischen Ursprungs, die anderen, mit Berichten von Scheußlichkeiten, sind außerkretisch. Dies bestätigt den Eindruck, den wir beim Studium des Alltagslebens auf der Insel und zur See gewannen: so reich, pulsierend und schöpferisch das eine, so unsicher und von mächtigen Feinden bedroht erscheint das andere. Man muß also die Gesetze des Minos oder des Rhadamanthys vom Innern der Insel aus beurteilen und nicht vom Standpunkt ihrer angeblichen Kolonien oder ihrer Konkurrenten. Und dennoch besteht oft Anlaß zur Skepsis gegenüber dem Wert der nationalen Überlieferung, wenn man den Stolz aller Inselbewohner kennt und bedenkt, in welchem Zustand sich die Dokumente über 1000 Jahre nach den Ereignissen befanden.

In unserer Untersuchung geht es uns hauptsächlich darum, zu wissen, wie die Kreter in der Gesellschaft lebten oder vielmehr, wie sie die Gesellschaft in der Mitte des zweiten Jahrtausends begriffen, vor der Ankunft der achäischen Eroberer mit ihren langen Schiffen, ihren mit Pferden bespannten Wagen und ihren bronzenen Rüstungen. Bei dieser Untersuchung helfen uns die – zu wenigen – bildlichen Darstellungen, die kretischen Sagen, der Vergleich mit den Nachbarreichen und auch die Spiegelung der alten Überlieferungen in den Schriften der klassischen und hellenistischen Geschichtsschreiber Herodot, Thukydides, Ephoros, Aristoteles und Diodor von Sizilien, der die verlorenen Werke kretischer Autoren zitiert. Man machte sich große Hoffnungen, die Gesetzgebung des Minos kennenzulernen, als 1884 Halbherr und Fabricius die Wiedergabe der großen Rechtsinschrift von Gortyn gelang, die die Familie Kalokairinos[3] 1857 unweit einer großen, immergrünen Platane gefunden hatte und die erst 1879 identifiziert worden war. Leider stammt diese Königin der Inschriften, die auf zwölf Steinsäulen gemeißelt ist und über 600 Zeilen umfaßt, erst aus der zweiten Hälfte des 5. Jahrhunderts v. Chr. Sie entstand also über 1000 Jahre nach der mutmaßlichen Epoche der

Könige Minos und Rhadamanthys. Wie der Geograph Strabon und der Kompilator Athenaios gibt sie uns Auskunft über die Bräuche eines von den Dorern kolonisierten Kreta. Allerhöchstens gewährt sie uns durch die den Frauen, den Fremden und den unterworfenen Völkerschaften zugestandenen Rechte einen Durchblick auf die Verhältnisse eines Teils der minoischen Gesellschaft vor der Ankunft der Achäer. Diese überlagerten die früheren Regierungsformen mit ihren Stammesordnungen, ihren sozialen Ständen, ihrem eigenen Verwaltungswesen und ihren Religionen. Die Archive in Knosos in Linear B sind fast alle entziffert[4]. Aber sie stammen erst aus der achäischen Epoche, praktisch aus dem Jahr 1300 v. Chr., und es ist unklug, den Gesellschaftszustand, den sie erkennen lassen, mit dem Gesellschaftszustand um 1500 v. Chr. gleichzusetzen. Ein einziger Umstand zeigt dies zur Genüge: Minos ist der Sohn Gottes, die Herrscher des mykenischen Kreta sind die Söhne von Menschen.

Schließlich zieht man Platons *Nomoi* heran, die wir zu Beginn des Kapitels zitierten. In welchem Maße ist dieser Idealstaat der Magnesier, der um 350 v. Chr. gedacht und in Kreta in der Gegend von Kastelli (Kainouriou) lokalisiert wird, mehr als ein Traum? Die tugendhaften Klassen, die Landordnung, die Wächter der Verfassung, die gemeinsamen Mahlzeiten, die Erzieher für Gymnastik und Musik, die nächtliche Versammlung, von denen Platon spricht, lassen eher an das Königreich Utopia als an einen geschichtlichen Staat denken. Und selbst wenn der Verfasser, der ein großer Bewunderer Spartas und der dorischen Verfassungen seiner Zeit war, sich ein Kreta vorstellte, das einer solchen tausendjährigen Vergangenheit treu geblieben war, so hat er keine besseren Informationsquellen benutzt als wir: die kretische Gastfreundschaft, die Sagen und die Gesetze seiner Zeit.

Die antiken Autoren betrachteten die minoischen Königreiche niemals als von Grund auf verschieden von den Königreichen der homerischen Welt. Mehr noch, sie hielten Minos, Rhadamanthys und Sarpedon trotz ihrer phönizischen Mutter immer für griechische Herrscher und ihre Nachfolger für Erben desselben Blutes, die ohne Anstoß und Bruch auf den Thron kamen. Wenn dieses

Gefühl begründet ist, haben wir das Recht, die letzten Archive von Knosos, d. h. die am Ende des 14. Jahrhunderts v. Chr. in Linear-B-Schrift abgefaßten Urkunden, zu Rate zu ziehen, um einen Gesamteindruck von der kretischen Gesellschaft zur Blütezeit der minoischen Kultur, 200 Jahre vorher, zu gewinnen. Man kann sogar die in diesen Täfelchen enthaltenen Informationen durch die der Paläste von Pylos und Theben ergänzen, wenn man annimmt, daß die Palastkultur der mykenischen Welt von der vorangegangenen kretischen Kultur beeinflußt war oder sie sogar nachahmte. Der Schmuck einer der letzten Prinzessinnen oder Priesterinnen von Archanes gehörte in die minoische Glanzzeit. Man darf jedoch der Versuchung eines ins einzelne gehenden Vergleichs nicht erliegen. Einerseits waren die Mykener schon Griechen, während es ihre Vorgänger auf den Inseln weder durch die Sprache noch durch die Religion, noch durch die Sitten und wahrscheinlich auch nicht durch die wirtschaftlichen und gesellschaftlichen Einrichtungen waren. Andererseits hindert uns das, was wir in den vorigen Kapiteln über die Bevölkerung Kretas sagten, ein so vielfältiges und schwankendes Phänomen wie die Organisation der auf die unzähligen kleinen kretischen Gemeinden verteilten Volksgruppen um 1500 v. Chr. als eine Einheit zu sehen. Sicher gab es von der einen Gemeinde zur anderen sehr viele verschiedene Herrschaftsformen, unvereinbare lokale Oberhoheiten, Anschauungen, Gebräuche, wenn nicht sogar Gesetze. Nehmen wir also lediglich eine gewisse Anzahl allgemeiner Analogien zwischen den am höchsten entwickelten Strukturen des Festlandes und den politischen und gesellschaftlichen Strukturen der mächtigsten Königreiche Kretas an: Knosos, Phaistos, Malia, Zakro, wobei wir von den Königreichen von Monastiraki, Apodoudou, Chamalevri und Kydonia, die wir noch nicht kennen, absehen.

## *Die erste soziale Klasse: die Priester und ihre Beziehungen zu den Königen*

Alles führt zu der Annahme, daß in den meisten dieser echten kleinen Staaten ein Gesellschaftssystem mit vier Klassen üblich war, die ihrerseits in ziemlich durchlässige Kasten eingeteilt waren, so daß verschiedene Übergänge und eine Entwicklung möglich waren. Zur ersten Klasse gehörten nach einer Einteilung, wie man sie bei den ältesten Einwohnern Attikas[5], die sich als Autochthonen oder Pelasger bezeichneten, wiederfindet, die Priester und die Könige, oder vielmehr die Familien, die teils das Priesteramt, teils ein Königsamt mit zutiefst heiligem Gepräge ausübten. Im Prinzip ist in allen Monarchien dieser Zeit der König, wanax, der Sohn oder der direkte Abkömmling des höchsten Gottes. Sein Titel, der zugleich »Herrscher«, »Beschützer« und »Retter« bedeutet, wird später den Göttern als Beiwort dienen. In mehreren seiner Funktionen hat der Herrscher die Mitwirkung einer ganzenPriesterschaft, die, wie es scheint, zahlreich, vermögend und mächtig war und, soweit es die Bilder erahnen lassen, überwiegend aus Frauen bestand. Das klassische Griechenland hat aus seiner vorgriechischen Vergangenheit eine bestimmte Anzahl von Priesterfamilien geerbt, die auf ihre Riten und Privilegien eifersüchtig bedacht waren, so die Familien der Jamiden in Elis, in Sparta und in Messenien und die Familie der Branchiden in Milet, die sich auf die Weissagung und verschiedene Arten von Opfern spezialisiert hatten. Die religiöse Funktion des Königtums ihrerseits überlebte selbst in den griechischen Republiken, die über 1000 Jahre nach dem legendären Minos bestanden: in Athen wachte der Archon-Basileus, der selbst während der demokratischen Herrschaft einfach »König« genannt wurde, über die Abhaltung der Mysterien, der Feste für Dionysos, den Gott der Kelter, und nach Aristoteles »aller Opfer, die von den Vorfahren eingesetzt worden waren«[6]; er teilte die Staatsklagen wegen Gottlosigkeit und die Klagen, in denen es um den Anspruch auf ein Priestertum ging, unter den Gerichten auf; er entschied in Streitigkeiten, die es zwischen Priestern wegen ihrer Sakralprivilegien gab; er entschied auch im Einverständnis mit den Stammeskönigen in Mordklagen gegen die unbelebten Gegenstände und die Tiere, ein Überbleibsel aus einer gewiß sehr weit zurückliegenden Zeit, in der der Animismus die am weitesten verbreitete Form der Religion war.

In Kreta wurde der Kalender vom König, dem Herrn der Zeit und Spender der Fruchtbarkeit, festgesetzt. Die Sage, die seit Homer[7] zahlreiche Wiederholungen erfuhr, ließ Minos zu Beginn jedes neunten Jahres oder vielmehr jedes hundertsten Monats sich in die Grotte des Ida im Zentrum der Insel begeben, um den Rat seines Vaters Zeus einzuholen. In einer Unterredung von Angesicht zu Angesicht erfuhr er die Fehler, die er begangen hatte, unterwarf sich dem väterlichen Urteilsspruch und erhielt die besten Gesetze für den kommenden Zeitabschnitt, während die Kreter in angstvoller Erwartung für ihn Opfer darbrachten. Nach einer anderen Überlieferung ließ der Gott, wenn er unzufrieden war, den König verschwinden. Diese Zeiträume von 8 Jahren, d. h. von vollen 99 Monaten zwischen den genauen Zeitpunkten, an denen sich das Königtum erneuert, sind nicht nur in Beziehung zu setzen mit den Kontrollen der Könige von Sparta durch die Ephoren oder der königlichen Feste in Theben und Delphi jedes neunte Jahr, sondern vor allem mit der im gleichen Rhythmus sich wiederholenden Entsendung von sieben Jünglingen und sieben Mädchen an den Minotauros auf dem Grund seines unterirdischen Gefängnisses in Kreta: als Theseus, der Besieger des Ungeheuers, Ariadne, die Herrscherin des Labyrinths, mit sich nimmt, tanzt er um den Altar mit den Hörnern den Kranichtanz und wird König. Man kann auch daran erinnern, daß die Pythischen Spiele in Delphi ursprünglich alle acht Jahre gefeiert wurden und daß die Pythia noch 586 v. Chr. denselben achtjährigen Zyklus empfahl. Censorinus schrieb im 3. Jahrhundert, daß zahlreiche Kulte in Griechenland mit der größten Feierlichkeit nach einem solchen Zeitintervall begangen würden. Es ist sogar möglich, daß die ältesten Olympischen Spiele, deren Gründung den Daktylen des kretischen Ida zugeschrieben wurde, alle zweimal vier Jahre, d. h. alle acht Jahre, stattfanden.

Worauf war also eine solche regelmäßige Wiederkehr bezogen? Das Grundproblem war, zu erfahren, nach wievielen Monaten genau die großen Lichtspender zu ihrem Ausgangspunkt am Himmel zurückkehren, anders ausgedrückt, das Ende eines Sonnenjahres mit dem Ende eines Mondjahres zusammenfallen zu lassen. Da die Dauer des Mondmonats 29 Tage, 12 Stunden und 44 Minuten beträgt, hat ein Mondjahr von 12 Monaten 354 Tage, 36 Stunden, während das Sonnenjahr 365 Tage, 24 Stunden hat. Die Rechnung zeigt, daß 8 Mondjahre von 354 Tagen, in die man 3 Monate mit 30 Tagen einschiebt, 2922 Tage ergeben, d. h. 8 Sonnenjahre einschließlich der Schaltjahre. Der achtjährige Zyklus von 99 Monaten mit abwechselnd 29 und 30 Tagen, die den Einschub eines Monats mit 30 Tagen alle 3 Jahre zulassen, kann als einziger einigermaßen den Lauf der Jahreszeiten[8], also der Sonne, mit dem Lauf des Mondes in Einklang bringen und eine Übereinstimmung herstellen zwischen dem Lauf der Natur und dem des Lebens der Gemeinschaft, das der König repräsentiert. Im Gegensatz zur semitischen Welt, die Zyklen von 7 und 19 Jahren, und zur ägyptischen Welt, die einen Zyklus von 25 Jahren kannte, entwickelte das minoische Kreta ein eigenständiges Kalendersystem, das danach bei allen Völkern des Ägäischen Meeres eine breite Aufnahme fand. Da der Wohlstand Kretas in erster Linie von der Landwirtschaft und der Schiffahrt abhing, war das Festlegen des Kalenders die erste Aufgabe des Herrschers und der Priester, die ihn berieten. Sie wurden bei ihrer Aufgabe durch jene natürlichen Observatorien unterstützt, die die Höhenheiligtümer, die Zeusgrotte am Ida und die streng nach den Himmelsrichtungen ausgerichteten Kapellen der großen, fälschlicherweise als Paläste bezeichneten Tempel darstellen. Ihre Aufgabe beschränkte sich sicher nicht darauf, den Gang der Sonne und des Mondes zu beobachten. Die klassische Mythologie setzte die Kindheitsjahre des Gottes Zeus in Verbindung mit dem Steinbock, dem Kleinen Bären, der Ziege, der Schlange und der gestirnten Himmelskugel, die sein Spielzeug war.

Indem der König die Anfangszeiten der Gestirne erneuerte, erneuerte er auch die Gesellschaft. Wie ein neues Jahr, ein großes oder kleines, beginnt, so beginnt eine neue Generation. Um die Gesellschaft zu erneuern, muß der König nicht sich allein läutern, sondern alle anderen mit sich ziehen. Ursprünglich wollen im Ida die Feiern der Initiation, im wörtlichen Sinne von Wiederbeginn, nicht wie die philosophischen Einweihungen, die wir kennen, das Wohl einer Einzelperson, sondern das kollektive Wohl des Staates sichern. Sie beinhalten die Hoffnung auf eine neue Zeit auf Erden wie im Himmel. Praktisch nahm das Priestertum die Initiationen der Jugend in der Macchia, in den Schluchten des Gebirges und den Kulthöhlen vor, die, etwa 30 an der Zahl, zwischen dem Hochplateau des Lasithigebirges und der Gegend von Polyrrhenia verteilt waren. Die Biographen des Pythagoras[9] werfen etwas Licht auf das Ritual dieser ursprünglichen Initiationen. Der Philosoph Iamblichos schreibt, Pythagoras habe sich nach seinem Aufenthalt in Kreta außerhalb der Stadt Samos eine Höhle eingerichtet, wo er den größten Teil der Tage und Nächte verbrachte, »meditierend wie Minos, der Sohn des Zeus«. Diogenes Laertios sagt trockener: »Als Pythagoras in Kreta war, stieg er mit Epimenides in die Grotte des Ida hinab. Genau wie in Ägypten war er in die Heiligtümer gegangen, er erfuhr dort die Geheimnisse über die Götter.« Schließlich gibt uns Porphyrios von Tyros die folgenden Einzelheiten im 17. Kapitel der *Vita des Pythagoras*: »Als er nach Kreta gekommen war, suchte er die Mysten des Morges, eines der Idäischen Daktylen, auf, die ihn mit dem Blitzstein läuterten. In der Morgendämmerung legte er sich am Meer nieder, das Gesicht der Erde zugekehrt. In der Nacht bedeckte er an einem Fluß seinen Kopf mit dem Fell eines schwarzen Widders. Mit schwarzer Wolle bedeckt, stieg er in die sogenannte Idäische Höhle hinab. Dort verbrachte er die vom Ritual festgesetzten dreimal neun Tage. Er brachte dem Zeus ein Grabopfer dar. Er betrachtete seinen Thron, den man jedes Jahr mit einem Tuch bedeckt, und schrieb auf sein Grab eine Inschrift, die er mit den Worten ›Pythagoras dem Zeus‹ betitelte. Sie fängt so an: ›Hier ruhen die Gebeine des Zan, den man Zeus nennt.‹« Riten, die denen vom Ida vergleichbar sind, fanden noch in hellenistischer Zeit bei den Magnesiern des Pelion statt, die eine Kolonie in Kreta, unweit Gortyns, gegründet hatten: genau zum Zeitpunkt der größten Sommerhitze stiegen jedes Jahr die Söhne der Adligen von Magnesia in die

Höhle des Kentaurs Chiron, der ein Sohn des Kronos, also ein Bruder des Zeus war. Wie Pythagoras waren sie mit Häuten frisch geschlachteter Widder bekleidet. Sie schlossen sich mit ihren Priestern in der Höhle ein, um geheimnisvolle Opfer darzubringen, und es hieß, ihre Abgeschiedenheit wiederhole die Abgeschiedenheit des Achill, des Königs der Myrmidonen und Schülers des zauberkundigen Kentauren. Parallel zu diesen Kultgemeinschaften von Daktylen, Kyklopen und Kureten in Kreta, die für die Initiation der Männer geschaffen waren, bestanden, soweit man erkennen kann, außerdem Kollegien »Heiliger Ziegen«, »Heiliger Bären« und »Heiliger Bienen«, die jeweils für sich mit der Initiation der Mädchen beauftragt waren. Die Mythologie schrieb einer Ziege, Amaltheia, einer Biene, Melissa, und einer Bärin, Kynosura, die Erziehung des höchsten Gottes zu; dieser habe sie später in Nymphen und Sternbilder verwandelt. Pythagoras nannte die Bären »die Hände der Göttin Rheia«, der Mutter des Zeus.
Wie soll man sich innerhalb dieser ersten Klasse, die sich durch religiösen Charakter auszeichnete, die Beziehungen zwischen dem Priestertum und dem König vorstellen? Der »glückselige« Minos, Sohn Gottes, Gatte und Vater von Nymphen und Göttinnen, oberster Richter auf Erden und im Jenseits, ist, wie alle Könige des Nahen Ostens, König aus göttlichem Recht. Er ist nur der vorgebliche Sohn des vorangegangenen Herrschers, Asterion oder Asterios, der selbst eine kretische Mutter, aber einen außerkretischen Vater hatte. Diese Genealogien setzen eine Adoption, eine Legitimitätsanerkennung und eine Investitur oder Inthronisation durch eine Priesterschaft voraus, die in einem vom Königspalast gesonderten Gebäude residierte. Jean-Cl. Poursat gräbt seit 1966 im Bezirk My von Malia[10] einen Gebäudekomplex von 1500 qm Fläche aus, der etwa 150 m westlich der Anlage liegt, die man weiterhin als den ersten Palast betrachtete und die wir als das große Heiligtum von Malia ansehen. Diese Gebäude, die um 1700 v. Chr. durch einen gewaltigen Brand zerstört wurden, tragen alle Merkmale eines königlichen Baus: die gewollte Weiträumigkeit und Regelmäßigkeit der Ziegelarchitektur, die Privatkapelle, der Saal mit Portikus, die 800, manchmal mit Inschriften versehenen

Gefäße, die in besonderen Magazinen durcheinander verstaut oder geordnet verwahrt wurden, die Depots von Archiven, die aus Täfelchen und Tonabdrücken bestehen und in Truhen verschlossen sind, die Aufschriften eingegangener Pakete oder solcher, die zum Versand fertig waren. Diese reiche Buchhaltung ist das Gegenstück zu der des großen Heiligtums und sauber von dieser getrennt. Man hat hier das gleiche Phänomen vor sich wie in Agia Triada und im Kleinen Palast von Knosos. Der Herrscher verwaltet einen Bereich, der nicht mit dem des Priestertums identisch ist. Und zum Vergleich oder zur Information kann man an die Vorgänge in Mesopotamien seit der protodynastischen Periode erinnern, auf die die ältesten entzifferten Texte zurückgehen: vom zweiten Viertel des dritten Jahrtausends an sehen wir dort den König, der Großgrundbesitzer ist, zugleich mit dem Bau seines eigenen Palasts den Bau eines großen Tempels anordnen, den Bereich der Gottheit garantieren sowie die Einkünfte seiner Priesterschaft beschützen und eine Bürokratie parallel zu der des Heiligtums entwickeln. Salomon wird es in Jerusalem am Ende des zweiten Jahrtausends nicht anders machen. Ebensowenig wie in Kreta sind wir hier berechtigt, den König als einen richtigen Priester anzusehen. Der König handelte, wenn er das große Heiligtum nach einem genauen und gut angelegten Gesamtplan bauen ließ, nur als Stellvertreter Gottes auf Erden. Wenn er bei den großen religiösen Feiern, besonders den Neujahrsfeiern, den Vorsitz führte, wenn er die wichtigsten Heiligtümer besuchte, so geschah dies in seiner Eigenschaft als oberster Herr und nicht als Priester oder als Gestalt gewordener Gott.

Als ein Gesalbter der Gottheit war es ihm in ihrem Namen aufgegeben, Wohlergehen und Fortschritt unter den Menschen zu sichern. In Ermangelung kretischer Texte bestätigen unzählige Inschriften des Orients oder Ägyptens, ganz abgesehen von der Bibel, diese heilige Pflicht des Herrschers. Von Schreibern und Beamten umgeben, ist der König nicht nur Bauherr: er ist Verwalter, Ökonom, Richter, Oberbefehlshaber der Armeen. Er empfängt die vornehmen Reisenden aus fremden Ländern und tauscht mit ihnen Geschenke aus. So beschreibt es die kretische Überlieferung. Da die

Buchführungssysteme sich entsprechen, ist es sehr wahrscheinlich, daß er seine eigenen Besitzungen auf die gleiche Art verwaltete wie die Priesterschaft die Güter der Heiligtümer. In diesem bürokratischen und zentralisierten Wirtschaftssystem regelt eine ganze Hierarchie von Würdenträgern, Schreibern oder Büroleitern und Verwaltern die Produktion der Güter sowie deren Lieferung, Lagerung, Austausch und Verteilung. Sorgfältig überprüfen sie Soll und Haben, Wareneingänge und -ausgänge, die Bezahlung der Lieferungen und Arbeiten, sei es in Lebensmitteln oder in Fertigwaren. Die minoischen Archive verzeichnen die schon gelieferten und die noch zu liefernden Güter, die für die Einzelpersonen oder Gemeinschaften festgesetzten Steuern, das Vieh mit dem Namen der Ochsen, die Rohstoffe, wie das zu liefernde Metall oder Holz, die verfügbaren Arbeitskräfte, die nach Geschlecht und Alter eingeteilten Sklaven und die darzubringenden Opfer. Da echtes Geld fehlte, war eine ganze Reihe komplexer Gleichwertigkeiten zwischen diesem Metallgegenstand und jenem Lebensmittel, diesem meßbaren und jenem nicht meßbaren Gut aufgestellt worden. In Knosos schwankten die Löhne zwischen dem Einfachen und dem Doppelten, je nachdem sie in Maß Weizen oder Feigen oder aber in Maß Gerste berechnet waren, und sie waren auch verschieden, je nachdem es sich um einen Mann oder eine Frau, einen alten oder einen jungen Menschen handelte. Der einzige sichtbare Unterschied zwischen den beiden Buchhaltungen der Könige und der Priester ist der, daß die ersteren außerdem die Menschen und das Material vorausberechneten, das jedes Dorf für den Krieg und die Schiffsausrüstung zu stellen hatte. Da die einen wie die andern bestrebt waren, ihren Besitz zu vergrößern, und die Gewinne wieder in Liegenschaften investierten, waren Konflikte unvermeidlich, wenn nicht zwischen der religiösen Gemeinschaft und dem Palast einer Stadt, so doch zwischen den herrschenden Kasten benachbarter Bürgerschaften. In jedem Fall waren um 1450 v. Chr. der Tempel und der Palast von Knosos allein noch übrig, während alle jene in Ostkreta ein Raub der Flammen geworden waren.

Da Produktion und Verteilung durch die Priesterschaft und die Fürsten kontrolliert wurden, wird man sich nicht über das Fehlen jeglicher Kaufmannskaste in Kreta wundern, wenn man nicht überhaupt die Priester und Könige als die einzigen ansieht, die fähig waren, mit dem Ausland Handel zu treiben, d. h. Schiffe auszurüsten und zu beladen, und sie unter das Kommando und den Schutz vertrauenswürdiger Männer zu stellen und die Ladungen gegen exotische Erzeugnisse, seien es Rohmaterialien oder Fertigwaren, einzutauschen. Diese werden ihrerseits auf kretischem Boden mit Gewinn abgesetzt. Selbst auf den mykenischen Täfelchen findet man noch keinen Begriff, der Kauf und Verkauf bezeichnet. Freilich liest man auch keinen solchen Begriff auf den Blättern unserer Steuerbeamten. Es liegt sogar auf der Hand, daß in Kreta wie in Mesopotamien die herrschende Klasse ihre Kontrolle über die privaten Geschäfte ausübte: die als Märkte geeigneten Plätze liegen bald neben dem Tempel, bald neben dem Palast. Die engen Beziehungen, die zwischen dem Kultort und dem Markt, auf dem das Volk seine Erzeugnisse austauscht, bestehen, gehen bis in die älteste Zeit zurück und haben selbst bis in unsere Tage nie aufgehört.

## *Die zweite Klasse: die Krieger*

Wenn Minos und Sarpedon, wie es die Überlieferung behauptet, kriegerische Unternehmungen zu Land oder zu Wasser leiteten, so deshalb, weil sie, wie die hethitischen Herrscher z. B., über die wir besser unterrichtet sind, von einer Kaste von Kriegern umgeben waren, die eine gesonderte Klasse, die zweite der kretischen Gesellschaft, bildeten. Die gemalten oder gravierten Darstellungen bestätigen diese kriegerische Seite des Königtums. Man erkennt, wie auf den Fayence-Plättchen von Knosos oder auf einem Silberrhyton von Mykene, Städtebelagerungen. Es sind darauf, wie in Agia Triada, Soldaten in Habtacht-Stellung vor ihrem Fürsten oder ihrem Offizier abgebildet. Ein Gemälde in Knosos zeigt einen weißen Hauptmann und schwarze Wachen. Aus den Gräbern werden Prunkschwerter, Prunkdolche und kostbare, mit Wildschweinzähnen besetzte Helme ausgegraben. Die Würdenträger des Königs befehligten die Truppen und bereicherten sich an der gesamten dem Feind abgenommenen Beute und an den Einkünften aus dem ihnen zugeteilten Land, kretisch »kama«. Die Pracht ihrer Grabstätten in Archanes, Isopata und Katsaba im Norden und Süden von Knosos beweist ihren Wohlstand zu einer Zeit, in der Kreta in relativem Frieden gelebt zu haben scheint. Offensichtlich konnten sie in Ruhe den Gewinn aus Siegen in fernen Ländern und die Vorteile zahlreicher Privilegien genießen. Aristoteles[11] berichtet uns, daß das System der Klassen, das in Kreta noch zu seiner Zeit bestand, auf Minos zurückging und daß man, wie in Ägypten, die Krieger von den Bauern unterscheiden mußte. Diese Bauern nämlich, die den Kriegern zusammen mit dem Grund und Boden zugewiesen wurden, sorgten für deren Lebensunterhalt. Wie in Mesopotamien war der als Belohnung zugestandene Besitz auf dem heiligen Territorium des Königs persönlich, unveräußerlich und erblich, vorausgesetzt, der Begriff »temenos«, der ihn bezeichnet, entspricht dem sumerischen Wort temen, »der heilige Raum«[12]. In jedem Fall scheint es, als könne er aus phonetischen Gründen nicht mit der griechischen Sprache und aus historischen Gründen nicht mit einer Verleihung durch die Kriegerversammlung an den siegreichen Heerführer erklärt werden: man kann der Palastverwaltung des Minos schwerlich eine Gewohnheit dorischer oder balkanischer Cliquen zuschreiben, die die Beute durch Abstimmung untereinander aufteilten. Dies gilt um so mehr, da dasselbe Wort temenos auch weiterhin, sogar in der klassischen Zeit, einen heiligen Bezirk sowohl in der Literatur als auch in der Toponymie Kretas bezeichnete. Um 450 v. Chr. erwähnt ein Grenzvertrag zwischen Knosos und Tylissos einen »temenos des Heerführers«, etwas nordwestlich von Archanes: es handelt sich um einen Kriegshelden, dessen Name nicht angegeben ist, da er vorgriechisch ist. Wir erfahren weiter von Aristoteles, daß die höchsten Beamten der kretischen Bürgerschaften, die zu seiner Zeit »die Ordner« (kosmoi) genannt wurden, ihre militärischen Befugnisse von den früheren Königen Kretas geerbt hatten und daß sie nicht aus dem Gesamtvolk, sondern aus bestimmten Geschlechtern gewählt wurden. Das ist eine Bestätigung der Existenz einer kriegerischen[13] Aristokratie in der Umgebung des Königs während der minoischen Epoche. Wenn die Waffenbestellungen, die Ausrüstung der Truppen und der Schiffe, die Truppenstärke und die Aufteilung der Truppen auf die Kader vom Palast geregelt wurden, versteht es sich von selbst, daß die Einberufung, die Zusammensetzung und die Verschiebung der Einheiten in der Zuständigkeit der Offiziere verblieben. Der König konnte nicht überall persönlich das Kommando führen. Es ist schließlich möglich, daß die mykenische Verwaltung, die von der minoischen Verwaltung einen Teil ihres Personals und all ihre Techniken der Bücher- und Buchhaltungskontrolle übernahm, zwar nicht die Titel, mindestens aber einige militärische Gepflogenheiten beibehielt. Auf den Tontäfelchen, die in Linear B geschrieben sind, erscheinen neben dem König ein Heerführer (lawagetas) sowie Begleiter (eqeta), die sein Gefolge bilden, dazu Kommandeure (ocha) und Offiziere, die die Verbindung des Heerführers zu den Königen der örtlichen Gemeinwesen garantieren. Es ist zweifelhaft, ob man die Silben te-re-ta in Verbindung setzen kann mit der militärischen Organisation. Dieser Begriff, der griechische Wortbildung aufweist (telestai), hat mindestens vier Deutungen erfahren: Priester, Lehnsmann, Lehenszinspflichtiger, Diener. Die mit der Wagenlenkung Befugten, die Stallmeister und Stallknechte, die im 13. Jahrhundert v. Chr. wohlbekannt waren, sind den Täfelchen des 16. Jahrhunderts noch unbekannt: wir sahen, daß das Pferd (iqo) und der Streitwagen (iqija) in Kreta erst mit den Achäern auftraten.

Da die minoischen Krieger durch ihre Funktion zu beständigen Ortswechseln auch über große Entfernungen gezwungen waren, standen sie stärker als alle anderen Gesellschaftsgruppen in Verbindung mit der außerkretischen Welt. Mehr als jeder andere waren sie veranlaßt, Verbindungen oder Ehen mit aristokratischen Familien des Festlandes oder der Inseln einzugehen, sei es, weil sie ihr Glück machen oder sich verdingen wollten, oder um den Frieden zu besiegeln. Die Sage berichtet von der Vereinigung des Minos und des Rhadamanthys oder ihrer Söhne mit zahlreichen Prinzessinnen am Becken des Ägäischen Meeres, von der Ansiedlung des Sarpedon bei den Termilen Lykiens usw. Umgekehrt heirateten, entweder als Gegenleistung oder als Pfand, wie dies zwischen den Höfen Anatoliens und Ägyptens üblich war, die fremden Fürsten und Heerführer kretische Frauen. Die Töchter des Minos findet man bald hier, bald dort wieder: Ariadne auf Naxos, in Amathus auf Zypern, in Phaleron, in Delphi; Akakallis in Libyen; Phädra in Athen und in der Argolis. Sowohl durch die Mythologie wie durch die Namenkunde ist gesichert, daß die Griechen in Kreta saßen, lange bevor sie die Macht an sich rissen. Kam die Zerstörung von Zakro, Malia und Phaistos durch das Feuer um die Mitte des 15. Jahrhunderts plötzlich wie ein kriegerischer Überfall, so vollzog sich die Errichtung einer achäischen Dynastie in Knosos relativ friedlich, da die Ruinen sofort wiederaufgebaut wurden. Die zwischen den großen Familien bestehenden Bande machen zwei Dinge verständlich: erstens, daß die Nachfolge des Minos und seines Sohnes Katreus der Überlieferung zufolge wie selbstverständlich durch Herrscher mit griechischen Namen gesichert war; zweitens, daß die Neuankömmlinge, obwohl sie in Kreta eine Aristokratie einsetzten, die eine griechische Sprache sprach, die Bürokratie und das System der Landverteilung ihrer Vorgänger beibehielten.

Auf dem Gebiet der militärischen Ausbildung verstärkten, vervollständigten und verschärften die Achäer und Dorer sogar die minoischen Gepflogenheiten. Wenn die Aristokratie aus dem Norden oder vielmehr die auf die Vorbereitung und Führung des Krieges spezialisierten Familien nach den bei den Indoeuropäern weit verbreiteten Grundsätzen die Phratrien oder Waffenbrüderschaften, die gemeinsamen Mahlzeiten, die Freundschaftsbünde, ja die Päderastie, den Initiationskampf, den Kult des Kämpfers neben dem des Kriegsgottes in Kreta einführten, so vervollkommneten sie dadurch nur zwei Bräuche, die in der zweiten Klasse der minoischen Gesellschaft befolgt wurden: ich meine die Abgeschiedenheit während der Initiation und die persönliche Heldentat. Bis in hellenistische Zeit wurde die zum Waffentragen bestimmte kretische Jugend in jeder Bürgerschaft und in jedem Jahr in kleine Trupps oder Herden (agelai) eingeteilt, Gruppen von Ausbildern anvertraut, in die Macchia geschickt, in den Schluchten der Berge versteckt, in Höhlen untergebracht, kahlgeschoren, in dunkle Kleider, manchmal in Mädchenkleider gesteckt und verschiedenen Wettkämpfen im Werfen, Laufen und Schießen unterworfen. Wenn dann die jungen Leute in langem Zug in die Hauptstadt zurückgekehrt waren, empfingen sie offiziell mit ihren Waffen und ihrer Männerkleidung den Titel »Läufer« und alle bürgerlichen Rechte, einschließlich dem Recht, zu heiraten. Vier verschiedene Tatsachen geben uns darüber Sicherheit, unabhängig von den späteren Inschriften und der späteren Literatur. Zunächst die Waffenlager, die in manchen Kulthöhlen wie in denen von Psychro, Arkalochori oder im Ida gefunden wurden. Dann die Sage von Theseus, dem Inbegriff des Kriegers und Kämpfers, der von Athen kam, um sich bei Minos einweihen zu lassen: mit 14 Kindern muß er dem Ungeheuer im Labyrinth die Stirn bieten, den Gefahren der Dunkelheit, den unterirdischen Irrgängen und dem drohenden Tod entkommen, bevor er seine Mitbürger wiedersieht, einen Siegesreigen anführt, die Tochter des Königs heiratet und selber König wird. Schließlich und hauptsächlich ein in Athen bis in die hellenistische Epoche erhalten gebliebenes Ritual, die Oschophorien[14]. Man erzählte sich, Theseus habe sie bei seiner Rückkehr von Kreta gestiftet. Es waren Feste, die zu Beginn des Herbstes zu Ehren der kretischen Ariadne und des Gottes Dionysos gefeiert wurden. Sie enthielten im wesentlichen eine Prozession junger Leute, die aus allen Demen ausgewählt wurden. Ein besonderes aristokratisches Geschlecht, die in Athen ansässigen Salaminier, bestimmte die beiden als Mädchen verkleideten Knaben, die Weinranken (oschoi; daher der Name der Zeremonie) tragend die Prozession anführten. All diese Kinder begaben sich von der Stadt zum Heiligtum der Athena Skiras in Phaleron, wo sie eingeschlossen wurden und von ihren Müttern Nahrung und Ermutigungen erhielten; sie mußten tanzen, singen und an einem Wettlauf teilnehmen. Man erinnert sich an die kretischen »Läufer«. Der Sieger trank ein Gemisch aus Öl, Wein, Honig, geriebenem Käse und Mehl. Nach dieser der Initiation dienenden Abgeschlossenheit und diesem Wettbewerb kehrten die Teilnehmer in feierlichem Zug nach Athen zurück, wobei sie abwechselnd Schreie der Trauer und der Freude ausstießen, um den Tod des vorigen Königs und die Ankunft des neuen Fürsten der Jugend zu feiern. Wir haben hier das ganze Szenarium der Vorgänge, die sich schon in Kreta abspielten, wenn die Jugend eines Jahrgangs auf ihren künftigen Beruf als Krieger vorbereitet wurde. Schließlich verweist ein in Kreta selbst, in Phaistos, bis in späte Zeit erhaltenes Fest auf solche Bräuche und setzt einen tausendjährigen Ritus voraus: es ist die Zeremonie der Ekdysia, während der die jungen Leute ihre Kinderkleider ablegten. Sie war verknüpft mit dem Lokalkult der vorgriechischen Göttin Lato Phytia und wurde durch den Mythos des Leukippos erklärt: dieser war, als er erwachsen war, von der Großen Göttin von einem Mädchen in einen Jungen verwandelt worden. In ganz Griechenland kennt man Geschichten, die der Entstehung der Ephebie gleichen, besonders jene vom jungen Schwarzen Jäger, der an den Grenzen seines Landes durch seine mutigen Taten den Blonden König besiegen oder die Hand einer blonden Prinzessin gewinnen muß[15].

Der junge Mann, der das Kriegshandwerk erlernt, darf sich nicht damit begnügen, Prüfungen zu bestehen, wie der Kriegsgott Ares, den die Riesen Ephialtes und Otos in Viannos in einer Schlucht oder einer Grotte Südostkretas (in Arvi?) mißhandelt und eingesperrt hatten: er muß seine Fähigkeiten durch Vollbringen einer mutigen Tat unter Beweis stellen. Die Initiation bei den Hirten ist nur die Vorstufe der Initiation bei den Jägern. Androgeos, der Königssohn, muß den wilden Stier zähmen. Der Schwarze Jäger muß sein Wild allein jagen und fangen. Die Jagd ist die normale Tätigkeit der Helden geblieben. Orion, das Vorbild der Jäger, ist ein nächtlicher Jäger. Gewiß lernten die jungen Männer unter den schwierigsten Bedingungen, bei Nacht, ohne Hilfen und ohne Waffen, zu jagen. Schon um überleben zu können, mußten sie von der List, der »apate«, Gebrauch machen, die in so vielen griechischen Texten vorkommt, und besonders Fallen, Gräben und Schlingen einsetzen. Später wird Platon in seinen *Nomoi*, die vom kretischen Beispiel beeinflußt sind, eine solche Art nächtlicher Jagd verurteilen, die weder für die Hopliten noch für die Erwachsenen geschaffen ist: ein Zeichen dafür, daß sie nur von jungen Rekruten während der Ausbildung geübt wurde. Es ist nicht bekannt, was für Heldentaten sonst noch von ihnen erwartet wurden, und wahrscheinlich waren diese von Land zu Land verschieden. Theseus mußte auf dem Weg nach Kreta, so erzählt Bacchylides, seine göttliche Abstammung dadurch beweisen, daß er auf den Meeresgrund hinabtauchte und ein Juwel mit heraufbrachte. Die Spartiaten übten zwischen ihrem 18. und 20. Lebensjahr die krypteia, den geheimen Dienst, aus: ihm wurde eine gewisse Zahl von Morden, besonders unter den Gegnern des Regimes, den Leibeigenen, zur Last gelegt, was darauf hindeutet, daß von dem Jüngling der Beweis dafür verlangt wurde, daß er fähig sei, einen Menschen zu töten. Es kam darauf an, Eliten auszubilden: schnelle und ausdauernde Männer, gute Jäger, Bogenschützen und Leute, die mit dem schrecklichen Dolch den Gegner töten konnten. Die Kureten, kretische Initiatoren, die auf den Darstellungen goldene Panzer tragen, galten als die Erfinder des Schilds, des Waffentanzes und der rituellen Einzelkämpfe. Zu den Probeaufgaben, die ihre Brüderschaften den zukünftigen Kriegern auferlegten, zählte ohne Zweifel eine von denen, durch die Theseus berühmt wurde: den kretischen Stier zu besiegen und zu fesseln, unversehrt und als Sieger aus einem Hinterhalt von Riesen, den Pallantiden, zu entkommen und das Labyrinth zu durchlaufen. Die berühmten Arbeiten des Herakles, der gelegentlich als einer der Daktylen von Kreta gilt, stellen nichts anderes dar als eine Liste von Taten außergewöhnlicher Tapferkeit und Stärke, angefangen vom Einfangen ungeheuerlicher Tiere mit bloßer Hand bis zum Abstieg in die Unterwelt, d. h. in eine Initiationshöhle, die etwas tiefer war als die andern. Wir werden noch einmal auf den gefährlichen Sprung über die Hörner des kretischen Stiers zu sprechen kommen.

Das Kriegsrecht und die Kriegsregeln, die von dieser zweiten Klasse der minoischen Gesellschaft anerkannt wurden, konnten nicht sehr verschieden sein von denen, die wir in Kleinasien in der gleichen Epoche kennen. Der Krieg wurde nicht nur als eine Notwendigkeit, sondern als eine Pflicht verstanden. Die Seemacht Kreta mußte sich gegen die Seeräuber und ganz einfach gegen die Handelskonkurrenz wehren, ihre Märkte ausdehnen, sich Arbeitskräfte verschaffen. Im Innern der Insel mußte jede Stadt, die zur Hegemonie strebte, den möglichen Aufstand heterogener Volksstämme und die Übergriffe ihrer Nachbarstädte in Schranken halten, zu einer Zeit, in der die Grenzen nur im Niemandsland der Berge oder der Macchia bestanden und in der die Jagd- und Weiderechte den Nährboden für ständige Auseinandersetzungen abgaben. Man nimmt jedoch an, da Texte und vor allem ausgedehnte Grabungen fehlen, daß zwischen 1580 und 1450 v. Chr. der Krieg in Kreta ein relativ seltenes Ereignis darstellte. Um die Städte fehlen die Befestigungen. Die von Malia, die aus dem beginnenden zweiten Jahrtausend stammten, wurden geschleift. Nur der Eliashügel (95 m), 500 m südlich der Ortschaft Malia, und die Akropolis von Gortyn mit dem Namen Larissa scheinen in später Zeit mit Bollwerken umgeben gewesen zu sein. Auf der Höhe Gypsades in Knosos glaubte man Reste von Befestigungen entdeckt zu haben. Die sehr kleine Zahl von gefundenen Bronzewaffen spricht ebenfalls für eine friedliche Zeit. Die großen Heiligtümer der Städte ebenso wie die kleinen Heiligtümer auf dem Land waren eben durch ihre Heiligkeit geschützt. Die kretischen Küsten waren auf doppelte Weise gesichert durch das Wachsystem des Riesen Talos und die Jagd auf die Seeräuber, die die Sage dem König Minos gutschreibt. Aber es besteht kein Zweifel, daß die zahlreichen Zerstörungen, welche die Städte und Dörfer Kretas erlebten, nicht allein von Erdbeben verursacht wurden.

Zu einer Zeit, da in den kretischen Archiven oder auf den kretischen Siegeln noch keine Pferde und keine Streitwagen erscheinen, führen die Kriegsherren, die nur über kleine Effektivverbände an Fußsoldaten, Schleuderern und Bogenschützen oder an Trägern von Stoßlanzen und Kurzschwertern verfügen, einen Krieg, der in Handstreichen, Raubzügen, Überfällen und Hinterhalten besteht. Die Strategie wird ersetzt durch die Taktik.

Feldzüge werden nur während der schönen Jahreszeit, vom Frühjahr bis zum Herbst, unternommen. Da die eroberten Ortschaften geplündert und vollständig abgebrannt werden und da andererseits die Archäologen dort kein einziges Skelett finden, muß man annehmen, daß die einstigen Einwohner zu Sklaven gemacht und

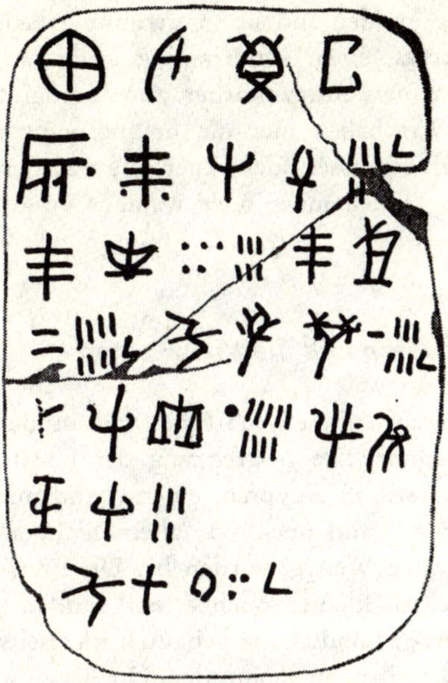

*Transkription*
Dorf Ka-u-de-ta

Geliefert Wein Re-za: $5^1/_2$ Maß

Te-tu: 56; Te-ki: $28^1/_2$;

Ku-do-ni $16^1/_2$;

Da-ne(?) -ta(?): 19; No-so-yo-

ne: 5 Maß

Gesamt: $130^1/_2$ Maß

*Abb. 19.* Buchhaltungstäfelchen von Agia Triada HT 13 (um 1450 v. Chr.).

deportiert wurden, wenn sie nicht rechtzeitig fliehen konnten. Das System der totalen Zerstörungen schließt jede Möglichkeit des Freikaufs der Gefangenen oder der Auslösung aus. Die eroberten Gebiete werden mit den darauf lebenden Bauern unter den Palastherren, den Priestern oder Priesterinnen der Tempel und den Soldaten aufgeteilt, denen der König als Entgelt für ihre Dienste ein Gut zugesteht. Manche Besiegte, wie der Sarpedon und der Miletos der Sage, ziehen es vor, mit ihrer Flotte und ihren restlichen Soldaten auszuwandern und sich in Milet, in Knidos, in Lykien oder in Rhodos niederzulassen. Die nach dem Sieg üblichen Verfahren scheinen grausam gewesen zu sein: es gab nur die Sklaverei oder die Hinrichtung. Der Sage nach soll Minos, nachdem er mit Hilfe des Verrats von Skylla, der Tochter des Königs Nisos, die Stadt Megara in seine Gewalt gebracht hatte, die verräterische Prinzessin an den Bug seines Schiffes gebunden und sie so ertränkt haben. Wenn Talos, der Wächter Kretas, einen Eindringling erwischte, sprang er ins Feuer, brachte seinen Bronzekörper zur Weißglut und verbrannte seine Opfer. Wir haben hier die Erinnerung an verschiedene Hinrichtungen durch Wasser oder Feuer, die von den Bühnendichtern des klassischen Athen mehr oder weniger ausgeschmückt wurden.

## *Die dritte Klasse: die Ackerbauern und die Viehzüchter*

Eine weitere Klasse der minoischen Gesellschaft bestand in der Masse der Bauern und Viehzüchter. Die Abgrenzung der Berufe war offensichtlich nicht so klar wie in Ägypten, einem Land mit stark ausgeprägter Spezialisierung, und auch vor allem nicht so klar, wie sie es in der mykenischen Welt geworden ist. Die kretischen Bauern besaßen immer einen kleinen Viehbestand, und die Hirten der am meisten zivilisierten Landstriche bebauten ihrerseits immer ein kleines Stück Land, selbst auch auf den Hochebenen von Lasithi und Nida, und sie gehörten zu einem ganz bestimmten Dorf. Jedenfalls erwecken weder die letzten Lineartexte von Knosos noch das späte Recht von Gortyn, noch die indirekten Zeugnisse Platons, Aristoteles' und Ephoros' den Eindruck, als seien die Hirten gesellschaftlich und verwaltungstechnisch von den Bauern getrennt gewesen. Dagegen kann man aus diesen verschiedenen Quellen schließen, daß es ländliche Gemeinschaften gab, die nach Geschlechtern organisiert waren und die Auflage hatten, Lebensmittel an drei Arten von Grundbesitzern zu liefern, nämlich an den Königspalast, d. h. an den König, seine Familie und seine Beamten, an die Priesterschaft, d. h. an die männlichen und weiblichen Mitglieder der Priester- und Priesterinnenkollegien, und schließlich an den militärischen Apparat, d. h. an die Verteidigungstruppen, die Marine- und Eroberungsinfanterie, die Ausbilder und die Offiziere. Die Täfelchen in Linear-B-Schrift bezeichnen solche Gemeinden mit einem schon griechischen Namen, damo(s)[16], den die Philologen mit einer Wurzel, die »teilen, gliedern« bedeutet, in Zusammenhang bringen. Sie machen uns mit einem Zustand der Pflichtleistungen bekannt, der in seiner Gesamtheit ziemlich genau mit dem übereinzustimmen scheint, den man hinter den Ideogrammen der früheren Texte in Linear-A-Schrift errät. Man sieht darin Bauern aus oft weit entfernten Dörfern den Palästen und den Tempeln Vieh, Getreide, Futtermittel, verschiedene Speiseflüssigkeiten, Stoffe, Holz usw. liefern und manchmal noch schulden. Das Territorium von Knosos ist, wie dies in Pylos am Ende des 13. Jahrhunderts der Fall sein wird, aufgeteilt in Gründungsparzellen (kitimena), d. h. in Parzellen, die wahrscheinlich zu einem Heiligtum gehören, in Teilungsparzellen (kekemena), die verschiedenen individuellen Nutznießern gehören, und schließlich in ungeteilte Ländereien, die kollektiv bewirtschaftet wurden. Da in Kreta im Laufe des 14. und 13. Jahrhunderts nur eine militärische Aristokratie durch eine andere abgelöst wurde und das Priestertum seine Götter, Riten und Kultorte beibehielt, da andererseits nach der Ansicht des Aristoteles[17] bis in seine Zeit die Gesetze des Minos niemals ihre Gültigkeit für die bäuerliche und unterworfene Bevölkerung Kretas verloren, so muß man wohl annehmen, daß die Einteilung der drei Besitztypen, die uns die letzten knosischen Buchhaltungstäfelchen angeben, vom minoischen bis zum mykenischen Goldenen Zeitalter im großen und ganzen die gleiche geblieben ist. Die bäuerliche Gemeinschaft verfügte im Gemeinbesitz über Saumtiere, Sklaven und Vieh; die Arbeiter oder Handwerker, wie die Schmiede oder die Töpfer, wurden auf Rechnung der Gemeinschaft beköstigt, und wie noch in unseren Tagen zogen Kuhhirten, Schäfer, Ziegen- und Schweinehirten das Vieh der Gemeinschaft auf. Diese Art primitiver Gemeinde mußte mit den Erzeugnissen aus Ackerbau, Forstwirtschaft und Viehzucht ihren eigenen Lebensunterhalt und den des Gemeindepersonals sichern, ihre Verpflichtungen gegenüber den Heiligtümern, dem Palast und den Grundbesitzern erfüllen und sich schließlich im Tauschhandel das für sie erforderliche Rohmaterial besorgen. Letztlich wurde ein solcher wirtschaftlicher und politischer Zustand des Bauerntums in der Geschichte Kretas unter den verschiedenen Besetzungen der Neuzeit wieder angetroffen oder neu geschaffen, mit dem doppelten Unterschied zwar, daß die Geschlechter mit matrilinearer Erbfolge den individuellen Höfen mit patriarchalischem Recht wichen und daß das Metallgeld teilweise an die Stelle der Naturalabgaben trat.

Es ist offenkundig, daß die Landordnung von einer Gegend Kretas zur anderen verschieden war. Manche Teile des Gebietes, die auf Annexionen bedachten Herrschern, wie denen von Knosos und Phaistos, unterstanden, kannten eine Form der Leibeigenschaft, bei der es den Bauern untersagt war, das Land zu verlassen, eine Folge der Eroberung. In anderen gab es einfache Frondienste, die für den Bau der großen Gebäude, der Häfen und der Straßen unentbehrlich waren. Andere waren von Siedlern, diesen »transportierten Menschen« (metakitita) der mykenischen Texte, bewohnt. Wieder andere hatten die Rechtsordnung der Geschlechter von Freien mit ihren eigentümlichen Rangordnungen und ihren kleinen Gerichten. Sie entschieden gemäß den örtlichen Traditionen die Fragen, die die landwirtschaftlichen Arbeiten und die Nachbarschaftsbeziehungen betrafen. Man kann annehmen, daß um 1500 v. Chr. wie 200 Jahre später die am höchsten entwickelten, Landwirtschaft treibenden Gemeinschaften schon Verwaltungseinheiten unter der Leitung einer Versammlung von Bauern geworden waren, Einheiten, die juristische Personen waren und der Amtsgewalt eines Vertreters der Zentralmacht unterstanden. In den mykenischen Texten trägt dieser Vertreter den Namen qasireu, aus dem die Griechen das Wort basileus, »der König«, machten. Es handelt sich um einen Vasallen des »wanaka« der Hauptstadt, einen gewöhnlichen Beamten, der ein Landgut besitzt. Es erscheint auf den Täfelchen von Knosos sowohl wie auf denen von Pylos auch ein »Demenvorstand« (damokoro): auch dies ist ein vom Herrscher ernannter Provinzbeamter, der, wie es scheint, die Rolle eines Inspektors spielte. In einer bürokratischen Monarchie und einer streng geregelten Tauschwirtschaft hat der Apparat der Aufsichts- und der Steuerbeamten ebenso die Tendenz zur Ausuferung wie der der Schreiber. Man muß immerhin feststellen, daß im minoischen Kreta die bäuerlichen Gemeinschaften sich gegenüber den Palästen und den Tempeln sicher nicht in einer so engen Abhängigkeit befunden haben, wie sie sich am Ende der Bronzezeit herausgebildet hatte, und vor allem, daß die Verwaltungskader jener Zeit nichts Einförmiges oder Unabdingbares an sich hatten. Ist die Regierung abgeschafft, behalten die Bauern ihre Rechtsbräuche, ihre religiösen und moralischen Gewohnheiten, ihre tausendjährigen Produktionstechniken bei, sie müssen nur den neuen herrschenden Klassen die auferlegten Tribute und Abgaben zahlen. Es bleibt noch anzumerken, daß innerhalb der ländlichen Gemeinschaft die Hirten mit ihren besonderen Initiationsritualen – den Ritualen der Kyklopen – eine besondere rechtliche Stellung einnahmen.

## *Die vierte Klasse: die Handwerker*

Die Handwerker gehörten zur vierten und letzten Klasse der ionischen Gesellschaft. Es waren die Leute, die in den griechischen Texten Demiurgen (demioergoi, demiourgoi) genannt wurden, d. h. etymologisch die »Gemeindearbeiter« oder die »Arbeiter der Gemeinschaften«. Noch bei Homer hat dieses Wort eine lobende Bedeutung und bezeichnet sowohl Zimmerleute wie Ärzte, Wahrsager, Aöden, Herolde, kurz, jede Art von schöpferischen Hand- oder Geistesarbeitern. Die Bezeichnung »Handwerker« im ausgedehnten Wortsinn wurde noch nicht im negativen Sinne gebraucht. Sie war sogar begehrt und wurde in Ehren gehalten. War, wie man sich erinnert, der Gott der klassischen Schmiede, Hephaistos, der Gatte der schönsten Göttinnen, Aphrodites und der Grazien, so hatte Daidalos, ein reisender Künstler und Handwerker, für den König Minos das berühmte Labyrinth erbaut und ausgestattet. Aus den mykenischen Täfelchen wird ersichtlich, daß die spezialisierten Arbeiter in Handwerkszünfte eingeteilt, in Gilden oder Innungen nach orientalischem Muster organisiert waren. Die Texte von Ugarit zum Beispiel machen uns mit Handwerkern bekannt, die erblich an ihr Handwerk gebunden waren, so die Schmiede, Goldschmiede, Bauleute, Schreiner, Töpfer, Bleicher oder Färber und die Steinmetzen. Die letzten Texte von Pylos oder Mykene erwähnen so spezialisierte Arbeiter wie die Netzknüpfer[18] und die Bogenmacher. Diese »Werkzeugleute« (hopletes) lebten in Gruppen auf dem Vorgelände der Paläste, ja sogar in gewissen Flügeln der großen Heiligtümer oder auch, wie die Schmiede und die Töpfer, verstreut in den Dörfern, wo sie manchmal die Aufträge des Königs erhielten. Ein ganzer Stoß von Täfelchen aus Pylos ermöglichte die Auffindung von etwa 400 Schmieden an 24 Orten mit ihren Sklaven, ihren Lehrlingen, ihren Privilegien oder ihren Besitzungen, die ihnen Einkünfte brachten. Die königlichen Magazine teilen ihnen, um die Rüstung des Landes und zweifellos eine allgemeine Mobilmachung vorzubereiten, eine Gesamtsumme von 34 Metalltalenten zu. Wie auf Zypern, in Palästina und auf der Sinaihalbinsel waren die Kupferminen Kretas Eigentum der Könige. Unter diesen Bedingungen hatten die Dorfschmiede, die mit der Herstellung der Waffen im Notfall beauftragt waren, starke Ähnlichkeit mit den Inhabern eines Amtes, mit Bürgern, die ebenso geehrt und mächtig waren wie die der beiden ersten Klassen.

Wir sahen in früheren Kapiteln, daß jede dieser Handwerkszünfte, die ihre eigenen Götter, Kulte, Berufs- oder sonstige Geheimnisse hatten, ihre Lehrlinge echten Initiationen unterwarf. Die Mythologie und der heutige Volkssagenschatz haben mit der Geschichte von ein- oder dreiäugigen Kyklopen die Überlieferung dieser Bräuche erhalten. Die Sage von Daidalos und seinem Sohn Ikaros verhüllt in ihrem Bericht vom Flug in die Lüfte und vom Sturz des leichtsinnigen Schülers ein Initiationsgeschehen. Erinnert sei auch an den Mythos von Glaukos, dem Königssohn, der auf Bitten der Brüderschaft der Kureten vom Seher Polyeidos wieder auferweckt wurde. Mehr noch, der höchste Gott der Kreter, Zan oder Tan, war der Sage nach von den Brüderschaften der Metallurgen eingeweiht worden, die sich aus den Daktylen, den Blitze schmiedenden Kyklopen und den Kureten oder den Telchinen zusammensetzten. In der ganzen östlichen Mittelmeerwelt galten die Metallurgen als mit übermenschlichen Kräften ausgestattete Wesen, kurz als Magier. Ihre Zünfte genossen mehr Freiheit und Beweglichkeit als die anderen Gesellschaftsklassen zusammen. Freilich brauchten alle Klassen die Handwerker gleichermaßen für den Häuserbau, die Schiffahrt, die Rüstung, die Medizin, den Schmuck und die Kunst, einschließlich der des Wahrsagens. Wie die anderen waren die Handwerker zu Abgaben verpflichtet und hatten zweifellos wie in Ugarit Vertreter, die beauftragt waren, mit der Obrigkeit zu verhandeln und für die Ausführung ihrer Befehle zu sorgen. Durch ihren Erfindergeist stellten sie für die minoische Gesellschaft einen beachtlichen Fortschrittsfaktor, aber auch eine Auflösungsgefahr dar. Durch ihre Vermehrung vergrößerten sie den Wohlstand Kretas und bedrohten sein wirtschaftliches und soziales Gefüge. Es ist leicht zu erraten, wie sich ihre Auseinandersetzungen mit ihren Mitbürgern erledigten. Die Seßhaften riefen ohne Zweifel den Schiedsspruch der Ältesten oder der Priesterschaft in den Dörfern an. Die fahrenden Handwerker wandten sich auf Grund ihrer Privilegien wohl eher an die königlichen Inspektoren oder Beamten. Und wie könnte man sich die ersten Zünfte, ja die Familien von Wahrsagern, Heilkundigen, Aöden, kurz von Intellektuellen oder Künstlern ohne Lehre, ohne Berufsgeheimnisse, ohne Initiation und ohne Probezeit vorstellen, wenn man weiß, was sie noch mitten in der klassischen Zeit waren: kleine geschlossene Gesellschaften mit erblichen Privilegien?

## *Mythen und Kulte der Klassen*

Die Zusammengehörigkeit war also das Konstitutive dieser verschiedenen Klassen oder Kasten. Priester- und Priesterinnenkollegien, Brüderschaften von Kriegern, Vereinigungen von Hirten und Räte von Grundbesitzern oder Ältesten, die an der Spitze der Dörfer standen, Korporationen von Handwerkern im weiten Sinn dieses Wortes, alle gehorchten, so gut es ging, der Autorität einer herrschenden Familie, die im Prinzip außerhalb aller Klassen oder über ihnen stand, die aber praktisch in allen Klassen Vertreter hatte. Fälschlicherweise wird immer wieder behauptet, Minos sei ein Priesterkönig gewesen. Dazu wäre zu sagen, daß er wie alle Könige zwar religiöse Funktionen ausübte, aber auch Heerführer, Eigentümer ausgedehnter Güter und Herr des bronzenen Riesen Talos war. Wie alle Könige sah er es als seine Aufgabe an, das

Gleichgewicht oder, wie die Überlieferung sagt, die Gerechtigkeit zwischen den verschiedenen Gliedern dieser Gesellschaft aufrechtzuerhalten. Ebenso besuchte in Phaistos Rhadamanthys, der königliche Rechtsstifter par excellence, dem ein beispielhafter Rechtskodex zugeschrieben wurde, die Kulthöhlen von Euböa, galt jedoch als ein kriegerischer König, Städtegründer und Herr der Schmiede, da er der Enkel des Bronzeriesen Talos war. Umgekehrt muß man wohl annehmen, daß der Herrscher der großen kretischen Bürgerschaften zur Ausübung dieser Autorität oder dieser Kontrolle Vertreter aus den verschiedenen Berufen der großen spezialisierten Familien um sich hatte, eine Art persönlichen Rates. Die zeitweise Freundschaft zwischen Daidalos, Ikaros und Minos ist mehr als ein Mythos: sie ist ein Symbol.

Die Existenz dieser vier Klassen mit einem König an der Spitze ist nicht nur durch unsere Kenntnisse der anatolischen, syrischen und ägyptischen Bräuche der ausgehenden Bronzezeit gesichert und auch nicht nur durch die Überlieferung bezüglich der Kultur schaffenden Wesen des antiken Kreta, der Daktylen und Kureten, die zugleich Magier, Krieger, Viehzüchter und Schmiede waren, sondern durch die Nachkommenschaft selbst, welche die Antike dem mächtigen und geachteten Herrscher Minos zugeschrieben hat. Er hat von Pasiphaë, seiner legitimen Gattin, vier Söhne und vier Töchter, deren Geschichte und deren Verbindungen so charakteristisch sind, daß man jeden Sohn oder jede Tochter als den Repräsentanten einer sozialen Klasse betrachten kann. Deukalion, der berufen ist, nach Minos zu herrschen, ist der Freund des frommen Theseus; sein Name »der Weiße« erinnert an die Tracht der Kaste der Priester und Priesterinnen. Androgeos-Eurygyes, der »Krieger« mit den »gewaltigen Gliedern« ist der Sportler, der den kretischen Stier bekämpfen soll und der von den Athenern aus dem Hinterhalt getötet wird; als Vater von Alkaios, dem Tapferen, und von Sthenelos, dem Starken, auf Paros ist er das Ideal eines Kämpfers der Kriegerkaste. Katreus, der alte König, der sich vor der unheilverheißenden Weissagung ängstigt, jagt seine Kinder fort oder verkauft sie aus Furcht, getötet zu werden, aber er fällt den Kuhhirten und seinem eigenen Sohn Althaimenes in Rhodos zum Opfer:

diese Geschehnisse verweisen ihn auf die Ebene der Hirtenklasse.* Glaukos, »der Grüne«, schließlich ist jener junge Sohn des Königs, der, als er eine Maus jagt, in einen Honigkrug fällt und auf Anweisung der Kureten vom Seher Polyeidos wieder auferweckt wird; man hat in dieser Geschichte das Initiationsritual der Bronzegießer gesehen; Glaukos hat von Polyeidos das ganze Wissen gelernt, er verliert es jedoch plötzlich nach einem Zornausbruch seines Meisters: das ist der Typus des Lehrlings der Handwerkerklasse. Da wir die symbolische und zugleich soziale Bedeutung kennen, welche die Farben sowohl bei den Indoeuropäern als auch bei den Kretern in Phaistos hatten, kann man sich sogar fragen, ob das Weiß und das Grün, das wir soeben bemerkten, nicht zu einer Reihe von vier Kleiderfarben gehören, Weiß für die Priester, Rot für die Krieger, Schwarz für die Ackerbauern und Viehzüchter und Grün für die Handwerker. Von den vier Töchtern des Minos ist die erste Ariadne, »die Reine« oder »die Hochheilige«; die zweite Phaidra, »die Glänzende«, Mutter zweier Krieger; die dritte Akakallis, »die Iris«, überaus fruchtbare Mutter der Gründer mehrerer kretischer Städte, ihr zugeordnet sind Ziegen, Hündinnen und Wölfinnen; die vierte Xenodike, die durch ihren Namen in Beziehung zu den Fremden oder den durchreisenden Besuchern in Kreta gesetzt wird, d. h. zu den wandernden Zünften der vierten Klasse. Man wird auch feststellen, daß Minos auf Paros oder anderswo mit der Nymphe Paria vier Kinder zeugt, die ebenso sprechende Namen tragen: Nephalion (der Nüchterne), Eurymedon (der Beherrscher), Philolaos (der Freund des Volkes), Chryses (der Goldene). Man sieht auch, daß Katreus, der Nachfolger des Minos auf dem Thron von Knosos, vier Kinder hat, einen Sohn, der ihn tötet, und drei tugendhafte Töchter. Dieses Vierklassensystem wird sich in der ältesten Benennung der vier Phylen Attikas wiederfinden, die dem Theseus nach seinem Besuch beim König Minos und seinem Sieg über den kretischen Stier von Marathon zugeschrieben wird: die Geleonten, d. h. die Strahlenden oder die Leuchtenden, die Aigikoreis, die, welche die Kriegsägis

* Der Name Katreus muß mit den kretischen Wörtern karte, »die Kuh«, und Kartemnides, »die Kuhhirten«, in Verbindung gebracht werden.

führen, die Argadeis, die Bearbeiter der Erde, die Hopletes, die Leute des Werkzeugs (to hoplon). Eben durch diese letzteren unterschieden sich die ägäischen Gesellschaften von den indoeuropäischen, besonders den dorischen mit nur drei Klassen.

Selbstverständlich hat jeder dieser sozialen Stände seine eigenen Kultformen und Gottheiten. Die Theogonien, die der Dichter Hesiod überliefert hat, zeigen uns, daß vor der Ankunft der indoeuropäischen Götter oder vielmehr der griechischen Götter des Olymp in Kreta das ägäische Pantheon ebenfalls vier Arten von göttlichen Mächten umfaßte, die alle vier der Vereinigung des Himmels mit der Erde entsprungen waren: die Titanen, Götter der Herrscher und der Priester par excellence (Kronos, Rheia, Okeanos, Tethys, Koios, Phoibe), die Gruppe der Kriegsgötter (Erinnyen, Giganten und Meliaden), die Hundertarmigen, die Beschützer des Landarbeitervolks (Kottos, Aigaion, Gyes: man erkennt in diesen Namen das Wort für Ziege und das für Pflug), die Kyklopen, die von alters her für die Künste des Feuers und des Bauens zuständig waren. Nach einer Überlieferung, die mit Symbolen und wahrscheinlich mit wirklicher Geschichte befrachtet ist, sollen diese beiden letztgenannten Klassen von Gottheiten, die der Bauern und der Arbeiter, dem neu angekommenen Gott Zeus geholfen haben, der Gefräßigkeit und der Brutalität der königlichen Titanen und der kriegerischen Giganten zu entgehen. Man begreift leicht, daß die minoische Kultur deshalb der mykenischen Platz gemacht hat, weil die beiden herrschenden Klassen Kretas schließlich eines Tages die Kontrolle über die beiden unteren Klassen verloren. Noch genauer kann man sagen, daß die neuen Techniken, die den Eindringlingen von den Erbauern der Schiffe mit Deck und Vordersteven, von den Schmieden, die Rüstungen und lange Schwerter fertigten, und von den Wagnern, die die Räder der Streitwagen justierten, d. h. von den Handwerkern, geliefert wurden, das ganze soziale Gebäude, das von Minos und seinen Priestern angelegt und von den Titanen und den Giganten mit der Eschenlanze beschützt wurde, überwanden.

## *Die Klassenlosen: Fremde, Leibeigene, Sklaven*

Neben den vier genannten Klassen bestanden in Wirklichkeit mehrere andere Kategorien von Einwohnern, die aufgrund ihrer Herkunft nicht zu den Vereinigungen und Kollegien der Bürger mit vollem Bürgerrecht gehören konnten. So war es noch 1000 Jahre später, obwohl inzwischen die Form der Kasten sich verändert hatte. So behandelte der Rechtskodex von Gortyn nacheinander Fälle von Menschenraub, bei denen das Opfer eine freie Person war oder aber ein Mitglied eines unterworfenen Volkes, ausgeschlossen von den Gemeinschaften Freier und ohne politische Rechte (apetairos), oder ein Leibeigener oder auch ein Haussklave. Im ersten Fall bezahlte der Entführer 1200 Obolen, im zweiten 120, im dritten 30 und im vierten 24, 1 oder 2 Obolen, je nach den Umständen. So wurde auch beim Ehebruch verfahren, bei dem das Strafmaß höher oder niedriger festgesetzt wurde, je nachdem es sich um die Frau eines Freien oder eines Apetairos handelte: von 1200 bis 120 Obolen; die erste wurde zehnmal höher bewertet als die zweite. Man muß auch die Freigelassenen und die Ansässigen aus fremden Ländern berücksichtigen, die weder Bürger noch Mitglieder eines unterworfenen Volkes waren und die gewöhnlich in bestimmten Stadtvierteln wohnten, besondere Abgaben zahlten und meistens handwerkliche Berufe ausübten. In klassischer Zeit unterstanden sie der Gerichtsbarkeit besonderer Beamter. Von all diesen Personengruppen wissen wir zugestandenermaßen recht wenig, ihre Zahlenverhältnisse waren von Staat zu Staat verschieden. Die Angehörigen fremder Völker, die Leibeigenen und die Sklaven mußten in den Erobererstaaten zahlreicher sein. Aristoteles (*Politik* 1271 b) bemerkte, im Vertrauen auf kretische Historiker, daß diejenigen, die er die Periöken nannte, d. h. die unterworfenen Bevölkerungsteile, in Kreta zu seiner Zeit denselben Status hatten wie unter Minos. Diese waren die Abkommen einst freier Bauern, die unter die Herrschaft der Achäer und der Dorer gefallen waren. So war der Freiheitsbegriff nicht wie in unseren Tagen an das Recht der freien Ortsveränderung und Meinungsäußerung gebunden, sondern im wesentlichen an das Recht, von der Arbeit der anderen zu leben. Mit Rücksicht darauf kann man annehmen, daß es in den am höchsten zivilisierten »minoischen« Staaten eine viel größere Zahl von Parias oder Menschen gab, die außerhalb der Klassen standen, als wirkliche und freie Bürger.

Unter den Parias oder außerhalb der Klassen Stehenden verdienen zwei Menschengruppen ein besonderes Interesse, die Leibeigenen und die Sklaven; die ersteren waren hauptsächlich an das Land gebundene Arbeiter und wurden mit ihm zusammen veräußert, die zweiten waren vor allem an einen Herrn gebundene Arbeiter und wurden nach dessen Gutdünken veräußert[19].

Aus verschiedenen kretischen Inschriften vom 6. bis zum 2. Jahrhundert und aus verschiedenen literarischen Angaben, die auf die kretischen Historiker Dosiadas und Sosikrates zurückgehen, erfahren wir, daß das von den Leibeigenen bebaute Land aphamia genannt wurde, Land ohne Adel, und daß die Leibeigenen selbst ihren Namen, aphamiotai, daher hatten. Die Leibeigenschaft war also aus Entrechtung entstanden. Die achäischen und dorischen Eindringlinge des ausgehenden zweiten Jahrtausends v. Chr. wiederholten nur das, was vor ihnen anderswo die hethitischen oder kretischen Eroberer sich hatten einfallen lassen, nämlich die Beschlagnahmung des Eigentums, die Unterwerfung eines Teils der Landbevölkerung unter Fronarbeit und Tributpflicht, das Verbot, das Land zu veräußern oder es zu verlassen. Bald hatten sie es untereinander in umfangreichen Losen aufgeteilt, weshalb manche kretischen Leibeigenen in der klassischen Zeit noch »die Leute des Loses«, klarotoi, genannt wurden. Bald hatten die Eroberer für die Stadt eine Domäne zurückbehalten, die mnoïa des klassischen Kreta, und dort Staatssklaven, ehemalige Einwohner, zu Gefangenen gemachte Soldaten oder umgesiedelte Bauern als Siedler eingesetzt: deshalb werden manche andere Leibeigene mit dem Namen mnoïtai, »die Leute der Domäne«, bezeichnet. Aristoteles erklärte, die Gesetze des Minos seien noch bei den unterworfenen Völkern auf Kreta in Kraft. Durch ihn erfahren wir auch, daß die freien Kreter zu seiner Zeit der unfreien Bevölkerung die gleichen Rechte zugestanden wie sich selbst, mit Ausnahme des Rechts der Teilnahme an den gymnastischen Übungen und des

Waffenbesitzes, einer doppelten Ehre, die die Aristokraten auszeichnete. Tatsächlich bestätigt die Rechtsinschrift von Gortyn, daß der Leibeigene das Recht behalten hatte, sein Haus, dessen Inventar und einige Stück Vieh zu besitzen. Er schloß rechtmäßige Eheverträge. Er konnte die Ehe wieder lösen. Im Falle einer Scheidung fiel die bewegliche Habe, die ihm seine Frau als Mitgift gebracht hatte, wieder an diese zurück. Durch die Heirat wurde sie Leibeigene des gleichen Gutes wie ihr Mann. Bei einer Scheidung kehrte sie zu ihrem früheren Eigentümer oder dessen Erben zurück. Das Gesetz sieht sogar zwei normale Arten vor, sich von der Leibeigenschaft zu befreien; es waren zweifellos die geläufigsten: heiratete eine freie Frau auf ihrem eigenen Besitz einen Leibeigenen, so wurden ihre Kinder Freie; erlosch die ganze Familie der Eigentümer eines Stücks Land, so erbten es die darauf Ansässigen und mußten keinen Tribut mehr zahlen. Dafür war es den Leibeigenen verboten zu fliehen. Wurden die Flüchtigen innerhalb einer bestimmten Frist aufgegriffen, so wurden sie ihren früheren Eigentümern wieder übergeben, andernfalls konnten sie als Sklaven verkauft werden. Die freie Frau, die ihren Besitz verließ, um mit einem Leibeigenen zu leben, brachte nur Leibeigene zur Welt. Der Landeigentümer und nicht das Land adelte. Aus diesen Bräuchen und diesem Status ergibt sich, daß in Kreta die Leibeigenschaft eine Art von Grundbesitz darstellte, die auf der Mitte zwischen der Lehnbarkeit und der einfachen Sklaverei lag, die aber andererseits ständig in Frage gestellt wurde durch das Spiel der Demographie und der Produktivität.

Die minoische Gesellschaft hielt ebenso an der Sklaverei fest wie die zeitgenössischen Gesellschaften Asiens oder Afrikas. Das allgemein verbreitete Zurückgreifen auf den Krieg, die Seeräuber und die Entführungen, wie es durch die orientalischen Texte und die literarische Überlieferung Kretas gesichert ist, konnte nur den kollektiven und privaten Aufkauf eines zahlreichen Menschenmaterials zur Folge haben. Wir sahen, daß das Wort doero, das den Sklaven bezeichnet und das man auf den letzten Täfelchen von Knosos in Linear-B-Schrift liest, vorgriechischen Ursprungs ist. Wir sahen auch bei unserem Gang durch die Ruinen der minoischen Landhäuser und die von Sklavokampos und Achladia, daß bestimmte Teile der Gebäude auf eine deutliche Unterscheidung zwischen den Herren und den Dienern hinwiesen. Wir erinnern uns schließlich, welche enorme Zahl von Arbeitskräften die rasche Erbauung der Paläste und der großen Heiligtümer, die Bewässerung, die Anlage der Häfen, die Instandhaltung der Straßen und die Bergwerke erforderten; die freiwillige oder unfreiwillige Fronarbeit der verschiedenen Tributpflichtigen, Bauern aus den freien Geschlechtern, Domänenleibeigenen, unterworfenen Völkern der Bürgerschaft, konnte nicht ausreichen. Die Sklavenarbeit bildete zusammen mit der Fronarbeit im ganzen Vorderen Orient eine der sichersten Grundlagen der Palast-Wirtschaft. Zwar setzten die Privatleute, Grundbesitzer und Handwerker, die Sklaven nur in kleiner Zahl und zu häuslichen Zwecken ein, doch die Verwaltung des Palastes von Pylos in Messenien, die von der von Knosos beeinflußt ist, erwähnt Hunderte von Männern und vor allem von anonymen Frauen, die mit den verschiedensten manuellen Arbeitsverrichtungen beauftragt waren, angefangen von der Brotherstellung bis zur Pflege des Viehbestandes. Dieses ganze Personal, auf Dauer an den Palastdienst gebunden, war bestimmt nicht frei.

In den Kulturen des Alten Orients wurden die Sklaven auf mehrere Arten gewonnen. Die Gründe für die Versklavung wurden zahlreicher, je mehr sich die großen Domänen und die bürokratischen Kontrollen entwickelten. Seit dem Anfang des zweiten Jahrtausends forderten die Tempel und Paläste ihr Dienstpersonal von den Bauern und Viehzüchtern mit zu zahlreichem Nachwuchs oder von den verschuldeten Bauern, die die Vorschüsse an Vieh, Saatgut und Material nicht zurückerstatten konnten. Bis Solon bestätigten die Gesetze in Griechenland, die nur die orientalischen Gesetze nachahmten, die Rechte der Gläubiger über die Person ihres Schuldners. Die Dauer der Sklaverei, die den Zahlungsunfähigen auferlegt wurde, war von Land zu Land verschieden. In Babylon setzte der Kodex des Hammurabi um 1760 v. Chr. die Schuldhörigkeit der Familie eines Schuldners auf drei Jahre fest. Bei den Hebräern dehnte 400 Jahre später das 5. Buch Mose (XV, 12–18) die Dauer der Sklaverei einer jeden Person, die sich an einen Angehörigen der gleichen Rasse verkauft hatte, auf sechs Jahre aus, mit der Möglichkeit entweder des Freikaufs oder der Abtretung auf Lebenszeit. Es war überall absolut üblich, daß ein verarmter Familienvater sich oder seine Kinder zu einem Spottpreis verkaufte. Die weiblichen Sklaven dienten manchmal als Konkubinen. Minos hatte die seinen in Knosos und auf den Inseln, und der Überlieferung nach richtete er sie alle in seinen Umarmungen zugrunde bis zu dem Augenblick, als Prokris, die Tochter des Königs von Athen, für ihn ein Wunderkraut oder den Gebrauch der Verhütungsmittel fand[20]. Die Kreter besorgten sich die Sklavinnen sowohl durch die Seeräuberei als durch den Handel. Schließlich versorgte der Krieg die großen Häuser. Die besiegten Feinde wurden teilweise in die Sklaverei geführt. Der siegreiche Herrscher teilte sie zwischen seinen Baustellen und seinen Bergwerken auf, bot sie zum Teil seinen Würdenträgern und den Tempeln an und verkaufte oder vermietete sie zum Teil an verschiedene Privatleute.

Die Lebensbedingungen des Sklaven waren je nach den Bereichen verschieden. Erfuhr er innerhalb der Familie eine patriarchalische Behandlung, da das Recht von Gortyn sogar legale Heiraten zwischen den freien Gliedern der Gesellschaft und den andern zuließ, so wurde er als staatlicher Arbeiter viel härter behandelt. Die auf dem Land als Hirten verwendeten Sklaven scheinen ein relativ freieres Leben genossen zu haben als die Haussklaven. Die Gefangenen oder die zur Bergwerksarbeit verurteilten Sträflinge kannten immer die mit Abstand strengste Behandlung. Wenn das Gesetz den Sklaven vor Menschenraub schützte, so geschah dies zum Schutz der Interessen des Herrn, nicht der des Sklaven. Beging er einen Ehebruch, so verdoppelte oder verdreifachte sich seine Strafe, je nachdem es sich um eine Person höherer oder sehr viel höherer Rangordnung als seine eigene handelte. Man kann sogar annehmen, daß die Lebensbedingungen der Sklaven sich eher verschlechterten, je mehr der Bedarf der Paläste, Villen und Heiligtümer an Arbeitskräften stieg. Die in Gefangenschaft gehaltenen Fremden und die geknechteten Stämme litten natürlich, zusätzlich zu dem Argwohn, mit dem man sie betrachtete, unter dem Fremdenhaß. Sie standen wirklich auf der untersten Stufe der sozialen Leiter. Die mykenischen Texte erwähnen keine einzige Freilassung. Unter den 100 Städten, deren Gründung dem Minos zugeschrieben wurde, befindet sich Doulopolis, die Stadt der Sklaven, was zu der Annahme berechtigt, nicht etwa daß die Freikäufe zahlreich waren, sondern vielmehr, daß die Fluchtversuche und die Sklavenaufstände trotz der Unterdrückung und des Verbotes, die flüchtigen Sklaven zu verstecken, sehr heftig waren, und manchmal Erfolg hatten.

## *Die Stufung der Gesellschaft*

Die minoische Gesellschaft erscheint uns wie in Stufen ansteigend und pyramidenförmig, vergleichbar den heiligen Bergen Kretas mit Pfaden zwischen ihren Absätzen. Gemäß einem Dezimalsystem, das die Kreter offenbar schätzten, da wir es in der Numerierung der Täfelchen, der Kalenderberechnung und der Abrechnung der Daktylen wiederfinden, unterscheidet man bei dieser Pyramide leicht zehn Stufen. An der Basis befinden sich die in die Sklaverei geführten Personen und Völker. Darüber und, je höher man kommt, von zunehmendem Ansehen, die Leibeigenen, die unterworfenen Völker oder Periöken, die ortsansässigen Fremden oder Metöken, zu denen Händler, Reisende und verschiedene umherziehende Techniker gehören. Weiter darüber die vier Klassen von Bürgern, die Bauern mit Grundbesitz, Ackerbauern und Viehzüchter zugleich, die Handwerker, die Soldaten und die Angehörigen des Priesterstandes. Die kretischen Seeleute stammen aus diesen verschiedenen Klassen, und ebensowenig wie die Fischer bilden sie eine Kaste. Auf der neunten Stufe stehen der Herrscher und seine Familie, seine Würdenträger, seine Aufsichtsbeamten, seine Schreiber. An der Spitze die Götter, die ersten Könige Kretas und Herren dieser Gesellschaft, der sie fortgesetzt durch die Stimme des Königs, ihres Ziehkindes, jedes Recht und jede Religion mitteilen. Denn es gibt keine absoluten Trennwände, keine Verhärtungen, keine Hoffnungslosigkeit. Allen bleibt es frei, sich bis zum

Gipfel des Ida zu erheben, der den Himmel im Mittelpunkt der Insel stützt. Man beachte nur zwei Dinge an dieser Klasseneinteilung. Zwar gibt es ebensoviele Klassen von Bürgern, wie es Gruppen von außerhalb der Klassen Stehenden gibt, doch stellen diese letzteren eine zahlreichere, unruhigere und um so gefährlichere Bevölkerung dar, je mehr sie ausgebeutet wird. Andererseits haben die Handwerker einen Vorzugsplatz neben der Priesterschaft: zweifellos findet man nicht umsonst so viele Werkstätten in den großen religiösen Gemeinschaften und in den kretischen Palästen. Zumindest in den größten dieser kleinen minoischen Staaten ahnte man, daß aller Fortschritt von der Technik kommt. Zeus wurde in Kreta von den heiligen Nymphen ernährt, aber seine Kräfte und seine Erziehung erhielt er von den Schmieden, nämlich den Daktylen und den Kyklopen. Später werden die Griechen erzählen, daß Aphrodite, die höchste Göttin Kytheras, einer minoischen Kolonie, einen Gatten hatte, Hephaistos, den Gott der Schmiede, und einen Geliebten, Ares, den Gott des Kampfes. Aber der erstere blieb, wenn er auch noch so hinkte, allein und für immer ihr Gemahl.

## *Rechte des Clans und rechtliche Stellung der Frau*

So können wir vermuten, wie das Verfassungsrecht ausgesehen hat. Aber was wissen wir über die Organisation der Rechtspflege, über das bürgerliche Recht, das Strafrecht, das Militärrecht, die Handelsgerichtsbarkeiten, die Kriegsgesetze? Wir hören wohl, daß die Herrscher der kretischen Stadtstaaten Rechtspfleger oder Richter in höchster Vollendung waren, die vor ihren Richterstuhl die Fälle der einfachen Privatleute und der Gemeinschaften beriefen[21]. Aber was tun, wenn die ganze Gesetzgebung, die aus auswendig gelernten mündlichen Formeln bestand, wenn alle ungeschriebenen Sprüche der Rechtsgelehrsamkeit vollkommen verschwunden sind? Was bleibt anderes, als das späte Recht von Gortyn danach zu befragen, was an ihm fremdartig oder offensichtlich früher ist als die dorische Kultur, die es kodifizierte? Was anderes, als wieder einmal auf die zugänglichen Gesetzbücher und Gesetze jenes Vorderen Orients hinzuweisen, mit dem Kreta in so enger Verbindung stand, und zusätzlich die Mythologie zu Rate zu ziehen?

Zwei Arten von Rechten kommt besondere Bedeutung zu innerhalb dessen, was wir vom minoischen bürgerlichen Recht erkennen können und was vermutlich nur ein Gefüge von Sitten und Gebräuchen war: das hervorragende Recht des Clans in Fragen des Besitzes und, innerhalb dieses Clans, die matrilineare Erbfolge. Es ist bekannt, daß das Verfahren der kollektiven endogamen Heirat, die obligatorisch nach der Initiation der Jugend unter den Mitgliedern zweier Gruppen eines Clans gefeiert wurde, bis in die hellenistische Zeit fortdauerte; sie ist indirekt bezeugt durch den Autor des 18. Gesanges der *Ilias*, der die Knaben in Waffen und die Mädchen in leinenen Gewändern in Knosos beim Verlassen des Labyrinths miteinander tanzen läßt; sie wird bestätigt durch das Zeugnis des Historikers Ephoros und der Inschriften. Den Männern ihrer eigenen Stammesgruppe steht als ersten das Recht zu, eine Erbtochter für sich zu fordern; aber wenn sie sie nicht wollen, müssen ihre nächsten Verwandten dem gesamten Stamm ein neues Angebot machen und dreißig Tage warten, bevor sie selbst anderswo ihre Wahl treffen kann: dies sind Reste einer Zeit, da alles Allgemeinbesitz war und in der die Frau ohne Rücksicht auf ihre Gefühle ein Gut war wie das Land, über dessen Schicksal die Gemeinschaft bestimmte. Während im klassischen Griechenland die Frauen, die oft schon im Alter von zwölf Jahren geheiratet wurden, sofort in das Haus ihres Gatten zogen, führten in Kreta die Männer die Mädchen, die sie geheiratet hatten, erst heim, wenn sie imstande waren, selbst ihre häuslichen Aufgaben zu erledigen. Sie blieben also wie in minoischer Zeit im Hause ihrer Eltern. Im Falle eines Ehebruchs wurde das an diesem Wohnort begangene Verbrechen als schwerer und verwerflicher angesehen, als wenn es sonstwo geschehen wäre. Der Ehemann hatte nicht das Recht, die Mitgift seiner Frau zu verkaufen oder zu verpfänden. Sie behielt nach der Heirat die Kontrolle über ihren eigenen Besitz. Ein weiteres Merkmal einer primitiven Gesetzgebung: Mann und Frau konnten die Ehe nach ihrem Belieben auflösen. Aber in diesem Fall nahm die Frau ihre Mitgift wieder an sich sowie die Hälfte des in der Ehe erworbenen Eigentums des Ehepaares und alle von ihr gewebten Kleidungsstücke. Das Recht von Gortyn setzt fest, daß sie außerdem das Recht auf fünf Silberstatere hatte, wenn der Ehemann die Scheidung veranlaßt hatte, daß aber darauf zu achten sei, daß sie nicht mehr mitnahm, als ihr zustand, was eine neue Spur des matrilokalen Charakters der Heirat ist. Es fällt auf, daß nur die Rechte der Ehefrau, der Erbtochter und der Witwe erwähnt sind. Starb die Frau kinderlos, so war der Gatte verpflichtet, das Eigentum seiner Frau und die Hälfte der letzten Ernte der Stammesgruppe, aus der sie stammte, zurückzugeben. Eine Ausnahme im antiken Recht stellt die Tatsache dar, daß die kretische Frau zu den Mitgliedern des Stammes zählte und mit ihnen genannt wurde. Sie erhielt ihren persönlichen Erbteil. Gegen eine Entschädigung konnte sie sich weigern, im Falle von Witwenschaft oder im Erbfall ihren nächsten Verwandten zu heiraten. Wir sahen, daß sie das Recht hatte, sogar einen Leibeigenen legal zu heiraten, wenn sie von freiem Stand war, und daß, vorausgesetzt, dieser zog auf das Gut und in das Haus seiner Frau, sie ihren Adel auf die Kinder übertrug. Eine mehrmals verheiratete Frau konnte freie oder unfreie Kinder haben, je nach dem Geburtshaus.

Alle diese Eigenarten der Heirat, der freien Verfügung über das Vermögen, der Erbschaft und der Erbfolge unterstreichen die hohe soziale Stellung der kretischen Frau noch 1000 Jahre nach Minos. Aber wir wissen, daß dieser und seine Brüder von der Sage zunächst und vor allem als die Söhne einer Prinzessin, Europas, und erst in zweiter Linie als Adoptivsöhne eines Mannes, des Asterios oder Asterion, angesehen wurden. Die matrilineare Deszendenz der Minoer fand sich wieder beim lykischen Stamm der Termilen; sie war der Überlieferung nach von Sarpedon, dem Sohn der Europa, von Kreta nach Kleinasien gebracht worden. »Ihre Sitten«, schreibt Herodot (I, 173), »sind zum Teil kretisch, zum Teil karisch. Die folgende ist ihnen eigen, und sie teilen sie mit keinem anderen Volk: sie nennen sich nach dem Namen ihrer Mutter und nicht nach dem ihres Vaters. Wenn einer von ihnen seinen Nachbarn fragt, wer er ist, so gibt der Gefragte den Namen seiner Mutter an und zählt die weiblichen Ahnen seiner Mutter auf. Wenn sich eine freie Bürgerin mit einem Sklaven verbindet, gelten die Kinder als von edler Abkunft; wenn aber ein freier Bürger, und sei er der erste der Bürger, eine fremde Frau oder eine Konkubine hat, so sind die Kinder rechtlos.« Nebenbei erfahren wir, daß die Frauen zwar gemeinschaftlicher Besitz des ganzen Stammes waren, die normale Eheform aber die Monogamie war. Minos hatte eine einzige legitime Gattin, Pasiphaë. Seine zahlreichen Konkubinen zählten nicht. Das hinderte nicht, daß Bastarde wie Molos, der Sohn des Deukalion, eine gewisse Rolle in der Aristokratie spielten.

## *Stammesgerichte*

Wenn uns Platon vom göttlichen Charakter der Gesetze bei den Kretern, von ihrer Weigerung, Neuerungen einzuführen, von einem Verwandtschaftssystem, das archaischer ist als das der Athener, und von obligatorischer Heirat berichtet, so steht fest, daß sein Werk über die *Nomoi* Gedanken und Tatsachen enthält, die aus den besten Informationsquellen stammen. Ebenso hat er uns mit der allergrößten Wahrscheinlichkeit einen weiteren tausendjährigen Brauch überliefert, wenn er auf Stammesgerichte anspielt, die bei Meinungsverschiedenheiten entscheiden. Die Beamten der Paläste oder der Heiligtümer regelten nur die Probleme der Verwaltung und der Wirtschaft. Die Verletzungen des gemeinen Rechts fielen unter die Gerichtsbarkeit der Stammesältesten, der Oberhäupter der Geschlechter oder Könige (qasireu), der Priester oder Priesterinnen, die das Unreine, Unfromme und Verbotene von ihrem Gegenteil unterscheiden konnten. Während die ganze Gesetzgebung von Gortyn so breiten Gebrauch vom religiösen Eid macht, wird darin weder der Frevel noch die Gottlosigkeit erwähnt.

## *Mord*

Es ist auffallend, daß das Recht von Gortyn auch den Mord nicht erwähnt. Dieses Verbrechen fiel nicht unter das positive Recht wie heute, sondern unter den Begriff der Beschmutzung, der religiösen Unreinheit. Es hatte die Verbannung aus der Gesellschaft und die Verfluchung, zwei sakrale Begriffe, zur Folge. Es war noch nicht Sache des Staates, dem Mörder, mochte er vorsätzlich getötet haben oder nicht, eine Strafe aufzuerlegen, und wir wissen, daß noch heute in mehreren Gegenden Kretas es der gesamten Familie des Opfers obliegt, den Schuldigen und seine Verwandten den Preis für das vergossene Blut zahlen zu lassen. In der fernen Antike ergriff der Mörder die Flucht, um der Rache des Clans und der Erinnye der Seele des Toten zu entgehen. Es gab darüber hinaus zahlreiche Läuterungspraktiken: das freiwillige Exil, Enthaltsamkeit, Waschungen, die Zuflucht zu einem Heiligtum, z. B. die Flucht des Apollon zu Karmanor von Tarrha in Kreta nach dem Mord an Python, Sklavendienst oder Leibeigenschaft bei fernen Grundbesitzern, wie sie derselbe Apollon bei Admetos auf sich nahm, Bittgebete und Opfer. Das Homerische Epos macht uns für die mykenische Epoche mit mehreren dieser Praktiken bekannt. Die kretische Sage von Althaimenes, dem Sohn des Katreus und Enkel des Minos, berichtet, daß er vom Schicksal dazu verdammt war, seinen Vater eigenhändig zu töten. Um dieses Verbrechen zu verhüten, verließ er freiwillig Kreta und gründete einen Tempel auf dem Berg Atabyrion auf Rhodos. Katreus, der bei Nacht auf der Insel bei Kuhhirten an Land gegangen war, wurde unabsichtlich von seinem Sohn getötet. Darauf zog sich dieser, die Gemeinschaft der Menschen fliehend, in die Wüste zurück. In den Übeln, die ihn treffen, findet man die drei Arten von Bestrafungen oder Gegenzügen, die wir in den *Nomoi* Platons kennenlernen: das Exil, die religiöse Läuterung, die Knechtschaft. Da der Mord ein Verbrechen darstellte, das Sühne und Entschädigung zusammen erforderte, liegt es auf der Hand, daß der Mord an einem Sklaven in Kreta wie in den großen Nachbarreichen eine geringere Abfindung veranlaßte als der Mord an einem Leibeigenen, einem Unterworfenen, einem Freien. Die dem Schuldigen auferlegten Strafen unterschieden sich notwendigerweise je nach der sozialen Stellung der Opfer: dies stellten wir schon beim Ehebruch fest.

## *Schläge und Körperverletzung*

Schläge oder Körperverletzung wurden in aller Regel nach dem Talionsprinzip bestraft. Man erinnert sich an die mosaische Vorschrift: »Seele um Seele, Auge um Auge, Zahn um Zahn, Hand um Hand, Fuß um Fuß« (5. Buch Mose XIX, 21) und an das Gesetz des Hammurabi (Artikel 196 und 197). Zwischen die Daten dieser beiden Gesetzgebungen reiht sich ein Gesetz ein, das die Griechen dem Rhadamanthys zuschrieben: »Wenn man jemandem das Böse zufügt, das er erleiden ließ, so ist dies strenge Gerechtigkeit.« Man kann auch an die doppelte Rache erinnern, die Minos nach den Angriffen genommen haben soll, denen sein Sohn Androgeos in der Gegend von Marathon und Athen zum Opfer fiel: er mußte mit einem ungeheuren Stier kämpfen, also sollen die Kinder der Athener dem Minotauros ausgeliefert werden; er wurde auf dem Weg nach Theben von neidischen Mitbewerbern angegriffen, also bemächtigt sich Minos Megaras und Athens. Die Götter heißen dieses Strafgericht gut. Auf die Bitte des beleidigten Vaters schickt Zeus Hunger und Seuchen in die schuldige Stadt. Im Falle eines Verbrechens besteht immer kollektive Verantwortlichkeit. In dieser Form der Gesetzgebung trägt die Sühne nicht einfach nur den Charakter der Gerechtigkeit, Billigkeit oder logischen Notwendigkeit; sie ist heilig.

## *Menschenraub, Verführung, Ehebruch*

Menschenraub, Verführung und Ehebruch werden im Recht von Gortyn wie Vergehen der gleichen Kategorie behandelt. Der Grund dafür ist, daß es sich auch hier zweifellos um ein persönliches Unrecht handelt, das jedoch einer ganzen Gemeinschaft

Schaden zufügt. Der Schädiger wird von der geschädigten Familie gefangengesetzt. Es liegt bei seinen Angehörigen, ihn innerhalb einer Frist von fünf Tagen freizukaufen, andernfalls können seine Bewacher mit ihm machen, was sie wollen. Erst 1000 Jahre nach Minos übernahm der Staat die Bestrafung des Ehebruchs anstelle der Familien und bemaß, in einem geldwirtschaftlichen System, die Geldbuße nach der sozialen Stellung der Schuldigen und ihrer Opfer. Niemals wurde in Kreta auf das Einverständnis dieser letzteren Rücksicht genommen. Dieselben Gesetze erwähnen nicht den Ehebruch zwischen einem Freien und der Frau eines Leibeigenen. Das Vorkommnis gab keinen Anlaß zur Wiedergutmachung in einem eroberten Land, als die dorische Aristokratie Kreta beherrschte. Ganz anders war es in der matrilinearen Ordnung, als die Frauen, selbst die von Leibeigenen, mit ihrem Namen das Erbe übertrugen. Das war eine doppelte Verletzung des Eigentums. Wieder einmal veranschaulicht der Mythos diese Überbleibsel einer antiken Gesetzgebung. Minos verbannt seine Tochter Akakallis, die sich von Apollon verführen ließ und Amphithemis – in Libyen heißt er Garamas – das Leben schenken wird. Seine Gattin Pasiphaë, die eine unnatürliche Liebesverbindung eingegangen ist, sperrt er ein oder ertränkt sie und verfolgt jene, die ihr bei der Befriedigung ihres Lasters behilflich waren, bis nach Sizilien. Molos, der Enkel des Minos, wollte einer Nymphe Gewalt antun: sein enthaupteter Leichnam wurde einige Zeit später gefunden. Noch zur Zeit des Plutarch trug man bei einem Ritual eine Puppe ohne Kopf herum, der man den Namen Molos gab.

## *Strafrecht*

Auf Verrat stand die Todesstrafe: dies bezeugt die Geschichte von Skylla, der Tochter des Nisos, die ihren Vater und ihre Stadt dem Minos überantwortete. Das Strafrecht kannte außerdem die Zwangsarbeit, die Verurteilung zur Arbeit in den Bergwerken und auf den Galeeren und den Sklavendienst. Nach der Aussage des Historikers Philochoros deuteten die Kreter um 270 v. Chr. das

Labyrinth als ein Gefängnis, in dem man kein anderes Übel zu ertragen hatte als das, scharf bewacht zu werden. Hier sollen Daidalos und Ikaros nach der Geburt des Minotauros eingesperrt gewesen sein. Da es sich um Handwerker handelt und da das Labyrinth etymologisch eine Anlage unterirdischer Gänge bezeichnet, da andererseits die griechische Antike bis in die klassische Zeit keine Gefängnisse kannte, wollte sie diesen Mythos so interpretieren, als sei eine bestimmte Anzahl verurteilter Übeltäter und Fremder in die Bergwerke geschickt worden. Dieses Vorgehen ist in Ägypten und in Mesopotamien sehr bekannt. Über andere Formen der Vergeltung für Diebstahl, Angriff, falsches Zeugnis, die im ganzen Vorderen Orient sehr häufig angewandt wurden: Schläge mit dem Ochsenziemer, der Peitsche oder dem Stock, Verstümmelung, Ertränken . . ., schweigt die kretische Gesetzgebung. Sicher waren sie ihr nicht unbekannt. Und vielleicht kannte sie schon, wie das Gesetz des Hammurabi und die ältesten Gesetzestexte von Sumer und Babylonien, die Entschädigungszahlungen in Silbergewicht und die materielle Wiedergutmachung. Auf jeden Fall handelte Kreta als Erzeugerland von Silber und Kupfer zur Zeit des Minos schon ausgiebig mit diesen Waren und die Statere des gortynischen Rechts bezeichneten, bevor sie Münzen waren, ein Metallgewicht, ebenso wie die Mine oder der Sekel der orientalischen Strafzahlungen. Minos und Rhadamanthys, Vorbilder für Gerechtigkeit, verhängten nicht nur die Todesstrafe: das wenige, was wir von ihrem Rechtssystem erkennen können, enthält die Prinzipien der Entschädigung, der Wiedergutmachung und sogar der Billigkeit.

## *Völkerrecht*

Im Bereich des Völkerrechts gelangten die Kreter erst spät in den Ruf der Unredlichkeit, Gaunerei und Hinterlist[22]. Es besteht kein Zweifel, daß sie mit einem solchen Verhalten bei ihren mächtigen Nachbarn um 1500 v. Chr. keinen Erfolg gehabt hätten. Die ägyptischen Darstellungen zeigen sie im Gegenteil als gehorsame, solide und ordnungsliebende Mitarbeiter, denen es eine Freude war, den Beamten Seiner Majestät ihre Abgaben zu zahlen. Zu dieser Zeit waren das Nildelta ebenso wie die der Kontrolle der Ägypter unterstellten syrisch-palästinensischen Häfen zuverlässig bewacht, die Buchführung von Ugarit war in Ordnung, die Beschlagnahmung einer Ladung blieb immer möglich. Selbst im Ägäischen Meer, auf dem Minos die Seeräuber verfolgte, müssen für die Handelsbeziehungen Kretas mit den kleinen, blühenden Städten der Kykladen und bis um 1520 mit Thera (Santorin) Ehrenhaftigkeit und Seriosität der Geschäfte bestimmend gewesen sein. Betrachtet man nur die Malereien oder die Gravuren, so ist man betroffen von der sehr kleinen Zahl echt kretischer Kriegsszenen und von der sehr großen Zahl blutiger Geschehnisse in typisch mykenischer Darstellung. Durch Siegel und Ringe von der Peloponnes vervielfachte sich die Zahl der Darstellungen von Kämpfern und von sich erdolchenden Heerführern. Die kretische Kunst, die die Streitwagen und ihre technischen Raffinessen noch nicht kannte, spiegelt eine friedliche Kultur wider, genau wie die Städte Kretas auf flachem Gelände und ohne Befestigungen. Im übrigen scheinen die Kriegsgesetze im Innern der Insel selbst nicht so hart gewesen zu sein, daß sich nicht mehrere Städte wie Knosos wieder aus ihren Ruinen hätten erheben können. Ohne die kretischen Krieger idealisieren zu wollen, kann man doch sagen, daß sie anscheinend den Interessen des Handels, des Handwerks und der Religion den Vortritt ließen. In der gesellschaftlichen Hierarchie kommen die Krieger erst an vierter Stelle, nach den Göttern, den Fürsten und den Priestern.

## *Religiöse Gesetze und Bräuche*

Es gibt eine andere Art von Gesetzen, ungeschriebene diesmal, die die minoische Kultur berühmt gemacht haben. Aus den religiösen Gesetzen oder vielmehr der Gesamtheit der Riten, der Erzählungen, der Symbole und der Glaubensinhalte haben sich die kretischen Religionen gebildet[23]. Wir sagen mit Absicht: die Religionen, im Plural. Das Kreta der »hundert Städte«, das seine politische Einheit ebensowenig hergestellt hatte wie seine sprachliche, ließ in jedem seiner Landstriche verschiedene Gottheiten und Kulte zu, und wir sahen sogar, daß in einem Gebiet gleichartiger Kulturen wie dem von Zakro, Malia, Knosos und Phaistos jede der verschiedenen sozialen Klassen schon aufgrund ihrer Initiationen vermutlich ihre eigenen Götter anbetete. Es gab Stadtkulte und Landkulte, Hirtenkulte und Seemannskulte, Frauengottheiten wie Eileithyia, die von den Gebärenden angerufen wurde, und Männergottheiten wie jene, welche die Krieger anriefen. Man muß sich darüber klar sein, daß eine antike Gottheit zunächst der Gott oder die Göttin eines Menschen und erst dann der Gott oder die Göttin einer Sache ist. Das ist der Grund, weshalb wir nie die Religionen der am wenigsten zivilisierten Teile Kretas um 1500 v. Chr. und die Einzelheiten der Mysterienreligionen kennen werden. Sehr viele Namen, wie der der Göttin Diktynna, der Göttin des Heiligen Berges, die ausschließlich in Westkreta in griechischer Zeit verehrt wurde, werden für uns kaum mehr als Namen bleiben, selbst wenn später Gleichsetzungen mit einer der Göttinnen des Ostens, Britomarpis, oder mit einer Göttin Kleinasiens, Artemis, ihr einen Schein von Persönlichkeit geben. Mit diesen Einschränkungen war nach allem, was wir aus den Kultorten, Bildern, Inschriften, Ausgrabungen und der literarischen Überlieferung erfahren, das erste religiöse Gesetz des minoischen Kreta der Polytheismus.

## 1. Höhenheiligtümer

Die volkstümlichsten Kulte waren diejenigen, die auf den heiligen Berggipfeln, in etwa dreißig Kulthöhlen, im Umkreis bestimmter Heiligtümer auf dem flachen Land, an Quellen, unter zahlreichen Bäumen und vor einigen Felsen ausgeübt wurden. Die geheimnisvollen Mächte, deren Beistand und Schutz man an diesen verschiedenen Orten anrief, waren nicht die gleichen. Wir sahen, daß man in den Höhenheiligtümern des Todes, der Wiedergeburt und der Vermählung der großen Himmelslichter gedachte; dies waren Sonne, Mond und die sichtbarsten Planeten, da von ihnen der Kalender, der Kreislauf der Vegetation, der Lebensrhythmus der Herden, die Schiffahrt, Regen und Trockenheit, Gesundheit von Mensch und Vieh abhing. Der Name des Sonnengottes war nach den Gegenden verschieden: in Gortyn war es Atymnos, in Phaistos Talos, in Tylissos Hyakinthos, in Lato Malla, in der Gegend von Viannos Arbios. Später ersetzten die Griechen diese Gottheit durch ihren höchsten Gott Zeus oder Zan. Sie erzählten indessen, dieser sei auf dem heiligen Berg Diktos, Dikte oder Skylion geboren und erzogen worden und werde deshalb im Lande der Eteokreter Diktaios und im Asterousia-Gebirge Skylios genannt. Genau in dieser Gegend identifizierte man die meisten Höhenheiligtümer. In Gortyn erhielt Zeus den Beinamen Asterios, der Gott des Gestirns. Die Mondgottheit ihrerseits wurde in Kreta, bevor sie von verschiedenen klassischen Gottheiten verdrängt wurde, unter den vorgriechischen Namen Phoibe und Hellotis angerufen. Noch in hellenistischer Zeit wurde auf der Insel ein Fest der Hellotia gefeiert, in dessen Verlauf eine Myrtengirlande von 40 Fuß (etwa 12 m) Umfang in einer Prozession umhergetragen wurde; man erzählte sich, daß in ihr die Gebeine der Hellotis verborgen seien. In Korinth erzählte man, diese habe sich mit ihrer kleinen Schwester Chryse (die Goldene) ins Feuer gestürzt. Noch in unseren Tagen wirft man im Hochsommer ähnliche Girlanden auf den Scheiterhaufen. Denken wir nur an die großen Feuer, die die minoischen Bauern zur Sommersonnenwende auf den Berggipfeln anzünden.

## 2. Heilige Höhlen

Die Kulthöhlen wurden von mindestens fünf verschiedenen Gruppen von Gläubigen aufgesucht: von den jungen Leuten, Knaben und Mädchen, die eingeweiht, das heißt in den Zustand von Erwachsenen, fertigen Menschen und Mitgliedern der Gesellschaft überführt werden sollten; von den Frauen, die sich Kinder wünschten und sich nach ihrer Geburt die Erhaltung ihrer Gesundheit erflehten; von den Bauern, die von den unterirdischen Gottheiten Wasser und gute Ernten erbaten; von den Hirten, die die Schutzgeister und Schutzgötter der Viehzucht verehrten; von den Handwerkern, die ihre Berufsgeheimnisse verbargen und sich ebenfalls Initiationsprüfungen unterzogen. Es gab also mindestens fünf Typen von Höhlen und fünf Arten von Gottheiten. Die von den Achäern dem Zeus geweihte Höhle an der Nordflanke des Ida, die der militärischen Jugend von Axos diente, war ursprünglich die Höhle der vorgriechischen Göttin Rheia, umgeben von einer Bruderschaft von Dämonen, den Kyklopen oder Daktylen. Die Höhle bei Amnisos und später die von Einatos gehörten einer Doppelgottheit, Mutter der Liebe, die in der ausgehenden Bronzezeit Eleuthyia genannt wurde und die Aufgabe hatte, die Kinder zur Welt kommen und groß werden zu lassen: dieser Göttin brachte man keine Waffen, ja nicht einmal Metall, sondern Schüsseln mit Milch und Honig, der gewöhnlichen Säuglingsnahrung, dar. Ein Altar mit Trankopfertischen, breiten Lampen auf Ständern, Äxten aus Bronzeblech, die auf ihren Stielen standen, und Opferplatten war die erste bauliche Ausstattung der Höhle von Psychro, die um 1700 v. Chr. angelegt wurde. Aber seit mehreren Generationen hatten sich die Bauern der Gegend angewöhnt, hierher zu einem großen Tropfsteingebilde mit Stierkopf ihre Opfergaben zu bringen, seien es Flüssigkeiten in Tassen, Samen auf kleinen Schalen oder aus Ton geformte Bildnisse von Rindern oder Menschen. Den Gottheiten waren hier ebenso wie Waffen auch friedliche Geschenke angenehm. Auf einer Bronzeplatte aus dem 16. Jahrhundert v. Chr. ist eine Szene dieses Kultes dargestellt. Man sieht darauf eine mit einem Rock bekleidete Person vor den Symbolen der drei Elemente, Fisch, Skarabäus und Vogel, die zwischen Sonne und Mond stehen, tanzen. In Psychro verehrten also die Gläubigen einen Stiergott und eine kosmische Göttin, ein Urbild der späteren Aphrodite Urania. Ebenso diente die Höhle von Kamares mit ihren Gefäßen für wertvolle Flüssigkeiten, Mehl und Samen, ihren Tieropfern und ihren Räucherungen einem bäuerlichen und zugleich chthonischen Kult. Die Höhle Chosto Nero auf einer Hochebene am Gipfel des Berges Iouktas gehörte den Hirten, die Tierbildnisse aus Ton weihten. Es ist bekannt, daß die Höhlen von Melidoni und Patsos einer Hirtengottheit, aus der der klassische Hermes wurde, und ihrer Mutter, der vorgriechischen Maia, geweiht waren. Schließlich kann man annehmen, daß der Felsunterstand von Arkalochori mit all den darin niedergelegten Metallstücken, bearbeiteten und unbearbeiteten, aus Gold, Silber und Bronze, hauptsächlich den Schutzgöttern der Handwerker zugedacht war. Hier ist der Gedanke an den Kult einer Kriegsgottheit vertretbar, die aber von Dämonen der Metallurgie umgeben ist, wie es die Daktylen oder die Telchinen der literarischen Überlieferung sein werden.

### 3. Ländliche Heiligtümer

Neben diesen, bestimmten Funktionen zugeordneten Höhlen scheinen die ländlichen Heiligtümer von geringerer Vielfalt zu sein. Vorwiegend sind es, wie auf der Patela in Sfakia (Sitias), in Rousses in Chondros (Viannou), in Amygdalokephalo in Aski (Pediados) und in Kannia in Mitropolis (Kainouriou), Warenniederlagen und Lager von Weihgeschenken, die unter einem Dach geschützt neben Altartischen und Weihehörnern lagen. Wie die Kirchen und Klöster des christianisierten Kreta, besaßen die minoischen Feldkapellen schon Ländereien. Die Krüge und Gefäße voller Opfergaben, die diese Gebäude mit zwei oder drei Sälen und seitlichen Magazinen enthielten, lassen an die Abgaben eines ganzen Dorfes denken. Wer waren diese Götter, denen diese Güter gehörten? Mindestens fünf der Säle von Kannia, die vom 16. bis zum 13. Jahrhundert besucht wurden, enthielten Kultgegenstände: darunter weibliche Idole mit Glockenröcken, von Schlangen und Tauben begleitet, eine Kriegerstatue und ein Stierkopf aus Ton. Und man sagt sich, daß die Schutzgöttinnen der eigentlichen Erde mindestens ebenso zahlreich gewesen sein müssen wie die unterirdischen. Im Heiligtum von Piskokephalo (Sitias) waren die Opfergaben an eine Fruchtbarkeitsgottheit gerichtet, deren Symbol ein gehörnter Skarabäus war. Im übrigen feiern die ältesten bekannten Mythen die in Kreta auf einem dreimal gepflügten Brachfeld vollzogene Vereinigung der Göttin der Schnitter, Demeter, mit dem Daktylen Iasion. Aus ihrer Umarmung entspringt Plutos, der Reichtum. Oder sie erzählen uns von den heimlichen Liebesabenteuern, die Akalle oder Akakallis, die Göttin mit der Narzisse, Tochter des Minos, mit den Göttern Apollon und Hermes hatte, von der Geburt der Gründer der fünf Städte Milatos, Axos, Tarrha, Elyros und Kydonia, wie sie den Mächten der Natur überlassen und mehrere von ihnen von einer Wölfin, einer Hündin oder einer Ziege gesäugt wurden. Die Fruchtbarkeit der Erde hing ab von der Vermählung der Götter oder der Hierogamie, die von den Menschen vor der Aussaat mimisch dargestellt wurde. In hellenistischer Zeit zeigten die Bauern aus der Gegend von Knosos noch beim Lauf des Theren, des heutigen Giophyro-Perama, das Heiligtum, in dem der höchste Gott, Zeus, seine Schwester, die Göttin Hera des klassischen Pantheons, geheiratet hatte. Da die Toten ebenso wie die Saaten unter der Erde begraben liegen, stellen die Riten, Mythen und Symbole eine enge Verbindung zwischen den Totengottheiten und den Gottheiten des Ackerbaus her. In sehr vielen Gegenden Kretas beschützte dieselbe unterirdische Macht, im allgemeinen war sie weiblich, zugleich die Toten und die Ernten und empfing auf dem Erdboden die Trank- oder Schlachtopfer ihrer Gläubigen. Die Erde war die Mutter der Seelen und des Korns.

## 4. Heilige Quellen

Die heiligen Quellen wurden für das Blut dieser mütterlichen Erde gehalten. Man ehrte sie mit Geschenken (Schalen, Äxten, Schmuckstücken) und Tonbildern sowohl im Innern der Höhlen als auch am Hügelabhang oder inmitten der Wiesen. Man erinnert sich an Koutsounaria in Nea Praisos (Sitias), Lapsanari in Kimouriotis (Sitias), an die Quelle des Baches Myrto in Selakano (Hierapetras), die Karawanserei von Knosos und alle jene »heiligen Wasser« (hagiasma), die im Innern der heutigen unter dem Fels eingerichteten Kapellen in so viele fromme Schüsseln tropfen. Von diesen Quellheiligtümern ist Mavro Spilio am besten erhalten, das nach einer Viertelstunde Anstieg auf dem Eliashügel östlich von Knosos liegt, 100 bis 150 m südöstlich der 21 Totenkammern, die 1926/27 entdeckt wurden. Hinter einer Einfassung aus Felsen gelegen, besteht es aus zwei hintereinander liegenden Räumen. Der erste wurde in den weißen pliozänen Kalkstein gehauen; er hat eine quadratische Form von 3,30 m Seitenlänge unter einem rußgeschwärzten Gewölbe. Im Schutt am Eingang erkannte man einige Scherben minoischer Gefäße, eine minoische Gemme und die Statuette einer archaischen Göttin. Hinten rechts liegt jenseits einer Einfassung das polygonale Becken des Brunnens mit einer Nische in 1 m Höhe. Die Nähe der Nekropole legt den Gedanken nahe, daß der Brunnen mindestens in der großen Zeit der Bestattung, der ausgehenden mittelminoischen und der spätminoischen Epoche, zu Totenläuterungsriten diente. Im Grab VII b entdeckte man die berühmte Statuette vom Typ Bourdelle, die eine Frau darstellt, welche ihr Kind zum Himmel streckt (Ende des 13. Jahrhunderts v. Chr.).

## 5. Heilige Bäume

Im Verlauf der Kapitel über die Geographie und das Leben der Kreter auf dem Lande wurde verständlich, warum sie so viele Bäume für heilig ansahen und noch heute ansehen: diese Wesen voller Seele und Leben vermögen die Menschen ebenso zu töten wie zu beschützen und zu ernähren. Der Strahl des Blitze schleudernden Gottes trifft den Wipfel der höchsten Eichen, der Kiefern oder der Zypressen. In ihnen hausen Nahrung oder Weissagung spendende Tiere, Bienen, Kuckuck, Grünspecht oder Donnervogel, Häher und Steinkauz. Der Saft, der aus dem Johannisbrotbaum fließt, ähnelt dem menschlichen Blut, und die Blätter der immergrünen Platane erinnern an Hände mit gespreizten Fingern. Deshalb darf man sich auch nicht wundern, daß die minoischen Gottheiten oft in den Bäumen erscheinen. Der Schutzgott von Phaistos, Velchanos, wurde noch 1200 Jahre nach dem Tod des Rhadamanthys auf den Münzen der Stadt in einem Baum dargestellt. Er hatte seinen Tempel 1,30 m über dem kleinen nordöstlichen Platz neben dem Palast von Agia Triada. Er hatte überdies einen Kult in Gortyn, Lyktos, Knosos und auf Zypern. Auf den Münzen war er als junger, bartloser Mann dargestellt, der in den blattlosen

Zweigen (einer Weide?) saß und einen Hahn in den Händen hielt. Auf der Rückseite der Münzen wird er durch das Bild eines Stiers zum Vorläufer des Gottes Zeus gemacht, was der Artikel eines späten Lexikographen bestätigt: »Velchanos, bei den Kretern Zeus.« In einer Weide vor der heiligen Höhle des Ida wurde die Wiege des göttlichen Kindes jedesmal aufgehängt, wenn man der Geburt des Gottes Zeus gedachte, »damit es weder im Himmel noch auf der Erde, noch im Wasser gefunden werde«[24]. Unter oder vielmehr in einer Platane mit immergrünem Laub, einer Kreta eigentümlichen Baumart, vermählte sich Zeus mit Europa in Gortyn. Die hellenistischen Münzen dieser Stadt stellen die Mutter des Minos im Baum sitzend dar, allein oder zusammen mit einem die Flügel ausbreitenden Adler. Bekanntlich war die Myrte der Pasiphaë geweiht, der Gattin des Minos und der Aphrodite, wegen der erotischen und fruchtbarmachenden Kräfte, die man ihr zuschrieb. Wie man sieht, waren die Bäume von sehr verschiedenen Göttern bewohnt. Die weiße Pappel, von der ein Exemplar bei der Höhle und dem Grab des Idäischen Zeus wuchs, galt als Totenbaum. Ein berühmter Ring von Mochlos stellt einen blühenden Baum neben einer Göttin in einem Boot dar. Ein Goldring aus Knosos zeigt drei Baumäste, die aus einem Kultgehege ragen, und vor ihnen einen kleinen Gott, der vom Himmel zu einer Beterin herabsteigt. Zwei Ringe aus Mykene von kretischer Arbeit zeigen, wie die Göttin unter dem heiligen Baum sitzt und von vier Personen, darunter einem Kind, angebetet wird oder wie der Baum von einem Mann mit abgewandtem Gesicht ausgerissen wird, während eine Frau tanzt und eine andere klagt. Die Riten, die unter den verschiedenen gepflanzten oder wild gewachsenen Bäumen abgehalten wurden, waren gewiß sehr verschieden: Hierogamie, Tänze, Opfer, Bewässern, Pflücken der Früchte, Ausästen, Ausreißen, Beweinungen, Baum- und Strauchkulte sind kaum zu einer Einheit zusammenzubringen. Die Bäume mit abfallendem Laub werden natürlich anders behandelt als die Bäume mit immergrünem Laub.

## 6. Heilige Berge und Felsen

Bestimmte Berge waren ganz und gar göttlich. Die Kreter hatten aus Dikte und Ida Nymphen, d. h. Göttinnen, gemacht, genau wie ihre Nachkommen, die Siedler von Haifa, aus dem Karmel einen Gott gemacht hatten. Die Jäger und Hirten verehrten im Gebirge ihre besonderen Gottheiten. Die hellenistischen Inschriften bezeichnen mit dem Namen Britomarpis (mit einem p) die Gottheit, die die literarischen Texte Britomartis (mit t), die Süße Jungfrau, nennen. Von der griechischen Artemis unterschieden, wurde sie im Ostteil Kretas, von Lato bis Gortyn, von den jungen Mädchen und den jungen Jägern kultisch verehrt. Ihr waren die Kiefer und der Mastixbaum heilig. Ihr Heiligtum konnte man nur barfuß betreten. Wie Diktynna, eine andere jungfräuliche Göttin, die nur im Westen der Insel verehrt wurde, führte sie den Vorsitz bei den Initiationen der Jugend in der Macchia, den Schluchten und Felsen des Gebirges. Von den in Aptara, am Eingang der Soudabucht bekannten Kulten ist der Kult der Diktynna der eigentlich minoische, und wahrscheinlich wurde diese Göttin, die eine Göttin des Meeres und der Erziehung zugleich war, auch im Heiligtum des Marathospilios, 800 m von der Bucht von Minoa entfernt, angerufen. Es gibt nirgendwo eine herrlichere Ansammlung heiliger Felsen zu sehen als hier: von Nischen und eingehauenen Vertiefungen, die die Opfergaben aufnehmen sollten, durchbrochen, sind sie noch heute von einem Peribolos aus sorgfältig gefügten Steinen umgeben. Durch einen engen Korridor zwängt man sich zwischen ihnen hindurch. Eine entsprechende Anordnung findet sich beim Heiligtum der Eileithyia auf der minoischen Insel Paros. Die durchbohrten oder gespaltenen Steine, durch die man hindurchgehen muß, um zu heiraten, Fruchtbarkeit zu erlangen, Kinder zu bekommen, von Krankheiten geheilt zu werden oder sich zu regenerieren, sind den Ethnologen, selbst im modernen Griechenland, wohlbekannt. Und wie oft hat man mir auf den kretischen Felsen das Gesicht eines oder einer Heiligen, den Fußabdruck der Riesen oder ihres Rosses gezeigt!

## 7. Heilige Tiere

Diesem so komplexen Pantheon sind drei mythische Namen hinzuzufügen, die griechisch klingen, aber lediglich religiöse Gegebenheiten der minoischen Zeit wiedergeben. Zuallererst der Name der Pasiphaë, der Tochter des Helios und Gattin des Minos. Ihre sagenhafte und unnatürliche Liebesverbindung mit einem Stier steht für die rituelle Vereinigung der mit einer Färse gleichgesetzten großen Priesterin des Tempels von Knosos mit dem Herrscher, der mit einem Stiergott gleichgesetzt wird. In Parallele dazu ist einerseits die Vereinigung Europas mit dem in einen Stier verwandelten Gott Zeus zu sehen, andererseits die Vereinigung Ariadnes, der »Hochheiligen«, mit Dionysos, dem Gott »mit der Stierstirn«, deren Schauplatz die kretischen Höhlen bzw. die Höhlen von Naxos waren. Da dieses heilige Tier im ägyptischen Pantheon als Sonnengott unter dem Namen Apis in Memphis und Min in Koptos erscheint und da mehrere ägyptische Göttinnen, wie Hathor und Isis, mit den Hörnern der Kuh geschmückt sind, da weiter auf den kretisch-mykenischen Rhyta in Stierkopfform zuweilen eine Rosette eingraviert ist, so sagt man, daß der kretische Stier zweifellos die Sonne versinnbildlichte, während die Kuh das Sinnbild für den Mond war. Ich glaube, das ist eine zu große Vereinfachung. Man zieht die Vergleiche an den Haaren herbei. Weder Pasiphaë, die Tochter des Helios, noch Ariadne, noch Europa werden durch die literarische Überlieferung mit einer Mondgöttin gleichgesetzt, sondern es gibt eine Gleichsetzung der ersten beiden mit Aphrodite, und der dritten, Europa, mit Demeter. Will man um jeden Preis Vergleiche suchen, so muß man sich nach Kleinasien und Syrien wenden: der Stier, der den Gewittergott und manchmal Göttinnen trägt, wird bald als der Himmel, bald als das Licht begriffen, ganz allgemein jedoch einfach als Kennzeichen für Macht und Schnelligkeit. Er hat mit keinem Gestirn irgend etwas zu tun. Abschließend kann man also sagen, daß die minoischen Gottheiten, die oft anthropomorph sind, ebensooft die Gestalt der Tiere annahmen: der Kuh, der Ziege, der Schlangen, die unter den Figurinen der Sakristei von Knosos anzutreffen sind, der

Affen, die in Kreta und auf Santorin auf so vielen Bildern und Schmuckstücken erscheinen, der Taube, des Skorpions, des gehörnten Skarabäus, *Oryctes nasicornis*, und noch vieler anderer.

8. Winde

Auch die Winde wurden göttlich verehrt[25]. Die Täfelchen von Knosos erwähnen eine Priesterin oder ein Heiligtum der Winde in U-ta-no (Itanos?), denen Öl geopfert wird. Im 6. Jahrhundert v. Chr. kann der Kreter Epimenides die Winde beschwören. Das ist bei einem Volk von Seefahrern nicht erstaunlich. Aber auch die Bauern und Handwerker waren betroffen. Noch im heutigen Kreta kennt man mehrere Zauberbräuche, Formeln und Umgehungen, durch die die Winde gefesselt oder gelähmt werden sollen, weil sie der Blüte, dem Ausstampfen des Getreides oder dem Zug der Brennöfen schaden und weil sie Fieber und Krankheiten verbreiten.

## *Polytheismus, Polymorphismus, Polysymbolismus*

Nach genauer Prüfung scheint es mir unmöglich, wie die modernen Beurteiler zu behaupten, das Wesentliche der minoischen Religion habe sich darauf beschränkt, eine große Muttergöttin, das Symbol der Schöpferkraft der Natur, einem jungen Gott, ihrem Sohn und Geliebten, gegenüberzustellen, der kurz nach der Hochzeit stirbt und im Frühling wiedergeboren wird. Auch scheint es mir nicht möglich, nach dem Muster der Eleusischen Mysterien sich ein einziges chthonisches Paar, Mutter und Tochter, vorzustellen, welches nur eine Göttin in zwei verschiedenen Personen darstellt, die sich abwechselnd in die Gunst desselben himmlischen Gottes teilen. Dreieinigkeiten begegneten uns in den Kapellen auf den Berggipfeln, wie in Knosos und in Gortyn. Manchmal hatte die Göttin mehrere Beisitzer von menschlicher, tierischer oder Mischgestalt. Manchmal wurde die Göttin allein in einem bestimmten gesellschaftlichen Milieu kultisch verehrt. An anderer

Stelle begleitete sie ein Gott. Manchmal auch drängte der Gott die Göttin in den Hintergrund.

In der göttlichen Gesellschaft scheint sich alles so abzuspielen wie in der menschlichen. Es gibt Klassen und Hierarchien. Unten befinden sich die Wesen, die man sich nicht bildlich vorstellt, die man aber friedlich zu stimmen versucht und die um so furchterregender sind, da sie keine Form und keine Farbe haben: die Winde, die Seelen oder Geister, die in den Höhlen wohnen. Darüber sind die Heroen, jene Toten, die durch die Apotheose erhöht wurden. Über ihnen stehen die Dämonen, Beisitzer der Götter, von gemischter Gestalt wie die Greifen und die halb tierischen, halb menschlichen Wesen, die auf so vielen minoischen Ringen oder Malereien erscheinen. Darüber befindet sich die Schar der verschiedenen Götter, Beschützer der menschlichen Tätigkeiten, an deren Spitze im allgemeinen ein Paar steht, genau wie die Menschen einem Herrscherpaar gehorchen.

Gewiß, in Kreta scheinen die Göttinnen zahlreicher zu sein als die Götter, und in manchen Gegenden haben sie den Vorrang. Aber nichts zwingt uns zu der Annahme, es gebe überall eine Große Göttin. Wenn es irgendwo eine gab, so wurde sie weniger als eine Gottheit der Vegetation oder der Natur denn als eine Herrscherin über die gesamte Gesellschaft angesehen.

Die Mythologie bewahrte die vorgriechischen Namen der Götter Arbios, Atymnos, Hyakinthos, Jasion, Kronos, Talos, Velchanos und der Göttinnen Akalle oder Akakallis, Athena, Britomarpis, Diktynna, E(i)leuthyia, Europe, Hellotis, Ida, Karme, Rheia, ganz zu schweigen von all den Heroinen wie Ariadne, Phaidra, Pasiphaë oder Xenodike, deren Name wahrscheinlich eine Deutung aus mykenischer Zeit ist. Die Texte in Linear A und B erwähnen, so scheint es, Arepirena, Erinu, Kupanatuna, Nopina, Pade, Pasaja, Pipituna[26]. Wir besitzen gleichermaßen eine ziemlich große Zahl von gemalten und gravierten Bildern, die zum Teil von den Künstlern und Theologen des ersten Jahrtausends übernommen wurden. Aber es besteht Grund zu der Annahme, daß mehrere dieser örtlichen Benennungen und mehrere dieser Bilder nur eine einzige Gottheit bezeichnen. Wie der Polytheismus, so ist der Polymorphismus oder – abstrakter – der Polysymbolismus eines der Gesetze dieser Religion.

Die Göttin wird dargestellt auf dem Gipfel des Berges, von ihren wilden Tieren begleitet oder unter einem Baum sitzend, oder mit Schlangen in den Händen oder Mohnkapseln tragend, oder mit dem Schwert und dem 8förmigen Schild bewaffnet oder im Boot fahrend. Den Gott zeigen die Bilder, wie er Tiere bändigt, wie er mit Lanze und Schild bewaffnet ist und ihm ein Löwe folgt, wie er zum Himmel fliegt, wie er von einem geflügelten Steinbock, einem Greifen oder einem Dämon begleitet wird, der ihm ein Trankopfergefäß reicht. Die Kreter riefen diese Gottheiten je nach ihrer Funktion, ihrem Rang, ihrem Kultort an. Es war frommer Brauch, ihnen Idole zu formen, meist aus Ton, manchmal auch aus Stein oder Holz. Die meisten waren klein. Aber manche Exemplare von den Bergen Petsophas und Kophinas sind bis zu einem Meter hoch. In Agia Triada stellt eine große Kultstatue aus der Epoche der neuen Paläste einen bekleideten weiblichen Körper dar, dessen Unterteil mit Protuberanzen bedeckt ist. In Knosos stand im sog. Schatzraum, hinter dem angeblichen »Badezimmer der Königin« des großen Heiligtums, ein hohes Idol aus Holz, Elfenbein und Fayence, das mit Juwelen geschmückt war. Erwähnt wird auch der seltsame Steinkopf von sumerischem Aussehen, der in Monasteriako Kephali, bei Knosos, gefunden wurde. Die Nacktheit, die ihrem Wesen nach magisch ist und nur zu den Mysterien gehört, bleibt auf Ausnahmen beschränkt. Die Priesterinnen entblößten an bestimmten Festen nur die Brust, offensichtlich nach dem Vorbild der Göttinnen, deren Anliegen die Ernährung der Menschheit war. Im allgemeinen wird die Anwesenheit der Götter den Menschen durch Symbole kundgetan.

Neben den anthropomorphen und den mischgestaltigen Darstellungen der Gottheit läßt die minoische Religion, die übrigens in ihrer Gesamtheit sehr dezent ist, eine ziemliche Vielzahl von Abstraktionen zu. Es wurde von einem Pflanzen- oder Tier-Polysymbolismus gesprochen. Aber neben den Lilien, Krokussen, Safranpflanzen, Narzissen, Vögeln und Schlangen, die oft nur als göttliche Attribute erscheinen, findet man auf den Kultdarstellungen und unter den Ausstattungsstücken der Kapellen glockenähnliche Gebilde aus Ton mit Augen, die ziemliche Ähnlichkeit mit Büßerhauben oder Masken haben; Kultknoten aus Elfenbein und Fayence, Symbole der magischen Bänder; Säulen, die die Welt stützen, mit oder ohne heilige Tiere (Tauben, Adler, Katzen). Waffen, oft als Miniaturen: so den 8förmigen Schild, den mit Eberzähnen besetzten Helm, Schwerter; das Sonnenkreuz mit gleichen Balken (ein schönes Exemplar aus Marmor gehört zum Schatz der Sakristei von Knosos); das Astralrad oder die Astralkugel; hohle Röhren in Form eines Bierglases; Muscheln; schließlich das Doppelhorn und die Doppelaxt. Nur erwähnt seien die Amulette und die als Talismane gebrauchten Siegel, deren abstrakte Zeichen oder stilisierte Zeichnungen (Auge, Hand, architektonische Figuren) die ganze göttliche Kraft ausdrücken.

Besondere Aufmerksamkeit gilt den paarigen Symbolen, als sei die Zweiheit eines der Gesetze dieser Religion: erwachsener Gott und jugendlicher Gott, Muttergöttin und Tochtergöttin, Mächte der Vergangenheit und Mächte der Zukunft, männliches und weibliches Prinzip. Nach allem, was wir über die rituellen Bäder im Wasser, in der Luft oder im Feuer, die die Statuen regenerieren, wieder zum Leben erwecken und ihnen die Jungfräulichkeit wiedergeben, erfahren haben, ist es leicht verständlich, daß der Dualismus der Erscheinungen die göttliche Einheit zum Ausdruck bringen kann. Bis mindestens ins 2. Jahrhundert unserer Zeitrechnung tauchte man das Idol der Hera in die Kanathos- oder Kanethos-Quelle bei Nauplia, und man behauptete, die Muttergöttin sei wieder Jungfrau geworden und bereit zu einer neuen fleischlichen und geheimen Vereinigung mit dem Gotte Zeus, ihrem Gatten: ein ganz ähnlicher Quellname, Kanithos, wurde im Ida-Massiv auf Kreta, nahe der Höhle ausfindig gemacht, in der die vorgriechische Rheia den Gott Zeus zur Welt brachte[27]. Da die bipolaren Symbole in allen Bereichen der Welt vielfältige Deutungen zulassen, haben sie gegenüber den Statuen, ja selbst gegenüber den Doppelstatuen, den Vorteil, die Gegensätze zu vereinen und die Mythen in hohem Maße zu verdichten. Besser als die Statuen lassen sie auf eindrucksvolle Weise die verborgene Anwesenheit der Gottheit deutlich werden. Nach Hunderten zählen auf Kreta die Darstellungen des Doppelhornes, das der Inbegriff eines Kult- und Weihegegenstandes ist. Hörner aus Stein, Calcit und Terrakotta krönen die Sockel und Gesimse der Heiligtümer, die Opferbänke und -altäre und die Prozessionsportiken. Sie stehen vor der Säule des Tempelgrabes im Süden von Knosos. Die Berge mit dem Doppelhorn, wie der Ida, tragen das beredte Zeichen ihrer Göttlichkeit. Auf manchen Darstellungen verharren Menschen in der Stellung von Adoranten vor den Hörnern. Dieser Kult hat seinen Adelsbrief, da man ihn im Innern des steinzeitlichen Heiligtums von Catalhüyük südlich von Konya in Kleinasien schon seit dem fünften Jahrtausend v. Chr. antrifft. Zweifellos hat er seine Wurzeln in der Verehrung des göttlichen Stiers, des Prinzips der Stärke und der Fruchtbarkeit. In der minoischen Kunst sind die Stierköpfe, mit oder ohne die doppelte Opferaxt, immer ein Zeichen von Heiligkeit geblieben. Das Doppelhorn, das immer das des Stiers ist, läßt sich knapper zeichnen, malen, modellieren und schnitzen. Und es hat außerdem den Vorteil, daß es an die Sichel der Luna, den Bogen oder die Lyra anderer Götter, die heiligen Boote mit gleich hohem Heck und Bug usw. erinnert. Jedes Symbol ist eine Verdichtung von Bedeutungen, ein Konzentrat göttlicher Präsenz.

Wieviel mehr gilt das noch von der Doppelaxt, die so sehr zwei gegeneinandergestellten Doppelhörnern ähnelt und deren Schneiden auch wieder an Mondsicheln erinnern. Auch dieses Motiv stammt aus Asien. Die Prototypen erscheinen schon im vierten Jahrtausend v. Chr. im Norden Mesopotamiens und in Tell Arpachija bei Ninive. Ein halbes Dutzend anatolischer Gottheiten schwingt die Doppelaxt, besonders Zeus Labrandeus und Aphrodite in Karien, und Teschub, auf seinem Stier stehend, bei den Hurritern und den Hethitern. Die kretischen Kultexemplare sind die Weiterentwicklung des Typs einer im Handwerk gebräuchlichen Axt, die massiv und fast rechteckig ist. Sie unterscheiden sich davon durch die Größe – es gibt sie riesig oder als Miniaturen –, durch die Dicke – sie sind oft nicht dicker als ein dünnes Kupfer-, Gold- oder Silberblech – und durch die Dekoration: eingravierte Worte in Linear-A-Schrift, Zeichnungen von Kleidern oder Helmen, durchbrochene Motive. Manchmal sind sogar die Schneiden zweigeteilt. Als Weihe- oder Kultgegenstände finden sich die Doppeläxte, aufgehängt oder auf Sockel gestellt, in großer Zahl in den Kulthöhlen: in Psychro, Arkalochori, Skotino; in den großen und kleinen Heiligtümern, wie denen von Zakro, Nirou Chani und Knosos. Sie erscheinen eingemeißelt auf den Pfeilern der heiligen Krypten und den Mauern der großen Heiligtümer. Sie werden aufrecht zwischen zwei einfachen Hörnern oder auf dem Kopf eines Stiers dargestellt. In Athen wurden wie in Tenedos in der griechischen Zeit die Opferstiere noch mit der Doppelaxt getötet. Eine Doppelaxt, so wurde erzählt, hatte das Haupt des Zeus gespalten, damit er die Göttin Athena gebäre. War dieser heilige Gegenstand in Kreta das Symbol des Himmelsgottes? Die Begleitung durch den Stier legt den Gedanken nahe. Tatsächlich jedoch handelt es sich in der ganzen kretisch-mykenischen Kunst um Göttinnen, wenn eine Doppelaxt zusammen mit in menschlicher Gestalt dargestellten Gottheiten erscheint. Siegel aus Kalkani und Knosos zeigen eine Göttin zwischen ihren Löwen oder Greifen und über ihr eine Doppelaxt. Eine steinerne Form, die bei Palaikastro (Sitias) gefunden wurde, zeigt sie, wie sie zwei Doppeläxte schwingt. Es ist durchaus möglich, daß die Doppelaxt das Symbol mehrerer, sowohl männlicher als auch weiblicher Gottheiten war und daß die Kunst vor einer Darstellung des Stiergottes in rein menschlicher Gestalt zurückscheute. Scheint das Doppelhorn in der Hauptsache »heilig« zu bedeuten, so scheint die Doppelaxt alles zu bezeichnen, was »göttlich« ist.

Das Symbol der Doppelaxt ist sehr früh zu einem Zeichen abgesunken. Man identifiziert es in allen kretischen Schriften von den ersten Hieroglyphen bis zum Linear B. Es hat dort den Wert des A, des am meisten gebrauchten Lautes, mit dem möglicherweise ein vorgriechisches Wort anfing, das die Axt bezeichnete. Unter dem Vorwand, die Lydier hätten zur Zeit des Plutarch (2. Jh. n. Chr.) dieses Werkzeug »labrys« genannt, ging Maximilian Mayer 1892 soweit, sich vorzustellen, das kretische Labyrinth verdanke ihm seinen Namen, und Arthur Evans verhalf 1901 für kurze Zeit der Hypothese zu Geltung, das, was er als den Palast von Knosos ansah, sei das wirkliche Labyrinth und »der Palast der (Doppel-)Axt«. Die Philologen sind sich in der Zurückweisung dieser Etymologie einig, sie kommen aber nicht an der Feststellung vorbei, daß die Täfelchen von Knosos in Linear-B-Schrift zweimal das Labyrinth, da-pu-rito, und seine Herrscherin, da-pu-ri-to-jo po-ti-ni-ja, erwähnen, der eine Amphore Honig dargebracht wird, sowohl ihr allein als allen Göttern zusammen. Meiner Meinung nach war das kretische Labyrinth bei Knosos nichts anderes als eine Kulthöhle mit kompliziertem Durchgang[28], während der angebliche Palast von Knosos ein großes Heiligtum war, in dem man unter anderen Symbolen auch die Doppelaxt antraf.

## *Die Ehrfurcht vor dem Ritual*

Polytheismus, Polymorphismus und Polysymbolismus stellen also die ersten drei Gesetze der verschiedenen Religionen der minoischen Welt dar. Die Ehrfurcht vor den Riten oder vielmehr vor dem Ritual könnte sehr wohl das vierte gewesen sein, besonders wenn der Kult abhing von den verschiedenen Glaubensinhalten und der Art, wie man sich die göttlichen Mächte vorstellte. Mit dem Ablauf der Jahrhunderte und dem Bedeutungszuwachs des Priesterstandes scheint ein strenger Formalismus immer starrer und komplizierter geworden zu sein. Die Zahl der Gefäße vervielfachte sich: zu den einfachen Schalen, Tassen, Trinkbechern und Kannen der frühen Zeit kamen die Wasserkrüge, Schenkkannen, »Teekannen«, Becken, Obst- oder Kompottschalen, die ein- oder zweihenkeligen Krüge, die Kelche, die durchbohrten Gefäße in Tierkopfform, die man Rhyta nennt, die Flaschen, die Ringformen, Alabastren in Laibform, die Weihrauchgefäße und die Schöpflöffel. Aus den Gefäßen, die die Opfergaben enthielten, wurden mit der Zeit hohe Krüge. In Fayence oder Terrakotta wurden die Muscheln und Tritonschnecken nachgebildet. Die ausgehöhlten Tische und die Opferbänke verdoppelten und verdreifachten die Zahl der tragbaren Steinaltäre. Die Altäre stiegen stufenweise an.

Sie sind oft niedrig mit bikonkaven Seiten, laufen aber manchmal auch pyramidenförmig zu. Wir sahen in Malia die auf dem Erdboden stehenden großen Steinscheiben mit Schüsselchen oder Näpfchen; sie sind eine Verbesserung und Erweiterung eines Opfertypus, der schon am Ende des dritten Jahrtausends bekannt war und bei dem kleine Töpfe auf einem Untersatz befestigt waren. Über dreißig Arten von Flüssigkeiten, Samen, Kuchen oder Flocken konnten auf einmal der Gottheit dargebracht werden. Wir sahen auch, daß die Verwendung derartiger Geräte mit der Form und dem Namen des Kernos auf die Griechen überging.

Andererseits näherte sich der Kult in zahlreichen Fällen der simplen Magie. In der gesamten literarischen Überlieferung nach der Bronzezeit galten die kretischen Daktylen und Kureten als Magier, welche die Priester und Seher die Kunst der Behexungen, Beschwörungen und der Exorzismen gelehrt hatten. Mit dem Einritzen von Zeichen und dem Aufsagen von Formeln schützte man die Grundmauern der Häuser und den wertvollen Inhalt der Gefäße. Mit dem Sympathiezauber hängt der Brauch zusammen, auf den Gipfeln Feuer anzuzünden, welche die im Augenblick der Wende unschlüssige Sonne unterstützen sollten. Zum apotropäischen Zauber gehören die von den Matrosen auf dem Vordersteven ihres Schiffes vorgenommenen Salbungen oder Opfer und der Brauch, Gefäße und Getränke ins Meer zu werfen. Zum Beschwörungszauber gehören die meisten Tänze, Lieder, Rufe und die Klänge von Instrumenten wie Hörnern, Rhomben, Konchen und Gongs, die Regen oder schönes Wetter bewirken sollten. Ein berühmter Hymnos, der in Palaikastro (Sitias) gefunden wurde und der einen sicher tausendjährigen Brauch ins 3. Jahrhundert n. Chr. überträgt, ruft den jugendlichen Gott der Kureten, den Zeus vom nahen Berge Dikte zum Tanz für die Ernten, das Vieh, die Bürger und die Schiffe auf dem Meer[29]. Bei Bedarf wird man der Gottheit helfen, sich in Gestalt der Biene, der Taube, des Adlers oder der Schlange zu offenbaren, indem man ihr die Speise anbietet, die sie liebt.

Schließlich bestand eines der Hauptmerkmale dieses Rituals, das durchaus für ein Volk von sparsamen Bauern geschaffen war, darin, daß es so praktisch und realistisch wie möglich war. Dem alten Grundsatz aller Religionen des Nahen Ostens: »Ich gebe, damit mir wiedergegeben werde« scheinen die Kreter der minoischen Zeit die Ergänzung »hundertfach« hinzugefügt zu haben. Was mich angeht, so war ich bei allen Grabungen in den Heiligtümern oder den Kulthöhlen sehr beeindruckt von der Winzigkeit der Opfergaben: die Schalen sind zweifellos sehr zahlreich, aber es sind so winzige Schälchen oder Näpfchen, daß sie gerade einige Körner oder einige Tropfen aufnehmen können; man opfert Tiere aus der Herde, jedoch in Form ganz kleiner billiger Bildnisse aus Metall und, am häufigsten, aus Ton; man findet sich bereit, Waffen und Doppeläxte zu schenken, doch als Miniaturen. Die kretische Symbolik muß auch in der Wirtschaftlichkeit oder vielmehr in der Sparsamkeit und Kargheit begründet sein.

Die kultischen Waschungen wurden sicher in großer Zahl, oft und ausgiebig vollzogen, bedenkt man die Zahl der Lustrationsräume, die in den Heiligtümern wie in den Privathäusern gefunden wurden, und die Töpfereischerben, die rings um die natürlichen Brunnenbecken oder Wasserlöcher der Kulthöhlen liegenblieben. Es handelte sich nicht um Bäder, sondern um Einreibungen bestimmter Körperteile mit reinem Wasser oder Duftöl. Sie berechtigten zum Betreten der Tempel, zur Darbietung der Opfergaben, zur Teilnahme an den Opferungen. Man läuterte sich auch wie Phaidra, auf einer Schaukel sitzend. Zu den am häufigsten dargestellten Anbetungsformen gehören die, bei denen beide Fäuste gegen die Brust gepreßt oder die rechte Hand an die Stirn oder rechte Schläfe erhoben wird, eine dem militärischen Gruß der Neuzeit ähnliche Gebärde. Die kretischen Idole, die ihre Handflächen zu beiden Seiten ihres Gesichtes den Gläubigen zum Zeichen der Segnung oder des Grußes zukehren, fordern diese zu einer Antwort in einer analogen Haltung auf. Die Opfergeschenke werden ihnen in einer Prozession in Schalen oder Körben gebracht, die mit ausgestrecktem Arm getragen werden, oder in Kelchen und Kannen, die man wie heilige Gegenstände ausstellt. Bald wird die Flüssigkeit, Wasser, Milch, Honig, Wein, Blut, Schrotsuppe, ganz auf dem Boden ausgeschüttet und die Schalen werden über die Opfergabe gestürzt. So verfuhr man in den Krypten der Häuser, unter den

Opfersälen. Bald umfaßt die Libation ein Flüssigkeitsopfer und eine Kommunion. Man bietet Nahrung nicht nur den heiligen Tieren, den Affen, Katzen, Schlangen oder Vögeln an, sondern auch den Gottheiten, Heroen, Verstorbenen und Dämonen. Während die blutigen Opfer sehr gut bezeugt sind, denn es wurden auf den Altären Kälber, Stiere, Ziegen und Hirsche geopfert, findet man weder auf den Bildern noch auf den Ausgrabungsfeldern jemals eine Spur von Menschenopfern. Späte griechische Autoren berichten uns zwar, daß man einst in Lyktos dem Kronos Menschen opferte[30], jenem Titanen, der seine Kinder verschlang, um sie danach wieder zum Leben zu erwecken: aber handelt es sich hier nicht um eine Erfindung böswilliger Nachbarn oder vielmehr um einen Mythos, der ein Initiationsritual, d. h. das Ritual des symbolischen Todes, begründen sollte?

Das Ritual umfaßte auch Gebete, Räucherungen, Gesänge, Tänze, Prozessionen, Läufe mit Fackeln, Rufe. Die Idole trug man in Sänften, die Schiffsmodelle auf den Armen umher. Die Priester und Priesterinnen legten liturgische Kleider an. Die ersteren behielten manchmal das lange Gewand mit schrägen Bändern und Fransen und die einfache Axt der syrisch-palästinensischen Priester bei. Die Propheten des Gottes vom Ida rühmen sich bei Euripides, nur reinweiße Kleider zu tragen, keusch und vegetarisch zu leben. Mehrere Gravuren minoischer Ringe, z. B. des Rings aus dem Kuppelgrab von Archanes, der 1967 gefunden wurde, zeigen die Zeremonien des Ausreißens oder vielmehr des Herabbiegens des heiligen Baumes: die Männer sind mit einem Schurz gegürtet, die Frauen vollständig mit einem Kleid mit Stufenrock angetan. Die Enthüllung der Brüste war bestimmten Kulten vorbehalten, bei denen die Priesterinnen auch Schlangen in den Händen hielten. Die Mischwesen, die die kretische Bilderwelt bevölkern, lassen an eine Verkleidung der Priester und der Gläubigen denken oder auch an das Tragen von Masken. Sie wurden wie die Dämonen zu Wolfsmenschen, Minotauren, Hirschmenschen, Satyrn oder Halbböcken, Greifen usw. Die Grabungen lieferten Steinhämmer, Szepter und Prunkschwerter, lauter Dinge, die bei den Zeremonien der

Eröffnung oder der Investitur eine Rolle spielten, genau wie die Läuterungen, die Prozessionen und die Opfer.
Der minoische Kalender war reich an Festen. Von der genauen Beachtung der Jahrestage hingen das Wohlergehen des Gemeinwesens, der Wasserreichtum, das Wehen der Winde, die Wärme der Sonne, das Aussetzen der Erdbeben ab. Wir sprachen von den Festen der Landleute, der Städter, der Seeleute, von den großen Feuern, in die die Menge ihre Opfer und Bildnisse warf, von den Hierogamien oder heiligen Hochzeiten des Königs und der Priesterin, die auf mystische Weise die Vereinigung des Himmels mit der Erde förderten, von den Feiern des neuen Jahres und der neuen Herrschaft. Sicher fand im Laufe dieser feierlichen Feste und wahrscheinlich in einem der Höfe der großen Heiligtümer die Begegnung des heiligen Stiers mit den jungen Springern statt, Knaben und Mädchen, die bereit waren, einen Salto über die Hörner des Tieres zu schlagen.

## *Der Kampf mit dem Stier*

Die halsbrecherische Übung ist vielfach dargestellt auf minoischen Mauern, Siegeln und sogar Steingefäßen. Sie ist das Thema einer Elfenbeinfiguren-Gruppe, die unter einer Holztreppe im Ostflügel des angeblichen »Palastes« von Knosos, der in Wirklichkeit der Tempel von Knosos war, gefunden wurde. Sie bestand darin, das angreifende Tier von vorn zu erwarten, seine Hörner fest zu pakken, mit dem Kopf voran über seinen Widerrist zu schnellen und auf der andern Seite seiner Kruppe wieder auf die Füße zu fallen. So deutet man ein Gemälde aus demselben Gebäudeflügel in Knosos. Es zeigt die Springer in drei Stellungen, vor, über und hinter dem Stier. Das Bronzeexemplar der ehemaligen Sammlung Spencer Churchill, das aus der Gegend von Koxares (Agiou Vasiliou) stammt, setzt eine andere Sprungart voraus. Auf der Darstellung bildet der Körper des Athleten einen Kreisbogen zwischen den Lenden und der Stirn des Stiers; vermutlich stützte er sich auf die

Hörner, sprang direkt über den gesenkten Kopf und fing sich mit geschlossenen Füßen auf der Kruppe seines galoppierenden Reittiers. Man kann an jene Götter und Göttinnen Vorderasiens denken, die auf ihrem Stier standen. Ich glaube jedenfalls nicht, daß wir berechtigt sind, an den bewaffneten Kampf des Theseus mit dem Minotauros oder an das Einfangen des wilden Stiers, wie es auf dem Goldbecher von Vaphio bei Sparta dargestellt ist, zu erinnern. Das sind andere Mutproben oder andere Übungen. Es gibt auch keine Gemeinsamkeiten mit den spanischen Stierkämpfen, denn unsere Kreter bleiben immer ohne Waffe, ohne Umhang und ohne Netz. Auch gibt es wenig Ähnlichkeit mit einem thessalischen Spiel aus der griechischen Zeit, der taurokathapsia, einer Art Rodeo, bei dem Reiter, die taurelatai, wilde Stiere zu Pferd verfolgten, bis zur Erschöpfung hetzten und niedermachten. In Ephesus, Smyrna, Sinope, Ankara und in Karien kannte man in späterer Zeit ähnliche Wettkämpfe, die aber von der kretischen Mutprobe sehr verschieden waren. Zwei Wege bleiben für die Deutung offen: 1. erfahren wir aus der kretischen Mythologie, daß drei junge Heroen, Androgeos, Herakles und Theseus, dem kretischen Stier trotzen, ihn bezwingen und ihn lebend mitbringen mußten, um als Königssöhne anerkannt zu werden; 2. zeigt uns Platon im *Kritias*, wie die Könige der sagenhaften Insel Atlantis innerhalb des heiligen Gebietes des Poseidon mit Stöcken und Schlingen je einen wilden Stier fangen, um ihn auf einem Bronzeblock zu opfern. Es handelt sich also um ein Ritual der Königsinvestitur. Wenn dieses Tier, das auf seinen Abbildungen von den Symbolen der Doppelaxt und der Sonnenrosette gekrönt ist, in Kreta tatsächlich, wie es den Anschein hat, der Träger des Himmelsgottes war, so befähigte der Beweis von Kaltblütigkeit und Erfolg, der darin bestand, zwischen seinen Hörnern hindurch über seinen Körper zu springen, die jungen Athleten dazu, »Söhne und Töchter der Erde und des gestirnten Himmels« zu werden. So nannten sich noch im 3. Jahrhundert v. Chr. die Mysten, die in die als Grabbeigaben dienenden Plättchen von Eleutherna[31], am Fuße des kretischen Ida, ihre Inschriften gravieren ließen. Sie bezeichneten sich übrigens selbst mit dem Namen Asterios, wie Zeus, der Gatte der

Europa, wie der Adoptivvater des Minos, wie der Minotauros und wie der Oberpriester der Korybanten, der Priester der Göttin Rheia.

## *Die Gastfreundschaft*

Die Gastfreundschaft zähle ich zu den heiligsten Gesetzen des frommen Kreta. Weil die Athener dieses Gesetz durch den Mord an des Minos Sohn Androgeos verraten haben, werden sie die Feinde des Minos, und der Fluch des Himmels trifft sie: Trockenheit, Hungersnot und Pest. Im Namen ebendieses Gesetzes, das Minos doch gut kennt und auch achtet, weigert sich Kokalos, der sagenhafte König von Kamikos auf Sizilien, Daidalos auszuliefern, der bei ihm Zuflucht gesucht hat. Und Minos wird sterben, weil er dieses Gesetz verletzt hat. Die Insel Kreta nahm die Reisenden immer gastlich auf, angefangen von Odysseus, der am Hof des Königs von Knosos empfangen wurde, bis zu den Touristen und Forschern der Neuzeit. Händler, Erzsucher, Wahrsager, Missionare und Gelehrte waren dort immer willkommen. Als 1323 in Europa zum ersten Mal Zigeuner erschienen, geschah dies auf Kreta. Und welcher Gast war nicht tief bewegt von der rührenden Gastfreundlichkeit der kretischen Hirten und Bauern in den ärmlichsten Gegenden, von der vornehmen Zurückhaltung, mit der sie ihn aufnahmen, und ihrer treuen Anhänglichkeit? Sie verstehen es, ihren Gast im Frieden zu feiern, im Krieg zu verstecken.

Wie zur Zeit von Philemon und Baucis sieht der Kreter in jedem ankommenden Gast einen Gott. Wehe denen, die wie die Riesen der Inseln, die Triomaten, denen jede Menschlichkeit fehlt, die abendlichen Besucher mißhandeln! Und wehe auch denen, die das Vertrauen eines Kreters verraten oder auf seine Frau oder seine Tochter einen ungehörigen Blick werfen sollten, nachdem sie bei ihm Segensworte, Branntwein, Wein, Süßigkeiten, Wasser, Brot, Salz und ein Nachtlager bekommen haben. Das Sprichwort gibt es zu verstehen: »Ein Dolch ist so schnell verloren!«

## *Die Verehrung der Toten*

In dieser Aufzeichnung der minoischen Gesetze muß ein besonderer Platz der Verehrung der Toten eingeräumt werden. Schon im Neolithikum glaubte die Bevölkerung Kretas an eine Form des Fortlebens, da in den Felsenhöhlungen und später in den großen Massenkuppelgräbern bei den Toten Nahrung und verschiedene Gegenstände des täglichen Gebrauchs niedergelegt wurden. Geräte für die Rasur oder die Entfernung der Haare, Werkzeug und Schmuck, später auch Waffen.

Schon in der Mitte des dritten Jahrtausends erscheinen in den Gräbern Kultgegenstände, Ständer mit Näpfchen, tiergestaltige Gefäße und Idole. Die Welt der Verstorbenen war unter den Schutz der Gottheiten der Erde und der Vegetation gestellt, die wie die Menschen geboren werden und sterben, um eines Tages wiedergeboren zu werden. Das beweist ein Tonmodell mit vier Gottheiten, das im Kuppelgrab von Kamilari bei Phaistos gefunden wurde. Das gewöhnliche Schicksal der Toten war es, arbeitend die Stunde der Auferstehung oder vielmehr ihrer Rückkehr zur Erde, ihrer Reinkarnation, zu erwarten. Um zu verhindern, daß sie litten und vor allem, daß sie als böse Geister wiederkämen und die Lebenden plagten, um sie sich auch als unterirdische Mächte geneigt zu machen, kam ihre Familie in regelmäßigen Abständen zu ihrem Grab, um dort unter kleinen, umgestülpten Schälchen Nahrungsmittel niederzulegen. Man kann hier in der Tat nicht von einem Totenkult sprechen, sondern von Bestattungsbräuchen, die das Weiterleben der Toten und ihr Glück im Jenseits sichern sollten. Nur die heroisierten, d. h. die als Götter oder Halbgötter angesehenen Verstorbenen, empfingen göttliche Ehrungen, einen echten Kult in eigens dafür bestimmten Gebäuden, in Tempelgräbern, die dem vom Beginn des 16. Jahrhunderts vergleichbar sind, das Evans 1931 etwa 450 m südlich der »Karawanserei« von Knosos ausgrub, nachdem die Bauern einen goldenen Ring von wahrhaft königlicher Form und Schönheit entdeckt hatten[32]. Man gelangte in dieses Grab durch einen Gang von der Nordseite aus, dann kam man nacheinander von Ost nach West zu einem durch zwei Säulen abgestützten Vorraum, einem gepflasterten Hof, einem Tor, das von zwei Bollwerken flankiert war, einem Durchgang, einer Pfeilerkrypta, die das Symbol der Doppelaxt trug, und zu einer Grabkammer mit Mittelpfeiler, deren Felsgewölbe blau bemalt war. Der Leichnam lag mit all seinen Schmuckstücken und Opfergaben in einem Sarg. Vom Gang aus führte eine Treppe zu einer darüberliegenden Terrasse. Sie lag vor einem Heiligtum mit zwei Säulen und einem Weihedoppelhorn, das sich genau über der Krypta befand. Das Blut der Tiere, die in diesem Heiligtum dem Toten geopfert wurden, wurde in kultischen Gefäßen zur unterirdischen Krypta gebracht und um die Pfeiler herum auf den Boden gegossen. Die einzig mögliche Erklärung hierzu liefert eine Stelle aus Diodor von Sizilien (IV, 79), die sich auf das sogenannte Grab des Minos bei Agrigent bezieht: »Die Soldaten begruben den Leichnam des Königs mit Gepränge und errichteten ihm zu Ehren ein zweiteiliges Grab. Im verborgenen Teil dieses Denkmals setzten sie die Gebeine bei; im offenen Teil weihten sie Aphrodite eine Kapelle. Die Eingeborenen verehrten dieses Denkmal während mehrerer Generationen und opferten darin der Aphrodite, als ob es der Tempel dieser Göttin sei.« Offenkundig glaubte man, der heroisierte König sei zu der Göttin, seiner Mutter und Gattin, zurückgekehrt.

## *Minos, der Richter im Jenseits*

Man denkt an die Pharaonen der 18. Dynastie, deren Zeitgenossen Minos, Rhadamanthys und Sarpedon waren. Zu ihren Lebzeiten für Söhne des Sonnengottes Ra gehalten, gehen sie in den Amentit ein, um sich zur Großen Enneade der Götter des Himmels zu gesellen und unter ihnen zu regieren. Je größer die Ehren waren, die ihnen bei ihrem Begräbnis, das nur ein Durchgang war, und an ihrem Grab, ihrer »ewigen Wohnung«, erwiesen wurden, desto reicher ergossen sie ihre Segnungen über Ägypten. Gewiß waren weder das Ritual noch die Verfahren zur Konservierung der Leichen, noch die Grabausstattung, noch der neben dem Sarkophag niedergelegte Reichtum in Knosos auf Kreta die gleichen wie im ägyptischen Theben. Aber das Prinzip war das gleiche: der vergöttlichte König traf unter der Erde seinen Vater, den Sonnengott wieder, der während der irdischen Nacht das Königreich der Unterwelt erleuchtete; dann herrschte er in Ewigkeit. So verwundert es auch nicht, daß die Griechen 1000, ja 2000 Jahre nach dem Tod der Herrscher von Knosos, Phaistos und Milatos den Gedanken bewahrt haben, sie seien Söhne des höchsten Gottes und kraft ihrer beispielhaften Gerechtigkeit säßen sie in der Unterwelt zu Gericht über die Seelen der Verstorbenen. Und es ist auch nicht verwunderlich, daß wir selbst, die wir von der klassischen Bildung geprägt sind, bei der Besichtigung der verschiedenen Thronsäle in Knosos uns Minos heute noch so vorstellen, wie ihn 700 Jahre v. Chr. der Dichter des 11. Gesangs der *Odyssee* (568–571) beschrieben hat: »Da sah ich, wahrhaftig! Minos, den strahlenden Sohn des Zeus, wie er ein goldenes Szepter hielt und saß und den Toten Satzungen erteilte. Die aber, im Kreise um ihn her, holten Rechtsweisungen bei dem Herrscher ein, sitzend wie stehend in dem weittorigen Haus des Hades.« Die letzten Bilder, welche die Nachwelt von den kretischen Herrschern fromm bewahrte, sind die eines Gesetzgebers und eines Richters in den Gefilden der Seligen. Von allen Satzungen des Minos, ob sie das bürgerliche oder das Verwaltungsrecht, die Religion oder die Moral betreffen, scheint eine einzige für immer überlebt zu haben: »Du sollst ewig an meine Gerechtigkeit glauben.« Die kretischen Heroen sind nicht gänzlich tot. Nicht nur die symbolischen Kokons, Chrysaliden und Schmetterlinge der königlichen Ringe garantieren ihre Auferstehung und lassen auf die Rückkehr des Goldenen Zeitalters der minoischen Kultur hoffen. Man hört auch heute noch manchmal rings um die großen Ruinenberge von Lyktos oder Polyrrhenia die Bauern diesen gerechten und segensreichen König rühmen, den sie Minoas oder Kritikos nennen, der Städte einnehmen und andere erbauen und ihnen die besten Gesetze der Welt geben konnte. Die Hirtin, die er liebte, ruht mit Geschmeide bedeckt unter einem Erdhügel vor der Grotte des Ida. Beide erscheinen sie den Hirten im Gebirge im Traum. Sie trösten sie über ihre Lage hinweg. Sie schenken ihnen den Glauben an das Glück.

Siebtes Kapitel

# Die minoische Kultur

Es genügt nicht, eine Vorstellung davon zu haben, womit sich die kretischen Bauern, Handwerker und Seeleute das ganze Jahr über beschäftigten, noch auch, wie die verschiedenen Handwerkerzünfte arbeiteten. Eine Kultur ist mehr als Gesittung und technisches Können. Sie ist ihrem Wesen nach ein Können. Wir fassen sie in ihren öffentlichen Äußerungen, den Spielen, dem Sport, den Schauspielen, in den Leistungen einzelner Gruppen auf literarischem wie wissenschaftlichem Gebiet, in ihren individuellsten und persönlichsten Ausdrucksformen: der Kunst und den Trachten. Von ihr erhält das Alltagsleben in Kreta zur Zeit des Minos seine eigentümliche Färbung, seinen Charakter und seinen unnachahmlichen Stil.

## *Spiel und Sport*

Diese Kultur von friedlichem Charakter widmete sich den Zerstreuungen des Friedens. Ein Wandgemälde aus Knosos zeigt Kinder, wie sie rutschen und sich schubsen, um einen Ball oder einen Stein zu fangen. Ihre Eltern schoben Brettsteine auf Spielfeldern hin und her, die einfach auf den Boden gezeichnet waren, oder sie besaßen richtige Spieltische. Das Wort »pesson«, das im Griechischen ein Tricktrack-Spielbrett bezeichnet, und das Wort »pessos«, der Spielstein, scheinen vorgriechisch zu sein. Eine der erstaunlichsten Entdeckungen im großen Heiligtum von Knosos war eine Art Spielbrett am Südende des östlichen Korridors. Es war nach seiner Rekonstruktion fast 1 m lang und 58 cm breit und bestand aus einem Edelholzrahmen, in den Elfenbein eingelegt war. Eine Borte von 72 Margeriten mit Mittelpunkten aus Bergkristall und goldenen Blütenblättern rahmte ein Rechteck ein, auf dem auf Silber und blauer Glasmasse von oben nach unten folgende Motive befestigt waren: 4 Tintenschnecken (Argonauten) in Relief, 4 große florale Medaillons, 14 (?) geriefelte Streifen aus Kristall im Wechsel mit ebenso vielen Streifen aus Elfenbein, 10 kleine Medaillons, die mit einem Karo-As geschmückt waren und 8 kleine Streifen aus Kristall und Elfenbein einrahmten. 4 konische Spielsteine aus Elfenbein, die in einiger Entfernung gefunden wurden, scheinen zu diesem Spielbrett gehört zu haben. Man hält es für wahrscheinlich, daß das Spiel bei den 10 kleinen runden Feldern begann und mit der Besetzung der größten Medaillons schloß. Die Streifen konnten als Abakusse benutzt werden. Vermutlich wurde bei dem Spiel, wie beim Skaki oder dem Tavli der heutigen Kreter, mit Würfeln oder vielmehr mit Knöchelchen gespielt, nach denen die Steine vorgerückt werden durften. Sicherlich verlangte das Spiel eine solide Rechenbegabung.

Ein konisches Steatit-Rhyton, das aus dem Königspalast von Agia Triada stammt, ist auf vier parallelen Streifen mit Reliefs verziert, die Sportszenen darstellen. Von oben nach unten zeigen die Zonen 1, 3 und 4 Boxer. Manche, in schwerer Ausrüstung, tragen Lederhandschuhe, die dem klassischen Cestus ähneln, einen runden Helm mit Wangenschutz und Stiefel, die mit Wickelgamaschen zu vergleichen sind. Andere, die schlanker scheinen (sollten es Mittelgewichtsboxer sein?), haben den Kopf nur mit einer Kappe bedeckt, deren Federbusch bis in den Nacken fällt. Die Boxer einer dritten Gruppe (sind sie jünger oder gehören sie zum Leichtgewicht?) tragen weder Kopfbedeckungen noch Handschuhe, noch Gamaschen. Sie schlagen zu, wehren ab, stürzen zu Boden, überschlagen sich, bunt durcheinander. Auf den Zonen 1 und 3 sind mehrere Säulen mit rechteckigen Kapitellen, die mit kleinen Disken verziert sind, zu sehen; sie erinnern an die Fahnenstangen, die die Fassade der minoischen Heiligtümer schmückten. Diese Wettkämpfe hatten, wie der gefahrvolle Sprung über den Kopf eines Stieres in der dritten Zone, mit Sicherheit festlichen, religiösen Charakter. Man findet sie noch einmal dargestellt auf einer Vase und einem Miniaturfresko des großen knosischen Heiligtums und auf einem Wanddekor in Santorin. Mochte es sich bei diesen Wettkämpfen um die Entfaltung von Kraft und Geschicklichkeit zu

Ehren der entschwundenen Heroen, um das Symbol des Sieges des Guten über das Böse, um einen Akt von apotropäischer Zauberei oder einfach um ein Gottesurteil handeln, sie gingen von den Minoern auf die Mykener über, und die Griechen übernahmen sie. Homer erwähnt sie unter den Leichenspielen. Man findet sie wieder in den Palästen und bei den großen internationalen Wettkämpfen. Nicht umsonst schreiben die Schriftsteller die Gründung der Olympischen Spiele dem Daktylen Herakles, einem Kreter, zu. Nach dem Historiker Philochoros[1] glaubten die Kreter der beginnenden hellenistischen Epoche, die Ringkämpfe seien von Minos eingeführt worden, zu Ehren seines Sohnes Androgeos, des Vorbilds aller Wettkämpfer. Sie behaupteten sogar, die Sieger bekämen die im Labyrinth festgehaltenen Kinder als Preis. Der Heros Theseus, der Rivale des Minos, mußte den Ringkämpfer Kerkyon von Eleusis besiegen, bevor er die Mutprobe im Labyrinth in Angriff nahm. Hier bestätigt die Überlieferung ein weiteres Mal den rituellen, ja initiatorischen Charakter solcher athletischer Wettkämpfe.

Ihnen wie der Jagd, dem Bogenschießen und dem Wettlauf verdankten die jungen Kreter die schlanken und sehnigen Körper, die wir in der plastischen Kunst so sehr bewundern. Wir erinnern uns an den Athleten von Malia, der seinen Körper über einem Schwert zu einem Rund biegt. Seine Taille umschließt ein Gymnastikgürtel. Der am meisten ausgeübte und für die soziale Gruppe lohnendste Sport war die Jagd. Wir lernten ihre Berechtigung und ihre Eigenarten kennen. Am aufregendsten wäre für unser Gefühl zweifellos das Einfangen des wilden Stieres, so wie es auf einem Goldbecher aus Vaphio dargestellt ist, mit Hunden, Netzen, Treibern und Opfertieren. Wahrscheinlich jedoch bevorzugten die Alten die Vogeljagd, zu der viel weniger körperliche Kraft, dafür aber viel mehr Verstand nötig ist. Homer beschreibt[2] uns die außergewöhnliche Leistung des Meriones, des tapferen Dieners des Königs von Knosos, Idomeneus. Hoch oben an einem Mast wurde eine Taube befestigt. Ein erster Schütze durchschoß ungeschickt den Faden und befreite den Vogel. Der Kreter nimmt ihm den Bogen aus der Hand, zielt nach dem Tier, das hoch unter den Wolken ängstlich fliegt, und trifft es mitten im Flug. In klassischer Zeit galt das Bogenschießen als Nationalsport und ureigenste Domäne der Kreter.

## *Die Schauspiele*

Solche Wettkämpfe verlangten nach Zuschauern. Im Unterschied zu anderen Ländern ließ Kreta die Frauen den Schauspielen beiwohnen. Diese Sitte kannte noch Plutarch[3]. Die Malereien von Knosos stellen sogar in Kavaliersperspektive gewaltige Versammlungen von Zuschauerinnen dar. Sie bewundern, teils in der Sonne, teils im Schatten, die wahrscheinlich rituellen Tänze von Frauen. Diese feiern die Rückkehr des Frühlings; sie helfen ihm durch ihre Bewegungsentwicklung und stärken ihn. Die Bäume tragen noch keine Früchte, und die Glut der kretischen Sonne ist noch erträglich. Die religiösen Gedenk- und Einweihungsfeiern, ebenso wie die Begräbniszeremonien, waren Anlaß für Wettkämpfe und Schauspiele, die der gesicherte Ursprung der großen sportlichen Spiele und des antiken Theaters sind. Daher war es auch nicht allzu paradox und anachronistisch, wenn man von den Theaterplätzen von Knosos und Phaistos sprach. Wir erinnern uns, daß 20 m von der Nordwest-Ecke des großen Heiligtums von Knosos entfernt sich eine Art Plattform erhebt, die man über zwei Reihen sehr breiter und niedriger Stufen an der rechten Ecke erreicht. Hier endet eine gepflasterte und überhöhte Straße, die vom Kleinen Palast herkommt. Von hier geht auch eine Straße nach dem Westhof des Heiligtums aus, unter die Fenster des ersten Stockwerks oder »piano nobile«, das sich über den großen Vorratsräumen erstreckt. Während die Gehwege nur für einen einreihigen Prozessionszug gebaut sind, bietet die Plattform mit ihren seitlichen Stufen mehreren hundert Zuschauern oder vielmehr Zuschauerinnen Platz, die die vom kleinen Palast kommende Prozession stehend empfangen können. Von den Fenstern des »piano nobile«, wo es mehrere Kapellen oder Heiligtümer gibt, sieht man den Zug sich vom Hof zum Prozessionskorridor bewegen. Wahrscheinlich waren die großen gepflasterten Hofflächen gleichzeitig Tanzplätze. Der Autor des 18. Gesanges der *Ilias*[4] rühmt den »Reigen [choros], den Daidalos einst im geräumigen Knosos für die schöngelockte Ariadne bildete«. Wenn, wie es scheint, Ariadne die Hauptgottheit des großen Heiligtums war und wenn die Tänze wie die Prozessionen eine rituelle Rolle spielten, so kann man die Tänzer und die Prozessionsteilnehmer als die ersten Schauspieler des minoischen Theaters, die Priesterinnen und ihre Helfer als die ersten Zuschauer betrachten. Genauso war es in Phaistos, wo 8 Stufen von 18 bis 23 m Länge, die sich gegen eine große Mauer lehnten, den Westhof nach Norden zu abschlossen: sie gestatteten zahlreichen Anwesenden, den religiösen Feiern zu folgen, die sich auf den erhöhten Chausseen und auf dem Plattenbelag des Hofes in der Nähe zweier runder und einer quadratischen Zisterne abspielten. In Malia vermutet man, daß mindestens auf einer Seite des von H. van Effenterre 1961 freigelegten großen Platzes Holzstufen vorhanden waren[5]. Wie man sich erinnert, begrenzt auch in Gournia ein großer Hof mit Stufen die Südseite des Königspalastes.

»Bei den Athenern«, sagt Diodor von Sizilien (V, 77), »findet die Einweihung in die Mysterien von Eleusis, die berühmteste von allen, im geheimen statt, während in Knosos auf Kreta die Einweihung öffentlich vollzogen wird; auch verbirgt man hier nicht vor Leuten, die solche Vorgänge kennenlernen wollen, was anderswo geheim gehalten wird.« Und etwas weiter oben (V, 72) erklärt er: »Die Hochzeit des Zeus und der Hera wird auf dem Gebiet von Knosos an einer Stelle am Flußlauf des Theren gefeiert, an der es heute noch einen Tempel gibt. Die Einwohner halten dort jedes Jahr Opfer ab, anläßlich derer sie die von alters her überlieferten Hochzeitszeremonien darstellen.« Aus all diesen Gebärdenspielen, aus all diesen symbolischen Vereinigungen ist also nicht nur das Theater hervorgegangen, sondern auch das Ernsthafteste und Tiefste, das sich in der griechischen Religion findet, die Mysterien.

## *Literatur und Schrift*

Es ist nicht zu leugnen, daß wir die literarische Kultur der Zeitgenossen des Minos nicht kennen. Die Hymnen zur Anrufung oder zum Lobe der Götter, die Epen zur Verherrlichung der Heroen, die Liebeslieder, die Freuden- oder Trauergesänge, die bei der Arbeit tagaus, tagein gesungen wurden, alles dies schwand mit den vergänglichen Blättern des Palmbaumes und der Papyrusstaude dahin oder verklang mit dem Hauch der Stimme. Die 241 hieroglyphischen Schriftzeichen, die in Spiralen auf den beiden Seiten des Diskos von Phaistos eingestempelt sind, stellten offensichtlich um 1600 v. Chr. einen religiösen Text, eine Hymne mit Refrain oder eine Litanei, dar. Sie sind noch immer nicht entziffert. Zumindest weiß man durch die klassische Überlieferung, daß Kreta seine eigenen Epen hatte, die von den Kämpfen des Minos und seiner Brüder erzählten oder vom Zwist der rechtmäßigen Könige, wie Idomeneus, und der Usurpatoren, wie Amyklos oder Leukos, des Sohnes des Talos. 1000 Jahre nach der minoischen Blütezeit sammelte Epimenides von Knosos (oder von Phaistos?), der Prophet und Priester des Zeus in der Höhle des Ida, in mehreren tausend Versen die Überlieferungen, die sich auf die Geburt der kretischen Gottheiten, auf die Kureten, auf Minos und Rhadamanthys bezogen. Die klassische Antike schrieb den Kretern die Erfindung mehrerer Versfüße der lyrischen Dichtung zu, des Kretikus, der aus einer Folge von drei Silben besteht: lang, kurz, lang, und des Päons, der eine der langen Silben des Kretikus in zwei kurze Silben auflöst. Die erste Hymne, die den jugendlichen Gott von Tarrha (Apollon?) verherrlichte, soll nach dieser Überlieferung in Kreta komponiert worden sein; sie wurde das Vorbild aller späteren Päane. Die Verserzählungen oder Mythen, die Zauberformeln, die Gebete, die der Kommentierung oder Erklärung des Rituals dienten, müssen zahlreich gewesen sein, urteilt man nach der Vielseitigkeit der für die großen Heiligtümer bezeugten Riten. Es gibt hier eine ganze mündliche Literatur, die lebt aus der Poesie und dem Nachdenken über das menschliche Leben. In einer derart hierarchisch gestuften Gesellschaft zielte die ganze Kultur der

Priester, Seher und Sänger darauf ab, den Menschen einen genauen Platz in bezug auf die Welt und auf Gott zuzuweisen.
Sicher ist, daß man dem minoischen Kreta die Erfindung mehrerer Schriftsysteme zuschreiben kann[6]. Bis um 1600 benutzten die großen Verwaltungs- und religiösen Zentren nebeneinander verschiedene hieroglyphische oder piktographische Schriften mit lokalen Varianten und eine Silbenschrift, das sogenannte »Linear A«, das, wie es scheint, um 2000 v. Chr. in Phaistos geschaffen wurde. In der Zeit der zweiten Paläste, die uns interessiert, zwischen 1580 und 1450, verdrängt das letztere System, das schneller und einfacher in der Schreibung ist als die vorhergenannten, diese ganz. Es breitet sich überall in Ostkreta und auf den Inseln des Ägäischen Meeres aus und wird sowohl für die Korrespondenz auf Papyrus und die Buchführung auf Ton wie auch für die Weihinschriften und die Graffiti auf den Mauern und Gefäßen benutzt. Es enthält ungefähr 70 Silbenzeichen, von denen die meisten einen Konsonanten mit folgendem Vokal, die übrigen einen einfachen Vokal ausdrücken. Die Worte sind phonetisch geschrieben und durch Punkte oder kurze senkrechte Striche getrennt. Sie werden im allgemeinen von links nach rechts gelesen. Außerdem geben etwa 30 Ideogramme, die Zahlen bei sich haben und teilweise von den piktographischen Systemen beeinflußt sind, kurze Hinweise, mit welcher Art von Lebewesen oder Gegenständen man es zu tun hat: Öl, Wein, Feigen, Getreide, Schafe usw. Es finden sich sogar Silbenzeichen, die wie Ideogramme verwendet sind, zweifellos, weil der Name des bezeichneten Lebewesens oder Gegenstandes mit der betreffenden Silbe begann. Nicht auszuschließen ist das Vorhandensein von Determinanten. Ein senkrechter Strich stellt die Ziffer 1 dar, der Bindestrich 10, der Kreis 100, der Stern 1000, die Winkel verschiedene Brüche. Umsonst sucht man für einen solchen Zeichenbestand Wurzeln in Ägypten oder in Mesopotamien. Er ist in Kreta entstanden, aus den Überlegungen von Schreibern mit praktischem und methodischem Verstand. Später werden ihn zum Teil die Kyprer, dann die neuen Okkupanten Kretas im 14. Jahrhundert und schließlich die Peloponnesier kopieren. Soll man diese eigenständige Schrift kurz charakterisieren, so kann man sagen, sie

sei zugleich ideographisch, syllabisch und stenographisch. Sie setzt das Vorhandensein eng spezialisierter Schulen in den Palästen und in der Umgebung der Tempel und einen regen Postverkehr voraus: auf dem Ton ist uns nichts mehr erhalten außer dem Einschnitt der Schnüre, die um die Sendungen gebunden waren, und den Siegeln, die sie verschlossen.

## *Mathematik*

Die Erfordernisse des Handels, das Gewinnstreben und wahrscheinlich eine Begabung für das Spekulieren und das Spiel, die sich noch heute in Kreta finden, erklären die rasche Entwicklung der Mathematik von der ersten Hälfte des zweiten Jahrtausends an. Sie beruhte auf dem Dezimalsystem, wie die Zahlen der Linearschrift, die 10 Daktylen, die 100 Städte, die 100 Monate des Zyklus des Großen Jahres, die 100 Fuß der Hauptteile der Heiligtümer in Zakro und in Phaistos usw. bestätigen. Es gab kein Symbol für Null. Das Dezimalsystem war ausreichend für die vier Hauptrechnungsarten der Arithmetik, aber ganz und gar unpraktisch für die komplexen Flächen- oder Volumenberechnungen der Geometrie: für die Aufteilung der Grundstücke und die Hohlmaße. 10 z. B. läßt sich ohne Rest weder durch 3 noch durch 4 teilen. Deshalb benutzten die minoischen Landmesser für ihre praktischen Operationen verschiedene Zahlensysteme, das Dreier-, Vierer-, Fünfer- und das Sechsersystem. Ihre Gewichte ließen sich in Viertel, Zwölftel, Dreißigstel unterteilen; ihre Flüssigkeiten in Drittel, Viertel, Sechstel; ihre festen Stoffe in Viertel und Sechstel, zusätzlich zu den Zehnteln. Die Schreiber des Linear A hatten ein und denselben Satz von Bruchzeichen für die Maße von festen oder flüssigen Erzeugnissen, aber ihre Methode zur Bestimmung der Brüche über die Einheit hinaus entsprach ziemlich der langsamen und empirischen Methode der Ägypter. Zum Beispiel zählte der für die Vorratskrüge verantwortliche Beamte, wenn er ein Gefäß von $6^4/_5$ Einheiten Rauminhalt zu füllen hatte, zuerst seine 6 vollen Maßeinheiten, dann ein halbes Maß, dann ein Viertel, dann ein Zwanzigstel. Nach den genauen Messungen von J. Walter Graham[7] gibt es keinen Zweifel, daß die Pläne der vier großen Heiligtümer von Phaistos, Knosos, Malia und Zakro, ganz abgesehen von Agia Triada, vorherberechnet waren und daß diese großen Architekturkomplexe in Querschnitt und Aufriß gewollten Proportionen gehorchen, deren Grundlage ein »heiliger Fuß« von 30,36 cm war. Überrascht bemerkt man einerseits die breite Anwendung des Dezimalsystems (ein Mittelhof von 180 auf 90 Fuß in Knosos, von 170 auf 80 in Phaistos und in Malia, von 100 auf 60 in Zakro), andererseits die Unterteilung des Fußes in Drittel, Hälften, Sechstel und die Faszination, die die Zahl 60 auf die Architekten ausübte. Zweifellos hatten sie festgestellt, daß das Sechzigersystem, das zu ihrer Zeit bei den Babyloniern und den Hethitern gebräuchlich war, dem vorhergenannten System überlegen war, da es Teilungen ohne Rest durch 2, 3, 4, 5, 6, 10, 12, 15, 20 und 30, d. h. durch zehn verschiedene Teiler zuließ.

## *Hygiene und Medizin*

In der Antike waren die Kreter für ihre Läuterungsriten bekannt. Das ist nicht verwunderlich, denkt man an all die Lustrationsräume, all die Becken, all die Salbgefäße, die in den großen Heiligtümern so zahlreich zu finden sind. Das Griechische hat aus dem Pelasgischen ein charakteristisches Wort übernommen: asaminthos, »die Badewanne«, und fast alle Begriffe, die Gefäße, Salben, Arzneipflanzen bezeichnen. Ziehen wir all das ab, was an Zauberei, ja an Scharlatanerie den Beschwörungsformeln, Zaubersprüchen, den Inkubationen, den Räucherungen und den Reinigungshandlungen innewohnte, die Karmanor und Chryothemis, den Läuterern des Apollon, Thaletas, dem Läuterer der Spartiaten und Epimenides, dem Läuterer der Athener und des Pythagoras zugeschrieben wurden, so bleibt auf dem Konto der minoischen Wissenschaft immer noch stehen, daß ihre Heilkundigen sicherlich zum Fortschritt der Hygiene und der Medizin beigetragen haben. Selbst wenn man sich in den Villen und in den Tempelgemeinschaften nur aus mystischen Gründen wusch und parfümierte, so zog doch der Körper daraus einen gesundheitlichen Vorteil. Die Eleganz, die Schönheit und die Kunst hatten ebenfalls ihren Nutzen davon. Die zahlreichen Kanalanlagen für die Zuleitung des sauberen Quellwassers oder zur Ableitung des menschlichen Unrats zeugen von einer Kulturstufe, die im Europa des zweiten Jahrtausends nirgendwo sonst erreicht wurde. Man könnte sich lange auslassen über die sexuellen Tabus und die Hierogamie, die kultische Hochzeit, die die Beziehungen des Minos und der Pasiphaë, seiner unsterblichen Gattin, beinhalten. Aber man kann auch nicht übersehen, daß in der Geschichte, die uns Antoninus Liberalis im 41. Kapitel seiner *Metamorphosen* erzählt, zum ersten Mal der Gebrauch von Präservativen erwähnt wird: »Prokris [die Gattin des Kephalos, des Herrschers von Thorikos] floh zu Minos, dem König von Kreta. Sie fand ihn im Banne eines Zaubers vor: er konnte keine Kinder zeugen. Sie versprach ihm, ihn zu heilen, und lehrte ihn das Mittel, Kinder zu bekommen. Da er Schlangen, Skorpione und Asseln ausströmte und die Frauen, mit denen er sich vereinigte, daran starben, erfand Prokris das folgende Verfahren, um Minos die Zeugung zu ermöglichen: sie führte sich eine Ziegenblase in die Scheide ein, Minos ergoß dahinein seine Reptilien; darauf ging er zu Pasiphaë und wohnte ihr bei.« Es handelt sich hierbei nicht nur um einen Kunstgriff zur Empfängnisverhütung und eine Vorsichtsmaßnahme gegen Infektionskrankheiten, sondern auch um eine Abwehrmaßnahme gegen verschiedene Typen von Phobien, die den Soziologen und Psychiatern wohl bekannt sind. In dieser Geschichte finden sich Hygiene, Medizin und Magie in enger Verknüpfung.

In anderen Versionen der Sage soll Prokris Minos mit Hilfe einer Pflanze von seiner Impotenz geheilt haben: mit dem geheimnisvollen »Moly«, der Kirkewurzel, jenem Lebenskraut, das Odysseus die Kraft gegeben hatte, den Hexenkünsten der Zauberin zu entkommen. Handelt es sich bei diesem Gewächs mit schwarzer, schwer auszureißender Wurzel und milchigweißer Blüte um ein Liliengewächs, eine Enzianart, eine Orchidee oder eine *Mandragora officinarum*? Niemand weiß es, und es ist auch nicht wichtig.

Worauf es ankommt, ist, daß eine profunde Kenntnis der Medizin die Hirten und Bauern Kretas bis nach Ägypten berühmt machte. Ein Rezept aus der Regierungszeit Amenophis' III. oder sogar aus dem 15. Jahrhundert v. Chr. zählt die kretischen Zauberformeln auf, die der Heilung zweier Krankheiten vorausgehen müssen[8]. Bei der einen, der sogenannten »asiatischen«, sprach man die Formel: »Santaka papiwaya 'ayam ( ) (?)ntaraku«; bei der andern, der sogenannten »semen«, sagte man: »Satisa bayad ( ) ham ( )«, und man rief die drei (kretischen?) Götter oder Geister Katur(a), Tiya und Amaï (Katreus, Zeus und Hermes?) an. In der gleichen Zeit und auf mehr geschäftsmäßige Art importierten die Ägypter aber aus Kreta auch ein pflanzliches Harz, wie wir durch eine Inschrift vom Grab Thutmosis' IV. wissen, und schon im 16. Jahrhundert v. Chr. rühmten sie die abführende Wirkung der »Bohne aus dem Lande Keftiu«: noch in unseren Tagen werden in Kreta einem guten Dutzend Pflanzen, darunter dem wilden Basilikum, dem Lein und dem Erdbeerbaum dieselben Kräfte zugeschrieben.

Mit einer Aufzählung aller Rezepte, die die Kreterinnen von der Mutter auf die Tochter weitergeben oder die die ländlichen Heilkundigen ihren fernen Vorfahren verdanken, käme man nie zu Ende. Wir sahen, daß ihnen der außerordentliche Reichtum der Flora auf wunderbare Weise zu Hilfe kommt. Wir gehen nicht noch einmal zurück auf die Eigenschaften des Diptams, eines wahren Allheilmittels, der Malotira, die hochwirksam ist gegen Schnupfen und Erkältungen, des Majorans, der verschiedenen Pfefferminz- oder Poleiarten, aus denen die Alten kräftigende oder aphrodisische Mittel herstellten. Greifen wir auf gut Glück den Safran heraus, von dem man glaubte, daß er anregend und stärkend auf den Uterus wirke, den Polykobo, die aromatische Nachtviole, die durchgreifend bei Nierenkoliken half oder bei Magenleiden. Noch vor 40 Jahren gewann man aus einer Art Salbei, der *Salvia pomifera L*, ein Öl, das man in sehr kleiner Dosis gegen Leibschmerzen anwandte. Aus einem Absud aus Knollen des kretischen Knabenkrautes, Mandeln und Zimt stellte man einen kräftigenden, ja aphrodisischen Tee her, den Salepi, den ein spezieller Händler, der Salepitzis, verkaufte. Auch die Soumada, aus den süßen Mandeln der Mirabellobucht gewonnen, wird nur in bestimmten Cafés der Gegend um Agios Nikolaos verkauft, und die Pachounta, ein Tee aus gemahlenen Gerstengraupen, Honig und Wasser, ist noch immer eine Spezialität von Gavdos.

## *Beobachtung der Gestirne*

Ja, die Religion war überall gegenwärtig, aber von ihr kam die Begeisterung oder vielmehr der Anstoß zur Wissenschaft, Ergebnis des kollektiven Forschens, und zur Gesittung, in der der kollektive Glaube seinen Ausdruck fand. Man verlieh den Gestirnen, den Elementen, den Tieren, den Pflanzen, den Mineralien eine Seele, eine geheime Macht oder sogar Göttlichkeit. Aber durch ihre Beobachtung gewannen die Zeitgenossen des Minos einerseits Vorzeichen, andererseits einen genauen Kalender, einen ersten Entwurf einer Astronomie, eine Schiffahrtskunde, eine Pharmakopöe, eine genaue Kenntnis der Metallverbindungen und der Möglichkeiten des Feuers. Im Vorangegangenen sahen wir, wie sie das Sonnenjahr mit dem Mondjahr in Übereinstimmung brachten, wie sie die Zeitpunkte der großen Ereignisse in der Landwirtschaft, im Weidebetrieb oder in der Schiffahrt auf die Sonnenwenden und die Tagundnachtgleichen festsetzten, wie sie Überlegungen anstellten über die Sternbilder: den Kleinen Bären, die Ziege, die Schlange, den Steinbock, die Krone der Ariadne usw. Und man erinnert sich an Polyeidos, den »Vielsehenden oder Vielwissenden«, den mit den Kureten verbündeten Seher: er allein erweckte Glaukos wieder zum Leben, den Sohn des Minos und schlummernden Geist des Malachits. Aus den Kulten der Idagrotte erwuchsen Spekulationen, die ziemliche Ähnlichkeit haben mit jenen, die die Pythagoräer über die Reinheit und das persönliche Heil, aber auch über die Himmelskugel, die vollkommenen Zahlen, die politische Ordnung anstellten. Der Sohn des Zeus, Minos, war für Pythagoras das Symbol für die vierfache Bemühung um Ergründung, die wir in dieser Höhle feststellen, in der beide eingeweiht wurden. Minos, Gesetzgeber, Wahrer der Gerechtigkeit und Gelehrter, war darüber hinaus rein genug, um ein Seliger im Jenseits zu sein: hierdurch ist er kein Beispiel für Weisheit, auch nicht für Stärke, sondern für Vollendung.

## *Keramik*

Die Kunst ist ebenfalls Ausdruck eines kollektiven Glaubens, aber ein individueller Ausdruck. Wenn die Minoer von 1500 an die Existenz eines Pantheons glaubten, das hierarchisch aufgebaut ist, wie die Natur oder die Gesellschaft, wenn sie vor allem an das Leben, die Schönheit, eine bestimmte Form persönlicher Freiheit glaubten, so verliehen ihre Künstler diesem Credo auf die persönlichste Art Ausdruck. Nichts vermittelt stärker als die kretische Keramik des 16. und 15. Jahrhunderts v. Chr. den Eindruck der schöpferischen Leichtigkeit oder Spontaneität, eingebettet in ein geordnetes Universum, das voller Entsprechungen und Zeichen, aber geschlossen, selbsterwählt und mit Wissen gewillt ist, das Häßliche, Mißgestaltete, Lasterhafte zu ignorieren. Man war schnell mit dem Wort »Naturalismus« zur Hand. Dennoch ist zu beachten, daß diese allgemeine Tendenz der Kunst sich die verschiedenen Beschränkungen der Stilisierung, der Symbolik und der Mode gefallen läßt. Der Akzent wird sowohl nach dem Geschmack des Künstlers als auch nach den augenblicklichen Vorlieben des Publikums auf dieses oder jenes Motiv, diese oder jene Form, dieses oder jenes Farbenspiel gelegt. Nichts ist absolut festgelegt oder verhärtet, aber nichts ist auch absolut revolutionär. Es gibt eine einzige Konstante, die auch für alle andern Künste gilt: die Freude an bewegten, gekrümmten, schiefen, unsymmetrischen Formen, die eben die Formen des Lebendigen sind. Müssen wir hinzufügen, daß uns der minoische Künstler von Grund auf ehrlich erscheint? Er liefert nur eine fertige Arbeit, die aus jedem Blickwinkel beurteilt werden und jahrhundertelang dauern soll. Jedermann weiß, daß ein echter Künstler an die Ewigkeit glaubt.

Da ist zuerst der Unterschied, den das Vermögen oder das fehlende Vermögen der Kundschaft bedingte. Mochten die Armen ihre wertvollsten Dinge den Göttern darbringen oder in die Gräber ihrer Toten legen: ihr Geschirr blieb ärmlich, es war mit einfachen Spiralen, Zweigen oder stilisierten Blumen verziert oder, was meist der Fall war, ohne Schmuck. Andererseits sind die Motive und Formen der Haushaltskeramik nicht notwendigerweise die gleichen wie die des Grabgeschirrs oder der Kultgefäße. So stellten die im Dienst des großen Heiligtums von Zakro stehenden Künstler sogenannte Kommunionskelche her, die hohen Sektgläsern ähneln, und Amphoren mit Henkeln in Form von Fragezeichen, deren Entsprechung man nur auf den Darstellungen ritueller Opferungen findet. Es ist anzunehmen, daß das Motiv des Kraken, das auf so vielen Sarkophagen aus bemaltem Ton und auf so vielen aus den Gräbern geborgenen Gefäßen zu finden ist, eine religiöse Bedeutung hatte: man glaubte, daß das geschmeidige und listige Tier die Seele übers Meer mitnehme oder begleite. Die Symbole der Doppelaxt und des Doppelhorns verliehen dem Gefäß ebenfalls einen Heiligkeitswert. Es gibt auch örtliche Schulen oder doch mindestens Schulen, die auf Gegenden oder Provinzen beschränkt waren, wie die von Malia und Thera. Schließlich gibt es die durch die Generationen bedingten Unterschiede, was die Tatsache beweist, daß eines der besten Mittel zur Datierung der Grabungsschichten immer noch der Stil der Gefäße ist, die dort, ganz oder als Scherben, gefunden werden. Nach diesen Überlegungen müssen wir uns bewußt werden, daß wir, wenn wir von der Keramikkunst zur Zeit des Minos sprechen, im wesentlichen Meisterwerke betrachten, die für Reiche, tote wie lebende, und für die Priesterschaft der Tempel bestimmt waren, und zwar in einem kurzen Zeitraum, der zwischen der letzten Phase der Mittelminoischen Zeit und dem Ende von Spätminoisch II liegt, d. h. grob gesprochen zwischen 1600 und 1400 v. Chr., der sogenannten »Zeit der Neuen Paläste«.

Vom Beginn dieser Periode[9] an bevorzugt der Maler die dunkle Färbung auf hellem Grund, obwohl auch der umgekehrte Gegensatz und die Polychromie aus der Zeit der Alten Paläste noch vorkommen. Zeugen dafür sind die kleinen braunen Krüge mit Lilienblüten, die im südlichen Teil des Ostflügels des großen Heiligtums von Knosos gefunden wurden, oder auch die hohe Tasse mit Fuß aus Zakro, die mit einem Band von weißen Sternanemonen verziert ist. Die üblichen Dekors sind Spiralen, Blumenkränze und Blütenknospen. Aus derselben Übergangszeit stammen die Pithoi mit Medaillons oder Schnurimitationen. Später, in Spätminoisch I A, sagen wir, zwischen 1575 und 1525, sind fein gebrannte Töpferwaren mit chamoisfarbenem Überzug und schwarzer, brauner oder sehr dunkelroter Zeichnung in Mode. Es gibt darauf keine menschlichen Figuren. Im Dekor herrscht die Flora vor: Grasstengel mit unsymmetrischem und spitzem Laub, Efeu, Safran, Lilienringel, Palmen und Palmenknospen, Sträucher und Papyrus. Die Spirale dieser Zeit kann nicht mit anderen ineinanderlaufen, denn ihr äußerer Ring ist dicker und ihr Mittelpunkt besteht aus einem kräftigen Kreis; außerdem ist jede Spirale mit der folgenden durch eine schräge und zwei horizontale Linien verbunden. Manchmal erlaubt es eine Komposition in übereinanderliegenden Zonen, an den verschiedenen Teilen des Gefäßes, an Öffnung, Hals, Schultern, Henkeln, Bauch und Fuß, an sie angepaßte Verzierungen anzubringen. Zum Beispiel zeigt eine herrliche Amphore aus Psira an ihren Flanken zwischen Olivenzweigen Stierköpfe in Vorderansicht, über denen sich mit Lilien verzierte Doppeläxte befinden. Man darf also nicht glauben, dieser »Florastil«, wie er genannt wird, schließe Tierdarstellungen gänzlich aus. Die Töpferwaren von Thera, die um 1525 vom Bimssteinregen des Vulkans verschüttet wurden, stechen durch die große Häufigkeit des Schwalbenmotivs hervor. Man nahm an, daß die mit Gerstenähren verzierten Gefäße Bier enthielten, dieses in Mesopotamien und Ägypten so verbreitete Getränk, um so mehr als das Weinlaub und die Weintrauben auf der kretischen Keramik dieser Zeit fehlen. Muß man denn glauben, die kretischen Künstler hätten so sehr der Logik und so wenig der Phantasie gehorcht? Das dürfte zu bezweifeln sein angesichts der außergewöhnlichen Mannigfaltigkeit der Krüge, Rhyta, Amphoren und Pithoi, die um 1530 v. Chr. hergestellt wurden. Erstmals erscheinen die Gefäße mit Scheinmündungen und Henkeln, die als Bügel beiderseits eines zentralen Knopfes angeordnet sind.

Noch später, in Spätminoisch I B, zwischen den beiden Katastrophen, die über die großen Zentren Ostkretas niedergingen, d. h. zwischen 1525 und 1450, wird der Florastil in der Keramik vom Meeresdekor verdrängt. Das bedeutet nicht, daß die Palmen, Safrane, Lilien, Blumen, Blütenblätter und Blätter ganz fehlen, aber meistens dienen sie wie die Sterne und Tropfen nur als zusätzliche Verzierungen. Der Zeichner interessiert sich vielmehr, oft nicht ohne Künstelei, für die Bewegung und die Anmut der Nautili, der Murexschnecken, Tritonmuscheln, Kraken, Seesterne und der Delphine, die zwischen den Felsen, Korallen, Algen und Seeigeln umherschwimmen. Die Tintenfische mit weitgeöffneten Augen und schiefem Körper entfalten ihre von Saugnäpfen starrenden Tentakeln nach allen Richtungen. Der Künstler wird mehr denn je zum Beobachter der lebendigen Natur, und er gibt sie in ihren Hauptmerkmalen mit ebensoviel Frische wie Kraft wieder. Ein Musterbeispiel dieser Gattung bleibt die Marseiller Kanne, die ein moderner Sammler in Ägypten kaufte und deren genaue Replik 1963 im großen Heiligtum von Zakro ausgegraben wurde. Die Pithoi für Flüssigkeiten oder Körner werden mit geschlängelten Streifen verziert, die entweder flach aufmodelliert oder eingeritzt werden.

Schließlich entwickelt Knosos nach der Zerstörung von Zakro, Gournia, Phaistos und den Villen Ostkretas unter Beibehaltung eines Teiles seines früheren Geschirrs gleichzeitig zwei Stile: der eine ist Knosos eigentümlich und wird »Palaststil« genannt, der andere findet sich auch auf dem Festland und ist eher mykenisch. Der erste entfaltete sich besonders auf den großen Amphoren. Sein Hauptmotiv ist die stilisierte Lilienblüte, aus der ein Fächer von Staubgefäßen herausragt, und deren seitliche Einrollungen an die späteren ionischen Kapitelle erinnern. In der Tat erscheint die Pflanze nicht mehr als zerbrechlicher und biegsamer Stengel, sondern als ein Architekturelement zwischen horizontalen Streifen aus Spiralen, Tropfen oder Wellen. Man hat den Eindruck, daß der Künstler die Wandgemälde nachahmt. Die anderen bevorzugten Motive sind auch tatsächlich die getrennten Halbkreise, Rosetten und Schnörkel, die die Gesimse oder die Wandfriese schmükken. Die Papyrusblüten, Kraken, Nautili werden noch verwendet, sind aber viel weniger natürlich, viel stärker vereinfacht und für unsern Geschmack mit etwas zuviel Symmetrie angeordnet. Manchmal wird auch der Bildhintergrund mit Wolken oder Phantasierocaillen überladen, was wie das übrige auf eine Art Erschöpfung der Einbildungskraft hinweist. Aber zur gleichen Zeit kommen verbreitet die hochfüßigen Becher, die schlankeren Bügelkannen, die Schüsseln mit weit geöffnetem Becken und kleinen seitlichen Henkeln in Mode, sowohl in Tylissos als auch in Nirou Chani, in Malia und in den Gräbern bei Knosos. Sie tragen neue Dekors, z. B. vereinfachte Vögel, gespreizte Blütenblätter, aus denen Fächer von Staubgefäßen herausragen. Diese Art Dekor erinnert durch seine Stilisierung an die Tiere oder die Blumen von Mykene. Und zweifellos drängten lange vor dem Ende des 15. Jahrhunderts Fürsten und Fürstinnen aus der Argolis ihren Geschmack den kretischen Künstlern auf. Abschließend können wir sagen, daß diese fast 200 Jahre lang den Boden und die Küsten Kretas mit nachdenklicher Liebe betrachten und ihre wesentlichen Merkmale mit starker Ausdruckskraft wiedergeben konnten, bis zu dem Augenblick, da sie es anderen überließen, sie zu inspirieren.

Man fühlt nirgends stärker als auf den Vasenbildern aus der Mitte des zweiten Jahrtausends die Freude der kretischen Maler am Leben, an der Bewegung, am flüchtigen Augenblick, an der Phantasie, kurz an der Freiheit innerhalb mehrere Jahrhunderte alter Konventionen und Formeln. Sie mußten mit flüssiger Farbe auf einen Gipsüberzug aus sehr feinkörnigem Kalk malen, der sorgfältig geglättet, manchmal einfach mit dem Nagel poliert und noch feucht bearbeitet wurde: die Malerei drang mehr oder weniger tief in den Überzug ein, der beim Trocknen kristallisierte und eine Härte bekam, die ihn befähigte, sogar in der feuchten Erde begraben, fast 100 Generationen zu überdauern. Obgleich der Künstler oft mit einem raschen Pinselstrich oder einer ganz leichten Einritzung die Hauptlinien seines Sujets skizzierte, mußte er beim Auftragen seiner Farben frischweg ohne Nachbesserung und wahrscheinlich mit beiden Händen arbeiten. Andere Konventionen verlangten, daß die weiblichen Hautpartien weiß, die männlichen rot dargestellt wurden, daß in einem Gesicht im Profil das Auge in Vorderansicht erschien, wobei die Schultern und der Rumpf sich auf dem Unterkörper zu drehen schienen, daß die Übereinanderstellung der Umzüge deren Parallelität anzeigte, daß die Gegenstände und Lebewesen ohne Schatten und die Gesichter ohne Falten waren. Wie seine orientalischen Vorgänger oder Vorbilder sah sich der kretische Künstler aufgefordert, auf einer Wand dieselben Motive zu wiederholen, in horizontalen Streifen zu komponieren, Wappentiere einander gegenüberzustellen und den Farben symbolische Werte zu verleihen.

Und dennoch verstand er es teilweise, sich von all diesen Konventionen freizumachen. Bestimmte Farben, wie das Schwarz und das Rot, die aus festeren Grundstoffen hergestellt wurden, drangen kaum in die Überzüge ein. Durch sie entging er den Zwängen der Porosität. Seine sehr reichhaltige Palette erlaubte ihm jähe Wechsel in den Hintergründen, Abtönungen in den Inkarnaten, eine neue Buntheit und ein neues Schillern in den Stoffen. Er verstand es, eine der Schultern der Figuren zu verkürzen und das ausgebreitete Profil zu verwenden, um die Illusion des Dreiviertelprofils zu erwecken. Er verstand es, in den Gesichtern, Kleidern und Körperhaltungen abzuwechseln. Er wußte auf ein und demselben Wandbild seine Figuren leicht zu staffeln und zu versetzen, um den Eindruck eines tiefer liegenden Raumes, ja selbst von Kulissen zu vermitteln. Er kannte die Kavalierperspektive. Er setzte von der Sonne lebhaft durchleuchtete Zonen, Meeresgründe oder Lichtungen, in Gegensatz zu Zonen mit dunklem Wasser oder schattigen Plätzen. Auf einem einzigen Bild stellte er die aufeinanderfolgenden Phasen eines Sprungs, des Herumreichens eines Bechers, eines Grabopfers dar. Den statischen Formen zog er die dynamischen vor, und in der Komposition seiner Gruppen sparte er immer einen leeren Raum aus, der mehr oder weniger mit dramatischer Spannung und Poesie ausgefüllt war. Springende, galoppierende, fliegende oder schwimmende Tiere, Menschen im Lauf oder Tanz, Pflanzen, die sich im Wind biegen, Tropfen sprühende Wasserfälle, lauter bewegte Bilder, lebende und belebte Wesen auf der ganzen Breite des Bildfeldes. Die Symmetrie ersetzte er durchgehend durch die Asymmetrie und die Antithese, die ja Merkmale des Lebens sind, die geraden Linien durch die Krümmungen und Windungen, die horizontalen durch die schrägen oder die Wellenlinien, die manchmal mit ihren lebhaften Farben den Bildgrund dicht durchziehen. Der Betrachter ist verwundert über ein solches Maß an schöpferischer Phantasie, ja oft fragt er sich auch, was der Künstler mit seinen Schweifungen oder Farbtupfern andeuten wollte: Felsen, Wellenbewegungen, Nebelschwaden, Kräuseln der Wasseroberfläche, Luftzug oder einfach Ausströmungen?

## *Malerei*

Seit 1959 ermöglichten die eingehenden Arbeiten von N. Platon, Helga Reusch, A. Caravella, T. Phanourakis und Mark Cameron[10] eine völlig neue und sicher getreuere Ergänzung der Fragmente der Wandmalereien, die Evans und die Brüder Gilliéron, zwei Schweizer Maler, vor 50 Jahren so kühn verschönt hatten. Außerdem wurde in sehr vielen Fällen die Chronologie berichtigt oder präzisiert. Man kann sagen, daß die gegenwärtige Tendenz der Forschung dahin geht, die von den ersten Archäologen zu hoch angesetzten Daten um mehrere Jahrhunderte herabzusetzen und der Kunst des Malers eine vielmehr religiöse als dekorative oder ästhetische Funktion zuzuerkennen. Dazu zwei Beispiele unter vielen anderen: man glaubt zu wissen, daß die berühmte »Pariserin«, wie Evans sie nannte, die jetzt mit mehreren Fragmenten in Verbindung gebracht ist, die Büste einer Göttin aus der Zeit zwischen 1500 bis 1450 war; sie trug im Nacken den heiligen Knoten. Wahrscheinlich war sie stehend dargestellt; sie war höher als 42 cm; sie stand einer andern Göttin gegenüber, die mit einem ähnlichen Mieder bekleidet war; zwischen ihnen konnte man zwei Zonen mit Priestern in langen Gewändern rekonstruieren; die einen saßen auf Schemeln, die andern standen und hoben Becher oder heilige Gefäße empor; die Gesamtkomposition schmückte die Mauern einer geräumigen Kapelle, der sechssäuligen Halle im oberen Stockwerk des Nordwest-Flügels des großen Heiligtums von Knosos. Ebenso handelt es sich bei dem Bild, das fälschlich als kleiner Prinz oder als Priesterkönig mit Lilienblüten bezeichnet wird, um ein bemaltes Stuckrelief, von dem wir nur noch den mit Lilien und Pfauenfedern geschmückten Hut, den Rumpf mit dem rechten angewinkelten Arm und einen ganz kleinen Teil des linken Armes, den Gürtel und den größten Teil des linken Beines besitzen. Mit der linken Hand zog er vermutlich an einer Leine ein Fabeltier, einen Greifen oder vielmehr eine gekrönte Sphinx, soweit man dies nach der völlig ähnlichen Darstellung beurteilen kann, die eine Elfenbeinlade ziert, welche 1887 in Mykene gefunden wurde (Nr. 2476 des Archäologischen Museums von Athen). Das war also kein Mensch, sondern ein Gott; er war von überlebensgroßer Gestalt; seine Brust zierten keine Juwelen, sondern Blüten, und er schritt mit seiner göttlichen Gefährtin zwischen Schilf, Lilien und Schmetterlingen in einer Art Elysischer Gefilde dahin. Der Stil erinnert an den der sogenannten Palastvasen, die nach 1450 entstanden. Die Fragmente dieses bemalten Reliefs wurden verstreut in einem Korridor am Südrand des Zentralhofes des knosischen Heiligtums entdeckt: eine zusätzliche Bestätigung – falls es einer solchen bedurfte – des religiösen Charakters dieses angeblichen Palastes. Und wie steht es mit den Greifen, die den göttlichen Thron im Westflügel umrahmen?

Zur Klassifizierung der sehr zahlreichen Szenen, die die Grabungen auf Kreta und auf den Inseln jedes Jahr zutage fördern, verfügen wir fast nur über den Vergleich mit der Vasenmalerei. Zunächst glaubt man zwischen 1600 und 1400 vier Stile oder vielmehr Moden unterscheiden zu können. Man nimmt an, daß die Miniaturmalereien, die in den beiden Sälen nordwestlich desselben Zentralhofes von Knosos gefunden wurden, der ältesten Phase angehören. Man erkennt darauf ein dreiteiliges Heiligtum, ringsum sitzende Priesterinnen, Scharen von Zuschauerinnen und Zuschauern, die durch einige kolorierte Profile auf kühne Art angedeutet sind, einen Olivenhain, Tänzerinnen, Soldaten, die Stöcke oder Schwerter schwingen. Aus dem ersten Abschnitt von Spätminoisch (zwischen 1570 und 1520) würden die Bilder aus dem »Freskohaus« südöstlich des Kleinen Palastes von Knosos, die Wandgemälde aus der »Karawanserei«, dem Quellheiligtum in Knosos, und die schönen Tierkompositionen aus dem Dorfe Akrotiri auf Santorin stammen. Auf Feldern, die von Felsbrocken übersät sind und auf denen Lilien, Iris, Safran und wilde Rosen wachsen, tummeln sich Schwalben, Rebhühner oder blaue Affen. Es ist bekannt, daß diese letzteren damals wie in Ägypten heilige Tiere waren und daß sie wahrscheinlich in Freiheit lebten, mindestens auf manchen Inseln des östlichen Mittelmeeres, wie es sie heute noch auf dem Felsen von Gibraltar gibt. Die menschlichen Figuren, die viel größer sind als die der ersten Epoche, erscheinen als Boxer und Akrobaten, die sich mit dem heiligen Stier messen, als Tänzerin im Bolero mit flatterndem Haar, als Soldaten von dunkler Hautfarbe, was ganz und gar nicht heißen will, daß es sich um nubische oder nigerianische Söldner handelt. Zwischen 1520 und 1450 würde man dann gerne die Darstellungen von Meerlandschaften, die Delphine oder die Kraken ansetzen, die zwischen Rötlingen, Algen und von Seeigeln bedeckten Felsen schwimmen; oder auch die fliegenden Fische oder die Argonauten. In diese Epoche datiert man auch die Figur der »Pariserin«, die so hübsch ist mit ihrem riesigen Auge, ihren geschminkten Lippen und ihrer aufgeworfenen Nase; ebenso die Damen in Blau – es handelt sich um drei Priesterinnen – aus einem Raum unmittelbar südlich der Nordosthalle des Heiligtums von Knosos; weiter die Dame in Rot unbekannter Herkunft; die Damen von Psira, Prasa und Agia Triada. Die Blumen werden deshalb nicht vergessen: in der Villa von Amnisos sind es weiße und rote Lilien, Jonquillen und Narzissen, die aus breiten, bikonkaven Ständern emporsprießen; im Westflügel des großen Heiligtums von Zakro schmücken große vierfarbige Rosetten einen Raum im oberen Stockwerk; im Lustrationssaal in der Nordostecke desselben Heiligtums sind es Blütenbüschel. In Agia Triada ist die Göttin der Natur dargestellt, wie sie zwischen einer Kapelle und einem felsigen Feld sitzt, das mit wilden Pflanzen bewachsen ist, in denen sich Vögel, ein Hase, eine Wildkatze und ein Stier bewegen. Auf die zweite Hälfte des 15. Jahrhunderts und den Anfang des 14. Jahrhunderts schließlich bezieht man die verschiedenen gemalten Gestalten im Prozessionskorridor von Knosos, die

Opfergabenträger in langem Gewand oder in gekreuztem Schurz, die, wie es scheint, von Norden und Süden kommend, einer Göttin entgegengehen; ebenso erinnert der berühmte Rhytonträger, der isoliert im Korridor westlich der Südpropyläen und nicht in diesen Propyläen gefunden wurde, wohin die Restauratoren ihn placierten, durch seine Kleidung und seine Haltung an die Malereien der ägyptischen Gräber von 1450 bis 1400, die die Tributpflichtigen aus dem Lande Keftiu darstellen. Der Steinsarkophag von Agia Triada, der in einem Keramikkontext aus dem 14. Jahrhundert gefunden wurde, wiederholt zum Teil die Themen einer Villa dieses Ortes: Prozessionszug von Opferbringern und Musikanten, Pferde, Opferszene, eingefaßt von zwei Rosettenstreifen.

Bei der Wiederherstellung all dieser Gemälde konnte man zu der Ansicht gelangen, die minoischen Künstler oder vielmehr die Teams, die an der Ausschmückung der Villen und Heiligtümer arbeiteten, hätten sich viel weniger für das Leben der Menschen als für das der Tiere und der Pflanzen interessiert. Für ein Volk, das von Grund auf ein Bauern- und nur gelegentlich ein Seefahrervolk war, hatte das Gedeihen auf den Feldern, der Wildreichtum, die Fruchtbarkeit der Natur im allgemeinen eine bei weitem größere Wichtigkeit als jeder andere Gegenstand. Sogar die Feste und Umzüge, die es veranstaltet, haben als Hauptziele die Beschwichtigung, das Anflehen und Herabrufen der Gottheiten, mit deren Hilfe die Blumen erblühen, das Vieh sich vermehrt, Wasser, Wein, Öl und Honig die Vorratskrüge füllen. Allem Anschein zum Trotz ist diese Kunst nicht zweckfrei. Sie hat zum Ziel, dem Opfer, dem Umzug, der Blüte und der Fruchtbarkeit ewige Dauer zu verleihen. In einer Ansammlung von Fragmenten einer Wandmalerei, die in der »Karawanserei« von Knosos gefunden wurde, glaubte man die Darstellung eines künstlichen Springbrunnens in einem vom Menschen nach durchdachtem Plan angelegten Garten zu sehen. Doch dies ist nicht der Fall. Man weiß jetzt, daß er einen natürlichen Wasserfall darstellt, ein unaufhörliches Rieseln in ein Becken, das die Brunnen ganz in der Nähe nicht versiegen lassen sollte. Bei dieser Suche nach der ewigen Jugend, dem ewigen Frühling zeigt die Kunst ein lächelndes Gesicht. Daher ist es nicht verwunderlich, daß den kretischen Künstlern soviel Phantasie und Kühnheit zugeschrieben wird. Es ist auch nicht verwunderlich, daß die Nachwelt, die an Humanismus oder Wissenschaft mehr interessiert war, nicht in ihre Spuren trat, und daß manche Modernen, verbildet durch die Vergleiche, die sie mit verschiedenen Klassizismen anstellten, den minoischen Gestalten mangelnde Strenge, lässigen Aufbau, wirre Bewegung, Unbekümmertheit um die anatomische Wirklichkeit, Unkenntnis des Volumens und der Dicke, Mißachtung der wirklichen Farben vorwarfen! Selbst wenn ein solcher Dynamismus nur eine geschickte Illusion ist, was tut's? Es ist die Illusion von einer glücklichen Welt, vielleicht die Illusion von einem halbgeschauten Paradies. Was tut's auch, daß diese Künstler im Schoße einer Welt von höchst männlichen Formeln und Konventionen das Spiel, die Jugend und die weibliche Anmut bevorzugten? Man kann nicht gleichzeitig freien und strengen Formen huldigen, in Gemeinschaften leben, die Frauenklöstern gleichen, und sich der Mathematik hingeben.

## *Architektur*

Die kretischen Architekten glaubten immer eher an die exakten Wissenschaften. Nicht nur, weil für die Aufrisse, Proportionen und statischen Berechnungen die Phantasie nicht genügt, sondern vor allem, weil sie sich mit zwei Kreta eigentümlichen Problemen auseinandersetzen mußten: Wie konnte man sich vor den Wirkungen der Erdbeben sichern? Wie der extremen Hitze des Sommers und der extremen Nässe des Winters entgehen? Sie verfügten zu diesem Zweck über Material, den Tripolitzakalk, der hart wie Eisen ist; über ein Maß, den Fuß von 30,36 cm, der in Sechstel unterteilt war – und über den Glauben an die Bedeutung der Orientierung.
Bei der Untersuchung einiger Gebäude in den Dörfern und Städten stellte man fest, daß sie, wenn sie nicht ganz aus Erdmauerwerk oder Astwerk bestanden, auf massiven und breiten Blöcken ruhten, die gut behauen und ohne Mörtel oder Verklammerung nebenein-

andergesetzt waren. Meistens waren sie aus grauem oder dunkelblauem, sehr feinkörnigem Kalkstein, ähnlich dem der Schleifsteine. Die Gewinnung, das Behauen und der Transport dieser Steine vom betreffenden Steinbruch aus setzte auf seiten der Werkmeister, die gleichzeitig Architekten waren, eine beachtliche Autorität und Organisationsgabe voraus. Bedenken wir nur, daß der Steinbruch von Pelekita eine Wegstunde nördlich von Zakro liegt, daß es keine Straße gibt und daß die Fundamente des großen Heiligtums aus Quadern von einer Tonne und mehr Gewicht bestehen. Zum Teil fand man die Straßen wieder, die von den Steinbrüchen von Skalani und Agia Irini nach Knosos, von Ampelouzos und Chalara nach Phaistos führten. Aber man muß annehmen, daß die Blöcke von Zakro übers Meer kamen und daß ein großer Teil der Fundamente und Säulenbasen aus Breccie von Phaistos auf dem Seeweg (von den Steinbrüchen von Lasaia und Lebena im Süden des Asterousia-Gebirges) importiert wurden. Die Orthostaten des großen Platzes von Malia waren übers Meer aus Ostkreta gekommen. Die Dünensandsteine der tyrrhenischen und nachtyrrhenischen Zeit, die man in den Grundmauern der schönsten Bauten von Malia antrifft, waren am Küstensaum, von Agia Pelagia bis Agia Varvara, zugehauen und teils auf dem Seeweg, teils mittels Holzrollen auf dem Landweg zum Bauplatz gebracht worden. Der antiken Sage zufolge stammten die Bruderschaften baukundiger Kyklopen aus Lykien, einem Land, das von den Kretern des Sarpedon kolonisiert wurde. Daidalos, der Architekt des Labyrinths, kam, so wird berichtet, aus Athen. Es ist anzunehmen, daß die Bauleiter, wenn sie nicht überhaupt aus fremden Ländern kamen, Ägypten bereist hatten, wo es seit dem 19. Jahrhundert v. Chr. ein Labyrinth gab, und ebenso Syrien, wo der Palast von Alalach in mehreren Einzelheiten den großen kretischen Gebäuden ähnelt. Und es ist auch anzunehmen, daß sie bei einem Ortswechsel ihre am höchsten spezialisierten Mitarbeiter mitnahmen. Auf den prächtigen Fundamenten errichteten die Baumeister Mauern aus Erdmauerwerk, Lehmziegeln, Bruchsteinen, die von kleinen Balken gehalten wurden, Sandstein, Kalkstein oder Gips, je nach dem Vermögen der Auftraggeber oder der Bestimmung des Gebäudes. Grundsätzlich waren die Krypten für den Kult der unterirdischen Gottheiten, die die Erde beben lassen, das Erdgeschoß für die Vorratsräume und die Werkstätten und das Obergeschoß für die Empfangs- und Wohnräume vorgesehen. Es wurde in die Höhe gebaut, im allgemeinen einstöckig, in der Stadt oft zwei- und dreistöckig. Holzfachwerk und Lehm fanden bei der Errichtung der Mauern breite Verwendung, um ihnen die größtmögliche Elastizität zu geben. Die Stabilität der Stockwerke wurde verstärkt durch Steinpfeiler aus übereinandergestellten Würfeln oder durch auf einem Steinsockel ruhende Holzsäulen. Bei einem Erdbeben von geringer Stärke brauchten die in den oberen Teilen des Gebäudes sich aufhaltenden Bewohner nicht zu fürchten, unter starren Mauern begraben zu werden. Ein Außenverputz aus Ton gab den Wänden außer der Undurchlässigkeit eine zusätzliche Geschmeidigkeit. Ein Anstrich auf Kalkbasis zusammen mit einem Gipsstuck bedeckte die Innenwand der Prunk- oder Kulträume. Der trockene Gips ermöglichte die dekorative Malerei, die mit ihren Streifen und Feldern noch eine Architekturillusion im Innern der Architektur schuf. Das Dach, manchmal von einer kubischen Laterne durchbrochen, war eine ebenfalls aus Holz, Geäst und verschiedenen Lehmarten hergestellte Terrasse. Die Teilchen, die sich schon beim ersten Erzittern des Bodens lösten, warnten die Bewohner und ließen sie so schnell wie möglich das Weite suchen. Das minoische Haus, das sich oft an den Hang eines Hügels lehnte, besaß mehrere Eingänge in verschiedenen Höhen, einen z. B. im Hof, einen an der Straße, im Erdgeschoß und im oberen Stockwerk. Es macht nicht den Eindruck eines würfelförmigen Blocks, sondern eines mit Verstand gegliederten Ganzen. Seine Asymmetrie, die in Grundriß und Aufriß so offenkundig ist, angefangen vom unebenen Boden bis zu den verschiedenen Terrassen, in der seitlichen Anordnung der Türen und Öffnungen oder im Spiel der Innentreppen, ist ein Lebensprinzip oder vielmehr ein Prinzip geschmeidiger Organisation, das wir schon in anderen Künsten, in der Keramik und der Malerei, feststellten.

Es war naheliegend, mit Evans an die willkürliche, ausknospende, chaotische Entwicklung der großen kretischen Heiligtümer zu glauben, die man bis vor kurzem »Paläste« nannte, eine Entwicklung, die von mehr oder weniger zweckbestimmten Gebäudekomplexen ausgegangen wäre. Heute wird eine ganz gegenteilige Wahrheit erkennbar: die Heiligtümer oder religiösen Gemeinden, die man in Phaistos und Knosos ausgrub, waren schon zu Beginn des zweiten Jahrtausends v. Chr. als ausgedehnte organische Komplexe geplant. Die Architekten, die den Plan dazu gezeichnet und die sie streng nach den Himmelsrichtungen ausgerichtet hatten, wollten schon eine Westfassade mit Sägezackenmauer, gepflasterte Höfe, davon einen rechteckigen Mittelhof mit einer Kolonnade, »Theaterplätze« mit Stufen, monumentale Pforten, Kapellen mit Wandbänken, Purifikationssäle, Magazine oder Vorratsräume und verschiedene Wohnräume, deren wichtigste im oberen Stockwerk lagen. In Malia und in Zakro legten die Ausgräber eine ganze Reihe von Räumen frei, die älter sind als die um 1600 erbauten Heiligtümer. Die jüngsten Mauern sind häufig unmittelbar auf ältere Mauern aufgesetzt, deren Hauptverlauf sie beibehalten. Auch wenn die Erbauer der neuen Gebäude örtlich das Werk ihrer unmittelbaren Vorgänger vergrößert, neu geordnet und verbessert haben, ist es kein Zufall, daß sie z. B. in Zakro und Malia dem Westflügel genau 100 Fuß Breite gaben und daß die Mittelhöfe mit Portiken von Phaistos und Malia kurioserweise die gleiche Fläche haben, 170 × 80 Fuß, wobei ein Fuß 30,36 cm mißt. Zweifellos ist es heute, nach so vielen Restaurationen und Umbauten in alter und neuer Zeit und auch wegen der vielen Mauervorsprünge schwierig, den großen Hof von Knosos auszumessen. Aber die Breite, mißt man wie auch bei den drei vorhergenannten Heiligtümern vom Portikus bis zur gegenüberliegenden Mauer, beträgt 27,32 m oder 90 Fuß, und die größte Länge scheint 54,64 m oder 180 minoische Fuß gemessen zu haben. Die Fassade der Magazine zum Westhof hin mißt genau 200 Fuß (60,72 m). Dies sind bewußt gewählte, überlegte Proportionen. J. Walter Graham konnte sogar nachweisen, daß in Malia und Agia Triada der Zwischenraum zwischen zwei Säulen regelmäßig 14 Fuß beträgt und daß die Dicke der verschiedenen Basen an diesen beiden Orten und in Phaistos die Teilung des Fußes in Halbe, Drittel und Sechstel voraussetzt.

Hinzuzufügen ist noch, daß die Architekten wahrscheinlich über eine Elle von 49 cm und ihr Doppeltes, 98 cm, verfügten, wie dies bei der Messung der Orthostaten des großen Platzes von Malia festzustellen ist.

Auf das Konto dieser Schöpfer kann man mehrere Neuerungen in der Architektur setzen, die die kretischen Denkmäler von allen anderen unterscheiden. Es handelt sich nicht um das Vorhandensein eines Mittelhofes noch um die große Zahl der Vorratskeller, noch um die großartigen Treppen, noch um die Bedeutung der Lauben und Maueröffnungen mit Mittelsäule, durch die die Paläste und Heiligtümer Kretas teilweise denen von Syrien gleichen, ohne daß man genau wüßte, welches Land das andere imitierte. Es handelt sich auch nicht um die Existenz von Sälen, deren Decken von Säulen getragen werden, wie man sie in Malia unter der Erde, in Zakro und in Knosos im Erdgeschoß, in Knosos und in Phaistos im Obergeschoß fand, denn Ägypten konnte hier oder dort die Idee geliefert haben. Nein, es handelt sich vielmehr um die Lichtschächte, die zur Beleuchtung der im Innern verborgenen Räume bestimmt waren. Es handelt sich auch um das sogenannte »kretische Megaron«, das ein mit Fliesen ausgelegter Saal ist, nach zwei aufeinanderfolgenden Seiten hin weit geöffnet, mit einem rechtwinkligen Portikus. Es war als ein Aufenthaltsraum im Sommer gedacht, der nach Westen oder Norden ausgerichtet war, so daß er den geringsten Lufthauch aufnehmen konnte. Es handelt sich schließlich um das, was die Archäologen »Polythyra« nennen, d. h. Räume, in denen eine oder mehrere Wände durch nebeneinanderliegende Türen ersetzt sind. Diese Öffnungen können je nach der Jahreszeit offengelassen oder versperrt werden, und sie ermöglichen die Erhaltung der wünschenswerten Temperatur. Fügt man diesen Vorrichtungen einige uns bekannte Beispiele von Mauern mit doppelten Wänden hinzu, so müssen wir anerkennen, daß die kretischen Architekten nicht nur gute Städtebauer oder Erbauer großer Komplexe waren, sondern auch Techniker, auf Komfort und Behaglichkeit für die Bewohner bedacht.

Es sind auch die Verfeinerungen zu berücksichtigen, mit denen jeder gute Arbeiter sein Werk kennzeichnet (ebenso wie jede Kultur). Zu dieser Kategorie gehören die Fliesenbeläge, die Wandverkleidungen, die Kanalisationen. Das klassische Griechisch hat von der vorgriechischen Welt, der pelasgischen oder der minoischen, mehrere Begriffe der Architektur und des Bauwesens geerbt, ganz abgesehen von den Maßbezeichnungen, die von der Bewunderung der Neuankömmlinge für die Kultur der Inseln zeugen: megaron, »das Wohnzimmer«, thalamos, »das innen gelegene Zimmer«, plinthos, »der Ziegel«, asaminthos, »die Badewanne«, kamara, »das Gewölbe«, kaminos, »der Ofen«, chalix, »der Kalk«, solen, »das Rohr«, tursis, »der Turm«, tholos, »der Rundbau«. Gips und Alabaster dienten in den prächtigsten Räumen in Form dünner Platten als Bodenbelag oder als Verkleidung des unteren Teils der Innenwände und der Seitenteile der Vorhallen. Aus Gips waren ebenfalls die Throne und die Monumentaltreppen. Meistens war der Fußboden mit Platten aus grünem Schiefer belegt, mit Fugen aus rotem Anstrich, ein erster Versuch eines Mosaiks aus breiten Einzelelementen oder eines regelmäßigen Karomusters. Die oberen Partien waren mit verschiedenen Mörtel- und Gipsarten verkleidet. Diese empfindlichen Bestandteile, von denen manche, wie der Gips, sich im Regen auflösen, mußten geschützt werden; man kann sich deshalb denken, wieviel Sorgfalt man auf die durch Ton wasserundurchlässig gemachten Dachdeckungen und die Stützen dieser schweren Dächer, die doppelten Türpfosten und die hölzernen Innensäulen verwandte. Diese bestanden aus einem umgekehrt aufgestellten Baumstamm, im allgemeinen dem Stamm einer Zypresse, dessen dünnerer Teil auf einem Würfel oder einer Scheibe aus hellem Stein ruhte, während der dickere, von einem geschnitzten Kapitell aus Holz gekrönt, die Balken stützte. Das Ganze war bemalt und gefirnißt. Manchmal ging der Baumeister in der Ausstattung soweit, daß er unter dem Fliesenbelag und sogar unter den Säulenbasen eine Bimssteinschicht auslegte, die jegliche Feuchtigkeit aufnehmen sollte. Die Kanalisationen, die von allen Besuchern der Villen von Tylissos oder des Ostflügels des großen Heiligtums von Knosos bestaunt werden, leiteten das Regenwasser und die Abwässer ab; es gab sie bald als stumpfkegelige, ineinandergesteckte Tonröhren, die unter den Fliesen durchliefen, bald als sich verbreiternde Steinrinnen, bald als den Wänden entlanglaufende Rinnsteine mit sehr ausgebauchtem Profil, die verhindern sollten, daß das Wasser die Basis der Mauern angriff und die Stufen der Monumentaltreppen in Kaskaden verwandelte. Auf einer Insel, die im Sommer etwas feuchter als heute und im Winter sehr feucht war, setzte der Architekt sein Können dafür ein, Mensch und Tier weniger vor der Sonne als vielmehr vor den Auswirkungen des Regens und des Nebels zu schützen. So gut wie von der klassischen Kunst kann man von der minoischen sagen, sie habe keinen Schmuck, der einzig und allein um der Ausschmückung des Bauwerks willen angebracht sei. Die Elemente, die beim Bau notwendig waren, etwa um ein Gebäude zu stützen oder zu decken, wie die Säule oder das Dach, gewinnen schon allein durch ihre Proportionen Anmut. Zum ersten Mal in der Geschichte Europas ist hier der Mensch das Maß aller Dinge.

Vielleicht gaben die kretischen Architekten ihrem Sinn fürs Monumentale, ihrem schöpferischen Geist und ihrer Bemühung um technische Perfektion bei der Errichtung der großen Grabmäler am besten Ausdruck. Seit dem Ende des dritten Jahrtausends bargen mehrere hundert kreisförmige Bauten mit Kuppeldach die Toten der verschiedenen Sippen Ostkretas[11]. Am zahlreichsten fanden sich diese »Tholoi« oder Rundbauten in den Asterousia-Bergen und am Rand der großen Mesara-Ebene. Die Mehrzahl dieser Gemeinschaftsgräber, den zeitgenössischen Grabhöhlen nachgebildet, waren in den Abhang der Hügel eingehauen. Die meist aus Füllsteinen, d. h. aus Schotter und Bruchsteinen mit Tonbindung bestehenden Mauern erhoben sich in der Technik der Vorkragung, wobei die Krümmung vom Bodenniveau ihren Ausgang nahm. Es ist sogar möglich, aber nicht bewiesen, daß bei den kleinsten nur die Basis aus großen, grob behauenen Blöcken gefügt wurde und daß der Überbau, von dem keine Spur mehr vorhanden ist, ein schlichter Kegel aus Erdmauerwerk war, wie man sie noch heute in den Gegenden von Aleppo und Harran, in Nordsyrien und bei den Erben der Hurriter aus Mitanni antrifft. Aber schon die Kühnheit der Erbauer schien bemerkenswert: der durchschnittliche innere Durchmesser dieser Gebäude betrug 8 bis 9 m, er konnte aber bis zu 13 m erreichen. Mehrere setzten die Tradition fort, wie die von Kamilari und Fourni bei Archanes; sie bestanden aus einem reinen Steingewölbe, das auf einem Sockel von großen Platten ruhte, und wurden in der Epoche der ersten Paläste zwischen 1900 und 1800 gebaut, mit Vorräumen und Seitenkammern ausgestattet und bis zum Niedergang der Zweiten Paläste oder bis zum Beginn der mykenischen Epoche benutzt. Aber die Originalität der Baumeister des minoischen Goldenen Zeitalters ist eine dreifache: schon am Ende von Mittelminoisch, um 1600 bis 1580, verstanden sie es, wie im Tempelgrab von Knosos, über der hypostylen Krypta und der Grabkammer einen Säulensaal für den Kult zu errichten. Sie ersetzten die mehr oder weniger brüchigen Füllsteine ihrer Vorgänger durch ein richtiges Mauerwerk aus sorgfältig aneinandergefügten und überarbeiteten Steinquadern; sie lieferten der ägäischen Welt das Vorbild großartiger und in hohem Maße strukturierter Monumente mit einem langen Korridor oder Dromos, einem Vorraum mit Seitennischen, einer runden oder viereckigen Innenkammer, die aber von einer Kuppel aus überkragend angeordneten Steinen überdacht war.

Offensichtlich waren solche Gebäude nur den Fürsten und den höchsten geistlichen Amtsträgern vorbehalten. Das war der Fall beim Kuppelgrab von Kephala nördlich von Knosos, auf halbem Wege zwischen den Nekropolen von Zafer Papoura und Isopata[12]. Es war nicht wie die berühmten Gräber von Mykene in den Hügelabhang eingegraben. Aber mit seinen parallelen Lagen von Kalkstein und Gips, der Bienenkorbform seiner Wölbung und der Anordnung seiner Türstürze diente es ihnen als Vorbild. Die beiden rechteckigen Kammern, die auf den Korridor gehen, haben nur in Kreta selbst eine Entsprechung, beim Königsgrab von Isopata, das nach einem Plateau 2,5 km nordnordwestlich von Knosos benannt ist. Vor seiner Zerstörung im Jahre 1941 umfaßte es einen mit starkem Gefälle in den Fels aus weichem Kalkstein gegrabenen Korridor von 24 m Länge und ungefähr 2 m Breite, einen überwölbten und an jedem Ende geschlossenen Vorraum und schließlich eine große rechteckige Kammer von 7,85 m auf 6,07 m aus regelmäßigen Quadern, die aufgrund ihrer Zeichen an den Anfang des 16. Jahrhunderts datiert werden konnten. Nach Evans und Fyfe hätte sich das Gewölbe in Kielform bis zu einer Höhe von 8 m erhoben, was eine riesige Erdaufschüttung zur Befestigung vorausgesetzt hätte. Das Beispiel kleinerer Gräber aus dem 14. Jahrhundert mit ähnlichem Plan, die beim antiken Ugarit in Syrien ausgegraben wurden, berechtigt zu der Annahme, die Grabkammer von Isopata sei von einer bescheideneren Kuppel überdacht gewesen, die jedoch ein System von Trompen aufwies, was ein sehr fortgeschrittenes architektonisches Können voraussetzt. Zu bemerken ist auch, daß der Korridor und die Vorhalle mit ihren Seitennischen sich schräg zur Grabkammer angliederten, wie um mit der Schwierigkeit der Orientierung in der ausgehöhlten Hügelflanke zu spielen: der Korridor blickte nach dem Sommersonnenaufgang und die eigentliche Grabkammer nach dem Frühlingssonnenaufgang. Dieses Grab diente zu verschiedenen Bestattungen, wovon eine am Ende des 15. Jahrhunderts und eine andere am Ende des 12. Jahrhunderts erfolgte. Die griechische Überlieferung behauptete, hier ruhe der König Idomeneus.

Die Ursprünge solcher monumentaler Grabstätten, die in den Fels gegraben waren oder auch nicht, die ein Kuppeldach hatten oder auch nicht, sucht man bald in Ägypten mit seinen unterirdischen Gewölben, bald in Syrien mit seinen Kuppeln. Ist es nicht natürlicher und einfacher, der beständigen Vervollkommnung der kretischen Architektur von 2500 bis 1500 v. Chr. die Schöpfung von Denkmälern zuzuschreiben, die so eigenständig sind, daß man nirgendwo wirkliche Vorbilder dafür findet? Das Ideal, das diese Schöpfer oder ihre Herren beseelte, war der Glaube an eine harmonische und ewige Welt nach dem Tode, von der allein die heiligen Höhlen oder das Gewölbe des gestirnten Himmels eine Vorstellung auf Erden vermitteln konnten.

## *Bildhauerkunst*

Oft wird den Künstlern eines Landes, das so reich an Steinen und Metallen war, vorgeworfen, die große Bildhauerkunst nicht gekannt oder nicht gepflegt zu haben. Dies ist ein berechtigter Vorwurf, wenn man die ganz geringe Zahl der minoischen Werke, die bis auf uns gekommen sind, bedenkt und vor allem wenn man sie mit den Meisterwerken der Ägypter, Babylonier, Hethiter usw. vergleicht. Wir besitzen nicht viel mehr als einen Kopf aus weichem Kalkstein, den R. Hutchinson 1935 in einem als Grabstätte dienenden Felsüberhang in Monasteriako Kefali auf der Akropolis, die sich westlich von Knosos erhebt[13], fand, ein Model für den Guß mit »verlorener Form«, das 1953 in den Ruinen des ersten Palastes von Phaistos entdeckt wurde und das zum Guß einer Bronzehand in natürlicher Größe diente[14], verschiedene mehr oder weniger zerbrochene und fragmentarische Tonstatuetten, die man in den verschiedenen Gipfelheiligtümern (Petsofa, Xykephalo, Kofinas) fand und von denen manche zwischen 80 cm und 1 m hoch gewesen sein mußten. Aber andererseits sind die großen, kretisch gekleideten Tonstatuen, die von Caskey 1961 in Keos entdeckt wurden, nicht ohne minoische Vorbilder verständlich. Desgleichen stellen die großen Terrakottaidole – eines davon ist männlich – aus mykenischer Zeit, die 1958 im großen Feldheiligtum von Kannia bei Gortyn ausgegraben wurden, eine Fortsetzung und nicht einen Anfang dar. Mehr noch, wir besitzen das Unterteil eines Steinidols, dessen Körper durch seine Kleider ganz aufgebläht ist und das im Palast von Agia Triada gefunden wurde. Man hat alle Veranlassung, zu glauben, daß der große Saal im ersten Stockwerk in Knosos, der unmittelbar nördlich der Halle der Doppeläxte, also im Herzen des Ostflügels des großen Heiligtums, liegt, eine riesige Göttinnenstatue beherbergte, die etwa 2,80 m hoch war: Evans fand in der Nähe eines Klumpens verkohlten Holzes drei lange bronzene Haarlocken und ein Weihedoppelhorn. Malerei und Glyptik geben verschiedene Idole von menschlicher Gestalt wieder. Die Überlieferung schrieb Daidalos, dem Bildhauer und späteren Feind des Minos, die Schöpfung einer großen Zahl von

Holzstatuen zu. Man muß also annehmen, daß die minoische Bildhauerkunst im Unterschied zu den zeitgenössischen Bildhauerkünsten äußerst vergängliche Materialien wie Holz, Knochen, Ton, Gips, weichen Kalkstein verwendete und daß ihr Verschwinden seinen Grund darin hat, daß sie zugleich feiner, lebendiger und weniger Schrecken erregend war als die andern, kurz, daß sie eine größere Nähe zum Menschen als zum Ungeheuer oder zum Gott hatte.

## *Kleine Kunstwerke aus Bronze, Elfenbein, Steatit, Fayence, Gold*

Diesen Eindruck vermitteln auch zahlreiche kleine Meisterwerke aus Bronze, Elfenbein, Steatit, Marmor und Fayence, die jedes Jahr aus den minoischen Villen oder Gräbern ausgegraben werden. Die Plastik erreicht ihren Höhepunkt in Kreta zwischen 1600 und 1450 mit den Bronzestatuetten von Adoranten zum Beispiel, die in nach hinten geschwungener Haltung den linken Arm am Körper halten und die rechte Hand in einer Art militärischem Gruß zum rechten Teil der Stirn führen; oder auch mit den Fayence-Figurinen, die in den Krypten der Zentralkapelle des großen Heiligtums von Knosos gefunden wurden; die größere, deren Arme und Taille von Schlangen umwunden sind, stellt die Muttergöttin dar; die kleinere, die Tochtergöttin, schwingt in ihren ausgestreckten Händen je eine Schlange; aus ihrem enganliegenden Mieder quellen ihre nackten Brüste hervor; oder auch mit dem Stierspringer aus Elfenbein von Knosos, der im Augenblick seines gefährlichen Sprungs über den Körper des Stieres dargestellt ist: bewundernswert ist die Wiedergabe der anatomischen Einzelheiten, die extreme Längung der Glieder, die Freiheit, mit der eine augenblickliche und außergewöhnliche Bewegung des menschlichen Körpers ausgedrückt wird. Eine Elfenbeintruhe aus der Nekropole von Katsaba zeigt das Einfangen eines wilden Stiers. Wir erwähnten schon die Rhyta oder plastischen Gefäße mit einem Loch, die Stier- oder Löwinnenköpfe, manchmal eine Muschel darstellen, und wir beschrieben die berühmten Steatitbecher von Agia Triada, auf denen Box- und Stierkampfszenen, Szenen von der Heimkehr der Schnitter und der Überreichung großer Tierhäute an einen jungen König mit dem Szepter in der Hand abgebildet sind. Der Steatit, der ein natürliches Magnesiumsilikat von weicher und seifiger Beschaffenheit ist, ermöglichte es dem Bildhauer, der solche Gefäße herstellte, eine große Zahl von Opferszenen und Kultlandschaften wie etwa Bergheiligtümer darzustellen und auf einer großen Anzahl, wenn nicht auf allen, einen Goldüberzug anzubringen. Wir besitzen auch damaszierte und niellierte Dolchklingen von kretischer Arbeit, die in Mykene gefunden wurden. Die Goldgravierer arbeiteten um 1450 in entsprechendem Sinn. Der zweifellos bemerkenswerteste aus einer Menge von Ringen stammt aus einem der Kuppelgräber von Fourni bei Archanes; man sieht darauf die große Göttin, wie sie zwischen zwei in Bewegung dargestellten Helfern schreitet; der eine zieht die Zweige eines Baumes über eine Umfassungsmauer, der andere umfaßt kniend einen Krug. Merkmale all dieser plastischen Darstellungen bleiben trotz der von den angewandten Techniken und den Modeeinflüssen bedingten Unterschiede ziemlich konstant: Modellierer, Ziselierer und Gravierer ziehen der großen Gestalt die kleine, dem Detail die rasche und kraftvolle Skizze, der massiven Form die Leichtigkeit und Grazie, der geraden Linie die Krümmung, der Unbeweglichkeit das Unmittelbare und Augenblickliche, den Einzelfiguren die belebten Kompositionen vor. Wie in allen klassischen Epochen stellt sich ein Gleichgewicht ein zwischen der Beobachtung der Wirklichkeit und der idealen Vorstellung. Aber das Besondere der minoischen Klassik bleibt der allgemeine Eindruck von jugendlicher Schlankheit, Geschmeidigkeit und Zartheit, den sie vermittelt.

## *Glyptik*

Die minoische Glyptik brilliert im östlichen Mittelmeerraum durch die Originalität ihrer Embleme oder ihrer Engramme, durch den Reichtum und die Genauigkeit ihrer Gemmen, durch die elegante

Schlichtheit ihrer kleinen Genreszenen, durch die Kühnheit ihrer Schöpfungen. All diese Leistungen machen die Gravur der Siegel, Stempel und Ringköpfe zu einer so charakteristischen, so lange unnachahmlichen Kunst, daß man darin *die* Kunst der Kreter sehen könnte. Jeder ihrer Abdrücke scheint nicht nur die Signatur einer Einzelperson, sondern die Signatur Kretas selbst zu sein. Trotz der eingehenden Studien so erwiesener Spezialisten[15] wie F. Matz, H. Biesantz, A. W. Persson, V. Kenna, A. Sakellariou und Sarnion bleibt die Klassifizierung und Datierung der Siegel ebenso wie der Ringe schwierig. Das liegt zweifellos am streng persönlichen Charakter der Schmuckstücke. Das liegt auch an der in doppelter Hinsicht konservativen Einstellung der Künstler und Juwelenbesitzer. Die Handgriffe und das Werkzeug, Säge, Bohrer, Hohlmeißel, Flachmeißel, Punze, Molette, Röhrenbohrer, wurden ebenso wie die kleinen Kunstgegenstände ohne Veränderung von einer Generation an die andere weitergegeben. Fortgesetzt liest man in den Häusern und Gräbern, die man anhand der Keramik in relativ späte Perioden datiert, viel ältere Schmuckstücke auf. Man kann sagen, daß man zwischen 1600 und 1350 v. Chr. mindestens vier zum Teil gleichzeitige Gravurstile unterscheiden kann, den naturalistischen Stil, der in der vorangegangenen Periode aufkam, den dekorativen oder ornamentalen Stil, der an den »Palaststil« der knosischen Keramik (um 1450 bis 1400) erinnert, den abstrakten oder schematischen und den talismanischen Stil. Und wir müssen vor allem erkennen, daß die Kunst der Siegelgravur in Kreta auf drei großen Prinzipien beruht: sie lehnt die gerade Linie ab und zieht ihr die Krümmung, den Kreis, die Spirale, die Windung, kurz, die Bewegung vor; sie stellt nicht wie die orientalische Kunst ihre Figuren nebeneinander, sondern ordnet sie zu einem organischen Ganzen, das zentriert und dem auszuschmückenden Feld gut angepaßt ist: sie ist eine synthetische Kunst; sie vermeidet, was auf dem Kontinent geschätzt war, die absolute Symmetrie, die einfache Wiederholung, das Pyramidenförmige und das Geometrische und sucht das Unerwartete, das Eigene, den originalen und geheimnisvollen Wesenszug, kurz das, was wir mit einem Wort »Poesie« nennen.

Zu Beginn des 16. Jahrhunderts v. Chr. wurden die kretischen Siegel, die sich zum Teil aus den Zylindern des Vorderen Orients ableiteten, platter und flacher, um die Form von Scheiben, von Etuis mit zwei scharfen Kanten, von bikonvexen Linsen oder breiten Mandeln anzunehmen. Man nennt sie in diesen beiden letzteren Fällen Lentoide oder Amygdaloide. Die Röhren, Prismen, Würfel und die polygonalen Formen der vorhergegangenen Epoche werden allmählich aufgegeben. Neben den Steinsiegeln, die man auf eine Lederschnur gefädelt um den Hals oder das Handgelenk trug, gab es damals Ringe oder vielmehr richtige Siegelringe aus Metall oder Stein, deren Kopf verschiedene Formen, ovale, runde oder polygonale, annahm. Im allgemeinen besitzt man von diesen Siegeln nur noch die Abdrücke auf Ton, die über die Ruinen der Villen und der Heiligtümer verteilt sind. Die auf die Gravur verwandte Sorgfalt und das Material, aus dem die Siegel geschnitten oder manchmal geformt waren, richten sich nach zwei Arten von Kunden. Den Priestern und Fürsten, die die führenden Klassen bilden, sind die härtesten Steine, Edel- und Halbedelsteine, die seltenen Metalle in sorgfältiger Arbeit und Zeichnung vorbehalten. Für das gemeine Volk, das nicht so anspruchsvoll ist oder nicht so gut bezahlt, taugen die gewöhnlichen Materialien, wie Steatit, Serpentinit und Schiefer, die Serienfertigung, die verhältnismäßig groben Figuren und die konventionelle Arbeit mit ihrer Häufung von Kreisen, Halbmonden und Punkten. Diese Feststellung macht man schon in der Nekropole von Sfoungaras am Ende von Mittelminoisch.

In derselben Epoche findet man auch, jedoch sehr selten, abstrakte oder symbolische Darstellungen von Häuser- oder Tempelfassaden und einige Schiffe in Halbmondform. Das Motivrepertoire räumt menschlichen Modellen nur einen bescheidenen Raum ein. Kaum, daß man auf den Stempeln und den Siegelabdrücken der großen Heiligtümer eine anthropomorphe Göttin und ihre Adorantinnen oder Begleiter sieht. Meist lassen sich die Künstler von Szenen aus dem Leben der Tiere inspirieren. Delphine, ein zwischen Algen schwimmender Papageifisch, fliegende Fische, in Gesellschaft segelnde Schwäne, Widder, von einem Pfeil verwundete Ochsen, eine Kuh oder eine Ziege, ihr Junges säugend oder leckend, beherrschen die Bildmitte. Oder aber die Tiere stehen einander gegenüber, mit dem Effekt dramatischer Spannung: ein Steinbock z. B., der auf einem überhängenden Felsen steht, trotzt einem Hund, der, Kopf und Schwanz hochgereckt, zu ihm hinaufbellt. Stiere fliehen vor den Treibern. Ein Siegel von Knosos zeigt den Matrosen eines kleinen Schiffes im Kampf mit einem Meerungeheuer, einem Flußpferd oder Leviathan. Um welches Thema es sich auch handelt, die Achsen der Figuren neigen sich nach allen Richtungen. Der naturalistische Stil hält das Tier in einer typischen Haltung, in einer Art Momentaufnahme fest, wie es weidet, den Kopf dreht oder zurückwirft. Er versteht es, das Spiel der Muskeln, die Anmut und Knappheit der Gebärden, die Lebhaftigkeit der Bewegungen mit geschmeidigem und genauem Strich auszudrücken. Die Einzelheiten werden durch eine zarte Modellierung der Oberfläche des Schmuckstückes wiedergegeben. Es hat indessen den Anschein, daß in der Glyptik wie in der Malerei die anatomische Richtigkeit dem Streben nach Dynamismus und Schwung geopfert wird. Es kann sogar sein, daß sich die Gravierer von großen Gemäldekompositionen, die viel freier sind, beeinflussen lassen. Im übrigen wird man die Geschicklichkeit von Künstlern bewundern, die imstande sind, auf runden und gewölbten Oberflächen von weniger als einem Quadratzentimeter Kompositionen mit mehreren Figuren unterzubringen. Es ist fast sicher, daß die Siegelgravierer mit Lupen arbeiteten: in einem knosischen Grab vom Ende von Mittelminoisch fand man Linsen aus Bergkristall.

Der Wunsch, ihren Stil abzuwandeln, und die den Kretern eigene Phantasie bringen eine Vielzahl von Tierungeheuern auf die Siegel: geflügelte Genien, die mit den anatolischen Greifen und Sphingen wetteifern, Dämonen mit Hunde-, Ziegen-, Bocks- oder Stierköpfen, Vorläufer der Chimäre oder des Minotauros, Vögel mit Frauenköpfen, Vorläufer der Sirenen oder Harpyien. Die Landschaft, sowohl die der Erde wie die des Meeres, die bis dahin typisch kretisch geblieben war, nimmt phantastische Züge an: die geflügelten Löwen durchqueren öde Landstriche, wo die Umrisse befestigter Städte sich abzeichnen. Der Minotauros, dargestellt auf einem Siegel aus grünem Basalt aus Lakedaimon, das in der Höhle von Psychro gefunden wurde, wirft seinen menschlichen Körper über seine Hörner zurück, während im Bildfeld ein 8-förmiger Schild und ein von einem Stengel durchkreuztes Dreieck, zwei gleichfalls religiöse Symbole, schweben. Um 1500 behauptet sich die heraldische Tendenz. Die Tiere mit Doppelkörper werden zahlreicher, ebenso die Genien, die Gefäße, Hirsche oder Stiere transportieren. Ein Siegelabdruck aus dem Heiligtum von Knosos, der sich mehrere Male auf Ton wiederholt, zeigt die Berggöttin, wie sie auf dem Gipfel einem zurückgebeugten Adoranten gegenübersteht. Zu beiden Seiten der Göttin stützen zwei Löwinnen, ähnlich denen des Tors von Mykene, ihre Tatzen auf den Abhang der Felsen. Hier wie sonst ist es das Siegel selbst, und nicht sein Abdruck, das als das richtige Bild verstanden wird. Der Adorant, der links steht, grüßt die Göttin mit der rechten Hand; diese streckt den rechten Arm mit dem Szepter aus. Ihr Heiligtum läßt seine zwei Stockwerke aus Doppelhörnern im rechten Teil des Bildfeldes aufragen. Wie jede Kunst, so hat auch die Glyptik ihre Konventionen und Zwänge.

Während des 15. Jahrhunderts v. Chr. verändert sich die Form der Siegel und Stempel kaum. Der Geschmack der Kunden oder die Mode hält an den schmalen Mandeln oder den runden Linsen aus Chalzedon, Jaspis, Achat oder Karneol fest, die nur einseitig graviert sind, ebenso an den Siegelringen mit ovalem Kopf. Zahlreiche Abdrücke, die im großen Heiligtum von Knosos gefunden wurden, stammen von Ringen dieser Form. Es sei immerhin ein zaghaftes Wiedererscheinen des seitlich abgeplatteten Zylinders im selben Heiligtum zwischen 1450 und 1400 vermerkt. Die Gravur wird äußerst fein und leicht, die Umrisse der Körper werden fast fließend, aber die Künstler deuten, zweifellos unter dem Einfluß der Heraldik, nicht mehr so stark die Muskulatur an. Die Zeichnung, obwohl sehr rein, neigt zur Stilisierung. Die Modellierung betont die Rundungen. Man sucht die lebhaften Kontraste von Licht und Schatten, besonders wenn sich eine Figur vom Hintergrund abheben soll. In den Gruppenszenen, die mit größerer Strenge als im vorangegangenen Jahrhundert komponiert sind, werden die Achsen stärker betont. Neue dekorative Elemente, wie Blumen, Blattwerk, Halbmonde und Punkte, überschwemmen das Bildfeld. Das Tierrepertoire steht immer noch in Ehren, zeigt jedoch weniger Mut und Phantasie in der Ausführung. Die Zahl der Hunde und Hirschkühe nimmt zu. Bestrebt, die Bildfläche ganz auszufüllen, zwingen die Gravierer die Körper der Figuren in wenig natürliche, verdrehte Stellungen, damit sie sich den Krümmungen des Bildbodens anschmiegen. Wenn sie den Menschen im Kampf mit dem Stier zeigen wollen, krümmt sich der über das Tier zurückgeworfene Körper des Athleten so, daß er sich genau in das Bildfeld einfügt. Soll eine Löwin einen galoppierenden Stier anspringen, so wird sie ganz klein auf dem Rücken ihres Opfers gezeigt, das auf der linken Seite der Komposition ein übergroßes Maul emporreckt. Am besten gelungen sind die Darstellungen von Sumpfvögeln, die zwischen Papyrusblüten umherschwimmen, oder von Bocksgespannen, die einen Götterwagen ziehen.

Manche Siegel, auf denen man Krüge oder Gefäße, belaubte Zweige, ja sogar Ideogramme aus der Schrift unterscheidet, erinnern um 1400 an die talismanische Glyptik der ausgehenden mittelminoischen Zeit. Auf andern erscheint um die gleiche Zeit ziemlich häufig eine Wasserlandschaft, wahrscheinlich eine Unterwasserlandschaft. Man erkennt zwischen den Algen Reusen oder Fische, deren Kiemen und Flossen aus einem Halbmond bestehen. Da es sich um ziemlich ähnliche Darstellungen handelt, wird bezweifelt, daß sie zum Versiegeln dienten. Sie wurden vielmehr als Fetische getragen, die Glück, z.B. einen guten Fischfang oder reichlichen Regen, bringen und Unglück, einen Schiffbruch oder eine zu große Trockenheit, abwenden sollten. Solche Amulette sind auch mit Adlern, Tintenfischen, Spinnen oder Skorpionen verziert. Viele Gründe rechtfertigen die Vorliebe, die man den Tieren entgegenbringt.

Von 1400 an scheint der Einfallsreichtum der Künstler etwas nachgelassen zu haben. Der Stil ist weniger rein, schematischer. Im Gegensatz zu der Geschmeidigkeit, den Krümmungen und Windungen der früheren Gravuren fällt jetzt eine gewisse Steifheit der Haltungen auf. Die Künstler verzichten nicht auf Tierdarstellungen. Siegel aus Zafer Papoura, der großen Nekropole im Norden von Knosos, zeigen Löwen, die Stieren auf den Rücken springen. Eine Gemme aus Archanes zeigt den Kampf zwischen einer Katze und einer Wildente. Auf einer anderen ist ein Eber abgebildet. Viele stellen mit Vorliebe den Kraken dar. In der Steinschneiderwerkstatt von Knosos befinden sich auf den Tonsiegelabdrücken Hunde, die Ziegen, Schafe und Ochsen angreifen. Der Stolz der Sammlung Metaxas in Herakleion ist ein orangefarbener Sardonyx, der in Sklavi (Sitias) gefunden worden sein soll. Er zeigt zwei Wasservögel, die gerade die Flügel entfalten, wobei der eine von ihnen sich schon von der Sumpfoberfläche abgehoben hat. Es handelt sich streng genommen nicht mehr um eine naturalistische Kunst, obwohl das Dargestellte immer noch lebendig bleibt, sondern um eine stilisierte, die mehr andeutet als darstellt. Dafür werden mit den Kult- und Familienszenen die menschlichen Figuren zahlreicher. Die große Göttin nimmt Abschied von ihren Adorantinnen, und ihr Schiff entfernt sich vom Ufer. Oder aber sie reitet als Amazone auf einem Greifen zwischen Papyrusstauden, gefolgt von einem Diener, einem Menschen, Genius oder Gott, der über seinem Kopf einen anderen flügelschlagenden Greifen trägt. Oder aber sie bläst neben ihrem heiligen Baum in eine Muschel, gegenüber einem von der Doppelaxt gekrönten und mit Zweigen geschmückten Altar: so ist sie auf einem Siegel aus Bergkristall dargestellt, das in der Höhle des Ida gefunden wurde. Die Zeit ist nicht fern, da der große Gott der Mykener, Zeus, seinen Platz in diesem Heiligtum einnehmen wird.

Man vergleiche die Meisterwerke der minoischen Glyptik mit den größten Leistungen der zeitgenössischen Kunst in der Keramik, der Malerei oder der Skulptur, und man wird feststellen, daß sie durchaus keine geringere Kunst gewesen ist, sondern der sicherste Beweis für den schöpferischen Geist und den guten Geschmack der Kreter. Darüber hinaus haben diese kleinen Gegenstände des Alltagslebens, die beständig getragen, weitergegeben und benutzt wurden, in unseren Augen einen entscheidenden Vorteil: ihre äußerst vielfältigen und genauen Gravuren ersetzen sehr oft fehlende Bild- oder Schriftdokumente und liefern uns eine Menge von

Zeugnissen – es sind heute nahezu 10 000 – über alle möglichen Dinge. Sehr viele kretische Bäuerinnen tragen noch als Halskette »Milchsteine« auf der Brust, die mit fast 4000 Jahre alten Schriftzeichen und Figuren bedeckt sind: ein Zeichen für ihre Unvergänglichkeit und die Achtung, die ein ganzes Volk dem Goldenen Zeitalter der minoischen Kultur bezeugt.

## *Musik und Tanz*

Der klassischen Überlieferung zufolge war Kreta die Erfinderin der großen musikalischen Wettstreite, des ersten Päans oder Siegesliedes zu Ehren Apolls, des ersten Chorliedes zu Ehren des Dionysos, der ersten Hymne zum Klang der Zimbeln und Schilde, welche die Kureten zu Ehren des Kindes Zeus sangen, des ersten Tanzes der Jugend, den diese in Kreisen oder Reihen zum Klang der Lyra beim Verlassen des Labyrinths aufführte unter der Führung Ariadnes, der Tochter des Minos. Ein Kreter oder eine Kreterin, Chrysothemis, Sohn oder Tochter des Priesters Karmanor, soll in Delphi den Preis beim ersten musikalischen Wettbewerb erhalten und in Tarrha auf Kreta den Gott Apoll nach der Tötung der Pytho geläutert haben. Und ein anderer Kreter, der weniger mythisch ist, da er im 7. Jahrhundert v. Chr. lebte, Thaletas von Elyros bei Tarrha, soll nach Sparta gerufen worden sein, um die von einer Epidemie heimgesuchten Bewohner mit Hilfe der Zaubermusik seines Landes zu reinigen; er soll damals in Sparta einen leichten Tanz, das Hyporchema, eingeführt haben, der in Beziehung stand zum Kult des Kronos, der Titanen, der Leto und des jungen Zeus, und bei dieser Gelegenheit auch noch zwei musikalische Rhythmen, den Kretikus und den Päon. Kretikus nannte man die Folge Länge – Kürze – Länge; Päon die Kombination aus drei Kürzen und einer Länge. Man sieht sofort, welche Rolle die Alten der ältesten kretischen Musik zuwiesen. Diese hatte ihren Platz nicht nur im täglichen Leben mit seiner Arbeit, seinen Geburten, Hochzeiten, traurigen und freudigen Anlässen, sondern auch bei den Festen, in der Religion, in der Medizin, in der Politk, in der Erziehung der Jugend. Wir können den Reichtum einer in allen Augenblicken des Lebens und in allen Gesellschaftsschichten gegenwärtigen Kunst, der einzigen, die nicht ausschließlicher Besitz einer Elite oder einer Minderheit war, nur erahnen. Die Philologen ihrerseits bestätigen den Anteil des vorgriechischen, pelasgischen und ägäischen, zuvorderst kretischen Erbes im Wortschatz des klassischen Griechenlands: es sind verschiedene Bezeichnungen für Instrumente, wie phorminx, die kleine Leier, und vielleicht lyra, die Leier; für Rhythmen, wie iambos (Kürze, dann Länge), und paion (drei Kürzen und eine Länge); für musikalische Gattungen, wie thriambos, die dionysische Hymne, dithyrambos, das orgiastische Lied zu Ehren verschiedener Götter und besonders des jungen kretischen Gottes, der jedes Jahr stirbt und wiedergeboren wird; schließlich thiasos, die Bruderschaft von Kultsängern und Kulttänzern, eine Gruppe, die sich ursprünglich dem Kult des Bacchus und der Mänaden verschrieb. Man wird die Bedeutung solcher Bruderschaften ermessen, wenn man bedenkt, daß der erste Beamte von Milet, einer alten kretischen Kolonie, lange Zeit der Bruderschaft der Sänger, molpoi, angehörte, eine Bezeichnung, die ebenfalls aus vorgriechischer Zeit stammt. In der Antike wie heute galten die Kreter aufgrund des Reichtums und des Temperaments ihrer Rhythmen immer als außergewöhnliche Sänger und Tänzer.

Auf den Wänden der Schnitter-Vase aus Agia Triada sahen wir die Arbeiter im Takt marschieren und aus vollem Halse zum Rhythmus einer Art Sistrum singen. Als Odysseus bei Kirke oder bei Kalypso eintritt, die einer Überlieferung zufolge auf Gaudos, einer zu Kreta gehörenden Insel, wohnt, findet er sie an ihrem Webstuhl, wie sie gerade »mit lilienheller Stimme« ein Weblied singen. Die Musik, die jede Arbeit begleitete, war auch eine Hilfe gegen die Mühsal und die Schwierigkeiten des Lebens. In einer Zeit, in der es noch keinen Alkohol gab, diente sie als Beruhigungs- und Anregungsmittel, als Medizin und heiliges Gift zugleich.

Die Melodien und die verschiedenen musikalischen Gattungen der minoischen Epoche kennen wir nicht, aber durch die Kenntnis ihrer Instrumente können wir uns über alle ihre harmonischen Möglichkeiten und ihre Klangfarben eine Vorstellung machen[16].

Die Künstler haben sie uns vielfach dargestellt. Aus den Hieroglyphen und Siegelabdrücken kennen wir drei Arten von senkrecht gehaltenen Lyren, eine dreisaitige, die an die dreisaitige Geige der heutigen kretischen Musiker erinnert, eine viersaitige, die aus der Kultur der Kykladen des dritten Jahrtausends stammt und die in der griechischen Welt bis mindestens ins 7. Jahrhundert v. Chr. im Gebrauch bleiben wird, und eine achtsaitige, was eine diatonische Musik impliziert. Diese beiden letztgenannten Instrumente erscheinen auf einem Metallsiegelabdruck im Hieroglyphendepot von Knosos, das ins 17. Jahrhundert v. Chr. datiert wird. Die achtsaitige Lyra findet man auf mehreren kretischen Siegeln aus der Mitte des zweiten Jahrtausends. Sie bestand aus einem kleinen, rechteckigen Kasten, der mit Haut bespannt war und als Schallkasten diente, aus zwei geschwungenen Armen, die ursprünglich von Hörnern der Wildziege gebildet wurden und die sich wie ein Joch über dem Schallkasten trafen, aus acht Saiten aus Schafsdärmen oder -sehnen, die fächerförmig zwischen dem Saitenhalter am Schallkasten und den Wirbeln am Joch angeordnet waren. Trafen sich die Arme nicht, so wurden sie durch ein Querholz verbunden, in das die Wirbel zum Befestigen und Spannen der Saiten eingepaßt wurden.

Später, offensichtlich im Laufe des 15. Jahrhunderts, übernahmen und vervollkommneten die minoischen Künstler die siebensaitige Kithara, die schon den Musikern Syriens, Palästinas und Zyperns bekannt war. Das ist das Kinnor, das Jubal im 1. Buch Mose (IV, 21) erfand, und nach dem Kinyras, legendärer Begründer des Aphrodite-Kultes in Paphos und berühmter Musiker, benannt ist. Dieses Instrument ist dargestellt auf dem Sarkophag von Agia Triada, auf einer Wand des Palasts von Agia Triada und zweifellos auch auf den Gemälden des Prozessionskorridors von Knosos. Es gleicht schon völlig den großen Konzert- oder Prunkkitharen des klassischen Griechenlands: das Korpus ist ein hoher Holzkasten, der zur Klangverstärkung mit vibrierenden Leisten aus Horn oder Kupfer ausgelegt ist; der Kasten hat geschwungene Holzarme, die in zwei Schwanenhälsen enden; das obere Querholz ist mit Lotusblüten verziert, die aus Knochen oder Elfenbein geschnitzt sind. Diese Kithara unterscheidet sich von unserer Harfe und der ägyptischen Harfe dadurch, daß die sieben parallelen Saiten gleiche Länge haben und trockener, tiefer und männlicher klingen. Der Künstler spielte das Lied mit Hilfe eines Plektrums, einer Art kleinem Haken aus Holz oder Elfenbein, und die Begleitung mit den bloßen Fingern der linken Hand. Er trug ein langes Gewand wie der spätere Apollon Kitharödos und die Kitharaspieler der klassischen Musikfeste. Die Kithara war *das* Instrument der religiösen Feiern.

Die Tänze, Hochzeitsfeiern und Grabopfer waren begleitet von den Rhythmen und Klängen der Doppelflöte, die, wie die Lyra dem Gefühl, der Leidenschaft Ausdruck verlieh. Sowohl in den Händen einer männlichen Figur aus Marmor von Keros aus frühminoischer Zeit, als auch auf einem Wandgemälde der Nordwestkapelle des großen Heiligtums von Knosos und auf einer der Längsseiten des Sarkophags von Agia Triada sehen wir die beiden gleichlangen Röhren des Instruments dargestellt, aus dem später der dionysische Aulos der Griechen entstehen wird. Der Spieler bläst sie gleichzeitig, obwohl die Röhren völlig getrennt sind. In das knollenförmige Mundstück ist eine Doppelzunge eingefügt, eine Art Schilfblättchen, das nach unten zu gespalten ist, so daß zwei vibrierende Zünglein entstehen. Die Zahl der seitlichen Löcher, die der Spieler mit den Fingern beider Hände verschließt oder öffnet, beträgt acht, d. h. vier je Rohr. Es ertönt eine heterophone Musik. Die tiefste Stimme wird herkömmlicherweise auf dem rechten Rohr, die Begleitung in hohen Tönen auf dem linken Rohr gespielt. Es ist nicht bekannt, ob die Notenfolge wie bei der Lyra dieser Zeit eine diatonische Tonleiter bildete oder ob, wenn die beiden Baßsaiten (bombykes) einstimmig spielten, die Tonleiter mindestens zum Teil enharmonisch war, wie in der klassischen griechischen Musik. Der Musiker hatte immer die Möglichkeit, ein Intervall durch Griffe zu unterteilen, indem er ein Loch teilweise verschloß, während die leer klingenden Saiten der Lyra und der Kithara jeweils nur einen einzigen Ton erzeugen konnten. Wahrscheinlich gab es noch andere, einfachere Blasinstrumente, wie die kleine Flöte, die Pfeife, die die Hirten des Psiloriti heute noch an-

fertigen, den Monaulos oder die einfache Schalmei und die Rohrflöte. Sicher ist, daß man auch in Muscheln blies: eine berühmte Gemme aus der großen Höhle des Ida bezeugt dies.
Von den Schlaginstrumenten lernten wir schon eine Art Sistrum kennen, sowie die Schilde, offenbar Zimbeln, durch deren Schlagen die Kureten bei den Feiern der Kriegereinweihung das Schreien des göttlichen Kindes übertönten. Zahlreiche Stein-, Metall- oder Holzplatten, die Vorfahren der heutigen Simandren, konnten als Gongs oder Glocken dienen, vor allem in Kulten, von denen man weiß, daß sie die Götter herbeirufen und die Mächte des Bösen vertreiben sollten. Fest steht, daß die Klänge monotoner Instrumente den gleichmäßigen Tätigkeiten des Schleppens, Marschierens und Ruderns und vor allem den Tänzen, in denen die Minoer die Meisterschaft erlangt hatten, den Rhythmus gaben. Wir erwähnten vorhin den Tanz, den die Mädchen und Knaben beim Verlassen des Einweihungslabyrinths bald in Kreisen, bald, wie der Autor der *Ilias* (XVIII, 602) es nennt, in einander entgegeneilenden Reihen tanzten. Aus anderen Texten wissen wir, daß dieser Tanz »Kranich«, geranos, hieß und daß er sich auf der Insel Delos und zweifellos in Athen im Fest der Oschophorien erhalten hat. Wie bei manchen Tänzen der heutigen kretischen Mesara-Ebene war ein Vortänzer beauftragt, die Bewegungen des Chors zu leiten. Und gab es eine schwierigere Bewegung als die Umwandlung zweier getrennter Kreise in Quadrillenfiguren? Wahrscheinlich mußte man, wie im »trojanischen« Turnierspiel, das Vergil mit dem kretischen Labyrinth vergleicht (*Aeneis* V, 580–595), in einem bestimmten Augenblick die Kreise zu Spiralen umformen, eben nach dem Vorbild des Labyrinths. Die Kreter waren berühmt geblieben für ihre Springtänze in Waffen. Noch Buondelmonti erlebte bei Axos im Jahr 1415 Bacchanalien. Es ist möglich, daß davon etwas in der Sousta oder dem Hassapikos unserer Tage weiterlebt[17]. Es ist offensichtlich, daß wir mehrere Darstellungen besonders lebhafter minoischer Tänze unter den Malereien von Knosos besitzen: manche Tänzerinnen mußten sich wie die tanzenden Derwische mit ausgestreckten Armen und um den Kopf fliegenden Haaren herumwirbeln, um die Bewegung der Welt neu zu erschaf-

fen. In Palaikastro dagegen tanzen drei Frauen, sich an den Schultern haltend, ernst im Kreis um eine Lyraspielerin, die eine Taube bei sich hat. Diese Tonfigurengruppe stammt aus dem 14. Jahrhundert v. Chr. Zwar war jeder Tanz heilig, aber es gab frenetische und verhaltene, Freuden- und Klagetänze, Beschwörungs- und Erlösungstänze.

## *Trachten und Moden*

Ein Vergleich der uns verbliebenen Malereien und Statuetten mit den Abdrücken der verschiedenen kretischen Schmuckstücke, Siegel, Gemmen und Talismane mit menschlichen Abbildungen ermöglicht es uns, zum Schluß eine Geschichte der minoischen Tracht zu skizzieren. Denn es ist offensichtlich, daß im minoischen Kreta die modische Aufmachung eine echte Kunst darstellte, genau wie die Malerei und die Goldschmiedekunst. Den Gottheiten wurden Kleider, Gürtel, Perücken, Knoten, Masken dargebracht. Das Kleid ist eine der 45 Hieroglyphen des Diskos von Phaistos. Die Gesichter der Keftiu, welche die Zeitgenossen Thutmosis' III. sahen, waren mit komplizierten Tätowierungen bedeckt. Diese angeblichen Tributpflichtigen brachten Schmuck, bunte Stoffstücke und sogar Volantkleider aus Kreta nach Ägypten, welche die Frauen der Wesire anzogen und manchmal kopierten, wie man in Amerika die Kleider der großen Pariser Couturiers kopiert. Trugen die Kreter bis in ihr Grab exotischen Schmuck aus Ägypten, Syrien oder Asien, so exportierten sie ebenso Dekorationsmotive, die wir in den Gräbern Ägyptens oder Kleinasiens wiederfinden. Überdies ist die minoische Mode dafür bekannt, daß sie im 16. und 15. Jahrhundert v. Chr. mehrmals gewechselt hat. Eine der bedeutendsten Änderungen, das Aufkommen des gekreuzten Schurzes anstelle des Schurzes mit Vortuch, versetzte die ägyptischen Künstler um 1460 bis 1450 in solches Erstaunen, daß sie die Schurze auf den Gemälden im Grab des Rechmare sorgfältig tilgten, um sie durch gekreuzte zu ersetzen. Diese Veränderung ist so beachtlich, daß man zweifellos eine Veränderung der politischen Herrschaft in dem kretischen Staat, aus dem die Träger der »Tribute« kamen, als Voraussetzung annehmen darf. Vergessen wir nicht, daß die Menschen spontan und sozusagen instinktiv der Tracht eine über das Persönliche hinausgehende, eine magische Bedeutung beimessen. Wie der Name, die Sprache, der Duft, die Hautfarbe, so definiert die Kleidung eine Person, ja sogar eine Seele, bestimmt ihren Platz und ihren Wert. Wir können sagen, daß wir den Modemachern des »glückseligen« Minos elegante und schmeichelhafte Bilder von ihren Zeitgenossen verdanken, da sie es verstanden, sie durch ihre Kleidung als glückliche Menschen erscheinen zu lassen.

Die Männer sind im allgemeinen mit nacktem Rumpf und Unterkörper dargestellt. Nur auf seltenen Exemplaren erscheinen Bolero und Kasack. Das bedeutet nicht, daß der Kreter in seinem Alltag unbekleidet lebte. Das im Winter verhältnismäßig kalte und feuchte, in den Bergen eisige Klima hätte ihm solche Extravaganzen nicht erlaubt. Die Bronze- und Tonstatuetten, die Malereien und Schmuckstücke, die ihn zu drei Vierteln nackt zeigen, beziehen sich auf religiöse oder politische Zeremonien, bei denen die Entblößung eine rituelle Bedeutung, wahrscheinlich die der Darbringung des Körpers, hatte. Überdies fand die Mehrzahl dieser Zeremonien in der heißen Jahreszeit statt. Um sich vor dem schlechten Wetter zu schützen, trugen die Männer Mäntel oder Capes; als praktische, haltbare und warme Kleidungsstücke waren sie aus Wollstoff, aus Schafs-, Ziegen- oder Dachshäuten geschnitten oder aus dichtem Leinen- oder Hanftuch hergestellt, das manchmal mit Öl wasserundurchlässig gemacht, manchmal mit Kupferplättchen wie mit Schuppen besetzt war.

Ein wesentlicher Bestandteil der männlichen Tracht ist der sehr breite, bunte Stoffgürtel. Manchmal bildete er das einzige Bekleidungsstück. Der gebräuchlichste und zweifellos älteste Typ ähnelt einem Ring oder einem mehr oder weniger gewölbten Wulst, der bis in Magenhöhe reichen kann. Nach den Malereien der ägyptischen Gräber, auf denen die Würdenträger oder die Kaufleute aus dem Lande Keftiu dargestellt sind, zu urteilen, war die Mode während der gesamten Dauer des 15. Jahrhunderts bestrebt, diesen Gürtel flacher, schmäler und die Taille enger umschließend zu gestalten. Bald ist er waagrecht, bald schräg. Man erkennt darauf parallele rote und blaue Streifen auf weißem Grund sowie dekorative Motive, bestehend aus Dreiecken und Spiralen. Es gab auch einen Gürteltyp aus Bronze, der eng über einem Stoff- oder Filzgürtel getragen wurde, welcher den Druck auf den Körper abschwächen und lindern sollte. Der vorspringende obere Wulst verleiht dem Unterteil dieses Gürtels ein konkaves Aussehen und dient sowohl dem Schutz der Haut als auch der Dekoration. Diesen Typ des aus Ringen gebildeten Gürtels tragen im allgemeinen die jungen Leute auf den Gemälden von Knosos und mehrere Adoranten aus Bronze. Es würde nicht verwundern, wenn er vom Ende des 15. Jahrhunderts stammte.

Der Gürtel bedeckt den oberen Teil eines Schurzes, eines Stoff- oder Lederstücks, dessen Schnitt und Fall je nach dem Milieu und der Epoche beträchtliche Unterschiede aufwiesen. Es scheint, daß am Ende des 16. Jahrhunderts v. Chr. die Männer eine Art von kurzem Rock trugen oder gar zwei übereinandergelegte Röcke, die dem schottischen Kilt ziemlich ähnlich waren. Später erscheint ein rechteckiger Schurz, der an beiden Seiten großzügig ausgeschnitten war und in abgerundeten Lappen vorn und hinten über die Schenkel herabfiel. Was man auf den ältesten Keftiu-Darstellungen aus dem 15. Jahrhundert[18] und auf manchen Bronzen erkennt, ist ein dreieckiger Stoffschurz, der immer mit einer breiten, verzierten Borte eingefaßt, manchmal mit einer zweiten Borte versehen, manchmal ganz mit bunten Mustern überzogen ist. Der Mann legte die lange Seite des Stoffdreiecks um seine Lenden und kreuzte die beiden seitlichen Zipfel des Schurzes über seinem Bauch. Die häufig geteilte dritte Spitze konnte über das Gesäß fallen, wobei sie die Schenkel bis zur Taille freiließ. Das Glied wurde dann von einer Ledertasche geschützt, den Aluminiumschalen unserer Sportler vergleichbar, und durch einen rechteckigen Schurz oder ein Vortuch verdeckt, das mehr oder weniger lang und breit war und aus einem verzierten Stoff bestand; beide waren am unteren Rand des Gürtels befestigt. Im einfachsten und zweifellos häufigsten Falle wurde die dritte, beträchtlich verlängerte Dreiecksspitze von hinten nach vorn zwischen den Beinen hindurchgeführt, verdeckte das Glied und wurde in Nabelnähe unter den Gürtel geschoben. In einer bestimmten Zeit war es Mode, diese Art von Hose, die notwendigerweise sehr kurz war, mit einem reichverzierten Schurz zu kombinieren, der über die Vorderseite der Schenkel fiel. Manche Siegel zeigen uns kurze Pluderhosen, die an die heute noch von den alten Kretern getragene Vraka erinnern.

Um die Mitte des 15. Jahrhunderts sieht man in Kreta wie auf den ägyptischen Denkmälern den gekreuzten Schurz erscheinen oder vielmehr sich vom mykenischen Kontinent aus entwickeln. Er ist im wesentlichen aus einem langen rechteckigen, nicht mehr dreieckigen Stoffstreifen gemacht, dessen unterer Rand gebogt und an seinen Enden mit Fransen oder Quasten versehen ist. Die beiden Schmalseiten laufen vorne zusammen und fallen in einer Spitze zwischen dem Gürtel und den Knien herab, in deren Höhe die Fransen flattern. Spiralen, Zickzacklinien, Winkel und florale Motive finden sich als bunte Muster auf den verschiedenen senkrechten, schrägen oder waagrechten Stoffbahnen. Aus ihrer Kombination ergibt sich eine reiche Vielfalt. Und dann, da die Formen der Mode komplizierter und starrer werden, bekommen diese langen Schurze manchmal vorne eine längere Spitze, hängen über das Knie herab, werden durch Stärke gesteift und scheinen auf manchen Bildern sogar wie der Vordersteven eines Schiffes vor dem Bein nach vorn zu stehen. Welcher Schurz setzte sich um 1400 schließlich durch? Der kurze Schurz mit oder ohne Vortuch oder der lange Schurz mit oder ohne Behang? Wahrscheinlich wechselten sie sich wie unsere Miniröcke und Maxiröcke ab, bis zu dem Tag, da die Schurze mit Volants und die bauschigen Schurze sie alle auf einen Nenner brachten.

Der Nüchternheit der männlichen Kleidung steht die Gesuchtheit, ja Kompliziertheit der weiblichen Prunkkleidung gegenüber. Die kretische Eleganz kennt nicht die Faltenwürfe und weich fallenden Schleier, welche die griechisch-römische Welt so schätzte. Sie trägt schon eine durchaus moderne Prägung. Sie kombiniert im wesentlichen zwei Stücke, bei denen Hinzufügungen und Weglassungen möglich sind, einen langen Rock in Glockenform und ein Mieder, die durch einen engen Gürtel zusammengehalten werden.

Der Rock scheint die gleiche Entwicklung durchlaufen zu haben wie der französische Rock vom Zweiten Kaiserreich bis zur Belle Époque: war er in mittelminoischer Zeit sehr weit und zweifellos durch eine Krinoline gestützt, so verliert er in spätminoischer Zeit an Weite, um eine Art Futteral zu bilden. Als charakteristischer Bestandteil des minoischen Rockes blieb der Volant oder die Falbel, aus einer langen mesopotamischen Tradition ererbt, in allen Epochen in Mode. Dieser Volant, der oft mehrere Farben aufweist und bald gefältelt, bald einfach aus Streifen zusammengesetzt ist, wird von den Hüften an dem Rock aufgenäht und läßt die Röcke der Damen und besonders der Priesterinnen einem lebhaft gemusterten Spielbrett oder einem zart abgetönten Camaïeu ähnlich werden. Im 15. Jahrhundert werden die Volants in V-Form auf den Rock genäht, Manche Darstellungen legen die Vermutung nahe, man habe Hosenröcke gekannt und getragen. Die berühmteste Statuette der sogenannten »Sakristei« des großen Heiligtums von Knosos, eine Fayence-Figurine, die am Ende von Mittelminoisch verschüttet wurde, zeigt die Schlangengöttin, mit einem Rock mit sieben bunten Volants bekleidet. Außerdem trägt sie vorne und im Rücken eine kleine ovale Schürze mit blauen Stickereien und blauer Borte. Ein enger, konkaver Gürtel schnürt ihre Taille ein. Ein ganz ähnliches Kostüm trägt die kleine Marmor-Statuette des Fitzwilliam-Museums in Cambridge, die in Poros, einem der Häfen von Knosos, gefunden wurde. Dies ist offenbar eine Priesterin aus der Zeit um 1500 v. Chr.[19].

Das Mieder der minoischen Priesterinnen, das einen sehr weiten Ausschnitt hat, ist unter der Brust geschnürt und läßt die Brüste völlig frei. Es hat kurze, enge oder bauschige Ärmel und läuft im Nacken in eine Spitze oder in einen Medici-Kragen aus, oder es ist, wie das der »Pariserin«, im Rücken mit einer großen Stoffschleife geschmückt. Oft hebt ein Collier mit Anhängern den Schimmer der Haut hervor. Auf mehreren Gemälden erscheinen Haarnetze. Es ist selbstverständlich, daß die Mehrzahl der Kreterinnen, sei es aus Schamhaftigkeit, sei es, um die unauslöschlichen Spuren der Jahre zu verbergen, unter ihrem Mieder, das weit weniger ausgeschnitten war als das der Priesterinnen, ein durchsichtiges Hemd trug. Die Feinheit der Taille und die Höhe der Brust von Frauen, die ohne Gürtel dargestellt sind, lassen den Gedanken zu, daß manche gerade Kleider in der Höhe der Rippen durch ein leichtes Korsett ausgestellt oder verstärkt waren. Das Gewicht und die üppige Ausstattung dieser Tracht ließen nicht zu, daß die großen Damen, die die Gravuren zeigen und die nicht unbedingt Göttinnen waren, sie jeden Tag trugen. Sicher war sehr viel Zeit nötig, bis sie geschnürt, aufgesteckt und mittels kleiner konischer Steinchen zugeknöpft war.

Um 1400 tragen die Kreterinnen, zumindest die auf dem Sarkophag von Agia Triada dargestellten, entweder ein glattes, einfarbiges Kleid mit Bolero oder einen plissierten, nach unten ausgeschnittenen Rock mit einem einfachen, mit Quasten besetzten, kurzärmeligen Mieder. Zweifellos waren das Kleid, das so schnell wie ein Chasuble anzuziehen war, und der halblange Rock dieser neuen Mode praktischer und alles in allem besser dem Alltagsleben angepaßt. Man findet das Bolero auf der Büste einer Tänzerin von Knosos, einem Gemälde aus der Zeit vor der Katastrophe am Ende des 14. Jahrhunderts, das sich am Eingang des sogenannten »Appartements der Königin« befindet.

Höchst unbeständig und kapriziös ist die Frisurenmode im minoischen Kreta. Die Tausende von Statuetten, die in den Gipfelheiligtümern gefunden wurden, zeugen von einer unerschöpflichen Phantasie. Mit Nadeln aus Knochen oder Metall steckten die eleganten Damen die Locken ihres Haares in Form von runden Platten, Pyramiden, Büscheln, Knoten oder Flammen auf, ließen sie über ihre Schultern wallen oder hielten sie mit breiten Bändern oder unter Haarnetzen zusammen. Sie steckten Blüten hinein. Sie trugen Hüte mit Schilden, mit breiten oder schmalen Rändern, in Form von Tiaren, stumpfen Kegeln oder Körben. Die Männer trugen, um sich vor der Sonne oder dem Regen zu schützen, Kopfbedeckungen in der Art von flachen Mützen mit kurzem Schild, von mehr oder weniger spitzen Kappen, ähnlich denen der Phrygier, von Haarnetzen mit Kopfbinden, die bald an den Keftie der Beduinen, bald an das Sariki der heutigen kretischen Hirten in den Weißen Bergen erinnern. Die ägyptischen Maler der Nekropole von Theben verzeichneten sorgsam die künstlich gedrehten Stirnlocken der Keftiu, die langen, gewellten Haarsträhnen, die beiderseits einer Schulter herabfielen, die Ton-in-Ton-Bemalung der bartlosen Gesichter und um die Mitte des 15. Jahrhunderts v. Chr. mehrmals die querverlaufenden Riemen eines Haarnetzes und das horizontale Band einer Kopfbinde, das sehr hoch auf dem Schädel angebracht war. Das ist kein Symbol von Sklaverei oder Minderwertigkeit, sondern eine elegante Besonderheit, die man auf mehreren kretischen Darstellungen wiederfindet.

## *Raffinement und Lebensfreude*

Am Schluß dieser raschen Untersuchung über die minoische Kunst stellen wir fest, daß beständig die Begriffe Eleganz, Jugend, Phantasie wiederkehrten. Diese Kultur vermittelt in der Tat den doppelten Eindruck von Raffinement und Lebensfreude. Ebenso wie man sich in Badewannen wusch, sich mit Duftstoffen salbte, sich mit Farben schminkte, sich mit Geschmeide schmückte, berauschenden Wein aus Kelchen trank, lauter Dinge, deren vorgriechische Namen die Zeiten überdauerten, so zog man in bemalten Vasen Knollengewächse, Lilien, Iris, Hyazinthen, Narzissen, Symbole eines ewigen Paradieses.
Gärten um die Häuser und besonders um die Heiligtümer, manchmal auch im Innern der Gebäude selbst, gaben dieser Liebe zur erblühten Natur, zu den Obstbäumen und den immergrünen Pflanzen noch zusätzlich Ausdruck und Nahrung. Man hielt Haustiere, Ziegen, Katzen, Affen, Schlangen, zahme Wachteln. Nicht daß die minoische Kunst eine Kunst des Komforts oder des Luxus gewesen wäre: die überwiegende Mehrheit der Kreter bestand aus Bauern, Hirten und Seeleuten, die mehr als arm waren. Aber der Künstler fühlte sich wohl in dieser Welt, die er bejahte, in dieser Landschaft, die er voller Glück betrachtete. In den Bildern, die er uns hinterlassen hat, gibt es weder Melancholie noch Gehässigkeit, noch Bitterkeit. Manchmal erhellt im Gegenteil ein feines Lächeln die Gesichter, wie das, welches um die Lippen des Elfenbeinakro-

baten spielt, der im Schatzraum von Knosos gefunden wurde, oder um die Lippen der Marmorstatuette mit nacktem Busen, die dem Fitzwilliam-Museum in Cambridge gehört. Oder aber es belebt ein frischer Humor den Ausdruck der Figuren oder die Komposition der Szenen: ich denke an das Rhyton mit Boxern, an die Schnittervase von Agia Triada, an die Stuckgemälde, welche Spiele, Wettläufe, Galoppszenen darstellen, an diese oder jene Tonstatuette mit karikaturhaftem Profil, an eine große Zahl plastischer Gefäße, die ihrem Hals oder ihrem Bauch Tierform geben. Die »Pariserin« von Knosos, die so elegant ist in ihrer Kulttracht, betrachtet die sie umgebende Welt der Priester mit einem sehr offenen Auge. Mit ihrer aufgeworfenen Nasenspitze atmet sie den Duft der Becher ein, die sie ihr reichen. Die eigentliche Kunst der Minoer war eine Lebenskunst.

## *Die erste Klassik in Europa*

Sollen wir kurz die minoische Kultur, wie sie sich uns in der Mitte des zweiten Jahrtausends v. Chr. darstellt, definieren, so können wir sagen, daß sie uns das Beispiel der ersten Klassik bietet, die Europa kannte. Das bedeutet keineswegs, daß es sich um eine europäische Kultur handelt, denn in dieser Zeit war dieser Ausdruck ohne jeden Sinn, und man kann sich sogar fragen, ob es Europa, in dem so divergierende Tendenzen wirksam waren, jemals gelang, sich gegenüber anderen Kulturräumen, sei es in Asien oder Afrika, als Einheit abzugrenzen. Das bedeutet auch nicht, daß das gesamte, von den minoischen Erfindern, Gesetzgebern und Künstlern erworbene Wissen voll und ganz auf die Griechen des 5. und 4. Jahrhunderts v. Chr. und a fortiori auf die verschiedenen Klassiken des neuzeitlichen Europa übergegangen ist. Tausendmal rissen die Verbindungen zwischen den ersten und den letzten Gliedern dieser Reihe ab. Die Historiker und die Archäologen flickten, so gut es ging, einige der Stücke des antiken Erbes wieder zusammen. Die Darstellung der großen Rechtsstifter Minos und Rhadamanthys, über die Welt der Seligen herrschend, war schon für Homer, 800

Jahre nach der Blütezeit von Knosos und Phaistos, das Bild eines verlorenen Paradieses. Nein, die kretische Kultur war nicht klassisch in dem Sinn, daß sie hätte jahrhundertelang in den Schulen des Mittelmeerraumes gelehrt werden können, noch auch in dem Sinn, daß sie die Kultur einer Klasse gewesen wäre. Sondern sie war klassisch und wurde es mehr und mehr nach den Arbeiten von Evans und seinen Schülern durch einige Merkmale, die jeder Klassik eigen sind: durch den Besitz universeller Wahrheiten, die nicht dem Wandel der Zeit unterworfen sind, durch die unerschöpfliche Fruchtbarkeit der Meisterwerke, durch die Ehrfurcht vor dem Leben und insbesondere dem menschlichen Leben, durch eine nüchterne, harmonische, natürliche und zutiefst aufrichtige Kunst. Ja, die minoischen Gründer, die ihren Erben auf den unberechenbaren Wegen der Überlieferung die großen internationalen Wettkämpfe, die Freude am Theater, die Mysterien, verschiedene Erkenntnisse über die Zahlen, die Astronomie und die Pflanzenheilkunde, die Liebe zu Sport, Rhythmus und Tanz weitergaben, waren sehr wohl in diesem Sinne die ersten »Klassiker« Europas. Und wenn auch die Ruinen von Knosos im 5. Jahrhundert v. Chr. unter mehreren Metern Erde begraben blieben, wenn auch die Einfälle aus dem Norden damals alle Künste und alle Schriften der Bronzezeit in Vergessenheit geraten ließen, wenn auch die Ästhetik und die Philosophie der Zeitgenossen Perikles' so weit wie nur möglich vom Naturalismus und der Religiosität der Kreter des 15. Jahrhunderts v. Chr. entfernt waren, so war doch beiden die gleiche Achtung vor der Freiheit des Künstlers und wahrscheinlich der gleiche Sinn für das Drama des Daseins gemeinsam. Die athenischen Dichter erkannten in Daidalos, dem unfügsamen Architekten des Minos, einen der Ihren. Ebenso hat in unserer Zeit jeder, der im Museum von Herakleion, auf Santorin oder im Ashmolean Museum in Oxford einige der alltäglichen Erzeugnisse des minoischen Handwerks sieht, etwa ein mit Nautilen verziertes Gefäß, einen Stierkopf aus Steatit, ein graviertes Achatsiegel, einen Goldring, auf dessen Kopf große Damen in Volantkleidern tanzen, das spontane Gefühl, ohne Schwierigkeiten eine Welt der Schönheit zu betreten, die niemals alterte.

# Schluß

Die Mythen, mit denen wir das Buch begannen, haben uns ununterbrochen begleitet. Sie erfüllten schon das Denken des antiken Kreters in seinem ganzen Tagesablauf. Ein Südländer kann ohne Bilder und ohne Geschichten nicht leben. Es ist seine Art, die Dinge auszuschmücken und zurechtzumachen. Und trotz der unanfechtbaren Zeugnisse der Archäologie, der Epigraphik, der vergleichenden Sprachwissenschaft und der Volkskunde waren wir zum Teil Opfer der Erfindungen unserer Informanten, seien es Leute aus dem Volke oder Stubengelehrte. Sie bemühen sich so sehr, die Welt des Schweigens zum Sprechen zu bringen, sie zu erklären, sie zu deuten! Am Ende ist es besser, daß wir das Alltagsleben in Kreta zur Zeit des Minos nicht bis ins Letzte kennen, daß wir nichts wissen von den Kriegen, Seuchen, Dürrezeiten, Hungersnöten, Lügen, und daß ein gütiger oder schamhafter Zufall uns nur das Beste weitergab. Wie eigenartig ist das Leben eines Volkes ohne Geschichte! Ohne Geschichten. Man sage nichts Schlechtes über diese Ahnen, über diese schmerzlich Vermißten, über diese »Seligen«, wie das moderne Griechisch sie nennt. Sollen sie zu einem Teil in ihrem Nimbus von Schönheit und jugendlicher Leidenschaftlichkeit bleiben. Wir wollen uns darauf beschränken, sie durch die blühenden Mandelbäume der Mirabellobucht hindurch zu ahnen.

In einem reichen, überaus vielgestaltigen Land, in einem außerordentlich gesunden Klima sahen wir die Umrisse von Männern und Frauen, die sich freuten an Landbesitz, Herden, Wild, gutem Fischfang, reichen Ernten, großem Gewinn. Und dieses Volk war arbeitsam, beharrlich und erfinderisch. Seine Moral war so praktisch und realistisch wie möglich, indem sie auf die Vollendung des Menschen zielte. Dieses Volk schuf nach und nach, akzeptierte dann und vergaß schließlich in der großen Feuersbrunst der angeblichen Paläste eine theokratische und hierarchisch gestufte Gesellschaft, in der das weibliche Element die Hauptrolle spielte. Es hatte von den Frauen den Sinn für Ordnung und Tradition, die Genauigkeit, die religiöse Empfindungskraft, die Naturliebe, die künstlerische Feinsinnigkeit und Einfühlung. Es war indessen weder weibisch noch feministisch. Denn die Könige, Kriegsherren, Seeleute, Aufseher und Beamten erinnerten die Menge an die verteilende Gerechtigkeit, die männlichen Pflichten des Kampfes und der Eroberung, die Pein der Einweihung, die Mühen der Fronarbeit. Das Leben war gewiß für alle sehr hart. Und dennoch sangen alle und feierten nach beendeter Prüfung ein Fest, das sie auf die Tanzfläche springen und sich drehen ließ. Ein bewundernswertes Volk, das von Generation zu Generation niemals aufhörte, die Eindringlinge durch seine Spannkraft und Energie in Erstaunen zu versetzen.

Dynamismus. In diesem Wort ist fast alles zusammengefaßt. Angesichts des Immobilismus der orientalischen Welt und ihres Festhaltens an den wirtschaftlichen und sozialen Organisationen des vierten und dritten Jahrtausends gab das minoische Kreta während einiger Jahrhunderte das Beispiel einer beweglichen Kultur, einer Kultur, die sich unausgesetzt suchte, schuf, erneuerte. Während die anderen ihre ungeheuerlichen Ungleichheiten im Grundbesitz aufrechterhalten wollten, erfand es seine eigenen Strukturen, darunter die eines mächtigen und fleißigen Handwerkerstandes. Der Nutzung der Erde fügte es den Handel hinzu, der seinem Wesen nach beweglich war und der sich mit Hilfe der wachsenden Zahl seiner Schiffe weiter und weiter ausdehnte. Seine bildenden Künste, die sich zum Teil von den Konventionen und Zwängen freigemacht hatten, die die Künstler des Fruchtbaren Halbmondes lähmten, suchten vor allem die Bewegung, das Überraschende, die Spontaneität des Lebens auszudrücken. Nun wird deutlich, warum Kreta einmal den Beinamen »Makaronesos«, die »Selige Insel«, erhielt, warum Minos und seine Zeitgenossen für glückselig galten.

Das kommt nicht daher, daß sie alles im Überfluß besaßen, die Früchte des Paradieses, die wertvollen Mineralien, die leuchtende und dufterfüllte Luft der Berge, die Gestade, die ihre Arme überallhin ausstreckten. Das kommt nicht einmal daher, daß ihnen das Schicksal den Vulkanausbruch, der Santorin verschlang, die zehn

Plagen Ägyptens, die großen Seuchen Asiens, die Reiterhorden, die in die Ebenen Europas und das anatolische Hochland brandeten, ersparte. Der Grund dafür ist auch nicht, daß sie vorwegnehmend den dreifachen Wahlspruch der delphischen Weisheit gekannt und danach gelebt hatten: spiele nicht Gott, wisse, daß du nur ein Mensch bist, bleibe an deinem Platz. Nein. Sie verdankten ihr Glück weniger einer Gnade und einer Philosophie als ihrer beständigen Erneuerung. Später wird das Kreta des Daidalos eine zweite Wiedergeburt erleben, das hellenistische Kreta wird sich mit Städten überziehen, die unter der Pax Romana eine neue Blüte erleben werden, und so fort. Das wahre Symbol dieser Insel ist vermutlich das, welches die Künstler des Minos mit soviel Liebe auf ihre Wände und Vasen malten, jenes Knollengewächs, das immer wieder neu ersteht und aus dem die kretische Frömmigkeit eine junge Göttin, Akakallis, gemacht hatte, die weiße Narzisse der Wüste.

Die alten Kulturen bewunderten die Jugendlichkeit der minoischen Kultur. Das tun noch heute die Besucher des Museums in Herakleion. Sie fühlen dunkel, daß sie die Welt manches lehren kann: Freiheit, Bereitschaft, Menschlichkeit wahrscheinlich. Während im Orient und in Ägypten kein Individuum für sich und durch sich selbst da ist, während sich bei den Umzügen in unbestimmter Weise dasselbe anonyme Gesicht wiederholt, der Mensch angesichts des Herrschers in den Hintergrund tritt oder sich vor ihm niederwirft, die Könige und hohen Priester selbst vor den übermenschlichen oder unmenschlichen Göttern in den Staub sinken, steht in Kreta das Individuum in sehr strammer Haltung der sozialen Gruppe gegenüber, in seiner ganzen Spontaneität und Originalität. Es ist eine Insel nicht von freien Menschen, sondern von Menschen, die ihre Freiheit suchen. Die Statuetten der Heiligtümer tragen höchst persönliche Züge. Ihr Lächeln, ihre Bewegungen, ihre Kleidung sind die menschlicher Wesen, selbst wenn wir glauben, in ihnen das Bild der Gottheiten zu sehen. In diesem Land der Kleinstaaterei – Homer sagte »die Kretas«, Kretai, im Plural – lebt der Mensch, der einfache Privatmann, so gut, daß der Herrscher verschwindet. Man erzählt uns dauernd von Minos und seinen Söhnen, aber in dem genannten Museum könnte keiner das Gesicht der

Könige identifizieren. Strohmänner, Spitznamen, eine Art müßiger Götter. Dagegen erzählt man uns vom Minotauros, dem Stiermenschen, und weist uns auf Schritt und Tritt auf sein Bild oder Symbol hin. Aber was uns an ihm interessiert, das ist nicht der Stier. Das ist der Mensch, der schaffende Geist. Talos, dieser Minotauros aus Bronze, der die Insel bewachte, dieses dennoch verletzliche und sterbliche Wesen, der Gründer von Phaistos und der Rivale des Daidalos, war ein Handwerker. Wir sahen, daß ihm die Sage alle Erfindungen, alle Abenteuer und alle Leiden zuschrieb, die man einer menschlichen Person zuschreiben kann. Jeder Mensch ist im Grunde genommen ein Ungeheuer, ein unerklärliches Wesen, ein unersetzbares Wunder, und seine tägliche Arbeit zählt für den kretischen Künstler mehr als die Ruhmestaten der großen Eroberer.

Aus der zeitlichen und räumlichen Entfernung, in der wir uns befinden, und unter Berücksichtigung der so ungleich verteilten hellen Punkte sehen wir einige mehr hervorstechende Merkmale des Alltagslebens, einige Hauptzüge dieser Kultur sich abheben.

Die Kreter des Minos bildeten vor allem eine ländliche Bevölkerung. Der Mensch, der dem Tier und der Pflanze viel näher stand als wir Heutigen, verstand deren Leben und Reaktionen viel besser. Soviel Interesse für die Natur offenbart sich ebenso in den Verbesserungen, die man dem Ackerbau angedeihen ließ, als in der Anlegung des Kalenders und in der Kunst: Man spricht gerne von der minoischen Trias oder Trinität, Getreide, Wein und Olivenöl. Man könnte Bücher füllen, wollte man aufzählen, wie sehr die Bauern die wilde Natur durch dauernde Auswahl, Pflege, Pfropfung und Beschneidung gezähmt und veredelt haben. Dabei handelt es sich nicht um irgendein Getreide noch um irgendeinen Wein. Und warum sollen neben der Gerste und dem Bier nicht auch der Honig, die Quitten, die Gemüse- und Farbpflanzen, der Flachs, die Gartenblumen, die Harzkiefern, die zahmen Tiere genannt werden? Mit Liebe beobachten die Künstler die Entwicklung der Tiere und das Aufblühen der Blumen, welche die Hauptthemen ihrer Werke werden. Und das gilt – wir haben es gesehen – nicht nur von der Natur auf dem Land, sondern für alles, was in der Tiefe der Gewässer sich regt und bewegt.

Anstatt die städtischen Kulturen den ländlichen müßte man die geschlossenen Kulturen den offenen gegenüberstellen. Die der Minoer gehört zu den letzteren. Jeder Kreter bleibt wohl Bauer, zugleich aber auch Händler. Sein großer Ehrgeiz ist es immer noch, ein »magazi« zu eröffnen und sich selbständig zu machen. Weit davon entfernt, ihn zu isolieren oder verschlossen zu machen, veranlaßt ihn seine Insel, Menschen aufzunehmen, zu bewillkommnen, Beziehungen zu knüpfen. Dieses so gastfreundliche Volk ist vom Gedankenaustausch ebenso entzückt wie vom Austausch von Geschenken. Um die Mitte des zweiten Jahrtausends waren die Kykladen, Rhodos, Zypern, die Niederlassungen an der syrisch-palästinensischen Küste, das Nildelta seine bevorzugten Partner. Die Ägypter behaupteten damals, die Keftiu seien ihre Tributpflichtigen, und viele Historiker glaubten, Kreta habe in der wirtschaftlichen und geistigen Einflußsphäre von Ägypten gelebt. Es hieße die Kraft und den Stolz der Kreter verkennen, würde man sich vorstellen, daß die Seeleute alles für nichts gaben. In Wirklichkeit waren alle diese Staaten von Kreta abhängig wegen der Erzeugnisse, die ihnen fehlten, und dies waren sowohl die Erzeugnisse der Landwirtschaft wie die der Bergwerke und des Handwerks. Und um es noch einmal nachdrücklich zu sagen: es gibt keinen Handel ohne Gegenseitigkeit und ohne Ehrenhaftigkeit. Die Kreter konnten wie Minos nicht anders als gerecht sein.

Als tief religiöse Menschen gaben sie der Religion eine bis dahin unbekannte Färbung. Ihre Hauptsorge galt dem Leben, nicht dem Tod. Selbst die unterirdischen Mächte, die sie auf eine eigentümliche Weise in ihren Kulthöhlen anriefen, baten sie um Fruchtbarkeit, Heilung, Gesundheit, Kraft. Geburt und Erscheinung ihrer Gottheiten feierten sie dort, wo die Luft am erfrischendsten, das Licht am reinsten ist, auf den Berggipfeln. Ihre großen Heiligtümer richteten sie nach den Aufgängen der Gestirne, der Lebensspender, aus. Einmal jährlich vereinigte sich der König mystisch mit der Göttin, die über die Vegetation herrscht, oder mit ihrer Priesterin auf Erden, und alle hundert Monate erneuerte er die Gesellschaft, wie Sonne und Mond selbst nach ihrer Rückkehr in die gleichen Himmelswohnungen sich erneuert hatten. Es gab keine

Menschenopfer. Meist ländliche Opfergaben: Wasser, Milch, Honig, Wein, Blumen, Früchte, Samen. Viele Reinigungen, Besprengungen, Räucherungen. Mit einem Wort, eine Religion von Bauern, die ebenso reinlich wie auf ihren Gewinn bedacht waren, und für die die Künste, die Bildhauerkunst, der Gesang und der Tanz zum Ritual gehörten. Ein sehr reicher, straff organisierter und offensichtlich kenntnisreicher Priesterstand errichtete eine große Zahl höchst komfortabler Gebäude, verbreitete aber auch mehrere Arten von Symbolen und mehrere Schrifttypen.

Es war letztlich eine Kultur von Künstlern. Das minoische Wunder, ein Gegenstück zum griechischen Wunder, besteht darin, daß dieses so sehr an den irdischen Gütern hängende, so sehr mit den Menschen und den Göttern marktende Volk gleichzeitig soviel Zartgefühl, Poesie, Eleganz und Sinn für Erlesenes hatte. Aus einem Menschenschlag, den im dritten Jahrtausend nichts zu den erstaunlichsten Leistungen zu prädestinieren schien, und aus ebenso harten wie gewöhnlichen Alltagsaufgaben erstanden anonyme, aber überragende Erfinder auf dem Gebiet der Architektur, der Keramik, der Stein- und Metallgravur, der Kleidung und nicht zuletzt der Musik und des Tanzes, wovon wir nur undeutliche Vorstellungen haben. Auch hier wird nichts durch die Gunst des Himmels und die natürliche Klugheit erklärt. Das Phänomen ist vielleicht begründet im Aufkommen eines freien und beweglichen Handwerkertums und in jener Freude am Austausch, an die wir erinnerten. Wenn Kunst der individuelle Ausdruck eines kollektiven Glaubens ist, so begünstigte die Entwicklung des Individualismus auf wunderbare Weise den Ausdruck von Überzeugungen, die mit aller Kraft auf das Leben gerichtet waren.

Was auch immer Paul Valéry 1919 sagte, eine Kultur kann niemals ganz sterben, mit all ihren Menschen und Geräten in den Boden versinken. Etwas bleibt immer übrig aus dem Schiffbruch. Vom Alltagsleben der Zeitgenossen des Minos ist mehr übriggeblieben als vom Alltagsleben aller Nachbarländer Kretas aus der gleichen Zeit: die Blüte der ersten wirklich menschlichen Kultur des Mittelmeeres und die Erinnerung an diese Kultur.

# Anmerkungen

## *Einleitung*

1 Hauptquellen der Minossage: Homer, *Ilias* XIII, 449–453; XIV, 321 f.; XVIII, 590–606; *Odyssee* XI, 321–325; 568–571; XIX, 178–181 (dazu die Scholien, antike Kommentare, zu diesen verschiedenen Stellen und zu *Ilias* XII, 292; *Odyssee* XVII, 523); Herodot I, 171–173; VII, 169–171; Thukydides I, 4–8; Platon, *Gorg.* 524 a; *Leg.* 624 b; Pseudo-Platon: *Minos* 318 ff.; Apollonios Rhodios II, 516; IV, 1564, 1636, 1689–1693 (und die Scholien); Ovid, *Met.* II, 833–875; VIII, 1–235; Diodor, *Bibl.* IV, 60–62, 76–79; V, 76, 78–80; Strabon 282, 477, 573; Apollodor, *Bibl.* II, 5, 7; III, 1, 2; 15, 1–8; *Epit.* I, 9; 12; 14 f.; Pausanias I, 1, 4, 17, 19, 22, 24, 27, 39; II, 30, 31, 34; III, 2, 18; V, 25; VII, 2, 3, 4; VIII, 53. – Vgl. S. Marinatos, *Les Légendes royales de la Crète minoenne*, in: RA 2, 1949, 5 ff.

2 A. M. Woodward, *The Gortyn Labyrinth*, in: BSA 1949, 324; P. Faure, in: Kr. Chr. 1963, 315–326.

3 Diodor, *Bibl.* IV, 79.

4 Scholien zum *Zeushymnos*, Vers 8.

5 Diodor, *Bibl.* V, 66; Hieronymus, *Chron.* a. Abr. 22b; Evans, *P. M.*, Bd. 1, 635; Bd. 2, 5–7.

6 P. Faure, *Le Mythe platonicien de la caverne et la Crète*, in: REG 1962, 16 bis 18.

7 Über diese Platanenart, eine Besonderheit Kretas, vgl. E. Platakis, *Aeithales platanos en Krete* (griech.) in der Zeitschrift ›Kretike Hestia‹, Chania 1966, fasc. 160 und 161 (23 bekannte Exemplare; seitdem wurden wir auf Kreta noch auf weitere zehn hingewiesen). Der Baum von Gortyn steht noch in vollem Laub am linken Ufer des Lethaios, 80 m nördlich des Lehmziegelgebäudes, das die berühmte Rechtsinschrift von Gortyn beherbergt.

8 Vergil, *Bucolica* VI, 60.

9 Philostratos, *Vita des Apollonios von Tyana* IV, 34.

10 Diktys von Kreta, *Bellum Troianum*, hrsg. von F. Meister, Leipzig 1872. Es soll sich um eine auf Geheiß Neros angefertigte lateinische Übersetzung eines Originals in phönizischer (?) Schrift handeln, das 66 n. Chr. in Knosos gefunden wurde.

11 Faure, *Fonctions* . . ., 225–238 (Kapitel über Sagenschatz und Volkspsychologie).

12 Claudian, *De Sexto Consulatu Honorii* 634; Malalas, *Chronographia* IV, 107 f., *Suda*, im Artikel »Aigaion Pelagos«; Psellos, *Anagoge eis ton Tantalon* 348; Eudokia, *Violarium* 253; Kedrenos, *Synopsis historion* 214 f.

13 G. Gherardi da Prato, *Paradiso degli Alberti*, hrsg. von Wesselofsky, Bd. 2, Bologna 1867, 13.

14 C. Buondelmonti, *Description des îles de l'Archipel*, hrsg. von Legrand, Paris 1897.

15 P. Faure, *Le Mont Iouktas, tombeau de Zeus*, in: Minoica, Festschrift J. Sundwall, Berlin 1958, 133–148.

16 F. Barozzi, *Descrittione dell' Isola di Creta*, manuscrit inédit de la Bibliothèque Nationale, Paris, Fonds italien, 384, f[os] 15–18.

17 E. Falkener, *A Description of some Important Theatres and other Remains in Crete from a Ms History of Candia by Onario Belli in 1586*, London 1854; S. Spanakis, *To theatro ste Romaike Krete*, in: Actes du 2^e^ Congrès International d'Études crétoises, Bd. 2, Athen 1968, 142–168.

18 Über die Familie der Kalokairinoi aus Kreta vgl. den Artikel von S. Spanakis in Kr. Chr. 1960, 271–307; bes. 271, Anm. 3 u. 295–298 (neugriech.).

19 Haussoulier, in: BCH 1880, 124–127; RA 1880, 359–362 u. Taf. 23; E. Fabricius, in: AM 1886, 135–147 u. Taf. 3–4; G. Perrot, *La Grèce primitive*, Paris 1894, 461 u. Abb. 172–173; A. Evans, in: JHS 1894, 281; BSA, Bd. 6, 1899/1900, 21.

20 Archaeological Institute of America, Second Annual Report of the Executive Committee, Cambridge 1880/81, 47–49.

21 A. Taramelli, in: Mon. Ant. IX, 1899, 291–294; AJA 1901, 437–451 (Kamares); AJA 1897, 287–312 (Miamou).

22 D. G. Hogarth, in: BSA, Bd. 6, 1899/1900, 94–116 (Grabungen vom 24. Mai bis zum 15. Juni 1899).

23 A. Evans, in: BSA, Bd. 6, 1899/1900, 3–70; Bd. 7, 1900/01, 1–120; Bd. 8, 1901/02, 1–124; JHS 21, 1901, 99 ff.

24 C. L. R. Palmer, *On the Knossos Tablets, The Find-Places*, Oxford 1963, 134–135; 142–145; 150; 190–191; 228; J. Boardman, *On the Knossos Tablets, The Date*, veröffentlicht im Anhang des Palmerschen Werkes, mit besonderer Seitenzählung, 56–58; 82.

25 Evans, *P. M.*, Bd. 2, 334; Bd. 3, 381–386: der Fundort ist geändert und das Datum heraufgesetzt. Man vergleiche mit BSA, Bd. 8, 1901/02, 54 (found in the portico of the neighbouring hall) und mit dem »Notebook« von Evans, das Palmer zitiert (s. Anm. 24), unter dem 15. März 1902: »Hall of fishes has actually (?) bath tub, though it is of late Myc. fabric.«

26 L. Pernier, *Il palazzo minoico di Festos*, Bd. 1, Rom 1935; L. P. u. L. Banti, Bd. 2, Rom 1951.

27 Doro Levi: Bollettino d'Arte, Bd. 36–38 (1951–53); Annuario, Bd. 30 ff. (1952–62; 1967/68); *The Recent Excavations at Phaistos*, Lund 1964; Actes du 1^er^ Congrès International de Mycénologie, Rom 1968, 185–215.

28 L. Pernier u. L. Banti, *Guida degli scavi italiani in Creta*, Rom 1947, 28–38; L. Banti, in: Annuario 1930/31, 155–251; 1941–43, 26 ff.

29 Dieser Vortrag wurde von Evans überarbeitet und veröffentlicht unter dem Titel *Essai de classification des époques de la civilisation minoenne*, London 1906.

30 W. M. Flinders Petrie, in: JHS 1890, 271–277; 1891, 199–205.

31 A. Evans, in: JHS 1894, 281. Dieselbe Reaktion nach der ersten Ausgrabung in Knosos im Jahre 1900: BSA, Bd. 6, 1899/1900, 66.

32 Ausgrabungen und Forschungen wurden veröffentlicht unter der Leitung von F. Matz: *Forschungen auf Kreta 1942*, Berlin 1951.

33 Es handelt sich um Piskokephalo: Praktika 1952, 636–639; 1953, 288–291; 1954, 351 f. – Zou: Praktika 1954, 363 f.; BCH 1957, 635 f. – Achladia: Praktika 1952, 646–648; Kr. Chr. 1959, 374–376, 390. – Agios Georgios (Tourtouli): Kr. Chr. 1960, 513 f.

34 *To Ergon tes Archaiologikes Hetairias*, Athen 1961 ff. Seither sind mehrere Berichte im ›Archaiologikon Deltion‹ und in den ›Praktika‹ erschienen; besonders auch im BCH, speziell 1964, 833–843; 1965, 888–894; 1966, 919–925;

1967, 772–777; 1968, 981 f. (mit einem Plan neben S. 982); 1970, 1139–42 (mit einem neuen Plan neben S. 1139). Zahlreiche Abbildungen findet man in der Zeitschrift ›Archaeology‹, Jg. 14, H. 4 (Dezember 1963), 269–275; in den ›Illustrated London News‹ vom 29. Februar und 7. März 1964; in der Zürcher Zeitschrift ›Du‹, Jg. 27, Januar 1967, 49–59 und in den populärwissenschaftlichen Werken *Crète*, Archaeologia Mundi, Genf 1966; *Crete*, London (Muller) 1966; *La Crète antique*, Paris (Hachette, Bibl. des Guides Bleus) 1968 (in Zusammenarbeit mit S. Alexiou und H. Guanella); *Zakros, the Discovery of a Lost Palace*, New York 1971.

35 F. Jacoby, *Die Fragmente der griechischen Historiker*, Bd. 2 B, Berlin 1929, Nr. 239 (Marmor Parium), S. 11, 19, 57–59.

36 Hrsg. von R. Helm, Berlin 1956, 47, 49, 53–59; *Praepar. evang.* X, 9, 9: Minos wird als Zeitgenosse des Dionysos, des Herakles und des jungen Nestor bezeichnet.

37 Diodor, *Bibl.* IV, 60, 2–8.

38 Plutarch, *Theseus* 20, nach »einigen Einwohnern von Naxos« (zweifellos nach Aglaosthenes, dem Autor der *Naxiaka*, der zwischen 350 und 250 v. Chr. lebte; vielleicht auch nach Laosthenidas, den Diodor zitiert: V, 80).

39 P. Montet, *La Vie quotidienne en Égypte au temps de Ramsès*, Paris (Hachette) 1946, 279–283.

40 J. Vercoutter, *L'Égypte et le monde égéen préhéllenique*, Kairo 1956, 159–184.

41 Herakleides Lembos, *Politien* 29 (nach Aristoteles).

42 Plinius, *Nat.* IV, 58; Solin, *Collectanea* 11,4.

43 A. Evans u. J. L. Myres, *Scripta Minoa*, Bd. 1 (Hieroglyphen, Piktogramme, Linear A), Oxford 1909; Bd. 2 (Linear B von Knosos), Oxford 1952.

44 A. Kober, *The Minoan Scripts: Fact and Theory*, in: AJA 1948, 82–103.

45 V. Georgiev, *Le Déchiffrement des Inscriptions minoennes*, Sofia 1949; V. G., *Inscriptions minoennes quasi bilingues*, Sofia 1950.

46 Ktistopoulos, *Premières Remarques sur les inscriptions de Pylos*, Athen, 19. Mai 1951 (Vervielfältigung).

47 M. Ventris gab seinen ersten Bericht von der Entzifferung in ›The Listener‹ vom 10. Juli 1952, 57 f.; M. Ventris u. J. Chadwick, *Evidence for Greek Dialect in the Mycenaean Archives*, in: JHS 73, 1953, 84–103; M. V., *Documents in Mycenaean Greek*, Cambridge 1956.

48 J. Chadwick, *The Decipherment of Linear B*, Cambridge 1958; J. C., *Cambridge Ancient History*, revised edition, Bd. 2, Cambridge 1964, Kap. 39. Einwände und kritische Bemerkungen formuliert E. Grumach, in: Orientalische Literaturzeitung 1957, 293–342; Gnomon 32, 1960, 682–690; A. J. Beattie, in: JHS 76, 1956, 1–17; Mitt. d. Inst. f. Orientforschung 6, 1958, 33–104; S. Levin, *The Linear B Controversy Re-examined*, New York 1965.

49 J. Raison, *Une controverse sur la chronologie cnossienne*, in: Bull. Assoc. G. Budé, 1961 (3), 305–319.

50 M. R. Popham, *The Last Days of the Palace at Knossos*, Lund 1964; Sinclair Hood, *Date of the Reoccupation Pottery from the Palace of Minos at Knossos*, in: Kadmos 5 (2), 1966, 121–141; Studi Micenei 2, 1967, 63–70; Pepragmena (= Actes) du 2e Congrès International d'Études crétoises, Bd. 1, Athen 1968, 173–179.

51 W. C. Brice, *Inscriptions of the Minoan Linear Script of Class A*, Oxford 1961. Ergänzt und berichtigt wird diese Veröffentlichung durch J. Raison und

M. Pope, *Index du Linéaire A*, Rom (Ateneo) 1971 und durch W. C. Brice, *Inscriptions from Zakro*, in: Arch. Delt.

52 M. Pope, *Aegean Writing and Linear A*, Lund 1964; Antiquity 40, 1966, 17–23.

53 C. H. Gordon, in: Antiquity 31, 1957, 124 ff.; 237 ff.; C. H. G., *Evidence for the Minoan Language*, in: Ventor 1966; Davis, *Nestor*, 19. Dez. 1957.

54 F. Schachermeyr, *Die minoische Kultur des alten Kreta*, Stuttgart 1964, 259 bis 267.

55 V. Georgiev, *La Toponymie ancienne de la péninsule balkanique et la thèse méditerranéenne*, in: Linguistique balkanique 3, (1), 1961, S. 11 ff.; W. Merlinger, ebd. 4, 1962, 25; 5 (2), 1962, 5; A. J. Van Windekens, *Études pélasgiques*, Louvain 1960.

56 J. Vercoutter (vgl. Anm. 40), 45–50 u. 82 f.

57 E. Edel, *Die Ortsnamenlisten aus dem Totentempel Amenophis' III.*, Bonn 1966, 33–60; P. Faure, *Toponymes créto-mycéniens dans une liste d'Amenophis III (environ 1380 av. J.-C.)*, in: Kadmos 7 (2), 1968, 138–149.

58 Pausanias IX, 39, 4 f. – L. Deroy, *Le Nom de l'Europe, son origine et son histoire*, in: Revue internationale d'Onomastique 11, 1959, 1–22.

## *Erstes Kapitel*

1 *Odyssee* XIX, 172.

2 Spratt, *Travels and Researches in Crete*, London 1865, Bd. 1, 121–124, 141, 189; Bd. 2, 123 f., 130, 135, 195 f., 218, 221, 226, 230–233, 237 f., 241 f., 245 f., 249, 271; V. Raulin, *Description physique de l'île de Crète*, Bd. 2, Paris 1869, 633; C. Pareyn, *Mallia, Site et Nécropoles (II)*, étude géologique, Paris 1963, 25–26 (vgl. S. 29–31 weitere Bemerkungen über die Küste von Malia von den Mitgliedern der französischen Botschaft); D. Hafemann, *Die Niveauveränderungen an den Küsten Kretas seit dem Altertum*, in: Abhandlungen der Akademie der Wissenschaften und der Literatur, Math.-naturwiss. Kl., Mainz/Wiesbaden, 1965 (XII), 605–688; G. J. Boekschoten, *Some Geological Observations on the Coasts of Crete*, in: Geologie en Mijnbouw 42, 1963, 241–247.

3 J. Leatham u. S. Hood, in: BSA 53/54, 1958/59, 263 ff.; H. Frost, *Under the Mediterranean Antiquities*, London 1963, Kap. 5 u. 7; F. Tondeur, *Crète, île des dieux*, Paris 1966, 116–127.

4 N. Creutzburg, *Probleme des Gebirgsbaus und der Morphogenese auf der Insel Kreta*, Freiburger Universitätsreden, N. F., H. 26, 1958; P. Birot, *La Mise en place des reliefs de l'île de Crète*, in: Bull. Assoc. de géographes français, Paris, Nr. 286/287 (Nov./Dez.) 1959, 2–8.

5 E.-Y. Kolodny, *Constitution et évolution démographique d'un isolat en montagne: le bassin du Lassithi en Crète*, in: Revue de Géographie de Lyon 44 (2), 1969, 195–225.

6 P. Faure, *Noms de montagnes crétoises*, in: Bull. Assoc. G. Budé, 1965, 426 bis 446.

7 Faure, *Fonctions . . .*; E. Platakis, *Noms des cavernes et autres formations karstiques de la Crète* in: Kr. Chr. 1966 (erschienen 1969), 254–294 (griech.).

8 Bibliographie von E. Platakis in: Kr. Chr. 1955, 119–148 (von der Renaissance

bis heute) und in: *Archeion tes Pharmakeutikes*, 1/2 u. 3/4, 1966 (39 Seiten für die Autoren vor der Renaissance). Größeren wissenschaftlichen Nutzen als die schon genannten Arbeiten von V. Raulin (Bd. 2; s. Anm. 2) und A. Evans (*P. M.*, Bd. 2, T. 2, S. 463 ff.) bieten das Werk von M. Gandoger: *Flora cretica*, Paris 1916, und der Artikel von M. Möbius: *Pflanzenbilder der minoischen Kunst in botanischer Betrachtung*, in: Jahrb. d. deutschen Archäol. Inst. 48, 1933.

9 G. Burgel, *Pobia, étude d'un village crétois*, Athen, 1965; E. Kolodny, *La Crète: mutations et évolution d'une population insulaire grecque*, in: Rev. de Géogr. de Lyon 43, 1968, 227–290.

10 P. Faure, *Les Minerais de la Crète antique*, in: RA 1966, 45–78.

11 E. G. Mariolopoulos, *Étude sur le climat de la Grèce, Précipitations. Stabilité du climat depuis les temps historiques*. Diss. Paris (PUF) 1925; E. G. M., *To klima tes Hellados*, Athen 1938 (griech.); A. Philippson, *Das Klima Griechenlands*, Bonn 1948, 83, 91, 95, 99 über Kreta; dieser Autor behauptet auf S. 159 bis 168, im Mittelmeerklima habe es seit der Antike keine Veränderung gegeben; die beste Arbeit über das Klima Kretas stammt von E. Platakis: *To klima tes Kretes*, Chania 1964 (griech.).

12 E. Le Roy Ladurie, *Histoire du Climat depuis l'an mil*, Paris 1968, weist auf einen starken Vorstoß der Rhônegletscher zwischen 1400 und 1300 v. Chr. und zwei weitere Vorstöße zwischen 900 und 300 hin. Das Phänomen scheint einer Periodizität von ± 600 zu folgen. Das Werk von Le Danois, *Le Rythme des climats dans l'histoire de la terre et de l'humanité*, Paris (Payot) 1950, behandelt die periodischen Übergriffe der Meere auf die Kontinente.

13 B. Aiginitis, *Le Climat de la Crète et sa stabilité depuis les temps minoens*, Athen 1954. 25–41 (neugriech.), verwarf die Schlußfolgerungen von Evans über die Schwankungen des kretischen Klimas, wobei er sich besonders auf das Reifwerden der Datteln stützt.

14 P. Faure, *Phénomènes de pluviosité à la fin du Néolithique en Grèce*, in: Actes du IV[e] Colloque international de spéléologie (1[er] en Grèce) 1963, Athen 1965, 123–127.

15 H. Lehmann, *Die geographischen Grundlagen der kretisch-mykenischen Kultur*, in: Geographische Zeitschrift, Leipzig u. Berlin 1932, 334–346; H. L., *Die Hydrographie des Karstes*, Wien 1932; P. Birot, *Problèmes de morphologie karstique*, in: Annales de géographie 63, Nr. 337 (Mai/Juni) 1954, 161 bis 192.

16 Francesco Basilicata, *Relazione 1630*, veröffentlicht von S. Spanakis in Herakleion 1969. Es fehlt die große Karte aus dem Manuskript neben folio 5, aber das Werk bringt auf Tafeln die Zeichnungen der kretischen Küsten, die Basilicata zwischen 1614 und 1626 als Atlas zusammengefaßt hat.

17 S. Marinatos, *The Volcanic Destruction of Minoan Crete*, in: Antiquity 13, 1939, 425 ff; diese These wird wiederholt in einem Vortrag beim Zweiten Internationalen Kongreß für kretische Studien in Chania 1966 (Actes, Bd. 1, 198–216) und beim Internationalen Kongreß für vulkanische Studien in Santorin im September 1969 (Acta, Athen 1971). Die Ausgrabungen der um 1520 v. Chr. unter dem Aschenregen von Santorin verschütteten minoischen Stadt beim heutigen Dorf Akrotiri begannen im Mai 1967 und gehen seither jedes Jahr weiter.

18 Die Geschichte der Erdbeben in Kreta von der Antike bis heute berichtet her-

vorragend E. Platakis in einem griechischen Artikel der Kr. Chr., Bd. 4, 1950, 463–526.

19 P. Faure, *Recherches sur le peuplement des montagnes de Crète: sites, cavernes et cultes*, in: BCH 1965, 27–63; und P. F., in: BCH 1967, 147 ff. über das Problem der vier Kretas.

20 Diodor von Sizilien (nach Epimenides, Dosiadas und Sosikrates), *Bibl.* IV, 60–62; V, 79–80.

## *Zweites Kapitel*

1 J. Vercoutter (s. Anm. 40 zur ›Einleitung‹), 201–240 und Tafeln.

2 Nur eine kleine Zahl von Statuetten ist abgebildet in den Aufsätzen von N. Platon: *To hieron Maza kai ta minoika hiera koryphes*, in: Kr. Chr. 1951, 96–160 (griech.), und von C. Davaras, *Trois bronzes minoens de Skoteino* (mit dem Katalog der bronzenen oder steinernen Adoranten), in: BCH 1969, 620 bis 650, und in den kunstgeschichtlichen Werken etwa von C. Zervos, *L'Art de la Crète néolithique et minoenne*, Paris 1956, oder von P. Demargne, *Naissance de l'Art grec*, Paris 1964. Am zahlreichsten sind sie in den Vitrinen der Museen von Agios Nikolaos, Herakleion und Rhethymnon ausgestellt. Bei den Grabungen in den Heiligtümern und Kulthöhlen werden jedes Jahr Hunderte gefunden.

3 S. Marinatos, *Mycenaean Culture within the Frame of Mediterranean Anthropology and Archaeology*, in: Actes du 1^er^ Congrès international de Mycénologie, Bd. 1, Rom (Ateneo-Verlag) 1968, 277–296.

4 Wir folgen hier sehr frei den Arbeiten von J. C. Trevor, die mit denen der Anthropologen der Britischen archäologischen Schule zusammengefaßt sind von R. W. Hutchinson: *Prehistoric Crete*, London 1962 (geschrieben zwischen 1958 und 1960), 58–64, und den Veröffentlichungen von R.-P. Charles: *Le peuplement de l'Europe méditerranéenne pendant le III^e^ millénaire av. J.-C.*, in: Bull. et Mém. Soc. d'Anthr. de Paris, 12. Reihe, Bd. 1, 1960, 1–176; *Anthropologie archéologique de la Crète*, in: Études crétoises, Bd. 14, Paris 1965; *Sur le néolithique égéen et ses origines*, in: Kr. Chr. 1964 (erschienen 1966), 245–268. Wir verwerfen die Theorien von Hawes, Evans und Cipriani, nach denen die Kreter aus Libyen oder Ägypten kamen, denn sie werden durch die anthropologischen und onomastischen Tatsachen widerlegt. Als nicht bewiesen verwerfen wir ebenfalls die Theorie C. Gordons (1963), der annimmt, die Kreter seien Nachkommen der Semiten.

5 A. N. Poulianos: *Anthropological Data on the Origin of the Cretans*, in: Actes du 2^e^ Congrès International d'Études crétoises, Bd. 4, Athen 1969, 397–400; *He Katoge ton Kreton*, Athen 1971 (griech.). Seine Ergebnisse werden, allein aus archäologischen Gründen, von P. Warren bestätigt: *The Origins of the Minoans*, Proceedings of the British Assoc. for Mycenaean Studies (24.–25. September 1968), Inst. of Class. Studies, Univ. of London, Bull. Nr. 16, 1969, 156 f.

6 P. Faure, *Toponymes préhelléniques dans la Crète moderne*, in: Kadmos 6 (1), 1967, 41–79; *Nouveaux toponymes préhelléniques dans la Crète moderne*, in: Kadmos 9 (1), 1970, 75–92.

7 Diese Überlieferungen finden sich besonders bei den Informanten Diodors

von Sizilien (*Bibl.* V, 64 u. 80), und Strabons (*Geogr.* X, 474–484). Beide zitieren als Hauptquelle den Historiker Ephoros von Kyme, der um 340 v. Chr schrieb.

8 Diodor, *Bibl.* V, 66; »Marmor Parium«, in: F. Jacoby, *Frag. Gr. Hist.*, Bd. 2 B, Berlin 1929, Nr. 239, S. 994; Hieronymus, *Chronik*, hrsg. von Helm, Berlin 1956, S. 40 b bis 49 b.

9 S. Xanthoudidis, *La Domination vénitienne en Crète et les luttes des Crétois contre les Vénitiens*, Athen 1939 (griech.); N. D. Zoudianos, *Histoire de la Crète sous la domination vénitienne*, Athen 1960 (griech.).

10 Karten von J. Pendlebury: *The Archaeology of Crete, An Introduction*, London 1939; ergänzt von T. J. Dunbabin, in: BSA 1947, 190–193; P. Faure, in: BCH 1960–69; S. Hood, in: BSA 1964, 50–99; 1965, 99–113; 1966, 163–191; 1967, 47–56.

11 T. Wroncka, *Pour un atlas archéologique de la Crète minoenne: Sitia I*, in: BCH 1959, 523–542 (der Artikel wird ergänzt, ja fast überholt von den Funden, die in zwölf Jahren in diesem Gebiet gemacht wurden).

12 Y. Dewolf, F. Postel u. H. Van Effenterre, *Mallia, Site et Nécropoles (II)*, Paris 1963, 49.

13 J.-P. Olivier, *Les Scribes de Cnossos*, Rom (Ateneo) 1967.

14 P. Faure, *La Crète aux cent villes*, in: Kr. Chr. 1959, 171–217.

15 *Odyssee* XIX, 174.

16 *Ilias* II, 649.

17 C. Savary, *Lettres sur la Grèce faisant suite de celles sur l'Égypte*, Paris 1788, 266.

18 Siehe Anm. 4: das Werk von R.-P. Charles über die archäologische Anthropologie Kretas.

19 Apollodor, *Bibl.* III, 15, 7 f.

20 Herodot VII, 171.

21 Herodot I, 173; VII, 170 und die Stellen aus Diodor und Apollodor, die in Anm. 1 der ›Einleitung‹ zitiert wurden. Quellenkritik von George Huxley: *Minoans in Greek Sources*, Belfast 1968.

22 Hippolyte Noiret, *Documents inédits pour servir à l'histoire de la domination vénitienne en Crète de 1380 à 1485*, Paris 1892, 520 f. (Text mittellateinisch).

## *Drittes Kapitel*

1 N. Stavrakis, *Statistique de la population de la Crète*, Bd. 1, Athen 1890, 137–205 (Text griech.); S. Spanakis, *Informations statistiques relatives à la Crète de la fin du XVI*[e] *siècle*, in: Kr. Chr. 1958, 321–334 (griech.); E. Kolodny, der in Anm. 9 zu Kap. 1 zitierte Aufsatz.

2 V. G. Childe, *The Dawn of European Civilization*, London [6]1957; G. Thomson, *The Prehistoric Aegean*, London [3]1961; R. F. Willets, *Cretan Cults and Festivals*, London 1962, 3–42; R. F. W. *Everyday Life in Ancient Crete*, London u. New York 1969, 30–50. Ausführliche Definitionen in *International Encyclopedia of the Social Sciences*, Bd. 16, 1968, unter dem Stichwort »tribe«.

3 Das »Recht von Gortyn« wurde mit einer Übersetzung ins Englische und einem reichen Kommentar herausgegeben von R. F. Willets: *The Law Code*

*of Gortyn*, in: Kadmos, Suppl. 1, Berlin (de Gruyter) 1967. Wir schließen uns der von G. Le Rider vorgeschlagenen Datierung an: *Monnaies crétoises du V^e^ au I^er^ siècle avant Jésus-Christ*, Paris 1966, 163–174. – Im Kapitel 6, ›Die Gesetze des Minos‹, werden wir nochmals auf dieses Recht zu sprechen kommen.

4 K. Branigan, *The Tombs of Mesara*, London 1970, der die Arbeit von I. Pini, *Beiträge zur minoischen Gräberkunde*, Wiesbaden 1968, ergänzt und berichtigt.

5 R. Hampe u. A. Winter, *Bei Töpfern und Töpferinnen in Kreta, Messenien und Zypern*, Mainz 1962.

6 P. Faure, *Du nouveau sur les Cyclopes crétois*, in: Bull. Assoc. G. Budé, 1970, 119–132.

7 S. Marinatos, *Maison du Minoen moyen de la Basse-Mesara* (griech.), in: Arch. Delt. 9, 1924/25 (ersch. in Athen 1927), 53–78 (Grabungen vom November 1925 und Mai 1926).

8 Anstelle der Binsen findet man manchmal Salbei oder Seegras. Heute ist die Tonschicht doppelt: siehe die Photographie und den Schnitt, die V. Hadjimichali in BCH 1971, 219 veröffentlicht hat. Ich habe solche Dächer in Mochlos (Pediados) und in Tourloti (Sitias), in Saligardou mandra, gesehen.

9 O. Pelon, *Maison d'Hagia Varvara et architecture domestique à Malia*, in: BCH 1966, 552–585.

10 Vorläufiger Bericht in französischer Sprache. Plan und Photographien des Ausgräbers, N. Platon, in: BCH 1960, 822–826 (Grabung vom August und September 1959). Kurzgefaßter Bericht (griech.) in: Kr. Chr. 1959, 374–376.

11 Die Landvilla wurde zwischen 1929 und 1933 von S. Marinatos ausgegraben. Grabungsbericht (griech.) und Plan sind veröffentlicht in: *Archaiologike Ephemeris*, 1939–41, 69–96 »le mégaron minoen de Sklavokampos«.

12 Die Landvilla wurde zwischen 1949 und 1953 von S. Marinatos ausgegraben; Veröffentlichung (griech.) in: Praktika 1949, 100–109; 1951, 258–272, und in Kr. Chr. 1949, 594; 1950, 532; 1951, 442.

13 J. Hazzidakis, *Les Villas minoennes de Tylissos*, franz. Übersetzung von F. Chapouthier und R. Joly, in: Études crétoises, Bd. 3, Paris 1934.

14 S. Xanthoudidis, *The Vaulted Tombs of Mesara*, London 1924, 128 u. 136.

15 F. Chapouthier, *La Vaisselle commune et la vie de tous les jours à l'époque minoenne*, in: REA 43, 1941, 5 ff.; Gerda Bruns, *Küchenwesen und Mahlzeiten*, in: Archaeologia Homerica, Bd. 2, Kap. Q, Göttingen 1970.

16 Vgl. den Artikel »Tissage« von G. Cart in *Dictionnaire archéologique des techniques*, Bd. 2, Paris 1963/64, 982 ff.

17 *Odyssee* V, 125–128; Hesiod, *Theog.*, 969–974.

18 W. Schiering, *Landwirtschaftliche Geräte*, in: Archaeologia Homerica, Bd. 2, Göttingen 1969; J. Deshayes, *Les Outils de bronze, de l'Indus au Danube (IV^e^–II^e^ millénaire)*, Paris 1960.

19 *Ilias* XVIII, 541–549.

20 Hesiod, *Werke und Tage*, 465–469.

21 M. Lejeune, *Noms propres de bœufs à Cnossos*, in: REG 1963, 1–9; H. Mühlestein, *Le nom des deux Ajax*, in: Studi Micenei ed Egeo-Anatolici 2, 1967, 41–52.

22 Vielfältige Auskünfte über die vorgriechische Landwirtschaft findet man in den Werken oder Aufsätzen von A. L. Guyot, *Origine des plantes cultivées*,

Paris 1942; K. F. Vickery; *Food in Early Greece*, in: Illinois Studies in the Social Sciences, 1936, Nr. 3; R. W. Hutchinson, *Prehistoric Crete*, London 1962, 237–245; W. Richter, *Landwirtschaft, Gartenbau, Tierhaltung*, in: Archaeologia Homerica, Bd. 2, Kap. H, Göttingen 1969.

23 J. G. Frazer, *The Golden Bough*, London 1923–27, 107, 401, 434, 447 ff.; J. G. F., *Der goldene Zweig*, übers. von H. von Bauer, Köln 1968.

24 *Ilias* XVIII, 550–557.

25 Euripides, Fragment 472 Nauck. In der verlorenen Tragödie *Die Kreter* erklärte der Prophet des Zeus, er sei »durch den Blitz des nächtlichen Zagreus geläutert« und »Bacchant genannt worden«.

26 Über die Geschichte des Ikaros und der Erigone besitzen wir ausgiebige Nachrichten, u. a. durch Apollodor, *Bibl.* III, 14, 7 und Pausanias I, 5, 2–5.

27 Diodor, *Bibl.* V, 72, 3. Versuch einer Lokalisierung: P. Faure, in: BCH 1958, 501–507.

28 Pierre Belon Du Mans, Les Observations de plusieurs singularitéz et choses mémorables trouvées en Grèce . . ., Paris 1554, Kap. 7.

29 Eine ganze Menge zum Verzehr fertiger Schnecken wurde in den Ruinen der minoischen Häuser von Santorin gefunden: S. Marinatos, in: *Athens Annals of Archaeology* I, 1968, 220.

30 S. Alexiou, *Neue Wagendarstellungen aus Kreta*, in: Arch. Anzeiger, H. 4, 1964, 785–803; die rekonstruierte Wandmalerei wurde indessen in einem Kontext aus Spätminoisch III gefunden. Auf mögliche ältere Darstellungen weist hin S. Hood, *The Minoans*, (s. ›Bibl.‹), 129 f. u. 162.

31 Über den kretischen Viehbestand vgl. F. E. Zeuner, *A History of Domesticated Animals*, London 1963, als Ergänzung der Angaben von W. Richter, der Anm. 22 zitiert wurde. Vgl. auch J. Duchemin, *La Houlette et la Lyre*, Paris 1960, 169–211.

32 Leben und Wohnung der kretischen Hirten sind aus eigener Anschauung beschrieben in: Faure, *Fonctions* . . ., 216–221.

33 P. Faure, *Le Mythe des Cyclopes dans la Crète contemporaine*, in: Bull. Assoc. G. Budé, 1967, 384–407.

34 In: BCH 1969, 195–199 ff. u. Abb. 14.

35 A. Caquot u. M. Sznycer, *Textes ougaritiques*, in: Les Religions du Proche-Orient asiatique, Paris (Fayard-Denoël) 1970, 373 f., 382, 388, 404, 412–416, 441–443.

36 Die am besten belegten Studien über diese Fragen sind immer noch die von 1963 an in Leyden erschienenen Arbeiten von Robert James Forbes: *Studies in Ancient Technology*, Bd. 7, 8 u. 9 und der Faszikel IIK der ›Archaeologia Homerica‹, den er 1967 in Göttingen veröffentlichte: *Bergbau, Steinbruchtätigkeit und Hüttenwesen.*

37 P. Faure, *Le Problème du cuivre dans la Crète antique*, in: Actes du 2e Congrès International d'Études crétoises, Bd. 2, Athen 1968, 174–193.

38 J. Vercoutter (s. Anm. 40 zur ›Einleitung‹), 45–50.

39 Antoninus Liberalis, *Metamorphosen* XVII.

40 J. Boardman, *The Cretan Collection in Oxford, The Dictaean Cave and Iron Age Crete*, Oxford 1961.

41 Faure, *Fonctions* . . ., 162–166; P. F., in: BCH 1965, 887 (Abb. 12); 1969, 199 f.; 620–650.

42 P. Faure, in: BCH, 1963, 493–508; 1967, 114–150; 1969, 174–213.

43 S. Xanthoudidis, *Le Mégaron minoen de Nirou* (griech.), in: Arch. Ephemeris 1922, 1–25; Evans, *P. M.*, Bd. 2, 279–285.

44 Über die Grabriten vgl. die Anm. 4 zitierten Werke und die allgemeinen Abhandlungen der ›Bibliographie‹, besonders die von Pendlebury, Nilsson, Hutchinson und Schachermeyr.

45 R. W. Hutchinson (s. ›Bibl.‹), 230, und S. Hood, *The Minoans* (s. ›Bibl.‹), 140.

## *Viertes Kapitel*

1 Reproduktionen dieser Plättchen finden sich in allen großen archäologischen Abhandlungen, die in der allgemeinen Bibliographie zitiert sind. Nachdem Evans sie zuerst als zu Mittelminoisch II gehörig und als Darstellung einer Stadt angesehen hatte (BSA 8, 1901/02, 14 ff.), wurden sie mit der Bezeichnung »Belagerungsmosaik« belegt, da manche Scherben Leute mit spitzem Helm aufweisen, in denen man Krieger sehen wollte. Das Ensemble wurde in einem Depot aus Mittelminoisch III gefunden, also einem Depot aus der Zeit der »Neuen Paläste«. Ein Elfenbeintäfelchen aus Spätminoisch, das eine ähnliche Hausfassade zeigt, ist wiedergegeben in S. Hood, *The Minoans* (s. ›Bibl.‹), Taf. 23.

2 Harriet Boyd Hawes, *Gournia, Vasiliki and other Prehistoric Sites*, Philadelphia 1908.

3 R. C. Bosanquet u. R. M. Dawkins, *Excavations at Palaikastro*, in: BSA 8, 1901/02, 286–316; 9, 1902/03, 274–287; 10, 1903/04, 192–231; 11, 1904/05, 258–308; Supplementary Paper, Nr. 1, London 1923; BSA 40, 1939/40, 38 bis 56.

4 L. Sackett u. M. Popham, in: BSA 60, 1965, 248–315.

5 Vorläufige Berichte in französisch und Pläne von N. Platon in BCH 1962, 887–889; 1964, 834–836.

6 A. Dessenne, in: Études crétoises, Bd. 11 (Mallia, Maisons II), Paris 1959; O. Pelon, *La maison E de Malia reconsidérée*, in: BCH 1967, 494–512; Études crétoises, Bd. 18 (Mallia, Maisons III, Le quartier E), Paris 1970.

7 Besprechungen dieser Theorien und vergleichende Pläne in den Werken von J. W. Graham: *The Palaces of Crete*, Princeton 1962; *Mycenaean Studies*, Madison 1964, 195–215; J. Deshayes, *Les Civilisations de l'Orient ancient*, Paris 1969.

8 P. Faure, *À la recherche du vrai labyrinthe de Crète*, in: Kr. Chr. 1963, 315 bis 326.

9 Diodor, *Bibl.* IV, 80: »Kurz vor unserer Zeit hatten die Göttinnen [von Engyon, die aus Kreta kommen sollen] 3000 heilige Ochsen und ein ausgedehntes Gelände, so daß ihnen große Einkünfte zuflossen.« Man erinnert sich auch an die Olivenbäume des (kretischen) Apollo in Delphi.

10 A. Evans, *The Palace of Minos at Knossos*, Bd. 1–4, London, 1921–36; J. Pendlebury, *A Handbook to the Palace of Minos, Knossos with its Dependencies*, London 1932 (Neuaufl. 1954); S. Hood, *Archaeological Survey of the Knossos Area*, Oxford 1958; L. R. Palmer u. J. Boardman, *On the Knossos Tablets*, T. 1: *The Find-Places*; T. 2: *The Date*, Oxford 1963; L. R. Palmer, *A New Guide to the Palace of Knossos*, London 1969; J. Raison, *Le*

*grand Palais de Knossos, Répertoire photographique et Bibliographie*, Rom (Ateneo) 1969; S. Alexiou, *Minoan Civilisation*, Herakleion 1969 (der zweite Teil des Werkes enthält eine sehr ausführliche, Saal um Saal behandelnde Beschreibung des »Palasts« von Knosos: der Autor zeigt Kultgegenstände oder Kultstätten in mehr als der Hälfte der Säle auf!).

11 H. u. M. Van Effenterre in: Études crétoises, Bd. 17 (Mallia, le Centre politique, I, l'Agora), Paris 1969.

12 L. Pernier u. L. Banti, *Il palazzo minoico di Festos*, Bd. 2: *Il secondo palazzo*, Rom 1951.

13 Études crétoises, Bd. 1, 4, 6 u. 12, Paris 1928, 1936, 1946, 1962: vier Berichte über die Paläste unter dem Namen F. Chapouthier, in Zusammenarbeit mit J. Charbonneaux, R. Joly und P. Demargne.

14 P. Demargne, in: Études crétoises, Bd. 7 (Mallia, Exploration des nécropoles 1921–1933), Fasz. 1, Paris 1945.

15 Literaturhinweise unter Anm. 34 zur ›Einleitung‹.

16 P. Devambez, *Le Bassin de la maison royale à Sparte*, in: REG 1967, 191 bis 194.

17 Études crétoises, Bd. 13 (Mallia, Site et Nécropoles II), Paris 1963, 42–50.

18 P. Faure, *Sur trois sortes de sanctuaires crétois*, in: BCH 1967, 143–147; 1969, 206–211.

19 C. Tiré u. H. Van Effenterre, *Guide des fouilles françaises en Crète*, Athen u. Paris 1966; S. Alexiou, in: Actes du 2$^{e}$ Congrès International d'Études crétoises, Bd. 1, Athen 1968, 107 (griech.).

20 Vgl. Anm. 2.

21 L. Pernier u. L. Banti, *Guida degli scavi italiani in Creta*, Rom 1947, 28–38; L. Banti, *I culti minoici ed ellenici di Agia Triada*, in: Annuario 1941–43, III–V, 20 ff.

22 Evans, *P. M.*, Bd. 2, 525 ff.

23 A. Caquot u. M. Sznycer (s. Anm. 35 zu Kap. 3), 402–418.

24 Bis zur Zerstörung der Stadt im 2. Jahrhundert v. Chr. stellen die Münzen von Phaistos den geflügelten Riesen Talos, der Talon genannt wurde, mit einem Stein in jeder Hand dar; Svoronos, *Numismatique de la Crète ancienne*, Mâcon 1890, Taf. XXIII, 2, 3; XXIV, 23, 24, 25, 26; G. Le Rider, *Monnaies crétoises . . .* (s. Anm. 3 zu Kap. 3), Taf. III, 5–12; IV, 15–17; XX, 27–29; XXI, 1–4, usw. – Siehe auch F. Frontisi-Ducroux, *Dédale et Talos*, in: Rev. hist., Nr. 494, April–Juni 1970, 281–296.

25 C. Laviosa, *Una forma minoica per fusione a cera perduta*, in: Annuario, Bd. 45/46, 1967/68, 499–510.

26 *Odyssee* VII, 321–326.

27 Die Täfelchen mit den Nummern Sc 226, Vc 303 und X 294, alle drei aus dem »Room of Chariot Tablets«.

28 M. Lejeune, *Les forgerons de Pylos*, in: Historia 10 (4), 1961, 409–434; L. R. Palmer, *The Interpretation of Mycenaean Greek Texts*, Oxford 1963, 279 bis 289.

29 Léon Lacroix, *Ikmalios*, in: Hommages à W. Deonna, Coll. Latomus, Brüssel, Bd. 28, 1957, 309–321.

30 Robert Halleux, *Lapis-lazuli, azurite ou pâte de verre? A propos de kuwano et kuwano-woko dans les tablettes mycéniennes*, in: Studi Micenei ed Egeo-Anatolici 9, 1969, 47–66.

31 Zu den verschiedenen Berufen im folgenden verweise ich neben den speziellen Hinweisen auf die vier folgenden Sammlungen von Monographien: 1. L. Cottrell, *Dictionnaire encyclopédique d'archéologie*, Paris (Soc. d'éd. de dict. et d'encycl.) 1962; 2. M. Daumas, *Les origines de la civilisation technique*, Paris (P. U. F.) 1962; 3. *Dictionnaire archéologique des techniques*, 2. Bde., Paris (Éd. de l'Accueil) 1963 f.; 4. *Archaeologia Homerica*, eine unter der Leitung von F. Matz und H. G. Buchholz in Göttingen seit 1967 veröffentlichte Sammlung.

32 P. Warren, *Minoan Stone Vases*, Cambridge 1969.

33 P. Ducrey u. O. Picard, *Recherches à Lato, I, Trois fours archaiques*, in: BCH, 1969, 792–822. Über die Techniken der Töpfer sind außer den Anm. 31 angegebenen Arbeiten und dem schon zitierten Werk von R. Hampe und A. Winter: *Bei Töpfern* . . . (s. Anm. 5 zu Kap. 3) noch zwei Arbeiten heranzuziehen: die eine von S. Xanthoudidis: *Some Minoan Potter's-wheel Discs*, in: Essays in Aegean Archaeology presented to Sir A. Evans, 1927, 111–138, die andere von P. Warren: *An Early Bronze Age Potter's Workshop in Crete*, in: Antiquity 43, September 1969, 224–227 (Werkstatt von Myrtos in Südost-Kreta, 2,50 m lang, 1 m breit).

34 Michel Wylock, *La Fabrication des parfums à l'époque mycénienne d'après les tablettes de Pylos*, in: Studi Micenei ed Egeo-Anatolici 11, 1970, 116–133.

35 Vorläufiger Bericht von A. Dessenne in der Chronik des BCH, 1957, 693–695. Über die Technik vgl. V. E. G. Kenna, *Cretan Seals*, Oxford 1960.

36 Vgl. das Anm. 11 zitierte Werk, S. 33.

37 J.–C. Poursat, *Un sanctuaire du Minoen moyen II à Mallia*, in: BCH 1966, 514–551. Hinzu kommt vielleicht das Heiligtum mit Doppelhörnern, das südwestlich des Hauses der ›École Française‹ gefunden wurde, vgl. BCH 1957, 695–700.

38 J. Pendlebury, *The Archaeology of Crete* (s. Anm. 10 zu Kap. 2), 16–19.

39 Faure, *Fonctions* . . ., 105.

## *Fünftes Kapitel*

1 Um sich ein Bild vom kretischen Seewesen zu machen, zieht man mit Nutzen die folgenden Werke oder Aufsätze zu Rate: H. Ormerod, *Piracy in the Ancient World*, Liverpool u. London 1924; S. Marinatos, *La Marine créto-mycénienne*, in: BCH 1933, 170–235; L. Casson, *Les Marins de l'Antiquité*, Paris (Hachette) 1961; J. Meirat, *Marines antiques de la Méditerranée*, Paris 1964; P. Warren, *A Stone Receptacle from the Cave of Hermes Kranaios at Patsos*, in: BSA 61, 1966, 195 f.; G. F. Bass, *Cape Gelidonya*, Philadelphia 1967; C. Renfrew, in: AJA 71, 1967, 5. – Die meisten Schiffe sind durch die Gemmen bekannt: ein Corpus der minoischen und mykenischen Siegel, das in Berlin unter der Leitung von F. Matz und H. Biesantz herausgegeben wurde, ergänzt schon heute und auch in Zukunft die ziemlich lange Liste der Schiffsdarstellungen, die man nach den Werken von A. Xenaki-Sakellariou, V. E. G. Kenna und J. Boardman über die antike Glyptik erstellen kann. Mme. M. Van Effenterre gestattete mir freundlicherweise, die Fotos der Gipsabdrücke des ›Cabinet des Médailles‹ anzusehen. In ›Münzen und Medaillen‹ in Basel sind gelegentlich einige zu besichtigen. Ich konnte verschiedene noch unveröffentlichte Tonbarken aus den Gipfelheiligtümern

sowie jene aus der Höhle von Tsoutsouros sehen. Über die durch Unterwasserforschung erbrachten Erkenntnisse siehe Anm. 3 zu Kap. 1.

2 G. A. Rost, *Vom Seewesen und Seehandel in der Antike*, Amsterdam 1968, 5–13; J. Vandier, in: Manuel d'Archéologie égyptienne, Bd. 5, T. 2, Paris 1969, 875–886; 929–941.

3 H. Van Effenterre, *Un navire mycénien?* in: REG, Juli–Dezember 1966, S. XII.

4 Vortrag von S. Alexiou auf dem ›3e Congrès International d'Études crétoises‹, Rhethymnon 1971 (in den Akten dieses Kongresses). Es handelt sich um ein langes Schiff mit senkrechtem Bug ohne Ruderandeutung.

5 M. P. Nilsson, *The Minoan Mycenaean Religion*, Lund ²1950, 38–39; R. W. Hutchinson, *Prehistoric Crete*, London 1962, 96.

6 Homerischer Apollonhymnos, 516–519.

7 P. Bruneau, *Documents sur l'industrie délienne de la pourpre*, in: BCH 1969, 759–791.

8 Murexvorkommen auf der Christusinsel vor Malia, in: BCH 1970, 879.

9 J. Vercoutter (s. Anm. 40 zur ›Einleitung‹), 38–78; 305–366.

10 S. Alexiou, *Hysterominoikoi taphoi Limenos Knosou* (Katsamba), Athen 1967 (griech.).

11 V. Bérard, *Les Phéniciens et l'Odyssée*, Bd. 1, Paris 1902, 334. – Diodor von Sizilien sagt (V, 26) über die italischen Kaufleute in Gallien: »Für einen Krug Wein erhalten sie einen jungen Sklaven und tauschen so ihr Getränk für einen Mundschenk ein.« Über die ägäischen Kaufleute vgl. V. Gordon Childe, *L'Europe préhistorique*, Paris 1962, 99–123 (die ersten europäischen Gesellschaften).

12 Thukydides I, 5, 2; 8, 1.

13 P. Faure, *Toponymes créto-mycéniens dans une liste d'Amenophis III (1380 av. J.-C.)*, in: Kadmos 7 (2), 1968, 138–149.

14 N. F. Parise, *I pani di rame del II millennio a. C., considerazioni preliminari*, in: Atti e Memorie del 1° Congresso Internazionale di Micenologia, Bd. 1, Rom 1968, 117–133.

15 A. R. Burn, *Minoans, Philistines and Greeks*, 1969.

16 Diese Tatsache wurde beim oben zitierten Kongreß durch die Ausstellung des Museums von Tarent im Oktober 1967 ausführlich bewiesen. Vgl. das Werk von S. Tiné und L. Vagnetti: *I Micenei in Italia*, Fasano, 2. Oktober 1967.

17 Thukydides I, 4.

18 Diodor, *Bibl.* V, 79.

19 E. Bethe, *Minos*, in: Rheinisches Museum 65, 1910, 200–232, bes. 211–214; P. Warren, in: *Proceedings of the Prehistoric Society* 1967, 37–56; Manfred Faust, in: Zeitschrift für vergleichende Sprachforschung 83 (1), 1969, 88 bis 107.

20 G. Cadogan, in: Proceedings of the British Association for Mycenaean Studies 24/25, September 1968, 157 f.

21 *L'Antiquité classique*, 1965, 5–46; BCH 1967, 628.

22 Cyrus H. Gordon, *Ugarit and Minoan Crete*, New York (Norton) 1967, 150.

23 Chester G. Starr, *The Myth of the Minoan Thalassocracy*, in: Historia (Wiesbaden) 3, 1954/55, 282–291.

## *Sechstes Kapitel*

1 Zu den mythischen Überlieferungen vgl. Anm. 1 zur ›Einleitung‹, Anm. 8 und 21 zu Kap. 2, Anm. 19 zu Kap. 5; in knapp zusammengefaßter Form P. Grimal, *Dictionnaire de la Mythologie grecque et romaine*, Paris (P. U. F.) ²1958 (die Bibliographie ist überholt und die Verweise sind oft unrichtig).
2 Plutarch, *Theseus* 15 u. 16.
3 Vgl. Anm. 18 zur ›Einleitung‹. – In der vorliegenden Arbeit wird die Ausgabe des »Rechts von Gortyn« von R. F. Willetts, Berlin 1967, benutzt, sowie sein sehr bedeutender Kommentar, der unserer Meinung nach besser ist als der von den Herausgebern der *Inscriptiones Creticae*, F. Halbherr und M. Guarducci, Bd. 4, Rom 1950, Nr. 72.
4 M. Ventris u. J. Chadwick, *Documents in Mycenaean Greek*, Cambridge 1956; L. R. Palmer, *The Interpretation of Mycenaean Greek Texts*, Oxford 1963; L. A. Stella, *La civiltà micenea nei documenti contemporanei*, Rom 1965.
5 Das sind die vier nach ihren Aufgaben benannten Stämme der Ionier (Herodot V, 66; Euripides, *Ion*, 1579–81; Aristoteles, *Ath. pol.* 41, 2 und Fragm. 3 u. 4; Plutarch, *Solon* 23,2): geleontes (Priester und Könige), aigikoreis (Krieger), argadeis (Bauern), hopletes (Handwerker).
6 *Ath. pol.* 57, 1.
7 *Odyssee* XIX, 179: Der König Minos wird »enneoros« genannt, was verschieden übersetzt wird, was man aber als »jedes 9. Jahr«, d. h. nach unserer Zählweise »alle acht Jahre« deuten muß. Über den Achtjahreszyklus in Griechenland vgl. Faure, *Fonctions* . . ., 113.
8 In den Anm. 5 zitierten Fragmenten führte Aristoteles die Einteilung der Gesellschaft in vier Stämme auf die Nachahmung der Jahreszeiten zurück.
9 Die Biographen des Pythagoras werden zitiert und kommentiert von Faure, *Fonctions* . . ., 113–115.
10 Plan in BCH 1970, 868. – Hieroglyphentäfelchen veröffentlicht von J.-C. Poursat u. J.-P. Olivier, in: Kadmos 10 (1), 1971, 16–19.
11 Aristoteles, *Politik*, 1329 a 40–1329 b 5.
12 H. Van Effenterre, *Temenos*, in: REG 80, 1967, 17–26.
13 R. F. Willetts, *Aristocratic Society in Ancient Crete*, London 1955; *Cretan Cults and Festivals*, London 1962, 18–37; *Everyday Life in Ancient Crete*, London u. New York 1969, 50, 65–68, 138–150.
14 Über die athenischen Oschophorien vgl. Faure, *Fonctions* . . ., 151, 170–172.
15 P. Vidal-Naquet, *Le Chasseur Noir et l'origine de l'éphébie athénienne*, in: REG 1967, S. XXX–XXXI; R. F. Willetts, *More on the Black Hunter*, in: Proc. Cambr. Phil. Soc., Nr. 195, 1969, 106 f.
16 M. Lejeune, *Le damos dans la société mycénienne*, in: REG 1965, 1–22.
17 Aristoteles, *Politik*, 1271 b 30.
18 P. Chantraine, *A propos du mycénien dekutuwoko*, in: REG 1967, 1–5.
19 R. F. Willetts, *The Servile System of Ancient Crete: a re-appraisal of the evidence*, in: Acta Univ. Carol. Phil. Hist., Prag 1963, 257–271.
20 Antoninus Liberalis, *Metamorphosen* 41, 4 f.; Apollodor, *Bibl.* I, 4, 4.
21 H. Van Effenterre, *Politique et religion dans la Crète minoenne*, in: Revue historique, 1963, 1–18, sieht in Minos nicht einen König, sondern einen Schiedsrichter zwischen verschiedenen zu einer Beratung versammelten Aristokraten und zwischen verschiedenen Wirtschaftsverwaltungen, wozu auch

die Verwaltungen der heiligen Domänen gehören. Er stellt in Malia einem politischen Zentrum mit Krypta und öffentlichem Platz ein religiöses Zentrum mit angeblichem »Palast« gegenüber. Vgl. vom selben Autor: *La Crète ancienne et la royauté*, in: Actes du 2[e] Congrès International d'Études crétoises, Bd. 1, Athen 1968, 273–277; und *Y a-t-il une ›noblesse‹ crétoise?*, in: Recherches sur les structures sociales dans l'Antiquité classique, Caen, 25./26. April 1969, Paris 1970, S. 19–28.

22 H. Van Effenterre, *La Crète et le Monde Grec de Platon à Polybe*, Paris 1948.

23 Neben dem kritischen Werk von M. P. Nilsson (vgl. ›Bibl.‹), das schon über zwanzig Jahre alt ist, bleibt die beste Darstellung meiner Meinung nach die von S. Alexiou, in: Minoikos Politismos (griech.), Herakleion 1964, 63–107, und ins Englische übersetzt als *Minoan Civilisation*, Herakleion 1969. Wir selbst haben seit 1963 die Forschung auf die Volkskulte gelenkt, auf die Höhen-, Höhlen- und Feldkulte (vgl. ›Bibl.‹ und unsere Artikel in BCH 1963, 493–508; 1965, 27–63; 1967, 114–150; 1969, 174–213; 1972, 349–426). Constantin Davaras, Ephoros der Altertümer in Kreta, grub eine große Zahl dieser Heiligtümer aus und kündigt die Veröffentlichung seiner Arbeiten an.

24 Hygin, *Fabeln* 139 (dieser Autor, der Texte von Mythographen der hellenistischen Epoche übersetzte, schrieb um 160–180 n. Chr.).

25 R. Hampe, *Kult der Winde in Athen und Kreta*, in: Sitzungsberichte der Heidelberger Akad. d. Wissensch., Phil. Hist. Kl., 26. November 1966.

26 A. Furumark, *Gods of Ancient Crete*, in: Opuscula Atheniensia 6, 1965, 85 bis 98; M. Gérard-Rousseau, *Les Mentions religieuses dans les tablettes mycéniennes*, Rom, in: Incunabula Graeca 29, 1968.

27 P. Faure, *Toponymes préhelléniques dans la Crète moderne*, in: Kadmos 6 (1), 1967, 58; 9 (1), 1970, 86.

28 Vgl. Anm. 8 zu Kap. 4 und Faure, *Fonctions . . .*, 166–170.

29 R. F. Willetts, *Cretan Cults and Festivals*, London 1962, 211–214.

30 Clemens von Alexandrien, *Protreptikos* 42, 5 (nach dem hellenistischen Autor Antikleides); Porphyrios, *De abstinentia* II, 56 und Eusebius, *Prepar. evang.* IV, 16, Anfang (nach Istros, Ende des 3. Jhs. v. Chr.): es ging um den Nachweis für die dem Kronos dargebrachten Schaf- und Ziegenopfer.

31 Über diese Plättchen und ihren Fundort gibt Aufkunft BCH 1965, 43–46.

32 Evans, *P. M.*, Bd. 4, 959 ff.

## *Siebtes Kapitel*

1 Plutarch, *Theseus* 15 u. 19.

2 *Ilias* XXIII, 860–881.

3 Plutarch, *Theseus* 19.

4 *Ilias XVIII*, 591 f.

5 H. u. M. Van Effenterre, in: Études crétoises, Bd. 17 (Mallia, le centre politique, I, l'Agora), Paris 1969, 33: »La muraille latérale de l'est, à escaliers et sans doute à gradins, a une épaisseur régulière de 1 mètre 80; celle du nord est épaisse de 2 mètres 50 du côté occidental et de plus de 3 mètres 80 du côté oriental; celle de l'ouest mesure environ 1 mètre 90 à sa surface d'arasement; la moyenne est de 2 mètres au sud. Tout cela est beaucoup trop épais pour être une simple enceinte.«

6 Außer den Katalogen von Evans: *P. M.* und *Scripta Minoa* I u. II, Oxford 1909–52, und von F. Chapouthier, in: Études crétoises, Bd. 2 (Les Écritures minoennes au palais de Malia), Paris 1930, dem Index von J. Raison und M. Pope und dem Katalog der Hieroglyphenschriften (von J.-P. Olivier und J.-C. Poursat) sind zwei bemerkenswerte Erörterungen heranzuziehen, die eine von Ernst Grumach, *Die kretischen und kyprischen Schriftsysteme*, in: Handbuch der Archäologie Bd. 1, hrsg. von U. Hausmann, München 1969, 234–288, die andere von H. G. Buchholz, *Die ägäischen Schriftsysteme und ihre Ausstrahlung in die ostmediterranen Kulturen*, in: Frühe Schriftzeugnisse der Menschheit, Veröffentlichung der Joachim-Jungius-Gesellschaft der Wissenschaften, Hamburg u. Göttingen 1969 (erschienen 1971), 88–150.

7 J. W. Graham, *Further Notes on the Minoan Foot*, in: Actes du 2e Congrès International d'Études crétoises, Bd. 1, Athen 1968, 156–165.

8 J. Vercoutter (s. Anm. 40 zur ›Einleitung‹), 82–85.

9 Analyse der Stile in den in der ›Allgemeinen Bibliographie‹ zitierten Werken, besonders in denen von P. Demargne, J. Deshayes, A. Evans, R. W. Hutchinson, J. D. Pendlebury, F. Schachermeyr, Ch. Zervos.

10 N. Platon, in: Kr. Chr. 1947, 505–524; 1959, 319–345; M. A. S. Cameron, in: Kr. Chr. 1964, 38–53; *Europa*, Festschrift E. Grumach, Berlin 1967, 45 bis 74; BSA 63, 1968, 1–31; Archaeology 24 (1), 1971, 35–43.

11 S. Xanthoudidis, *The Vaulted Tombs of Mesara*, London 1924; I. Pini, *Beiträge zur minoischen Gräberkunde*, Wiesbaden 1968; K. Branigan, *The Tombs of Mesara*, London 1970.

12 A. J. Evans, *The Prehistoric Tombs of Knossos*, London 1906; R. W. Hutchinson, *The Kefala Tholos Tomb*, in: BSA 51, 1956, 74–80; R. W. H., *Prehistoric Crete* (s. ›Bibl.‹), 291 f. Über die Gräber von Katsaba in der Nähe des Hafens von Knosos vgl. S. Alexiou, *Hysterominoikoi taphoi Limenos Knosou*, Athen 1967 (griech.).

13 R. W. Hutchinson, in: JHS 55, 1935; R. W. H., *Prehistoric Crete* (s. ›Bibl.‹), 166–169 und Tafel 14a.

14 Vgl. Anm. 25 zu Kap. 4.

15 Literaturhinweise in Anm. 35 zu Kap. 4 u. in Anm. 1 zu Kap. 5.
Hinsichtlich der Stile folgen wir A. Xenaki-Sakellariou, in: Études Crétoises, Bd. 10 (Les Cachets minoens de la Collection Giamalakis), Paris 1958. Zu den Siegelabdrücken von Knosos, die Evans gezeichnet hat, s. M. Gill, in: BSA 60, 1965, 58–98.

16 Die minoischen Instrumente sind gut zusammengestellt von N. Platon in: Festschrift (Charistirion) für Anastasios Orlandos, Bd. 3, Athen 1966, S. 208 bis 232, Abb. 1–26, Taf. LXVII–LXXI (griech.). Er ergänzt die Ausführungen von R. W. Hutchinson (s. ›Bibl.‹), 260–262.

17 Einige Vergleiche versucht R. W. Hutchinson (s. ›Bibl.‹), 262–264.

18 J. Vercoutter (s. Anm. 40 zur ›Einleitung‹), 252–289. – Über die Kleidung vgl. S. Marinatos, *Kleidung*, in: Archaeologia Homerica, Fasz. A, S. 21–30 und die Tafeln; E. Sapouna Sakellaraki, *Minoikon Zoma*, Athen 1971.

19 Zwei Reproduktionen dieser Statuette auf Vorder- und Rückseite des Einbandes des Buches von G. Rachet, *Archéologie de la Grèce préhistorique*, Marabout Université, Nr. 195, Verviers (Belgien) 1969 und von Jean Deshayes, *Les civilisations de l'Orient ancien*, Paris 1969, S. 374, Abb. 172.

# Abkürzungsverzeichnis

| | |
|---|---|
| AJA | American Journal of Archaeology, Norwood (Mass.) u. New York. |
| AM | Mitteilungen des deutschen archäologischen Instituts, Athenische Abteilung, Berlin. |
| Annuario | Annuario della (regia) Scuola Archeologica di Atene, Bergamo und Rom. |
| Arch. Delt. | Archaiologikon Deltion, Athen. |
| BCH | Bulletin de Correspondance hellénique, Paris. |
| BSA | The Annual of the British School at Athens, London. |
| BSSG | Bulletin de la Société Spéléologique de Grèce. |
| Evans, *P. M.* | A. J. Evans, The Palace of Minos at Knossos, Bd. 1–4 u. Index, London 1921–36. |
| Faure, *Fonctions ...* | Paul Faure: Fonctions des Cavernes crétoises, Diss. Paris 1964. |
| JHS | The Journal of Hellenic Studies, London. |
| Kr. Chr. | Kretika Chronika, Herakleion (Kreta). |
| Mon. Ant. | Monumenti Antichi, Mailand, Rom. |
| Praktika | Praktika tes Archaiologikes Hetairias, Athen. |
| RHR | Revue de l'histoire des religions. |
| RA | Revue archéologique, Paris. |
| REA | Revue des Études anciennes, Bordeaux. |
| REG | Revue des Études grecques, Paris. |

# Allgemeine Bibliographie


Alexiou, Stylianos: Minoan Civilisation. Herakleion 1969.

Alexiou, S., N. Platon u. H. Guanella: La Crète antique. Paris (Hachette) 1968 (Bibliothèque des Guides Bleus).

Archaeologia Homerica, Schriftenreihe (deutsch), veröffentlicht unter der Leitung von F. Matz und H. G. Buchholz in Göttingen seit 1967.

Demargne, Pierre: Naissance de l'Art grec. Paris 1964.

Deshayes, Jean: Les civilisations de l'Orient ancien. Paris 1969.

Études crétoises, veröffentlicht unter der Leitung der ›École française d'Athènes‹. Paris, 16 Bde. erschienen von 1928 bis 1971.

Evans, Arthur J.: The Palace of Minos at Knossos. 5 Bde. London 1921–36 (Nachdruck 1964).

Faure, Paul: Fonctions des Cavernes crétoises. Paris 1964.

Graham, J. W.: The Palaces of Crete. Princeton 1962.

Hood, Sinclair: The Minoans. Crete in the Bronze Age. London 1971.

Hood, Sinclair: The Home of the Heroes: the Aegean before the Greeks. London 1967.

Hood, Sinclair: The Minoans. Crete in the Bronze Age. London 1971.

Hutchinson, R. W.: Prehistoric Crete. London 1962.

Marinatos, Spyridon u. Max Hirmer: Kreta, Thera und das mykenische Hellas. 2., überarb. u. erw. Aufl. München 1973.

Matton, Raymond: La Crète antique. Athen 1955.

Matz, Friedrich: Kreta, Mykene, Troja, die minoische und die homerische Welt. Stuttgart 1956.

Matz, Friedrich: Kreta und frühes Griechenland. Baden-Baden 1974.

Nilsson, Martin-P.: The Minoan-Mycenaean Religion. Lund ²1950.

Palmer, Leonhard R.: Mycenaeans and Minoans. London ²1965.

Pendlebury, John D. S.: The Archaeology of Crete. An Introduction. London 1939 (Nachdruck 1963).

Pernier, Luigi u. Luisa Banti: Guida degli scavi italiani in Creta, Rom 1947.

Platon, Nicolas: Kreta. Genf, Paris u. München (Nagel) 1966 (Archaeologia Mundi).

Platon, Nicolas: Zakros, The Discovery of a Lost Palace of Ancient Crete. New York 1971.

Schachermeyr, Fritz: Die minoische Kultur des alten Kreta. Stuttgart 1964.

Spanakis, Stergios: He Krete, Tourismos, Historia, Archaiologia (griech.). Bd. 1 (Ostkreta). Herakleion 1964; Bd. 2 (Westkreta). Herakleion 1971.

Tiré, Claire u. Henry Van Effenterre: Guide des fouilles françaises en Crète. Athen u. Paris 1966.

Willetts, Roland F.: Everyday Life in Ancient Crete. London u. New York 1969.

Zervos, Christian: L'Art de la Crète néolithique et minoenne. Paris 1956.

## *Verzeichnis der Aufsätze des Autors*

La conduite des armées perses à Rhodes pendant la 1re guerre médique, in: Revue historique 1942, 237–241.

Ponts latins et pontifes romains, Terres Latines, UNESCO, Sondernummer, Mexico, Herbst 1947, Nr. 9, 77–85.

Grottes explorées en 1954 en Crète et qui ne figurent pas au bulletin de la S. S. G., in: BSSG 1955, 97–101.

Les grottes sacrées de la Crète, in: RHR 1956, 121–123.

Grottes crétoises, in: BCH 1956, 95–103.

Spéléologie et humanisme, in: Bull. Assoc. G. Budé 1958 (3), 427–450.

Spéléologie et topographie crétoises, in: BCH 1958, 495–515.

Note sur le Ploutonion d'Eleusis, in: BCH 1958, 800–802.

Du nouveau sur le Ploutonion d'Eleusis, in: REG 1958, XIII–XIV.

Le Mont Iouktas, tombeau de Zeus, in: Minoica, Festschrift J. Sundwall, Berlin (Akademie Verlag) 1958, 133–148.

Grottes explorées en 1957 et 1958 en Crète, in: BSSG 1958, 113–118.

La Crète aux cent villes, in: Kr. Chr. 1959, 171–217.

Labyrinthes crétois et méditerranéens, in: REG 1960, 214–216.

Nouvelles recherches de spéléologie et de topographie crétoises, in: BCH 1960, 189–220.

La Crète aux Cent Villes, in: Bull. Assoc. G. Budé, 1960 (2), 227–249.

Grottes explorées en 1959–1960 en Crète, in: BSSG, Januar 1961, 12–16.

Nouvelles explorations des cavernes de Crète, in: RHR 1961, 126–128.

Remarques sur la population de la Crète antique, in: Bull. Assoc. G. Budé, 1961 (3), 320–326.

Quinze grottes explorées en Crète en 1961, in: BSSG, April/Juni 1962, 19 f.

Cavernes et sites aux deux extremités de la Crète, in: BCH 1962, 36–56.

La grotte de Léra (Kydonias) et la nymphe Akakallis, in: REG 1961/1962, XV bis XVI, Bd. 1, 195–199.

Le mythe platonicien de la caverne et la Crète, in: REG 1962, XVI–XVIII.

Cultes de sommets et cultes de cavernes en Crète, in: BCH 1963, 493–508.

Nouvelles localisations de villes crétoises, in: Kr. Chr., Bd. 17, 1963, 1–26.

À la recherche du vrai labyrinthe de Crète, in: Kr. Chr., Bd. 18, 1963, 315–326.

Le mythe des Cyclopes dans la Grèce contemporaine, in: RHR 1964, 109–111.

Fonctions des Cavernes crétoises, Diss. Paris 1964.

Recherches sur le Peuplement des montagnes de Crète: sites, cavernes et cultes, in: BCH 1965, 27–63.

Noms de montagnes crétoises, in: Bull. Assoc. G. Budé (Lettres d'humanité), Bd. 24, 1965, 426–446.

Le mythe du Cyclope dans la Crète contemporaine, in: REG 1965, XXVII bis XXVIII.

Phénomènes de pluviosité à la fin du néolithique en Grèce, in: Actes du IVe colloque international de spéléologie, Athen 1965, 123–127.

Les minerais de la Crète antique, in: RA 1966 (1), 45–78.

Toponymes préhelléniques dans la Crète moderne, in: Kadmos (Berlin) 6, 1967, 1–40.

Nouvelles recherches sur trois sortes de sanctuaires crétois, in: BCH 1967, 114 bis 150.

Le mythe des Cyclopes dans la Grèce contemporaine, in: Bull. Assoc. G. Budé, (Lettres d'humanité), Bd. 26, Dezember 1967, S. 384–407.

Aux frontières de l'État de Lato: 40 toponymes, in: Europa, Studien zur Geschichte und Epigraphik der frühen Ägäis, Festschrift E. Grumach, Berlin 1968, S. 94–116.

Sept nouvelles villes de la Crète antique, Kr. Chr., Bd. 19, 1965, 222–230 (erschienen März 1968).

Le problème du cuivre dans la Grèce antique, in: Actes du 2e Congrès International d'Études crétoises, Chania, 1966, Bd. 2, 174–193 (erschienen Juli 1968).

Toponymes crétomyceniens dans une liste d'Amenophis III, in: Kadmos 7 (2), 1968, 138–149 (erschienen Juni 1969).

Nouvelles recherches sur trois sortes de sanctuaires crétois (suite), in: BCH 1969 (1), 174–213.

Le tesson inscrit du Nerospilios, in: Studi Micenei ed Egeo-Anatolici 9, 1969, 36–42.

Antiques cavernes de refuge dans la Crète de l'Ouest, in: Archaiologika Analekta ex Athinon (AAA), Athen, II, August 1969, 213–216.

Epigraphai ek Kretes, in: Kr. Chr. 1969 (2), 314–332 (erschienen Februar 1970).

Du nouveau sur les cyclopes crétois, in: Bull. Assoc. G. Budé, März 1970, 119 bis 132 (erschienen Ende Mai 1970).

Communication à l'Association des Études Grecques sur les sources égyptiennes de la légende des Danaides, 5. Mai 1969, in: REG Nr. 391–393, 1969, S. XXVI–XXVIII (erschienen Mai 1970).

Nouveaux toponymes préhelléniques en Crète moderne, in: Kadmos 9 (1), 1970, 75–92 (erschienen August 1970).

Remarques sur la présence et l'emploi de la pierre ponce en Crète du néolithique à nos jours. Vortrag beim Internationalen Kongreß für vulkanische Studien in Santorin 1969 (Acta, Athen 1971).

Trois communications au Colloque International d'Études préhistoriques (Athen, avril 1971), au Colloque International de Spéléologie (Athen, August 1971), au 3e Congrès International d'Études crétoises (Rhethymnon, September 1971).

Cultes populaires dans la Crète Minoenne, in: BCH, Januar 1972.

# Zeittafel

| Daten | Traditionelle Bezeichnungen | | Ereignisse auf Kreta |
|---|---|---|---|
| 2080–2000 | Mittelminoisch I A | erste Paläste | erste große Heiligtümer: Phaistos, Knosos, Malia Keramik von Kamares, verschiedene Zerstörungen |
| 2000–1920 | Mittelminoisch I B | | |
| 1920–1800 | Mittelminoisch II A | | |
| 1800–1700 | Mittelminoisch II B | | |
| 1700–1620 | Mittelminoisch III A (zweite Paläste) | | Wiederaufbau von Zakro |
| 1620–1580 | Mittelminoisch III B (Übergangszeit) | | Erdbeben in Knosos (1580) |
| 1580–1520 | Spätminoisch I A (Florastil) | | Vulkanausbruch auf Thera (1520) |
| 1520–1460 | Spätminoisch I B (Meeresstil) | | Blütezeit der Städte |
| 1460 | Blütezeit der zweiten Paläste | | Europasage |
| 1460–1450 | Ankunft der Achäer in Kreta (?) | | Brand der Städte Ostkretas |
| 1450–1400 | Spätminoisch II (Palaststil) | | Ein Minos gründet Kydonia in Westkreta |
| 1400–1350 | Spätminoisch III A 1 | sogenannte »Zeit nach den Palästen« | Blütezeit von Knosos (3.) |
| 1350–1300 | Spätminoisch III A 2 | | Zerstörung von Knosos |
| 1300–1220 | Spätminoisch III B (Wiedereinnahme) | | Gründung zahlreicher Orte, besonders an den Küsten |

| Peloponnes | Syrien-Palästina | Ägypten | Daten |
|---|---|---|---|
| Mittel-Helladisch (5. Niveau von Lerna) | Beziehungen Keftiu – Menus – Fenchu; 1. ägyptische Expansion; Erdbeben um 1730 | Mittleres Reich (12. Dynastie)<br>Amenemhet II.<br>Hyksos | ab 2080<br><br>1930–1900<br>1730 |
| Urbanisierung der Argolis | Aramäische Wanderung | Königreich von Auaris | 17. Jh. |
| Mykenische Rundgräber | Hethiter in Aleppo | Chyan. Apopi | 1630–1580 |
| 1. mykenische Tholoi | Zurückweichen der Hyksos | 18. Dynastie | 1580–1350 |
| Myken. Hegemonie | Agenorsage | Hatschepsut | 1520–1483 |
| Danaossage | Ägypt. Herrschaft | Thutmosis III. | 1483–1448 |
| Danaidensage | Ankunft der Philister aus Kreta | Orontes Grenze Ägyptens | 1460–1450 |
| Zyklopische Mauern der Argolis<br>Expansion der Achäer<br>Nestor-, Perseussage | Auszug des Volkes Israel (um 1447?)<br>Blütezeit der Küsten; Zurückweichen der Ägypter | Amenophis II.<br>Thutmosis IV.<br>Amenophis III.<br>Echnaton<br>19. Dynastie | 1448–1423<br>1423–1408<br>1408–1379<br>1379–1361<br>ab 1350 |
| Heraklessage | Hethitischer Vorstoß | Ramses II. | 1298–1232 |

# Tafelnachweis

Soweit nicht anders angegeben, handelt es sich um Aufnahmen des Hirmer-Fotoarchivs, München.

1 Palast von Knosos. Haupttreppe im Ostflügel.
2 Palast von Knosos. Ein Teil der Westmagazine mit großen Pithoi.
3 Palast von Knosos. Thronsaal mit Greifendarstellung im Westflügel (Bildarchiv Foto Marburg).
4 Palast von Phaistos. Mittelhof; im Hintergrund das Doppelhorn des Ida (Foto Paul Faure).
5 Phaistos. Häuser westlich des Palastes.
6 Gournia. Straße im Nordostteil der Stadt.
7 Palast von Malia. Mittelteil des Westflügels; im Vordergrund Mittelhof mit Altar (Eschara).
8 Skotino-Kulthöhle mit einem »Bären« oder »Hund« (Foto Paul Faure).
9 Tylissos. Stalagmiten in der sogenannten Trapeza-Kulthöhle (Foto Paul Faure).
10 Stierspiel. Wandmalerei aus dem Ostflügel des Palastes von Knosos.
11 Elfenbeinfigur eines Springers aus einer Stierspielgruppe. Aus dem Palast von Knosos.
12 Weibliches Idol mit beweglichen Beinen, auf dem Haupt das Doppelhorn. Aus Karphi im Diktegebirge.
13 Bronzestatuette eines Betenden. Aus Tylissos.
14 Bügelflasche mit Polyposmotiv. Aus Palaikastro.
15 Friesausschnitt aus der sogenannten Schnittervase (schwarzer Steatit): Sistrumspieler und singende Teilnehmer. Aus dem Palast von Agia Triada.
16 Frühminoische Schnabelkanne mit Vogelauge (Bildarchiv Foto Marburg).
17 Rhyton in Form eines Stierkopfes aus schwarzem Steatit. Nüsternpartie aus Tridachna-Muschel, Augen aus Bergkristall, Hörner aus vergoldetem Holz. Aus dem Kleinen Palast in Knosos.
18 Trichterrhyton aus schwarzem Steatit mit Darstellungen von sportlichen Übungen: Ringkampf, Faustkampf der Männer im Helm und Faustkampf der Epheben. Aus dem Palast von Agia Triada.
19 Doppelaxt aus Gold. Aus der Kulthöhle von Arkalochori.
20 Diskos von Phaistos aus gebranntem Ton.
21 Goldsiegelring aus dem Grab von Isopata bei Knosos. Kultische Tanzszene.
22 Siegelstein mit Löwin, die einen Stier angreift. Aus Monasteriako bei Knosos.
23 Siegelstein aus Steatit, Porträtgemme. Aus dem Kleinen Palast von Knosos.
24 Anhänger aus Gold in Form zweier Hornissen, die an einer granulierten Honigwabe saugen. Aus der Nekropole von Malia (Fotoarchiv des Archäologischen Instituts der Universität Freiburg i. Br.).
25 Porossarkophag aus dem Kammergrab beim Palast von Agia Triada. Links Darbringung und Ausgießung von Opferflüssigkeiten unter Kytharamusik, rechts Darbringung von zwei Kälbchen und einem Schiff vor der Gestalt des Toten.

26 »Die kleine Pariserin«. Bruchstück einer Wandmalerei aus dem Westflügel des Palastes von Knosos.
27 Der Fischer aus dem Westhaus in Thera [Santorin].
28 Rhyton aus Bergkristall. Aus dem Palast von Zakro.

# Inhalt

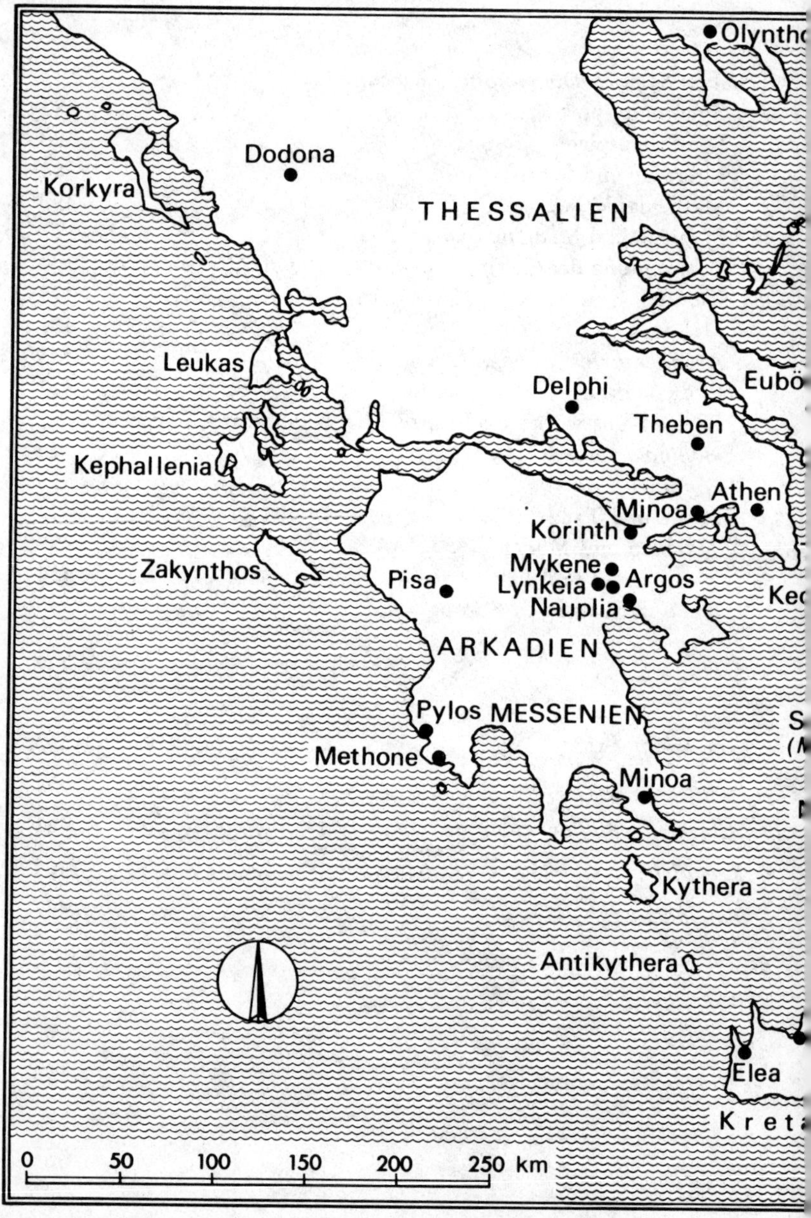


Kreta und der minoische Handel in der Ägäis.

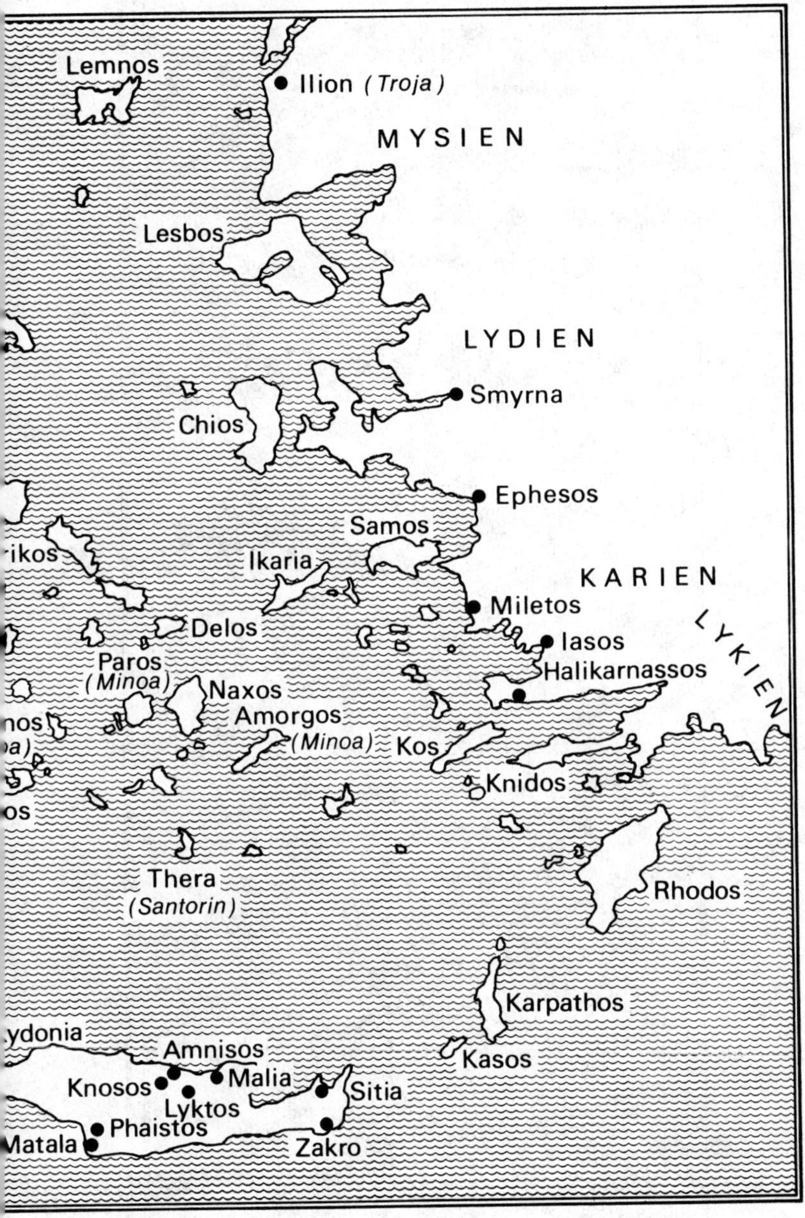

Lemnos
Ilion (Troja)
MYSIEN
Lesbos
LYDIEN
Smyrna
Chios
Ephesos
Samos
rikos
Ikaria
KARIEN
Miletos
Delos
LYKIEN
Iasos
Paros
(Minoa)
Halikarnassos
Naxos
nos
a)
Amorgos
(Minoa)
Kos
Knidos
os
Thera
(Santorin)
Rhodos
Karpathos
ydonia
Amnisos
Kasos
Knosos
Malia
Sitia
Lyktos
Phaistos
Matala
Zakro

Diktynnaion
Kap Meleka
Rodopou
Akrotiri
Pergamos
Chania (Kydonia)
Kisamos
Minoa
Weisse Berge
Apokorona
Kap Stavros
Dia
Rhethymnon
Vrysinas
Kouloukonas
Sklavokampos
Herakleion
Nirou Chani
Amnisos
Kap Agios Joannis (Kadiston)
Kap Sidero (Samonion)
Selinon
Psiloriti (Ida)
Tylissos
Knosos
Milatos
Malia
Itanos
Palaikastro
Mirabello Golf
Kap Krios
Agia Roumeli (Tarrha)
Chora Sfakion
Kedros
Samitos
Kamares
Iouktas
Vathypetro
Pedias-Eb.
Arkalochori
Psychro
Sitia
Modhi
(Dikte)
Amari
Phaistos
Agia Triada
Mesara-Ebene
Lasithi
Gournia
Zakro
Sitia-Geb.
Asterousia-Geb.
Arvi
Malla
Hierapetra
Matala
Lebena
Kap Lithinon
Lasaia
0 10 20 30 40 50 km